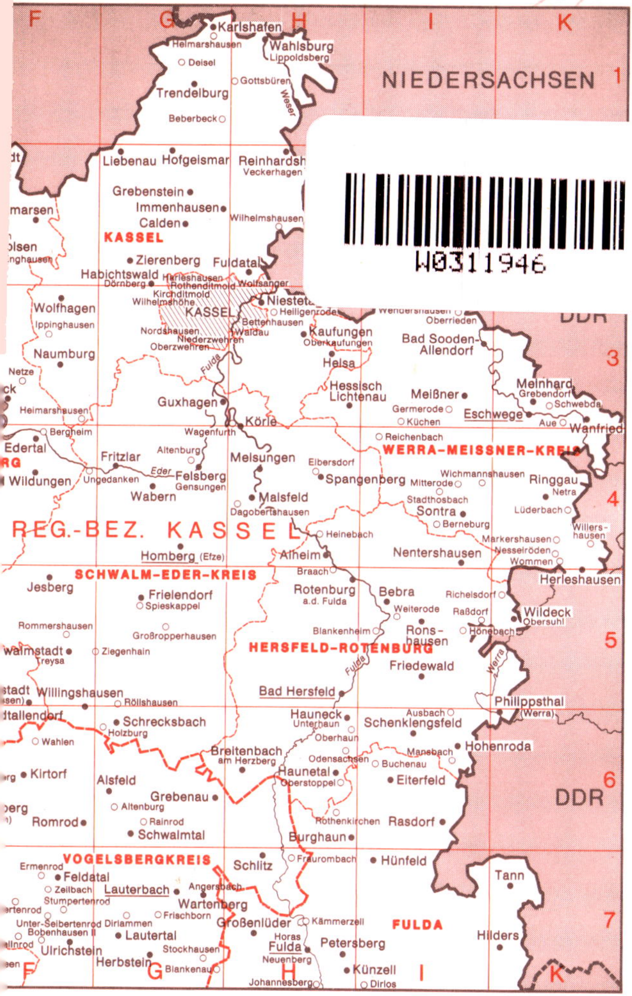
F
G
H
I
K
1
3
4
5
6
7
NIEDERSACHSEN
DDR
Karlshafen
Helmarshausen
Wahlsburg
Lippoldsberg
Deisel
Gottsbüren
Weser
Trendelburg
Beberbeck
Liebenau
Hofgeismar
Reinhardsh
Veckerhagen
Grebenstein
Immenhausen
Calden
Wilhelmshausen
KASSEL
Zierenberg
Fuldatal
Habichtswald
Harleshausen
Dörnberg
Rothenditmold
Wolfsanger
Kirchditmold
Wilhelmshöhe
Niestetal
Heiligenrode
Bettenhausen
Waldau
Nordshausen
Niederzwehren
Oberzwehren
Kaufungen
Oberkaufungen
Oberrieden
Bad Sooden-Allendorf
Helsa
Hessisch Lichtenau
Meißner
Germerode
Küchen
Eschwege
Meinhard
Grebendorf
Schwebda
Aue
Wanfried
Wolfhagen
Ippinghausen
Naumburg
Netze
Heimarshausen
Guxhagen
Körle
Wagenfurth
Bergheim
Edertal
Wildungen
Ungedanken
Fritzlar
Altenburg
Eder
Felsberg
Gensungen
Wabern
Melsungen
Elbersdorf
Spangenberg
Reichenbach
WERRA-MEISSNER-KREIS
Wichmannshausen
Mitterode
Ringgau
Netra
Stadthosbach
Sontra
Berneburg
Lüderbach
Willershausen
Malsfeld
Dagobertshausen
REG.-BEZ. KASSEL
Heinebach
Markershausen
Nesselröden
Wommen
Homberg (Efze)
Alheim
Braach
Nentershausen
Herleshausen
SCHWALM-EDER-KREIS
Jesberg
Frielendorf
Spieskappel
Rotenburg a.d. Fulda
Bebra
Weiterode
Richelsdorf
Raßdorf
Wildeck
Obersuhl
Rommershausen
Großropperhausen
Blankenheim
Ronshausen
Hönebach
Schwalmstadt
Treysa
Ziegenhain
HERSFELD-ROTENBURG
Friedewald
Werra
Willingshausen
Röllshausen
Bad Hersfeld
Philippsthal (Werra)
Hauneck
Unterhaun
Ausbach
Schenklengsfeld
Schrecksbach
Holzburg
Oberhaun
Wahlen
Breitenbach am Herzberg
Odensachsen
Buchenau
Mansbach
Hohenroda
Kirtorf
Haunetal
Oberstoppel
Eiterfeld
Alsfeld
Grebenau
Altenburg
Rainrod
Romrod
Schwalmtal
Rothenkirchen
Rasdorf
Burghaun
VOGELSBERGKREIS
Ermenrod
Feldatal
Zeilbach
Lauterbach
Angersbach
Stumpertenrod
Wartenberg
Frischborn
Schlitz
Fraurombach
Hünfeld
Tann
Unter-Seibertenrod
Dirlammen
Bobenhausen II
Lautertal
Ulrichstein
Großenlüder
Kämmerzell
FULDA
Horas
Fulda
Neuenberg
Petersberg
Hilders
Stockhausen
Herbstein
Blankenau
Johannesberg
Künzell
Dirlos

RECLAMS KUNSTFÜHRER
DEUTSCHLAND IV

RECLAMS KUNSTFÜHRER

DEUTSCHLAND

BAND IV

PHILIPP RECLAM JUN. STUTTGART

Hessen

Kunstdenkmäler

VON
GERHARD BOTT,
DIETER GROẞMANN, G. ULRICH GROẞMANN
UND ERICH HERZOG

MIT 118 ABBILDUNGEN UND PLÄNEN
SOWIE 2 ÜBERSICHTSKARTEN

FÜNFTE, NEUBEARBEITETE
UND ERWEITERTE AUFLAGE

PHILIPP RECLAM JUN. STUTTGART

AUTOREN DIESES BANDES

Dr. Gerhard Bott, Köln *(GB)*
Dr. Dieter Großmann, Marburg *(DG)*
G. Ulrich Großmann, Marburg *(UG)*
Prof. Dr. Erich Herzog, Kassel *(EH)*

Die Artikel sind mit den Kürzeln der Verfassernamen gezeichnet.

Universal-Bibliothek Nr. 8466

Schrift: Garamond-Antiqua. Printed in Germany 1978. Herstellung: Reclam Stuttgart. Zeichnungen: Dr. Johann Heinrich Müller, Hagen; Dr. Werner Meyer, München; Prof. Dr. Peter Anselm Riedl, Heidelberg; Marianne Haelssig; Theodor Schwarz, Urbach
ISBN 3-15-008466-0

VORWORT

Reclams Kunstführer Deutschland IV behandelt – wie die anderen Bände der Reihe – nicht allein die Architektur, sondern auch die Ausstattung der kirchlichen und profanen Bauten. Natürlich sind außerdem alle diejenigen künstlerischen Gattungen berücksichtigt, die wesentlich zum Erscheinungsbild unserer Städte gehören: Freidenkmäler, Brunnen, Plätze, Parks usw. Dabei beziehen die Darstellungen die modernen Werke durchaus ein, um eine Gesamtübersicht von den ältesten erhaltenen Denkmälern bis zur Gegenwart zu bieten. Auf die Museen wird mit Angaben über ihre Bestände hingewiesen. Die Texte sind auf den neuesten Stand der Forschung gebracht; auch jüngste Ergebnisse und Funde der Spezialliteratur wurden berücksichtigt. Vollständigkeit ist nicht erstrebt: Der Band möchte nicht ein Kurzinventar, sondern ein wirklicher »Führer« sein, der Wege zum richtigen Sehen und zum historischen Verständnis erschließt. Um dieses Ziel in einem Band zu erreichen, mußte – bei aller Problematik solcher Bewertung – eine Bedeutungsgrenze gezogen werden.

Die Erläuterungen der Fachausdrücke sind auf der Grundlage eines von Dr. Lutz Heusinger erarbeiteten Verzeichnisses von Prof. Dr. Dr. Hans Reuther, Dr. Dieter Großmann und G. Ulrich Großmann unter spezieller Berücksichtigung der Kunstdenkmäler in Hessen erweitert worden. Das Künstlerregister gibt die Möglichkeit, das Schaffen der Baumeister, Bildhauer und -schnitzer, Maler und Kunsthandwerker in dem hier behandelten Gebiet zu verfolgen.

Autoren und Verlag haben für vielfältige Hinweise und Ratschläge zu danken. Besonders der Bearbeiter des nördlichen Hessen, Dr. Dieter Großmann, erhielt von einer Anzahl von Kollegen wertvolle Anregungen, die er einarbeiten durfte, obwohl sie z. T. noch nicht veröffentlicht sind. Besonderer Dank gebührt hier: Landeskonservator a. D. Prof. Dr. Friedrich Bleibaum †, Regierungsarchivrat Dr. Wilhelm A. Eckhardt, Bezirkskonservator Dr. Gottfried Ganßauge (Kassel), cand. phil. Enno Goens, Dr. Reinhard Gutbier, Dr. Heinrich Hahn (Fulda), Archivassessor Dr. Wolf-Erich Kellner †, Dr. med. Kurt Meschede, Stadtarchivar Dr. Wilhelm Niemeyer †, Studienrat i. R. Otto

Perst †, Dr. Hanny Pfeiffer (Wetzlar), Kantor Gottfried Rehm (Fulda), Prof. Dr. Ernst-Otto Graf zu Solms-Laubach †. Mit Auskünften oder der Erlaubnis zu Besichtigungen unterstützten u. a. das ev. Landeskirchenamt in Kassel, das bischöfliche Generalvikariat in Fulda sowie die bischöflichen Ordinariate in Limburg und Mainz, ferner eine Reihe von Pfarrämtern, Schloßeigentümern und Stadtverwaltungen. Für – z. T. auch ausführlichere – Einzelauskünfte ist zu danken: Prof. Dr. Günther Binding, Oberbaurat E.-O. Hofmann, Dr. Jürgen Hohmeyer, Dr. R. Hootz, Dipl.-Ing. Jörg Katz, Baurat a. D. E. Kramer, Domküster Alfred Matthäi (Fritzlar), Angelika Nold, Archivar Robert Pessenlehner, Baudirektor Karl-R. Seehausen. Dankbar sei die Mithilfe von Freunden, auch der unbekannten, die auf Irrtümer oder Fehlstellen in den früheren Auflagen hinwiesen, erwähnt. Bearbeiter und Verlag hoffen, daß diese Aufmerksamkeit auch der neuen Auflage zuteil wird.

Zur Anlage des Bandes

Verbindlich für die *Reihenfolge* der Ortsartikel ist die alphabetische Ordnung nach Gemeindenamen, wie sie sich aufgrund der Gemeindereform in Hessen ergeben hat (Stand vom 1. 1. 1977, ausgenommen die Stadt »Lahn«, deren Wiederauflösung vorgesehen ist). An alphabetischer Stelle im Text eingefügte Verweise erschließen auch die unselbständigen Orte und die bedeutenderen Einzelbauten. Auf ein Ortsregister konnte deshalb verzichtet werden.
Die *Ortsüberschriften* geben die Kreiszugehörigkeit an und nennen ferner die Plankoordinaten für die Lage des Ortes oder Ortsteiles auf den *Übersichtskarten* (nördlicher Teil: vordere Vorsatzseiten; südlicher Teil: hintere Vorsatzseiten). Dadurch lassen sich auch geographische Zusammenhänge unschwer ermitteln.
Ein ● neben dem Text soll auf künstlerisch-kunsthistorisch herausragende Bauten oder Details aufmerksam machen. Zusätzlich wurde – auf den anschließenden Seiten – eine Liste von *Hauptsehenswürdigkeiten* in Hessen zusammengestellt.

HAUPTSEHENSWÜRDIGKEITEN

412), Universitätsmuseum (S. 415)
Melsungen: Rathaus (S 421)
Michelstadt: Rathaus (S. 426), Schloß Fürstenau (S. 427). – Steinbach: Einhards-Basilika (S. 428)
Münzenberg: Burg (S. 433)
Neustadt (Hessen): Junker-Hansen-Turm (S. 445)
Oestrich-Winkel: Kath. Pfarrkirche Hallgarten, Madonna (S. 459)
Offenbach am Main: Schloß (S. 460), Ledermuseum (S. 462)
Bad Orb: Kath. Pfarrkirche, Hochaltar (S. 463)
Petersberg: Propsteikirche (S. 466)
Rasdorf: Propsteikirche, Kapitelle (S. 472)
Rüdesheim am Rhein: Niederwald-Denkmal (S. 491)
Schlitz: Stadtbild (S. 497)
Seligenstadt: Einhards-Basilika (S. 514)
Solms: Kloster Altenberg (S. 521)
Bad Sooden-Allendorf: Stadtbild (S. 527)
Steinau: Schloß (S. 539)
Wahlsburg: Klosterkirche Lippoldsberg (S. 554)
Weilburg: Schloß (S. 563), Ortsbild (S. 568)
Wetter: Stiftskirche (S. 572)
Wetzlar: Dom (S. 577), Hospitalkirche (S. 583), Stadtbild (S. 584)
Wiesbaden: Schloß (S. 588), Bonifatiuskirche (S. 590), Marktkirche (S. 590), Ringkirche (S. 590), Wohnbauten (S. 596). – Biebrich: Schloß (S. 598)
Bad Wildungen: Stadtkirche, Altar (S. 602)
Wolfhagen: Schloß Elmarshausen (S. 613)

ADOLPHSECK, Schloß → **Eichenzell** (Fulda H8)
ADORF (E2) → **Diemelsee** (Waldeck-Frankenberg)

ALHEIM (Hersfeld-Rotenburg H4)

Heinebach (H4)

Ev. Pfarrkirche. 1730 von Alessandro Rossini aus Rom erbaut. Obwohl architektonisch bescheiden, ist der Bau doch ein typisches Werk der Régence durch die symmetrische Anordnung wechselnd großer Fenster in den Langseiten. Der Saal des Inneren, mit guter gleichzeitiger Ausstattung (Kanzel, Empore, Orgel), ist flachgedeckt, die Deckenmitte aber kreisförmig gebildet. Hier ergänzt eine Strahlensonne, vom Wolkenhimmel mit Engeln umgeben, Werk von Elias Kauffult und Johannes Schönewolff aus Großalmerode, 1747.

DG

ALLENDORF (Eder) (Waldeck-Frankenberg D4)

Battenfeld (D4)

Schon 778 wird Battenfeld nebst Laisa in den fränkisch-sächsischen Kämpfen erwähnt. Der Ort erscheint in der Frühzeit als Sitz eines Sendgerichts. Während die politische Bedeutung im Mittelalter auf die hochgelegene Neugründung Battenberg überging, blieb Battenfeld noch länger das kirchliche Zentrum, wovon seine große roman. Marienkirche bis heute zeugt.

Die **ev. Pfarrkirche** (St. Marien) ist eine kreuzförmige Gewölbebasilika des 12./13. Jh. Die Seitenschiffe gingen im 30jährigen Krieg verloren. Der Außenbau wird von dem kräftigen W-Turm beherrscht; seinen got. Spitzhelm umgeben Ecktürmchen. Roman. Bauplastik fällt an den Querhausgiebeln auf, bes. im N die Figur eines Ritters. – Sehr kräftige, teils doppelte Gurtbögen scheiden die Gewölbe des Innenraumes voneinander. Der quadratische Chor hat ein kuppeliges, die kurzen Querarme haben Tonnengewölbe. Kreuzgratgewölbe mit spitzbogig gefalteten Kappen überdecken die Vierung und die beiden Mittelschiffsjoche. Die Kämpfer der breiten Wandvorlagen sind mit Schachbrett- oder Schuppenmustern besetzt. 1661 wurden dem Raum Emporen eingefügt.

Noch roman. Beschläge zeigt die Tür des N-Querhauses. – Kruzifix um 1430. – Orgel 1871 von Eduard Vogt. – Inschrift-Epitaph im Rokoko-Stil für den Metropolitan Johann Georg Bichmann

(† 1743) und seine Gemahlin Maria Sophia Magdalena v. Biedenfeld († 1744).

DG

ALLENDORF (Lumda) (Lahn-Dill E7)

Nordeck (E6)

Die annähernd quadratische **Burg** wurde im 12. Jh. angelegt. Markantester Teil ist der roman. *Bergfried* in der NW-Ecke, ein selbständiger Baukörper ohne Verbindung zur Burgmauer. Das spätgot. *Hauptgebäude* liegt an der O-Seite des Hofes; es besitzt massive Außenmauern und Fachwerk auf der Hofseite. Im Hof befindet sich ein tiefer *Ziehbrunnen*, 1719 barock ummantelt. In dem nach O sehr weitläufigen Areal steht die *Burgkapelle* des 13. Jh., zuletzt klassizistisch umgebaut. Westl. der bestehenden Anlage finden sich weitere Reste der roman. Burg.
Auf der Anhöhe ist ein bisher ungedeutetes Wallsystem (Burganlage oder Steinbruch?) zu erkennen, innerhalb dessen ein **jüdischer Friedhof** mit interessanten Grabsteinen Platz gefunden hat.

UG

ALLENDORF → **Bad Sooden-Allendorf** (Werra-Meißner I3)

ALSFELD (Vogelsbergkreis G6)

Dort, wo die Straße »durch die kurzen Hessen« den Oberlauf der Schwalm kreuzt, entstand wohl um 700 eine Siedlung; die Thüringer Landgrafen gründeten nach 1180 die Stadt. Ihre Anlage ist ziemlich regelmäßig in Form eines leicht verschobenen und abgerundeten Vierecks. Der Ordnung des Straßennetzes fügt sich die Kirche ein; sie ist daher nicht orientiert. – Blütezeiten waren das späte 14., das 16. und frühe 17. Jh. Bei der Erbteilung 1567 kam Alsfeld an Hessen-Marburg, 1604 an Darmstadt. Von den schweren Schäden durch die Beschießung im hessischen Bruderkrieg 1646 hat sich die Stadt nicht mehr gänzlich erholt. Seit 1829 war sie anstelle von Romrod oberhessische Kreisstadt. Umfangreiche Freilegungsarbeiten an dem weitgehend gut erhaltenen Fachwerk veranlaßten die Wahl Alsfelds zur Europäischen Modellstadt im Denkmalschutzjahr 1975.

Ev. Walpurgiskirche

An die Stelle einer roman. Basilika trat seit der Mitte des 13. Jh. ein Neubau, dessen Plan man beim Übergang zum Langhaus unter dem Einfluß linksrheinischer Bauten der Hochgotik (Kölner Dom, Tholey) änderte. Ein Umbau ab etwa 1340 blieb unvollständig. 1393 begann man mit dem Chor einen großzügig geplanten Neu-

bau, doch beanspruchte der Turmeinsturz 1394 einen großen Teil der Kräfte für den Wiederaufbau. So begnügte man sich im Langhaus mit dem provisorischen Abschluß des Umbaues durch Einwölbung der Seitenschiffe 1472. Das 4. Turmgeschoß entstand um 1500; den Achteckaufsatz schuf 1542 Hans von Frankfurt, der Erbauer des Weinhauses. 1738 wurden die Langhausarkaden umgebaut. 1971–74 restauriert.

Im Äußeren bietet zumal die südl. Schauseite ein charaktervolles Bild. Der 4geschossige Turm öffnet sich unten zu spitzbogigem Durchgang. Galerie und Welsche Haube über dem Achteckaufsatz sind der seit Alsfeld typische Abschluß hessischer Stadtkirchtürme. – Der Gegensatz zwischen dunklem Schiff und lichtem Chor bestimmt das Innere. Vom Bau des 13. Jh. stammen die Arkadenpfeiler mit 4 Diensten, nach Tholeyer Vorbild für eine Basilika bestimmt. Der Umbau zur Halle blieb Stückwerk: Im 1. Joch von W sind die frühgot. Arkaden, im 2. Joch die Fenster erhalten. Die farbige Fassung mit Fugenmalerei, 1974 wiederhergestellt, dient der Vereinheitlichung des sonst so gegensätzlichen Raumes.

Unter den erhaltenen *Wandmalereien* ragen eine Verkündigung an der W-Empore und ein Christophorus am O-Ende des N-Schiffes hervor, beide spätgotisch, etwa um 1500. – Ausstattung. Roman. Taufstein mit figürlichen Reliefs (Leben Christi). Spätgot. Schnitzaltar. Spätgot. Triumphgruppe, silhouettenhaft vor den aufstrebenden Chor gestellt, dem die Orgel (nach 1742, 1914 geschickt erweitert) den auch optisch harmonierenden Raumabschluß gibt. An der Chorempore von 1638 ein umfangreicher gemalter Zyklus, Mitte 17. Jh.

Dreifaltigkeitskirche, ehem. Kirche des Klosters der Augustinereremiten, ein langgestreckter hochgot. Bau mit 5seitigem Chorschluß; Chor 14. Jh. Das Langhaus wurde um 1435 als asymmetrisch-2schiffige Halle neu erbaut. Im 1958–63 restaurierten Innenraum konnten einige mittelalterl. Wandgemälde wiederhergestellt werden; die farbige Raumfassung entspricht wohl der Zeit um 1662. – Kanzel von 1663 mit aufwendigem Schalldeckel. Interessantes Dreifaltigkeitsbild von einem Epitaph um 1694.

Das 1512–16 von Meister Johann erbaute **Rathaus** ist ein prachtvoller Fachwerkbau mit steinernem Untergeschoß. Das Erdgeschoß bildet eine Halle, die von 2 freistehenden Rundsäulen gestützt wird und sich zum Markt durch spitzbogige Lauben öffnet. Den leicht vorkragenden, 2geschossigen Fachwerkaufbau beleben ringsum Erker, von denen die je 2 an den Breitseiten mit Türmchen bekrönt sind. Als Bau,

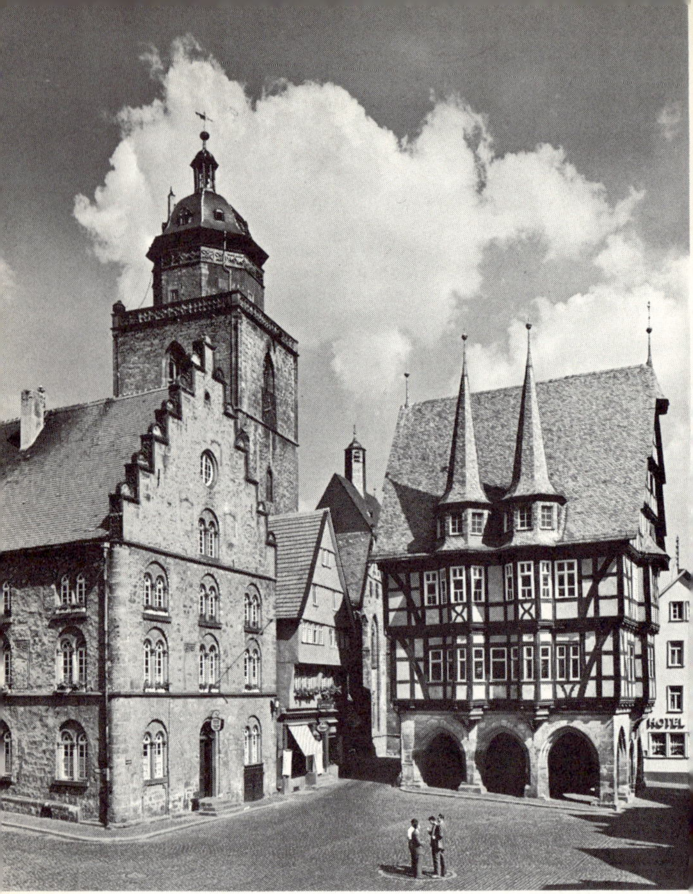

Alsfeld. Marktplatz
mit Rathaus, Weinhaus und Turm der Walpurgiskirche

der auf die got. Knaggenverriegelung verzichtet, ist das Rathaus von besonderer Bedeutung für die Geschichte des Fachwerks. Der Sitzungssaal wurde mit Schnitzwerk und

Malerei ausgestattet; die Prunktür arbeitete Michael Fink 1604.

Den rechteckigen Marktplatz umgibt eine Reihe schöner Stein- und Fachwerkhäuser. Das **Weinhaus**, 1538 durch Hans von Frankfurt errichtet, besitzt spätestgot. Vorhangfenster und Staffelgiebel, jedoch renaissancemäßige Halbräder auf den Staffeln. Urspr. asymmetrisch gegliedert, 1840–43 durch Restaurierung verfälscht. – Gegenüber erhebt sich das **Hochzeitshaus**, ein stattlicher Bau von Hans Meurer, 1564–71. 2 der 3 Giebelseiten faßt ein symmetrischer Eck-Erker zur beherrschenden Platzansicht zusammen. Geschoßlagerung und Voluten-Staffelgiebel sind für den Renaissancebau typisch. Im Untergeschoß eine weite Halle auf Rundpfeilern.

Fachwerkhäuser. Mit noch 24 got. Fachwerkhäusern nimmt Alsfeld einen ungewöhnlich hohen Rang unter den Fachwerkstädten ein. **Hersfelder Str. 10–12** wird noch ins 14. Jh. datiert, eines der ältesten deutschen Fachwerkhäuser; die Ständer gehen durch mehrere Geschosse durch (»Ständerbau«). Veränderungen sind an **Amthof 8** (um 1400) und an **Kirchplatz 10** (um 1450) zu erkennen, auch an **Obergasse 11** (1478?). Reichere Kreuzungsmuster an den Brüstungen zeigt **Obergasse 26** (um 1480). Beim Haus **Untere Fuldergasse 15/17** ist die Ecke durch lange Streben abgefangen, um Platz für einen Brunnen zu lassen. Aus gleicher Zeit **Hersfelder Str. 15**, ehem. Gasthaus. Markt 4, **Bückingsches Haus** (um 1515?): breit gelagert mit Eck-Erker und reichen Zierbrüstungen. Einfluß des Rathauses bei **Amthof 13** und beim **Winholt-Haus** (Markt 14, jetzt Apotheke). – Als Eckhaus von 1609 wendet Markt 6, das **Stumpfhaus**, die Traufseite zum Markt: gleichmäßige Reihung weniger Motive, aber reiche Schnitzerei; am Eckpfosten tritt der Bauherr, Bürgermeister Stumpf, als Ganzfigur auf (Grabmal in der Kirche). – Ein stattlicher Bau des reiferen Barock ist das **Haus Neurath** (Rittergasse 3) von 1688. Zusammen mit dem benachbarten steinernen **Minnigerode-Haus** von 1687 – darin eine freitragende hölzerne Wendeltreppe – wurde es zum **Museumszentrum** ausgebaut (1977 eröffnet: Volkskunst, Zunftschilder, Feuerspritze 1765, kirchliche Ausstattung [Holztaufe 1707], Schwälmer und Katzenberger Tracht, Tuchmangel, Gemälde »Veteranenball« von Arnold). – Die Entwicklung des Fachwerks läßt sich an charakteristischen Beispielen bis ins 19. Jh. verfolgen.

Rest der **Stadtmauer** mit **Leonhardsturm** am Fulder Tor, 1386.

An der N-Seite der Walpurgiskirche wurde eine Baulücke 1958 durch Errichtung des **Schwälmer Brunnens** geschlossen.

Friedhof auf dem Frauenberg. An der got., mehrfach veränderten **Kapelle** ist 1610 eine bis heute erhaltene Außenkanzel angebracht worden. Epitaphien und Grabsteine der Barockzeit und des Klassizismus befinden sich an und neben der Kapelle, so vor der NW-Ecke für den Stadthauptmann Kick, wohl 1789.

DG

Altenburg (G6)

Wenig südl. von Alsfeld liegt über dem Schwalm-Ufer die **Altenburg,** Stammsitz eines gleichnamigen Geschlechts, 1178 zuerst genannt. Die später Riedeselsche Burg wurde um 1744 durch neue Gebäude ersetzt. 1748–50 wurde auch die **ev. Schloßkirche** (St. Barbara) auf der Mitte des geräumigen Schloßhofes neu erbaut; Georg Koch wird als ihr Erbauer vermutet. Der durch Turmbau und Sakristei äußerlich in Kreuzform verwandelte Quersaal wird innen auf 3 Seiten von 1geschossigen Emporen umzogen, deren Brüstungsfelder mit einer Folge von Aposteln und alttestamentlichen Gestalten bemalt sind. Über dem Altar eine schwungvolle Rokoko-Kanzel. Die Orgel, um 1754/57 von Johann Wagner aus Allendorf (Lumda), wurde aus Bernsburg rücküberführt.

DG

ALTENBERG → **Solms** (Lahn-Dill C7)
ALTENBURG (G6) → **Alsfeld** (Vogelsbergkreis)
ALTENBURG (G4) → **Felsberg** (Schwalm-Eder)
ALTWEILNAU (C9) → **Weilrod** (Hochtaunuskreis)
ALTWIEDERMUS (F9) → **Ronneburg** (Main-Kinzig)

AMÖNEBURG (Marburg-Biedenkopf E6)

● *Die einzigartige Lage dieser Stadt auf einem nahezu 200 m hohen, freistehenden Basaltkegelberg inmitten der Ohm-Niederung (»Amöneburger Becken«) hat ihr bis in die Gegenwart die Anziehungskraft erhalten, die sie – freilich damals aus strategischen und politischen Gründen – schon in der frühesten Zeit der hessischen Geschichte besaß. Die Amöneburg lag beherrschend über einem Knotenpunkt alter Heerstraßen, die bei der Brückermühle die Ohm überschritten. Fränkische Befehlshaber traf Bonifatius hier 721 an, als er zur Ordnung der kirchlichen Verhältnisse nach*

Hessen zog. Die damals gegründete Zelle erweiterte er durch Gründung der Michaelskirche zu einem kleinen Kloster, das aber nie den Rang von Fritzlar, Hersfeld und Fulda erreichte. Um 1120 ging Amöneburg in unmittelbaren Besitz des Erzbistums Mainz über, das von hier aus seine territorialen Ansprüche bis 1803 aufrechterhalten konnte; sie erstreckten sich in erheblichem Umkreis bis fast vor die Tore Marburgs, trotz Errichtung der landgräflichen Gegenfestungen Kirchhain (s. d.) und Frauenberg bei Marburg. Die territorialen Grenzen haben sich bis in die Gegenwart nicht nur in der Konfession, sondern auch in der Tracht dieser heute wohl lebendigsten hessischen Trachtenlandschaft – dem Amöneburger Becken und dem Ebsdorfer Grunde – ausgedrückt.

Burg. Seit 1145 ist eine mainzische Burg nachweisbar, die nach wechselnden Schicksalen um 1300 ausgebaut wurde; nach der Zerstörung von 1646 wurde sie noch einmal aufgebaut, nicht mehr aber nach derjenigen von 1762. Teile der Ringmauer mit halbrunden Türmen sind noch erhalten; von den sonstigen Burggebäuden über Kellerräumen nur noch Mauerreste. – Südl. war der Burg auf niedrigerem Basaltsporn die **Wenigenburg** vorgelagert, deren militärische Wirksamkeit gegen Hessen nicht ausreichte und die im 14. Jh. wüst wurde.

Stadtbefestigung. Die Anfang des 13. Jh. gegründete Stadt ließ der Erzbischof mit einer Mauer umgeben, die großenteils erhalten ist, wenn auch vielfach nicht in voller Höhe. Auf der O-Seite steht noch der **Hainturm.**

Kath. Pfarrkirche St. Johannes d. T. Von 1360 bis 1803 bestand an dieser Kirche, die nicht zum Michaelskloster gehört hatte, ein Kollegiatstift. Der Chor war 1286 im Bau; doch wich die nach dem 30jährigen Krieg wiederhergestellte Kirche 1865–71 dem Neubau einer gotisierenden Basilika von Peter Zindel nach Plänen von G. G. Ungewitter. Der Turm des 14. Jh. blieb in der N-Ecke zwischen Chor und Querschiff erhalten; er behielt auch seine barocke Haube. Die 3schiffige Basilika mit Querhaus und 3seitigem Chor ist in Formen der beginnenden Hochgotik gestaltet. Ihr Raumeindruck ist vorzüglich, die von Carl Schäfer entworfene Ausstattung in glücklicher Weise eingepaßt.

Auf dem **Friedhof** steht eine Pestsäule von 1743.

Das Stadtbild hat in den 1960er und 1970er Jahren starke Einbußen hinnehmen müssen, doch trägt der rechteckige Marktplatz z. T. noch das Gepräge des 18. Jh. Das **Rathaus** von 1687–90 ist ein für die Gegend typischer Fachwerkbau, in dem Teile der alten Ausstattung (Treppe, Türen) erhalten blieben. Das **Gasthaus Markt 16** hat eine reich geschnitzte Haustür d. J. 1785;

im Inneren ist aus derselben Zeit noch die Abschlußwand des Verkaufsraumes zum Hausflur hin erhalten. – Der **Mainzer Hof** am Lindauer Tor ist ebenfalls ein Barockbau; die Scheune stammt von 1593–96.

Südöstl. des Berges liegt am Ohm-Übergang die **Brückermühle**, die durch ein Gefecht im 7jährigen Krieg Berühmtheit erlangte. Die vereinigten Truppen von Hessen und Braunschweig kämpften hier gegen die französischen Marschälle Soubise und d'Estrées. Noch im gleichen Jahr 1762 wurde ein mit Wappen, Trophäen und Inschriften geschmückter *Obelisk* zum Gedächtnis des Friedensschlusses von Fontainebleau aufgeführt. – Die auf gedrungene Strompfeiler gestützte **Ohm-Brücke** stammt im Kern aus d. J. 1718–22.
DG

Mardorf (E6)

Die **kath. Pfarrkirche St. Hubertus**, ein 1713 begonnener, 1726 geweihter Barockbau, lehnt sich an einen *Wehrturm* aus der 2. Hälfte des 13. Jh. Sein Erdgeschoß, einst Chor der alten Kirche, dient heute als Sakristei für den südl. anschließenden Barockchor. Nur wenige mittelalterl. Kirchtürme Hessens besitzen einen so ausgesprochenen Wehrcharakter wie der von Mardorf. Im 3. Geschoß, das wie der ehem. Chor kreuzgewölbt ist, befanden sich 4 Pechnasen (2 erhalten); ein Durchstieg führt in das überkragende 4. Geschoß, das allseitig mit Schießscharten versehen ist. Das Dach mit den 4 Randerkern ist spätgotisch. – Der ehem. Chorraum birgt einen Zyklus wertvoller *Wandmalereien* aus dem 13. oder frühen 14. Jh.: Werke der Barmherzigkeit (die hl. Elisabeth wäscht einem Armen in Gestalt Christi die Füße); die hll. Martin, Nikolaus und (beschädigt) Christophorus; eine vorzügliche Kreuzigungsdarstellung. Der got. Altartisch ist nicht mehr vorhanden.
Die Kirche, ein durch Pilaster gegliederter Saalbau, schließt in dem eingezogenen Chor 3seitig. Für den stattlichen Hochaltar von 1736 schuf Christoffel Jagemann aus Heiligenstadt die Plastik; er arbeitete auch für die übrige Ausstattung, die 1751–52 entstand. Das Hauptgemälde des Marienaltars, 1755, stammt von F. I. A. Heideloff. – Taufkessel 1724. – Orgel 1861/62 von Helbig. – Die jetzt auf dem Friedhof stehende *Glocke* goß 1660 Guido Monginot. Die Reliefs stellen abwechselnd den Sündenfall und das Christkind dar.
DG

ANGERSBACH (G7) → **Wartenberg** (Vogelsbergkreis)
ARNSBURG (E8) → **Lich** (Lahn-Dill)
ARNSTEIN, Schloß → **Neu-Eichenberg** (Werra-Meißner I2)

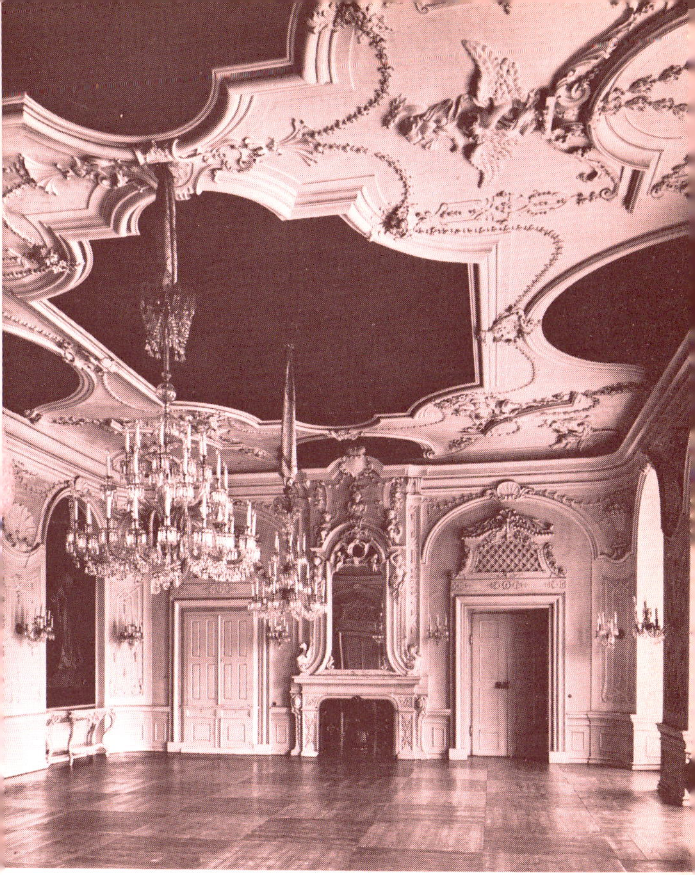

Arolsen. Schloß. Gartensaal

AROLSEN (Waldeck-Frankenberg F2)

1711 erlangte Graf Friedrich Anton Ulrich v. Waldeck die Reichsfürstenwürde. Den Glanz des neuen Ranges sollte eine Schöpfung vor Augen stellen, der Versailles als unmittelbares Vorbild diente.

Die Bauleitung übernahm Julius Ludwig Rothweil († 1750), der sich durch Erbauung der Schlösser (Hanau-)Philippsruhe, Weilburg und Neuwied einen Namen erworben hatte. Er entwarf die Pläne für Schloß und Park, für die umgebende Residenzstadt und ihre Einzelgebäude. Die Ausführung des großartigen Vorhabens überstieg die fürstliche Finanzkraft und zog sich lange hin.

● **Schloß**

1728 war das Schloß im Rohbau vollendet und teilweise bewohnbar, aber erst 1809–11 konnte Landbaumeister Theodor Escher den großen Saal im Obergeschoß gestalten.

Bestechend wirkt die geschmeidige Eleganz in der einheitlichen Erscheinung des Schlosses. Hauptflügel und 2 Seitenflügel umschließen einen nach S offenen Ehrenhof; 2 weitere, etwas hinausgerückte Flügel umfassen den äußeren Hof, den ein Gitter und 2 übereck gestellte Wachhäuschen abgrenzen. Durch die Einfügung von Pavillons wird der Blick bei mehrfach wechselnden Höhen immer näher an das Zentrum der Anlage herangeführt, die im großen Mittelpavillon gipfelt.

Die Haupträume des Schlosses wurden 1715–19 von Andrea Gallasini stuckiert und von Carlo Lodovico Castelli ausgemalt, das Treppenhaus nach 1722 (Stuck von Gehilfenhand). Festliche Pracht bietet der »Steinerne« oder *»Gartensaal«*, ein typisches Werk der frühen Régence, mit fast freiplastischen Stuckfiguren an der Decke (4 Elemente, Putten auf Adlern). Das »Rote Eckzimmer« im W-Flügel enthält vorzügliche Frührokoko-Schnitzereien von Louis Doumergue. Bes. reich ausgestattet wurden zwischen 1731 und 1751 die Appartements des Fürsten Carl und seiner Gemahlin. Unter den Gemälden sind die Werke von Joh. Heinr. und Joh. Friedr. August Tischbein hervorzuheben. – Einige Schloßräume sind als **Heimatmuseum** eingerichtet.

Jenseits der ost-westl. Hauptstraße am nur halbfertigen »Rondell« stehen **Regierungsgebäude** und **Marstall** (1749 bis 1761 von Rothweil d. J.), **Orangerie** und **Gärtnerei** (1819–22 von Escher).

Das Schloß wird von einem **Park** umgeben, dessen Hauptachse als Lindenallee zum »Tiergarten« führt.

Neues Schloß, begonnen 1763 von Franz. Friedr. Rothweil, dem Sohn J. L. Rothweils, vollendet 1778 von Kitz, aber 1853 umgebaut. 1971 durch Brand schwer beschädigt, danach wiederhergestellt.

Von der Stadtanlage ist nur das westl. Drittel ungefähr planentsprechend durchgeführt, in seiner Mitte die **ev. Pfarrkirche**, 1735–87 nach Plänen von J. L. Rothweil. Stattlicher Saalbau mit Turm über dem östl. Haupteingang, hinter dem Querhaus mit Emporenlogen der 3seitige Chorschluß. Die eindrucksvolle Orgel 1778–85 von Heeren, die Rokoko-Ornamentik vom Bildhauer Krau. Am Altar stehen die 3 Marmorfiguren Glaube, Liebe und Hoffnung des Arolsers Christian Daniel Rauch, 1842–52.

Die **Bürgerhäuser** und **Palais** der Erbauungszeit sind großenteils noch original erhalten, meist mit Giebelausbauten über der Traufseite; hervorzuheben das **ehem. Palais v. Canstein**, 1734–43 von J. L. Rothweil (jetzt **Rathaus**).

Kaulbachmuseum (Kaulbachstr. 3) mit Werken und Erinnerungsstücken der Malerfamilie.

DG

Helsen (F2)

In dem nordwestlich an Arolsen anschließenden Ort, der urspr. auch über Arolsen die Pfarrechte hatte, steht als interessantes Bauwerk die **ev. Pfarrkirche.** Sie wurde 1653 von dem Holländer Peter Jeanson begonnen, nach Unterbrechung 1675–88 von Rudolf Kippenhahn vollendet. Der 3schiffigen Hallenkirche aus 3 Jochen und 3seitigem Schluß ist ein W-Turm vorgesetzt. Die Einzelformen des Baues (Strebepfeiler, Fenstermaßwerk, Kreuzrippengewölbe) gotisieren, nur die Portale – im W, mit großem waldeckischem Wappen, und im S – haben Barockformen. Die Säulen des Inneren, mit langen 8eckigen Fuß- und Kopfstücken, sind nebst den Bögen und Rippen aus Holz. – Ausstattung. Über dem schlichten Blockaltar erhebt sich ein von Palmsäulen getragener Baldachin, aus dessen pyramidenförmigem Aufbau Kanzel und Schalldeckel – wiederum von einem großen waldeckischen Wappen gekrönt – nach vorn heraustreten. – Gestühl und Chorstände aus der Erbauungszeit, klassizist. Empore. – Orgel etwa 1860, vermutlich von Vogt/Korbach. Neugot. Prospekt in guter Gliederung.

DG

Mengeringhausen (EF2)

An die Stelle der im 12. Jh. bezeugten Grafen von Everstein setzten sich im 13. Jh. die Grafen von Waldeck, die sich hier 1270 eine – nur in starker Veränderung erhaltene – Wasserburg erbauten. Neben die 1299 zuerst erwähnte (Alt-)Stadt trat spätestens 1316 eine Neustadt; beide wurden i. J. 1500 vereinigt. Im 16. Jh. residierte eine Waldecker Linie in M., später war Arolsen die Residenz. Doch blieb die Waldecker Landesregierung noch von 1687 bis 1728 hier.

Ev. Stadtkirche (St. Georg). Nach dem Stadtbrand von 1347 entstand ein Neubau, der 1423 fertig war, als 3schiffige Hallenkirche zu 3 Jochen, mit westl. Turm (1393), den ein Spitzhelm über Dreiecksgiebeln bekrönt. Der Chor aus 2 Jochen mit Übergang in einen $^{3}/_{6}$-Schluß wurde 1552 erneuert. – Die Kreuzrippengewölbe im Langhaus ruhen auf Rundpfeilern mit 4 Diensten in Marburger Tradition, die im Chor stützen sich auf Konsolen.

Im Chor findet sich eine umfangreiche und bedeutende Renaissance-*Ausmalung*, 1572 von Friedrich Thorwart: Szenen aus der Geschichte des verlorenen Sohnes und Hiobs; Sündenfall, Auferstehung und Gericht; architektonische Rahmungen, Wappen und Inschriften. Die Evangelisten der oberen Partie entstanden erst 1667. Ausstattung. Der barocke Altaraufsatz mit gedrehten Säulen und Knorpelohren ist um 1680 entstanden; Figuren aus der Werkstatt von Heinrich Papen, Gemälde: Abendmahl und Ölberg. – Die steinerne Kanzel von etwa 1600 ist mit Reliefs in theologisch interessanter Reihenfolge besetzt: Sündenfall, Moses, Christus, Paulus, Luther. – Emporen mit Brüstungsgemälden aus beiden Testamenten, 2. Hälfte 17. Jh. – Kreuzigungsrelief, 2. Hälfte 14. Jh., von einer Sakramentsnische. – Kruzifixus, 3. Viertel 15. Jh. – Kronleuchter (um) 1690. – Grabdenkmäler von Waldecker Grafen: Johann († 1567) und seine Gemahlin Anna von Lippe († 1590), sowie Franz († 1597); alle 3 Grabmäler wohl von Antonius Herber, mit lebensgroßen Relieffiguren und Wappenschmuck.

Kath. Pfarrkirche St. Peter und Paul, 1967 von Johannes Reuter.

Stadtbild. In der Altstadt stehen, v. a. in Nähe der Kirche, noch zahlreiche **Fachwerkhäuser** des 17.–19. Jh. in diemelländischer Bauweise mit großer Torfahrt und mittlerer Tenne oder mit Portal und Diele. Die Neustadt durchlitt 1854 einen großen Brand; erhalten blieb ein Steinhaus (**Landstr. 22**), das Julius Ludwig Rothweil 1732–33 errichtete. – Das 3geschossige Fachwerk-**Rathaus** entstand 1850–53.

Von der Stadtbefestigung ist nur wenig erhalten, doch ist eine alte Warte südwestl. der Stadt zu einem **Bismarckturm** ausgebaut worden.

DG

ASSENHEIM (E9) → **Niddatal** (Wetteraukreis)

ASSMANNSHAUSEN (A11) → **Rüdesheim am Rhein** (Rheingau-Taunus)

AUE (K3) → **Wanfried** (Werra-Meißner)

AUERBACH → **Bensheim** (Bergstraße D13)

AUSBACH (I5/6) → **Hohenroda** (Hersfeld-Rotenburg)

BABENHAUSEN (Darmstadt-Dieburg E11)

In der Ebene nördl. des Odenwaldes boten die verzweigten Arme der Gersprenz ein verteidigungstechnisch vorzügliches Gelände zur Anlage einer Wasserburg und einer von dieser abhängigen Sied-

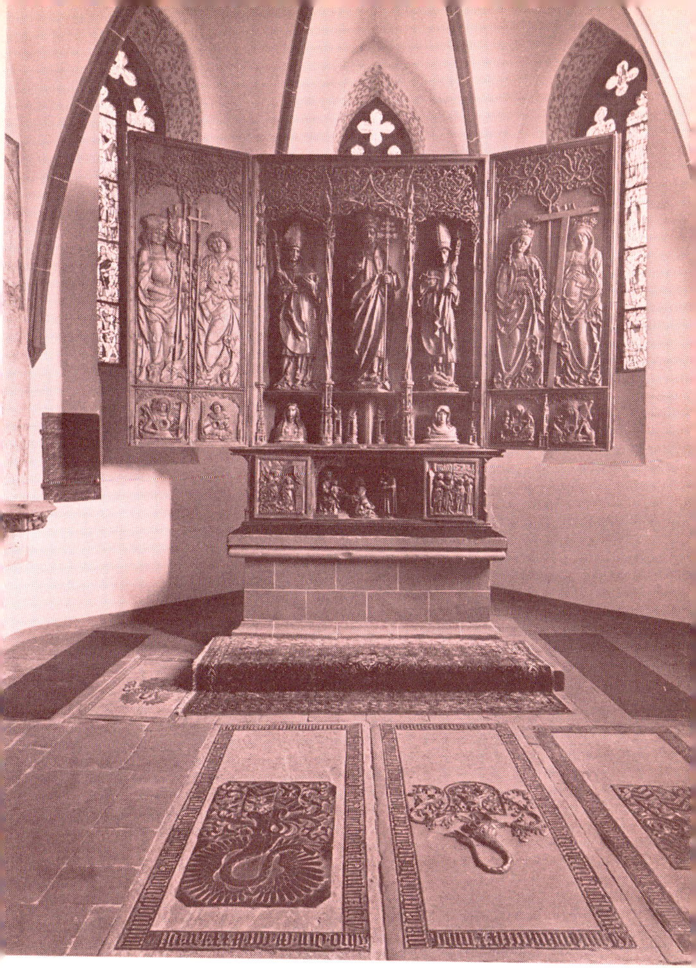

Babenhausen. Ev. Pfarrkirche. Chor mit Cornelius-Altar

lung. Die 1236 erstmals erwähnte Stadt mit einem regelmäßigen gitterförmigen Straßennetz erhielt 1295 Stadtrechte, nachdem sie aus dem Münzenberger Erbe an die Herren von Hanau übergegangen war. 1458 an die hanau-lichtenbergische Linie, die sich in der Pfarrkirche eine Grablege einrichtete, nach 1736 Streitobjekt zwischen Hessen-Kassel und Hessen-Darmstadt, 1771 an Hessen-Kassel, 1810 zu Hessen-Darmstadt.

Ev. Pfarrkirche. 1262 erwähnt. Der schlichte Chor, lt. Bauinschrift an der inneren N-Wand 1383 von dem hanauischen Amtmann Friedrich v. Langen gestiftet (er war wohl kaum der Baumeister, wie angenommen wurde), erhielt 1939 sein Kreuzrippengewölbe über den alten Rippenanfängen wieder. Das 3schiffige Langhaus wurde 1472/73, wohl mit Verwendung von Teilen des Gründungsbaus, als flachgedeckte Pseudobasilika angefügt. An der N-Seite des Chores steht der gedrungene Turm. Die Giebel über den Seitenschiffen, eine Anleihe aus Oberhessen, geben dem sonst schlichten Äußeren einen bewegten Umriß.

Ausstattung. In dem Chorhaupt der bescheidenen Kirchenanlage steht ein Prunkstück spätgot. Altarkunst: der *Flügelaltar des hl. Cornelius.* Im Mittelteil der hl. Papst Cornelius, links der hl. Nikolaus, rechts der hl. Valentin, unterhalb von ihnen Halbfiguren als Reliquienbehälter. Die Flügel übernehmen diese Anordnung, übersetzen aber die überlebensgroßen Gestalten ins Relief, rechts weibliche Heilige, links männliche. Im Mittelteil der Predella als Figurengruppe eine Anbetung der Hll. 3 Könige, seitlich die Reliefs der Verkündigung und der Heimsuchung. Das Zusammenströmen verschiedener stilistischer Richtungen läßt auf einen am Mittelrhein tätigen Meister schließen. Der Altar ist der Überlieferung nach zum erstenmal 1518 erwähnt. – Im Chor schlecht erhaltene *Wandmalereien,* um 1385. An der O-Wand des südl. Seitenschiffes Sebastians Martyrium, nach 1520. Ornamentale Ausmalung des Langhauses um 1600. – Vor dem Hochaltar liegen verschiedene Grabplatten der Grafen v. Hanau-Lichtenberg und ihrer Familienmitglieder mit guten Wappendarstellungen und Schriftbändern in Bronzeauflagen aus einer Nürnberger Werkstatt (ähnliche in der Marienkirche in Hanau). An der S-Wand des Chores Epitaph Philipps d. Ä. v. Hanau und seiner Familie in »ewiger Anbetung« vor Betschemeln kniend von dem Babenhäuser Bildhauer Hans Merkel 1475. An der O-Wand des südl. Seitenschiffes Epitaph des Burkard v. Herlingshausen, gute Arbeit, 1570 dat. – Das schmiedeeiserne Chorschlußgitter mit doppelseitig bemaltem Kruzifix, Maria und Johannes, um 1475. Orgel von Joh. Nik. Schäfer, um 1720–40.

Schloß. Südl. des Stadtkerns, ehem. von Wassergräben umgeben. Im Quadrat um die Kernburg wurde Ende des 15.

Jh. eine bis heute erhaltene Zwingermauer mit Batterietürmen gelegt. Von der staufischen Burg aus Backsteinmauerwerk, die um 1210 die Herren v. Hagen-Münzenberg gründeten, haben sich die quadratische Umfassungsmauer und der W-Flügel mit veränderten Fenstern sowie Kapitellfragmente vom ehem. Palas (im Museum in Seligenstadt) sowie im Inneren des Erdgeschosses eine Säule mit Kapitell erhalten. 1954 wurden Fundamente eines Vierecksturmes im Hof ausgegraben. – Im 15. und 16. Jh. fanden größere Umbauten statt, die einen allseitig geschlossenen Hof schufen (O-Flügel 1460, S-Flügel über älteren Fundamenten 1574). Am Treppenhaus des S-Flügels feingliedriges Portal mit zierlichen Wappen Hanau-Lichtenberg und Fürstenberg im Giebelaufsatz.

Von den zahlreichen Fachwerkhäusern des Städtchens ist die **ehem. Amtskellerei** (Amtsgasse 29, jetzt ev. Pfarrhaus), um 1560, zu nennen.

Die 1295 begonnene und 1445 erneuerte **Stadtmauer** ist großenteils auf uns gekommen. 2 quadratische Schalentürme, **Hexenturm** und **Brechturm**, überragen in voller Höhe die Mauern; mehrere andere Türme als Stümpfe erhalten.

GB

BATTENBERG (Eder) (Waldeck-Frankenberg D4/5)

Battenberg wurde zum Hauptort der gleichnamigen Grafschaft, die sich seit 1238 und 1296 zur Mainzer Bastion gegen Hessen entwickelte, 1564/85 aber doch an Hessen fiel. Bei der Teilung Oberhessens kam B. an Hessen-Darmstadt; eine Darmstädter Nebenlinie erhielt 1858 den Titel »Fürsten von Battenberg« (seit 1917: Mountbatten). Battenberg und Battenfeld fielen 1866 mit dem Biedenkopfer Hinterland an Preußen, wurden ab 1932 dem damaligen Kreis Frankenberg zugeteilt.

Vom **Schloß** und der **Kellerburg** blieben nur Mauerreste. Die **ev. Pfarrkirche** (St. Marien) ist eine schlichte frühgot. Hallenkirche mit schweren Rundpfeilern; in den Nebenapsiden erhielt sich die farbige Architekturfassung. Das **Rathaus** ist ein ansprechender barocker Fachwerkbau.

DG

Laisa (D5)

In dem durch das Sachsengefecht 778 bekannt gewordenen Ort steht als **ev. Kirche** eine romanisierende Hallenkirche des ausgehenden 13. Jh. mit Renaissance-Kanzel (1610) und schöner Barockorgel (wohl erst Mitte 18. Jh.). *DG*

BATTENFELD (D4) → **Allendorf (Eder)** (Waldeck-Frankenberg)
BEBERBECK (G1) → **Hofgeismar** (Kassel)

BEBRA (Hersfeld-Rotenburg I5)

Blankenheim (I5)

Die 1190 in Aua an der Geis gegründete hersfeldische Propstei wurde nach 1229 hierher verlegt, der Beschluß schon 1218 gefaßt.

Ehem. Nonnenklosterkirche, jetzt ev. Kirche. Von der 1schiffigen Kreuzbasilika aus der Gründungszeit ist nur der O-Bau erhalten: Querschiff und quadratischer Chor, alle Teile flachgedeckt. Während die schmucklosen Querhausfenster wie alle Gurte rundbogig sind, finden wir die bevorzugten Bauglieder spitzbogig geschlossen: N-Querhaus-Portal und Chorfenster. Ihren Schmuck bilden Säulen mit Schaftringen und frühgot. Kapitellen. Im Bogenfeld des Portals erscheinen Kreuz und Kreis, aus kräftigen Wulststäben gebildet, miteinander verflochten (das Kreuz regiert den Erdkreis?). – Die Orgel aus der ehem. Rotenburger kath. Schloßkapelle, um 1739, soll anderweitig verwendet werden.

DG

Weiterode (I5)

● Die ev. **Pfarrkirche** gehört zur Gruppe der Nachfolgebauten der Schmalkaldener Schloßkapelle, obwohl sie im Kern viel älter ist: ein frühgot. Chorturm, der seit 1609 als Eingang dient und im Oberteil häufig umgebaut wurde (Turmhaube 1827), ein hochgot., mehrfach verändertes Schiff. 1719 wurde im W das Altarpolygon angebaut; zugleich erhielten das Schiff doppelte 3seitige Emporen und der gesamte Raum eine durchgehende Holztonne. Vielleicht ist der Umbau schon das erste Werk des Schmalkaldener Landbaumeisters Adam Johann Erdinger.

Die Kanzel (1827 erneuert) nimmt den Platz unmittelbar hinter dem Altar ein; auf der östl. Oberempore steht die 1739 von Johan Weyer erbaute Orgel (vgl. [Hohenroda-]Ausbach) mit dichtgefügtem Akanthusornament. Zwischen 1719 und 1739 erhielt die Kirche ihre reiche *Ausmalung* von 2 unbekannten Künstlern: an den Emporen die Apostel, alttestamentliche Darstellungen und Bibelsprüche in dunkel-kräftigen Farben; an der Decke Régence-Kartuschen mit Sonne, Mond und Wolken, lobsingenden Engeln und Putten. Die Deckengemälde sind der Barockausmalung anderer hessischer Landkirchen überlegen.

DG

BEILSTEIN (BC7) → **Greifenstein** (Lahn-Dill)

BENSHEIM (Bergstraße D13)

Das schon 765 genannte Bensheim geht wahrscheinlich auf eine frühfränkische Siedlung zurück; 1232 kommt es von Kloster Lorsch an Kurmainz, das alte Rechte 1320 erneuerte und den Ort zur Stadt erhob. 1461 ist es unter kurpfälzischer Herrschaft, ab 1623 bis zum Übergang an Hessen-Darmstadt 1802 wieder kurmainzisch.

Die Stadt liegt am Austritt des Lauterbaches aus dem Odenwald an einer flachen Berglehne. Die Bergstraße war der Ausgangspunkt zur städtischen Entwicklung; sie führt mitten durch die rechtwinklig angelegte **Altstadt** und teilt auch die südl. halbkreisförmig davorliegende **Neustadt** in 2 Hälften.

Kath. Pfarrkirche. Die 1826 erbaute und dem hl. Georg geweihte Kirche von dem Darmstädter Hofbaumeister Georg Moller steht an erhöhter Stelle in der SO-Ecke der Altstadt am Ort einer abgerissenen Michaelskirche (roman. Tierreliefs in der nach 1948 errichteten Zweiturmfassade). Die pseudobasilikale Anlage mit großer Hauptapsis ist ein gutes Beispiel eines wohlüberlegten und keineswegs sklavischen Rückgriffs auf roman. und frühchristliche Bauformen.

Von der kleinen spätgot. **Spitalkirche** ist der polygonal geschlossene Chor erhalten. – Die **Friedhofskapelle** von 1618 mit gotisierenden Einzelformen hat einen stattlichen Chorturm mit einer schönen Maßwerkrose.

Im Areal der Stadt gibt es eine Anzahl von Adelshöfen, von denen der **Rodensteiner Hof** (jetzt Rathaus) von 1739 der stattlichste Steinbau ist (an der südwestl. Hausecke Hausmadonna). Die südwestl. Gartenecke ziert ein Gartenpavillon, der von Moller stammen könnte. Auch der **Wambolter Hof** ist ein Bau des 18. Jh. (1743). – In der Hauptstraße und am Marktplatz gibt es große **Fachwerkhäuser** (z. T. verputzt). (Am Markt Hausmadonna des 18. Jh.) – Der **ehem. Lorscher Klosterhof** am Marktplatz ist als **Bergsträßer Heimatmuseum** genutzt. – Das **ehem. Spital** ist ein 2geschossiger Bau vom Ende des 18. Jh.

Auf der **Mittelbrücke** von 1773 stehen die Figuren der hll. Johann Nepomuk (1740) und Franz Xaver (1747).

Bensheim-Auerbach

Fürstenlager

Östl. des Dorfes liegen in einer eingeschnittenen Talmulde die Gebäude für einen, der Mode der Zeit folgend, bei einem Gesundbrunnen eingerichteten fürstlichen Sommersitz.

Bei den 1738 erstmals gefaßten Mineralquellen waren schon 1768 durch den Darmstädter Baudirektor Phil. Jac. Mann 2 bescheidene

Kurgebäude errichtet worden, die den Brunnen in die Mitte genommen hatten. 1783–85 wurden von den Architekten Joh. Mart. Schuhknecht und Joh. Nic. Hill nicht ausgeführte Pläne angefertigt. Unter dem Landgrafen Ludwig, dem späteren Großherzog Ludwig I. von Hessen-Darmstadt, entstanden 1790–95 nach dem Vorbild von Wilhelmsbad bei Hanau vermutlich unter der Bauleitung von Schuhknecht die heute noch vorhandenen Baulichkeiten.

Unmittelbar östl. neben dem Brunnen in kreisrunder Fassung mit schöner schmiedeeiserner Tür mit der Jahreszahl 1768 steht als kleines Schlößchen das **Herrenhaus**, ein streng symmetrisches 2stöckiges Gebäude. Westl. des Brunnens liegen 1geschossige Wohn- und Nutzbauten mit hohen Mansarddächern von reizvoller Gesamtwirkung. Nur das höher liegende **Wachgebäude** mit hölzerner Vorhalle und dem Türmchen in der Firstmitte setzt sich in seiner Form von den schlichten Gebäuden ab.

Auerbacher Schloß

Auf einem Bergkegel oberhalb Auerbachs liegen die Reste einer Burg, die wahrscheinlich eine Gründung des Klosters Lorsch ist. Übergang von Kloster Lorsch an das Erzstift Mainz 1232. Als Lorscher Lehensherren werden 1257 die Grafen von Katzenelnbogen genannt, als deren Erben 1479 die Landgrafen von Hessen mit dem Burglehen ausgestattet worden sind. Das Lehnsrecht von Kurmainz erlosch erst 1803. – Schon zu Beginn des 19. Jh. wurde die ab 1674 verfallende Ruine als Aussichtspunkt über die Rheinebene und wegen ihres malerischen Zustandes geschätzt. 1852 fand hier ein großes Künstlerfest statt, das 1862 wiederholt wurde.

Von einer roman. Anlage wurde 1903 ein dicker Rundturm in der Mitte des innersten Hofes entdeckt. Vermutlich im 14. Jh. wurde die Burg völlig ausgebaut und die Vorburg konzentrisch um die Kernburg gelegt. Die Kernburg kehrt als ummauertes Dreieck der Brücke über den Halsgraben die Spitze zu; ein starkes Bollwerk zeigt dem über die Brücke gelangenden Besucher die Breitseite. Vom got. Palas, dessen Erdgeschoß ehem. ein großer Saal einnahm, ragen noch die Umfassungsmauern über 3 Stockwerke hoch. Die im oberen Teil erneuerten Ecktürme der inneren Burg tragen Zinnenkränze.

GB

BERGHEIM (F4) → **Edertal** (Waldeck-Frankenberg)

BERLEPSCH-ELLERODE (I2) → **Witzenhausen** (Werra-Meißner)

BERNEBURG (I4) → **Sontra** (Werra-Meißner)

BETTENHAUSEN (H3) → **Kassel**
BETTENHAUSEN (E8) → **Lich** (Lahn-Dill)

BIBLIS (Bergstraße C13)

Kath. Pfarrkirche St. Bartholomäus. Nach einem Plan des Architekten Joh. Chr. Horst von 1868 entstand 1872–76 die 3schiffige kreuzförmige Basilika in gotisierenden Formen. Die Doppelturmfassade besitzt 3 Portale und eine W-Rose. Die spitzbogigen Arkaden im Inneren ruhen auf niedrigen Rundpfeilern mit aufwendigen Blattkapitellen. Über dem 3bogigen Triforium folgt ein Obergaden mit Rundfenstern. Für die Bauformen standen verschiedene Kathedralen der französischen Frühgotik Pate. – Der Hochaltar enthält ein Relief des Meisters von Leutstetten (aus dem Umkreis des Erasmus Grasser) mit dem Abschied Christi von seinen Jüngern, um 1490. Zahlreiche weitere Figuren und Reliefs des Hochaltars sowie des Sebastians- und Marienaltars gehören gleichfalls spätgot. Zeit an.

Das schlichte spätklassizist. **Rathaus** aus der Mitte des 19. Jh. ist ein Werk aus dem Moller-Umkreis. – Die **Fachwerkhäuser** sind häufiger noch in der für den Ried typischen Kniestockbauweise errichtet (Darmstädter Straße, Heinrichstraße), d. h. die Außenwände haben die Höhe von 1½ oder 2½ Geschossen, bevor die Dachschräge ansetzt.

UG

BIEBERTAL (Lahn-Dill D7)

Vetzberg (D7)

Vetzberg wird 1152 zuerst erwähnt; die Burg wurde von einem Gleiberger Vogt verwaltet (›Vogdisberc‹).

Burg und **Ort** sind in eins verwachsen. Die südl. Ringmauer des Ortes, mit den Resten von 5 Schaltürmen, wirkt wie eine erweiterte Schildmauer der Burg. Das Straßensystem steigt serpentinenförmig zur Burg an. In der Mitte des Burgberings liegt der zerstörte Palas, mit Kaminresten. Östl. davon erhebt sich, als beherrschende Spitze des Berges, der hohe Bergfried mit schmaler abgesetztem Oberteil, ein noch roman. Rundturm.

DG

BIEBRICH (BC10) → **Wiesbaden**

BIEDENKOPF (Marburg-Biedenkopf D5)

Einen freistehenden Gipfelberg benutzten die Thüringer Landgrafen zur Anlage der Burg wohl bald nach 1180. Das unter der Burg um 1234 angelegte »Tal« wird 1254 als Stadt bezeichnet. Mit der »Neustadt« rückte B. 1335 weiter gegen die Lahn vor; nun entstand der Dreiecksmarkt als neues Stadtzentrum. Seit 1606 darmstädtisch, fiel B. durch den Krieg von 1866 an Preußen, doch blieb das »Hinterland« noch bis zur Gebietsreform 1972 von Marburg getrennt. – Bis in die frühe Neuzeit blühte die Eisenhütten-Industrie; die bedeutende Tuchmacherei hielt sich bis ins 19. Jh. Eine ansehnliche mittlere und Kleinindustrie bestimmt heute das Bild von Stadt und Umland.

Burg (Schloß)
Nach 1296 erfolgter Zerstörung wurde die Anlage stark verkleinert, um 1360/65 (oder später) abermals erneuert, 1843–47 von Georg Moller restauriert und mit Zinnen ausgestattet, 1950–63 erneuert (mit Gaststätte).
Der Weg zur Burg tritt von W in den unteren Zwinger an der SW-Seite ein, aus dem ein Spitzbogentor in den Burghof führt, der sich nach N erstreckt. Der 2stöckige Wohnbau flankiert ihn auf der O-Seite; ihm ist ein zweiter Zwinger außen vorgelagert. Der runde Bergfried steht in der südl. Hofmauer. – Der Wohnbau ist gut gegliedert; in beiden Geschossen rahmen schmalere Räume einen größeren Saal; got. Holzstützen tragen die flachen Decken. Got. Kamine befinden sich noch im N-Raum des Erdgeschosses (Küche) und im Hauptraum des Obergeschosses.

Das **Hinterlandmuseum** im Schloß enthält eine umfangreiche und bedeutende Sammlung zur Regionalgeschichte und hessischen Volkskunst. Gezeigt werden Trachten, Einrichtungen von Wohnräumen und Werkstätten sowie Beispiele zur früheren Eisengußindustrie mit einer größeren Ofenplattensammlung.

Die **ev. Pfarrkirche**, eine Hallenkirche aus der Mitte des 13. Jh. ähnlich Breidenbach, wurde 1891 durch einen Neubau ersetzt; Schlußstein und Konsolen des Chores wurden wiederverwendet. Erhalten blieben die Flankenbauten des Chores: im N die Notgotteskapelle von 1415, im S die Sakristei. Von der Ausstattung verblieben: ein guter barocker Kruzifixus; der Taufstein von 1682; der Grabstein des letzten kath. Pfarrers, Hiltwinus († 1520), mit Metalleinlage; die Bronzegrabplatte seines ev. Nachfolgers, 1573.

Die **Hospitalkapelle** von 1414–18 wurde 1617 und im 19. Jh. verändert. Der noch urspr. Chor zeigt üppigen Bauschmuck an den Kapitellen; ein Verkündigungsengel unter einem Baldachin ist erhalten. Die 1974 wiederhergestellte ornamentale Farbfassung stammt aus dem 16. Jh. – Kanzel mit Arkadengliederung und Mauresken, 1. Hälfte 17. Jh. – Orgel: Das Gehäuse, 1904 von Adam

Eifert, wurde aus der Breidenbacher Schloßkirche übernommen, das Werk von Wolfgang Böttner 1977 neu geschaffen.

Das Stadtbild geht vorwiegend auf die Erneuerung nach dem letzten der schweren Brände – 1717 – zurück; das Fachwerk ist nicht überall erhalten und zudem vielfach noch verputzt. Die **Häuser** stehen mit gereihten Giebeln nebeneinander. Älter ist das **v. Schenkenschanzsche Haus** (Bei der Kirche 8/9). – Das **Alte Rathaus** wurde 1719 als 2geschossiger Fachwerkbau über Steinsockel (am Alten Markt) neu errichtet (heute Jugendherberge). Mit ihm bildet das städt. **Brauhaus** eine hübsche Gruppe. Auf der anderen Seite erhebt sich aus dem **Rathausbrunnen**, einem großen mittelalterl. Kump, eine Säule; darauf thront ein Löwe mit dem Stadtwappen.

Außerhalb des Ortskerns liegt die **kath. Pfarrkirche St. Joseph und Elisabeth**, errichtet 1956–57 von Georg und Helmut Müller aus Frankfurt am Main. Die weiträumige, gut durchlichtete Anlage hat saalartigen Charakter.

DG

BIERSTADT (C10) → **Wiesbaden**

BIRKENAU (Bergstraße D13)

Schloß der Freiherren Wambolt v. Umstadt. Das zwischen 1763 und 1773 erbaute Schloß geht auf die Planung Leonhard Stahls zurück, die von J. N. Schwartz z. T. verändert wurde. Erhalten blieb nur das 2geschossige Schloßgebäude mit 3achsigem Mittelrisalit und Mansarddach. – Der barocke Garten wurde 1789 durch Fr. Ludwig v. Sckell zu einem englischen **Park** umgestaltet.

Ev. Pfarrkirche. Nach einem Entwurf Georg Mollers (1816) entstand 1818–20 die im Äußeren schlichte, rechteckige Kirche, deren Inneres im Sinne prot. Predigtkirchen des 16. und 17. Jh. als Emporenbau ausgeführt ist. Die 3seitigen Emporen ruhen auf antikisierenden Säulen und bilden Kolonnaden; die gleiche Gliederung ist im Emporengeschoß wiederholt. – Altar, Kanzel und Orgel sind im O vereint. Die Orgel schuf 1819 der Orgelbaumeister J. Oberdörfer aus Darmstadt.

Die **kath. Pfarrkirche** wurde 1815/16 von dem Moller-Schüler Franz Heger aus Darmstadt entworfen und 1817–19 errichtet. Das Äußere entspricht weitgehend der ev. Pfarrkirche, nur der als tiefe Nische gebildete Eingang stellt eine Variante dar. Im Inneren handelt es sich um einen einfachen Saalbau.

Das **Rathaus** wurde 1552 erbaut. Es besteht aus einem massiven Erdgeschoß von Hans Stainmiller aus Wertheim und einem Fachwerkobergeschoß, das mit Streben und Andreaskreuzen aufwendig gestaltet ist. Die geschnitzten Fenstererker gehören der Wiederherstellung von 1907–10 an.

UG

BIRSTEIN (Main-Kinzig G9)

● Schloß

Den in einem schmalen Seitental der Kinzig gelegenen Ort überragt die Baugruppe des Fürstlich-Isenburg-Birsteinischen Schlosses. Es repräsentiert mit einer Kernburg, einem vorderen und hinteren Schloßhof den Typus jener im Detail nicht sehr aufwendigen Schlösser kleiner deutscher Landesfürsten, die mit ihren Bauten den großen Höfen nachstreben wollten.

Der Tatsache, daß die aus dem Mittelalter stammende und 1279 erstmals erwähnte Burg in den 20er Jahren des 16. Jh. Residenz einer Zweiglinie des Hauses Isenburg wurde, verdankt das Schloß eine Bautätigkeit, die vom 16. bis in das 18. Jh. reicht. Von der mittelalterl. Burg sind Bauteile aus dem 14. Jh. im sog. Küchenbau und im Bergfried erhalten.

Der Besucher, der, vom Ort kommend, den von dem hanauischen Baudirektor Christ. Ludw. Hermann 1733 errichteten **Kanzleibau** durchschritten hat, der mit dem **Brauhaus** und dem **Marstall** (17./18. Jh.) einen niedrigen Baukörper bildet, blickt auf das breitgelagerte sog. **Neue Schloß**, das 1764 an die Stelle eines älteren Gebäudes trat und die dahinterliegenden, um einen Hof gruppierten Häuser verdeckt. Ein 3achsiger Mittelrisalit bestimmt mit dem Mansarddach, das über die anschließenden älteren Bauteile weitergezogen wurde, sein Aussehen. Planleger des äußerlich nicht ganz fertiggestellten Traktes war der nassau-usingische Baumeister Joh. Wilh. Faber, ein Schüler Friedr. Joachim Stengels. Der Hauptbau enthält im Inneren eine Reihe stimmungsvoller Stuckräume des Rokoko; besonders elegant ist der Festsaal. Bauakten nennen bis 1770 den Stukkateur Schwab (aus Lohr?) und einen italienischen Weißbinder Rineri. – Durch den Hauptbau hindurch gelangt man, am **Fürstenbau** vorbeigehend, in einen kleinen malerischen Hof, um den Bauten gelagert sind, die ihre wesentliche Gestalt im 16. Jh. erhielten. Mit dem in die Rückfront des Neuen Schlosses eingebauten runden, die Silhouette des Schlosses überragenden Turm, dem umgebauten mittelalterl. **Bergfried**, und den Treppentürmen am

Küchenbau (im 16. Jh. umgebaut), am 1527 begonnenen Fürstenbau und am **Kapellenbau** von 1555 ergibt sich das stimmungsvolle Bild eines Renaissance-Schloßhofes. – An diesen inneren Hofkomplex schließt sich um den hinteren Schloßhof mit einem Verbindungsbau das **Rüsthaus** (1553 bis 1591) an.

Im vorderen Schloßhof führt eine doppelläufige **Freitreppe** des 18. Jh. in den in einen englischen **Park** umgestalteten Garten.

GB

BISCHOFFEN (Lahn-Dill C6)

Niederweidbach (C6)

Ehem. Wallfahrtskirche St. Maria, jetzt ev. Pfarrkirche. Der Chorturm entstammt dem 14. Jh. Das etwa gleich alte Langhaus wurde inschriftlich 1498 zu einer symmetrisch 2schiffigen Halle umgebaut. 1954 restauriert. – Der erhöht gelegene Kirchenbau trug Wehrcharakter – in Sichtverbindung mit Hohensolms ließ sich von hier aus die Köln–Leipziger Messestraße zwischen Herborn und Marburg überwachen. Dem Turm, der seinen Helm im 19. Jh. erhielt, ging die Wehrplatte zwar verloren; der W-Giebel enthält aber noch die beiden Schlüsselscharten, über denen 2 Querscharten liegen. – Innen teilen ein Achteckpfeiler und eine Säule das Langhaus in 2 Schiffe zu 3 Jochen. Die einfachen Kreuzgewölbe leiten durch eine Sternfiguration zum spitzen Triumphbogen über; das Chorgewölbe ist rippenlos.

Ausstattung. Der *Hochaltar* entstand im 1. Drittel des 16. Jh. Im Schrein steht die Madonna zwischen den hll. Jakobus und Nikolaus. Man spürt Mainzer und Thüringer Einfluß in den wohl hessischen Arbeiten. Die Flügel bemalte Hans Döring mit Marienszenen, deren Vorbilder teilweise in Dürers Werk zu finden sind. – Die Orgel mit Prospekt von 1954 steht hinter dem Altar, der daher vor Überblendung durch die Chorfenster geschützt ist. – Frühgot. Taufbecken mit Maßwerkrand. – Kanzel 1568, Korb 2geschossig mit Säulen und Arkaden. – Im Schiff 2seitige Emporen von 1608, deren Brüstungsgemälde aufgedeckt werden konnten.

DG/UG

BLANKENAU (G7) → **Hosenfeld** (Fulda)
BLANKENHEIM (I5) → **Bebra** (Hersfeld-Rotenburg)
BLEIDENSTADT (B10) → **Taunusstein** (Rheingau-Taunus)
BOBENHAUSEN II (F7) → **Ulrichstein** (Vogelsbergskreis)
BOCKENHEIM (D10) → **Frankfurt am Main**
BORNHEIM (DE10) → **Frankfurt am Main**

BOYNEBURG → **Sontra** (Werra-Meißner I4)
BRAACH (H4/5) → **Rotenburg a. d. Fulda** (Hersfeld-Rotenburg)
BRANDENFELS, Burg → **Herleshausen** (Werra-Meißner K4/5)

BRAUNFELS (Lahn-Dill C8)

Am N-Rand des Hintertaunus, 4 km südl. des Lahntals, liegt Schloß Braunfels auf dem Scheitel einer stattlichen Basaltkuppe. Es beherrscht die alte Heerstraße Wetzlar–Koblenz. – 1129 werden die Herren v. Solms zuerst genannt, seit 1226 als Grafen. Zum Schutz ihres nahegelegenen Stammsitzes Burgsolms gegen Nassau errichteten sie wohl in der 1. Hälfte des 13. Jh. in Braunfels einen Wartturm. Kurz vor 1264 gliederten sie ihm die älteste Kernburg an. Zunächst Residenz einer Nebenlinie, wurde Braunfels seit der Zerstörung von Burgsolms (1384) und wieder seit 1693 solmsische Hauptresidenz. 1742 errangen die Solmser die Reichsfürstenwürde. Der Ort, in mehreren Abschnitten entstanden, erhielt 1607 Stadtrecht. 1806 verloren die Solmser ihre Reichsunmittelbarkeit an Nassau; Braunfels fiel 1815 an Preußen, 1932 wurde es dem hessischen Regierungsbezirk Wiesbaden zugeteilt.

● Schloß

Um 1260 wurde im Anschluß an den spätroman. Wartturm, von dem Teile seiner Mauern im Untergeschoß des Friedrichsturmes verbaut sind, die älteste Kernburg errichtet: ein Palas auf der S-Seite, den auf der südöstl. Ecke wiederum ein Turm bewehrt (»Alter Stock« oder Fahnenturm). Nur in der Kellerregion haben sich Reste dieser Kernburg erhalten. – Das Spätmittelalter brachte einen umfangreichen Ausbau. Um die Burg legten sich ein innerer und ein äußerer Verteidigungsring, dazwischen der Zwinger, durch Einbeziehung der Burgmannensiedlung (»Tal«, 1329 erwähnt) v. a. auf der östl. Angriffsseite gesichert. Im 15. Jh. wurde gerade hier die Verteidigung durch das Vordertal (»Schütt«) erneut hinausgerückt. Auch der Nebenzugang im NW vom Hintertal aus durch die Soldatengasse wurde gesichert und im späteren 15. Jh. durch Ausbau der »Scharfen Ecke« zum Kanonenplatz verstärkt. Graf Otto II. (1459–1504) errichtete südwestl. der Kernburg quer über den Schloßhof den Ottonischen Bau; am SO-Rand des inneren Berings entstand über dem 1491 bez. Torbau die Schloßkapelle. – Der 30jährige Krieg und ein Großbrand von 1679, der Schloß, Tal und Vordertal fast ganz einäscherte, waren Veranlassung zur umfangreichen Neugestaltung in der Barockzeit unter den Grafen Heinrich Trajectin († 1693) und Wilhelm Moritz († 1724). Seit 1662 entstanden Neubauten v. a. im SW (Langer Bau). Wilhelm Moritz verschmolz die einzelnstehenden Bauten des Mittelalters zu geschlossenen Trakten. Im Sinne der preu-

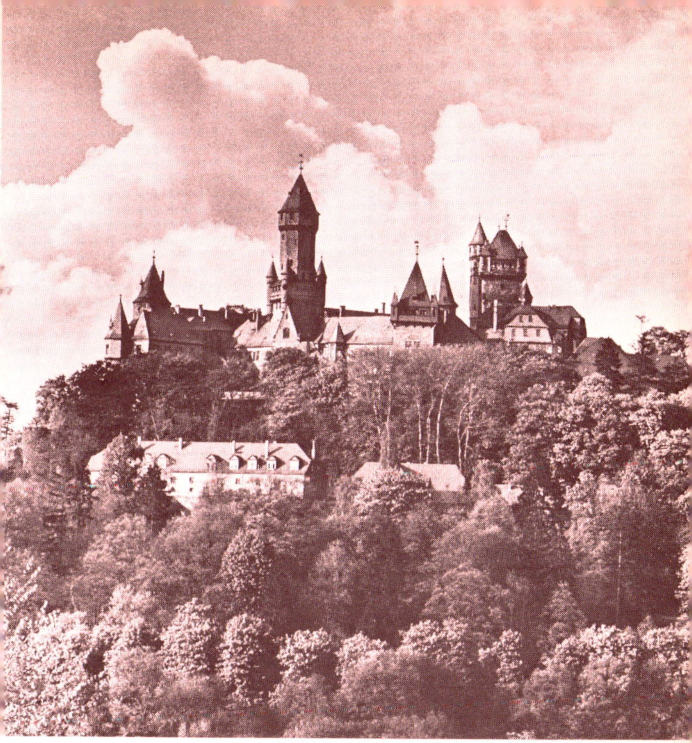

Braunfels. Schloß

ßisch-rheinischen Hochromantik ließ Fürst Ferdinand († 1874) die Kernburg mit Zinnenkranz und Ecktürmchen umgeben. 1847 wurde der wiederhergestellte Rittersaal eingeweiht. In der Bewahrung kubischer Baublöcke blieb klassizist. Formgefühl spürbar. Aus spätromantischer Gesinnung entstand der Umbau des Fürsten Georg († 1891). Völlig neu wurden ein Bergfried 1881–85 errichtet, der N-Trakt und der Alte Stock umgewandelt.

Außenbau. In seinem spätromantischen Charakter ist das Schloß dem Neuschwanstein Ludwigs II. vergleichbar. Das reiche Spiel der Bauten, Dachkrönungen und Türme gilt der Steigerung des »Burghaften« schlechthin. Nah- und Fernwirkung sind als entscheidend berücksichtigt. – Die

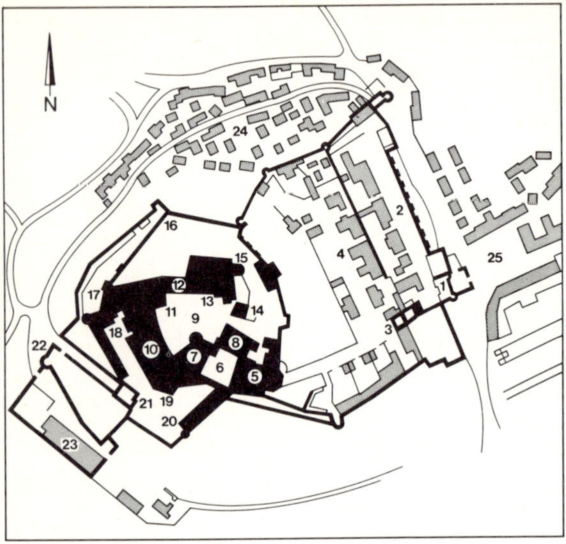

1 Äußerstes Tor
2 Vordertal
3 Glockenturm
4 Tal (Belzgasse)
5 Schloßkapelle, Eisernes Tor
6 Vorhof
7 Ottonischer Bau
8 Weedenbau
9 Haupthof
10 Langer Bau
11 Neuer Bergfried
12 Entreebau
13 Palas, Rittersaal
14 Alter Stock
15 Friedrichsturm
16 Kanonenplatz
17 Hubertusturm
18 Prinz-Albrecht-Bau, Albrechtsturm
19 Georgsturm
20 Kabinettsbau
21 Neutor, Archivbau
22 Rittertor
23 Alter Marstall
24 Hintertal
25 Marktplatz

Braunfels

umfangreiche und malerische Burganlage wird von der Stadt auf der O- und N-Seite umschlossen. Das äußere Tor mit Doppelturm, verschieferten Fachwerkaufbauten und Spitzhelmen öffnet sich in der Längsachse des Marktplatzes. Mit verschobener Achse wird hinter dem mittleren

Tor der Glockenturm sichtbar, auch er von der Torfahrt durchstoßen. Jedes Tor eröffnet nach N zugleich eine Straße innerhalb einstiger Befestigung: das Vordertal nächst dem äußeren, das Tal neben dem mittleren Tor. Der Burgweg steigt nun an und gewinnt durch das Eiserne Tor (1491) unter der Schloßkapelle hindurch den Vorhof, den der Ottonische Bau frontal, der Weedenbau zur rechten Seite begrenzen. Durch den Weedenbau führt eine Durchfahrt zum Kanonenplatz nach N. Von W mündet die durch das Neutor kommende Soldatengasse in den Vorhof. Im Haupthof schließt westl. der Lange Bau mit leicht konkaver Front an; aus der NW-Ecke wächst der Neue Bergfried empor; im N verbindet der Entreebau mit der Kernburg, von der Palas (mit Rittersaal) und im O der Alte Stock sichtbar sind. Nur zwischen Altem Stock und Weedenbau findet die geschlossene Umbauung des Hofes noch eine Unterbrechung. – Inneres. Die *Schloßkapelle*, eine kleine 3schiffige Halle, besitzt eine Tiefe von 3 Jochen; der netzgewölbte Chor schließt mit 3 Achteckseiten. Die Sterngewölbe des Mittelschiffes, in den Abseiten von Kreuzgewölben begleitet, wachsen aus schlanken Rundpfeilern.

Ein Wandbild an der N-Seite des Chores stellt Graf Bernhard III. (1504–47) mit seiner Familie, zu Füßen Mariae kniend, dar. Altarmensa 18. Jh. Bildnisepitaph des Grafen Konrad († 1592) und seiner Gemahlin Elisabeth v. Nassau-Dillenburg († 1603) im S-Schiff.

An der Treppe zum Rittersaal wurde im *Palas* der Bildnisgrabstein des Grafen Wilhelm († 1542) aufgestellt, aus Eferding bei Wien überführt, ein gutes Werk aus spätgot. Tradition.

Im nordöstl. Flügel das **Fürstliche Schloßmuseum** mit einer ansehnlichen Sammlung von Waffen und Kunsthandwerk. Im Zuge der Schloßführung wird im Untergeschoß des Entreebaues ein Teil der reichhaltigen Gemäldegalerie (internationale Malerei) der Fürsten v. Solms-Braunfels gezeigt.

Das Stadtbild, in der Anlage so stark durch die Burg bestimmt, ist von köstlicher Einheitlichkeit. Die Vielzahl 2geschossiger **Fachwerkbauten** mit Zwerchgiebeln verdankt ihre Entstehung vorwiegend der Barockzeit. Dem Wiederaufbau nach dem Stadtbrand 1679 folgte die Einrichtung des Marktplatzes seit 1696 mit vorgeschriebener Bauordnung der Häuser, vollendet 1709 (S-Front) und 1721 (N- und O-Front). Der 3seitig umbaute Platz öffnet sich nach W auf das Äußerste Tor, bildet also – dem Sinne nach –

einen Vorplatz des Schlosses. – Als Einzelgebäude besonders prächtig ist die **Fürstliche Rentkammer** im »Tal«, um 1700; die Schmuckformen ihres Fachwerks sind rheinischer Herkunft.

Ev. Kirche in **St. Georgen** (südl. Stadtteil). Kernbau um 1200: flachgedecktes Schiff mit eingezogenem, quadratischem Chor; das Schiff nach N gotisch verbreitert. Die S-Seite bewahrt das roman. Portal mit eingestellten Säulen.

DG

BREIDENBACH (Marburg-Biedenkopf C5)

Als namengebender Hauptort für den Breidenbacher Grund spielte B. schon im frühen Mittelalter eine Rolle; hier stand die 913 erwähnte Mutterkirche für eine große Talschaft. Seit 1496 behielt Hessen die Oberhand in diesem Teil des Hinterlandes, um den es lange mit Nassau gerungen hatte; die Herren v. Breidenbach konnten ein gewisses Maß an Selbständigkeit bewahren.

Ev. Pfarrkirche. Der heutige Bau entstand in der Mitte des 13. Jh. als mäßig große, in den schweren und kraftvollen Formen des hessisch-westfälischen Grenzgebietes errichtete Hallenkirche. Mit dem steilen, stark gedrehten Spitzhelm beherrscht der hohe Kirchturm die Landschaft. Zwischen Turm und Chor – Bauteilen über quadratischem Grundriß – liegt das Langhaus von 3 Jochen mit seinen schmalen Seitenschiffen (die Nebenapsiden sind verschwunden). Die O-Joche der Seitenschiffe werden durch die Gewölbebildung als Kreuzflügel gekennzeichnet. Die schweren Bänder der Gurt- und Scheidbögen lasten auf den Halbsäulenvorlagen der Pfeiler, von deren Kanten die verlaufenden Grate der kuppligen Gewölbe aufsteigen.

● Plastischen Schmuck gibt es nicht, aber die *Malerei* hat die Aufgabe übernommen, dem Raum mehr Eleganz und Leichtigkeit zu geben. Die urspr. Fassung (1954 aufgedeckt und erneuert) bedient sich der gebräuchlichen Erdfarben, betont die architektonische Gliederung (die Grate gleich Rippen behandelt) und schmückt die Kapitelle mit Blattwerk. Ebenso gibt die Malerei ein Querhaus an. Erst durch die farbige Raumfassung gewinnt der Raum also seinen wirklichen Charakter. Eine Christophorus-Darstellung um 1300 im N-Schiff, ein St. Martin von etwa 1400 an der N-Wand des Chores sind von der urspr. noch umfangreicheren figürlichen Ausmalung am besten erhalten.

Als drittes Element ist für die Innenwirkung der Kirche die prot. Ausstattung bestimmend, die sich sehr harmonisch einfügt.

Die 3seitigen Emporen mit ihren Apostel- und Passionsbildern zerstören den Halleneindruck nicht, gestatten aber malerische Durchblicke; die intarsiengeschmückte Kanzel von 1628 ziert den Raum; besonders stattlich wirkt als Abschluß gegen O die geschlossene Erscheinung des Orgelprospektes, der nebst dem noch erhaltenen Werk 1767 von Joh. Andreas Heinemann errichtet wurde (vgl. die ähnliche Orgel in Ziegenhain). Farbige Fassung der Ausstattung z. T. 1774 (Inschrift an der Orgel).

DG

BREITENAU, Kloster → **Guxhagen** (Schwalm-Eder G3)

BREITENBACH am Herzberg (Hersfeld-Rotenburg H6)

Burg Herzberg ●

Lage, Bedeutung und architektonische Erscheinung stellen Burg Herzberg in den ersten Rang unter den Burgen Kurhessens. Beherrschend liegt sie auf dem 508 m hohen Basaltgipfel eines Knüll-Ausläufers über der wichtigen Straße »durch die kurzen Hessen«, die von der Wetterau über Alsfeld–Hersfeld nach Thüringen führte und in der Autobahn ihre moderne Nachfolgerin gefunden hat. Der Ausblick findet nur im N durch den nahen Rimberg seine Grenze; er umfaßt Vogelsberg, Rhön und Kellerwald mit zahlreichen Tälern und Dörfern und reicht sogar bis zum Inselsberg und zum Rothaargebirge.

Erscheint Burg Herzberg auch erst 1298 urkundlich, so ist ihre Gründung doch weit früher anzunehmen. Nach mehrfachem Wechsel des Lehnsträgers tat Hessen die Burg 1477 an die v. Dörnberg aus, die sie heute noch innehaben. Hans v. Dörnberg ließ 1483–97 durch den Festungsbaumeister Hans Jakob v. Ettlingen die neue Hochburg rings um den älteren Kern errichten. Der Ausbau 1560–63 unter Adolph Wilhelm v. Dörnberg, weitgehend mit Fachwerk, machte sie wohnlicher.

Durch die um 1600 errichtete Bastion und über eine Steinbrücke gelangt der Besucher zur **Vorburg**, deren Rundbogenportal der viereckige Kommandantenturm sichert. Gegenüber liegt der 1516 bezeichnete Eingang zur **Hochburg**. Sie ist ein unregelmäßiges, nach N verjüngtes Trapez, besetzt mit 4 Ecktürmen, deren kräftig-gedrungene Rundform typisch für den Baumeister ist (vgl. Friedewald). Ein fünfter Turm, der Gerichtsturm, flankiert zur Rechten den Eingang inmitten der etwa 85 m langen südl. Mantelmauer.

Sein Obergeschoß ist 1536 bezeichnet; Fachwerkaufbauten 1563. Der Eckturm im NO (nicht NW) ist 1487 bezeichnet. – Im Obergeschoß des SW-Turmes wurde 1563 ein »Rittersaal« eingerichtet; das Renaissance-Portal ist noch erhalten. – Durch das Portal betritt man den Innenhof, worin östl. neben dem Fundament des sog. Bergfrieds (eigentlich eines spätgot., runden Batterieturms) die vielfach restaurierte **Kapelle** steht. Den gegenwärtigen Saalcharakter erhielt sie 1661 beim Einbau der Empore und 1743 bei Anlage der hohen Fenster; sie geht aber im Mauerwerk auf das 14. Jh. zurück (zwischen 1343 und 1372).

DG

BREITHARDT (B9/10) → **Hohenstein** (Rheingau-Taunus)

BREUBERG (Odenwaldkreis F12)

Neustadt (F12)

● **Burg Breuberg**

Der Grundbesitz des Klosters Fulda mit dem Mittelpunkt Umstadt reichte bis in das nördl. Mümlingtal und bedurfte dort einer Verwaltungsburg. Bewohnt wurde sie von Dynasten, die sich seit 1229 Herren v. Breuberg nannten. Sie starben bereits im 14. Jh. aus. Ihr Erbe teilten sich die Herren v. Trimburg, Wertheim und Eppstein. Seit 1497 gehörten Burg und Amt allein den Grafen v. Wertheim, die den Burgsitz wehrhaft ausbauten. 1556 gelangte die Festung an die Häuser Erbach und Löwenstein, 1806 Landeshoheit an Hessen-Darmstadt, seit 1945 Landeseigentum.

Die weitläufige Burg, eine gut durchdachte spätmittelalterl. Verteidigungsanlage mit schweren Batterietürmen, Gräben und Zwingern, bekrönt über dem Mümlingtal einen Bergkegel, der nur durch einen Sattel Verbindung mit den Höhen des nordöstl. Odenwaldes hat. In der malerischen Gruppierung von Mauern, Türmen und Häusern ergibt sich besonders von S ein eindrucksvolles Bild.

Der **Torbau** vor dem äußeren Burghof trägt das Wappen des Erbauers dieser Festungsbauten, des Grafen Michael II. v. Wertheim. Die Tafel mit Jahreszahl 1499 über seinem Wappen (Erneuerung des 19. Jh.) nennt wohl den Baubeginn. Den Eintretenden umfängt der Reiz eines ruinenhaft verfallenen Renaissance-Hofes. Nur der **Johann-Casimir-Bau** gleich neben dem Tor ist noch unter Dach

(1613). Eine Außengalerie mit Maßwerkbrüstung verband ihn ehemals mit dem anschließenden **Löwensteinischen Kanzleibau** des 16. Jh. Der Johann-Casimir-Bau beherbergt den wertvollsten Schatz der Burg, eine *Stuckdecke* aus d. J. 1605–24. Sie überspannt den Rittersaal im 1. Obergeschoß. Ihre figurenreiche Komposition mit Darstellungen aus der klassischen Mythologie und Sage in Medaillons wird von Wappenreihen begleitet. Diese Schöpfung zählt zu den wichtigsten Spätrenaissance-Decken in Südwestdeutschland (vgl. die Decken von 1598 in Schloß Weikersheim). Als Stukkateur kommt Eberh. Fischer aus Babenhausen in Betracht, der sicher auch die Stuckdecke im Einhard-Haus in Seligenstadt gefertigt hat.

Oberhalb des äußeren Burghofes streckt sich die **Kernburg** in westöstl. Richtung über den Hügel, überragt von dem im inneren Burghof freistehenden quadratischen **Bergfried** vom Ende des 12. Jh., mit Buckelquadern erbaut (Dachaufbau 1610). Auch das rundbogige Burgtor ist romanisch und mit dem Turm das älteste erhaltene Bauglied der Burg. Die Tordurchfahrt überragt der got. Treppengiebel des »**Altbaus**«, der die Brunnenhalle birgt. – Die **Burgkapelle**, die sich nördl. des freistehenden roman. Wehrturmes an den »Altbau« anlehnt, wird 1357 erstmals genannt. Über den Kapellenraum legte das 18. Jh. ein einfaches Wohngeschoß. Der östl. des Turmes stehende, an die Kapelle anschließende **Obere Saalbau**, auch Frauenhaus genannt, ist vielfach umgebaut worden. Im Obergeschoß befindet sich ein Festsaal von 1553 mit Doppelfenstern und einem prächtigen Erker an der SO-Ecke. – Südl. des Bergfrieds liegt der sog. »**Got. Palas**«, ein einheitlicher Erbachischer Bau d. J. 1568. **Burgküche** und **Münze** mit gewölbten Räumen befinden sich dicht aneinandergedrängt in der SW-Ecke des inneren Burghofes.

Erwähnenswert ist noch im W des äußeren Burghofes, auf der Schütt, das anspruchslose **Erbacher Zeughaus** unter Dach. Das **Wertheimer Zeughaus** von 1528 steht mit einem Pilasterportal, das mit den gleichen zarten Renaissance-Formen wie das Wappenrelief am Torbau geziert ist, als Ruine. Über dem Portal die Hüftfigur eines Armbrustschützen in einer Ädikula-Umrahmung, die auf einem Täfelchen die Inschrift trägt: »Hans Stainmiller macht mich.«

GB

BREUNGESHAIN (F8) → **Schotten** (Vogelsbergkreis)

BROMSKIRCHEN (Waldeck-Frankenberg D4)

Ev. Pfarrkirche (St. Martin)

Die Kirche hat einen Kern aus dem späteren 12. Jh. und war urspr. eine 3schiffige Basilika, doch gingen die Seitenschiffe verloren. 1574–85 wurden die Obergadenfenster mit Vorhangbögen erneuert. Der Turm wich 1644 einem Dachreiter; der jetzige ist klassizistisch. Der Chor ist 1700 bezeichnet. Die Ausstattung des 16.–18. Jh. gab dem Inneren ungewöhnlich malerischen Charakter, der bei der Restaurierung 1936 voll berücksichtigt wurde.

Von der roman. Basilika blieben die beiden Doppeljoche des Mittelschiffes (urspr. im gebundenen System) erhalten. Die Pfeilerkämpfer der niedrigen Arkaden stehen in ihrer Palmetten- und Eierstab-Ornamentik unter niedersächsischem Einfluß. Zwischen Gurt- und Schildbögen saßen wohl Kreuzgratgewölbe nach üblicher Art der Wesergruppe. Heute ist das Schiff flach gedeckt; der jüngere Chor, der in 3 Seiten des Sechsecks schließt, hat eine Muldendecke.

Emporen umziehen Chor und Schiff; Schwellen und Pfosten der Dockenbrüstung im Schiff sind reich geschnitzt (bez. 1580). Gleichzeitig das Gestühl. Die 2zonige Kanzel, mit Schalldeckel, kam 1652 hinzu. Zu Beginn des 18. Jh. wurde die Ausstattung vervollständigt: der Hochaltar mit Akanthuswerk (das Bild 19. Jh.); die S-Empore; die 1704 bezeichnete Orgel von sehr stattlicher Erscheinung (ein Türmchen mit auf den Kopf gestellten Pfeifen unterstützt den Mittelturm). Das ganze Innere wird durch die reiche barocke Ausmalung – nach 1704 – zu vorzüglicher Einheitlichkeit zusammengeschlossen, eine Verwirklichung des Gedankens vom Gesamtkunstwerk in kleinem Rahmen und mit dörflichen Mitteln.

Das **Rathaus**, ein Fachwerkbau mit schönem Schnitzwerk, ist an der fein gearbeiteten Tür 1619 bezeichnet; Daniel Dornseif war der Erbauer.

DG

BUCHENAU (I6) → **Eiterfeld** (Fulda)

BÜDINGEN (Wetteraukreis F9)

Die Stadt Büdingen, Mittelpunkt der gleichnamigen Herrschaft, kam vor 1247, nach dem Aussterben der 1131 erstmals genannten Herren v. Büdingen, an die Herren v. Breuberg, v. Ysenburg und v. Trimberg; 1327 ging sie in den Alleinbesitz der Ysenburger über. Stadtrechte (für die »Altstadt«) 1330. 1816 fiel sie nach Teilung des Fürstentums Isenburg zwischen Kurhessen und Hessen-Darmstadt an Hessen-Darmstadt.

Am SW-Hang des Vogelsberges im tief eingeschnittenen Seemenbachtal bietet das Städtchen mit dem Schloß, den fachwerkgeschmückten Straßenfronten und der starken Befestigung das Bild einer kleinen altertümlichen Residenzstadt. Ihr Reiz liegt auch heute noch in der Geschlossenheit des Stadtbildes, das sich mit der umliegenden Landschaft zu einer glücklichen Einheit verbindet. Im W der Burganlage liegt der Siedlungskern, die heutige »**Altstadt**«; sie besteht aus 2 rechtwinklig aufeinander zulaufenden Gassen; nördl. davon entstand vor 1390 die »**Neustadt**«. Beide Stadtkerne wurden im Laufe des 15. Jh. durch große Mauer- und Zwingeranlagen mit 3 Toren zusammengefaßt. Westl. des Untertores fügte sich ab 1712 eine einheitlich geplante Handwerkersiedlung, die **Vorstadt**, an. Im heutigen Stadtgebiet, westl. der alten Stadt, liegt als Friedhofskirche die

Remigiuskirche.

Die Friedhofskirche war Pfarrkirche des Büdinger Reichsforstgebietes in der Siedlung Großendorf und Vorgängerin der Stadtkirche; Übertragung des Pfarrgottesdienstes in die Büdinger Marienkirche 1495.

Der hohe Wert dieser kleinen Totenkapelle liegt in ihrer außerordentlich frühen Gründungszeit (Patrozinium und Spuren einer Holzkirche aus dem 8. Jh.). Der älteste Baubestand ist 11. Jh. Trotz der einfachen äußeren Erscheinung umgibt sie ein Hauch des Romantischen. Die Kirche hat einen T-förmigen Grundriß (W-Bau einem rechtwinklig anstoßenden O-Bau quer vorgelagert). Einen ähnlichen Grundriß hat die St.-Severin-Kirche in Passau. Der W-Bau, in dessen Untergeschoß 10 bemerkenswerte Kreisfenster in äußeren Sandsteinplatten eingelassen sind, wurde in einer zweiten Bauzeit aufgestockt und mit einer inneren Steintreppe versehen. Man kann sich den W-Bau im Inneren als Halle mit Empore vorstellen, die einem politisch Mächtigen Gelegenheit bot, von erhöhter Stelle aus dem Gottesdienst beizuwohnen. Im O schloß sich an das kleine Kirchenschiff eine Halbkreisapsis an, deren Stelle ein Ende des 14. Jh. errichteter rechteckiger Chor mit Rippenkreuzgewölbe und Gewölbemalereien eingenommen hat. Die 3teilige Arkade zwischen W-Bau und Langhaus und die Bogenstellungen im

Obergeschoß sind wahrscheinlich spätes 11. Jh., andere Umbauten 13.–15. Jh. – Im Inneren und an den Außenwänden bemerkenswerte Grabsteine des 16.–18. Jh.

Marienkirche (ev. Stadtpfarrkirche)

Eine erste steinerne Marienkapelle wurde 1377 an der Stelle einer Holzkapelle aufgeführt (Reste im abgesondert stehenden Turm). Lt. Bauinschrift begann man 1476 von O nach W mit dem Bau einer neuen Kirche. Der tiefe Chor war in 4 Jahren vollendet; bis 1491 stand die 3schiffige quadratische Halle, die nur wenig länger als der Chor ist. U. a. wird beim Bau der Kirche Siegfried Ribsche als Steinmetz genannt; er war auch an der Marienkirche in Hanau tätig.

Der Gesamteindruck im Inneren ist von spätgot. Formgefühl geprägt. An den Schnitt- und Gabelpunkten des Netzgewölbes im Chor sind 36 Wappenschilder, meist aus gebranntem Ton, angebracht, die eine auf den Bauherrn Ludwig II. v. Ysenburg bezügliche Wappengenealogie aufweisen (ähnliche Anordnung im Chor der Marienkirche in Hanau). Die 3schiffige quadratische Halle ist ebenfalls mit einem feingliedrigen Netzgewölbe überspannt, das von 4 mächtigen Sandsteinsäulen getragen wird. – Im Chor Grabmal des Anton v. Ysenburg und seiner Gemahlin, CWR sign. und 1563 dat., unter dem Einfluß des Dietrich Schro aus Mainz.

● **Schloß**

Die ehem. Wasserburg auf einer Insel des Seemenbaches gehörte mit den gleichaltrigen Anlagen – Saalhof in Frankfurt, Kaiserpfalz in Gelnhausen, den Reichsburgen in Friedberg und auf dem Glauberg, der Ministerialenburg in Münzenberg und den Dynastenburgen in Hanau, Dorfelden, Ortenberg und Staden – zum staufischen Befestigungssystem der Wetterau. Sie wurde wahrscheinl. nach 1166 von Hartmann v. Büdingen an der NW-Ecke des Reichsforstes Büdinger Wald zu dessen Schutz angelegt.

In die erste Erbauungszeit weisen die Buckelquadern der alten **Wehrmauer**, die in der Außenfront der 13eckigen Kernburg noch erhalten ist. – Um einen stimmungsvollen, rundherum geschlossenen Burghof liegen mit dem Bergfried, dem Palas und der roman. Kapelle noch Teile der aus der Stauferzeit stammenden Wasserburg. Ein früh niedergelegter Rundturm stand im O-Teil des Hofes frei. Sein Nachfolger ist der **Bergfried** in der Nähe des Tores, dessen Unterturm im 13. Jh. aufgeführt wurde. Er erhielt im 15. Jh. einen zurückgesetzten Oberturm. Leider mußten die ihn be-

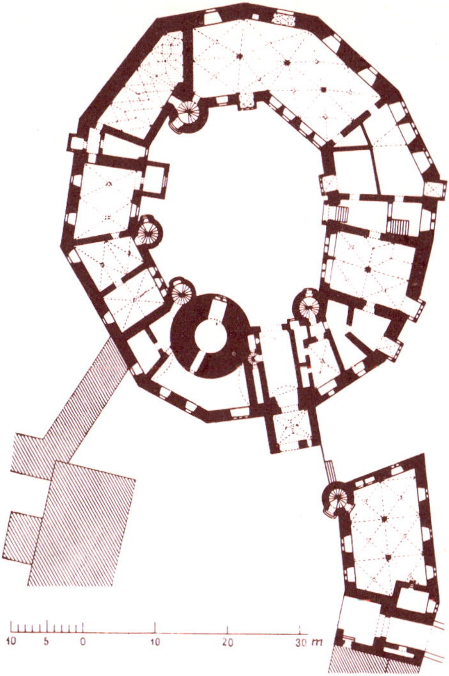

Büdingen Schloß Grundriß

gleitenden 4 Rundtürmchen 1758 beim Bau des Laternendaches weichen. – An der N-Seite folgt der **Palas.** Vermutlich war sein Obergeschoß wie in Gelnhausen oder Münzenberg über eine Freitreppe zugänglich. Das W-Portal ist als Kleeblattportal mit alten Teilen rekonstruiert; das rundbogige O-Portal liegt hinter einem Erker von 1601. Im Erd- und Obergeschoß sind noch roman. Fenster erhalten; die schönste Fenstergruppe mit einer verknoteten Säule ist im sog. *»Byzantinischen Zimmer«* zugänglich. – An den Palas schließt sich die **roman. Kapelle**, die mit ihrem kleinen, fein gearbeiteten Säulenportal aus dem Anfang des 13. Jh. stammt (ein ähnliches Tympanon in der Pfalz in Gelnhausen). – Die Spätgotik veränderte das roman. Gefüge. Über die roman. Kapelle legte man 1495–97 eine **got. Schloßkapelle.** Den hohen Raum mit unregelmäßigem Grundriß überspannt im Inneren ein Netzgewölbe.

Das mit Heiligenfiguren und Wappen des Stifters der Kapelle ornamentierte Chorgestühl wurde von Peter Schanntz und Michel Silge aus Worms 1497–99 in Büdingen geschnitzt. Kanzel mit Steinreliefs, 1610, von Konr. Büttner gemeißelt. Aus Kloster Marienborn stammt das Doppelgrab Johann v. Ysenburgs und Sophie v. Wertheims (um 1400); über der Eingangstür eine gute Pietà vom Ende des 15. Jh.; aus der gleichen Zeit das Altarkruzifix.

Nächst dem Kapellenbau liegt der **Krumme Saalbau** mit Kreuzstockfenstern aus dem 15. Jh. und Erker aus der Mitte des 16. Jh. Das anschließende Barockportal mit dem plastischen Schmuck des Treppenhauses ist 1673 von Barth. Schneller dem älteren **Küchenbau** vorgelegt (dieser 1470 aufgestockt, Zwerchgiebel um 1600). Treppentürme am Kapellenbau und südl. der Torhalle um 1500.

Im Inneren sind gewölbte Räume und im 16. und 19. Jh. ausgemalte Säle teilweise als vorbildlich eingerichtetes **Schloßmuseum** zugänglich (bemerkenswert die Malerei mit Musikantengruppe von Erh. Sanßdorffer von 1546 im »Gemalten Zimmer«).

Die Vorburg fügte sich in got. Zeit hufeisenförmig an die roman. Wehranlage. Der **Wachtbau** wurde 1533 bezogen; der **»Neue Bau«** ist 1836 an die Stelle eines barocken Kanzleibaus getreten.

Der **Oberhof** (Obergasse 23) am Obertor wurde 1569–71 in guten Renaissance-Formen für Gräfin Barbara von Konr. Leonhard erbaut.

● **Stadtbefestigung.** Die Stadtmauern umziehen noch heute kaum verändert die alte Stadtanlage und werden sorgfältig erhalten. Um 1500 wurden Geschützbastionen vorgelegt. Das **Untertor** (Jerusalemer Tor) von 1503 ist eines der schönsten Beispiele einer Verbindung damals moderner Verteidigungstechnik mit künstlerischer Intuition. *GB*

Das **Rathaus** (Altstadt) ließ 1458 Graf Dieter v. Ysenburg-Büdingen errichten; den straßenseitigen Staffelgiebel und den Fachwerkaufbau erhielt es in seinen heutigen Formen erst Ende des 15. Jh. Die ehem. Halle im Erdgeschoß beherbergt heute das **Karl-Heuson-Museum**, eine heimatkundliche Sammlung.

● Die Altstadt ist reich an guten **Fachwerkhäusern.** Die ältesten stammen aus dem 2. Viertel des 15. Jh., **Kronengasse 14** und **Altstadt 11** (1811 umgebaut); bei beiden Häusern gibt es bereits ein vorkragendes Obergeschoß, zur Versteifung des Fachwerks dienen jedoch nur wenige Streben oder Bänder an den Hausecken. **Rathausgasse** 2 (um 1450/60) und **Schloßgasse 15** (um 1460, mit steinernem Eckerker) weisen bereits auf eine Entwicklung hin, die in Büdingen ihren Höhepunkt mit dem Haus **Schloßgasse 11** (um 1490) hat: Gebogene Streben und Bänder gestalten die Fassade in besonders malerischer Weise, es werden weit mehr Hölzer verarbeitet, als konstruktiv nötig sind. Die Fassade wird also weniger durch die innere Hauskonstruktion als durch den Repräsentationswillen des Bauherren bestimmt. Diese Entwicklung ist für den westlichen mainfränkischen Raum typisch. – Nennenswerte Renaissance-Häuser sind **Kirchgasse 4** (1562, mit 2 Erkern) und **Schloßgasse 20** (1609–10); der Barockzeit gehören **Kronengasse 10** (1685), **7** (um 1700, die vorkragende Fensterzone des Obergeschosses verweist auf thüringischen Einfluß) und **Schloßgasse 2** (1703, Lautersches Haus) an. Besonders eigenwillig ist die Fassade von **Markt 6**, an der Nahtstelle zwischen Altstadt und Neustadt 1699 erbaut und 1795 erweitert. Beide Bauphasen sind deutlich voneinander zu unterscheiden. – Die Vorstadt wurde als dritter Stadtteil zwischen etwa 1712 und 1725 angelegt; die 2geschossigen Fachwerkhäuser sind in einheitlicher Bauweise mit der Traufe zur Straße errichtet.

UG

BÜRABERG → **Fritzlar** (Schwalm-Eder G4)

BURGHAUN (Fulda H6)

Der Ort, der von der Stammburg der Herren v. Haune den Namen bekam, wird 1253 erwähnt. Etwa seit 1400 trug der Ort stadtähnlichen Charakter; eine volle Stadtrechtsverleihung erfolgte allerdings nie. Durch Aussterben der v. Haune 1628 und durch Tauschvertrag mit den Schenk 1692 ging Burghaun an Fulda über. Die letzten städtischen Sonderrechte erloschen unter kurhessischer Herrschaft 1854. – Die im Spätmittelalter entstandene Befestigung verfiel wohl seit 1777, jedenfalls wurde damals das Torhaus des einzigen Tores vermietet.

Nur noch Reste der Stadtmauer sind erhalten. Das Bild des Ortes bestimmen heute die beiden Barockkirchen, die geschwisterlich nebeneinander eindrucksvoll über dem Tal der Haune liegen. ●

Kath. Pfarrkirche. Der Entwurf für die Kirche stammt wahrscheinlich von dem Fuldaer Stiftsbaumeister Johann Dientzenhofer, dem Schöpfer des Domneubaus in Fulda. Der Bau wurde unter dem Fürstabt v. Schleifras 1707 begonnen und durch Const. v. Buttlar 1717 vollendet. Der schlichte Saalbau hat einen eingezogenen Chor, der etwa ein Viertel der Kirche einnimmt. Der große Chorturm trägt eine doppelt geschweifte Haube mit Laterne. 2 Kolossalfiguren, die hll. Benedikt und Adalbert, 1731 von der Hand des Fuldaer Bildhauers Christian Joseph Winterstein, schmücken die W-Front. Viele Einzelheiten, wie die Profile des Portals, die Fenster der Seitenwände und der Rückseite, erinnern an Fuldaer Vorbilder. Im Inneren sind Seitenemporen mit Balusterbrüstungen eingebaut. Die Ausstattung – Hochaltar mit holzgeschnitzter Himmelfahrt Mariä, 2 Nebenaltäre und Kanzel – entstand bis gegen 1730, die barockisierende Orgel 1880. – Das 1728 erbaute **Pfarrhaus** führt im Segmentgiebel das Wappen des Fürstabtes Dalberg.

Ev. Pfarrkirche. Die Toleranz des 18. Jh. ist kaum besser zu begreifen als in Burghaun, wo der kath. Fürstabt Adolf v. Dalberg 1728 auch seinen ev. Untertanen eine Pfarrkirche zugestand und ihnen den Platz unmittelbar neben der größeren kath. Schwester gab. Dalbergs Wappen ist im Segmentgiebel des Hauptportals dargestellt. Der Chorturm wird von einer doppelt geschweiften Haube mit Laterne bekrönt. Im Inneren trägt der schlichte Saalbau typisch prot. Gepräge mit doppelten, 3seitig umlaufenden Emporen; um so überraschender wirkt der dekorative Hochaltar. In der Mitte der auferstandene Christus, durch dessen Gloriole das Licht des O-Fensters strahlt; seitlich Petrus und Johannes Ev., in der Bekrönung Engel und Putten. Christian Jos. Winterstein vollendete den Altar 1734. *DG*

Rothenkirchen (H6)

Ev. Kirche. Mit seinem Chorturm folgte der 1746 errichtete Neubau der spätgot. Tradition und verband sie mit der Nachfolge der Schmalkaldener Schloßkapelle: Das Schiff mit bemalter Spiegeltonne war von doppelten Emporen 3seitig umzogen. Wegen Baufälligkeit 1957 bis auf den Turm abgebrochen und wiederaufgebaut. – Die prachtvolle Barockorgel ist ein spätes Régence-Werk. Der Taufstein, Renaissance, mit Schlingenmustern, steht dem 1582 entstandenen in Odensachsen nahe.

Totenkirche (St. Markus, »Rothe Kirche«). Sie liegt jenseits der Haune auf dem hochgelegenen alten Friedhof; von der Wehrmauer sind nur noch Reste vorhanden, aber die Kirche selbst ist wohl das typischste Beispiel einer Wehrkirche, das sich in Hessen erhalten hat. N- und W-Seite der Saalkirche des 13. Jh. sind bis auf Schießscharten fensterlos. Im O Chorturm.

Der steinernen **Haune-Brücke** wird ein hohes Alter zugeschrieben. *DG*

BUSECK (Lahn-Dill E7)

Großen-Buseck (E7)

Ev. Pfarrkirche (ehem. St. Laurentius). Die Baugeschichte der kreuzförmigen Kirche zieht sich von der Romanik bis in das 18. Jh. hin. Querhaus und Turmuntergeschosse gehören dem späten 12. Jh. an; der Turm ist mit Rundbogenfries und rundbogigem Portal versehen. An das Querhaus fügte man im 14. Jh. einen neuen Chor an; das Querhaus erhielt gleichzeitig sein Gewölbe. 1763 wurde das Langhaus in schlichten frühklassizist. Formen erneuert und mit einer Empore versehen. Nach der Freilegung alter Wandmalereien in Chor und Querhaus (Apostel und ein hl. Martin) vermittelt die Kirche den Kontrast zwischen dem mittelalterl. ehem. kath. O-Bau und dem frühklassizist. prot. Langhaus. – Zur Ausstattung gehören die Kanzel von 1605 und die Orgel (1870) von Joh. G. Förster. – Von besonderer Bedeutung sind die originalen Dachstühle, ein roman. liegender Stuhl über dem Querhaus und ein stehender got. Stuhl über dem Chor mit hohen Firstsäulen.

Das **Rathaus**, ein 2stöckiger Fachwerkbau, entstand um 1600. – Bemerkenswert für den neuzeitlichen **Wohnbau** ist die Friedensstraße nahe dem Bahnhof mit Backsteinbauten um 1905/10.

UG

BÜSSFELD (F6) → **Homberg (Ohm)** (Vogelsbergkreis)

BUTZBACH (Wetteraukreis D8)

Seit 1955 begonnene Ausgrabungen in einem römischen Limes-Kastell und einer anschließenden Siedlung am NW-Rande von Butzbach lieferten wichtige Erkenntnisse zur römischen Provinzialkultur. Im Mittelalter hatte die Stadt, für die sich 1321 Philipp v. Falkenstein Stadtrechte geben ließ, als Etappenort an wichtigen Handelsstraßen in der fruchtbaren Wetterau Bedeutung. Im 15. und 16. Jh. gehörte die Stadt vier Herren; 1609–43 regierte hier in einem von ihm erbauten Schlößchen Landgraf Philipp von Hessen-Butzbach, der in der Markuskirche seine Ruhestätte gefunden hat. Seit 1741 ist die Stadt im Besitz von Hessen-Darmstadt.

Ev. Markuskirche. Mit der Michaelskapelle über dem ehem. Beinhaus bildet die Kirche inmitten des ummauerten Kirchhofes eine bewegte Baugruppe. Got. Bauteile des 14. und 15.

Jh. schließen sich mit mehreren Um- und Erweiterungsbauten zusammen. Die Chorpartie mit dem Hauptchor und den Nebenchören (südl. etwa 1470, nördl. um 1500), die in einer Flucht abschließen, ist von außen weitgehend im alten Baubestand erhalten. Dagegen war eine Instandsetzung von 1904 mit Veränderungen des Langhauses verbunden. – Im Inneren hat die Erweiterung der Seitenschiffe im 15. Jh. eine annähernd quadratische Halle geschaffen, die sich in den ebenfalls zu einer Halle verbundenen 3 Chören fortsetzt. Das Mittelschiff einer spätroman. Basilika mit quadratischen Pfeilern des 13. Jh. ist in die spätgot. Anlage einbezogen.

Im südl. Chor Baldachinepitaph für Landgraf Philipp von Hessen-Butzbach, der sich schon zu seinen Lebzeiten darunter eine Gruft für seine Familie einrichten und mit feinen, 1622 datierten Stuckreliefs schmücken ließ (von Christian Steffan, auch in der Stadtkirche in Darmstadt tätig). Die Orgel stammt von 1614.

In der **ehem. Michaelskapelle**, einem schlichten 2stöckigen Basaltbau aus der 2. Hälfte des 15. Jh., ist das **Heimatmuseum** untergebracht.

Der viereckige Markt liegt im Mittelpunkt der ungefähr kreisrunden Stadtanlage. Stattliche **Fachwerkhäuser** (»Alte Post« 1636, »Goldener Löwe« 1709), die meist Gasthäuser waren, bestimmen – manchmal 4geschossig – seine Platzwände. Darunter auch die Giebelfront des **Rathauses**, das 1560 fertiggestellt, 1869 umgebaut und 1927 in Anlehnung an die alte Form wiederhergestellt worden ist; die große Uhr trägt die Jahreszahl 1630.

● Das **ehem. Solmssche Schloß** (15. Jh., stark verändert; mit gutem Renaissance-Treppenhaus von 1588) und das **ehem. Landgräfliche Schloß** (1610 erbaut) sind recht einfache Bauten.

Teile des **Stadtmauerringes** aus dem 14. Jh. mit Türmen sind erhalten.

GB

Nieder-Weisel (D8)

Johanniterkirche

Sie gehört zur Niederlassung des Johanniterordens (Komturei), 1245 zuerst erwähnt. Von großem historischem und kunstgeschichtlichem Interesse als eine der selten erhaltenen frühen Kirchen des Ordens und als ungewöhnliche Doppelanlage, vermutl. Hospital.

Der sorgfältig behandelte Außenbau mit Lisenengliederung läßt die beiden übereinander angeordneten Räume ablesen, die ein Rundbogenfries mit Zickzackband trennt. Das Untergeschoß besteht aus einer 3schiffigen Halle von 4 Jochen mit 3 Apsiden im O. Die meist quadratischen Pfeiler sind mit Halbsäulenvorlagen versehen, welche die kräftigen Gurtbogen und die Kreuzgratgewölbe tragen. Von der westl. Vorhalle führten 2 Treppen zum Obergeschoß empor (nur die nördl. stark verändert erhalten). Dieses war urspr. ein holzgedeckter Saal mit halbrunder Apsis im O. Es diente als Krankenraum. Durch 3 Öffnungen im Fußboden konnten die Kranken unmittelbar am Gottesdienst im Untergeschoß teilnehmen. (Der Orden widmete sich der Krankenpflege; seine Niederlassungen waren in der Regel mit Spitälern verbunden.) Die Einzelformen sind mit den spätroman. Bauten der Gegend verwandt (Ilbenstadt, Münzenberg, Gelnhausen) und gehören dem 1. Drittel des 13. Jh. an.

Ev. Pfarrkirche. Im roman. W-Turm eine Kapelle im Obergeschoß mit kleiner O-Apsis. Das 1545 und 1616 umgebaute Schiff hat eine schöne Stuckdecke von 1616.

EH

CALDEN (Kassel G2)

Schloß Wilhelmsthal ●

Süden und Norden Deutschlands reichen sich die Hand, um eine der köstlichsten Schöpfungen des 18. Jh. in Wilhelmsthal hervorzubringen. Die Anfänge sind ganz bescheiden. Amalie Elisabeth, Regentin Hessens 1637–51, erwirbt 1643 das Gut Amelgotzen, hernach Amalienthal. 1743 fällt die Wahl Wilhelms VIII. auf das kleine Landgut, das nun zu einem fürstlichen Sommersitz für den Regenten ausgebaut wird. Wohl 1744 liegt der Gesamtplan des Münchener Hofarchitekten François de Cuvilliés vor. Zunächst wird der Garten, 1747 auch der Schloßbau begonnen. Die Thronfolge Wilhelms, 1751, beschleunigt die Arbeiten, der Ausbruch des 7jährigen Krieges hemmt sie bald. So bleibt die Gartenanlage unvollendet; der Innenausbau des Schlosses zieht sich lange hin.

Vom Schloß Wilhelmshöhe führt die Rasenallee von S auf Wilhelmsthal zu; die Haupteinfahrt im W zwingt zum Bogen. Im Anschluß an das Rondell, das Landgraf Friedrich II. (1760–85) schaffen ließ, sind 2 Wachhäuser vorgelagert, die Simon Louis du Ry 1756–58 erbaute. Die 3 Flügel um den Ehrenhof dagegen sind Cuvilliés zu danken. *Die örtliche Bauleitung wechselte: Charles du Ry (Seitenflügel), Fünck, Huth und Simon Louis du Ry arbeiteten teils mit-, teils nacheinander. 1747–49 entstand der N-Flügel, 1753 war der S-Flügel vollendet. Im gleichen Jahr erst wurde der Mittelflügel begonnen, der 1755 im Rohbau stand und in der Hauptsache bis 1770 ausgestattet wurde. 1822 leitete Julius Eugen Ruhl eine In-*

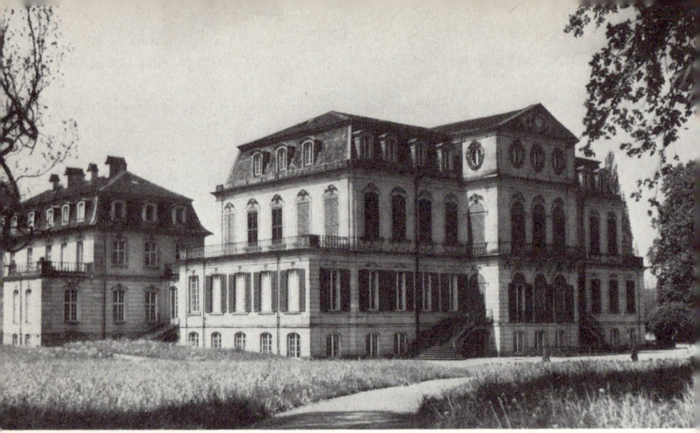

Schloß Wilhelmsthal

standsetzung und Neuordnung, bei der zahlreiche 1789–90 entstandene Zimmerausstattungen aus dem Weißenstein-Flügel von Schloß Wilhelmshöhe hierher überführt wurden.
Die Flügel schließen nicht fest aneinander; niedrige Gelenkstücke binden die Seitentrakte an den Hauptbau. Bei gleicher Zahl von 2 Geschossen hebt sich der Mittelflügel auf kräftigem Sockel über die Begleiter heraus. Seine Gartenfassade gehört zu den glanzvollsten Leistungen des deutschen Rokoko. Ein 3achsiger Mittelrisalit tritt kräftig hervor; mit einem übergiebelten Mezzaningeschoß greift er ins Mansarddach ein. Flachere Risalite betonen die Ecken. Eine sockelhohe Freitreppe verstärkt das künstlerische Gewicht der Zwischenachsen. Die zur Mitte hin gesteigerte Haltung des Baues klingt nach den Seiten in 1achsige, flachgedeckte Erweiterungen des Erdgeschosses aus, hinter denen die Pavillondächer der Seitenflügel erscheinen. Die reiche, doch von keiner Unruhe getrübte Gliederung und Stufung des Baues bewahrt ihn vor Massigkeit und verleiht ihm den intimen, nicht repräsentativen Charakter. – Sehr fein variiert die Hoffassade; v. a. sind die Eckrisalite unter Beibehaltung ihrer Breite 1achsig gebildet; ihre nun verstärkte Pilasterrahmung hebt sie selbstbewußt von den untergeordneten Flügeln ab, deren Architektur zurückhaltender behandelt ist. Nur die Ecken und die schmalen Mittelrisalite der Flügelbauten sind durch Lisenen mit Sperrfugenteilung

betont. – Fenster und Portale zeigen, je nach der architektonischen Bedeutung des betreffenden Bauteils, eine Steigerung von der »einfachen« Rechteckform über den Stichbogen bis zum »gehobenen« Rundbogenschluß; deutlich wird, daß bei den Flügeln noch der Unterstock als Hauptgeschoß galt, beim Mittelbau dagegen das Obergeschoß.
Im Inneren trifft das westlich-südliche Temperament Cuvilliés' auf die gebändigte Formvorstellung von Joh. August Nahl, der Stuck und Schnitzwerk entwarf, z. T. eigenhändig ausführte. Die Stuckierung besorgte weitgehend der sehr begabte Joh. Michael Brühl. Der Vergleich mit dem überschäumenden Stuck des Gersfelder Festsaals lehrt, wie stark sich die Ornamentik Nahls, dessen Zeichnungen auch für Sanssouci bestimmend waren, von süddeutscher Formensprache absetzt. – Der Gesamtentwurf, die (ganglose) Anordnung der Räume, geht auf Cuvilliés zurück. Das Treppenhaus liegt rechts neben der Mitte; diese enthält in jedem Geschoß einen großen, nach der Gartenseite gerichteten Saal, dem hofseits ein Vestibül vorgelegt ist: den Speisesaal im Erd-, den Musensaal im Obergeschoß. Nach beiden Seiten schließen sich Wohnungen an; die der Landgräfin lag im Obergeschoß nach N, die des Landgrafen darunter.

Die Stukkaturen beschränken sich fast überall auf Voute und Mittelrosette, in reicherer Ausprägung im *Treppenhaus* und den *Vestibülen.* Die höchste Steigerung erlebt das Ornament in den beiden *Festsälen*; freischwebend überspielt es die Halbkuppeln der Ofennischen. Nahtlos setzt sich die Ornamentform in Holz an Türen und Panneaus fort. Nahls Entwürfe wurden hier weitgehend vom Hofbildhauer Lukas Meyer ausgeführt. Sie entwickeln sich zu phantastischen Dekorationen im *Papageienkabinett.* Die farbige Fassung bindet Raum, Ornament und Ausstattung zusammen, auch nachdem sie 1822 nuancierend übergangen wurde. Den *Speisesaal* umgeben »meergrüne« Wände mit goldgehöhter Dekoration (die farbigen Grundierungen des Deckenstucks nicht original). Die Festlichkeit gipfelt im *Musensaal* mit seiner Boiserie in »pfirsichblüthfarbigem Grund«; Goldornamente stehen vor dem Lichtblau der Nischen und Deckenkehle. Zartes Blau bestimmt die Wandfarbe in der *Schönheits- und Ahnengalerie*; rosa grundiert sind hier die stuckierten Vouten.
Reich ist noch die Ausstattung mit alten Möbeln und Einrichtungen, besonders in 2 Kabinetten: der Schönheitsgalerie und dem Kabinett der Landgräfin. Die Bildnisse der Schönheitsgalerie stammen zumeist von Joh. Heinrich Tischbein d. Ä.; eines

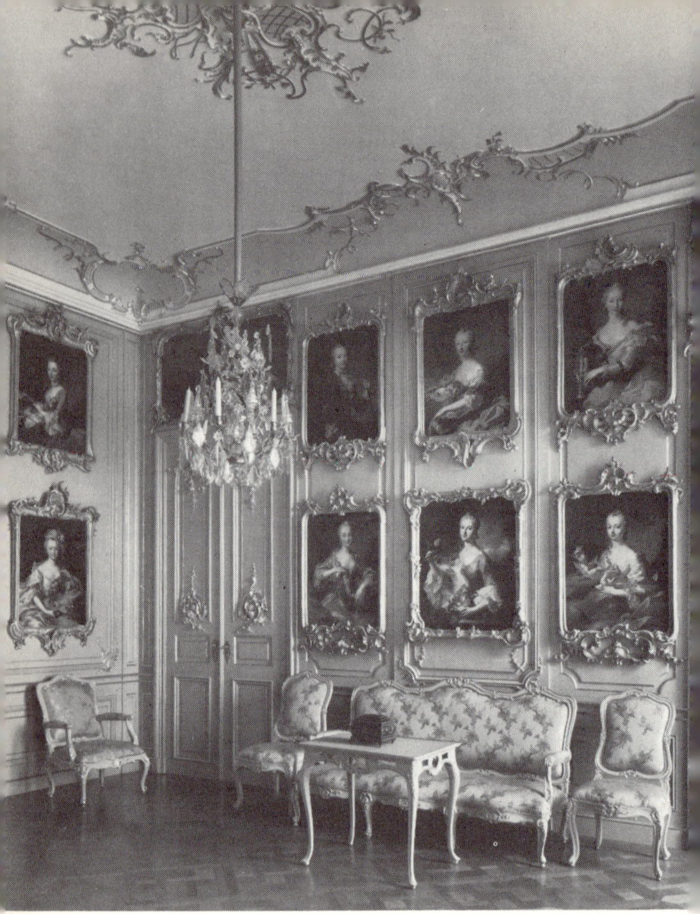

Schloß Wilhelmsthal. Schönheitsgalerie

wird Desmarées zugeschrieben. Auf der Spiegelkommode im Kabinett der Landgräfin stehen als kostbarste Porzellanarbeiten die Meißner Figuren der 5 Sinne (1745–50), im Papageienkabinett die

großen Meißner Vasen. Von Tischbein stammen noch zahlreiche Supraporten, 15 weitere im N-Flügel von Christ. Gg. Schütz d. Ä. In verschiedenen Räumen erhielten sich phantasievolle englische Tapeten. Von Einzelmöbeln sind hervorzuheben: Schreibtisch (um 1760–70) und Standuhr (1771) von David Roentgen, verschiedene vorzügliche Lackmöbel (insbesondere Pariser Arbeiten von Antoine Matthieu Criard), die Pfauenfederkommode im Kabinett des Landgrafen, die sich mit ihrem perlmutterbelegten Grün dem Gesamtfarbton des Raumes einfügt. Das große Himmelbett im sog. »Schlafzimmer Jérômes« hatte wohl Nikolaus Vallois 1789/90 in Kassel gearbeitet; es wurde erst 1822 aus Wilhelmshöhe überführt. Das gleiche gilt für das Prachtbett im Schlafzimmer der Landgräfin und für die roten, blauen und grünen Damastbespannungen der Wände in der S-Wohnung.
Im N-Flügel wurde die *Kirche* 1767 eingerichtet, 1816 wiederhergestellt.

Park. Der weitläufige Park, der sich vom Schloß aus nach O erstreckt, ist der Idee nach in 3 Achsen konzipiert, von denen eine durch einen natürlichen Bachlauf ersetzt wird. Die Achsen treffen sich – nach W verlängert gedacht – erst außerhalb des Schloßbezirks. Das Schloß selbst liegt auf der Mittelachse; ungeachtet dessen ist die südl. Achse am reichsten durchgestaltet. 1743 wurde sie in Angriff genommen; die mittlere, seit 1748, blieb unvollendet. 1745 wurde die schwungvoll entworfene Grotte der S-Achse unter Bauleitung von Charles du Ry im Rohbau vollendet; die Grottierung führte P. Laporterie 1746–47 durch. Eine Rampe umschließt den Teich mit seinen zierlichen Wasserkünsten; ihre Mitte nimmt den Grottenbau auf. – In der Mittelachse kam es nicht mehr zur Ausbildung der geplanten Kaskade. Nur eine prächtige Ziervase mit Tritonenzug und die 1795 in die Wilhelmshöher Plutogrotte überführten Meerungeheuer blieben von dem Figurenwerk, das J. A. Nahl schuf, übrig. – Wilhelm IX. ließ auch den Wilhelmsthaler Park in einen englischen Landschaftsgarten umgestalten; Dan. Aug. Schwartzkopf lieferte die Pläne, nach denen die Arbeiten 1794–99 durchgeführt wurden. Nur die großen Achsen und das in einen natürlichen Teich verwandelte Bassin vor der Gartenfassade des Schlosses wurden gewahrt. Der Weinberg erhielt 1799–1801 nach Plan von S. L. du Ry den gotisierenden Aussichtsturm.

DG

CALDERN (D6) → **Lahntal** (Marburg-Biedenkopf)

CAMBERG (Limburg-Weilburg C9)

Schon i. J. 1000 bestand ein Königshof. Nach der Verleihung erster Freiheiten 1281 erhielt Camberg 1356 Stadtrechte und wurde mit einer Mauer versehen. Nach dem Aussterben der Grafen v. Diez kam der Ort in Gemeinschaftsbesitz mehrerer Erben, ab 1564 an Nassau-Diez und Kurtrier. Die Burg der Grafen v. Diez befand sich an der Stelle des heutigen Rathauses.

Kath. Pfarrkirche St. Peter und Paul. An den im Kern got., nach Einsturz 1580–81 erneuerten W-Turm schließt sich das Kirchenschiff von 1777–79 an. Der Haupteingang befindet sich auf der S-Seite und ist durch einen flachen Risalit mit Dreiecksgiebel betont. Der Saalbau endet in einem außen 3seitig, innen rund geschlossenen Chor. 1780–81 entstanden die Deckengemälde von Giuseppe Appiani; die Wände sind mit Stukkaturen verziert. Das Hochaltarblatt mit Christus am Kreuz malte 1835 Phil. Veit. Die W-Empore besitzt marmorierte Holzsäulen. Die Orgel mit Rückpositiv gehört der Zeit um 1780 an.

Ehem. Amtshof (Obertorstraße). Die ausgedehnte Anlage verdankt ihr Aussehen weitgehend dem 17. Jh. Mehrere Gebäude umschließen einen Innenhof und sind durch Überbrückungsbauten mit Nachbarflügeln verbunden. Ein solcher Bauteil überbrückt die Straße und führt zur sog. *Hohenfeldschen Kapelle.* 1650 entstand sie als Umbau einer Scheune durch Achatius v. Hohenfeld; um 1860 wurde sie gotisiert. Die Fachwerk-Gebäudegruppe besticht durch Erker mit geschnitzten Brüstungsbrettern (Fortuna, Merkur, Roma, Doppeladler u. a. sind dargestellt) und Fachwerk-Schnitzereien, die farbig gefaßt sind. Das *Herrenhaus* von 1608 besitzt einen 8seitigen Treppenturm.

Wohnbauten. Zu den ältesten Fachwerkhäusern des Ortes zählt der beim ehem. Amtshof gelegene **Riedeselsche Hof** (Apotheke) aus dem frühen 16. Jh. **Marktplatz 4** (1592) zeigt reiches Strebenwerk und Brüstungshölzer sowie figürliche Renaissance-Schnitzereien; auffällig ist die geschwungene Giebellinie. Ein in der Konstruktion schlichter Barockbau ist **Pfarrgasse 7,** mit bemerkenswerter Haustür versehen. **Strackgasse 16** und das **Haus am Untertorturm** gehören der Zeit um 1730/40 an und besitzen barocke Mansarddächer. Schnitzereien finden sich noch an **Pfarrgasse 1** (1623).

Von der zwischen 1365 und 1380 angelegten **Stadtbefestigung** haben sich der **Untertorturm** (Strackgasse) und der **Obertorturm** (Amtshof) sowie Reste von 5 weiteren Rundtürmen erhalten.

Die **kath. Kreuzkapelle** außerhalb des Ortes ist ein Zentralbau in Form eines Kreuzes von 1681–82. Der Chor ist von einer Krypta unterfangen; alle Kreuzarme haben 3seitig Schlüsse. Kreuzwegstationen, die zur Kirche führen, wurden 1700 von der Familie Hohenfeld und anderen adligen Familien gestiftet.

UG

CHRISTENBERG → **Münchhausen** (Marburg-Biedenkopf D5)
CLEEBERG (D8) → **Langgöns** (Lahn-Dill)

CÖLBE (Marburg-Biedenkopf E5/6)

Schönstadt (E5)

Das **Schloß**, urspr. eine Wasserburg, war vom 14. bis 19. Jh. im Besitz der Milchling v. Schönstadt; seit 1890 gehört es den Freiherren v. Bethmann. Den Kern bildet ein spätgot. 8eckiger Turm, der seit 1618 einen Fachwerkaufsatz trägt. Der 2geschossige Hauptbau mit Mansarddach entstand 1749–51. Um 1900 kamen weitere Bauteile hinzu. Die geschnitzte Wandvertäfelung des *Festsaales* ist ein Frühwerk von Christian Daniel Rauch, um 1790; in ovalen Medaillons sind Reliefs der Jahreszeiten und der Musik dargestellt. – Am Park Taubenhaus, Fachwerk des späten 19. Jh. mit Kratzputz.

Die **ev. Pfarrkirche** ist 1896–97 in pseudogot. Formen erbaut und nach N gerichtet. In die weiträumige Halle mit Rippengewölben sind Holzemporen zwischen die quadratischen Pfeiler gespannt und umfassen das Mittelschiff von 3 Seiten. Den angenehmen Raumeindruck unterstützt die Qualität der Details. – Kanzel im Régence-Stil, um 1750, mit gedrehten Säulen und ornamentiertem Schalldeckel. Orgel 1897 von Emil Butz aus Seligenthal, mit breiten Feldern und schlanken Türmen. – Bemerkenswerter Figurengrabstein für den Pfarrer Johann Ruppersberger, der bei dem Versuch, sein Enkelkind aus dem brennenden Pfarrhaus zu retten, ums Leben kam, 1683.

DG

DAGOBERTSHAUSEN (H4) → **Malsfeld** (Schwalm-Eder)

DARMSTADT (D11/12)

Im Mittelalter war Darmstadt eine kleine Landstadt, die sich an eine alte Wasserburg, die 1256 an die Grafen v. Katzenelnbogen kam, anlehnte. 1330 hatte der Ort den Charakter einer Marktstadt, 1529 wurden von dem Landesherrn zwei Märkte genehmigt. Erst die Entscheidung des Landgrafen Georg I., die seit 1470 zu Hessen gehörende Siedlung zum Regierungssitz zu erheben und

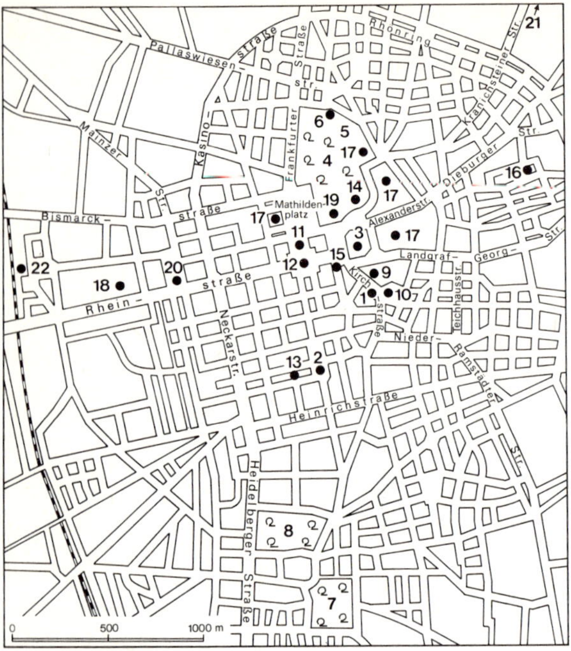

1 Ev. Stadtkirche
2 Kath. Ludwigskirche
3 Schloß, Schloßmuseum
4 Herrngarten
5 Prinz-Georg-Garten
6 Prinz-Georg-Palais, Porzellan-Sammlung
7 Bessunger Orangerie
8 Ehem. Moserscher Garten, Prinz-Emil-Schlößchen
9 Rathaus
10 Ehem. Pädagog
11 Kollegienhaus, Regierungspräsidium
12 Luisenplatz, Ludwigssäule
13 Ehem. Johannes-Loge
14 Landestheater
15 Weißer Turm
16 Mathildenhöhe, östlich davon: Rosenhöhe
17 Technische Hochschule
18 Deutsches Rechenzentrum
19 Hessisches Landesmuseum
20 Kunsthalle
21 Jagdschloß Kranichstein
22 Hauptbahnhof

Darmstadt. Innenstadt-Lageplan

die halbverfallene Katzenelnbogener Burg zur Residenz auszubauen, sicherte dem im südl.-hessischen Landesteil an Verkehrsadern günstig gelegenen Ort den Aufstieg zur Residenzstadt. 1567 bis 1806 war Darmstadt Hauptstadt der Landgrafen von Hessen-Darmstadt, 1806–1918 Haupt- und Residenzstadt der Großherzöge. – Im N der Stadt wuchs 1590–1608 eine einheitlich angelegte Vorstadt, die »Alte Vorstadt«, empor. Die Erbauung der »Neuen Vorstadt« westl. des Schlosses erfolgte 1695–1720. Am Ende des 18. Jh. und in den ersten Jahrzehnten des 19. Jh. wurde diese Entwicklung mit der großzügigen Gestaltung des Luisenplatzes und seiner Umgebung fortgesetzt.
Nach dem tragischen Schicksal der Stadt im 2. Weltkrieg ist es ihr gelungen, als Sitz einer Technischen Hochschule und einer Fachhochschule, eines Regierungspräsidenten und anderer Verwaltungsbehörden und als Verlags- und Industriestadt ihre alte Bedeutung wiederzugewinnen. Sie will besonders in kultureller Beziehung an die große Vergangenheit zu Beginn unseres Jahrhunderts anknüpfen, wo Darmstadt bis 1914 unter der besonderen Förderung des Großherzogs Ernst Ludwig ein Mittelpunkt der modernen Jugendstilbewegung war.

Ev. Stadtkirche

Von der an der ehem. Stadtmauer gelegenen, 1372 erwähnten Kirche mit dem Chor aus der 1. Hälfte des 15. Jh. gibt es 1520 die ersten überlieferten Baudaten. 1685–87 erfolgte eine Erweiterung der Seitenschiffe. 1844/45 wurde nach den Plänen Georg Mollers von Stadtbaumeister Joh. Jordan ein Neubau des Langhauses in trockener neugot. Architektur errichtet. 1952 Umbau nach schweren Kriegsschäden.

Die Kirche, das einzige ältere Gotteshaus Darmstadts, ist v. a. wegen ihrer Grabmäler bemerkenswert. Der 5geschossige Turm enthält noch Bauteile des 15. Jh.; sein oberstes Geschoß wurde 1627–31 hinzugefügt. – Der Wiederaufbau der Kirche nach Plänen von Karl Gruber vereinfachte die Langhaushalle (1952/53, Säulen neu) und stellte den Chor, dessen Gewölbe unzerstört geblieben waren, wieder her; der Turm erhielt einen neuen Abschluß.

Ausstattung. Den Chorschluß nimmt der überladene Aufbau des Grabdenkmals für Landgraf Georg I. († 1596) und seine Frau Magdalena († 1587) von Peter Osten aus Mainz, vermutlich nach Entwurf von Nic. Bergner (am Hauptgesims dat. 1589), ein. Die steifen, überlebensgroßen Gestalten der Verstorbenen stehen in Nischen neben einer Kreuzigung, vor der die landgräfliche Familie kniet. – Das Epitaph für den im 1. Lebensjahr verstorbenen Prinzen Wilhelm stammt vermutlich von Nic. Bergner. – Die 2. Gemahlin Georgs I., Eleonore, erhielt 1618 ihr Epitaph, wahrscheinlich von Nic. Dickhart aus Mainz; der gleiche Bildhauer fertigte auch das Wandgrabmal für Maria von Braunschweig († 1610). – In der Fürstengruft unter dem Chor sind die Gewölbe 1615 mit Stuckarbeiten nach Entwürfen von Philipp Uffenbach aus Frankfurt verziert (vgl. ähnliche Gruft in der Butzbacher Stadtkirche) und von Christ. Steffan stuckiert.

Kath. Ludwigskirche. 1822 wurde auf der Höhe des Riedeselbergs, einer für das Stadtbild wichtigen Stelle, der Grundstein für einen Rundbau nach den Plänen von Georg Moller gelegt. (Einweihung 1827.) Der Bau sollte wie das Pantheon in Rom eine Säulenvorhalle und eine aufgesetzte Attika erhalten; aus Ersparnisgründen wurde ein rechteckiger Vorbau mit rundbogiger Eingangsnische ausgeführt, die Attika fortgelassen. Der Durchmesser ist wie beim Pantheon gleich der lichten Höhe. Im Inneren läuft eine Säulenreihe um, auf der die Kuppel mit dem Scheitelfenster, der einzigen Lichtquelle für den Raum, ruht (Holzkuppel mit gemalten Kassetten verbrannt). Die Einrichtung war erst 1838 vollendet. – Der Brand von 1944 vernichtete die Kirche bis auf die Umfassungsmauern und die Säulen; Wiederaufbau 1958/59.

● **Schloß**

Die Schloßanlage erwuchs aus einem Jagdschloß des Reichsforstes Dreieich, das im 14. Jh. Witwensitz der Grafen v. Katzenelnbogen war. Erst nach Übergang an Hessen begannen um 1500 größere Bauarbeiten. Im 16. Jh. wurde es Residenzschloß; ab 1715, nach einem Brand, wurden Pläne für umfassende Neubauten entworfen.

Der Komplex der Schloßbauten ist noch heute der Mittelpunkt der Stadt. Bis 1966 sind alle Schäden am 1944 vollständig ausgebrannten Schloß beseitigt worden. Der Schloßneubau des Baumeisters Louis Remy de La Fosse dient als Unterkunft der Landes- und Hochschulbibliothek, des Staatsarchivs sowie von Instituten der Technischen Hochschule und überragt alle Gebäude seiner Umgebung. – Das Schloß ist von einem 1814 trockengelegten Graben umgeben.

Das **Altschloß** mit dem Kirchenhof und dem Glockenhof (Wiederaufbau mit teilweiser Rekonstruktion der Renaissance-Giebel) zeigt eine unregelmäßige Baugruppe, aus der sich im SO der Glockenturm über dem sog. Glockenbau (um 1664–71 von Joh. Wilh. Pfannmüller) mit dem von Salomon Verbeek zusammengestellten Glockenspiel von 1671 abhebt. Am Kirchenbau von Jac. Kesselhut (1578–97;

s. [Fischbachtal-]Lichtenberg) sind schöne Volutengiebel und das barocke Portal erhalten. Das kleine Torgebäude im N des Altschlosses von Jac. Müller (1627), mit hessischem und sächsischem Wappen zwischen Löwen, gewährt Einlaß in den Schloßhof. – Das sog. **Neuschloß** legt sich mit 2 langgestreckten Flügeln im S und SW der alten Schloßanlage vor. Die Flügel mit dem südl. Mittelrisalit und den Eckpavillons sind nur ein Teil der riesenhaften Schloßanlage, die de La Fosse plante. Mittelpunkt der 1716 begonnenen Anlage ist der Eingangsrisalit der Marktseite, der eine gewölbte Tordurchfahrt (in der Halle rechts und links Figuren von J. B. Scholl, 1845) enthält, die zu den beiderseitig angeordneten Treppenhäusern führt. Die Front des Mittelpavillons ist über einem Rustikageschoß mit Pilastern gegliedert; dem Attikageschoß darüber sind die Figuren der Treue, der Liebe, der Gerechtigkeit und des Wohlstandes von Joh. W. Eckhart von 1724 vorgesetzt (Originale im Arkadengang links an der Rückseite). – Trotz der etwas trockenen, klassizistisch wirkenden Formensprache des Franzosen de La Fosse geht von den Flügeln gerade wegen der Nüchternheit ihres architektonischen Aufbaus eine monumentale Wirkung aus.

An der N-Seite des **Herrngartens** liegt das schlichte **Prinz-Georg-Palais** vom Beginn des 18. Jh., das die **Großherzogliche Porzellan-Sammlung** enthält. Das Gartenportal vor dem Palais stand bis 1818 an der Stelle des Landestheaters; es wurde 1681 von dem Frankfurter Steinmetz Dav. Schieffer geschaffen (Torgitter von 1870). – Im **Prinz-Georg-Garten** steht das langgestreckte **Prettlacksche Gartenhaus** von 1711.

Bessunger Orangerie. Der großzügige Plan zu einem terrassierten Garten und zu 2 Orangeriegebäuden stammt von L. R. de La Fosse, jedoch wurde nur ein Gebäude ausgeführt. 1719 wurde mit dem Bau des rechten Hauses begonnen, 1721 das hohe Mansarddach aufgesetzt. Das 1geschossige Gebäude öffnet sich nach S mit von Pilastern eingerahmten Türen unter Rundbögen mit Schlußsteinen; 2 Seitenrisalite fassen die Front ein. Eine schöne Allee führt auf die einfache, mehrfach abgestufte Rückfront.

Prinz-Emil-Schlößchen. Im **ehem. Moserschen Garten** an der Heidelberger Straße steht ein Gartenpavillon, den sich der Kammerpräsident Fr. C. v. Moser 1775–78 von Martin Schuhknecht erbauen ließ. An einen kleinen 2geschossigen Mittelbau, der von Pilastern gegliedert ist, setzen sich 1geschossige Flügel an. 1830 erhielt Prinz Emil das villenartige Gebäude, nach dem es jetzt den Namen trägt.

Rathaus. An der S-Seite des Marktplatzes, der sich zum Schloß nach N öffnet, erhebt sich das 3geschossige Rathaus, dem ein Treppenturm vorgelagert ist. Die Stirnseiten des Satteldaches sind von Volutengiebeln abgeschlossen, die auch 2 Zwerchhäuser an der Marktfront und den Treppenturm zieren. Den Plan zu dem 1590 begonnenen Bau lieferte Jak. Wustmann; von einer Bautätigkeit im 17. Jh. stammt das Hauptportal; urspr. war der Eingang am Turm »die große Tür«.

Auf dem Markt wurde 1780 der **Marktbrunnen** mit einem Obelisken nach dem Entwurf von Joh. Helfr. Müller aufgestellt. – Vom **ehem. Pädagog** südl. der Stadtkirche, 1627–29 durch Seyfr. Pfannmüller als erstes Gymnasium der Landgrafschaft erbaut, stehen nur noch Teile der Umfassungsmauern ohne die Renaissance-Giebel und der Treppenturm.

Kollegienhaus (Luisenplatz). Der Grundstein für das stattliche 15achsige Verwaltungsgebäude wurde 1777 gelegt; 1780 konnte der Bau bezogen werden. Das 3geschossige Gebäude mit Mansarddach erhält seinen Akzent durch einen wenig vortretenden Mittelrisalit, der von Pilastern belebt und von einer Balustrade bekrönt wird. Der gut proportionierte Bau stammt von dem Hanauer Baudirektor Fr. L. v. Cancrin, dem Erbauer des Wilhelmsbades bei Hanau. Die Rückseite zum Mathildenplatz verdeckt Georg Mollers 1825/26 errichteter 4geschossiger Trakt. Der 1944 ausgebrannte Bau wurde in den alten Formen wiederhergestellt (Regierungspräsidium).

Auf dem Luisenplatz steht seit 1844 im Mittelpunkt des weiträumigen rechteckigen Platzraumes die **Ludwigssäule.** Sie trägt die Monumentalfigur des Großherzogs Ludwig I. von Ludwig v. Schwanthaler. Der im Inneren durch eine Wendeltreppe begehbare Säulenschaft in dorischen Formen aus Rotsandstein wurde nach dem Entwurf von Georg Moller ausgeführt. – Die 2 **Bronzeschalen** von J. M. Olbrich südl. der Säule wurden zur Erinnerung an die Gartenbauausstellung 1905 aufgestellt. – Auf dem Platz steht ferner seit 1913 das **Liebig-Denkmal** von Heinrich Jobst (ihm sind auch die beiden **Bronzelöwen** vor dem Landesmuseum zu verdanken). – Die südl. Platzwand schließt an der Stelle des 1945 zerstörten Neuen Palais seit 1977 ein **Mehrzweckgebäude**, von Seifert, das auch Rathausfunktionen hat.

Nahe der Ludwigskirche sind in der Sandstraße ansehnliche Reste der **ehem. Johannes-Loge zur Eintracht** erhalten, die Georg Moller 1820 erbaute. Vor einem Festsaal ist eine Vorhalle mit 6 ionischen Säulen geordnet; dahinter Neubau.

Landestheater. Georg Moller erhielt 1818 den Auftrag zum Bau eines Hoftheaters nördl. des Schlosses. Die bevorzugte Lage zwischen Hofgarten und Schloß, die Klarheit des Baukörpers wie des Grundrisses geben Mollers Bau einen beachtenswerten Platz unter den Theaterbauten des 19. Jh. – 1871 vernichtete ein Brand das Haus bis auf die Außenmauern und den monumentalen Portikus; 1875–79 Wiederherstellung durch Horst, der sich weitgehend der Schlichtheit seines Vorgängers anpaßte. 1944 ausgebrannt; 1950 und 1975/76 Bestandssicherung für neue Nutzung, die noch aussteht.

1826 baute Moller auf der **Rosenhöhe** ein **Mausoleum.** Die 5jährig verstorbene Prinzessin Elisabeth wurde dort zuerst bestattet; in der Rotunde steht seit 1837 ihr Grabmal mit ihrer liegenden Figur von dem Bildhauer Christian Daniel Rauch. Heinrich Wagner hat 1870 dem Ursprungsbau 2 Seitenflügel mit Säulenvorhallen zugefügt. – In der Nachbarschaft wurde 1910 das neue **Mausoleum der großherzoglichen Familie** nach dem Vorbild des Grabmals der Galla Placidia in Ravenna durch K. Hofmann vollendet.

Der Bau des **Hauptbahnhofes** zwischen 1910 und 1912 weit vor der Stadt löste die alten Kopfbahnhöfe vor dem Rheintor ab. Das Empfangsgebäude mit dem links angegliederten Flügel für die Nutzung der großherzoglichen Familie entwarf der Darmstädter Architekt Friedrich Pützer in Post-Jugendstilformen. Im Inneren ist ein Teil des alten Speisesaales mit Kachelverkleidung der ehem. Großherzoglichen Keramikmanufaktur erhalten. (Die ebenfalls überkommenen urspr. Fahrkartenschalter fielen einer Modernisierung zum Opfer.) Die vorbildliche Gleisführung mit dem hoch liegenden Fußgängerübergang und den Bahnsteighallen verdankt ihre Gestalt Friedrich Mettegang.

Stadtbefestigung. Die Zerstörungen des 2. Weltkrieges legten im SO der Altstadt beachtliche Reste der mittelalterl. Stadtmauer frei. Über Rundbogenblenden läuft ein Wehrgang. Der Turmstumpf des **Hinkelsturmes** überragt den Mauerring. Der **Weiße Turm** ist städtebaulich glücklich zwischen modernen Geschäftshäusern an der Ernst-Ludwig-Straße wiederhergestellt; der mittelalterl. Rundturm erhielt 1704 den Aufsatz mit Pilastern für 2 Glocken.

Mathildenhöhe ●

In einer Parkanlage, die Großherzog Ludwig II. 1830 anlegen und nach seiner Schwiegertochter Mathilde nennen ließ und in der seit 1899 die **Russische Kapelle** von Benois aus St. Petersburg steht, gründete der kunstliebende Großherzog Ernst Ludwig eine **Künstlerkolonie**, die 1901 als Ausstellung eröffnet wurde und internationales Aufsehen erregte. 7 bedeutende Künstler hatten sich hier Häuser und ein Gemeinschafts- und Atelierhaus erbaut. Das Atelierhaus, **Ernst-Ludwig-Haus** genannt, erbaute Josef M. Olbrich

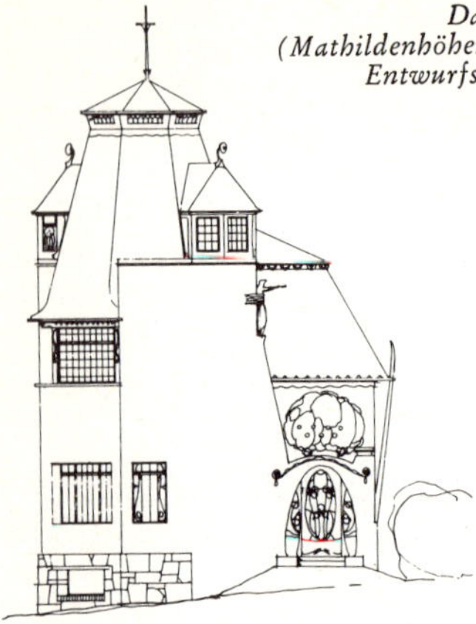

Darmstadt. Haus Deiters, 1901 (Mathildenhöhenweg/Prinz-Christians-Weg) Entwurfszeichnung von J. M. Olbrich

aus Wien mit modernen Formen des Jugendstils. Ein hufeisenförmiger, stark ornamentierter Eingang ist der breitgelagerten Stirnwand vorgesetzt; der Horizontalen des Baues ist die Senkrechte der Monumentalfiguren von Ludw. Habich entgegengesetzt. Neben diesem Gebäude steht das mit Keramikplatten belegte, heute stark verunstaltete **Wohnhaus Josef M. Olbrichs**; schräg gegenüber, am Alexandraweg, liegt das **Wohnhaus für Peter Behrens** aus Hamburg, das durch seine kraftvolle Lisenengliederung und gutes Materialgefühl auffällt. Die übrigen Gebäude der Kolonie, von denen das sog. **Glückerthaus** äußerlich rein erhalten ist, errichtete Josef M. Olbrich. Das Innere der Eingangshalle mit dem Treppenhaus ist nach erhaltenen Plänen Olbrichs vorbildlich rekonstruiert. – 1904 fand eine Ausstellung statt, bei der die **Dreihäusergruppe** von Olbrich am Prinz-Christians-Weg gezeigt wurde. – Höhepunkt des neuen Kunstlebens in Darmstadt war die Ausstellung 1908. Das Gesicht der Ausstellung bestimmten Olbrichs neue Ausstellungsbauten mit dem eigenwilligen **Hochzeitsturm**, der zum Gedächtnis an die Vermählung des Großherzogs mit der Großherzogin Eleonore 1907/08 erbaut wurde. Der weithin sichtbare Turm, ein Wahrzeichen der Stadt, dessen Klinkerfläche durch übereck geführte Fensterstreifen auf-

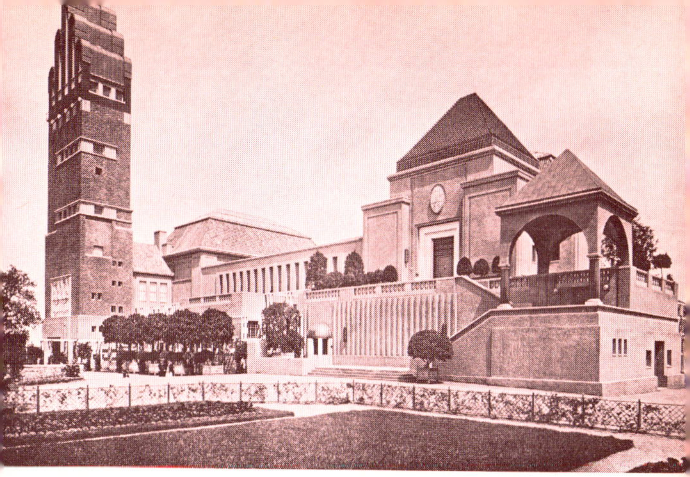

Darmstadt. Mathildenhöhe. Ausstellungsgebäude und Hochzeitsturm (Hessische Landesausstellung für freie und angewandte Kunst 1908)

gelockert wurde, zeigt mit den anschließenden Ausstellungsbauten in beruhigteren Formen einen richtungweisenden Monumentalstil. – Zur Ausstellung 1914 fertigten Albin Müller und Bernh. Hoetger das an der Rosenhöhe verändert wiederaufgestellte **Löwentor** und das Wasserbecken vor der Russischen Kapelle; die Figuren am Beckenrand und im Platanenhain von Bernhard Hoetger. – Der 1. Weltkrieg unterbrach jäh den Einfluß der Künstlerkolonie auf die moderne Kunst Hessens. Großzügiger Ausbau der Ausstellungshallen als »Institut Mathildenhöhe« für größere wechselnde Ausstellungen unter städtischer Regie 1977.

In der Stadt gibt es mehrere Denkmäler aus dieser künstlerischen Blütezeit; bes. bemerkenswert das **Großherzogin-Alice-Denkmal** vor der kath. Ludwigskirche von Ludw. Habich, 1902. – 1905 wurde das Denkmal des Dichters **Gottfried Schwab** mit einer bronzenen Jünglingsfigur am Fuß der Mathildenhöhe enthüllt, das ebenfalls Habich schuf.

Auf dem durch die Kriegseinwirkung völlig eingeebneten Gelände der östl. Altstadt errichtet das Hochschulbauamt in den 1950/60er Jahren **Institute der Technischen Hochschule.** Der schlichte und saubere Eindruck (mit der Verwendung von Glas, Stahl, Beton und Ziegeln als Baustoffen) sowie die gute Massenverteilung der

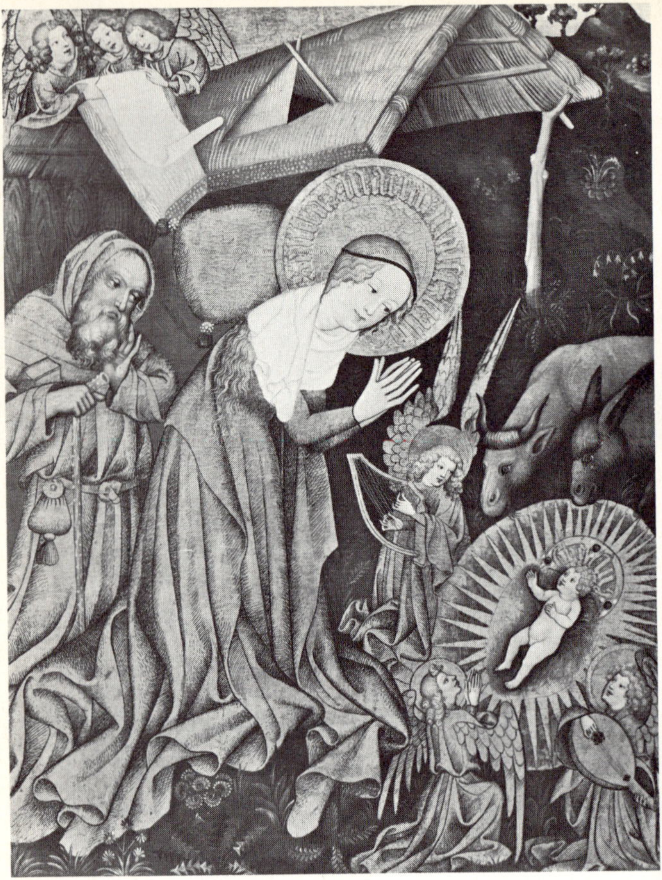

Darmstadt. Hessisches Landesmuseum
Ortenberger Altar, linker Flügel: Anbetung des Christkindes

weitgehend durch ihren technischen Charakter bestimmten mehrflügeligen Baugruppen hebt sich wohltuend von den üppigen **Altbauten** der Hochschule aus den Gründerjahren (1892–95) ab, die benachbart nordöstl. der alten Stadt stehen. Auch an der Magdalenenstraße gibt es gute moderne Hochschulbauten. – Unter der gleichen Bauleitung entstand in d. J. 1960–62 das beachtenswert klar disponierte und vorbildlich schlichte **Deutsche Rechenzentrum** (Rheinstr. 75).

Hessisches Landesmuseum (Friedensplatz 1). An der Stelle des wegen seiner Größe in seiner Erbauungszeit berühmten Exerzierhauses von Mart. Schuhknecht (1772, 1892 abgebrochen) wurde von Alfr. Messel 1897–1902 das monumentale Landesmuseum errichtet; der Grundstock der bedeutenden Sammlungen kam aus dem Besitz des landgräflichen Hauses. Neben einer Gemäldegalerie sind im 1957 wiederhergestellten Museumsbau Glasmalerei, Plastik und Kunstgewerbe ausgestellt. Das Dachgeschoß über der Eingangshalle wurde 1970 aufgestockt; Erweiterungsbau 1978 von Kargel (geplant). Kultur- und naturhistorische Abteilungen sind angegliedert. ●

Schloßmuseum. Im Glockenbau des Schlosses nach Kriegsverlusten 1965 wieder eingerichtet mit Beständen aus Wohnräumen und Sammlungen des letzten Großherzogs von Hessen. Hauptwerk ist die sog. »Darmstädter Madonna« Hans Holbeins d. J. Sonst Kutschen, Schlitten und Ausstattungsstücke. Supraporten von Seekatz. ●

Kunsthalle (Steubenplatz 1). 1956 von Theo Pabst erbaut und 1965 erweitert, dient dem Kunstverein für wechselnde Ausstellungen.

Jagdschloß Kranichstein. Nordöstl. der Stadt erbaute Jac. Kesselhut 1572, einem Hirschgarten und einer Fasanerie benachbart, das hufeisenförmige Jagdschloß in schlichten Renaissanceformen. Volutengiebel kennzeichnen die Stilrichtung. Am rechten Flügel trägt das Portal die Jahreszahl 1613; der Eingang des linken Flügels zeugt von Umbauten in der 2. Hälfte des 18. Jh. 1859 fügte Ludw. Weyland die Säulenhalle vor dem als Treppenhaus ausgebauten Mittelrisalit hinzu und 1869 2 Volutengiebel der Seitenflügel als Umbauten für den Hessischen Jägerhof. Im Schloß **Jagdmuseum.** – Südl. des Schlosses wurde 1689 ein einfaches **Jagdzeughaus** errichtet, das im 18. Jh. umgebaut wurde und ebenfalls als Museum dient.

GB

DAUTPHETAL (Marburg-Biedenkopf D5)

Dautphe (D5)

Die **ev. Kirche** setzt sich aus 3 Bauabschnitten zusammen: Ältester Teil ist das hochroman. Langhaus mit kleinen, rundbogigen Fenstern (eine kleine monolithe Rundöffnung könnte sogar noch vorroman. Zeit angehören). Westl. schließt sich der Unterbau eines ehem. Turmes an, der im späteren 12. Jh. angefügt wurde. Er ist aber vermutlich eingestürzt oder blieb aus statischen Gründen unvollendet.

Langhaus und W-Turm-Unterbau sind mit Fischgrätenmauerwerk versehen. Im späten 13. Jh. errichtete man den bestehenden Chorturm mit got. Maßwerkfenstern; das Kirchenäußere erhielt damit eine Länge von fast 40 m. – Das urspr. flachgedeckte Langhaus erhielt bei einer Renovierung 1959 bis 1960 eine hölzerne Spitztonne, die noch ganz in expressionistischer Tradition steht. Außer der Spitztonne stammt auch der gehäuselose Orgelprospekt von dem Architekten Fr. Bleibaum.

Von der alten Ausstattung hat nur wenig die Renovierung überstanden, v. a. die Empore an der W- und N-Seite; sie wurde 1543 gezimmert und entspricht dem Typ spätgot. Fachwerk-Arkaden mit Schnitzereien an Brüstung und Gebälk. Die Intarsienkanzel entstand 1631; die Bekrönung des Schalldeckels folgt noch manieristischen Beschlagwerkformen.

UG

DEISEL (G1) → **Trendelburg** (Kassel)

DIEBURG (Darmstadt-Dieburg E11)

Die 1208 erstmals erwähnte Siedlung, die in Anlehnung an eine 1169 genannte Wasserburg entstand, liegt über einer größeren römischen Stadt im Schnittpunkt eines römischen Straßennetzes. Ein Mithras-Heiligtum mit bemerkenswertem Kultbild fand sich 1926 nordöstl. der römischen Stadtmauer. Die seit 1277 mit Stadtrechten versehene mittelalterl. Stadt umspannte, von der Wasserburg im W ausgehend, ein mit 4 Toren und Türmen versehener Bering, dessen Umfang wesentlich kleiner war als der der römischen Stadtmauer. Aus münzenbergischem Besitz ging der Ort 1255 in die Hände verschiedener münzenbergischer Erben über, bis er 1310 zum Erzbistum Mainz kam, unter dessen Hoheit er bis 1803 stand. 1803 an Hessen-Darmstadt.

Kath. Wallfahrtskapelle St. Maria

Seit 1491 Wallfahrtskirche, bis 1569 Pfarrkirche; vor der mittelalterl. Siedlung gelegen. Schon in vorkaroling. Zeit gab es an ihrer Stelle ein Gotteshaus, dem ein Bau vom Ende des 12. Jh. mit freistehendem Glockenturm folgte. Im 13. und 14. Jh. wurde die 1216 abgebrannte Kirche wiederaufgebaut, in d. J. 1697–1715 durch Einbeziehung des Platzes der südl. gelegenen Marienkapelle erweitert und barockisiert.

Ausstattung. Der Hochaltar von 1749, ein leichter Säulenaufbau von Joh. Peter Jäger aus Mainz nach Vorbild des Hochaltars von St. Quintin in Mainz, birgt neben 4 Heiligenfiguren das *Gnadenbild*, eine um 1420 entstandene Pietà. Das mittelrheinische Stück von vorzüglicher Qualität hat seine Besonderheit in dem seltsamen Material, aus dem es (genau wie eine ähnliche Pietà des 14. Jh. in dem historisierenden Neubau [1893] der **kath. Pfarrkirche St. Peter und Paul**) hergestellt ist: Die Figurengruppe besteht aus Leder. Über einen Mörtelauftrag auf dem Leder ist eine Leinwand als Grund für die erhaltene alte Fassung aufgezogen. – Die Seitenaltäre und einige Figuren an den Wänden stammen aus dem 18. Jh.; Orgel 1759. – Im got. Chor der sog. *Ullner-Altar* aus d. J. 1604 mit schönem Alabasterrelief der Anbetung.

Die **ehem. Wasserburg** westl. des Stadtbaus war eine große quadratische Anlage. Nach fast vollständigem Abbruch von 1809 trat an ihre S-Seite der gestreckte Neubau eines Herrenhauses (Albini-Schloß). – Von dem **Landschloß Stockau** der Freiherren v. Groschlag, dessen große Parkanlagen im 18. Jh. berühmt waren, ist nur noch der an Längs- und Querachsen gebundene Gartenteil erkennbar.

Rathaus und **ehem. Landratsamt** sind gute spätklassizist. Bauten von 1828 und 1834.

Kreismuseum (Frühgeschichtliche und Römische Sammlung aus einem Mithräum, Volkskunde, u. a. Blaudruckerwerkstatt) in **Schloß Fechenbach** von 1841–61.

GB

DIEMELSEE (Waldeck-Frankenberg E2)

Adorf (E2)

Ev. Pfarrkirche (St. Johannes d. T.). Der Bau, für eine Dorfkirche ungewöhnlich stattlich, diente seit 1231 dem Vizearchidiakon des Marsberger Sprengels. Die Anlage aus dem späten 12. Jh. wirkt einheitlich: Basilika von 3 Doppeljochen im gebundenen System, Chorquadrat mit Apsis; auch die Seitenschiffe schlossen mit Apsiden. Im W ein klotziger Turm. Zwischen den Obergadenfenstern gliedern Blendnischen (einst wohl mit Säulchen ausgesetzt) das Äußere. Strebepfeiler von 1845. – Das Innere gewann durch die Restaurierung von 1963–66 seinen ursprünglichen Charakter zurück. Es zeigt den für diese Landschaft typischen Gegensatz der Wölbformen: im Mittelschiff Kreuzgratgewölbe zwischen Gurt- und Schildbögen, in den Seitenschiffen durchlaufende Kreuztonnen. Säulen auf hohen Sockeln tragen den Triumphbogen und zeichnen ihn aus. Die recht gute Bauornamentik steht unter dem Einfluß von St. Godehard zu Hildesheim. – Altar um 1660–70. Kanzel 1610. W-Empore 1613 mit reichem Schnitzwerk und gemalten biblischen Szenen; ebenso die ehem. N-Empore, deren Brüstung für das Chorgestühl Verwendung gefunden hat.

DG

Flechtdorf (E3)

Ehem. Benediktinerklosterkirche St. Maria

Graf Erpho v. Padberg gründete das Kloster 1101; die Wirren der Reformationszeit brachten Verfall und Aufhebung. Die Kirche, von der Chor und Querschiff nebst Vierungsturm 1639 untergingen, entstammt, in 3 verschiedenen Abschnitten erbaut, dem 12. und 13. Jh. Jünger ist nur die gerade O-Wand, die den erhaltenen Teil seit 1669 abschließt.

Etwa um 1150 entstand das schwerblütige basilikale Langhaus (2 Doppeljoche), von dem Mittel- und nördl. Seitenschiff erhalten sind. Es gehört zu einer Gruppe von kleineren Gewölbebasiliken im hessisch-waldeckisch-westfälischen Grenzgebiet, deren Zeitstellung noch genauerer Klärung harrt. Um 1180 wurde ein W-Querhaus mit anschließender Doppelturmfassade zugefügt. Die Ornamentformen erweisen Lippoldsberger Einfluß. Der Baumeister hat die 6 Gewölbejoche zu gleicher Höhe gebracht, so daß sich – erstaunlich früh – ein Hallenraum ergibt. Um 1220–30 wurde der Hallencharakter auch ins Langhaus hinein, durch Umbau des S-Schiffes, ausgedehnt. Die Ornamentik dieses Umbaus zeigt Beziehungen zur westfälischen (Paderborn), aber auch zur rheinischen Baukunst. – Das Äußere wirkt blockhaft geschlossen, da ein gemeinsames Dach alle 3 Schiffe deckt, überragt von den beiden W-Türmen mit einer reichen Fensteranordnung. Das Innere trägt noch in allen Teilen z. T. leicht kupplige Kreuzgratgewölbe.

In die S-Wand des Querschiffes ist ein einst wohl außen befindliches Drachentympanon (Flachrelief) eingemauert. – Die farbige Raumfassung, 1972–73 aufgefunden und wiederhergestellt, beruht auf Tönungen in Weiß, Grau, Gelb und Rot; die gute, nicht schablonierte Fugenmalerei der Pfeiler ist weiß auf rotem Grund. – Ausstattung zumeist historisierend, Orgelempore noch barock.

DG

DIEMELSTADT (Waldeck-Frankenberg F2)

Rhoden (F2)

Die älteste Siedlung lag etwa 1 km nördl. der heutigen Stadt – jetzt Alt-Rhoden –; sie gelangte 1021 mit der Grafschaft des Dodicho in Paderborner Besitz. Die benachbarte Burg Rhoden hatten die Waldecker Grafen 1236 inne; 1244 wird die neue Siedlung Rhoden am Fuße der Burg als Stadt genannt. Waldeck behauptete sich als Territorialherr; die letzten fremden Rechte (von Mainz) erloschen 1681. – Von der um 1294 errichteten Befestigung blieben nur geringe Reste. Die im 17. Jh. hinzugefügte Neustadt war unbefestigt. – Stadtbrände 1540 und im 17. Jh., verheerend ein weiterer von 1735; danach einheitlicher Wiederaufbau der Stadt unter Leitung von Julius Ludwig Rothweil.

Kirchenruine in Alt-Rhoden. Im 13. Jh. gingen die Pfarrechte auf Rhoden über; im 14. Jh. wurde Alt-Rhoden wüst. Die Kirche verfiel nach der 1817 erfolgten Schließung. Urspr. eine gewölbte roman. Kirche aus der 2. Hälfte 12. Jh.; Teile von Querhaus und Chor sind erhalten, an der S-Seite ein Tympanon mit der Ausgießung des Hl. Geistes.

Ev. Pfarrkirche

Der mittelalterl. Bau brannte 1540 nieder; der Neubau ist am Langhaus 1560, am Turm 1592 bezeichnet. Abermaliger Brand 1735, danach Erneuerung, wobei der Chor auf die Breite des Schiffes gebracht wurde.

Die Außenmauern gehören zu einer gotisierenden Hallenkirche von 3 Jochen mit eingezogenem, flach schließendem Chor und W-Turm. Die Spitzbogenfenster verloren spätestens nach 1735 ihr Maßwerk oder wurden durch Rundbogenfenster ersetzt. Innen entstand durch die Chorerweiterung ein durchgehender Längssaal, der nun mit einer stichbogigen Holztonne gedeckt wurde. 2geschossige Emporen laufen auf 3 Seiten um. Die schlichte Kanzel mit Rückwand, reicherem Schalldeckel und 2seitiger Treppe steht in der Raumachse. Mit Schranken und Holztaufe gehört sie zur Barockausstattung. Orgel neuromanisch, 1852 von Vogt/Korbach. – Der Turm schließt mit einer barocken Balustrade über dem viereckigen Hauptteil; das Achteckgeschoß, mit gotisierenden Fenstern, trägt eine Haube (1754 vollendet).

Schloß

Graf Georg Friedrich v. Waldeck ließ den Neubau-Entwurf des französischen Architekten Belle-Roche durch den holländischen Zimmermeister Peter Jeanson und den Steinmetzmeister Hans Degen aus Göttingen ausführen: Bauzeit 1645–55 (unvollendet). 1664 wurde das Schloß Amtssitz, 1787–95 durch Baudirektor Johann Mathäus Kitz für den Prinzen Georg v. Waldeck neu eingerichtet, der bis 1817 hier residierte; später für Beamtenwohnungen verwendet, heute Altersheim.

An den kurzen, im N gelegenen Hauptflügel schließen versetzt der W- und O-Flügel, die urspr. auch im S miteinander verbunden werden sollten. Doch erreicht der W-Flügel kaum die halbe Länge des gedehnten östlichen. Die eigentliche, nur 5 Achsen breite *Schloßfront* wendet sich nach N.

Über einem hohen Sockelgeschoß sind die beiden Obergeschosse durch Pilaster in großer Ordnung zusammengefaßt. Die mittlere, breitere Achse enthält die rundbogige, von Doppelsäulen flankierte Durchfahrt (bez. 1649). Den Dreiecksgiebel über dem reich ausgebildeten Gebälk füllt das Allianzwappen Waldeck und Nassau-Siegen. Eigentümlich kontrastieren zu den sonst rein barocken Formen die rechteckigen Kreuzstockfenster älteren Stilgepräges. – Vor der *Hofseite* des N-Flügels liegt eine kreuzgangartige Halle von 5 Jochen unter Kreuzrippengewölben; sie setzte sich urspr. vor dem O-Flügel fort, ist dort aber abgebrochen. Zum Treppenhaus und zum Hof öffnen sich Rundbogenarkaden. Über der Vorhalle eine Galerie; die Zwischenräume zwischen den Pilastern sind ganz von den Kreuzstockfenstern ausgefüllt. Das Galeriedach geht hinauf bis zum Hauptbau. Außer dem Hauptflügel zeigt nur noch der W-Flügel, und auch dieser lediglich auf der Hofseite, eine architektonisch ausgebildete Front.

Im westl. des Schlosses gelegenen **Park** steht seit 1794 ein **Mausoleum** als Grabstätte für das waldeckische Fürstenhaus.

Das 2geschossige **Rathaus**, 1734, also schon vor dem Brand, von J. L. Rothweil begonnen und 1736 vollendet, zeigt bei geringerem Aufwand gute Proportionen. – Gut erhaltener **Fachwerk**bestand findet sich zumeist noch in der vom Rathaus ausgehenden Langen Straße und in der Hinteren Gasse. Die Eigenarten des »Diemeltyps« herrschen vor.

DG

DIETKIRCHEN (B8) → **Limburg a. d. Lahn** (Limburg-Weilburg)

DILLENBURG (Lahn-Dill C6)

Vielleicht schon in der 1. Hälfte des 12. Jh. ist die Bergfeste Dillenburg entstanden (1255 genannt), in deren Schutz sich langsam eine Siedlung entwickelte. Seit 1290 war Dillenburg Sitz einer nassauischen Grafenlinie; 1479 wurde der Ort nach O erweitert, doch erst seit 1597 blühte die Stadt durch erneute Privilegien auf. 1588–1618 entstand gegen spanische Bedrohung die Stadtbefestigung, von der nur wenig erhalten ist. Die Dillenburger Grafenlinie starb 1739 aus. Ihr berühmtestes Mitglied, Wilhelm »der Schweiger« von Oranien, der Führer des niederländischen Freiheitskampfes, war 1533 in D. geboren worden. – Die Burg besetzt einen Bergsporn, der sich zwischen Dill- und Marbachtal schiebt;

die Stadt begleitet ihn im Bogen. Sie wurde 1768–95 durch Anlage der Wilhelmstraße nach S, 1787–91 durch die der Marktstraße zur Dill hin erweitert; seit 1862 verlagerte sich das Schwergewicht allmählich auf das linke Dill-Ufer.

Schloß. Die große Stützmauer nach der Stadtseite hin – 1535/36 von Ulrich von Anspach – und die umfangreichen Kasematten sind die letzten Zeugen der einst ausgedehnten Anlage. – Die Burg, um 1240 erbaut, erlebte zahlreiche Erweiterungen. Im 7jährigen Krieg wurde sie in Brand geschossen; die Ruinen brach man ab und verwendete die Steine für die Wilhelmstraße. Im »Kappes-Keller« der erhaltenen Schloßgewölbe saß 1571–73 Jan Rubens, der Vater des berühmten Malers, gefangen. – 1934 wurden die umfangreichen Kasematten wieder zugänglich gemacht. – Auf dem planierten oberen Schloßhof erhebt sich seit 1872–75 der **Wilhelmsturm** als Wahrzeichen Dillenburgs. Er beherbergt das **Nassau-Oranische Museum** mit zahlreichen Porträts des Herrscherhauses und Darstellungen des Schlosses aus früheren Jahrhunderten.

Ev. Pfarrkirche (St. Johannes)

Dem Baubeginn 1489 folgte die Chorweihe 1491, die Vollendung des W-Turms 1510, des Schiffes 1524. 1594–97 erneuerte Conrad Rosbach Schiff und Turm, 1599 auch die fürstliche Gruft an der S-Seite des Chores. (Treppenturm am Chor 1902.) Erneuerung 1956.

Den 2jochigen Chor mit $^5/_8$-Schluß deckt ein Sterngewölbe; unter dem erhöhten Fußboden liegen 15 Gräber des Hauses Nassau-Oranien. Das breitere Schiff ist flach gedeckt; seine Portale entstanden 1594 und 1597. Die Spätrenaissance brachte die 3seitigen doppelten Emporen mit Balusterbrüstungen. Über der neugot. Kanzel schwebt ein frühbarocker Schalldeckel. Im Chor ein spätgot. Epitaph für das Herz des Grafen Johann v. Nassau († 1475).

Kath. Pfarrkirche. Der Altbau von 1893 wurde zum Pfarrsaal; darüber erhebt sich die neue Kirche, eine 5schiffige 2stufige Basilika, deren Turm an der SO-Ecke über dem Wilhelmsplatz steht. Architekt war Hans Busch, 1955–57. Die Eingangswand ist in ein Gitter von Rundfenstern aufgelöst. Auf der Altarwand eine Darstellung des Gerichts von Joseph Jost, 1958. Jost entwarf auch den Hauptteil der übrigen Ausstattung.

Altes Rathaus. Ein Jahr nach dem Stadtbrand von 1723 erfolgte ein Neubau: 2 Steingeschosse tragen ein Fachwerkgeschoß und das Mansarddach mit schlankem Achtecktürmchen.

Ehem. Archiv (Am Untertor 8, jetzt Amtsgericht). 1764–66 entstand der harmonische Spätbarockbau: 2 Geschosse mit gequaderten Ecken und schmalem Mittelrisalit. In der Mitte des Mansarddaches ein Uhrtürmchen von 1787.

Das **Untertorgebäude** (Am Untertor 7, seit 1879 Domänenrentamt) schuf Fürstin Isabella 1737 durch Vereinigung zweier Häuser mit dem Untertor, das ehemals die Durchfahrt zur Dill sicherte und 1588 erbaut war.

Stadtbild. Einer Brandstiftung fielen 1723 etwa 200 Gebäude zum Opfer. Hauptstraße sowie Untere Marbach wurden in recht gleichmäßigem Charakter wiederaufgebaut. Als ältere Fachwerkhäuser fallen **Marbachstr. 28** (1580) und **Kirchberg 24** (1595) auf; einige schöne Häuser stehen am Wilhelmsplatz. Beachtenswert ist die Wilhelmstraße, 1768 begonnen und damals nur auf der W-Seite mit einer Reihe von 11 2stöckigen Häusern bebaut. **Kreishaus** (Nr. 16), 1777 erbaut, und **Industrie- und Handelskammer** (Nr. 10), 1782, zeichnen sich besonders aus, nicht zuletzt durch ihre Innenausstattung. Auch das **Prinzenhaus** (Nr. 24), 1769–72, ist hervorzuheben. Die Wilhelmstraße findet ihre Verlängerung durch das **Landgestüt** (Nr. 26–28), das sich mit 7 Achsen gegen die Straße wendet. Rundfenster stehen über hohen Stichbogenfenstern. Im Inneren erstreckt sich der große Reitsaal mit 5 : 3 Achsen in die Tiefe.

Die O-Seite der Wilhelmstraße, erst in jüngerer Zeit bebaut, ließ urspr. freie Sicht auf den nach 1768 gegen die Dill hin angelegten Hofgarten. Erhalten hat sich das **ehem. Orangeriegebäude**, 1779 als ref., 1809 als kath. Kirche eingerichtet, seit 1893 profaniert (Kornspeicher). Die Flachdecke auf Vouten ist mit ihrem Schmuck zweier Rosetten noch erhalten.

Die 1787–91 bebaute Marktstraße trägt schlichteren Charakter. – Am Dill-Ufer nur noch wenige **Fachwerkspeicher**, die sich z. T. auf die alte Stadtmauer stützen.

DG

DIRLAMMEN (G7) → **Lautertal** (Vogelsbergkreis)
DIRLOS (I7) → **Künzell** (Fulda)
DORCHHEIM (B8) → **Elbtal** (Limburg-Weilburg)
DÖRNBERG (G2) → **Habichtswald** (Kassel)

DREIEICH (Offenbach D11)

Dreieichenhain (D11)

Das in einer Rodung des alten Reichsforstes Dreieich südl. von Frankfurt gelegene Städtchen hebt sich mit seinen ansehnlichen **Fachwerkbauten** des 16. und 17. Jh. innerhalb einer gut erhaltenen und teilweise noch mit einem Wassergraben umzogenen **Stadtmauer** wohltuend von dem Einerlei der rund aufgereihten industrialisierten Landgemeinden ab. Es ist angelehnt an eine stark befestigte Talburg.

Nach dieser Burg Hagen, dem Sitz der Reichsvögte im Forst Dreieich, nannte sich zuerst 1128 ein Ministerialengeschlecht, das in staufischer Zeit im Untermaingebiet hochangesehen war (s. Münzenberg und Babenhausen). Diese Herren v. Hagen-Münzenberg gründeten auch das Städtchen, dessen Bürger 1256 erstmals genannt wurden. Die Herren v. Falkenstein und v. Hanau übernahmen 1255 mit dem reichen Hagen-Münzenberger Erbe Burg und Stadt. Viele Jahrhunderte blieben beide Teile mehrherrig, bis 1710 auch der Hanauer Anteil an Isenburg (Offenbach-Birsteiner Linie) kam. 1816 an Hessen-Darmstadt.

Burgruine. Vom Ort kommend, betritt man, den ehem. Wassergraben überschreitend, von S das ummauerte Burgrevier. Ein runder Bergfried aus staufischer Zeit und die Ruine des Palas sind die Zeugen eines um 1170 einsetzenden aufwendigen Um- und Neubaus des schon aus dem 11. Jh. stammenden königlichen Jagdhofes. Der Hauptbau enthält Mauerteile des 13.–16. Jh. Ein mächtiger Viereckturm im NW des ausgedehnten Burghofes stammt noch aus vorstaufischer Zeit. Die Stelle einer ab 1304 erwähnten Burgkapelle dicht bei dem Bergfried nimmt der bescheidene Bau der **ev. Kirche** von 1713–16 ein. – Um- und Einbauten des 15. und 16. Jh. veränderten die roman. Burg, die seit dem 16. Jh. dem Verfall preisgegeben war.

In einem Neubau an der westl. Burgmauer Heimatmuseum (**Dreieich-Museum**) mit Bodenfunden und örtlichem Kulturgut.

GB

DREIHAUSEN (E6) → **Ebsdorfergrund** (Marburg-Biedenkopf)
EBERBACH, Kloster → **Eltville am Rhein** (Rheingau-Taunus B11)

EBSDORFERGRUND (Marburg-Biedenkopf E6)

In einigen Orten des Ebsdorfer Grundes (Ebsdorf, Dreihausen, Rauischholzhausen, Wittelsberg, auch in Marburg-Moischt) haben sich noch verhältnismäßig viele ansehnliche **Fachwerkhäuser** des 17.–19. Jh. erhalten, die in der Gegenwart gelegentlich wiederhergestellt werden.

UG

Dreihausen (E6)

Bei Dreihausen liegt über der Straße nach Nordeck eine karoling. Curtis, die sog. **Höfe**, eine weitläufige Anlage mit Umfassungsmauer, Vor- und Haupthof. 1974 wurde hier das Fundament einer **Rundkirche** mit Apsis ergraben, ein bemerkenswertes Zeugnis für die Zentralbautendenzen in karoling. Zeit, die weniger bei Pfarrkirchen, gern aber bei Eigenkirchen von kleinen und großen Territorialherren hervortraten.

DG

Rauischholzhausen (E6)

● **Ehem. Schloß** der Frhrn. v. Stumm (jetzt Universität Gießen). 1871–75 entstand das historisierende Schloßgebäude, für dessen Einzelformen zumeist die hessische Spätgotik oder Renaissance als Vorbild diente, während die Gesamtanlage an englischen Landschlössern orientiert ist. An sie erinnern besonders die Fachwerkteile des Schlosses. Der Bau aus mehreren stumpfwinklig aneinanderstoßenden Flügeln ist bewußt unsymmetrisch gehalten; die einzelnen Bauelemente sind v. a. im Hinblick auf eine malerische Gesamtgestaltung eingesetzt. Die von Carl Schäfer begonnene Anlage wurde von den Frankfurter Architekten Mylius und Bluntschli vollendet.
Das Schloß umgibt eine weitläufige **Parkanlage** im englischen Stil, von Wasserläufen, Alleen und Parkwegen durchzogen. Mit in den Park einbezogen ist am unteren Ausgang ein **Mühlengebäude**, das zu der früheren Wasserburg gehörte und manieristische Portal- und Fensterrahmen besitzt. Der große Teich nimmt die Stelle der einstigen Wasserburg ein.

Im **Gutshof** der Rau v. Holzhausen steht noch das 3geschossige Fachwerkherrenhaus aus dem beginnenden 16. Jh. Das Dach ist mit 4 Ecktürmchen versehen. Der Anbau stammt von 1601, die Tür gehört dem Rokoko an.

UG

Roßberg (E6)

Südl. der Försterei liegt im Walde der sog. **Kirchenstumpf**, die ehem. Dorfkirche des seit dem 14. Jh. wüsten Dorfes **Udenhausen.** Die Ruine ist in Knie- bis halber Mannshöhe erhalten: ein leicht längsgestrecktes Schiff mit schmalerer hufeisenförmiger Apsis, durch einen energisch eingezogenen Triumphbogen von ihr getrennt. 2 aufgerichtete Monolithe im Charakter von Menhiren bilden das Gewände des W-Portals. Aus dieser Häufung ungewöhnlicher Eigenheiten ist zu schließen, daß es sich um einen karoling. Bau handelte.

DG

EDELZELL → **Fulda** (Fulda H7)

EDERTAL (Waldeck-Frankenberg F4)

Bergheim (F4)

An die Stelle einer Burg der Herren v. Bergheim traten seit 1669 die Bauten eines **Schlosses** für Graf Christian Ludwig v. Waldeck. Aus dieser Zeit ist der **Wirtschaftsflügel** an der Straße (mit Torfahrt) erhalten. Im rechten Winkel dazu steht das **Herrenhaus**, das Simon Louis du Ry 1785–86 für die Linie Waldeck-Bergheim in verputztem Fachwerk errichtete. Die Gartenseite zu 15 Achsen ist sehr gleichmäßig durch Risalite (das mittlere stärker vorspringend und übergiebelt) gegliedert. Freitreppe der Hofseite 1839. – Innen Eingangshalle und Treppenhaus mit Bogenstellungen. Über dem Gartensaal der *Tapetensaal* mit französischen Bildtapeten der Folge »Amor und Psyche«, Graudruck von Joseph Dufour in Paris nach Entwürfen von Louis Laffitte, 1815–16; die Bildtapeten sind wie Gemälde auf meergrünen Grund gesetzt.

Ev. Pfarrkirche. Zu der ersten Erwähnung 1085 können die Formen der Würfelkapitelle passen; ein Brand von 1331 führte eine weitgehende Erneuerung herbei. – Die Kirche besteht aus einem 2schiffig-symmetrischen Hallenlanghaus mit in voller Breite anschließendem Chorturm. Dieser stammt aus dem 14. Jh., ebenso S- und W-Wand des Langhauses; Fenster und Portal dort von 1741/45. Den Chor deckt ein Kreuzrippengewölbe, im Langhaus dagegen ruhen Kreuzgratgewölbe auf den 4 Stützen, von denen die westliche ein Pfeiler ist, während sonst schlanke Säulen stehen. Die Kapitelle haben gedrückte, unverzierte Würfelform, ruhen ohne Halsring auf den Säulen und gehen ohne Kämpfer in die etwas ungefügen Gewölbe über. Die östl. Säule steht mitten vor dem Chorbogen (wie früher in Allendorf/Werra). Einheitlichkeit der Entstehung ist kaum anzunehmen, denn die Kapitelle gehören ihrer Form nach eher in die 1. Hälfte des 11. Jh., während die Gewölbe kaum vor Mitte des 12. Jh. entstanden sein mögen, wenn nicht gar erst in der Gotik. Den besonderen Reiz der ungewöhnlichen Kirche machen die reichen Rankenmalereien am Gewölbe aus, 1573 von B. Seltzer. Sie fügen sich in eine Interpretation der Architektur durch gemalte Gesimse, Wandpilaster, Rippen und Schlußsteine. Im Chor Wandgemälde von etwa 1460: Jüngstes Gericht, Apostel, Sternmuster. – Spätgot. Flügelaltar, im Schrein geschnitzte Kreuzigung, auf den Flügeln Gemälde (Verkündigung und Heilige) vom selben Meister wie in Lauterbach. – Kanzel 1685 von Joh. Franz Hersfelt. Taufe 1731. Gehäuselose Orgel 1932.

DG

Hemfurth (F3/4)

Die große **Sperrmauer** zur Aufstauung des etwa 25 km langen **Edersees** wurde 1910–12 oberhalb von Hemfurth erbaut, 1943 durch Bombardierung zerstört, wobei die Fluten u. a. das Dorf Affoldern wegrissen, nach dem 2. Weltkrieg wiederaufgebaut.

DG

EHRENFELS, Burg → **Rüdesheim am Rhein** (Rheingau-Taunus A11)

EIBINGEN → **Rüdesheim am Rhein** (Rheingau-Taunus A11)

EICHELSACHSEN (F8) → **Schotten** (Vogelsbergkreis)

EICHENBERG (I2) → **Neu-Eichenberg** (Werra-Meißner)

EICHENZELL (Fulda H8)

● **Schloß Fasanerie** der Landgrafen von Hessen, vormals der Fürstäbte von Fulda

Fürstabt Adolph v. Dalberg (1726–37) ließ das »Alte Schlößchen« weiter ausbauen und gab ihm den Namen »Adolphshof«. Sein Nachfolger, Fürstbischof Amand v. Buseck (1737–56), faßte den Plan des großen Lustschlosses Fasanerie. Andrea Gallasini war der Baumeister. Genaue Baudaten sind nicht bekannt; 1744 konnte Wohlhaupter die Hofkapelle, seit 1746 das Treppenhaus und die übrigen Räume ausmalen. Durch Säkularisation und Wiener Kongreß fiel das Schloß mit dem Hauptteil des Fürstbistums an Kurhessen. Kurfürst Wilhelm II. beauftragte seinen Ober-Hofbaumeister Konrad Bromeis 1825–27 mit einer weitgehenden Umgestaltung des Innern, insbesondere der Repräsentationsräume im Mitteltrakt; zugleich ließ er den Barockpark durch Wilhelm Hentze in einen Englischen Garten umwandeln.

Der Reichtum der Baukörper und der hintereinander gestaffelten Höfe sowie der rechtwinklige Anschluß der Gartenfassade an die Ehrenhoffront machen die besondere Situation von Schloß Fasanerie aus. Bei Bronnzell zweigt von der Frankfurter Straße südl. Fulda die fast 2 km lange Zufahrtsallee ab. **Torhäuschen** und **Pavillons** flankieren den Eingang in den Park; 2 1geschossige längsgestellte **Wachtgebäude** hüten die Einfahrt in den äußeren Vorhof. Hier kreuzt ein Querweg, auf jeder Seite mit einem quergestellten 2geschossigen **Kavalierhäuschen** besetzt. Die Dimensionen steigern sich. Jenseits des Portals zum inneren Ehrenhof steigt der Blick zu den beiden 3geschossigen **Eckpavillons**; der monumentale **Mittelpavillon** überragt sie

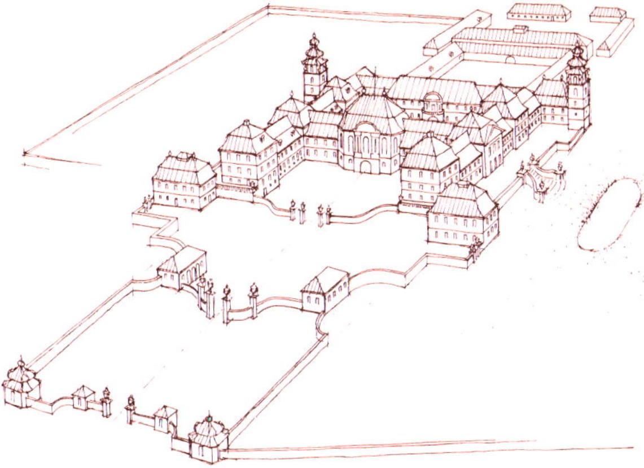

Schloß Fasanerie. Anlageplan (Rekonstruktion)

noch mit der Höhe seines elegant gebrochenen Mansarddachs. Pavillons stehen auch über den Kreuzungspunkten zwischen Mittel- und Längstrakten; diese gehen nach rückwärts durch, doch keineswegs endet mit ihren rückwärtigen Eckpavillons die Schloßanlage. Die Verbindung bildet vielmehr hinter ihnen das »**Alte Schlößchen**« als zweiter Querbau, der mit Anschlußstücken in die seitlichen **Flügel** mündet. Diesen schließen sich nach außen vorstoßende Baukörper an, die die Fluchtlinie der Kavalierhäuschen erreichen und jederseits in einem stark akzentuierten Turm gipfeln, deren südlicher einst die Schloßkapelle barg. Die Längstrakte setzen sich abermals fort und stoßen jenseits des Wirtschaftshofes auf einen dritten Verbindungsbau, an den sich als letzter, mit Randgebäuden eingegrenzter Bereich der äußere Wirtschaftshof anschließt.

Die Hauptachse gegen O geht mit Torfahrten durch die 3 in der Höhe gegeneinander abgestuften Quertrakte des Schlosses. Die Durchfahrt des Hauptpavillons flankieren 2 Löwen mit den Wappen Adolph v. Dalbergs aus Schloß Thiergarten/Rhön. An den Seiten ist der Mittelpavillon abgeschrägt. Im Hauptgeschoß öffnen sich hohe Rundbogen-

fenster. Ein Mittelrisalit umklammert die Torfahrt und rahmt das Mittelfenster mit doppelten Pilastern, die einen Segmentgiebel mit dem Wappen Amand v. Busecks tragen. Mansardform wie hier haben auch die übrigen Dächer des Schlosses. Zierlichere Obergeschosse mit eingeschwungenen Ecken sitzen den 4 Untergeschossen der Türme auf und tragen gefällige, mehrfach abgesetzte Zwiebelhauben.
Die Gliederung der Bauten entlang der Hauptachse gibt zugleich die Elemente für die Gestaltung der Gartenfronten her, von denen v. a. die südliche reich durchgestaltet ist. Hier bildet der Eckpavillon des Mitteltraktes nun seinerseits die Mitte, ein zweites Corps de Logis, durch den verbindenden Seitentrakt mit dem vorderen und rückwärtigen Eckpavillon verbunden. Das vorstehende Kavalierhäuschen auf der einen, die Schloßkapelle auf der anderen Seite haben die gleiche Gliederungsaufgabe wie beide Kavalierhäuschen auf der Hofseite, so daß also ein großer Teil der Baukörper eine architektonische Doppelfunktion erfüllt. Eine Terrasse ist der Gartenfront vorgelagert.
Den einstigen Reichtum der barocken Ausstattung läßt v. a. das 3läufige Treppenhaus im nördl. Mittelpavillon noch spüren. Obwohl Gallasini die geschwungenen Läufe und rauschenden Dekorationen des bayerischen und mainfränkischen Barock meidet, ist der Raumeindruck doch heiter und festlich. Kannelierte Pilaster großer Ordnung gliedern die hohen Wandflächen oberhalb der eigentlichen Treppe. Dazwischen stehen in Nischen die Büsten römischer Kaiser. Auf allen Hauptpfosten der Treppe wachsen Vasen von zuchtvoller, aber bewegter Formung auf. In Rokoko-Stukkaturen eingefaßt, schwebt über dem Raum das *Deckengemälde* Emanuel Wohlhaupters (um 1746): die 4 Weltteile, sein Hauptwerk neben dem Deckenbild der Fuldaer Orangerie. – Noch einige weitere Räume im Hauptgeschoß des N-Flügels sind im Ornamentschmuck der Erbauungszeit erhalten und besitzen z. T. reiche Möbel der barocken Einrichtung. Die 3 großen Säle im Mitteltrakt hingegen hat Bromeis im Geschmack des Klassizismus völlig umgestaltet, was leider auch den Verlust zweier Deckenfresken Wohlhaupters bedeutete. Es folgen einander der Galeriesaal mit Pilastern, schwerem Konsolengesims und gemalter Kassettentonne, der große Festsaal und der Audienzsaal. Im großen Festsaal ist über der farbig reichen Gliederung mit Stuckmarmor-Pilastern und klassizist. Hauptgesims das Deckengemälde Wohlhaupters – die Speisung der Fünftausend – erhalten. Mit ihrer maßvollen Vornehmheit und einer den Zeitdurchschnitt übersteigenden Wärme sind die Räume Bromeis' von hoher Bedeutung, die durch den Verlust alles Gleichartigen in Kassel noch gesteigert

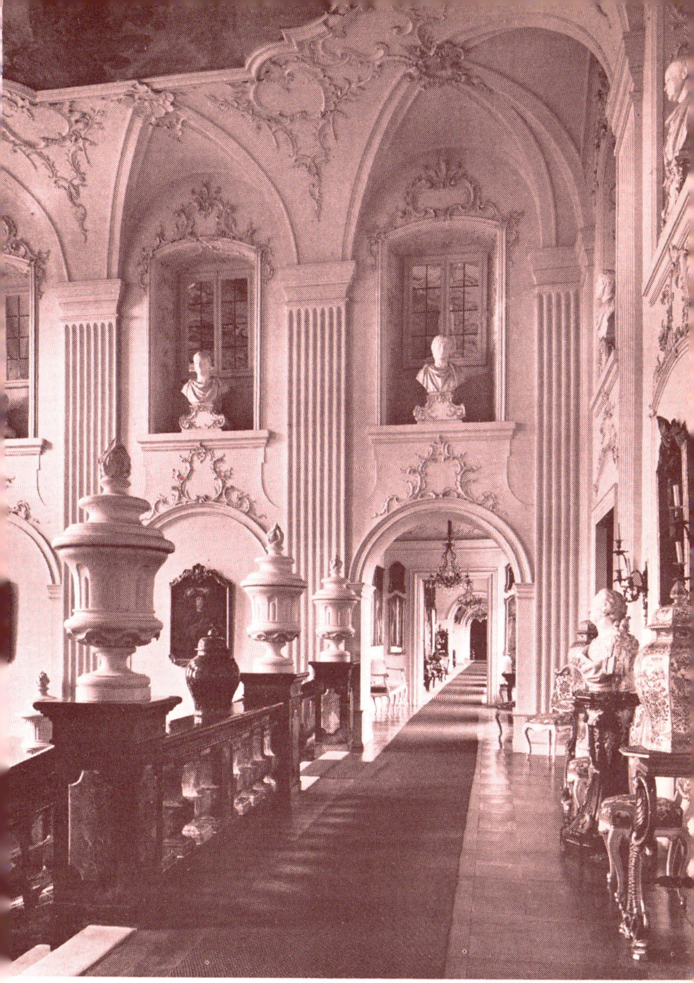

Schloß Fasanerie. Treppenhaus

wird. – Verschiedene weitere Räume tragen das Gepräge teils des Rokoko, teils des Klassizismus; in Nebenräumen im S-Flügel finden sich weitere Deckengemälde Wohlhaupters.

● Die Ausstattung des Schlosses ist reich, zumal die Landgrafen von Hessen hier ihre Sammlungen untergebracht haben, von denen u. a. die umfangreiche **Antikensammlung** Beachtung verdient. Die reizvolle **Porzellansammlung** mit erlesenen Stücken schließt sich dem Charakter des Schlosses vorzüglich an. Die übrigen Besitztümer an Möbeln, Bildern usw. sind in die Räume so eingeordnet, daß ein lebendiger Eindruck vom Wesen eines barocken bzw. klassizist. Wohnschlosses entsteht. Einzelne Werke: Köpfe Alexanders d. Gr. (1. Jh. v. Chr.) und des Kaisers Tiberius; Pygmalion-Gruppe in Sèvres-Porzellan, 1757 von Falconet; Porträt der Landgräfin Anna, 1859 von Winterhalter.

Zum **Park** hinab führt vom mittleren Pavillon der S-Seite eine ausschwingende barocke Freitreppe. Der davor liegende Schloßweiher erinnert an die urspr. Ordnung des Barockgartens, die von Benedikt Zick geschaffen war. Aus dieser Zeit stammen (mit Veränderungen) auch noch das japanische und chinesische Teehäuschen. Zerstreut ist jedoch der einstige plastische Schmuck; Baumgruppen, Lichtungen und Teiche formen das Bild des Englischen Gartens, wie ihn Kurfürst Wilhelm II. 1824–27 von seinem Hofgartendirektor Wilhelm Hentze gestalten ließ.

DG

EICHHOF → **Bad Hersfeld** (Hersfeld-Rotenburg H5)
EISENBACH, Schloß → **Lauterbach** (Vogelsbergkreis G7)

EITERFELD (Fulda I6)

Der 846 an Fulda gelangte Ort war Mittelpunkt einer größeren Pfarrei und eines Zentgerichts, als dessen Amtssitz die Äbte Burg Fürsteneck erbauten.

Kath. Pfarrkirche St. Georg. Erbaut 1728–31 in der Art des Andrea Gallasini; Weihe erst 1740. 1932, innen auch 1948 restauriert. – Äußeres. Der 1schiffige Saalbau mit eingezogenem Chor ist nach W gerichtet. Lisenen gliedern den sonst verputzten Bau. Die Fassade springt 3seitig vor und gipfelt im quadratischen Turm mit doppelter Zwiebelhaube und Laterne. Zu seiten des Mittelportals stehen in Nischen die hll. Georg und Sebastian. – Stuckrahmenfelder gliedern die Decke des schlichten Inneren; ein Triumphbogen trennt Schiff und Chor. – Ausstattung. Der Hochaltar mit 4 Säulen, seitlichen Pilastern und Bekrönung füllt die ganze Chorbreite: Das Mittelbild schildert das Pfingstwunder; seitlich stehen die hll. Georg und Sebastian, in der Bekrönung der auferstandene Christus. Die Gemälde der Seitenaltäre sind neu. Der Kanzel aus Stuckmarmor steht ein Kruzifix gegenüber. – Der erst um 1551 entstandene Taufstein ist ein rein ornamental behandeltes Prachtwerk mit spätgot. Bandschlingenmuster, das beste der im Fulda-Werra-Gebiet verbreiteten Gruppe.

Burg Fürsteneck (jetzt Heimvolkshochschule). Die 1330 bezeugte Burg war kurz zuvor erbaut worden. Aus dieser Zeit sind der quadratische Bergfried an der N-Seite und Teile der Ringmauer erhalten; andere Baugruppen (der im O liegende, in den Giebeln erneuerte Palas und der Zwinger) gehören der Spätgotik an. Im 18. Jh. zu Wirtschaftszwecken umgebaut; den Ausbau zur Heimvolkshochschule leitete 1952–53 Otto Bartning.

DG

Buchenau (I6)

Die Herren v. Buchenau hatten von etwa 1200 bis 1816 ein umfangreiches Territorium als Lehen der Abtei Fulda, teilweise auch der Abtei Hersfeld, inne. Das Geschlecht trat später, dank der errungenen Selbständigkeit, in die Reichsritterschaft ein. Der Hauptort des Gebietes wurde im 16. Jh. zu einem prot. Kulturzentrum; alle Gotteshäuser im Kirchspiel entstanden neu, darunter auch die 1786 reizvoll ausgemalte Kirche von (Hauneck-)Bodes.

Ev. Pfarrkirche, 1568–73 in nachgot. Stil erbaut von Lotz Zang (?). Der quadratische Chorturm birgt den flachgedeckten Altarraum; ihn trennt der spitze Triumphbogen vom saalartigen Schiff, dessen Decke im Querschnitt Trapezform zeigt. 3seitig umlaufende doppelte Emporen im Schiff, bereits von barockem Charakter (17. oder 18. Jh.); auf der 4. Seite Laufgang über dem Triumphbogen. Ob die Kirche bereits urspr. eine ähnliche Einrichtung hatte und damit als erste Ausprägung des prot. Landkirchentyps in Hessen der Rotenburger Schloßkapelle vorausging, muß offenbleiben. Das Äußere ist noch von spätester Gotik geprägt. Orgel gegen 1787, im Typus noch barock. Grabdenkmal des Bauherrn Eberhard v. Buchenau († 1584) und seiner Ehefrau; beide knien vor dem Kreuz.

Schlösser. Auf der äußersten Spitze des Bergsporns, der das Dorf trägt, stehen 2 miteinander verbundene spätmittelalterl. Wohntürme, denen das **Alte Schloß** angefügt ist, ein 1578 nach einem Brand errichteter Bau. Die Obergeschosse sind in Fachwerk ausgeführt, besonders reizvoll diejenigen des steinernen Treppenturmes. – Südl. vor dem Alten Schloß liegt die 1572 datierte Vorburg. – Oberhalb der Kirche das **Hauptschloß**, ein 2flügeliger Bau der späten Weserrenaissance, an den Portalen 1611–18 dat., mit beachtlichen Giebeln und Portalen (auch im Inneren). Ein Wappenstein stammt noch von 1583. Vor dem Schloß steht ein schöner Renaissance-Brunnen, Anf. 17. Jh. – Die »**Obere Burg**« ist ein Fachwerkbau aus der Mitte des 16. Jh. (Fundamente 1550) mit einem Anbau des frühen 20. Jh.

DG

ELBERSDORF (H4) → **Spangenberg** (Schwalm-Eder H4)

ELBTAL (Limburg-Weilburg B8)

Dorchheim (B8)

● **Alte kath. Pfarrkirche St. Nikolaus** (jetzt Friedhofskirche). Die Kirche bestand aus einem flachgedeckten Hauptschiff und einem im 16. Jh. abgebrochenen nördl. Seitenschiff. 4 vermauerte Pfeilerarkaden sind auf der N-Seite noch sichtbar. In die S-Wand wurden 2 Maßwerkfenster eingefügt, die sich durch besonders feine Grate und dünne Profile auszeichnen, wie sie in der Nachgotik des späteren 16. Jh. möglich wurden. Das Langhaus erhielt eine neue Flachdecke auf 2 geschnitzten Eichenständern, an denen man Fratzen, Drachen und einen Narren mit Eselsohren erkennen kann. Die W-Empore gehört noch der Spätgotik an. – Aus dem späten 15. Jh. stammt der *Wandgemälde-Zyklus* im Chor. Die untere Reihe zeigt den Kreuzweg Christi. An der Stirnseite befindet sich Christus als Weltenrichter mit Maria und Johannes als Fürbitter und sich öffnenden Gräbern. Die Seitenwände zeigen die 12 Apostel sowie die hll. Martin, Georg, Katharina, Barbara und Nikolaus. An der Decke das Lamm Gottes zwischen den Evangelistensymbolen und roten Sternen.

Die **neue kath. Pfarrkirche St. Nikolaus** ist für das Ortsbild beherrschend. Außen wirkt sie als Bau mit 3schiffigem Querhaus, eingezogenem Chor und W-Turm. Im Inneren dagegen herrscht der Charakter eines Zentralraumes vor, der sich aus einem quadratischen Mittelfeld, 4 kleineren quadratischen Jochen in den Diagonalen und 4 querrechteckigen Jochen an den Stirnseiten zusammensetzt. An diesen Zentralbau, das vermeintliche Querhaus, sind der 1schiffige Chor mit $^5/_8$-Schluß und ein 2jochiges, fast unscheinbares Langhaus angefügt. Während der Außenbau der 1905 bis 1906 erbauten Pfarrkirche sich für echte Gotik ausgibt (»Pseudogotik«), stellt das Innere eine moderne Raumgestaltung mit gotisierenden Mitteln dar.

UG

ELLERS → **Neuhof** (Fulda H8)

ELLINGERODE, Gut → **Rotenburg a. d. Fulda** (Hersfeld-Rotenburg H5)

ELMARSHAUSEN → **Wolfhagen** (Kassel F3)

ELTVILLE am Rhein (Rheingau-Taunus B11)

Ein römischer Gutshof des 2. Jh. bildet den Ausgangspunkt des Ortes, dessen Name sich von »alta villa« (hochgelegene Siedlung) ableitet. In fränkischer Zeit bestand ein königlicher Salhof. Die Mainzer Erzbischöfe nutzten schon vor dem 10. Jh. Eltville als

Stützpunkt. Im Streit Balduins von Trier mit Heinrich v. Virneburg um den Mainzer Stuhl erhielt der Ort 1332 Stadtrechte, und es wurde mit dem Bau einer neuen Burg begonnen. Sie diente den Erzbischöfen im 14. und 15. Jh. als Residenz. Seit der Errichtung der Martinsburg in Mainz (1478–81) wurde sie vernachlässigt und im 30jährigen Krieg sogar z. T. zerstört. In der Stadt wohnte vermutlich Johannes Gutenberg 1465 bis zu seinem Tode 1468. 1806 fiel die Stadt an das Herzogtum Nassau, 1866 an Preußen.

Burg. Vorgänger der bestehenden Anlage sind eine ottonische Turmburg und wohl auch der fränkische Salhof. Zu der Erneuerung ab etwa 1330 gehört der 5geschossige *Wohnturm*, der unter Heinrich v. Virneburg um 1345 vollendet wurde. Über dem tonnengewölbten Verlies im Kellergeschoß folgen 4 Hauptgeschosse, das oberste mit Kreuzrippengewölbe. Hier beginnen 4 Ecktürmchen, die sich in das auf einem Rundbogenfries vorkragende Wehrgeschoß fortsetzen (der höchste, im NW, enthält eine Wendeltreppe). An den Wohnturm schließt sich die regelmäßige, fast quadratische *Wasserburg* an, die die SO-Ecke der mittelalterl. Stadt und das Rheinufer deckt, sich aber auch selbst von der Stadt durch einen breiten Graben mit Zwinger absetzt. Die älteren Flügel, wie der Palas an der Rheinseite, sind nur als Ruine erhalten. Der schlichte O-Flügel wurde 1682–83 durch G. A. Barella neu errichtet.

Kath. Pfarrkirche St. Peter und Paul. Von einer Basilika des 9. Jh. und einem Um- oder Neubau des 12. Jh. wurden Teile ergraben. Die bestehende Kirche ist eine 2schiffige unsymmetrische Halle, die um 1350 begonnen wurde. Um 1370/75 dürfte die Kirche benutzbar gewesen sein; in den folgenden Jahren entstand noch das Gewölbe. Die Fundamente des W-Turmes wie auch das reich profilierte Portal bestanden wohl schon seit etwa 1360. Ab etwa 1400 wurde mit dem Aufbau des W-Turmes begonnen; die Obergeschosse mit dem Blendmaßwerk und das Portal entstanden um 1420/30, wohl durch einen Schüler des Frankfurter Dombaumeisters Madern Gerthener. Barocke Haube von 1783. Die Empore und das Gewölbe der Turmhalle sind spätgotisch.

Ausstattung. Von besonderer Bedeutung sind die 1961 entdeckten *Malereien der Vorhalle*. Da sie durch das spätgot. Gewölbe ● verdeckt waren, wurden sie nie übermalt und haben sich in ihrer urspr. Frische erhalten. Es handelt sich um ein Jüngstes Gericht, das von Engeln mit Leidenswerkzeugen gerahmt wird, um 1405 gemalt. – Der *Taufstein* (bez. 1517) mit den Evangelistensymbolen am Fuß und den 12 Aposteln am Beckenrand ist eine qualitätvolle Arbeit aus der Werkstatt Hans Backoffens. Aus dem frühen 16. Jh. stammt die *Mondsichelmadonna* mit 2 Engeln zu

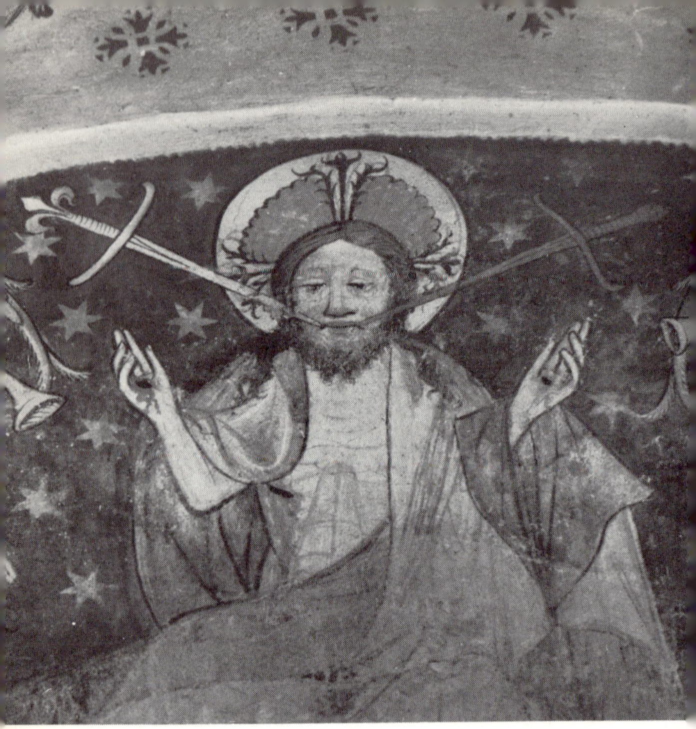

Eltville. Kath. Pfarrkirche St. Peter und Paul
Christus als Weltenrichter. Gewölbemalerei um 1405

ihren Füßen, ein Werk des »Meisters mit dem Brustlatz«. Altar und Orgel (1869) sind gute pseudogot. Arbeiten. Unter den zahlreichen Grabsteinen und Epitaphien gehört das mit feinen Ornamenten versehene Renaissance-Denkmal der Agnes v. Koppenstein († 1553) mit ihren beiden Kindern zu den bemerkenswertesten.
Die *Ölberggruppe* (1520) außen auf der N-Seite gehört dem Umkreis Hans Backoffens an, jener Mainzer Werkstatt, die in größtem Ausmaß die spätgot. Plastik des Rheingaues bestimmt hat. Aus dieser Werkstatt stammt auch die *Kreuzigungsgruppe* (um 1505) in der barocken **Kapelle auf dem Kirchhof.**

Hof Langwerth v. Simmern. Die weitläufige Anlage zwischen Burg und Rheingaustraße enthält mehrere einst selbständige Höfe: Der **Stockheimer Hof** ist das gut erhaltene Beispiel eines Steinhauses in spätgot. Tradition aus der Zeit um 1550, durch Treppenturm und Giebelerker (Fachwerk) bereichert. Gegenüber steht ein weiteres Gebäude mit spätgot. Fachwerk (um 1500). – Der schwedische Gesandte in Mainz, Habbäus v. Lichtenstern, ließ 1669 das an der Straße gelegene Wohnhaus als 1geschossigen Bau mit vorkragenden Zwerchhäusern errichten; zu Beginn des 19. Jh. wurde es aufgestockt. Die 3teiligen Renaissance-Fenster mit Beschlagwerk und Dreiecksgiebeln stammen vielleicht von der Martinsburg in Mainz; sie entstanden gegen 1600.

Der **Gräfl. Eltzsche Hof** besteht aus mehreren adligen und kirchlichen Einzelhöfen des 17. und 18. Jh., die im Laufe der Zeit erworben wurden, darunter die **Höfe des Mainzer Viktor- und Petersstiftes** (1718 bzw. 1719 erbaut), einschließlich des **Martinstores** am Rheinufer (1751 umgestaltet).

Burg Craß, ehem. Hof der Freiherren v. Dehrn, liegt außerhalb der Altstadt, unmittelbar am Rhein. Das im Kern roman. Gebäude wurde zuletzt um 1840 neugotisch verändert.

S t a d t. Trotz mancher Einbrüche, schon im 19. Jh., birgt das Stadtbild manche reizvolle Gebäudegruppe. Unter den Fachwerkbauten sind **Schmittstr. 1** (1576) und das gegenüberliegende **ehem. Rathaus** (Untergeschoß 1511, Obergeschoß um 1590) hervorzuheben. **Rheingauer Str. 43** gehört dem frühen 16. Jh. an, nur der Erker ist jünger. Seit dem 18. Jh. wurden zunehmend Steinhäuser errichtet. Die auffallendsten sind **Marktstr. 3** (1725, mit Hausmadonna), **Rheinufer 3** (klassizist. Villa in der Moller-Nachfolge) sowie eine Reihe von gründerzeitlichen Häusern, u. a. am Rheinufer.

Von der regelmäßigen rechteckigen **Stadtbefestigung** stehen noch Teile aufrecht, v. a. der Rundturm (mit Mauerwerk an seiner SW-Ecke) am Rhein und das Martinstor.

UG/EH

Erbach (Rheingau) (B11)

Die **kath. Pfarrkirche St. Markus** wurde gegen 1477 als niedrige 3schiffige und 3jochige Halle begonnen und nach 1506 vollendet. Die Seitenschiffe erhielten reiche Stern- und Netzgewölbe; im Gewölbe des S-Seitenschiffes findet sich die Jahreszahl 1506. 1721–23 verlängerte man die Kirche um 2 Joche nach O, erhöhte das Mittelschiffsgewölbe um etwa 6 m und fügte 1727–28 einen neuen Chor an. So ergab sich der basilikale Querschnitt. Die Baudaten von 1723 finden sich in den Gewölben der Seitenschiffe. Die Erweiterung des 18. Jh. stellt einen bewußten Rückgriff auf got. Formen dar; in den Seitenschiffen wird der barocke Neubau trotz der Baudaten praktisch geleugnet. Eine derartige Berufung auf die eigene Tradition begegnet uns im Rheingau erst wieder 100 Jahre später, u. a. in Geisenheim.

Die Ausstattung gehört dem Barock an. Von Bedeutung sind der nördl. Seitenaltar aus der Mitte des 18. Jh. mit den Evangelistenstatuen Markus und Matthäus (Plastiken vom Hauptmeister der Hadamarer Schule), ferner die Kanzel von 1741, die Orgel von 1723 und das Gestühl (um 1725/30).

Auf dem **Friedhof** eine *Kreuzigungsgruppe* aus der Werkstatt Hans Backoffens.

Ev. Pfarrkirche. 1865 ließ Prinzessin Marianne von Nassau die Kirche von Eduard Zais als 3schiffige Hallenkirche errichten. Im Umriß erinnert das Äußere an die prot. Marktkirche von Wiesbaden (1852–62), doch statt der englisch-neugot. Dekorationsformen dort hat man hier auf schlichtere got. Formen des Maingebietes (Franken) zurückgegriffen.

Frühmesserei (Rathausstr. 2/4). Die urspr. Hauskapelle einer Jesuiten-Niederlassung enthält ausgezeichneten Rokoko-Stuck und ein Deckenbild (Rettung einer Seele) von 1746.

UG/EH

Hattenheim (B11)

Burg der Ritter v. Hattenheim (ab 1411 im Besitz der Freiherren Langwerth v. Simmern). An der NW-Ecke der quadratischen mittelalterl. Anlage steht ein 4geschossiger spätgot. Wohnturm auf tonnengewölbtem Keller. Die übrigen Teile der Burg sind Ruine.

Pfarrkirche St. Vincenz. Eine karoling. Kapelle wurde ergraben. Von der mittelalterl. Kirche blieb nur der um 1230 erbaute Turm mit gekuppelten Schallarkaden erhalten. 1739–40 wurde der rechteckige Barocksaal mit eingezogenem Chor errichtet. Die Spiegeldecke trägt Malereien von Johann Voleanus. Das Hauptbild ist die Verklärung des hl. Vinzenz, gerahmt von der Leidensgeschichte Christi. Durch die einheitliche Ausstattung mit Orgel (1730–40 von Joh. Kohlhaaß), Altären, Kanzel, Taufe und Gestühl ist das Raumbild der Erbauungszeit ungetrübt erhalten. – Vor der Kirche steht eine eindrucksvolle *Kreuzigungsgruppe* aus Tuffstein, die aus der Werkstatt Hans Backoffens in Mainz stammt (Anf. 16. Jh.).

Das Ortsbild zeichnet sich durch einige Höfe und nennenswerte Fachwerkhäuser aus, besonders in der **Hauptstraße** (**Nr. 33** Hof Wachendorf, um 1730, **Nr. 34** von 1720 und **Nr. 36** von 1521,

Giebelhaus mit gebogenen Streben und Bändern). In den 20er Jahren unseres Jahrhunderts erhielten einige Fachwerkhäuser eine neue, charakteristisch ornamentale Bemalung.

UG

Ehem. Zisterzienserkloster Eberbach

Das nach S offene Tal des Kissel- oder Eberbaches, an der Grenze zwischen Taunus und Rheingau, bildet den Rahmen für eines der eindrucksvollsten und besterhaltenen Beispiele eines hochmittelalterl. Reformklosters in Deutschland.

Erzbischof Adalbert von Mainz siedelte 1116 hier Augustiner-Chorherren an. Er mußte aber 1131 das Stift wegen mangelnder Zucht wieder auflösen und übergab es den Benediktinern von Kloster Johannisberg. 1135 trafen Zisterziensermönche des Mutterklosters Clairvaux (in Burgund) ein, dessen Abt damals der hl. Bernhard war. Die Zisterzienser waren als Reformorden aus dem cluniazensischen Zweig des Benediktinerordens hervorgegangen. Sie verbreiteten sich im 12. Jh. außerordentlich rasch über das ganze Abendland. Die Ausübung der Wissenschaften und des Gottesdienstes blieb dabei den Mönchen (Konventualen) vorbehalten, während die Laienbrüder (Konversen) v. a. Landwirtschaft und Weinbau betrieben. Die asketische Gesinnung des Ordens drückt sich in den Bauformen deutlich aus. Die Baubestimmungen verlangten, daß die Klöster an entlegenen Orten liegen mußten; steinerne Türme, Bilder und Skulpturen sowie figürliche Bauplastik und -malerei waren verboten, die Glasfenster durften nur farblose Ornamente besitzen, Quadermauerwerk mußte unverputzt bleiben.

Im 1. Bauabschnitt (um 1145 – um 1160) war die Klosterkirche in den O-Teilen 2–4 m hoch gediehen, der Gesamtgrundriß und der Unterbau der W-Wand waren festgelegt, doch kirchenpolitische Wirren führten eine Bauunterbrechung herbei. Geplant war offenbar ein niedriges, tonnengewölbtes Altarhaus mit plattem Schluß und je 3 O-Kapellen an den ebenfalls tonnengewölbten Querarmen – ein völlig burgundisch-roman. Bau, wie er sich etwa in Fontenay erhielt. Der Orden versuchte diesen Bautypus in jenen Jahren im ganzen Abendland durchzusetzen. Die Vollendung erfolgte ab etwa 1170 nach geändertem Plan. 1178 waren offenbar die O-Teile fertig, 1186 wurde die Kirche geweiht. Man erhöhte die O-Teile und wölbte einheitlich den Bau mit Kreuzgratgewölben. Im Langhaus hatte sich die rheinische Tradition des gebundenen Systems durchgesetzt (1 Doppeljoch des Mittelschiffes in der Fläche = 4 Seitenschiffjoche). Die Aktivität des Klosters ersieht man an den Tochtergründungen: Schönau bei Heidelberg 1142–45, Otterberg/Pfalz 1144/45, Gottestal bei Lüttich um 1155, Arnsburg/Wetterau 1174.

Der Ausbau der Klostergebäude in Stein nach Vollendung der Kirche zog sich bis um 1230 hin. Ab 1260–70 Verlängerung des

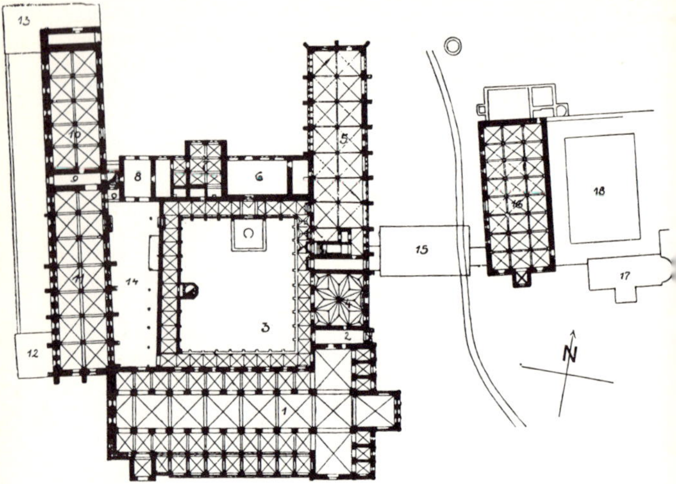

1 Kirche
2 Sakristei
3 Kreuzgang
4 Kapitelsaal
5 Fraternei
6 Refektorium
7 Küche
8 Durchfahrt
9 Urspr. Klostereingang
10 Keller
11 Refektorium der Konversen
12 Querflügel am Konversenbau
13 Prälatur
14 Klostergasse
15 Neues Krankenhaus
16 Hospital, Krankenhalle
17 Thomaskapelle (steht nicht mehr)
18 Hospitalbauten (stehen nicht mehr)

Ehem. Zisterzienserkloster Eberbach. Grundriß

Wohnflügels der Mönche und Neubau des Mönchsdormitoriums. Die got. Kapellenreihe am südl. Seitenschiff der Kirche entstand ab 1313. Die weiteren Hauptdaten: 1500 Aufstocken des westl. Kreuzgangflügels in Fachwerk; 1679 Zerstörung sämtlicher Dächer durch einen Wirbelsturm; 1707–09 wurde die Kirche barockisiert, das Laienbrüderhaus aufgestockt für die Abtswohnung; 1803 Aufhebung des Klosters; es wird Staatsdomäne und beherbergte zeitweise eine Irrenanstalt und ein Gefängnis. Man unterteilte Kirche und Klosterräume und paßte sie den neuen Zwecken an. Wiederherstellung der Kirche 1935–38.

Der Weg zum Kloster führt an dem 1740–41 überbauten roman. **Pfortenhaus** (Weinhaus Ress) vorbei; westl. davon liegt das neue *Klosterportal*, das 1774 als letztes von den Mönchen errichtet wurde.

Die **ehem. Klosterkirche** ist wie alle Kirchen des Ordens der Gottesmutter geweiht. Hinter der got. Kapellenreihe mit zierlichen Maßwerkfenstern und spitzen, erneuerten Dreiecksgiebeln ragt der schmucklos-wuchtige, kreuzförmige Baukörper der roman. Kirche auf. Das steile Dach trägt 2 barocke Dachreiter; barock sind auch die üppigen Dachgesimse. Das urspr. Dach muß man sich niedriger denken. Die O-Teile umgibt noch die unvermittelt abbrechende Gliederung der ersten Bauphase: reiches Sockelprofil und aufsteigende Wandvorlagen in sauberer Hausteintechnik. Das lange got. Maßwerkfenster an der S-Seite des Altarhauses wurde im 14. Jh. eingebrochen. Ähnliche Fenster erhielten auch seine N- und O-Wand (heute wieder zugesetzt). Die *W-Fassade* wird von einer monumentalen Fenstergruppe gegliedert: ein kraftvoll profiliertes Rundfenster, ein verbreitetes Motiv der Zisterzienserarchitektur, über 2 Rundbogenfenstern, die jeweils in einer Halbkreisblende stecken. Das einzige urspr. Portal der Kirche liegt auf der S-Seite. Gegen 1200 zeichnete man es mit einer schlichten, kreuzgratgewölbten Vorhalle aus.

Das I n n e r e ist ein heller, karger und feierlicher Raum von bemerkenswerter Rhythmisierung. Deutlicher als außen kann man die 2 Bauphasen unterscheiden. Das Langhaus stellt sich als 3schiffige, gewölbte Basilika von 5$^{1}/_{2}$ Jochen dar; die gleichmäßige Abfolge der Halbkreisarkaden auf kräftigen, längsrechteckigen Pfeilern von gleichem Querschnitt geht noch auf die ältere Bauplanung zurück. In der Ausführung nahm man dann die betontere Jochgliederung vor, die nach dem gebundenen System einem Mittelschiffsjoch 2 Seitenschiffsjoche bzw. 2 Arkaden zuordnet. Das Gewölbesystem beginnt erst in Kämpferhöhe der Pfeiler. Die rechteckigen Vorlagen sitzen, wie oft bei den Zisterziensern, auf Konsolen und bestätigen die Schlichtheit der Architektur. Gurtbögen mit Rechteckprofil setzen sie in die Gewölbezone fort. Die Grate der Kreuzgewölbe und die Schildbögen ruhen auf Eckkonsolen in Höhe der Wandvorlagenkämpfer. Die Obergadenfenster sind in der Mitte der Joche zusammengerückt, wodurch v. a. auch der Außenansicht eine besondere Rhythmisierung verliehen wird. Da das gebundene System in dem vorgegebenen Längenmaß der Kirche nicht aufging, blieb im W ein halbes Joch übrig, das ein halbes Gratgewölbe überspannt. – Die 4 Kreuzgewölbe der O-Teile (Querhaus und Altarraum) ruhen auf Runddiensten mit Würfelkapitell, die in den Jochecken eingestellt sind. Auf der O-Seite der Querarme öffnen sich je 3 auffallend niedrige, längsrechteckige *Kapellen.* Zwischen ihren Eingängen erkennt man noch die abgearbeiteten Halbsäulenvorlagen des ersten Bauabschnitts entsprechend der Wandgliederung der Außenseite. Jede der Kapellen besitzt eine Kredenznische in der S-Wand, vor der ein Weihwasserbecken stand. Auch die S-Wand des Altarraumes weist eine solche Nische auf, in reicheren Formen. Die beiden oberen Fenster der O-Wand im Altarhaus sind nicht ursprünglich (1936 ergänzt); vielleicht war hier einst ein Radfenster.

Ausstattung. Teile des originalen Fußbodens blieben erhalten. Der mittelalterl. Lettner zwischen Mönchschor und Laienbrüderkirche stand zwischen dem 1. und 2. Joch, also am 3. Pfeilerpaar von O (Fundamente ergraben). – Eberbach ist reich an guten *Grabdenkmälern.* An der N-Wand des Altarraumes steht das ● prunkvolle Hochgrab des Mainzer Erzbischofs Gerlach von Nassau († 1371). Die Grabplatte lag ehemals unter dem Steinbaldachin; jetzt ist sie an der Rückwand aufgerichtet. Die Skulpturen vom sog. Meister des Severi-Sarkophags in Erfurt (Erfurt gehörte zu Mainz!) stehen am Beginn des Weichen Stiles. Links daneben steht die Grabplatte für Erzbischof Adolf II. von Nassau († 1475) vom Meister des Adalbert von Sachsen im Mainzer Dom, eines der besten Denkmäler der Spätgotik am Mittelrhein, von weitaus naturalistischerer Darstellung als sein Nachbar. Den »idealen Stil« der Hochgotik vertritt das feine Relief des Domkantors Eberhard v. Stain († 1331). Das Südquerhaus diente als Grablege der Grafen v. Katzenelnbogen (»Grafenchor«). Zu den 7 Denkmälern für diese Familie gehört das älteste erhaltene Grabmal Eberbachs, für den 1311 verstorbenen Eberhard v. Katzenelnbogen. In den S-Kapellen liegen noch 29 Platten von Äbten des Klosters (13.–18. Jh.). Von Hans Backoffen in Mainz stammen die 2 Grabmäler für Wigand v. Hynsperg († 1511) und Adam v. Allendorf († 1518) mit seiner Frau.

Die **Klostergebäude** schließen sich auf der N-Seite der Kirche an. Trotz Abbruch und Umbau einzelner Teile liegt das mittelalterl. Kloster noch anschaulich vor Augen. Es stellt sich nach außen hin als Einheit dar, umfaßt im Inneren aber 2 getrennte Bereiche: im W das Kloster der Laienbrüder mit Konversenbau und Klostergasse, im O den Kreuzgang mit den Gebäuden der Mönche. Gesondert davon liegt östlich der Hospitalkomplex. – Der roman. **Kreuzgang** war flachgedeckt. Vom got. Umbau erhielten sich nur W- und N-Flü-

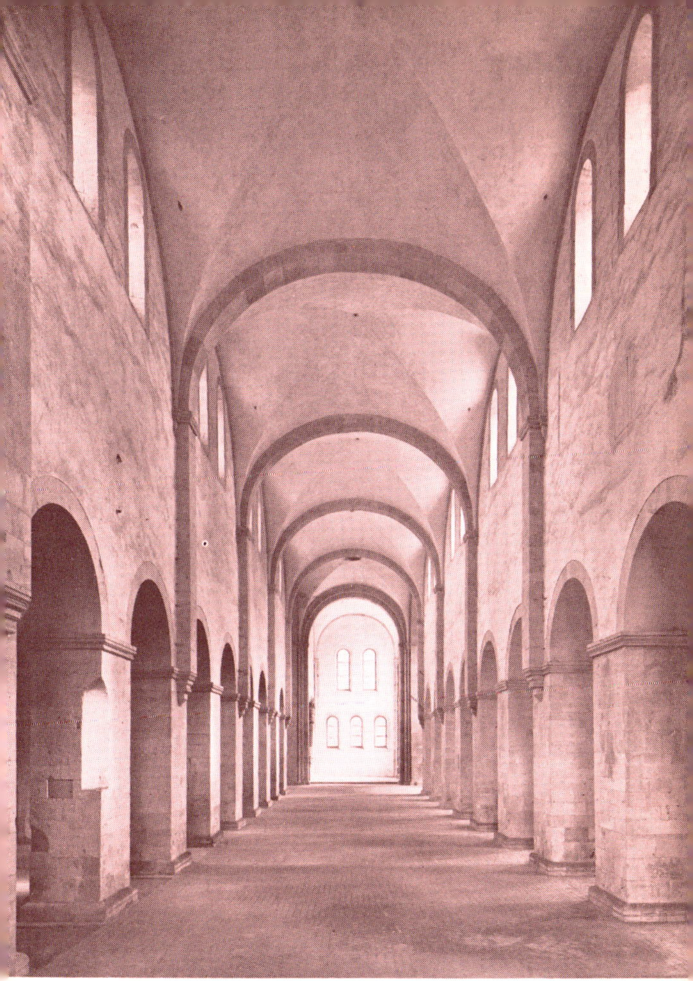

Ehem. Klosterkirche Eberbach
Mittelschiff nach Osten

gel; sie stammen größtenteils aus der 2. Hälfte des 13. Jh.: 3teilige, einfache Maßwerkfenster, rundbogig geschlossen. O- und S-Flügel wurden nach der Säkularisation zerstört. Sie weisen noch reizende Gewölbekonsolen des 14. Jh. mit Figurenschmuck auf, teilweise von der Hand des »Hochgrab«-Meisters. Die Schmuckfeindlichkeit des Ordens hatte sich in der Gotik immer mehr gelockert. – Im O liegt der **Wohnbau der Konventualen,** der sich an das N-Querhaus der Kirche anschließt. Auf die tonnengewölbte *Sakristei* folgt der quadratische **Kapitelsaal.** Er besitzt noch die beiden roman. Fenster zum Kreuzgang hin. Im Inneren wurde er um 1350 umgebaut. Ein 8eckiger Mittelpfeiler trägt das Sterngewölbe. (Der roman. Kapitelsaal war mit 9 Kreuzgratgewölben auf 4 Pfeilern überdeckt.) Anschließend nach N *Parlatur* und *Fraternei* (Aufenthaltsräume der Mönche). Die Fraternei wurde in der 2. Hälfte des 13. Jh. verlängert und eingewölbt, gleichzeitig über ihr das großartige **Mönchsdormitorium** (Schlafsaal) begonnen, eine 2schiffige Halle von 11 Jochen Länge. Kurze Rundpfeiler mit prächtigen Blattwerkkapitellen tragen die hoch ansteigenden Kreuzrippengewölbe, deren südl. Joche erst nach dem Umbau des Kapitelsaales um 1350 vollendet wurden. Der Saal gehört zu den eindrucksvollsten Räumen eines spätmittelalterl. Klosters in Deutschland. Eine Treppe führt unmittelbar in das nördl. Querschiff der Kirche hinab. Die Verkürzung der Säulenschäfte nach N ergab sich aus dem ansteigenden Gelände und der Gewölbehöhe des Untergeschosses; sie wurde nicht um einer perspektivischen, raumerweiternden Wirkung willen geschaffen. – An der N-Seite des Kreuzganges liegt das **Mönchsrefektorium** (im Inneren barockisiert, prächtige Stuckdecke von Dan. Schenk 1738). Ursprünglich ist noch sein roman. Portal zum Kreuzgang. Ihm gegenüber stand das zerstörte Brunnenhaus. Nach W schließen sich *Küche, Bäckerei, Spendenraum* an, über der Küche die *Wärmestube.* Der ganze Flügel war im Mittelalter nur 1geschossig. – Der W-Flügel des Kreuzganges bildete ehemals nur einen überdeckten Gang ohne anliegende Räume. Er wurde erst 1500 aufgestockt und nach W erweitert. Ein 8eckiger Treppenturm führt in das Fachwerkgeschoß. – Der langgestreckte **Bau der Laienbrüder** gehört in seinen beiden unteren Geschossen der Zeit um 1200 an. Im Inneren urspr. 2schiffige Hallen mit Kreuzgratgewölben. Im Erdgeschoß (**Keltern-**

Museum) lag das *Refektorium*, dessen schönes Portal zur Klostergasse hin erhalten blieb. Jenseits des W-Einganges (Querflur) ein großer *Vorratskeller*. Das Obergeschoß nahm der riesige *Schlafsaal* der Laienbrüder ein (85 m lang). In der NW-Ecke der *Klostergasse* befand sich die Zisterne; auf der S-Seite führte ein Portal in das Langhaus der Klosterkirche, das für die Laienbrüder bestimmt war.
Getrennt vom Klosterkomplex, jenseits des Eberbaches, steht der **Hospitalbau**, Rest einer umfangreichen Hospitalanlage. Er enthält im Erdgeschoß eine elegante 3schiffige Halle von 8 Jochen, deren steile Gratgewölbe von dünnen Rundpfeilern getragen werden. Die reichen Kelchblock- und Knospenkapitelle sind um 1220–30 anzusetzen. Klosterbereich und Hospital werden durch das 1752–53 erbaute **Neue Krankenhaus** verbunden, das zugleich als Wohnung des Priors diente. Eine Barocktreppe mit geschnitztem Geländer führt in das Obergeschoß.

UG/EH

Rauenthal (B10)

Kath. Pfarrkirche St. Antonius. Um 1459–64 wurde die Kirche aus der 1. Hälfte des 14. Jh. zu der bestehenden Wandpfeileranlage umgebaut. 1492 schuf der Meister des Kiedricher Chorgewölbes das reiche Sterngewölbe, welches das 1schiffige Langhaus überdeckt (Steinmetzzeichen auf dem westl. Schlußstein). Der 1558 erneuerte W-Turm trägt einen 8seitigen Spitzhelm, von einer Laterne unterbrochen und von 4 Wichhäuschen umgeben.

Von der Ausstattung ist ein spätgot. Leuchtertisch aus Schmiedeeisen mit 103 Kerzenhaltern bemerkenswert. Die Madonnenstatue (aus Holz) ist ein Werk des »Meisters mit dem Brustlatz« (vgl. Eltville), um 1500.

UG

EPPSTEIN (Main-Taunus C10)

Burgruine

1124 erhielt das Erzbistum Mainz eine Hälfte der 1122 erstmals erwähnten Burg Eppstein zum Geschenk, die andere Hälfte als Lehen. Seit dem späten 12. Jh. verwalteten die Grafen v. Hainhausen, die sich nun nach Eppstein nannten, den Mainzischen Besitz. Sie konnten die Burg im 12./13. Jh. und nochmals im späteren 14. Jh. wesentlich ausbauen. 1492 gelangte die westl. Burghälfte an Hessen, die östl. blieb Mainzer Besitz. Die Burg diente nun nur noch der Verwaltung. So war der allmähliche Verfall, v. a. der hessi-

schen Hälfte, eingeleitet, der nach dem Übergang an Nassau 1803 zum Abbruch einzelner Burggebäude führte. Durch Restaurierungen im frühen 20. Jh. und 1970–72 erhielt die Burgruine ihr heutiges Aussehen.

Die Burg erhebt sich hoch über dem Ort, und ihr Bergfried bestimmt dessen Fernsicht in charakteristischer Weise. Sie beherrschte einen alten Taunus-Übergang. Aus der ältesten Bauzeit um 1100 stammt lediglich der quadratische Unterteil des Bergfriedes. Die runden Obergeschosse gehören dem Umbau des 14. Jh. an. Damals entstanden auch die an den Turm angebauten Flügel neu, v. a. der Palas im W. Er war ehemals 4geschossig. Zur Umwehrung gehören die hohe Schildmauer im N sowie niedrigere Zwingermauern im S, mit denen noch ein kleiner Rundturm verbunden ist. Urspr. besaß die Burg 2 Zugänge; außer dem westl. gab es einen östl., der über den Halsgraben führte. Dadurch entzog man sich der Kontrolle durch die Stadt Eppstein. Seit der Restaurierung 1970–72 ist die Burg samt dem Bergfried voll zugänglich; das unzerstört gebliebene »Mainzer Schloß« dient als **Heimatmuseum.**

Der im Tal liegende Ort bekam 1318 und erneut 1950 Stadtrechte. 1526 führten die Landgrafen von Hessen die Reformation ein.

Nach 1318 wurde eine **Stadtmauer** mit Graben und Türmen angelegt. Zu diesem Verteidigungssystem gehörten auch 4 Stauseen, die die Stadt schützend umgaben. Einzig 2 Wasserüberläufe haben sich noch erhalten.

Ev. Pfarrkirche (ehem. St. Laurentius). Der bestehende Kirchenbau entstand wahrscheinlich ab etwa 1435 als Ersatz für einen roman. Vorgänger. An ein 4jochiges Schiff schließt sich ein $^5/_8$-Chorschluß an. Der Dachturm über dem W-Joch wurde in der 2. Hälfte des 17. Jh. hinzugefügt. – In der Kirche stehen die Bildnisgrabsteine mehrerer Eppsteiner, darunter der des Engelbrecht († 1494), der Hans von Düren zugeschrieben wird. Orgel von Joh. Christian Köhler 1751, Kanzel von Joh. Gottfried Mahr 1716.

Kath. Kirche St. Laurentius. Sie wurde 1903 als 3schiffige kreuzförmige Basilika mit Rundpfeiler-Arkaden erbaut. Größer und monumentaler als ihr Inneres wirkt das Äußere, das trotz der versteckten Lage das Ortsbild mitbeherrscht. Der Rückgriff auf got. Formen und den traditionellen Kirchenpatron soll offensichtlich die Kontinuität der kath. Kirche in Eppstein verdeutlichen, zumal sich der Bau gotischer gibt, als es die alte Pfarrkirche ist. Dies zeigt besonders der W-Turm, aber auch das mit Strebepfeilern versehene Langhaus.

UG

ERBACH (Odenwaldkreis EF13)

Die 1532 in den Grafenstand erhobenen Schenken zu Erbach führen ihren 1095 erstmals erwähnten Namen vermutlich von dem höhergelegenen Nachbarort Dorf-Erbach. Das Städtchen umgab eine spätroman. Wasserburg. Neben der Burg siedelten sich im 14. Jh. zunächst 6, später 13 Burgmannen mit ihren Adelshöfen an. Diese Ansiedlung, 1321 erstmals als Stadt bezeichnet und heute noch das »Städtel« genannt, wurde rechteckig mit Mauern, Türmen und Gräben umzogen. Außerhalb der Befestigung entstanden im 15. und 16. Jh. Wohnhäuser für Handwerker, Diener und Ackersleute in planloser Anlage, nur durch eine Umzäunung geschützt. – Graf Franz I. (1754–1823) war der eifrigste Förderer der kleinen Stadt, die durch ihn Residenzgepräge erhielt. Diesem Grafen wird die Einführung der Elfenbeinschnitzerei (1783) verdankt. Er war der Begründer der bedeutsamen Antiken- und Kunstsammlung im Schloß Erbach.

Ev. Stadtkirche. 1370 wurde von den Erbacher Schenken in das »Städtel« eine Kapelle gestiftet, die 1497 zur Pfarrkirche erhoben wurde. Ein großer Neubau mit fein gegliedertem Turmhelm verdrängte 1748–50 den got. Bau vollkommen. – **Kath. Kirche,** Neubau von 1843.

Schloß. Ein Flügelbau d. J. 1736, dessen schlichte Formen 1902 Barockzutaten aus Blech überlagerten, veränderte das Gefüge der Burg durchgreifend mit breiter Schauseite am Marktplatz. Nur der mittelalterl. Bergfried mit den Zwerchgiebeln und dem spitzen Helm von 1497 blieb unberührt. Die übrigen zum Schloß gehörenden Gebäude bewahren infolge eines Brandes von 1893 nur noch teilweise die Erscheinung ihrer Erbauungszeit. – Über der Toreinfahrt des Archivgebäudes ist das 1571 datierte Wappen Erbach-Breuberg angebracht. Am Kanzleibau von 1540 findet sich das Allianzwappen Erbach-Rheingraf; der »Alte Bau« mit dem gleichen Wappen ist 1550 datiert.

Im I n n e r e n des Schlosses sind die außergewöhnlich reichen **Sammlungen** des Grafen Franz I. zugänglich. Grabdenkmäler vom 13. Jh. an stammen aus der Steinbacher Einhardsbasilika, der Michelstädter Pfarrkirche und der Erbacher Friedhofskapelle. Eindrucksvoll ist der großräumige *Rittersaal,* der 1804 seine neugot. Scheinarchitektur erhielt. In den Saalfenstern frühgot. Glasmalereien aus Altenberg a. d. Lahn und Wappenscheiben des 16. Jh. aus Michelstadt. Sammlung von Ritterrüstungen, Waffen, Prunkharnischen und Geweihen. Von der mittelalterl. Plastik ist ein um 1503 entstandener vielfiguriger Flügelaltar aus Schöllenbach (Stifterwappen Erbach-Wertheim) zu nennen; daneben gibt es Kunstgewerbe und Ausgrabungsfunde von 1792–96 aus Herculaneum und Tivoli.

Schloßmühle von 1723, im 19. Jh. als Marstall umgebaut. – Auf dem anderen Ufer der Mümling **Orangerie** von 1722, vor der sich der einstige Lustgarten ausdehnte.

Rathaus, aus 2 Flügeln bestehend. Rechter Teil 1545 mit offenem Hallengeschoß erbaut, Umbau 1593, 1754 Fachwerkoberbau erneuert; Renaissance-Giebel über dem zum »Städtel« führenden Torbau um 1594.

Von den **Burgmannenhöfen** im »Städtel« ist das aus dem 14. Jh. stammende und auf die Städtelmauer aufgebaute sog. **Templerhaus** mit Treppengiebeln das älteste. – Am **Hof der Echter** Allianzwappen des Peter v. Echter und der Gertrud v. Adelsheim, der Eltern des Fürstbischofs Julius Echter v. Mespelbrunn. – An der sog. **Habermannsburg** Wappen, bez. 1515. – Die **Befestigung** des »Städtel« ist in Überresten noch vorhanden. An der SW-Ecke des ehem. Mauerzuges ist ein Wehrturm erkennbar. *GB*

Das **Elfenbeinmuseum** (Otto-Glenz-Str. 1) entwickelte sich von einer Lokalsammlung der Schnitzerei im Odenwald zu einer beachtlichen Kollektion deutscher Elfenbeinkunst des 19. und 20. Jh.

ERBACH **(Rheingau)** (B11) → **Eltville am Rhein** (Rheingau-Taunus)

ERMENROD (F7) → **Feldatal** (Vogelsbergkreis)

ERMSCHWERD (I2) → **Witzenhausen** (Werra-Meißner)

ERSHEIM → **Hirschhorn (Neckar)** (Bergstraße E14)

ESCHWEGE (Werra-Meißner K3)

Otto II. schenkte den Königshof Eskiniwach 974 seiner Gemahlin Theophanu; Otto III. übergab ihn 994 seiner Schwester Sophie, der späteren Äbtissin zu Gandersheim. Der Hof lag auf dem Cyriaxberg hoch über dem sumpfigen Werratal. Sophie gründete auf ihrem Gut das Kanonissenstift St. Cyriacus. Der Besitz wechselte mehrfach; 1075–1213 gehörten Stift und Ort zu Speyer; 1249 stellte sich die Siedlung, die sich nach S entwickelt und städtischen Charakter gewonnen hatte, unter den Schutz Heinrichs d. Erlauchten. Die damals begonnene Ummauerung schützte nicht vor der Eroberung durch Braunschweig, 1250. Ein Vertrag brachte Hessen 1264 in den Besitz Eschweges, doch erst 1433 wurde die hessische Herrschaft über die viel umstrittene Stadt endgültig. Spätestens seit 1306 hatte sich noch weiter südlich die Neustadt angeschlossen. Beide Stadtteile sind bis heute deutlich unterschieden: die Altstadt mit rippenförmigem, etwas unregelmäßigem Straßennetz und die ganz regelmäßig gitterförmige Neustadt. Mit der Vorstadt Brükkenhausen dehnte sich Eschwege auf die Werra-Insel und über den

Fluß nach N aus; die Besiedlung des Flugplatzes und Eingemeindungen haben dem Stadtgrundriß in jüngerer Zeit eine starke OW-Ausdehnung gegeben. – Zum wirtschaftlichen Rückgrat der Stadt wurde schon im Mittelalter das Tuchgewerbe (bis 1964); ihm dankt Eschwege seine Entwicklung zur größten Landstadt Niederhessens.

Ehem. Reichsabtei St. Cyriax (Kanonissenstift). Der sicherlich prächtige Gründungsbau ist völlig verloren. Schon zu Beginn des 17. Jh. war nur eine spätgot. Saalkirche vorhanden, die an den Rest einer roman. Doppelturmfassade anschloß. Auf dem Platz der Kirche erhebt sich seit 1828 die **Bürgermädchenschule** (jetzt Volks- und Realschule) des Landbaumeisters Joh. Friedrich Matthei, ein gutgegliederter 2geschossiger Bau mit Treppenhaus auf 4 toskanischen Säulen. – Von der Kirchenfassade steht noch der **»Schwarze Turm«**, der ehem. S-Turm. Nur das in sorgfältigem Quaderwerk erbaute Untergeschoß mit 2 Rundbogenfenstern stammt wohl aus dem 12. Jh. Der Oberbau wurde 1249/50 bei der Belagerung Eschweges abgebrochen, um die Stadtmauer bei der Abtei auszuflicken, und erst 1290 in got. Stil wieder aufgesetzt; Helm 1889.

Schloß (jetzt Landratsamt), im NW der Stadt über der Werra. Die etwas unregelmäßige Anlage umschließt mit 3 Flügeln den Binnenhof, den eine 5teilige Arkade mit dem Schloßplatz verbindet. Den Kern bildet eine thüringische Burg von 1386; got. Reste sind noch im NO-Flügel erkennbar, dem an der SO-Seite 1552 der 2geschossige Erker zugefügt wurde. Hauptbauzeit 1581 unter Landgraf Wilhelm IV., der den NO- und den NW-Flügel als 3geschossige Renaissance-Bauten mit regelmäßiger Fensteranordnung, Treppentürmen an der Hoffront und Schmuckgiebeln an den Schmalseiten errichten ließ. Der Rittersaal im Erdgeschoß des NW-Flügels wurde 1736 als kath. Schloßkapelle eingerichtet, 1963/64 als Repräsentationsraum renoviert. Der SW-Flügel von etwa 1755 bildet eine Gruppe mit dem kräftigen Pavillonturm an der S-Ecke des Schlosses, den Landgraf Moritz (1592–1627) erbauen ließ. Das bekrönende Haubentürmchen enthält eine barocke Kunstuhr, gestiftet 1650 von Landgraf Friedrich von Hessen-Eschwege, das Eschweger Wahrzeichen: den »Dietemann«.

Ev. Altstadt-Pfarrkirche St. Dionys

Das Patrozinium legt frühkaroling. Gründung nahe, doch fehlen alle weiteren Hinweise. Aus der 2. Hälfte des 13. Jh. hat sich der W-Turm erhalten. Für den Chor gibt eine Strebepfeilerinschrift das Anfangsdatum 1450, eine andere nennt d. J. 1466 für das Langhaus. Erst 1521 soll das Gewölbe geschlossen worden sein.

Die Außenerscheinung ist gedrungen. Der frühgot. Turm, vom spätgot. Langhaus umfangen, versinkt bis zum Ansatz der Haube (1656) im Schiffsdach. Die S-Seite, mit Quaderwerk und Strebepfeilern, wirkt als Schauseite. – Die wohlräumige, fast quadratische Halle des Inneren läßt aus Rundpfeilern mit je 4 Diensten ihre Sterngewölbe aufwachsen, die sich im polygonal geschlossenen Chor fortsetzen. Im Turmuntergeschoß tragen 4 kräftige Säulen mit Knollenkapitellen das frühgot. Rippengewölbe.

Ausstattung. Eine stattliche Barockschöpfung ist die gutgeschnitzte *Kanzel*, wohl eines der frühesten Stücke des von ca. 1640 bis 1700 speziell im Eschweger Gebiet herrschenden Kanzelstils. Die große *Orgel*, 1677–79, aus Hauptwerk, Rückpositiv (1964 statt des Brustwerks wiederhergestellt) und Pedal, mit ungewöhnlich reicher Dekoration im Knorpelstil (die frei hängende Jahreszahl 1964 beseitigt!) ist das Hauptwerk von Jost Friedr. Schäffer aus Kirchheilingen bei Langensalza. Sie ruht auf einer Barockempore mit kräftigen Schnitzereien und gemalten Brüstungsfeldern (»Musica celestis«) von 1684. Sie wurden 1964 als angebliche Machwerke des 19. Jh. überklebt, danach wieder freigelegt.

Ev. Neustadt-Pfarrkirche St. Katharinen

Die Baugeschichte ist durch Inschriften reich belegt. 1374 entstand der quadratische W-Turm, dessen barocken Aufbau und Helm Georg Gottlob Ungewitter 1862 in pseudogot. Formen ersetzte. Der spätgot. Kirchenbau wurde 1436 mit der Sakristei (an der S-Seite des Chores) begonnen, der Chor folgte 1474 und wurde 1480 eingewölbt, das Langhaus 1484–92 errichtet und sein Gewölbe 1520 geschlossen. 1964–65 restauriert.

Das 3schiffige Langhaus besitzt eine Tiefe von 5 Jochen; sein Raum wirkt weit und frei, festlich zugleich durch die reiche Figuration der Netz- und Sterngewölbe. Im Chorgewölbe wurde 1965 dekoratives Rankenwerk aufgedeckt. Phantasievolles Maßwerk schmückt die Fenster.

Die spätgot. *Steinkanzel* stiftete Heinrich »von Eschewe« 1509. Die 3 freien Seiten des geschwungenen Korbes sind mit großen Halbfiguren reliefiert: Madonna, Schmerzensmann und St. Magdalena. – 1839 errichtete Friedrich Krebaum die Orgel (Werk erneuert), deren neugot.-romantischer Prospekt sich in wohlverteiltem Wechsel von Symmetrie und Asymmetrien hervorragend dem Gewölbe einfügt.

Von der **ehem. Godehardikirche** (später Nikolaikirche) am westl. Stadtrand blieb der **»Klausturm«** mit der Bauinschrift 1455 erhalten. 1733–36 wurde der interessante barocke Aufbau hinzugefügt: 4 Ecksäulen, durch Steinbalustraden verbunden, tragen das Haubendach.

Die **Neuapostolische Kirche**, gegenüber dem Hochzeitshaus, 1838 als Synagoge erbaut, diente bis 1938 der jüdischen Gemeinde. Dem Mittelrisalit des 2geschossigen klassizist. Baues ist ein Säulenportikus vorgesetzt.

1578 wurde westl. der Cyriaxkirche das **Hochzeitshaus** errichtet, ein 2geschossiger, nicht ganz einheitlicher Renaissancebau.

Das **Alte Rathaus** von 1660, ein 3geschossiger Fachwerkbau von 8 : 15 Gefachen, schließt den Markt im W ab. In der Ornamentik wiegt Beschlagwerk vor.

1842/43 errichtete Landbaumeister Ant. Jak. Spangenberg anstelle des prachtvollen, 1452 und 1588 erbauten Kaufhauses am Obermarkt das **Neue Rathaus** von 9 : 3 Achsen und 3 Geschossen unter Attika und schwerem Kranzgesims.

Der Stadtkern verdankt seine Anlage dem hohen und späten Mittelalter, seine äußere Erscheinung hauptsächlich den 2 Jahrhunderten nach dem 30jährigen Krieg. Die zahlreichen **Fachwerkbauten** schließen sich am Markt, besonders auf seiner S-Seite, zu einer höchst eindrucksvollen Gruppe zusammen, doch haben auch die **Speicherbauten** des 18. und 19. Jh. in der Werra-Gegend einen erheblichen Anteil am Stadtbild. Schwerwiegende Eingriffe setzen ihm seit den 1960er Jahren bedenklich zu, nicht nur Abbrüche (z. B. 1975 der des Speicherhauses [Thorey, Ecke Grüner Weg / Nelkengasse] aus der Mitte des 16. Jh.), sondern auch Neubauten, die – besonders am westl. Stadteingang – jeden Maßstab sprengen und zu den schlimmsten Bausünden in Hessen gehören. – Einzelbauten: **Raiffeisenhaus** (am Stad 44), 1679, 4geschossig mit reichem ornamentalem Schmuck; die Eckpfosten im 3. Geschoß sind als »Wilder Mann« und »Wilde Frau« dargestellt, im 2. Geschoß aber recht ungewöhnlich als Prinz und Prinzessin; außerdem Engel, Jäger, Fabelwesen, Rankenwerk. – **Stad 9** ist seltenes Beispiel eines stattlichen neugot. Fachwerkhauses. – In den teils authentischen, teils rekonstruierenden Gemälden von Ernst Christopher Metz (1892–1973) ist das Eschweger Stadtbild weitgehend überliefert.

Von der **Befestigung** blieb allein der **Dünzebacher Torturm** von 1531 am O-Ausgang der Stadt, ein got. Rundturm, dessen Spitzhelm mit 3 Ecktürmchen trotz Entstehung 1690 an mittelalterl. Bauweise anklingt.

Nachklassizist. **Bahnhofsgebäude.** – Den **Bismarckturm** auf dem Leuchtberg errichtete Kreisbauinspektor Behrendt 1903.

Das **Heimatmuseum** (Vor dem Berge 14a; Fachwerkhaus Ende 19. Jh.) zeigt Heimatkunde und Volkskunst, eine bedeutende erdgeschichtliche Sammlung mit Nachlaß des Begründers der brasilianischen Geologie, Wilhelm Ludwig Frhr. v. Eschwege, und als Rarität das 1880 eröffnete Fotoatelier des Kunstmalers Ferdinand Tellgmann.

DG

FALKENSTEIN (C10) → **Königstein im Taunus** (Hochtaunuskreis)

FASANERIE, Schloß → **Eichenzell** (Fulda H8)

FELDATAL (Vogelsbergkreis F7)

In den Orten der Gemeinde Feldatal sind Fachwerkkirchen im Typus des → Vogelsbergs mehrfach vertreten: aus der frühen Zeit in Zeilbach, aus der Hauptphase in Stumpertenrod, aus dem Ausklang nach 1730 in Ermenrod.

Ermenrod (F7)

Die ev. **Kirche**, 1735, schließt sich in Konstruktion und innerer Anordnung Sellnrod an: ansprechendes Fachwerk, zurückgesetzter westl. Dachreiter, den eine Stützkonstruktion trägt, und Chorbogen wie in Büßfeld. Bemerkenswert sind die reiche Kanzel mit Christus und Evangelistenfiguren sowie die Emporengemälde z. T. in spät-caravaggesker Tradition.

Stumpertenrod (F7)

● **Ev. Pfarrkirche.** Die große Phase des Fachwerkkirchenbaues im Vogelsberg wird durch die Kirche in Stumpertenrod eingeleitet, die zugleich die größte unter ihren Schwestern ist. 1696–97 wurde sie errichtet; der Innenausbau zog sich bis 1712 hin. Im 2geschossigen Fachwerk stehen Mannformen über dem durch V-förmige Streben gegliederten hohen Untergeschoß; ein zierlicher Dachreiter krönt die W-Ansicht. Das Portal mit gedrehten Säulen und Engelsköpfen hat Volkskunstcharakter. Ein muldenartiges Gewölbe mit hölzernen Gurten ruht auf dünnen Wanddiensten – hier wird das Vorbild der Romröder Steinkirche deutlich. Emporen umziehen, z. T. 2geschossig, den größten Teil des Raumes; sie lassen den Platz für die Kanzel frei, während die Orgel über dem Altar steht: eine für Oberhessen charakteristische prot. Anordnung bis zur Einführung der Altar-Kanzel-

Orgel-Gruppe in Kirtorf. Dem Dachreiter dient eine einzige schlanke Mittelsäule zur Stütze, die sich in der Emporenbrüstung auf 2 den Eingang flankierende Säulen abspreizt. Zwischen den gemalten Aposteln an der Emporenbrüstung bemerkt man außer Christus auch Luther. Kanzel mit Rundbogenarkaden 1617.

Zeilbach (F7)

Die **ev. Kirche**, nach Lardenbach die früheste Vertreterin ihres Fachwerktypus, wurde 1668 von Jost Weizel und Andreas Diel erbaut. Bei schlichter 1geschossiger Außenkonstruktion, kleinem Grundriß und schmalen, aber steilen Maßverhältnissen überrascht der räumliche Reichtum, den die farbige Renovierung von 1970 unterstützt. Eine kräftige Mittelsäule trägt einen Längsunterzug; 2 hohe Vierkantstützen sind zu einer Art großem rundem Triumphbogen verbunden und tragen einen Querbalken; über ihm eine Dockengalerie und ein Querunterzug. Durch die Kreuzung der Unterzüge bilden sich 4 Deckenfelder, an denen Stuckornamente angebracht sind, u. a. Pelikan und Phönix als Sinnbilder Christi.

DG

FELSBERG (Schwalm-Eder G4)

Aus dem Flachland links der Eder ragen 2 steile Basaltkegel und tragen die Altenburg sowie die Burg Felsberg. Erstere war wohl Stammsitz der Grafen v. Felsberg, die aber schon 1090 auf den Nachbarberg übergesiedelt waren. Als Stadt erscheint Felsberg 1286 im Besitz der hessischen Landgrafen, die es schon länger besaßen. Der 30jährige Krieg zerstörte den einstigen Wohlstand der Stadt, die sich südöstlich um den Burgberg schmiegt.

Burg. Steil ragt die Ruine über die Stadt, beherrscht vom hohen, runden Bergfried, 1388, mit seinem stark einspringenden Obergeschoß in »Butterfaßform«. Auch die im 14. Jh. errichtete neue Umfassungsmauer ist weitgehend nebst einigen Zinnentürmen erhalten; an der S-Seite die ehem. Kapelle St. Pankratius, die im 16. Jh. zur Pulverkammer umgebaut wurde.

Die **ev. Pfarrkirche** (St. Nikolaus und St. Jakob) ist spätgotisch, nur der W-Turm wohl schon 14. Jh. Der Chor ist rippengewölbt; das Schiff verlor seine Gewölbe 1640; die bemerkenswerte neugot. Flachdecke ist nebst den Emporen 1865 eingefügt. – In der Umfassung der **Deutschordenskomturei**, westl. der Kirche, die 1247 bis 1809 dem Deutschen Orden unterstand, ist als stattlicher Fachwerkbau von 1726 das **Pfarrhaus** erhalten.

Im malerischen S t a d t b i l d zeichnen sich nur wenige Häuser aus, insbesondere das **Herrenhaus der Grafen v. Besse**, ein kräftig profilierter Bau von 1650. – Eine stimmungsvolle Gruppe bildet der **alte Friedhof** mit der **Kapelle St. Jakob** und dem 1773 erneuerten **Hospital St. Valentin.**

Altenburg (G4)

Burg. Im 14. Jh. wiederaufgebaut; 1388 entstand auch hier der runde Bergfried mit Zinnenkranz. Von den Umfassungsmauern und Wohngebäuden sind nur Ruinen erhalten. Das **Herrenhaus** zu Füßen der Burg, ein Fachwerkbau, trägt Wappen von 1602 und 1681.

Gensungen (G4)

Gegenüber von Felsberg, auf dem rechten Eder-Ufer, zu Füßen des Heiligenberges.

Auch die 1186 von Mainz errichtete **Burg Heiligenberg**, mit weiter Umsicht über das hessische Land, liegt auf einem steilen Basaltkegel. Vielfach zerstört, erfuhr sie den letzten Wiederaufbau 1401 durch die hessischen Landgrafen, war aber schon 1471 wieder wüst und verfallen. Aus der 1939 freigelegten Ruine wurde durch Ausbau ein Ehrenmal für Kurhessen.

Im befestigten **Friedhof**, dessen got. Portal erhalten ist, steht die klassizist. **Kirche**, 1824 von Peter Augener, an den mittelalterl. W-Turm der ehem. Erzpriesterkirche St. Peter gelehnt.

Nordöstl. von Gensungen liegt die **Domäne Mittelhof** mit einem kleinen, von Landgraf Moritz zu Anfang des 17. Jh. errichteten Jagdschloß.

DG

FISCHBACHTAL (Darmstadt-Dieburg E12)

Lichtenberg (E12)

Schloß und Städtchen liegen aneinandergeschmiegt auf einem Hügelrücken über dem Fischbachtal, umrahmt von den bewaldeten Bergen des Odenwaldes. Blickpunkt der Ansiedlung ist das weit das Tal beherrschende

● **Schloß.**

Vorgänger der Schloßbauten aus der Renaissancezeit war eine Burg der Herren v. Katzenelnbogen, die um 1230 gegründet wurde. Die Landgrafen von Hessen lösten die 1479 aussterbenden Herren v. Katzenelnbogen als Besitzer ab. Erst als nach der Erbteilung von 1567 die Burg an die Landgrafen von Hessen-Darmstadt über-

ging, begann man auf dem bevorzugt liegenden Burgberg unter Verwendung alter Mauerteile mit dem Neubau eines Renaissance-Schlosses, das damit das erste der neuen Stilrichtung im hessen-darmstädtischen Land wurde.

Der aus Kassel gerufene Darmstädter Baumeister Jac. Kesselhut, den wir als Erbauer des O-Giebels von Schloß Kranichstein wiedertreffen, errichtete 1570–81 einen 3flügeligen Baukomplex um einen rechteckigen Hof. Die massiven Steinbauten steigen 3 Stockwerke hoch. Die Giebel der Schmalseiten sind mit der Bauornamentik der später in der Residenzstadt Darmstadt und in der Umgegend (Groß-Umstadt, Fürstenau, Neuhanau, Friedberg usw.) sich durchsetzenden deutschen Renaissance besetzt.

Vorburg und **Stallungen** stammen vermutlich auch von Jac. Kesselhut.

Bollwerk. Westl. des Schlosses steht auf einer Hügelspitze über den wenigen Häusern des Ortes ein freistehender Batterieturm, der wie seine Brüder am Schloß in Babenhausen, an der Burg in Friedberg und an der Stadtbefestigung von Büdingen vor 1550 errichtet worden ist.

GB

FLECHTDORF (E3) → **Diemelsee** (Waldeck-Frankenberg)
FLORENBERG → **Künzell** (Fulda H7)

FRANKENBERG (Eder) (Waldeck-Frankenberg E4)

Frankenberg liegt auf und an einem steilen Bergrücken über dem rechten Ufer der Eder. Als fränkische Anlage entstand es als ein Grenzort gegen die Sachsen. Die Stadtgründung durch die Thüringer Landgrafen erfolgte wohl schon kurz vor der ersten Erwähnung 1236, diesmal als militärischer Stützpunkt gegen die westl. gelegene Mainzer Grafschaft Battenberg. An die fast quadratische, im Straßennetz gitterförmige Altstadt schloß Landgraf Heinrich II. 1335 die ellipsenförmige Neustadt am Hang gegen die Eder an; erst 1556 wurden beide Gemeinwesen vereinigt. Die Stadtbefestigung verfiel seit dem 17. Jh.; 1798 wurden auch die Reste der Burg beseitigt, welche die Bürger schon 1376 zerstört hatten. – Besonders eindrucksvoll ist die hochgelegene S-Front der Stadt mit Marienkirche und Spitalkapelle.

Ev. Stadtpfarrkirche (Liebfrauen) ●

Ihr Baubeginn 1286 folgt unmittelbar der Vollendung der Marburger Elisabethkirche. Um 1337 war das Langhaus, 1359 der W-Turm vollendet; 1353 wurde der neue Chor geweiht. Dem südl.

Kreuzarm fügte man die um 1370/80 gestiftete Marienkapelle an. – 1961–63 wurde die got. Farbfassung wiederhergestellt.

Mit Dreikonchenanlage und Hallenplan folgt die Kirche dem Marburger Vorbild. In der Ausführung sind Einflüsse aus Haina erkennbar. Die Eingeschossigkeit der Seitenschiffe deutet wie der Einturm im W bescheidenere Verhältnisse an. Die Konchen haben nur noch 5/8-Schluß, nicht die reichere Marburger Chorfigur. Später griff Meister Tyle von Frankenberg ein. Die Seitenschiffe verlängerte er über die 4 Langhausjoche hinaus nach W beidseits des Turmes, dann schuf er die Erweiterung des O-Chores; endlich fügte er dem südl. Querhausarm die Marienkapelle an. – Äußeres. Abgetreppte Strebepfeiler gliedern die sorgfältig gequaderte Wand, mit ihr von dem Kranzgesims in einheitlicher Höhe abgeschlossen. Die schmalen Fenster füllen die Wandflächen bei weitem nicht aus. Ein Rundfenster über dem 2teiligen S-Portal folgt mit kehligem Vierpaß und rahmenden Dreipässen der Hainaer W-Rose. Wimperg und Fialen schmücken das westl., mit einem Fenster überhöhte Portal. Die Dachformen wurden erst im 19. Jh. gewählt. – Inneres. Kräftige Rundpfeiler mit 4 Diensten tragen die Gewölbe. Konsolen und Baldachine zerstörter Figuren unterbrechen die Dienste in Vierung und Chor. Die Raumverhältnisse sind frei und licht, obwohl gedrungener als in Marburg. Doch auch hier sind die Seitenschiffe wesentlich schmaler als die Mitte, so daß ihre Gewölbe nur durch Stelzung annähernd auf die gleiche Scheitelhöhe der breit gespannten Hauptgewölbe gebracht werden konnten. Der jüngere Chor steigert unauffällig alle Maße in der Breite, Höhe und Tiefe.

Die farbige Raumfassung (nach 1478) mit weißen Wandflächen und Diensten, roter Quaderung sowie zierlichen Rankenmalereien in den Gewölben (in der Vierung auch Passionssymbolik) schafft eine festliche Raumstimmung. Dazu treten 12 Glasscheiben in den Chorfenstern mit Szenen aus dem Leben Christi (2. Hälfte des 14. Jh.).

Die Kirchenreform des Landgrafen Moritz und der Stilpurismus des 19. Jh. haben unter der Ausstattung arg aufgeräumt. Vom Altar blieben nur ein hl. König, mehrere Apostel und ein Prophet, etwa aus der Zeit der Chorweihe. Die maßwerkreiche Steinkanzel, 1554, ist 1962 in die Kirche zurückgekehrt. Der jetzige Altar, ein verzierter Steintisch, stammt aus der Barockzeit (Füße mit Blumenmustern). Die fein ausgearbeitete Sakramentsnische von Meister Tyle (?), gegen 1353, leitet eine Reihe ähnlicher

Wandtabernakel in hessischen Kirchen ein. Ins Museum kamen die prächtigen Balkenköpfe der einstigen Empore, die Philipp Soldan 1529 im Stil der beginnenden Renaissance schnitzte. Von der kostbaren Orgel, die Joh. Philipp Seuffert aus Würzburg 1746 für Kloster Grafschaft schuf (1810 kam sie nach Frankenberg), blieben nur das Werk (sichergestellt) und einige Figuren übrig.

Ans S-Querhaus schließt die *Marienkapelle* des Meisters Tyle an, ein kleiner Zentralbau unregelmäßiger Gestalt, der sehr steil wirkt, da seine Höhe der des Querhauses gleichkommt. Außen wie innen zeigt der Formenapparat die geschliffene, etwas spröde, aber doch reiche Eleganz der spätmittelalterl. Gotik; er übertrifft den Chor bei weitem. 3teilig sind die Fenster, deren Maßwerkfiguren aus Dreipässen zusammengesetzt sind. Ein selbständiges Pyramidendach krönt den Bau. Über das Mauerwerk breitete sich ein reiches Figurenprogramm, außen in einer breiten Zone unter den Fenstern und in Nischen an den Strebepfeilern; innen durchbrechen Figurennischen die zarten Gewölbedienste.

Landgraf Moritz ließ das Figurenwerk zerstören, so auch die Marienkrönung am Portal. Erhalten blieb die Verkündigung an den Gewölbeschlußsteinen. – Über der Altarmensa steigt ein 3geschossiges Steinretabel auf, aus spitzbogigen Nischen und architektonischen Ornamenten phantasievoll gestaltet. In der mittleren Hauptzone sind Verkündigung und Heimsuchung zu seiten einer heute leeren Mittelnische dargestellt. Der feine Faltenstil und die ausdrucksvolle Körperhaltung sprechen noch wirkungsvoll trotz der Verstümmelungen (Köpfe und Hände sind abgeschlagen).

Das **ehem. Zisterzienserinnenkloster Georgenberg** gründete Konrad v. Itter 1242; seine Söhne verlegten es 1249 vor den SW-Ausgang Frankenbergs. Die ältesten Teile (Kapelle St. Mauritius mit Rundbogenportal) zeigen noch roman. Stil; Umbauten fanden im 14. und 16. Jh. statt, zuletzt 1936 die Einrichtung zum Landratsamt (jetzt Zweigstelle). Hier auch das **Heimatmuseum**: Werke des Tyle von Frankenberg und Philipp Soldans, u. a. aus der Pfarrkirche; Figuren der Seuffert-Orgel; künstlerischer Eisenguß; bäuerliche und bürgerliche Kultur.

Spitalkapelle, 1515.

Kath. Pfarrkirche St. Marien. 1956 von Hans Weber auf Trapezgrundriß erbaut, als flachgedeckter Saal mit hochgelegener Fensterzone.

Das **Rathaus** von Frankenberg steht mit den Rathäusern von Zierenberg, Melsungen und Alsfeld an der Spitze der althessischen Rathausbauten als das reichste und stolzeste. Nachdem der Vorgänger aus d. J. 1421 beim Stadtbrand

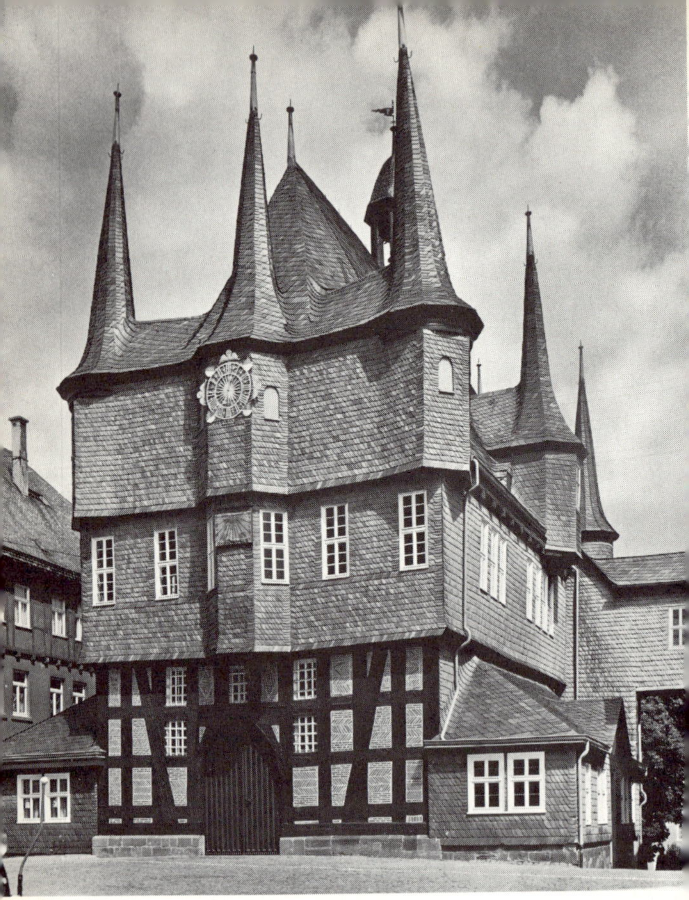

Frankenberg. Rathaus

von 1476 untergegangen war, entstand das heutige Rathaus 1509. In ganzer Tiefe des Baublockes verbindet es Frankenbergs beide Hauptplätze, Ober- und Untermarkt. Den Geländeabfall gleicht der Unterbau aus, auf der N-

Seite als Doppelgeschoß durchgeführt. In feinen, für Frankenberg typischen Mustern ist der Backstein (Klinker) in die Gefache des Erdgeschosses gesetzt. 2 Obergeschosse an den Frontseiten kragen vor, im Äußeren verschiefert. Unübertreffbar prächtig wird die Erscheinung des Baues durch die Dachzone. Zu den 4 Ecktürmchen treten Erkertürmchen in der Mitte jeder Seite; die der Stirnseiten stützen sich auf die schmuckreichen Konsolen Philipp Soldans. Der krönende Dachreiter auf dem steilen Walmdach ist klassizistisch erneuert. Ein Treppenturm von 1535 legt sich vor die W-Seite. Das Erdgeschoß beherbergt die große durchgehende *Kauf- und Festhalle*, die nur in wenigen Rathäusern noch erhalten ist. 3 kraftvolle Mittelstützen tragen über einem Längsunterzug die Balkendecke.

Stadtbild. Schwere Eingriffe haben von etwa 1965 bis 1976 den Charakter der Stadt stark beeinträchtigt, der zuvor weitgehend von den in Fachwerk errichteten Bürgerhäusern des 16.–18. Jh. bestimmt gewesen war. Im Rahmen einer sog. Sanierung wurden insgesamt 163 Baukörper abgebrochen. Erst das Denkmalschutzjahr 1975 hat zur Besinnung geführt. Obwohl in der Bebauung ernstlich gestört, hat sich doch wenigstens die einheitliche Platzwirkung von Ober- und Untermarkt erhalten. Eine doppelte Häuserzeile, deren Mitte das Rathaus einnimmt, trennt die Märkte voneinander. Charakteristisch ist die Ausmauerung der Gefache in Backstein mit phantasiereichen Mustern. Seit der Renaissance liebt man mehrgeschossige Eck-Erker auf Konsolen. Noch gotisch ist **Neue Gasse 5:** An der Seite gehen die Pfosten und Streben durch 3, vorn durch 2 Geschosse. Typische Frankenberger Häuser sind **Steingasse 1** (Blaue Pfütze) von 1564, mit reichen Inschriften und 2 Halbsonnen; **Obermarkt 20** von 1575; mit Eck-Erkern ferner **Neue Gasse 14** (1683) und das **Gasthaus zur Sonne** am Untermarkt (um 1700). – Als Steinhaus steht ein **ehem. Burgmannenhaus** am O-Ende des Obermarktes, aus dem 15. Jh.; der Staffelgiebel entstand 1976 neu, für den Innenausbau verwendete man z. T. barocke Spolien.

DG

FRANKENSTEIN, Burg → **Mühltal** (Darmstadt-Dieburg D12)

FRANKFURT am Main (C–E9–11)

Die Altstadt mit dem durch den Zug der Kaiser und Könige vom Dom zum Römer historisch gewordenen Alten Markt wurde im März 1944 vollständig zerstört. Bis zum Kriegsende hatte die an

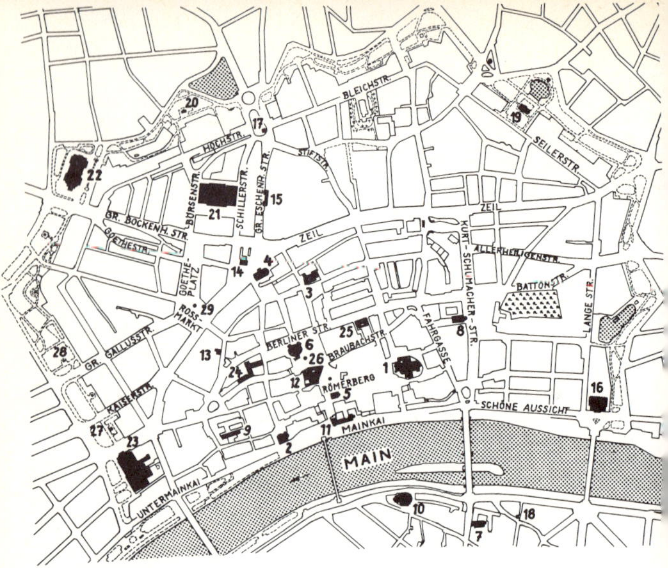

1 Dom
2 Leonhardskirche
3 Liebfrauenkirche
4 Katharinenkirche
5 Nikolaikirche
6 Paulskirche
7 Deutschordenskirche
8 Dominikanerkirche
9 Karmeliterkirche
10 Dreikönigskirche
11 Saalhof
12 Römer
13 Goethehaus
14 Hauptwache
15 Ehem. Palais Thurn und Taxis
16 Stadtbibliothek
17 Eschenheimer Turm
18 Kuhhirtenturm
19 Ehem. Bethmann-Museum
20 Nebbiensches Gartenhaus
21 Börse
22 Opernhaus
23 Großes Haus
24 Bundesrechnungshof
25 Göppinger Galerie
26 Einheitsdenkmal
27 Goethe-Denkmal
28 Schiller-Denkmal
29 Gutenberg-Denkmal

Frankfurt am Main. Plan der Innenstadt

der Stelle der staufischen Mauer von »Graben«-Straßen umzogene Innenstadt ihren einmaligen Charakter als eine reiche spätmittelalterl. Bürgerstadt bewahrt.
Alle Bodenfunde weisen auf den Domhügel als Keimzelle der Besiedlung hin, die seit der mittleren Bronzezeit niemals unterbrochen war. Von einem römischen Kastell konnte bisher keine Spur gefunden werden, dagegen lassen die Ausgrabungen am militärischen Charakter der älteren Bauten keinen Zweifel. In topo-

graphischer Kontinuität ist später ein fränkischer Königshof in die Ruinen römischer Thermen gesetzt worden. Die karoling. Fluchten einer bedeutenden Pfalzanlage dagegen nehmen auf die alten Richtungen keine Rücksicht mehr; sie sind streng ost-westlich und nord-südlich orientiert. Sie schließen eng an den urspr. Bau der Salvatorkirche (vgl. Dom) an. Eine große, 2schiffige Halle war mit ihr durch einen gedeckten Gang verbunden.

Seinen Einzug in die überlieferte Geschichte hält Frankfurt mit einer Annalennotiz, die 793 von der Ankunft König Karls in der »Villa Franconovurd« berichtet, wo 794 eine Reichsversammlung und Synode eröffnet wurde. Innerhalb des ostfränkischen Teilreiches hatte Frankfurt eine zentrale Bedeutung, v. a. unter Ludwig d. Deutschen. Auch die ottonischen Herrscher hielten hier Reichstage und Feste ab. Im 11. Jh. sank die Bedeutung der Pfalz und des Ortes. Erst die staufischen Kaiser haben Frankfurt im Zuge ihrer Burgen- und Städtepolitik wieder zu einem Mittelpunkt des Reiches gemacht. Seit 1152 Friedrich I. Barbarossa in Frankfurt zum König gewählt wurde, kamen nach ihm 23 deutsche Kaiser und Könige zuerst nur zur Wahl, ab 1562 auch zur Krönung an den Main. Die staufischen Kaiser gründeten am Flußufer eine neue, wasserumflossene Burg, den Saalhof, und legten konzentrisch um den Domhügel eine von einem planmäßigen Straßennetz durchzogene Stadt an, die zur Grundlage für die weitere Entwicklung im Mittelalter wurde.

Der Handel und die Messen waren die beiden Träger, auf denen neben der besonderen Stellung der Stadt als Wahl- und Krönungsort die Bedeutung und Geltung Frankfurts im Mittelalter ruhten. Als 1330 ein weiterer Markt neben der seit 1227 erstmals erwähnten Herbstmesse eingerichtet wurde, schickte sich die Stadt an, ihr Areal um ein Vielfaches zu erweitern. Ab 1333 wuchs um eine Neustadt, deren Straßen große unregelmäßige, nur zum Teil bebaute Baublöcke umschlossen, eine stark bewehrte Mauer, die im 17. Jh. durch Wallanlagen und Bastionen verstärkt wurde. Die Zeil und der Platz an der Hauptwache waren die städtebaulichen Komponenten dieser Neustadt; sie sind heute zum Mittelpunkt der Großstadt geworden.

Als Franz II., der letzte im Dom gekrönte Kaiser, 1806 die Krone niederlegte, verlor die Stadt den Status einer Reichsstadt, den sie seit dem 14. Jh. besaß. Vorübergehend war Frankfurt dann Hauptstadt des von Napoleon geschaffenen Großherzogtums Frankfurt. Als Freie Stadt blieb das Gemeinwesen von 1816 bis zur Einverleibung in Preußen (1866) unabhängig. Das Jahr 1848 stellte die Stadt, die 1816–66 Sitz des Deutschen Bundestages war, in den Mittelpunkt der deutschen Einheitsbewegung.

Nach den Zerstörungen des 2. Weltkrieges hat sich Frankfurt als zentraler Ort im Netz der Verkehrslinien rasch erholt und ist zu einem Vorort des Handels und der Großbanken geworden. Bemerkenswert ist besonders der Ausbau des Flughafens Frankfurt (mit

Großbauten von Herm. Mäckler, Beckert u. a.) zu einem der größten europäischen Landeplätze.

Kirchliche Bauten

● **Dom, kath. Pfarrkirche** (ehem. Stiftskirche) **St. Bartholomäus**

Schon seit dem 15. Jh. wird die von Ludwig d. Deutschen zwischen 840 und 847 gegr., urspr. dem Salvator geweihte Kirche »Dom« genannt. Sie gehörte zur karoling. Pfalz, die sich nach O axial auf die im Grundriß teilweise ergrabene erste Kirche (Basilika mit Querhaus und Mittelapsis) bezog. Nach dem Erwerb von Reliquien des hl. Bartholomäus erhielt die Kirche 1239 ein neues Patrozinium. Mit dem Bau eines 3schiffigen Langhauses in Form einer Halle beginnt (nicht vor 1250; vollendet wahrscheinlich 1269) die Umwandlung der karoling. Kirche. Da im 14. Jh. feststand, daß der Dom Ort der Königswahlen bleiben sollte (1356 gesetzlich in der Goldenen Bulle verankert), baute man ab 1315 einen neuen Chor und schob ab 1346 ein breit ausladendes Querhaus zwischen Halle und Chor.

Die Maße der Neubauten sind außergewöhnlich; die Breite des Querhauses entspricht etwa der ganzen Länge der Kirche, aber Planung und Gestaltung verharren bei überkommenen Formen. Erst der Bau des W-Turms nach Plänen von Madern Gerthener, 1415 begonnen und unvollendet 1513 eingestellt, wetteiferte mit gleichzeitigen Turmneubauten.

Der Wiederaufbau nach dem Brand von 1867 durch Franz Jos. v. Denzinger (1869–77) griff kühn in den mittelalterl. Baubestand ein: Die frühgot. Langhaushalle wurde dem O-Teil in Höhe und Einzelformen angepaßt, der Turm nach alten Plänen ausgebaut. Die Ausmalung des Dominneren durch Ed. v. Steinle und seine Schule ging im 2. Weltkrieg und bei Wiederherstellung des Baues 1950–53 verloren.

Äußeres. Bestimmend für die Kirche wie für das gesamte Stadtbild ist der zu den höchsten deutschen Türmen zählende *W-Turm*. Der Planleger Madern Gerthener konnte nur die Vollendung der beiden untersten Geschosse erleben. Nach seinem Tode setzten mehrere Nachfolger sein Werk fort (Hans Flücke aus Ingelheim 1483–90, Nik. Queck 1490–97, Jak. Bach aus Ettlingen 1494–1513) und brachten es in Anlehnung an die Pläne Gertheners zu einem vorläufigen Abschluß. Die über dem obersten Achteckgeschoß aufsteigende Kuppel gibt dem Turm die eigene Note. – Die ungewöhnliche Breite des Querhauses, dessen Arme zu beiden Seiten die Tiefe des Chores erreichen, spannt das kurze, fast quadratische Langhaus zwischen sich und dem Turm ein.

Hauptschmuck der O-Teile sind die beiden Portale an den Schmalseiten der Querschiffe.

Am *S-Portal* sind freiplastische Figuren von Maria, Josef, anbetenden Königen und 6 weiteren Heiligen auf Gewände und Tympanon verteilt. Als Relief füllt eine Kreuzigungsgruppe die Spitze des Tympanons. 2 Propheten darüber sind in runde Medaillons eingespannt, ein am Mittelrhein beliebtes Motiv. Den Figurenschmuck schuf vermutlich Meister Antze, um 1353. – Durch das *N-Portal* zogen die Könige und Kaiser zur Wahl und später zur Krönung. Am Trumeaupfeiler hat sich eine Muttergottes als einzige Figur des vorgesehenen plastischen Zyklus erhalten. Sie wird um 1370 entstanden sein und gehört zu einem Würzburger Madonnentypus. Weitere Figuren sollten dreiecksförmig über die Archivolte wie ein Wimperg emporsteigen. Das Gesamtthema des Portals war aus dem Vorstellungsbereich des Jüngsten Gerichts genommen. Die Gestalt des Weltenrichters hätte die Apostelreihe bekrönt.

Vom nördl. dem Hallenbau vorgelegten **Kreuzgang** ist nur die östl. Hälfte alt; der westl. Teil mit Vorhalle stammt von 1880. An die Außenwand hat Hans Mettel 1957 die liegende Figur des hl. Bartholomäus unter die thronende Gestalt des Königs Astyages angeordnet.

Das puritanisch von den Wandgemälden des 19. Jh. befreite Innere hat große Dimensionen. Fast in der Mitte der kreuzförmigen Anlage, an der Stelle des modernen Kreuzaltars, stand der Altar, vor dem die Könige und Kaiser bei der Wahl und später bei der Krönung knieten. Zu diesen Anlässen baute man hölzerne Tribünen in Halle und Querschiff ein. Die Gewölbe der 3 mittelsten Joche des Querhauses wurden erst 1409–11 von Madern Gerthener eingezogen. Den Chor begleiten kleine Kapellen, nördl. Marienkapelle und Sakristei, südl. die Magdalenenkapelle, an die östl. die Wahlkapelle von 1425–28 als schmaler Raum anstößt. Auf der S-Seite des Langhauses öffnet sich eine quadratische kreuzgewölbte Kapelle vom Anfang des 15. Jh., die sich nach W um die 2jochige Scheidskapelle mit reichem Sterngewölbe von 1487 erweitert.

Ausstattung. Allein die steinernen Denkmäler und Teile des alten Chorgestühls haben Ausräumung und Brände überstanden. Das 2reihige mittelalterl. *Chorgestühl* mit bemerkenswerten Schnitzereien (auf einer Abschlußwange thronender König mit Kirchenmodell) entstand bald nach 1350. – Über dem Gestühl zieht sich der 1427 gestiftete Bartholomäusfries hin (stark restauriert). Das Sakramentsgehäuse des Chores (1415–20) wird von einer lebensgroßen Ministrantenfigur mit Lesepult getragen. – Frank v. Ingelheim stiftete um 1435 die mit einer Sakramentsnische gekop-

● pelte monumentale Andachtsgruppe der *Grablegung Christi* in der Magdalenenkapelle; sie ist die früheste Figurengruppe dieser Art in Deutschland. Ihre stilistischen Quellen liegen im niederländisch-burgundischen Kunstraum. – Der *Maria-Schlaf-Altar* in der Marienkapelle am nördl. Querhaus ist von Ulrich v. Werstat 1434 gestiftet. Ein Relief an der linken Schmalseite zeigt den Stifter mit Frau und 17 Kindern. Eine Gruppe von lebensgroßen Steinfiguren, die 12 Apostel um die sterbende Maria, ist unter einem Baldachin als Altarretabel aufgebaut. Der Altar ist das erste plastische Exemplar mit einem Marientod in Deutschland. Seine vorzüglich durchgearbeiteten Gestalten stehen am Umbruch des Weichen Stiles zum Realismus; mit Kölner und Aachener Figuren haben sie Stilverwandtschaft. – Das Sakramentshaus im südl. Querschiff mit Figuren in reichem Sprengwerk entstand wahrscheinlich 1474 in der Werkstatt von Niklas und Michel Eseler. – Der benachbarte Muttergottesbaldachin aus Ton (Figur nicht zugehörig) wurde in der 2. Hälfte des 15. Jh. gefertigt. – Im quadratischen Turmraum steht das Original der 1509 von Jak. Heller für den Bartholomäus-Kirchhof gestifteten *Kreuzigungsgruppe* (nordöstl. des Chores Kopie der Gruppe). Die 7figurige Kreuzigungsszene verkörpert als ein Hauptwerk Hans Backoffens aus Mainz die Richtung des spätgot. Barock am Mittelrhein. – Eine Kreuzabnahme der van-Dyck-Schule, vermutlich 1627 gemalt, hängt an der O-Wand des nördl. Querschiffes. – Orgel im rechten Querhaus 1957; Prospekt von Kleist, Bonn, Architektur Giefer und Mäckler, Frankfurt.

G r a b m ä l e r. Das Grabdenkmal mit der Gestalt des 1349 verstorbenen *Günther v. Schwarzburg* im Chor wurde zum Vorbild für die Rittergrabsteine am Mittelrhein. Für den in Frankfurt zum König gewählten Grafen errichtete man im Chor des Domes 1352 eine prächtige, wappengeschmückte Tumba, deren Deckplatte 1743 an der S-Wand des Chores aufgerichtet wurde. – Für den Ritter Rudolf v. Sachsenhausen († 1370) schuf eine Frankfurter Werkstatt die Grabplatte an der O-Wand des nördl. Querschiffes, die vereinfacht das Denkmal für Günther v. Schwarzburg nachahmt. – Der schönste und qualitätvollste Grabstein dieser Frankfurter Werkstatt ist das um 1371 entstandene 2figurige Doppelgrabmal für *Johann v. Holzhausen* († 1393) *und seine Frau Gudela* († 1371). – Ludwig und Hert v. Holzhausen erhielten um 1396 (Todesdatum des Hert) einen Wappengrabstein, der vielleicht aus der Werkstatt Madern Gertheners stammt. – Das vielfigurige Epitaph des Ratsherrn Andr. Hirde († 1518) ist wohl eine Mainzer Arbeit. – Das Epitaph des Heinrich v. Rhein († 1527) mit der quer über die Gestalt laufenden Inschrifttafel wird der Backoffen-Schule zugeordnet. – Der Reichsschultheiß Haller v. Hallerstein erhielt 1551 vermutlich von Loy Hering ein Figurengrabmal in Rüstung mit Feldherrnstab. – Das Grabmal für Joh. Karl v. Franckenstein, Bischof von Worms († 1691), schuf Joh. Wolfg. Fröhlicher.

Kath. Pfarrkirche St. Leonhard

Die erste Gründung war der Bau einer der Gottesmutter und dem hl. Georg geweihten Kapelle auf einem Areal, das Kaiser Friedrich II. 1219 der Stadtgemeinde geschenkt hatte. Der bald nach der Schenkung begonnene Kirchenbau wuchs an günstiger Stelle, direkt am stark befahrenen Handelsweg des Maines und am S-Ende des Kornmarktes (später hier Buchgasse genannt) empor. Der spätroman. Bau war eine 3schiffige Basilika mit Türmen über den Nebenchören am O-Ende der Seitenschiffe. Von dieser Anlage sind neben den Türmen noch der Unterteil der W-Wand und 2 Portale erhalten. 1317 wurde an der Kirche ein Kollegiatstift errichtet. Der Erwerb von Reliquien des hl. Leonhard 1323 brachte einen Wechsel des Patroziniums. Der Neubau des Chores (geweiht 1434), der Anbau spätgot. Kapellen und die tiefgreifende Umgestaltung der Basilika (1507–36) in eine 5schiffige Halle veränderten Inneres und Äußeres vollständig.

Äußeres. Von N zeigt sich ein vielgestaltiges Konglomerat von Baukörpern. Die Konsole einer Außenkanzel bezeichnet hier noch den Ort, wo bis 1470 die Heiligtümer der Kirche gezeigt und die Privilegien der Stadt verlesen wurden. Die steinernen Bekrönungen der Türme sind eine wahrscheinlich von Worms nach Frankfurt gebrachte Baugewohnheit. – Die Chorfenster mit Fischblasenmaßwerk und einem Maßwerkband in der Mitte ihrer Höhe erinnern an die Fenster des Chores der Karmeliterkirche. Als Planleger hat man den Dombaumeister Madern Gerthener vorgeschlagen. – Die westl. Abschlußwand galt nie als Schauwand; sie ist daher äußerst schlicht. Nach S zum Main lag die Kirche ehemals mit ihrem Unterteil versteckt hinter der im 19. Jh. abgebrochenen Stadtmauer.

Der Innenraum ist das bewegteste und malerischste mittelalterl. Raumgefüge Frankfurts. Der Kern ist ein beinahe quadratischer Raum mit 2 hohen Achtecksäulen. 3 Seiten werden von einer maßwerkbesetzten Emporengalerie umzogen, die über den Arkadenbögen zu den äußeren Schiffen eingespannt ist. Die Seitenschiffe tragen reizvolle, manchmal freiliegende Netz- und Sterngewölbe, die an ihren Schlußsteinen eine Musterkollektion von Frankfurter Familienwappen zeigen. Der Chor hebt sich mit seinen hohen Maßwerkfenstern und dem tief heruntergezogenen Sterngewölbe mit Stifterwappen der Familie Holzhausen als geschlossenes Raumgebilde von der Halle ab. – In der das nördl. Seitenschiff von der Halle trennenden Wand blieben 2 wertvolle Portale der spätroman. Kirche erhalten.

Unter dem Thron Christi im Tympanon des *westl. Portals* hat sich der Meister Engelbertus in einer für diese Zeit seltenen Signatur verewigt. – Im Tympanon des *östl. Portals*, dessen Laibung Zickzackband und Kugelköpfe umziehen, steht der hl. Jakobus d. Ä. zwischen 2 knienden Pilgern. Die Figuren lassen sich mit dem Portal des nördl. Seitenschiffes der Marienkirche und der Peterskirche in Gelnhausen sowie mit der Bauplastik an der Aschaffenburger Stiftskirche vergleichen. – Im 1508 erbauten *Salvatorchörlein* der N-Seite ist das »hangende Gewölbe« mit Wappen und der Figur Christi vor der Martersäule als handwerkliches Kunststück zu würdigen.
Ausstattung. Reste der spätgot. Glasmalerei mit vielen Ergänzungen sind im Chor eingebaut, dessen spätmittelalterl. Bemalung (1536 von Hans Dietz aus Eppstein gefertigt) 1881 wiedergefunden und ergänzt wurde. Das ebenfalls stark restaurierte Wandgemälde über dem Triumphbogen, Christus als Weltenrichter, ist eine Stiftung der Familien Rohrbach und Melem vom Beginn des 16. Jh. In der Kapelle südl. des Chores steht der Leonhardsaltar von 1813, gestiftet vom Großherzog von Frankfurt Karl v. Dalberg, in den trockenen Formen des Klassizismus von Jos. Karl Stieler aus Mainz gemalt. Die sonstige Ausstattung, wie der vielfigurige Marienaltar aus Antwerpen (um 1500) und der Choraltar aus Bayern, kam erst am Ende des 19. Jh. in die Kirche. Die bemerkenswerten Kreuzwegstationen von 1927 sind Gemälde von Reinh. Ewald aus Hanau. Die Beichtstühle von 1708 standen früher in der Karmeliterkirche.

Kath. Liebfrauenkirche (jetzt Kapuziner-Klosterkirche)

Wie an vielen Marktplätzen des 14. Jh. entstand auch in Frankfurt am Liebfrauenberg eine Marienkapelle, die vor 1320 von dem Schöffen Wigel v. Wanebach gestiftet und 1325 zur Kollegiatstiftskirche erhoben wurde. Der Kapelle folgte vermutlich schon im 14. Jh. ein Hallenbau, dessen Struktur bis heute erhalten geblieben ist (1344 Weihe des westl. Teiles der Kirche). In der Spätgotik erhielt die Kirche die heute noch ihren Eindruck bestimmende Gestalt. 1430 wurde im N die »alte« Sakristei angefügt, und 1452/53 erlaubte die Stadt dem Stift, den Turm gleichzeitig als Wachtturm der Stadtmauer hochzuführen. Die Einwölbung des Langhauses mit einem reichen Netzgewölbe überzog bis 1477 die ganze Halle. Dem 1470 gleichzeitig auch am Chorumbau der Dominikanerkirche tätigen Werkmeister Jörg Oestreicher ist die Schaufassade der S-Front zu danken. Neubau des Chores 1506–09. – Das Jahr 1944 schlug dem Kirchenbau starke Wunden. Das Langhaus wurde 1954 mit einer flachen Holzdecke überdeckt. Im W entstand gleichzeitig ein völlig neuer Baukörper. Der Turm wurde um 1 Stockwerk erhöht.

Die hinter 1geschossigen Ladenvorbauten aufsteigende 7achsige *S-Fassade* mit dem Spiel des vielfach variierten Maß-

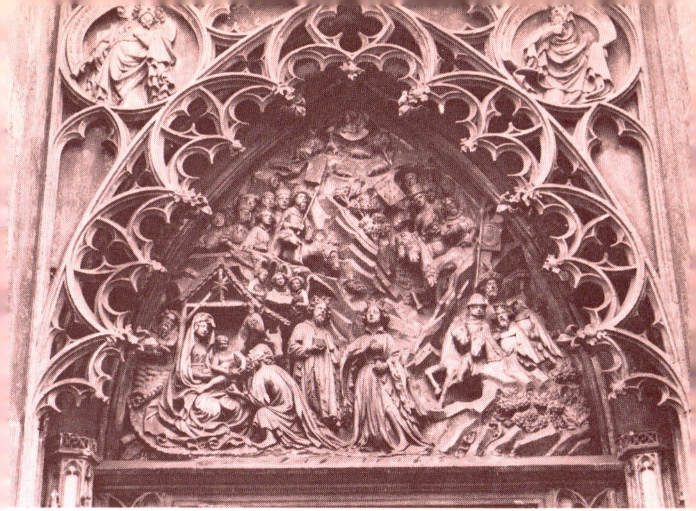

Frankfurt am Main. Kath. Liebfrauenkirche
Tympanon des Südportals

werks der 3teiligen Fenster kann als später, bescheidener Nachfahre der S-Fassade der Oppenheimer Katharinenkirche angesehen werden.

Hinter einer kleinen Vorhalle verbirgt sich eines der schönsten Werke mittelrheinischer Bauplastik des Weichen Stiles, das *Tympanonrelief* mit dem Zug und der Anbetung der *Hll. 3 Könige.* 2 musizierende Engel als Kragsteine tragen das Tympanon über der Eingangstür, das von einem vorhangartig vorgelegten spitzbogigen Maßwerkfries gerahmt ist. Die Propheten Jeremias und Jesaias, nach dem Vorbild des S-Portals am Dom in runde Medaillons eingespannt, begleiten beiderseits das Relief. Es ist um 1425 entstanden und wird als Spät- und Hauptwerk des Frankfurter Baumeisters und Bildhauers Madern Gerthener angesehen. – Über dem Bronzeportal im westl. Joch von 1954 mit Szenen aus dem Marienleben von A. Welker ist eine handwerkliche Kreuzigungsgruppe (um 1460) wieder angebracht.

Ausstattung. Von der ausgezeichnet dem Innenraum angepaßten und qualitätvollen Rokoko-Ausstattung Mainzer Prägung (1763–71) mit der Kanzel und zahlreichen Altären zeugen nur noch die bewegten Figuren der Himmelfahrt Mariae von Joh. Jac. Juncker aus Mainz (1765) über dem Altartisch im Chorschluß. – Das Gnadenbild, eine vorzügliche Steinguß-Pietà (um 1400) aus der Gruppe des Klosterneuburger Vesperbildes, steht in einer Kapelle an der Kirchen-S-Seite; in der Sakristei ein spätgot. Annenaltar sächsischen Ursprungs, der 1880 in die Kirche kam. – Von den *Grabdenkmälern* ist die Grabplatte des Kirchenstifters, des Schöffen und Bürgermeisters Wigel v. Wanebach († 1322), besonders hervorzuheben. Sie war urspr. der Deckel einer Tumba im Chor; der Schöffe trägt das Kirchenmodell. Möglicherweise ist das Denkmal aus einer Mainzer Werkstatt hervorgegangen, die auch das Grabmal des Erzbischofs Matthias v. Bucheck († 1328) im Mainzer Dom fertigte.

Ev. Nikolaikirche

Das dem Patron der Schiffer geweihte Gotteshaus ist das bescheidenste unter den mittelalterl. Kirchen Frankfurts; wegen seiner Lage an der S-Seite des Römerberges kommt ihm eine besondere Stellung zu. Vermutlich steht die 1264 erstmals erwähnte Kapelle im Zusammenhang mit der benachbarten staufischen Pfalz im Saalhof. Eine Weihe ist 1290 überliefert. In der 2. Hälfte des 15. Jh. erscheint die Kapelle immer mehr als Ratskirche. So verstehen wir auch, daß in dieser Zeit der Außenbau durch den spätgot. Umgang in Dachhöhe bereichert und der Turm erhöht wurde.

Äußeres. Die städtebauliche Bedeutung der zum Römerberg gewandten Schauseite ist nur in der Relation zur alten Platzfront mit den schmalen hohen Giebelhäusern voll zu würdigen. Das 1466/67 von Bartholomäus von Schopfheim erhöhte Langhaus erhielt im N und W von Hans von Lich eine auf Konsolen vorkragende, phantasievolle Maßwerkgalerie mit Ecktürmchen. Von diesem Umgang aus schauten sich Bevorzugte die großen Feste auf dem Römerberg an. Neben dem kubisch-einfachen Langhaus steht nördl. eines kleinen Chores der schlanke Turm. Seine unteren Geschosse tragen noch spätroman.-frühgot. Bauglieder; das oberste Geschoß von Eberh. Friedberger, dem Erbauer des Rententurmes, zeigt spätgot. Details (Helm 1904/05). – Inneres. Die unsymmetrische 2schiffige Aufteilung der kreuzrippengewölbten Halle ist wohl ursprünglich (der Einbau der Orgelempore 1953/54 beeinträchtigt das Raumbild).

Ausstattung. Aus der 1840 abgebrochenen Heiliggeistkirche wurde das Epitaph für den Schultheißen Siegfried zum Paradies († 1386) an der S-Wand der Halle aufgestellt. Es ist das erste Andachtsepitaph am Mittelrhein, eine hervorragende Arbeit von Madern Gerthener aus dem 1. Jahrzehnt des 15. Jh. Daneben ist das Epitaph für Katharina zum Wedel, der zweiten, 1378 verstorbenen Frau des Siegfried zum Paradies, angebracht.

Ev. Katharinenkirche

In ihrer Wirksamkeit im Stadtbild wie auch in ihrer historischen Tradition ist die Katharinenkirche im heutigen Zentrum der Stadt, an der Hauptwache, das prot. Gegenstück zum kath. Dom. Sie verdankt ihre Entstehung dem Scholastikus Wicker Frosch, der dicht vor dem ehem. Bockenheimer Tor der Altstadt in der Stadterweiterung des 14. Jh. 1344–46 das St.-Katharinen-Stift ins Leben rief. Im mittelalterl. Bau der Katharinenkirche predigte am 9. März 1522 der Luther-Schüler Hartmann Ibach zum ersten Male in Frankfurt evangelisch. Hier wurde auch Joh. Wolfg. Goethe getauft. – Am Ende des 17. Jh. (1678–81) entschloß man sich zum Neubau, der unter der Leitung des Ing. Melchior Heßler stand. Er wurde Vorbild für die Dreifaltigkeitskirchen in Worms und Speyer. Die Innenausstattung der Erbauungszeit, der Kanzelaltar, die Emporen und zahlreiche bürgerliche Epitaphien, ging 1944 beim Brand der Kirche verloren. Der Wiederaufbau der Kirche durch Theo Kellner und Wilhelm Massing 1953/54 konnte die Umfassungsmauern benutzen.

Äußeres. Der schlichte Baukörper des breit gelagerten Schiffes wird von einem hohen Walmdach beherrscht. Strebepfeiler gliedern die Außenmauern; zwischen ihnen 3teilige Fenster mit rund geschlossenem Fischblasenmaßwerk. Vor der Mitte der zum Platz gewendeten N-Front steigt in 3 hohen Stockwerken ein quadratischer Turm mit 8eckigem Aufsatz und einer Laterne auf. Der Chor schließt im 5/10-Schluß. In seiner strengen Einfachheit entbehrt das Kirchengebäude nicht einer gewissen Größe. Während aber in München und in Würzburg gleichzeitig der italienische Barock triumphierte, errichtete die Frankfurter Bürgerschaft ihre erste prot. Kirche immer noch in den wenig abgewandelten Bauformen der späten Gotik. Nur die Portale sind in damals moderner Weise gerahmt. – Im Inneren ist der Saalraum wiedererstanden, der von einer auf den alten Traubenkonsolen ruhenden flachbogigen Holztonne mit Stichkappe überwölbt wird.

An der rechten Saalwand hängen die Grabdenkmäler des 1363 verstorbenen Kirchenstifters Magister Wicker Frosch (ehem. als Tischgrab vermutlich im Chor aufgestellt), nach dem Vorbild des Epitaphs für Wigel v. Wanebach in der Liebfrauenkirche geschaffen, und des nach 1378 gestorbenen Schöffen Wicker Frosch mit einer Ritterfigur (in Anlehnung an das Epitaph für Günther v. Schwarzburg im Dom). – Die Glasfenster mit Darstellungen aus dem Alten und Neuen Testament fertigte 1953/54 Carl Crodel; die Bronzereliefs der Altarwand schuf Fritz Schwarzbeck.

Ehem. Paulskirche

Als letzter Bettelorden ließen sich um 1270 die Franziskaner in Frankfurt nieder. Da man schon ab 1529 in der Klosterkirche lutherisch predigte, wurde sie neben der Katharinenkirche eine der prot. Hauptkirchen der Stadt. Nach langem Zögern erfolgte 1787 die Grundsteinlegung für einen Neubau nach dem Riß von Joh. Gg. Chr. Heß. Aber schon bald mußten die Bauarbeiten eingestellt werden, weil man sich nicht über die Form der Kirche einigen konnte. Erst ab 1791 wurde nach einem verbesserten Entwurf von Heß weitergebaut. 1797 schlug man das Dach auf, doch das Gebäude blieb bis 1829 ein Torso. Erst 1830 war der Aufbau mit der Vollendung des Turmes und 1833 die Innenausstattung abgeschlossen. Die feierlich eröffnete Kirche erhielt den Namen Paulskirche. Unter diesem Namen ging sie in die deutsche Geschichte ein: 1848/49 tagte hier die Nationalversammlung, die vergebens versuchte, Deutschland eine neue politische Ordnung zu geben. – Nach dem Brand d. J. 1944 blieben nur die Umfassungsmauern erhalten. 1948 baute man die Kirche wieder auf; sie sollte Sitz des Parlaments der Bundesrepublik werden. Seit 1948 ist die Kirche Versammlungs- und Ausstellungsraum.

Den ovalen, kaum gegliederten Baukörper überragt an der S-Seite ein quadratischer Glockenturm mit einer aufgesetzten Rotunde. – Die Inneneinrichtung entsprach dem Äußeren; es fehlte ihr die sakrale Wirkung. So konnte man 1848 den von Emporen auf ionischen Säulen umzogenen Raum ohne Mühe zum Parlamentssaal profanieren. – Beim Wiederaufbau 1948 blieb der Innenraum ohne Emporen; sein Fußboden wurde höher gelegt.

Deutschordenskirche St. Maria (kath. Pfarrkirche) in **Sachsenhausen** (Brückenstraße)

Die Niederlassung des Deutschen Ordens schloß sich 1221 wie vielerorts an ein bereits bestehendes Hospital an. Nach alter Überlieferung wurde 1309 ein Neubau geweiht. Die heute noch vollständig erhaltene got. Kirche des 14. Jh. verbirgt sich hinter einer Barockfassade, die ihr von Ferd. Kirchmeyer aus Mergentheim 1751 vorgesetzt wurde.

Ä u ß e r e s. Die Schaufront des 18. Jh. ist der alten W-Fassade, die sich mit einem großen 5teiligen Maßwerkfenster hinter ihr erhalten hat, schräg vorgesetzt. Über dem Hauptportal Wappen des Ordensmeisters Clemens August von Köln. – I n n e r e s. Die Strebepfeiler des 1schiffigen Langhauses sind nach innen verlegt und bilden flache Seitenkapellen für Altäre. Nach S ist die Schiffswand in 2 Jochen aufgebrochen und der Raum 1520 zu einer kleinen, sternförmig mit Rippen überwölbten Marienkapelle erweitert worden. Das strenge, einfache Langhaus mit Kreuzrippengewölben geht ohne Unterbrechung in den klar gegliederten und mit einem $^3/_8$-Schluß endenden Chorraum über.

A u s s t a t t u n g. (Das bedeutende Hochaltargemälde der Himmelfahrt Mariae von Giov. Batt. Piazzetta kam in den Louvre nach Paris.) Der Frankfurter Bildhauer Corn. Andr. Donnett schuf für den ehem. Hochaltar 2 überlebensgroße Figuren, die hll. Georg und Elisabeth, die jetzt auf der Orgelempore neben dem Orgelgehäuse von Christ. Köhler von 1750 stehen. Das Kruzifix (um 1690) an der N-Seite des Langhauses stammt vielleicht von Joh. Wolfg. Fröhlicher. Auf einem Seitenaltar der S-Wand des Schiffes steht eine got. steinerne Madonnenfigur aus der Zeit um 1300.

Die ehem. an die Kirche anschließenden got. Gebäude der **Deutschordenskommende** wurden 1709 abgebrochen; bis 1714 trat unter der Leitung des Maurermeisters Dan. Kayser ein Neubau an ihre Stelle (1944 ausgebrannt). 3 2stöckige Flügel bilden einen nach S zur Kirche hin offenen Hof, der von kreuzgewölbten Bogenlauben umzogen wird. Nur das Hauptportal ist mit Vasen und Ritterfiguren von Erich Neuberger aus Idstein nach Anregungen von Max. v. Welsch reicher ausgestaltet. Wiederaufbau 1960–65; seit 1964 Hochmeisterresidenz.

Ehem. Dominikaner-Kirche (ev.; Battonnstraße)

Von den 3 Bettelorden, welche sich im 13. Jh. in Frankfurt niederließen, erschienen zuerst die Dominikaner und begannen bald nach 1233 im O der Stadt, dicht bei der Stadtmauer, mit der Errichtung von Klosterbauten. Der Grundstein der Kirche wurde nach alter Überlieferung 1238 gelegt. Um die Mitte des Jh. muß der Chor vollendet gewesen sein, aber erst um d. J. 1280 kamen die Arbeiten an der Kirche zu einem Abschluß. 1470 wurde die Chorpartie von dem Werkmeister Jörg Oestreicher erneuert; die Fenster wurden erhöht und mit Maßwerk versehen und ein Sterngewölbe über diesen Raumteil gespannt. – 1944 brannte die Kirche aus; die Gewölbe stürzten teilweise ein.

Beim Wiederaufbau 1958/59 durch Gust. Scheinpflug aus Darmstadt verwendete man die Außenmauern des Chores und Teile der N-Wand des Langhauses, das verkürzt und vollständig umgestaltet wurde. Es war vor dem Brand eine 3schiffige Halle von 8 Jochen Länge; kräftige Rundpfeiler trugen die Kreuzrippengewölbe.

Bis zur Säkularisation 1803 war die Kirche reich mit von Bürgern gestifteten Altären bestückt. Der Hochaltar von 1501 stammte von H. Holbein d. Ä.; der Thomasaltar, von Jakob Heller gestiftet, wurde 1507–09 von A. Dürer und Grünewald gemalt; der Annenaltar von 1504 gab dem Maler, einem Künstler aus Antwerpen, den Namen »Meister von Frankfurt«. Die genannten und zahlreiche weitere Altäre gelangten in die Museen der Stadt. – Im Chor gutes Epitaph des Johannes Rorbach († 1459).

Ehem. Karmeliter-Kirche (Karmeliter-, Münzgasse)
Eine Niederlassung der Karmeliter im W der Stadt ist seit 1246 bekannt. Ein Kirchenbau wird 1270 anläßlich einer Altarweihe erstmals erwähnt, 1290 wird der Chor geweiht; die ganze Kirche war um 1310 vollendet. Von diesem älteren Bau sind nur noch geringe Reste vorhanden. 1430–43 begann mit dem Umbau des Chores eine durchgreifende spätgot. Umgestaltung der Klosterkirche. Nach S wurde ab 1450 ein langgestreckter Kreuzarm angebaut, der nach 1510 ein westl. Seitenschiff erhielt; das Gewölbe über dem Langhaus wurde 1478 geschlossen; am Ende des 15. Jh. wurden nach S mehrere Kapellenanbauten errichtet, von denen nur die 1494 geweihte St.-Anna-Kapelle erhalten blieb. – Das Kloster wurde 1803, die Kirche etwas später profaniert. Noch immer Ruine mit Notdach.
Äußeres. Einheitlich wirkt der hohe und lange Chor mit den Strebepfeilern; querschiffähnlich lädt der 2schiffige südl. Anbau aus; in den Winkel zwischen ihm und dem Chor drängt sich der Kubus der Anna-Kapelle. An der schrägstehenden W-Fassade trägt die kleine Eingangstür die Jahreszahl 1503. Beim Brand d. J. 1944 haben sich die Gewölbe des Chores, des südl. Querbaus und der Anna-Kapelle erhalten. – Inneres. Den W-Teil des Langhauses macht seine einfache Wandteilung als ältesten Bauteil kenntlich. Das Mittelstück des Schiffes überspannte ein reiches Netzgewölbe. Die 3teiligen Maßwerkfenster des Chores sind wie am gleichzeitig entstandenen Chor der Leonhardskirche in der Mitte quergeteilt. Die Übereinstimmung der Bauformen läßt vermuten, daß der städtische Werkmeister und Bildhauer Madern Gerthener, der Planleger des Domturmes, vielleicht auch an beiden Chorbauten tätig war. Im Chorgewölbe Malereien (1969 freigelegt) mit Engelskonzert von 1435, im Schlußstein des Gewölbes Wappenschild des Stifters Johann v. Holzhausen und der Anna v. Marburg zum Paradies. Der Blick in den südl. an das Langhaus anschließenden Kreuzarm trifft einen bewegten Raum, der sich zur Anna-Kapelle und zu dem niedrigen, westl. angefügten Seitenschiff öffnet.

Von der Ausstattung der Klosterkirche hat sich der Annen-Altar eines flämischen Meisters (um 1490) im Hist. Museum erhalten.

Ehem. Klostergebäude. Nördl. der Kirche dehnt sich ein großer Klosterkomplex mit Refektorium, Dormitorium, Kapitelsaal und Priorei. Sein Zentrum ist der langrechteckige **Kreuzgang** mit niedrigen Mönchszellen über den Wandelgängen; er ist vermutlich 1460–69 erbaut worden. (Maßwerk entfernt.) Die Wände des

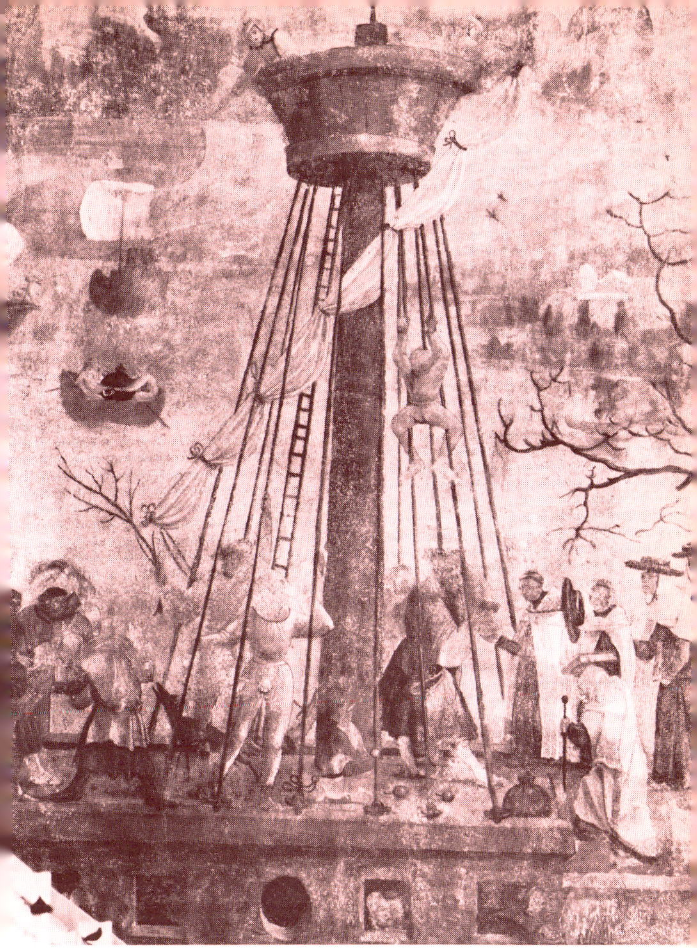

Frankfurt am Main. Ehem. Karmeliterkloster. Refektorium
Szene aus der Geschichte des Karmeliterordens

Kreuzganges tragen Reste von *Wandgemälden* des Malers Jörg Ratgeb aus Schwäbisch Gmünd, der 1514–17 in Frankfurt tätig war, mit der Lebens- und Leidensgeschichte Christi. Eine Inschrift nennt Klaus Stalburg und seine Frau als Stifter. Auch für das nördlich dem Kreuzgang vorgelegte 2schiffige **Refektorium** stiftete 1517 die St.-Anna-Bruderschaft ein großes Wandbild, gemalt von Ratgeb, mit Szenen aus der Geschichte des Karmeliter-Ordens.

Aus der Zeit nach dem 1. Weltkrieg sind einige gute Beispiele *moderner Kirchenbaukunst* hervorzuheben:

Heiligkreuz-Kirche in **Bornheim.** In städtebaulich hervorragender Lage erbaute Martin Weber 1929 eine mächtige Hallenkirche, der querschiffartig ein breiter Turm vorgelegt ist. In ihrer schlichten Außenform mit der harmonischen Bezogenheit der Bauglieder war die Kirche ein Durchbruch zur funktionell verstandenen Architektur. – 2 Jahre vorher hat der gleiche Architekt die

St.-Bonifatius-Gedächtniskirche in **Sachsenhausen** (Holbeinstr. 70) errichtet, die mit der kubischen Gliederung der Eingangsfront, mit den schweren Betongewölben des Inneren und mit den Detailformen der spitzwinklig geschlossenen Fenster für eine ganze Reihe ähnlicher Bauten typisch ist.

Auch die **Frauen-Friedenskirche** in **Bockenheim** (Zeppelinallee 101), 1929 von Hans Herkommer, Stuttgart, ist zu erwähnen.

Aus der Fülle der Kirchenneubauten nach dem 2. Weltkrieg seien nur die besten architektonischen Leistungen genannt:

Allerheiligenkirche (am Zoo). Die von Alois Giefer und Hermann Mäckler, Frankfurt, 1953 erbaute Kirche hat den Grundriß einer Parabel. Die Eingangswand im W ist mit Heiligenfiguren von Hans Mettel wirkungsvoll gegliedert. Der Innenraum ist zwingend auf den Kuppelraum mit dem Altar im Mittelpunkt gerichtet.

St. Wendel am Südfriedhof (**Sachsenhausen**, Altes Schützenhüttengäßchen 2–6). Die 1957 von Joh. Krahn, Frankfurt, erbaute kastenförmige Saalkirche wird von einem Halbrund geschlossen. Die steinernen, außen und innen unverputzten mächtigen Umfassungsmauern ruhen auf Betonstützen, die sich als Dachträger fortsetzen. Die Glasscheiben des nördl. Fensters schuf Georg Meistermann.

St. Michael im Nordend (Gellertstr. 39). Die aus der Ellipse entwickelte Saalkirche mit einem trikonchosähnlich aufgefächerten Chorabschluß wurde 1953/54 nach den Plänen von Rud. Schwarz, Köln, errichtet. Die Bauformen am Außenbau sind betont karg; im Inneren steigert sich der Raum mit dem Rhythmus der gleichmäßigen Betonstreifen in der unverputzten Wand in seiner strengen Ausrichtung auf den Altar zu sakraler Wirkung. In der Unterkirche Glasfenster von Georg Meistermann.

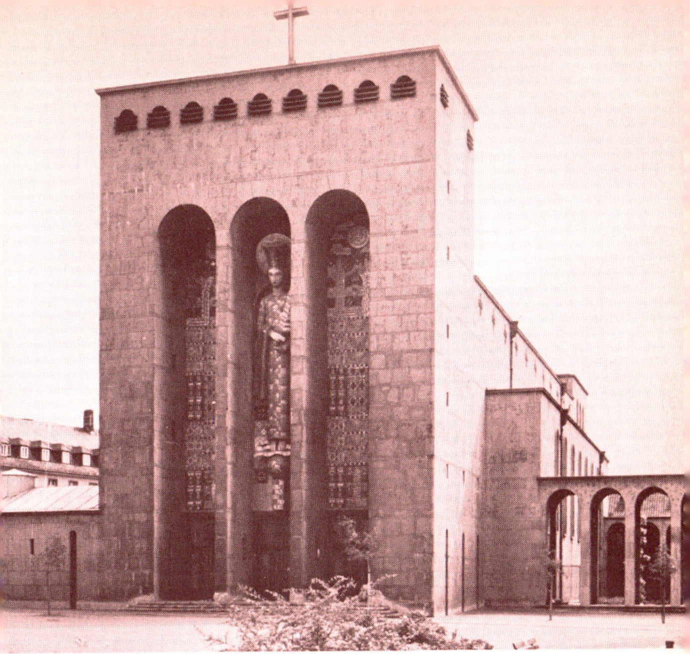

Frankfurt am Main. Frauen-Friedenskirche in Bockenheim

Profane Bauten

Saalhof (Saalgasse)

Der Saalhof ist nächst dem Dom der wichtigste Ort von geschichtlicher Bedeutung für die städtebauliche Gestaltung der Stadt, stand hier doch die vielleicht schon unter Konrad III. von Hohenstaufen am Main angelegte Pfalz, die urkundlich seit 1317 als »des riches sal« bezeichnet wird und schon im 14. Jh. verpfändet wurde. Die staufische Pfalz war der Ausgangspunkt für die im 12. Jh. planmäßig erweiterte und mit einer Mauer umzogene Stadt staufischer Prägung. 1958 haben Grabungen an der Saalgasse die enge Anlehnung an das städtische Befestigungssystem und die große Ausdehnung des Pfalzkomplexes erschlossen. Die Vermutung liegt nahe, daß der 1943 auf dem Römerberg gefundene mächtige Rundturm mit der Pfalz in Zusammenhang stand; auch die Nikolaikirche mag eine Verbindung zur staufischen Burg gehabt haben.
Von der staufischen Anlage ist noch ein Teil des Kernbaus

mit der anhängenden **Saalhofkapelle** vorhanden. An den erhaltenen Turmteil schließt sich nach O ein Kapellenraum mit trapezförmigem Innengrundriß und einer kleinen Apsidiole an, dessen Kapitelle und Profile mit ähnlichen Formen auf der Münzenburg und am W-Turm der Marienkirche in Gelnhausen verwandt sind und ins Elsaß weisen. Die um 1175 entstandene Kapelle ist das älteste in Frankfurt erhaltene Bauwerk; der ausgewogene und trotz seiner Kleinheit großartig wirkende Innenraum ist innerhalb der Ausstellungsräume des Hist. Museums zugänglich. Restaurierung der Außenfront 1965.

Der **Bernusbau** am Main mit einer 13achsigen Front schließt sich an die 1842 dem staufischen Turm vorgelegte Fassade von R. Burnitz an. Pater Bernardus Kirn aus Eberbach errichtete 1715–17 den 3geschossigen Trakt des bürgerlichen Palais für die Brüder Bernus aus Hanau.

● Der Römerberg

Das einst von engbrüstigen, steilgiebeligen Häusern umstellte, von Nikolaikirche und Rathausfassade beherrschte unregelmäßige Platzgefüge hat 1944 unwiderruflich sein gewachsenes Bild verloren. Der Römerberg hatte seine Form nach einer wechselvollen Geschichte gefunden. Der Name kam erst Anfang des 15. Jh. auf, nach dem Umbau des Hauses »Zum Römer« für die Zwecke eines Rathauses. Veranlassung zur Verlegung des Rathauses war der Bau des Domturms, der das alte Rathaus neben der Kirche verdrängte. Der Platz war bei feierlichen Anlässen der Festraum der Stadt; regelmäßig kehrten die Messen wieder, die hier ihre Buden aufschlugen, und in weiteren Abständen entfaltete sich auf ihm bei den Kaiserkrönungen größte Pracht. 1904, beim Durchbruch der Braubachstraße, errichtete man eine neue N-Front mit historisierenden Fassaden. – Der Wiederaufbau des Römerbergs stellte die Stadtplanung vor ein schweres Problem. Die in Wettbewerben gefundene und bisher vorgeführte Lösung kann nicht überzeugen.

Dicht am Römerberg stand bis 1944 die mächtige Front des **Steinernen Hauses.** Nur Teile der Umfassungsmauern blieben aufrecht. (Wiederaufbau 1960.) Das hohe Steinhaus war 1464 für den Handelsherrn Joh. v. Melem aus Köln begonnen worden. Es zeigt am besten den Typ eines mittelalterl. Patrizierhauses aus Stein. Die durch ein querlaufendes Simsband horizontal gegliederte Fassade mit Kreuzstockfenstern trägt als Abschluß einen auf einem Maßwerkfries ruhenden Wehrgang mit Zinnen und 2 Ecktürmchen. – Das Ende des 14. Jh. entstandene städt. **Leinwandhaus** am Dom, dessen

Fassade den Krieg überstand, hatte einen ähnlichen zinnenbewehrten oberen Abschluß. Vermutlich war Madern Gerthener der Baumeister dieses seit 1399 als Stapelhalle für den Leinwandhandel benutzten Hauses, das noch immer als Ruine einem Wiederaufbau entgegensieht.

Rathaus (Römer)

Es ist verwunderlich, daß sich der Rat der Stadt niemals dazu entschließen konnte, als äußeres Zeichen seiner Freiheit und Würde ein großartiges Rathaus an dieser prominenten Stelle im Stadtbild zu erbauen; seit dem 15. Jh. wäre dazu Gelegenheit gewesen. 1405 kaufte die Stadt in der Mitte der O-Seite des Platzes das seit 1322 erwähnte **Haus »Zum Römer«** mit dem nach hinten anschließenden **Hause »Goldener Schwan«**. Friedr. Königshofen und Wigel Sparre richteten ohne architektonischen Aufwand im Erdgeschoß der beiden Häuser 2schiffige, gewölbte Hallen mit einer Reihe starker Rundpfeiler ein, die als Kauf- und Messehallen dienen mußten (bis 1846 als solche benutzt). Das Obergeschoß wurde zu einem Saal erweitert, in dem seit 1562 die Krönungsbankette stattfanden. 1731 schuf der Stadtbaumeister Joh. Jac. Samheimer aus Hanau, der Erbauer der Hauptwache, eine neue N-Fassade des Hauses »Goldener Schwan« (am Paulsplatz). Nach dem Modell des Ing. Pauli wurde 1741 zu einer Kaiserkrönung eine neue Treppe zum Kaisersaal eingebaut, die in der Erdgeschoßhalle ein schönes Barockportal erhielt.

Allmählich kamen zu diesem Rathausgebäude die anschließenden Häuser hinzu. Die erste Erweiterung war 1596 der Erwerb des **Hauses Löwenstein** mit dem **Haus Wanebach,** rechts vom Haus Römer. Das linke Haus der Dreigiebelfront, **Laderam** oder **Alt-Limpurg** genannt, ist seit 1878 städtischer Besitz. An der Rückseite befindet sich ein graziöser Renaissance-Treppenturm von 1627 (davor steht das *Herkulesbrünnchen* von Jos. Kowarzik, 1904). 1843 erwarb die Stadt das **Haus Frauenstein**, das an das Haus Löwenstein anschließende Gebäude, und das benachbarte **Salzhaus.** – In der Zeit der deutschen Einheitsbewegung schmückte man den *Kaisersaal* 1842–53 mit Bildnissen der deutschen Kaiser; fast die Hälfte der Bilder von damals berühmten Malern (E. v. Steinle, K. F. Lessing, Ph. Veit, A. Rethel u. a.) stifteten Frankfurter Bürger. – Erst an der Wende zum 20. Jh. faßte die Stadt den Plan, sich eine einheitliche und wirkungsvolle Rathausfront zu schaffen. Man riß die alte Häuserfront ab und baute 1896–1900 unter Leitung von Max Meckel aus Freiburg eine neugot. Fassade, die sich in den Umrißlinien an die alten Hausgiebel anlehnte. – Das gesamte Quartier hinter dem Römer mußte den weiteren Neubauten einer Rathauserweiterung weichen, die bis 1908 unter sparsamer Verwendung alter Bauteile in verschiedenen historisierenden Stilen mit beträchtlichem Aufwand von Franz v. Hoven und Ludw. F. M. Neher erbaut wurde. – 1944 wurden die Rathausgebäude schwer beschädigt. 1951 begann eine Architektengemeinschaft den Wiederaufbau. Leider verschwand dabei die alte innere Einteilung. Die geretteten Bilder des Kaisersaales konnten wieder ihren Platz in den Wandnischen finden. – Am neuen Salzhaus sind 6 Platten der alten Holzverkleidung wieder angebracht.

Am Fahrtor, südl. des Römerbergs, gegenüber dem Neubau des Historischen Museums, hat sich ein einziges **Fachwerkhaus** (17. Jh.) über den Brand der Altstadt gerettet.

● **Goethehaus** (Großer Hirschgraben 23)

1730 kaufte Goethes Großmutter Cornelia Goethe 2 schmale, zusammenhängende Häuser am Großen Hirschgraben. 1748 zogen die Eltern des Dichters ein, der hier ein Jahr später geboren wurde. Der Frankfurter Architekt Joh. Friedr. Uffenbach brachte das Haus 1755/56 in seine jetzige Gestalt. Das Fachwerkhaus brannte 1944 vollständig ab; nur Teile des steinernen Erdgeschosses blieben stehen. Zum 200. Geburtstage des größten Sohnes der Stadt baute 1949 Theo Kellner das Haus in getreuer Nachbildung wieder auf.

Der wegen strenger baupolizeilicher Vorschriften einen Umbau vortäuschende Neubau Uffenbachs hat 2 vorkragende Fachwerkgeschosse über einem steinernen Unterbau. Die breite Treppe im Inneren führt zu relativ großen Räumen hinter einer regelmäßigen Fensterreihe. Die im 2. Weltkrieg gerettete Inneneinrichtung zeigt heute wieder ein wohlausgestattetes Frankfurter Bürgerhaus des 18. Jh.

Hauptwache. Inmitten eines großzügig angelegten Platzes, des ehem. Paradeplatzes, liegt das 1729/30 von Stadtbaumeister Joh. Jac. Samheimer aus Hanau erbaute Wachtlokal. Seine S-Front wird von einem Dreiecksgiebel mit dem Stadtwappen von Joh. Bernh. Schwarzenberger bekrönt. Das zum Gefüge des Baues gehörende Mansarddach charakterisiert das Gebäude. – Der Hauptplatz der Stadt ist in mehreren Ebenen mit großem Aufwand als Verkehrsmittelpunkt ausgebaut.

Ehem. Palais Thurn und Taxis (Große Eschenheimer Str. 10). Nördl. der Hauptwache lag hier bis 1944 das großartige Palais des Reichspostministers Anselm Franz v. Thurn und Taxis, nach dem Entwurf (1727) des Pariser Architekten Robert de Cotte durch Guillaume d'Hauberat errichtet. Beim Brand 1944 blieben die Umfassungsmauern weitgehend erhalten; trotzdem wurden 1951 nur die beiden **Eingangspavillons** – allerdings ohne das zugehörige Mansarddach – wiederhergestellt. Über dem *Portal* mit gekoppelten Säulen ● blieb die Kopie des Wappens mit Minerva und einem Löwen und die Putten neben den Vasen erhalten. Die im Hist. Museum aufbewahrten Originale von dem Mannheimer Hofbildhauer Paul Egell (wohl 1734) sind die bedeutendsten barocken Bildwerke, die für Frankfurt geschaffen wurden.

Holzhausensche Oede (Justinianstr. 5). Joh. Hier. v. Holzhausen ließ 1727/28 von Louis Remy de La Fosse das Wohnhaus seines Hofgutes in der nördl. Stadtgemarkung auf den Grundmauern einer got. Wasserburg neu hochführen: ein schlichter, fein proportionierter Baukörper mit Mansarddach. An der Eingangswand im O sind ein Wappen und eine Inschrifttafel von 1571 angebracht.

Von der **Stadtbefestigung** ist ein Teil der inneren Mauer aus staufischer Zeit an der Fahrgasse durch die Zerstörungen des 2. Weltkriegs zutage gekommen und sichtbar gemacht worden. – Der **Eschenheimer Torturm** am Rand ● der Stadterweiterung des 14. Jh. erhielt seine Gestalt von dem Dombaumeister Madern Gerthener; dieser setzte auf den 1400 begonnenen Unterbau mit der Tordurchfahrt von Meister Mengoz 1426–28 den runden Oberbau, der schon in seiner Entstehungszeit ob seiner Höhe und Mächtigkeit Aufsehen erregte. Sein Abschluß mit einem ausgekragten Wehrgang und 4 runden, spitzbehelmten Türmchen um die mittlere kegelförmige Turmspitze wurde mehrfach nachgeahmt (so in Steinheim am Main und in Friedberg i. d. Wetterau). Auf der Außenseite der Reichsadler, auf der Stadtseite der Frankfurter Adler; beide Sandsteinreliefs sind heraldisch und künstlerisch vorzügliche Arbeiten von Madern Gerthener. – Der **Rententurm** am Main ist, wie das 1840 abgebrochene benachbarte Fahrtor (von dem der Erker mit Reichs- und Stadtadler in dem 1842 von Joh. Fr. Heß d. J. erbauten

Zoll- und Wachthaus am Rententurm wieder eingebaut wurde), ein Werk von Eberh. Friedberger. Der massige Turm war 1456 vollendet. – Dem 1490 erbauten **Kuhhirtenturm** wurde beim Neubau des Hauses der Jugend 1956/57 am Deutschherrnufer in Sachsenhausen wieder ein Fachwerkgeschoß aufgesetzt. Diese 3 Türme sind die einzigen Zeugen der hochmittelalterl. Ummauerung der Stadt, während der Anlagenring den Lauf der Zickzackbastionen des 17. Jh. anzeigt. – Die **Torhäuser des Affentores** in Sachsenhausen, 1810/11 von Joh. Fr. Chr. Heß als 2geschossige Würfel erbaut, sind die letzten Überreste der anstelle der Walltore zu Beginn des 19. Jh. errichteten Zoll- und Wachthäuschen.

Rund um Frankfurt zog sich im Hochmittelalter eine Landwehr, zu deren Schutz man im 14. und 15. Jh. an den Schnittpunkten mit den Hauptstraßen 5 Warttürme anlegte. Die **Sachsenhäuser Warte** von 1470 und die **Friedberger Warte** von 1478 stehen noch außerhalb des dicht bebauten Stadtgebietes, während die **Bockenheimer Warte** von 1434/35 und die **Gallus-** oder **Galgenwarte** von 1414 heute zwischen Industriebauten und Wohnsiedlungen ihrer alten Relation zur Umgebung beraubt sind. Alle Warten waren vom gleichen Typ: Ein hoher, runder Turm mit auskragendem Obergeschoß und Pyramidendach war von einem befestigten Hof mit Wirtschaftsgebäuden umgeben. Nur die Sachsenhäuser und Friedberger Warte besitzen noch ihren Mauerring.

Von der 1820–25 an der »Schönen Aussicht« am Main-Ufer in den Formen des späten Klassizismus von dem Stadtbaumeister Joh. Friedr. Christ. Heß errichteten **Stadtbibliothek** blieb der Säulenportikus mit flachem Dreiecksgiebel nach der Zerstörung von 1944 übrig. Er ist als Mahnmal erhalten geblieben. – Das 1827/28 erbaute monumentale *Portal* des **Hauptfriedhofs** von Friedr. Rumpf atmet den gleichen Geist; strenge Formen zeigen auch die gleichzeitig errichteten *Gruftenhallen* auf dem 1828 von Seb. Rinz angelegten Friedhof (in der nördl. Gruft Relief von Bertel Thorvaldsen für die Familie v. Bethmann).

Nach der Einverleibung Frankfurts in den preußischen Staat (1866) waren es hauptsächlich die öffentlichen Bauten, die den aufwendigen Stil der Gründerjahre einführten. Die heute noch den Anforderungen des Verkehrs genügenden Bauten des **Hauptpersonenbahnhofs** von Eggert und Hottenrott (1881–88) sind Repräsentanten dieser Zeit. – Die zum Bahnhof führende Kaiserstraße griff den Stil der Empfangsgebäude auf und variierte ihn in den Geschäfts- und Bürohäusern. – Die **Neue Börse** (Börsenplatz) von H. Burnitz und O. Sommer wurde 1874–79 im Stil der italienischen Renaissance mit üppigem plastischem Schmuck errichtet. – Das **Opernhaus** von Rich. Lucae, J. A. Becker und E.

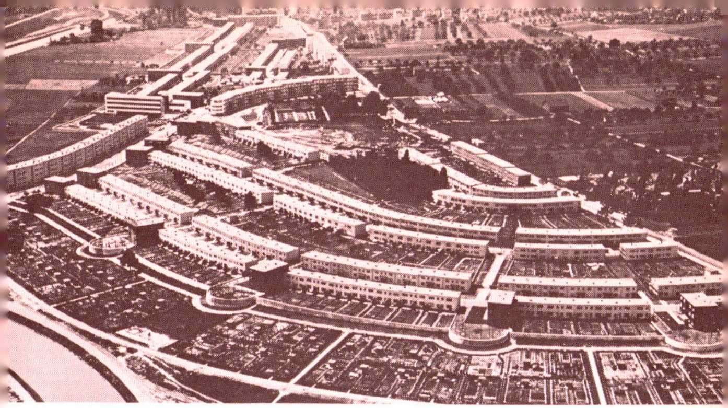

Frankfurt am Main. Römerstadt (Historische Luftaufnahme)

Giesenberg (1873–80) ist ein später Nachfahre der Pariser Oper; seine städtebaulich hervorragende Lage im Anlagenring und die außerordentliche Größe sicherten ihm unter den Gebäuden aus dem 19. Jh. einen wichtigen Platz (1944 ausgebrannt, Umfassungsmauern erhalten; 1977 ff. Wiederaufbau als Konzertsaal).

Die **Industriebauten am Gaswerk Ost** von Peter Behrens (1912) und sein **Verwaltungsgebäude der Farbwerke** in Höchst (1920–24) mit schweren Baumassen und romanisierenden Formen waren der Anfang für ein neuzeitliches Bauen (Abb. S. 130). Der neue Bauwille hat in dem **Verwaltungs-Hochhaus der I.G. Farben** (Grüneburgplatz) von Hans Poelzig (1928–30) einen klaren und großen Ausdruck gefunden. Das Bürohaus stellt sowohl städtebaulich als auch baukünstlerisch eine hervorragende Leistung dar. – Mart. Elsässer hatte 1927 Gelegenheit, den Neubau der **Großmarkthalle** am Ostbahnhof zu einer modernen und sachlichen Monumentalität zu steigern.

In dieser Zeit des Durchbruchs einer neuen Baukultur war Frankfurt vorbildlich im modernen Wohnungsbau. Besonders die vorzüglich der Landschaft angepaßten, aufgelockerten Wohnviertel flachgedeckter Häuser der **Römerstadt** in Heddernheim, nach der unter ihr liegenden römischen Stadt Nida so genannt, die Ernst May (1927/28) schuf, wirken mit ihrem Wechsel von Einfamilienreihenhäusern und größeren Wohneinheiten heute noch fortschrittlich; sie haben schon damals das Prinzip der Satellitenstadt überzeugend

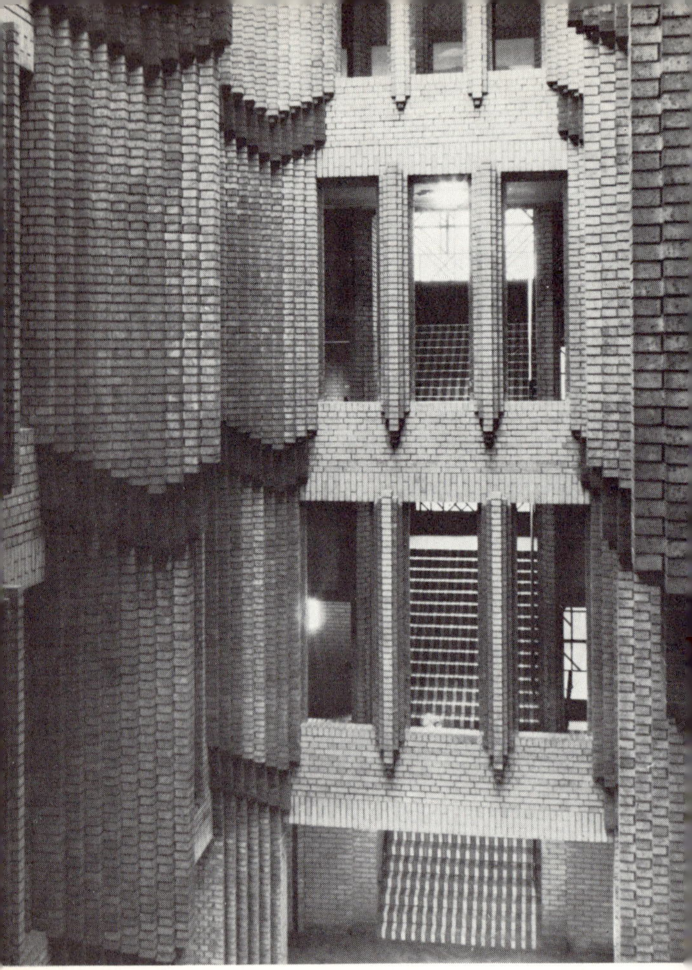

Höchst. Technisches Verwaltungsgebäude der Farbwerke
Haupthalle und Treppenhaus (zu S. 129)

formuliert. Mehrere andere Wohnviertel mit ähnlicher Aufteilung folgten dieser großangelegten Siedlung.

Die **Friedrich-Ebert-Schule** (Am Bornheimer Hang), 1928/29 von Ernst May erbaut, bringt einen neuen Typus in den Schulbau; statt eines großen Repräsentationsgebäudes schuf May Pavillons, die durch Laufgänge mit einem Hauptbau verbunden sind.

Der Wiederaufbau der Frankfurter Innenstadt nach dem 2. Weltkrieg ging rasch voran. Schon 1948 errichtete Gerh. Weber den klar gegliederten *Rundbau* des **Hessischen Rundfunks** (Dornbusch). – Wegen seiner ruhigen und abgewogenen Haltung ist das **Verwaltungsgebäude des Bundesrechnungshofes** (1953) von W. Dierschke und Fr. Steinmeyer an der Berliner Straße hervorzuheben.

Eine neue Note in das oft eintönige Bild der Bürobauten brachte 1954/55 der Neubau des **Amerikanischen Generalkonsulats** (Siesmayerstraße 21) von Louis Skidmore, Nath. A. Owings, John O. Merrill, den Schöpfern des richtungweisenden Lever House in New York (1952), wo zum erstenmal der vorgelegte Glasvorhang konsequent als Formprinzip benutzt wurde (örtliche Bauleitung Otto Apel).

Die **Universität** hat in den Bauten des Baudirektors Ferd. Kramer neue Akzente erhalten. Die **Mensa** (1963), die gegenüberliegende **Stadt- und Universitätsbibliothek** (Bockenheimer Landstraße; 1964) sowie das **Biologische Camp** der Universität an der Siesmayerstraße (1955) sind besonders beachtenswert.

Als Typ eines gut gelungenen Geschäfts- und Bürohauses ist das Gebäude der **Göppinger Galerie** (Berliner Str. 27) von Otto Apel zu nennen (1954–56).

Die **Großgarage** an der Hauptwache von Max Meid und Helmut Romeick (1956) brachte einen neuen und vorbildlich gelösten Bautypus in die Innenstadt, der in mehreren Varianten über das ganze Stadtbild verteilt ist.

Der Versuch, städtebaulich und architektonisch dem Platzgebilde **Roßmarkt-Rathenauplatz** eine Gestalt zu geben, kann als genauso gelungen bezeichnet werden wie die großzügige Platzlösung um das Verkehrszentrum an der Hauptwache. – Die Gestaltung des **Römerbergs** (s. o.) dagegen erscheint heute einem zaghaften Kompromiß verhaftet. Die Bauten der neuen **Mainfront** und die Häuser der neuen Wohnviertel um den Dom streben weder eine Rekonstruktion des Alten an, noch sind sie Exponenten eines zeitgenössischen Baustils. Durch geschickte Auswertung des Geländes ist ein ungestörter Bereich um abwechslungsreiche Grünhöfe geschaffen.

Die **Hochhäuser** der Großbanken – besonders der **Deutschen Bank**, der **Commerzbank**, der **Dresdner Bank** (1978), der **Bank für Gemeinwirtschaft** (1977) – und Geschäftshäuser bestimmen seit den 1970er Jahren schon von weither die neue Stadtsilhouette.

Denkmäler

Aus der Reihe der überall im Stadtbild aufgestellten Denkmäler sollen nur die wichtigsten genannt werden:
Vor dem Friedberger Tor steht zur Erinnerung an die Erstürmung des Tores durch hessische Truppen am 2. Dezember 1792 das nach einem Entwurf von Heinr. Chr. Jussow von dem Bildhauer Joh. Chr. Ruhl gefertigte *Hessendenkmal*. – An der Paulskirche entstand 1903 das *Einheitsdenkmal* durch Fritz Hessemer und Hugo Kaufmann zu Ehren der Vorkämpfer der deutschen Einheit. – An der Berger Warte östl. der Stadt erinnert eine *Gedenksäule* an das Feldlager während der *Krönung Leopolds II.* 1790.

Viele bedeutende Persönlichkeiten erhielten meist im Anlagenring um die Innenstadt mehr oder weniger aufwendige Denkmäler. Dem größten Sohn der Stadt, *Joh. Wolfg. Goethe*, setzte man 1844 nach dem Modell von Ludwig v. Schwanthaler auf dem Goetheplatz ein Monument; es wurde 1952 in der Gallusanlage aufgestellt. – 1864 wurde das heute in der Taunusanlage errichtete *Schiller-Denkmal*, nach dem Entwurf von J. Dielmann von Fr. v. Miller gegossen, neben dem Hauptwachengebäude enthüllt. – Das *Gutenberg-Denkmal* auf dem Roßmarkt nach dem Entwurf von Ed. Schmidt v. d. Launitz wurde 1858 geweiht. – Für Bürgermeister *Jacob Guiollett*, den Initiator der Grünanlagen um die Stadt, wurde 1837, gleichfalls von Ed. Schmidt v. d. Launitz, ein Denkmal in der Taunusanlage errichtet.

Brunnen

Auf dem Römerberg steht seit 1887 die Kopie des *Gerechtigkeitsbrunnens*, den 1611 Joh. Hocheisen schuf. Die Gestalt der Gerechtigkeit bekrönt eine Säule mit Reliefs (Original im Hist. Museum).
Der alte *Brunnen auf dem Liebfrauenberg* erhielt 1770 das große Becken mit einem Obelisken als Brunnensäule. Der Aufbau stammt von Joh. Andr. Liebhardt; die Figuren der Flußgötter schuf Joh. Mich. Datzerat.
Es gab bis 1944 in der Stadt zahlreiche **Brunnensäulen**, die meist im 18. Jh. von einheimischen Bildhauern mit mehr oder weniger derben Figuren geschmückt wurden. Der *Löwenbrunnen* (Fahrgasse 27) von 1781, der *Kugelbrunnen* (1778) und der *Schöppenbrunnen* (Limpurger Gasse) mit der Figur des Kaisers Franz I. (1776), letztere von Joh. Mich. Datzerat, wurden wieder aufgestellt.

– In der *Fischergasse* steht ein *Obelisk* als Pumpensäule vom Beginn des 19. Jh. Auch in *Sachsenhausen* gibt es noch figurenbekrönte *Pumpensäulen* aus dem 18. Jh.
Am Opernplatz ist das *Marshall-Denkmal* als Brunnen mit liegender Frauenfigur gestaltet, von Toni Stadler aus München 1963.

Gartenanlagen

Einzig der **Anlagenring**, der anstelle der barocken Festungswälle ab 1806 nach Plänen des Stadtgärtners Seb. Rinz angelegt wurde (in der Bockenheimer Anlage **Nebbiensches Gartenhaus** um 1820), und die seit 1860 sich ausdehnenden **Flußuferanlagen** am Main (begonnen von Seb. Rinz, vollendet von Andr. Weber) bringen Grün in die Innenstadt.
Die Parkanlagen außerhalb des alten Stadtkerns waren fast ausnahmslos Privatgärten, die am Ende des 19. oder erst im 20. Jh. in den Besitz der Stadt kamen und damit öffentlich zugänglich wurden. Es sollen hier nur die wichtigsten genannt werden.
An Größe voran steht der **Grüneburgpark** (seit 1940 städtisch), den die Familie Rothschild 1845 anlegen und 1877 durch Heinr. und Phil. Siesmayer vergrößern ließ. – Vom **Bethmannpark** am Mauerweg kam zuerst das Gebiet um das **ehem. Bethmannsche Museum**, einen schlichten klassizist. Pavillon, in öffentliche Benutzung, während der Teil hinter dem Landhaus Bethmann erst 1941 städtisch wurde. – Auch der **Günthersburgpark** verdankt seine Entstehung der Familie Rothschild; seit 1892 wurde er von Andr. Weber ausgestaltet (am SW-Eingang Wiederholung eines *Sämannes* von Const. Meunier von 1902). – Der um die Mitte des 19. Jh. eingerichtete Park um die ehem. Goldschmidt-Rothschildsche Villa in der Bockenheimer Landstraße trägt den Namen **Rothschildpark** (hier wurde 1954 der Ring der *Statuen von Georg Kolbe* aufgestellt); leider hat man ihn 1962–64 durch **Bürohochhäuser** (errichtet von v. Schauroth) weitgehend zerstört. – Das Wasserschlößchen der Familie Holzhausen ist von dem Mitte des 19. Jh. angelegten **Holzhausenpark** umgeben.

Der **Zoologische Garten** wurde 1857 an der Bockenheimer Landstraße begründet und 1872 auf das Gebiet der Pfingstweide verlegt, wo er ständig erweitert wurde. Das **Gesellschaftshaus**, ein klar gegliederter Bau spätklassizist. Prägung, wurde 1874–76 durch Fr. Kayser und Jos. Durm erbaut. Die Parkanlagen schuf Andr. Weber.

Die Übernahme von Gewächsen aus den Wintergärten des Herzogs von Nassau in Biebrich 1868 war der Ausgangspunkt zur Gründung des **Palmengartens**, dessen Parkanlagen von Heinr. Siesmayer stammen. Das **Gesellschaftshaus** von Fr. Kayser war mit dem großen Palmenhaus 1870 vollendet; es erhielt 1929 von Mart. Elsässer und Ernst May eine bemerkenswerte elegante Fassade.

Museen

Städelsches Kunstinstitut und Städtische Galerie (Schaumainkai 63). Das bedeutendste der Frankfurter Museen, hervorgegangen aus einer Stiftung des Bankiers Joh. Friedr. Städel, der 1816 seine Sammlung und sein Vermögen der Öffentlichkeit vermachte. Die Sammlung erhielt 1878 durch O. Sommer am Schaumainkai einen Museumsbau im Stil der Gründerjahre; die Zerstörung des 2. Weltkrieges durch neue kubische Anbauten von Joh. Krahn 1963 beseitigt, von ihm auch im Inneren modernisierte Einbauten, besonders neues Treppenhaus.

Liebieghaus, Museum alter Plastik (Schaumainkai 71), 1907 begründet, 1909 in der Villa des Barons Liebieg eröffnet.

Das **Museum für Kunsthandwerk** ging aus der 1877 begonnenen Vorbilder-Sammlung des Mitteldeutschen Kunstgewerbe-Vereins hervor. 1944 Verlust des Museumsgebäudes in der Neuen Mainzer Straße. Seit 1965 Unterkunft am Schaumainkai (Nr. 15) im »Haus Daheim«, einem schlichten kubischen Palais vom Ende des 18. Jh. Wechselausstellungen im Karmeliterkloster.

Das **Historische Museum** (Saalgasse 19) entwickelte sich aus der 1857 eröffneten Städtischen Gemäldesammlung; 1878 wurde die Sammlung erstmals in einem Museumsbau südl. des Domes (1944 ausgebrannt) vereinigt. Die umfangreichen Bestände fanden 1954 im Saalhof eine beschränkte Unterkunft, 1972 in einem angrenzenden Neubau.

Neben dem Goethehaus erhielt das **Freie Deutsche Hochstift, Frankfurter Goethemuseum** (Großer Hirschgraben 23–25) durch Theo Kellner und Wilh. Massing 1951 einen Neubau, dessen Einrichtung einen Überblick über Goethes Leben und die Goethezeit gibt.

Im Holzhausen-Schlößchen (Justinianstr. 5) fand 1953 das **Museum für Vor- und Frühgeschichte** Unterkunft. Neben Bodenfunden besitzt es eine gute Antikensammlung.

Das reichhaltige **Museum für Völkerkunde**, das bis 1944 im Thurn-und-Taxisschen Palais untergebracht war, fand erst 1970 am Schaumainkai 29 wieder einen Standort.

An der Senckenberganlage 25 haben die ausgedehnten Schauräume des **Natur-Museums Senckenberg** seit 1967 ihren Platz.

Höchst (D10)

Ein römisches Kastell sicherte schon einen Umschlagplatz an der Mündung der Nidda in den Main. 790 wird das Dorf Hostatt zuerst erwähnt; aus dem 9. Jh. haben sich Teile der Justinuskirche erhalten. Im 12. Jh. waren die Grafen v. Nürings die Herren von Höchst. 1352 kam der Ort an das Erzbistum Mainz, das ihn befestigen und sich 1355 für ihn Stadtrechte geben ließ. Die mainzische Burg am Main wurde ein wichtiger Stützpunkt zur Erhebung des Mainzolles und gegen die Reichsstadt Frankfurt. Ein großzügiger Stadterweiterungsplan im O der Altstadt – nach dem Vorbild der Neustadt Hanau von dem Grenadierleutnant J. J. Schneider 1768 entworfen – sollte baulustige Bürger anlocken. Den neuen Stadtteil wollte man nach dem Namen des damaligen Kurfürsten von Mainz »Emmerichstadt« nennen. Es siedelten sich 1772 aber nur die Frankfurter Tabak-Fabrikanten Bolongaro mit einem großen Palais am Main an. – Als 3. deutsche Porzellanmanufaktur gründeten zwei Frankfurter Kaufleute, Joh. Chr. Goeltz und Joh. Fel. Clarus, 1746 eine Porzellanfabrik, die 1776 zur »Kurfürstlich-Mainzischen Porzellanmanufaktur« wurde. – 1803 kam Höchst an Nassau-Usingen; die Stadt wurde 1866 preußisch und kam 1928 zum Frankfurter Stadtgebiet.

Kath. Pfarrkirche St. Justinus

Der Gründungsbau ist unter Erzbischof Otgar von Mainz, der angeblich 834 die Gebeine des hl. Justinus von Rom hierher überführte, geweiht worden. Vom spätkaroling. Langhaus sind Kapitelle und Kämpfer von 6 Arkaden erhalten; Grabungen konnten 1926 den Grundriß der O-Teile klären. Der urspr. Bau war eine kleine 3schiffige Basilika mit anschließendem Querhaus und abgeschnürter Vierung; nach O schlossen 3 Apsiden unmittelbar an das Querschiff an. Die Anlage läßt sich mit dem größeren Grundriß von St. Alban in Mainz am besten vergleichen. 1090 besetzten Benediktiner von St. Alban aus Mainz die Kirche und bauten sie um. 1419 wurde ihre Niederlassung in ein Kollegiatstift verwandelt. 1432 wurde das Gotteshaus Pfarrkirche. 1441–1802 führten Antoniter die Seelsorge; sie erbauten 1443 den got. Chor (um 1460 vollendet) und stellten die verfallene Kirche wieder her.

Äußeres. Der hohe spätgot. Chor mit steilem Dach über der von Strebepfeilern gestützten Wand bestimmt ganz das Bild der Kirche. Der basilikale Aufbau des Langhauses mit roman. Obergadenfenstern ist trotz des spätgot. Umbaus des Seitenschiffes im W-Teil der S-Ansicht noch erkennbar. 3 spätgot. Kapellen von 1468 und 1513 verdecken die Basilika auf der N-Seite. Über dem spätgot. Eingangsportal mit einer kleinen Vorhalle sind die Steinfiguren des hl. Paulus von Theben und des hl. Antonius d. Einsiedlers (um 1440 bis 1450) angebracht. – Kunsthistorisch wichtigster Bestandteil des Innenraumes sind die *Säulen* der Arkadenreihen des Langhauses. Sie tragen aus der korinthischen Ordnung entwickelte Kapitelle mit einem umgedrehten Pyramidenstumpf als Kämpfer. Die Kapitellbildungen gehören in der Freiheit ihrer Erfindung und in der Feinheit der Meißelarbeit zu den schönsten des 9. Jh. in Deutschland.

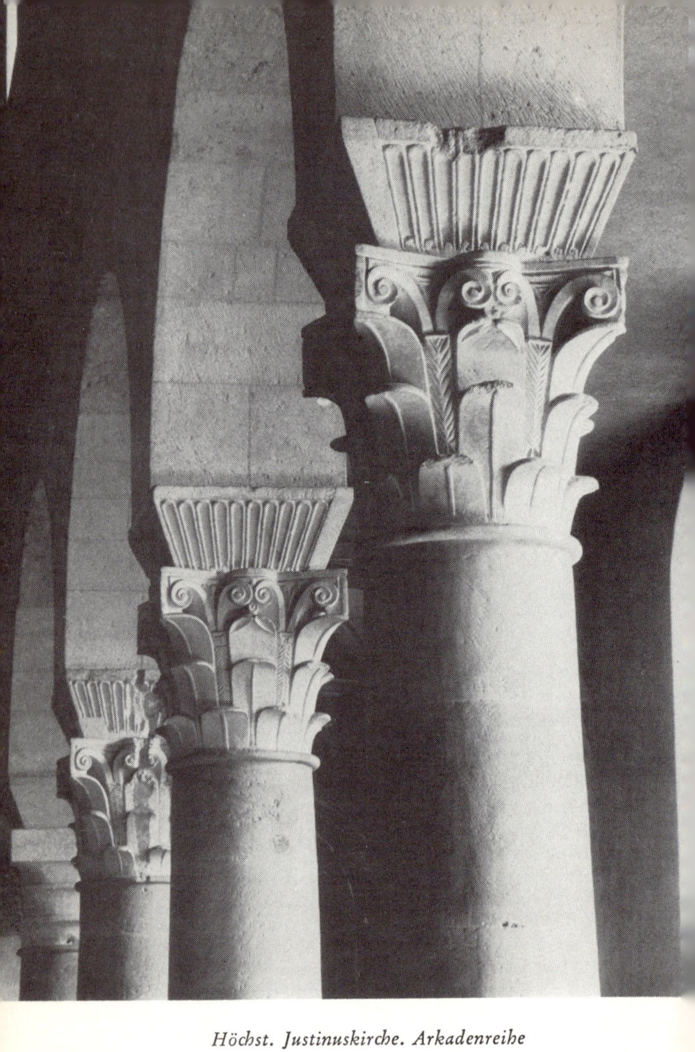

Höchst. Justinuskirche. Arkadenreihe

Der Umbau nach 1090 erhöhte das flachgedeckte Schiff. Der Chor des 15. Jh., der mit Kreuzrippen überwölbt werden sollte (nur die Rippenanfänge ausgeführt), ist ein hoher, von breiten Maßwerkfenstern beleuchteter Raum von guten Proportionen. Das nördl. Querschiff und die Kapellenanbauten sind mit spätgot. Rippengewölben geschlossen.

Ausstattung. Von der mittelalterl. Einrichtung haben sich die Teile eines spätgot. Chorgestühls bewahrt, ebenso ein gleichaltriges Taufbecken in der westl. Kapelle am nördl. Seitenschiff, das von 3 roman. Löwen getragen wird. Die in Worms geschaffenen Gemälde mit der Kreuzigung und der Kreuzlegende sind die Reste des um 1485 aufgestellten spätgot. Hochaltars. Das Wandgemälde des Jüngsten Gerichts über dem Vierungsbogen im Querschiff stammt aus der Mitte des 15. Jh. Die Holzfigur des hl. Antonius d. Abtes in der östl. Kapelle am nördl. Seitenschiff (Fassung modern) ist eine qualitätvolle Plastik der Zeit um 1450–60. – 2 schöne Grabsteine, das Epitaph für Heinrich Meierspach († 1520) in der Taufkapelle und das des Conr. Hofmann († 1527) im nördl. Seitenschiff, aus der Umgebung des Hans Backoffen in Mainz (vgl. das Denkmal des Kanonikus Heinrich v. Rhein von 1527 im Frankfurter Dom). – Hochaltar von 1729, hölzerne Aufbauten von Schreinermeister Wies aus Mainz. Altarblatt mit Kreuzigung Christi sowie die Holzfiguren der hll. Josef und Augustinus von unbekannten Künstlern. Orgel von 1726, erbaut von Johann Jakob Dahm.

Schloß

1396 zerstörten die Frankfurter die Burg des Erzbischofs von Mainz. Schon 1397 begann der Wiederaufbau. 1461 baute Niklas Eseler weiter. Erzbischof Wolfgang v. Dalberg ließ zwischen 1586 und 1608 die halbfertige Burg in ein Renaissanceschloß umbauen, das im 30jährigen Krieg größtenteils zerstört wurde. Seit 1665 ist der Graben um die Anlage ohne Wasser.

Der hohe runde Hauptturm mit dem Kuppelaufbau von 1681 stammt noch aus mittelalterl. Zeit. Am einfachen Wohnbau mit dickem Eckturm gibt es Volutengiebel der Zeit um 1600; aus gleicher Zeit stammt der Torbau mit der Nischenfigur des hl. Martin. – Die mächtigen Burggraben- und Ufermauern aus dem 14. Jh. zeugen heute noch von der urspr. Aufgabe des Schlosses als Zollfestung. Zum Main-Ufer öffnet sich ein schön profiliertes spätgot. Spitzbogenportal; über einem Maßwerkfries an der S-Seite der Toranlage ist das Wappen des Mainzer Erzbischofs Diether v. Isenburg (1475–82) eingemeißelt. – Haupträume als **Heimatmuseum** ausgebaut.

Unweit des Schlosses steht der mehrfach umgebaute Steinbau des **Alten Rathauses** aus spätgot. Zeit mit kugelbesetzten Stufengiebeln. – Das Hauptgebäude des **Greiffenclauer Hofes** ist ein Steinhaus mit einem Rollwerkgiebel, um 1600.

Der Zug der **Stadtbefestigung**, bald nach der Stadtrechtsverleihung 1355 angelegt, ist am besten an der Main-Seite sichtbar. Hier steht auch noch der **Zollturm**.

● **Bolongaro-Palast**

Das Gebäude hatten sich die Frankfurter Bürger Jos. M. M. und Jac. Phil. Bolongaro mit großer Unterstützung des Mainzer Erzbischofs Emmerich Joseph v. Breidbach zu Bürresheim wegen steuerlicher Schwierigkeiten in der Reichsstadt Frankfurt auf dem Boden der benachbarten mainzischen Stadt Höchst errichten lassen. Vermutlich stand der Bau unter der Leitung des sonst nicht besonders hervorgetretenen Grenadierleutnants J. J. Schneider.

Das schloßartige Palais östl. außerhalb der Altstadt mit langer Straßenfront und einem ausgedehnten Garten an der Rückseite ist in seiner Ausdehnung ganz auf den Fluchtlinienplan der nicht ausgeführten Emmerichstadt ausgerichtet. Die vordere Front wird nur durch die unterschiedliche Höhe und Detailbehandlung der einzelnen Gebäudeteile gegliedert. Über dem Eingang zur Kapelle (rechts vom 3-stöckigen Mittelbau) die Jahreszahlen 1773 und 1774. Zur Gartenseite ist dem Mittelbau zwischen Eckpavillons eine Säulenhalle mit Balkon und bekrönenden Figuren vorgelegt. Ehrenhofartig flankieren Flügelbauten mit kleinen Innenhöfen Hof und Garten. An der S-Mauer des Gartens gibt es 2 Pavillons mit reizvollen Mansarddächern, von denen das Innere des westlichen mit seinem Stuck und den Deckenmalereien sowie einer Gipsfigur des Kurfürsten Emmerich Joseph von Umbauten des 19. Jh. mehr verschont blieb als der östliche. Im Inneren des Hauptgebäudes ist das sehr bürgerlich wirkende Treppenhaus mit schönem Eisengeländer und Deckengemälden bemerkenswert. – Ein kleines **Museum** im Obergeschoß gibt einen Überblick über die Entwicklung des Höchster Porzellans.

Verwaltungsgebäude der Farbwerke Hoechst → S. 129.

GB

FRÄNKISCH-CRUMBACH (Odenwaldkreis E12)

Ev. Pfarrkirche. Die im Kern roman. Kirche erhielt 1487 einen Chorneubau mit Rippengewölbe und Maßwerkfenstern von Hans Eseler, der auch den Turm erbaute. Sie bildet am O-Ausgang des

Odenwalddorfes mit dem **Gemmingischen Schloß** eine schöne Baugruppe. – Der Wert der Kirche liegt in ihrer reichen Ausstattung mit *Grabdenkmälern.* In der N-Wand des Langhauses das Epitaph des Junkers Hans v. Rodenstein, der 1500 auf einer Pilgerfahrt in Rom starb und dort begraben wurde. Die Epitaphien für Hans v. Rodenstein († 1531) und für seine Gemahlin Anna Baier v. Boppard († 1560), im Chor, sind gute Renaissance-Denkmäler mit Wappen und den Standbildern der Verstorbenen.

Burgruine Rodenstein

Die Herren v. Rodenstein, gegen Mitte des 13. Jh. zum erstenmal genannt, waren die Bauherren dieser Hangburg im nördl. Odenwald, südl. von Dieburg. Rudolf v. Crumbach nannte sich von 1245 an »v. Rodenstein«. 1671 erlosch die weitverzweigte Adelsfamilie.

Eine Ansicht von 1634 hat uns das Aussehen der vielgliedrigen Burganlage mit Türmen und Toren überliefert, die seit dem Aussterben der Rodensteiner in Verfall geraten war und sich heute als malerische Ruine zwischen hohen Waldbäumen zeigt. Der Mühlturm und der östl. Eingangsturm sind noch vollständig erhalten, ebenso die Schildmauer und die Geschützbastion; von den übrigen Gebäuden wurden die Mauerreste seit 1936 gesichert.

GB

FRAUENBERG → **Bad Hersfeld** (Hersfeld-Rotenburg H5)
FRAUROMBACH (H7) → **Schlitz** (Vogelsbergkreis)
FREIENFELS (C8) → **Weinbach** (Limburg-Weilburg)
FREIENSEEN (F7) → **Laubach** (Lahn-Dill)

FREIENSTEINAU (Vogelsbergkreis G8)

Nieder-Moos (G8)

Ev. Kirche. 1784–90 erbaute Joh. Georg Link aus Brückenau die stattliche Kirche, die außen als Längs-, innen als Quersaal erscheint. Sie diente urspr. einem großen Kirchspiel von 15 Gemeinden. Das Äußere mit 7 : 3 Achsen ist verputzt. Auf der W-Seite springt ein 3geschossiger Turm vor, bekrönt mit doppelter Zwiebelhaube und Laterne. – Das Innere deckt eine Spiegeltonne mit Stichkappen. Emporen auf toskanischen Säulen umziehen an 3 Seiten den Raum; in der Mitte einer Längswand steht ein prachtvoller Kanzelaltar. Die breit ausladende, reich ornamentierte Rokoko-*Orgel* von Joh. Marcus Östreich steht auf einer Querempore. Sie umschließt eines der bedeutendsten Werke des hessischen Barock, in völlig originaler Erhaltung.

DG

FRIEDBERG (Hessen) (Wetteraukreis E9)

Die bedeutende staufische Stadt liegt auf einem Bergsporn in der Senke zwischen Taunus und Vogelsberg. Die wichtige strategische Lage wurde schon von den Römern genutzt, die auf der Spitze des Bergrückens ein Kastell errichteten, um den Zugang zur Main-Ebene von N her zu decken. Es wurde um 250 aufgegeben. Gegen 1180 erfolgte der Ausbau der wahrscheinlich damals noch sichtbaren Kastellruinen zu einer Reichsburg unter Friedrich Barbarossa; gleichzeitig wurde die Stadt gegründet. Sie war der letzte Etappenort vor Frankfurt an der wichtigen Handelsstraße »durch die kurzen Hessen« (Rhein-Main-Gebiet–Thüringen–Sachsen). Als Sitz bedeutender Handelsmessen und Marktstadt der fruchtbaren Wetterau erlebte die Stadt einen raschen wirtschaftlichen Aufschwung, der bis zur Mitte des 14. Jh. anhielt. Am Ausgang des Mittelalters war die Freie Reichsstadt wirtschaftlich der Konkurrent Frankfurts, politisch allerdings unterlag sie den adligen Burgmannen der Reichsburg, die eine Art Adelsrepublik darstellte. 1802 fiel die Stadt an Hessen-Darmstadt, 1816 auch die Burg; erst 1834 wurden beide Teile politisch vereinigt.

Die **Burg** nimmt die Stelle des römischen Kastells ein, von dem ein Teil des Bades gefunden wurde. Der regelmäßige rechteckige Umriß, für Burgen des 12. Jh. völlig ungewöhnlich, geht auf die Umfassungsmauern des Kastells zurück. Die Befestigungsanlagen sind noch ringsum vorhanden; die erhaltenen Bauteile stammen aus dem 14.–18. Jh. Das S-Tor gegen die Stadt entstand um 1500; im N lagen urspr. 3 Tore hintereinander, das mittlere wurde 1554 erneuert. Neben dem Haupttor steht der schlanke **Adolfsturm** (ab 1347). Er wurde mit dem Lösegeld errichtet, das Graf Adolf von Nassau für das Ende seiner Gefangenschaft den Burgmannen zahlen mußte. Über dem Wehrgang mit 4 Erkern erhebt sich ein schmaler Aufbau mit Zinnenkranz. Die SW-Ecke beherrscht der »**Dicke Turm**« (um 1500), der nicht nur Feinde, sondern auch die Stadt in Schach halten sollte. – Das Innere der Burg macht den Eindruck einer kleinen Stadt: An das S-Tor schließt sich das **Wachthaus** an, 1771–72 von Andreas Liebhardt; gegenüber liegt die **Burgkanzlei** von 1705–06. Auf der O-Seite liegt das der späten Renaissance angehörende **Burggrafenhaus**, 1604–10 erbaut (jetzt Behörden-

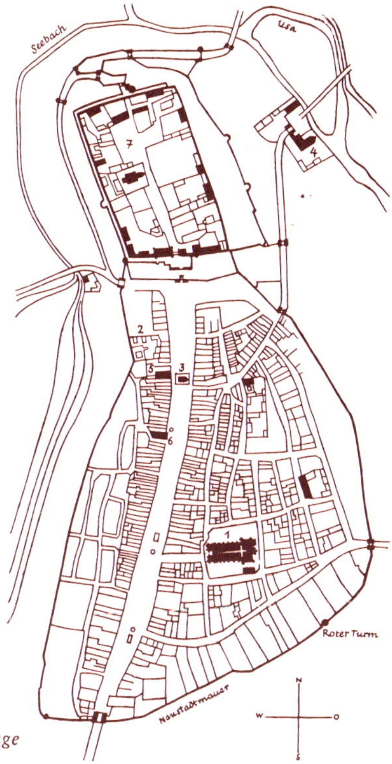

1 Liebfrauenkirche
2 Barfüßerkloster
3 Katharinenkapelle
4 Hospital
5 Rathaus
6 Gerichtshaus
7 Burg

Friedberg.
Mittelalterl. Stadtanlage

haus), ferner das **Deutschordenshaus** (1715–17) und die **Burgkirche**, die 1782–1808 nach Plänen von F. L. v. Cancrin und Joh. Ph. Wörrishöfer errichtet wurde. Weitere **Burgmannenhäuser** liegen im N. – 1738 entstand der *St.-Georgs-Brunnen.*

Stadtkirche Unserer Lieben Frauen (ev. Pfarrkirche) ●

Im Zuge der Stadtgründung wurde die Stadtkirche als roman. Basilika mit 3 Apsiden im O errichtet. Nach der Mitte des 13. Jh.

begann man einen anspruchsvollen got. Neubau, dessen Chor und Querhaus 1306 fertig gewesen sein müssen (Weihe des Hochaltars). Der Weiterbau des Langhauses erfolgte bis um 1370. Die Vollendung der um die Jahrhundertwende begonnenen Doppelturmfront im W mußte auf Befehl des Königs 1410 aufgegeben werden, damit die Stadt die Türme nicht als Befestigung gegen die Burg benutzen konnte. Die Größe der Abmessungen zeugt von der wirtschaftlichen Kraft der Freien Reichsstadt im 13. und 14. Jh.

Der Außenbau wird von hohen 3teiligen Maßwerkfenstern und Strebepfeilern gegliedert. Die Maßwerkgalerie über dem Dachansatz wurde 1900–01 wiederhergestellt. In den Winkeln zwischen Langhaus und Querschiff steht je ein 8eckiger Treppenturm. Das südl. Querschiffportal zeigt im Bogenfeld Christus als Weltenrichter (um 1330). Obwohl vom W-Bau nur 3 Geschosse des N-Turmes und knapp 2 Geschosse des S-Turmes stehen, wirkt er beherrschend.

Der großzügige Innenraum zeigt nur noch wenig Verwandtschaft mit der Elisabethkirche in Marburg, dem Gründungsbau der got. Hallenkirchen Hessens. Die enge Jochbildung des Marburger Baues und den beträchtlichen Unterschied zwischen Mittel- und Seitenschiffsbreite gab man in Friedberg auf. Die 3 gleich hohen Schiffe sind einander stärker angeglichen, die Seitenschiffe nur noch um ein Viertel schmaler als das Mittelschiff. Das Verhältnis der Bögen und Rippen trägt zur Vereinheitlichung des Raumes und zur Betonung der einzelnen Joche bei. Die mit 8 Diensten besetzten schlanken Rundpfeiler des Langhauses gehen in den W-Jochen zu einem 8eckigen Pfeilerkern über. Das Querhaus springt nur wenig vor, es ordnet sich dem Gesamtraum unter. Daran fügt sich unmittelbar der Chor im 5/8-Schluß. Die Vierung, durch Lettner und Chorgestühl abgegrenzt, ersetzt das Vorchorjoch. – Die Instandsetzung von 1956 gab dem Raum seine urspr. Farbigkeit zurück. Alle funktionell wichtigen Teile sind in ziegelroter Fugenmalerei gehalten, die Füllflächen gelblichweiß.

● Von der Ausstattung der Kirche ist der spätroman. *Ziborienaltar* mit feinen Blattkapitellen hervorzuheben, der in den spätgot. Lettner einbezogen wurde. An dessen N-Seite steht die
● bedeutende *»Friedberger Madonna«*, eine realistisch-lebendige Steinskulptur aus der Zeit um 1270/80. Der spätgot. Holzkruzifixus auf dem Lettner entstand im späten 15. Jh. Das got. Taufbecken auf 3 Steinlöwen des 12. Jh. gehört der 2. Hälfte des 13. Jh. an. Das prachtvolle spätgot. *Sakramentshäuschen* wurde 1482

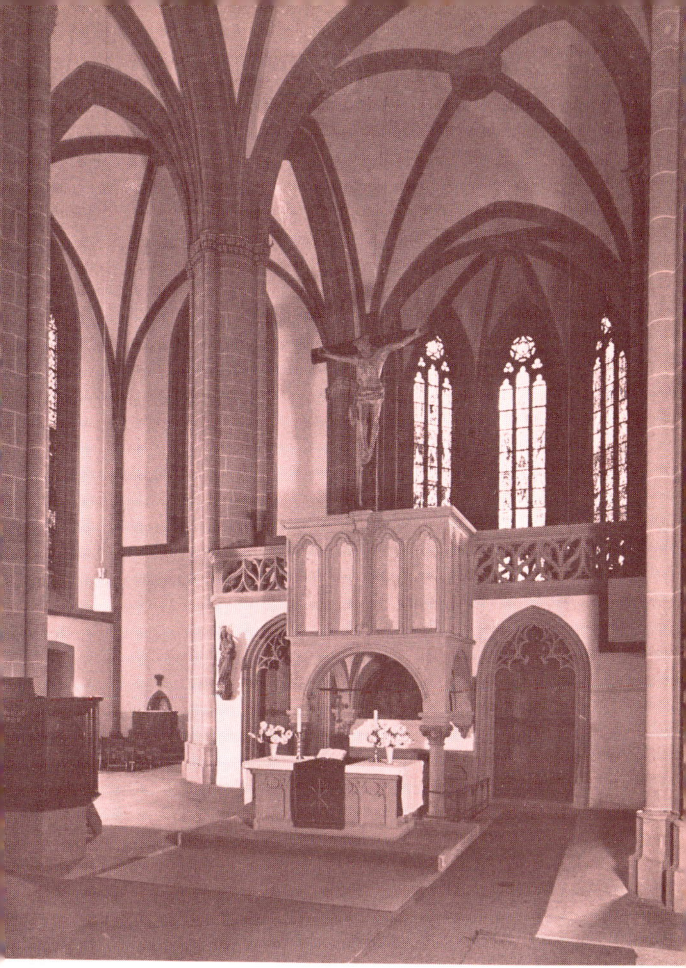

Friedberg. Stadtkirche. Chor mit Lettner

von dem Steinmetz Siegfried Ribsche aus Büdingen und dem Bildhauer Hans von Düren geschaffen. Auch das eiserne Schutzgitter mit den Kerzenhaltern ist noch ursprünglich. – Das Bogenfeld der Sakristeitür (um 1300) ist mit Weinlaub ausgefüllt. – Der einstige Aufsatz des Hochaltars, der »Große Friedberger Altar« (gegen 1400), ist nebst einem kleineren Altar (um 1425) ins Landesmuseum nach Darmstadt gelangt, ein weiterer bedeutender Altar von etwa 1410 in das Diözesan-Museum nach Utrecht.

Stadtanlage. Die zur Burg führende Straße auf der Höhe des Basaltrückens, auf dem Friedberg liegt, wurde bei der Stadtgründung zu einem monumentalen Straßenmarkt umgewandelt, der den Stadtgrundriß als Längsachse durchzieht. Bei einer Breite von 30 und einer Länge von 600 m steht er den bedeutendsten Platzanlagen des deutschen Hochmittelalters nicht nach. Im S schloß das Mainzer Tor den Platzraum mit seinen leicht gekrümmten Wänden, im N die 1525 abgerissene Katharinenkapelle, die wie ein Sperriegel in der Nähe des Rathauses quer in der Kaiserstraße stand und den Verkehr nach NO zum Usator lenkte. Die regelmäßigen Hausstellen sind etwa 4,5 m oder doppelt so breit und 30–35 m tief. Die Stadtkirche liegt abseits vom Markt in der östl. Parallelgasse. Eine kurze Querstraße führt vom Markt auf ihre W-Front. Vor den Toren bildeten sich Vorstädte längs der Ausfallstraßen, die erst im 15. Jh. in das Befestigungssystem der Stadt einbezogen wurden.

Zu den ältesten Häusern der Stadt gehört das **»Haus zum Roseneck«** (Kaiserstr. 57), 1333 bezeugt. Es wurde um 1450/60 samt seinem Fachwerkobergeschoß neu gebaut. Ein ebenfalls spätgot. Fachwerkbau ist **Engelsgasse 7**. Die übrigen z. T. recht alten und bemerkenswerten Häuser sind leider meist in schlechtem Zustand. – 1737–40 erbaute Joh. Ph. Wörrishöfer das schlichte **Rathaus** in der Kaiserstraße.

Die **Stadtbefestigung** läßt sich nur noch auf der W-Seite der Stadt verfolgen, da hier das abfallende Gelände keine Überbauung erlaubte. Ein weiterer Überrest ist der runde **»Rote Turm«** im SO.

● Das **Judenbad** liegt in einem Gründerzeitbau in der Judengasse; lt. Inschrift wurde es 1260 erbaut. Es ist eines der bedeutendsten Judenbäder des Mittelalters (vgl. Speyer) und hatte urspr. die Funktion eines rituellen Frauenbades. Eine Steintreppe führt in 7 Läufen einen 5 m breiten und 25 m tiefen Schacht hinab bis zum Grundwasserspiegel. Die Ecksäulen der Treppe besitzen frühgot. Blattkapitelle, die denen im Chor der Stadtkirche ähneln.

Das **Wetterau-Museum** (Haagstr. 16) birgt Ausstattungsstücke und liturgisches Gerät aus der Liebfrauenkirche und eine ansehnliche Sammlung zur Heimatgeschichte seit der Antike.

UG/EH

FRIEDEWALD (Hersfeld-Rotenburg I5)

Burg

Am S-Rande des Seulingswaldes liegen Burg und Ort Friedewald. Die Burg erscheint zuerst 1312 als hersfeldisches Lehen der Landgrafen von Hessen. Die wichtige Feste bewachte zugleich die »kurzen Hessen« und die »Flößholztransportstraße«, zwei der bedeutendsten Fernverbindungen Mitteldeutschlands in O-W-Richtung. Die Landgrafen Heinrich III. und Wilhelm III. ließen die Burg 1476–89 durch ihren Festungsbaumeister Hans Jakob v. Ettlingen völlig neu errichten. Die Burg, im 30jährigen und zunächst auch im 7jährigen Krieg erfolgreich verteidigt, wurde 1762 von den Franzosen in Brand geschossen (die 60köpfige Besatzung widerstand einem Belagerungsheer von 8000 Mann zwei volle Tage) und ist seitdem Ruine.

Die eigentliche Anlage ist eine regelmäßige Wasserburg – mit ungewöhnlich gut erhaltenem Wassergraben –, ein Mauerquadrat mit 4 runden Eckbastionen, alles in vorzüglichem Quaderwerk. Besonders stark wurde der nordwestl. Eckturm ausgebildet, der das W-Tor beschützt. Dieses war in seinem inneren Aufbau dreifach gesichert. Der Hauptturm ist bis herauf zu seinem Konsolgesims erhalten. Schmale Maulscharten durchbrechen die über 2 m dicken Mauern. Sein Inneres scheiden 2 Kugelgewölbe in 3 Schießkammern. Der Burghof wird nur noch auf 2 Seiten von Gebäuden besetzt: im O ein Wirtschaftsgebäude, im N der im mittleren 16. Jh. umgestaltete Wohnbau. S- und W-Flügel fehlen seit 1762. – Burg Friedewald ist zwar nicht die umfangreichste Anlage Hans Jakob v. Ettlingens, aber dank der Einheitlichkeit des Plans und der Qualität der Ausführung das geradezu klassische Beispiel einer spätgot. Festung.

Vor die W-Seite des Grabens legt sich ein ausgedehnter Wirtschaftshof, eingefaßt von 2 langgestreckten Renaissance-Bauten, in der 2. Hälfte des 16. Jh. errichtet und unter Landgraf Moritz 1605 erweitert. Die Mitte des Hofes nimmt ein prächtiger *Brunnen* des frühen 17. Jh. ein; über dem Becken staffeln sich 3 runde Schalen, deren untere reiches Beschlagornament trägt, während sich die obere auf 2 Delphine stützt. Das Werk wird Wilhelm Vernukken glaubhaft zugeschrieben.

Der »**Neue Marstall**« enthält das 1968 gegründete **Heimatmuseum** mit bodenständigem Kulturgut, u. a. Keramik von Großensee.

Ev. Pfarrkirche. Neubau von 1746 nach Plänen des Kasseler Landbaumeisters Giovanni Ghezzy. Innen eine großzügige Orgel, wahrscheinlich 1752 von Johannes Schlottmann.

Oberhalb des Ortes, an der Wasserscheide zwischen Fulda und Werra, heute unmittelbar neben der Autobahn, steht das **Nadelöhr.** Es ist ein freistehender niedriger Rundbogen, bekrönt von einem Giebelsturz, der das Datum 1561 trägt. Hierzu passen nicht die Initialen M.L.Z.H., die auf Landgraf Moritz (1592–1627) verweisen; er hat den Stein wohl 1610 erneuern lassen. Die Sage bringt das Denkmal mit einem Jagdabenteuer der Landgräfin zusammen; die Wurzeln der Erzählung reichen aber wohl viel weiter zurück.

DG

FRIEDRICHSTEIN, Schloß → **Bad Wildungen** (Waldeck-Frankenberg F4)

FRIELENDORF (Schwalm-Eder G5)

Großropperhausen (G5)

Die **ev. Pfarrkirche** entstand 1726–31. Der Entwurf ist, nach Vergleich mit den unausgeführten Plänen für Oberweimar, dem zuständigen Marburger Landbaumeister, Oberstleutnant J. Marin, zuzuschreiben, nicht Erdinger, wie zuvor vermutet. Grundriß und Außenanlage sind ganz zentral: ein gestrecktes Achteck mit Mittelturm. Hohe Rundbogenfenster sind ringsum angeordnet, über den Eingängen in der O-Achse des Langhauses und im W verkürzt. Das Innere ist längsgerichtet; die Muldendecke, die von den Emporenstützen getragen wird, überwölbt nur den Mittelraum. Die Kanzel steht in der Mittelachse zwischen Altar und Chorstand. Im W die Orgel, um 1730, auf Grund der Ähnlichkeit mit Kirtorf Joh. Georg Stertzing aus Eisenach zuzuschreiben; charakteristisch die kräftigen Seitentürme.

DG

Spieskappel (G5)

Prämonstratenser gründeten vor 1143 das Stift Unter-Cappel am Spieß, der alten Landtagsstätte auf der Grenze zwischen Ober- und Niederhessen. 1527 wurde es aufgehoben. Von den Klostergebäuden haben sich nur geringe Reste im N und W erhalten.

Kirche St. Johannes d. T.

Vom roman. Bau blieben nur Mittel- und N-Schiff; der W-Turm wurde um 1501/04 gotisch ersetzt, O-Bau und S-Schiff nach 1527 abgebrochen. Historische Nachrichten über den roman. Bau fehlen. Ein Abhängigkeitsverhältnis zum Wormser und Fritzlarer Dom erlaubt, das Langhaus in die Zeit um 1190/1220 einzuordnen.

Das erhaltene Fragment der Kirche besteht aus Haupt- und nördl. Seitenschiff, W-Turm und spätgot. (nach 1527) gerader O-Wand. Das roman. Langhaus besteht noch in der Länge von 7 Fensterachsen.

Im roman. Kernbau entfaltet sich eine Architektur von ungewöhnlichem Detailreichtum. Bauphasen lassen sich scheiden: Die Seitenschiffsmauer geht voraus; auf die Langhausarkaden folgen stileinheitlich die Hochschiffsmauern, der W-Abschluß der Seitenschiffe und der urspr. Turm, von dem außer dem Altarbaldachin in der Kapelle noch einige Gesimsstücke erhalten sind. Gut gefügtes Quaderwerk, dennoch einst verputzt, bestimmt die äußere Erscheinung. Die Fenstergewände des Seitenschiffs sind in weicher Welle geschwungen; am Obergaden tritt eine Doppelwelle auf. Das Portal des N-Schiffes wurde erst später herversetzt. – Die S-Wand des Mittelschiffes verlor beim Abbruch des Seitenschiffes ihre Säulen, nur die Pfeiler wurden in der Vermauerung beibehalten. In der Zopfzeit (1781?) wurden durch die untere Mauerzone 6 große Stichbogenfenster gebrochen. Die O-Wand öffnet sich mit spätgot. Maßwerkfenstern, die Tür wurde 1781 eingefügt. 3geschossig ist der niedrig überdachte W-Turm. Reliefs der Kreuzigung und des hl. Michael an der Außenwand, beide 1501, sowie die Schlußsteine von 1504 in der Vorhalle (Christushaupt und Evangelistensymbole) weisen auf den in Niederhessen mehrfach tätigen Meister von Besse.

Inneres. In der Vorhalle von 1504 öffnet sich das roman., reich durchgebildete W-Portal. 6 Säulen und 3 Archivolten-Rundstäbe rahmen das tief gestufte Gefüge, dem einst noch 2 weitere Säulen vorgelegen haben. Die Ornamentik der Säulenkapitelle weist nach Fritzlar. Im Bogenfeld die Halbfiguren von Christus, Maria und Johannes d. T. – Im Langhaus richtet sich der Blick v. a. auf die N-Seite, denn die S-Wand verlor beim Abbruch des Seitenschiffes ihre Säulen. Die Arkaden folgen einander in einfachem Stützenwechsel. Die 3 noch vorhandenen Säulen tragen Kapitelle mit teils figürlichem Schmuck: Männer sitzen in Ranken; Männer- und Frauenköpfe, deren Haupt- bzw. Barthaar untereinander verflochten ist, umkränzen das westl. Kapitell. Die Fenstergewände sind ähnlich reich profiliert wie am Außenbau; im Obergaden mit einem doppelten und einem einfachen Rundstab. Der Bau war wohl immer flach gedeckt. Lediglich in den beiden ersten Jochen des nördl. Seitenschiffes finden sich spätgot. Gewölbeansätze. – Im Obergeschoß des Turmes erhielt sich, flankiert von 2 profilierten Rundbogenöffnungen, der spätroman. Altarbaldachin der Michaelskapelle, nach O gerichtet. Er ruht auf 2 ornamental gedrehten Säulen; die Kapitelle gehen schon in Kelchblockform über.

Ausstattung. In der Vorhalle stehen 2 8eckige Säulen des 13. Jh. Deutbar ist an einem Kapitell die Anbetung der Könige. – Die Orgel, 3türmig mit Rokoko-Ornament, schuf Johannes Schlottmann, 1769–71.

Auf dem Spieß hat sich ein mittelalterl. **Wartturm** erhalten, um 1430 unter Landgraf Ludwig I. erbaut.

DG

FRISCHBORN (G7) → **Lauterbach** (Vogelsbergkreis)

FRITZLAR (Schwalm-Eder G4)

Die Stadt liegt am linken Eder-Ufer eindrucksvoll über einem Steilhang und beherrscht mit ihrer S-Front die weite Ebene. Der hl. Bonifatius fällte 723 die Donar-Eiche an der hl. Quelle in Geismar und erbaute aus dem Holz des Baumes eine Kapelle des hl. Petrus im fränkischen Kastell Fritzlar. 732 ersetzte er die Kapelle durch eine Steinkirche und gründete zugleich das Kloster unter Abt Wigbert († 747). 774 zerstörten die heidnischen Sachsen Ort und Kloster Fritzlar; nur die Kirche blieb verschont. Den Leichnam des hl. Wigbert brachte der Büraburger Bischof Witta nach Hersfeld. Bis zum Ende des 11. Jh. war Fritzlar Reichsbesitz mit einem Königshof. In ihm wurde 919 Heinrich I. zum deutschen König gewählt. Wohl 1066 gelang es Erzbischof Siegfried, Fritzlar unter mainzische Herrschaft zu bringen. Mainz gründete auch die Stadt, wahrscheinlich nach der Zerstörung des Platzes durch die Sachsen im Investiturstreit 1079. Pfalz und Domimmunität bildeten den Kern der planmäßigen Neugründung, deren Grundriß ein verschobenes Viereck ist. Die Straßen gehen strahlenförmig von dem im Stadtmittelpunkt liegenden langrechteckigen Markt aus. Um 1280 entstand am Steilhang der S-Seite die bis 1464 selbständige Neustadt. Die im 12. Jh. erbaute Stadtmauer wurde

1232/37 im O und 1320/27 im W erweitert und im 14. Jh. verstärkt. – Landgraf Konrad von Thüringen hatte Burg und Stadt 1232 abermals zerstört. Für Fritzlar folgten jahrhundertelange Kämpfe zwischen Mainz und Hessen; es blieb einer der letzten Stützpunkte des Erzbistums auf dem Wege ins Eichsfeld und wurde damit nach der Reformation zur kath. Enklave in der Landgrafschaft. Erst 1802 fiel Fritzlar unter Aufhebung des Stiftes an Kurhessen.

Während alle Tortürme im 19. Jh. verschwanden, ist die **Stadtmauer** des 12.–14. Jh. mit 12 von 14 weiteren Türmen gut erhalten. Für die Stadtsilhouette bestimmend ist der hohe **Graue Turm**, auf verlängertem Halbkreisgrundriß, mit kleinen Treppengiebeln und Dach. Außerdem stehen noch 6 der 7 steinernen **Warttürme**, mit denen sich die Stadt in der Mitte des 14. Jh. weit außerhalb der Mauern umgab (vgl. Fulda). Der fast noch geschlossene Mauerring mit diesen weithin sichtbaren Türmen umschließt eine vom Stiftsbezirk mit der großen 2türmigen Domkirche gekrönte Altstadt, deren Reiz zahlreiche gut erhaltene Fachwerkhäuser seit dem späten Mittelalter ausmachen, die insbesondere den Markt in fast noch geschlossener Reihung umgeben. So bietet Fritzlar eines der eindrucksvollsten Stadtbilder in Hessen. ●

Die **Eder-Brücke** ist 1974 zur Hälfte abgebrochen worden (Teile von 1750, 1881 und nach 1945); erhalten blieb außer der barocken S-Rampe der 5bogige N-Teil auf der Stadtseite. Dieser stellt in wesentlichem Umfang noch die Brücke des 13. Jh. dar, die nach einer teilweisen Zerstörung von 1232 jedenfalls vor 1271 wieder aufgebaut war; Teile von vor 1232 sind erhalten. Ein Pfeiler und 2 Bögen mußten im 19. Jh. ersetzt werden. Der erste, durch Vermauerung geschlossene Bogen im N enthielt in got. Zeit eine Kapelle, die mit einer oberirdischen zweiten Kapelle in Verbindung stand; teilweise Wiederherstellung 1976. Mit einer urspr. Länge von 230 m und einer Breite von 7,5 m stellt die Eder-Brücke eine bemerkenswerte Schöpfung mittelalterl. Technik dar. Die barocke *Nepomuk-Figur* ist wiederaufgestellt worden. – Am Spital die barocke **Mühlgrabenbrücke** von 3 Bögen.

Ehem. Benediktinerabtei und -kirche St. Peter (»Dom«) ●

Das Aussehen der 732 errichteten Kirche ist nicht überliefert. Grabungen haben 1916 und 1969 2 anscheinend verschiedene Grundrisse zutage gefördert, von denen der frühere einen W-Querbau (Querhaus?) mit Apsis besaß. Grabungen unter dem ehem. südl. Nebenchor haben auch dort mehrere ältere Bauten von z. T. sehr tiefer Gründung erkennen lassen. Ob die Umwandlung des Klosters in ein Chorherrenstift in der 1. Hälfte des 11. Jh. und die

Erhöhung zum Archidiakonatssitz einen der Neubauten veranlaßten, von denen Grundmauern gefunden sind, ist nicht bekannt. 1079 zerstörten die Sachsen die Kirche. Von dem nach 1085 begonnenen, 1118 benutzbaren Neubau stecken Reste im heutigen Dom, dessen Grundlinien auf ihn zurückgehen. Schon 1171 beklagt Erzbischof Christian II. den Verfall des Kirchenbaues; Maßnahmen zur Wiederherstellung stehen bevor. Für den Dachstuhl der Apsis wird i. J. 1194 gefälltes Holz verwendet. Bei dem Überfall von 1232 erleidet die Stiftskirche »dampna gravia« und wird ausgeraubt; Brandspuren finden sich am S-Turmobergeschoß; dies beweist, daß die Kirche vor 1232 schon fertig stand. Die Hauptbauzeit ist um 1180–1215 zu vermuten. – Nach 1232 erhielt die Kirche ihre schmuckreiche Vorhalle; vor dem N-Querhaus errichtete man vor 1354 die Marienkapelle. Das 14. Jh. erweiterte das südl. Seitenschiff zur Halle. Das Bedürfnis nach mehr Licht veranlaßte den Einbruch großer got. Maßwerkfenster, zunächst im N-Querhaus (um 1270), dann im S-Querhaus (14. Jh.), endlich im Chorpolygon (15. Jh.). 1735 entstand der Vorbau vor dem N-Eingang, der »rote Hals«. Die Barockzeit schenkte dem Dom eine reiche Ausstattung. 1913–20 erfolgte eine gründliche Wiederherstellung. 1963–66 erneute Restaurierung, bei der erhebliche Umstellungen in der Ausstattung erfolgten; 1974 museale Neuaufstellung des Domschatzes im Rahmen des neu eingerichteten Dommuseums im Kreuzgang, Bau des Lapidariums.

Der Dom ist eine 3schiffige, im Langhaus auf der S-Seite durch ein 4. Schiff erweiterte Gewölbebasilika mit O-Querhaus und Doppelturmfassade. Alle Räume des O-Baues ruhen auf Krypten, die verschiedenen Zeiten entstammen und verschiedene Höhenlagen aufweisen. Nach 1085 war zunächst eine 3schiffige flachgedeckte Basilika von 7 oder 8 Arkaden mit Querhaus und einem platt geschlossenen quadratischen Chor entstanden. Der weiter als heute nach O reichende W-Querbau trug vielleicht einen Mittelturm nach Helmarshäuser Vorbild. Zu Ende der Bauzeit (gegen 1120) erhielt der Chor Seitenräume mit Apsiden, die den flachen Schluß des Hauptchores überragten. Von diesem frühroman. Bau sind N-, Haupt- und in Resten die zweimal umgebaute S-Krypta erhalten, außerdem der Kern der Querhausmauern sowie die Außenmauern der beiden Untergeschosse des W-Baues mit einem anschließenden Teil der Seitenschiff-N-Wand. – Der Umbau nach 1171 brachte v. a. die Einwölbung. Man begann mit dem O-Bau. Hauptchor und Krypta wurden durch eine Apsis erweitert, das Querhaus für Gewölbe umgebaut, sein Fußboden über neuen Krypten höher gelegt, so daß der O-Bau ein einheitliches Niveau erhielt.

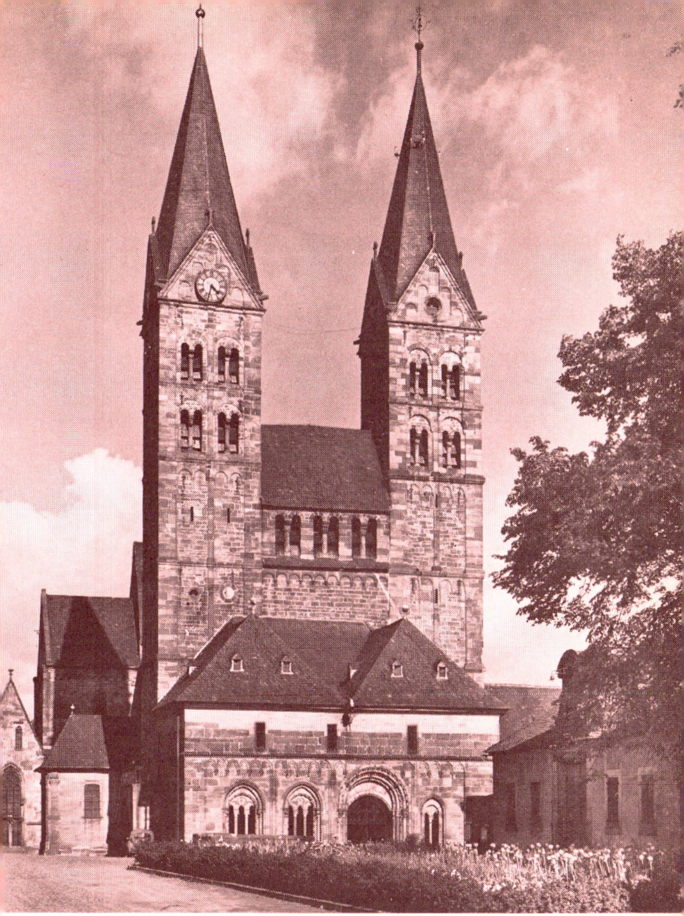

Fritzlar. Dom von Westen

Beim Neubau der Langhausarkaden hielt man sich zunächst an die urspr. Abstände, war aber gezwungen, die Jochschritte ständig zu vergrößern, um den Anschluß an die

neue O-Wand des W-Baues zu gewinnen. Er wurde mit je 4 Obergeschossen zur Doppelturmfassade ausgebaut. Der Turmzwischenbau erhielt 2 Geschosse aufgesetzt.
Äußeres. Die kraftvolle W-Fassade wird von den beiden hohen, 6geschossigen Türmen beherrscht, 1873 mit spitzen Helmen bekrönt. In dem reizvoll etwas asymmetrisch vorgelegten *Paradies* begegnen sich Formen der Romanik und frühen Gotik. Reiche Fenster mit Säulchenteilung, Kleeblattblenden (erneuert), Rund- und Spitzbögen geben ihm Licht. Ein mit Schaftringen bereichertes Säulenportal führt in eine offene Halle von 2×4 Jochen. Die Pfeiler mit 4 Halbsäulen tragen Kreuzgratgewölbe; ihre Scheitel betonen verzierte Schlußsteine, deren einer mit dem Vierungsschlußstein der Herforder Münsterkirche (um 1228/29) übereinstimmt. – Abgesehen vom südl. Seitenschiff umziehen Rundbogenfries und Lisenen die ganze Kirche in jochweiser Gliederung. Die Hauptapsis mit ihrem Schluß aus 5 Seiten des Zehnecks – einer für Spätromanik und Frühgotik typischen Form – trägt eine Zwerchgalerie oberrheinischer Art nach dem Vorbild des Domes zu Worms; ihr gleichmäßiger Umlauf wurde bei der got. Vergrößerung des Mittelfensters unterbrochen. Die nördl. Nebenapsis, im Kern bald nach 1100, wurde bald nach 1200 ummantelt, als die neue Hauptapsis schon stand. Das oberste Geschoß in holzreichem Fachwerk fügte Meister Hofert 1560 hinzu.
Beim Durchschreiten des Hauptportals ins Innere überrascht der lebendige Zusammenklang von spätroman. Bau und barocker Ausstattung, in seiner Harmonie verstärkt durch die 1916–19 wiederaufgedeckte spätgot. Fassung der tragenden Bögen und Gewölbescheitel mit schwungvollem Rankenwerk. Neben den hochsteigenden Gewölben bestimmen die weitgespannten Doppelarkaden unter Überfangbögen den Charakter des Langhauses. Die schweren Wulstkapitelle sind typisch wormsisch-oberrheinisches Schulgut. Die einfach rechteckigen Bandrippen der Langhausgewölbe bedeuten eine Vereinfachung gegenüber den reicheren, aber früheren Profilen im O-Bau, wo die Bandrippen des Chores eine Rundstab-, die der Vierung eine Dreikantauflage besitzen. Rippenform und Überfangbögen lassen einen Zusammenhang mit dem Dom von Osnabrück erkennen. In der 3geschossigen W-Wand stehen nach Vorbild von Oberkaufungen 2 Drillingsarkaden auf Säulen übereinander.

Das geplante 6teilige Kreuzgewölbe der Halle zwischen den Türmen wurde nie ausgeführt. Die Gewölbe der südl. Seitenschiffe stützen sich auf Rundpfeiler mit Blattkapitellen; die 4teiligen Maßwerkfenster enthalten Glasfenster des frühen 20. Jh. – Die Hauptapsis ist innen 3geschossig: Über den doppelt abgetreppten Blendnischen folgt die Fensterzone; das Gewölbe durchbrechen kleine Fenster zur Zwerchgalerie. Um die Dienstvorlagen zieht sich in 1/3-Höhe ein Fries, der mit den stilisierten Palmetten und dem feinlinigen Flechtband die Ornamentik der Wormser Synagoge (1174) unmittelbar wiederholt. – Der gesamte O-Bau ist von *Krypten* unterfangen. Die südl. Querhauskrypta blieb ungewölbt; sie bildet heute den Eingang zur Hauptkrypta und zum S-Schiff. Die südl. Nebenkrypta, um 1120 erbaut, aber spätromanisch erneuert, ist jetzt Wochensakristei; ihre Apsis hat sie eingebüßt. Die Hauptkrypta (nach 1085) wird durch 2 Reihen von je 5 Säulen in 3 Schiffe geteilt; im W schließt eine jüngere Nische an, in die jetzt eine moderne Pietà gestellt ist. Im O steht am Beginn des Polygons ein 6. Säulenpaar mit reichem Kapitellschmuck nach 1174/75 datierten Vorbildern aus der Wormser Synagoge. Die nördl. Nebenkrypta schließt sich an mit sehr tief ansetzendem Gewölbe und breiter Apsis (gegen 1120). Ihr ist die nördl. Querhauskrypta vorgelagert; ihre Gewölbe (nach 1171) ruhen auf kurzen Säulen mit eigenwilligen Kapitellen. – Räumlich selbständig schließen an den Chor an: im N die ehem. Schatzkammer, im S die ehem. Kustodie, jetzt Sonntagssakristei, die im 14. Jh. umgebaut wurde.

Ausstattung. Die reiche Farbfassung des Raumes in hauptsächlich roten und gelblichen Tönen, mit Rankenwerk auf Bögen und an Gewölben, entstammt der Spätgotik. Figürliche Ausmalung ist noch in großartigen Resten erhalten. Die ganze O-Wand des S-Querhauses nimmt eine große *»Verherrlichung Mariae«* ein (um 1320). Ein phantasievoller architektonischer Aufbau, mit einer Verkündigung, Propheten und marianischen Symbolen besetzt, zugleich als Turm Davids gedeutet, trägt und umschließt die Krönung Mariae. Im Stil dieses umfangreichsten Werkes der hochgot. hessischen Malerei verbinden sich kölnische und Marburger Anregungen. – Über dem Eingang zur ehem. Schatzkammer ein hl. Martin des späten Weichen Stils (gegen 1447 gestiftet). – Die Apsis füllt seit 1685/86 ein mehrstöckiger barocker Hochaltar mit gewundenen Säulen. Die Mensa ist noch romanisch. – Auf der N-Seite des Chores schließt ein sehr schlankes Sakramentshäuschen des 14. Jh. an. Auf beiden Seiten des Chores sind die ehem. am

Choraufgang befindlichen barocken Nebenaltäre aufgestellt, 1693 und 1695 von Heinrich Groene aus Paderborn. Die Antependien schmückt Blumenwerk als Rahmen der »Rückkehr aus Ägypten« und der »Taufe Christi«. – Von den spätgot. Chorschranken (1507–08 von Cloß aus Wetzlar) verwendete man 1695 Maßwerkteile mit barocken Zwischenpfeilern am Aufgang der Kreuzflügel. Vor die Vierung rückte ein got. Gitter mit reicher Barockbekrönung aus Spiralranken mit Rosetten und hohen Fialen mit überhängenden Kreuzblumen. Davor steht ein neuer Pfarraltar (1970), ihm zunächst ein spätroman. Pultträger, als Diakon ausgebildet, von sehr lebendiger Wirkung. Von einer spätroman. Triumphgruppe sind Maria und Johannes (gegen 1200) im Dommuseum erhalten; ergänzte Kopien im östl. Langhausjoch. Der große Kruzifixus des Triumphkreuzes ist in seiner aufrechten Körperhaltung noch roman. Tradition verbunden, obwohl erst gegen 1300 entstanden. Ein weiterer, spätgot. Kruzifixus hängt an der W-Wand des nördl. Seitenschiffes, neben dem 1964 hierher versetzten Reliquienaltar, den Heinrich Pape 1699–1703 als ein ungewöhnliches Werk barocker Architektur erbaute. – Vom ehem. Pfarraltar blieb nur die Figur der Himmelskönigin am nordöstl. Mittelschiffspfeiler, 1724 von Joh. Neudecker d. J. Am selben Pfeiler steht das hohe und großzügige Sakramentshaus von Bernd Bunekeman aus Münster, vor 1524, von großem architektonischem Reichtum (wie das der Kilianskirche in Korbach). – Kanzel von Heinrich Groene, 1696. Am Pfeiler gegenüber eine hl. Jungfrau aus dem 14. Jh. – Einfaches Gestühl um 1695. – Johannes Schlottmann begann die Orgel 1768, Joh. Gottlieb Müller vollendete sie 1775/1776 (die großen Flügel fehlen seit 1913). – Am O-Ende des südl. Seitenschiffes ein ergänzter Marienaltar vom Anfang des 16. Jh.; unter den Figuren u. a. die hl. Gertrud von Nyfels. – Im N-Turm Taufe, 1693 von Stephan Jacobi, mit hohem Aufsatz.

Auf dem Altar der nördl. Nebenkrypta ist jetzt der hochgot. ● Gnadenstuhl aufgestellt; die klare und feste Form des Aufbaus läßt an eine Entstehung um 1300 denken (Zusammenhang mit der Weihe des Dreifaltigkeits-Altars 1304?). Daneben eine überlebensgroße Sitzfigur des hl. Petrus, wohl aus dem 12. Jh. – In der Marienkapelle zeigen die Schlußsteine den thronenden Christus sowie Engel mit dem Kreuz und den Nägeln. Als Andachts- ● bild steht hier ein Vesperbild, ein hervorragendes Werk im Zusammenklang fränkischen und mittelrheinischen Wesens (um 1360?; die Datierungen schwanken zwischen 1305 und etwa 1385). Die mystische Bluttraube der Seitenwunde wurde ergänzt, die reiche urspr. Farbigkeit wiedergewonnen.

Grabsteine: Einige vorroman. Sarkophage befinden sich in der Haupt- und N-Krypta. In der Hauptkrypta wurde 1340 dem hl. Wigbert eine Tumba errichtet, deren Kopfende eine Sitzfigur des Heiligen bekrönt. 1964 hat man die Tumba in die Apsis versetzt. In der nördl. Nebenkrypta gleicht das Epitaph des Dekans

Nikolaus v. d. Krae († 1428) einem got. Reliquien-Ostensorium. Die Bronzeplatte zeigt den Verstorbenen in Anbetung des Herrn. – Vom Meister der Grabsteine in Netze stammen je 2 Grabsteine von 1348 bzw. 1351 (vor der südl. Nebenkrypta, in der Vorhalle, in einer Kapelle am östl. Kreuzgangflügel). Der Grabstein des Joh. Kirchhain, 1462, zeigt den Verstorbenen in Anbetung des Schmerzensmannes. Von den »Arma Christi« umgeben ist der Schmerzensmann einer spätgot. Ablaßtafel im Kreuzgang. Eine ausgezeichnete Arbeit ist die sog. *Hankratsche Kreuzigung* in der SO-Ecke des Kreuzgangs, 1510. Der hiernach benannte Meister schuf u. a. auch den Anna-Grabstein in Oberkaufungen.
Der Domschatz enthält eine in Hessen einmalige Fülle hervorragender Werke. Aus vorroman. und roman. Zeit stammen das überaus reich geschmückte Heinrichskreuz (1. Viertel 11. Jh., Rückseite 2. Viertel 12. Jh.), ein kleines Reisealtärchen (um 1150) und das phantasievolle Scheibenreliquiar (um 1160, in Fritzlar selbst entstanden?). Der Griff eines liturgischen Kammes in seiner Bekrönung mag noch von Bonifatius oder Wigbert stammen. Ein großer Kelch, ein Vortragekreuz und mehrere Leuchter aus spätroman. Zeit gehören weiter zu dem Schatz, der in got. Zeit um eine Monstranz von etwa 1320, 2 vorzügliche Turmmonstranzen aus dem 3. Viertel des 15. Jh., ein Straußenei-Reliquiar (um 1400) und weitere Werke, im Barock durch Augsburger Silberleuchter u. a. ergänzt wurde. Ebenso ist der Schatz reich an Paramenten seit der Spätgotik. Alle gut erhaltenen Stücke finden abwechselnd bei der Messe Verwendung.

Das **Dommuseum** enthält v. a. Werke aus dem Besitz des Domes, die nicht mehr in diesem selbst aufgestellt sind, darunter u. a. 2 Elfenbeinkästchen aus vorroman. und got. (?) Zeit, eine thronende Madonna (3. Viertel 13. Jh.?) und ein gemaltes Antependium (1. Hälfte 14. Jh.).

Die **Stiftsgebäude** gruppieren sich um einen großen *Kreuzgang* auf der S-Seite der Kirche, mit Kapellen am O- und W-Flügel. Gewölbe, Ornament und Maßwerk zeigen einen sehr feinen hochgot. Stil (um Mitte 14. Jh.). Vollständig mit einem Gewand got. Rankenmalerei überzogen ist das *»Musikzimmer«* im Obergeschoß des O-Flügels (zwischen 1466 und 1478), mit einer Kreuzigungsdarstellung an der N-Wand und großer Rosette an der Decke. Der Raum ist der Bibliotheksabteilung des Dommuseums eingegliedert.

Ehem. Minoritenkloster

1237 ließen sich die Minoriten in Fritzlar nieder und konnten 1244 das Kloster weihen, das sie nach Unterbrechung 1553–1619 bis 1811 innehatten. Nach dem Anschluß Fritzlars an Hessen wurde die Kirche 1824 der ev. Gemeinde übergeben, 1928/29 wiederhergestellt.

Die erst im frühen 14. Jh. entstandene Kirche (**ev. Pfarr-**

kirche) gehört zum Typ der asymmetrischen 2schiffigen Hallenkirchen, die anstelle des 2. Seitenschiffes gleich den Klosterkreuzgang anschließen. Die kargen Einzelformen verraten eine strenge Baugesinnung. Im Wimperg des Portals der S-Seite steht eine hochgot. Kreuzigungsgruppe. Innen sind die Strebepfeiler der fensterlosen N-Wand des Hauptschiffes eingezogen; die Nischen zwischen ihnen durchbricht ein Laufgang in halber Höhe. Abwechselnd runde und 8-eckige Pfeiler tragen auf der S-Seite die einfachen Rippengewölbe.

Das Wandgemälde an der N-Seite des Chores, nach der Mitte des 14. Jh., bildet einen Nachklang der »Verherrlichung« im Domquerhaus. – Von Heinrich Papes Kanzel (1682) sind nur Deckel und Fuß erhalten.

Ursulinenkloster (seit 1712). Die **Klostergebäude** errichtete Meinwolf aus Fulda 1713–19. Älter ist die **Kirche**, die zum 1147 gegründeten Hospital gehörte, das später Augustinerinnenkloster wurde. Der 1schiffige Gewölbebau mit $^5/_8$-Schluß entstammt dem 14. Jh.

Ev. Fraumünsterkirche, östl. vor der Stadt. Das älteste Mauerwerk im Schiff ist vielleicht noch karolingisch. Erweiterungen betrafen den Bau in roman. und got. Zeit, Restaurationen im 17. Jh., 1731 und nach 1930. Der Fachwerkoberbau des Schiffes entstand 1676. Der gerade geschlossene Chor des 13. Jh., der seine Gewölbe verlor, besitzt an der N- und O-Wand beachtliche Wandgemälde der Zeit gegen 1300: Anbetung der Könige, Kreuzigung, Jüngstes Gericht. – Die 1630 entstandene Orgel stammt aus der Minoritenkirche; ihr Prospekt ist ein kleines, aber reiches Werk der späten Renaissance.

Rathaus. Das im 19. Jh. durchaus verstümmelte Gebäude wurde 1961–64 unter Leitung von Friedrich Bleibaum wieder zum repräsentativen Mittelpunkt der städtischen Verwaltung ausgebaut. Als Vogteihaus 1109 bezeugt, war es 1274 Rathaus geworden. Die reichen Fachwerkobergeschosse von 1441 waren 1839 abgebrochen worden; bei ihrer Wiederherstellung verzichtete man auf die in der Detailform nicht eindeutig überlieferte Turmgliederung. – Über dem S-Portal jetzt das Martinsrelief von 1441. – Das roman. Erdgeschoß enthält gewölbte Räume und hat 2 Arkaden der ehem. Gerichtslaube bewahrt. Das Steingeschoß darüber wird zum größten Teil von einem langgestreckten Saal eingenommen.

● Das S t a d t b i l d tritt mit einer nur noch selten anzutreffenden Geschlossenheit in Erscheinung und ist von störenden Eingriffen kaum betroffen, dagegen geschätzt und gepflegt. So ist Fritzlar auch reich an hervorragenden Hausbauten, nicht nur aus Fachwerk. Aus *Stein* die **Stiftsherren-**

kurien am **Dr.-Jestädt-Platz 11** (jetzt Dechanei) und in der **Fischgasse**, diese mit Konsolfiguren, der Kamin mit Maßwerkblenden; ferner die Häuser **6** und **8** in der **Kasseler Straße** (Giebel verändert). Alle diese Häuser haben auf einer oder beiden Seiten got. Staffelgiebel. – Noch älter ist der **ehem. Hardehäuser Hof** (Kasseler Str. 22), vorn und seitlich völlig umgebaut und entstellt, rückseits mit Spitzgiebel, rund- und spitzbogigen Öffnungen erhalten. – Weitere mittelalterl. Häuser mit steinernen Untergeschossen an verschiedenen Stellen (Kurie hinter der Fleischschirne mit spätgot. Konsolensturzportal).

Von bedeutenden *Fachwerkbauten* dicht umkränzt ist der langgestreckte M a r k t. Im Zentrum der Schmalseite steht das 4geschossige **Alte Kaufhaus**, dessen 3geschossiger Erker auf einer Drillingsarkade ruht und in ein Giebeltürmchen ausläuft, das den Hauptakzent des Platzes bildet. Geteilte got. Spitzbogen schmücken die Brüstungen des um 1480 entstandenen Baues. Vielleicht noch älter ist **Markt Nr. 20**, in Gerüst und Schmuckmotiven ähnlich. Auch **Nr. 22**, auf 2geschossigem Unterbau, folgt diesem Typ und zeigt an der Traufseite überdies eine altertümlich wirkende Ständerkonstruktion. Um 1470 entstand das noch ganz gotisch konstruierte **Kaufhaus Zwischen den Krämen 12**, mit got. Schaufensteröffnung neben dem Portal. Im 3. Geschoß reihen sich Andreaskreuze unter dem Brustriegel. Weitere got. Bauten sind **Zwischen den Krämen 5**, **Spitzengasse 2**, **Markt 10** und **Gießener Str. 25** sowie **Am Hochzeitshaus 8** (1526 dat.).

● 1580–90 entstand das **Hochzeitshaus**, auf steinernem Unterbau ein kraftvoll gegliedertes Fachwerk mit 2geschossigem Fronterker. Das Portal für den Treppenturm der W-Seite ornamentierte Andreas Herber 1590. Nur im Erdgeschoß ist der darüber urspr. wiederholte große Saal mit Balkendecke auf 4 kräftigen Holzstützen noch größtenteils erhalten (jetzt Sitz des **Heimatmuseums** mit herausragender ur- und frühgeschichtlicher Sammlung; besonders umfangreich sind die Bestände an mittelalterl. Keramik und an signierten Dachziegeln der Neuzeit). – Weitere Renaissance-Bauten u. a.: **Markt 19** mit Wilder-Mann-Konstruktion; **Nikolausstr. 14** (Prachtportal in nachgot. Formen); **Steinweg 1** mit erhaltener Türrahmung von 1588 (Oberlicht klassizistisch). – Spätere Beispiele: **Kasseler Str. 9** mit 2

2geschossigen Eck-Erkern, 1637; **Markt 12** und **16.** – **Deutschordenshof** (jetzt Oberförsterei) 1717, mit Hoftor 1559.

Den **Marktbrunnen**, 1564, krönt eine Säule mit Rolandsfigur.

Ungedanken (F4)

Südwestl. von Fritzlar liegt der **Büraberg**, eine nach O zur Eder hin steil abfallende Bergkuppe.

Auf der vorgeschichtlichen Siedlungsstätte, wohl einer alt-chattischen Großburg, entstand im 6. Jh. ein fränkisches Grenzkastell, in dessen Schutz der hl. Bonifatius 741 das hessische Bistum Büraburg gründete; es erlosch bei vorübergehender Aufgabe der Sachsenmission. Der Ort wurde wüst.

Eine merowingisch-karolingische **Wehranlage** ist z. T. ergraben.

Wallfahrtskapelle. Das Kirchenpatrozinium **St. Brigida** läßt iroschottische Entstehung der urspr. (ausgegrabenen) Anlage mit W-Bau, kurzem Schiff und quadratischem Chor vermuten. Der Chor wurde mit busigen Gratgewölben romanisch erneuert. Nach Zerstörung im 30jährigen Krieg wurde die Kirche um 1692 eingreifend wiederhergestellt und danach neu ausgestattet; sie ist seither eine schlichte Wallfahrtskapelle.

DG

FRONHAUSEN (Marburg-Biedenkopf D6)

1159 ist Fronhausen als Besitz des Kanonissenstiftes Essen bezeugt. Als Vögte treten die Schenck zu Schweinsberg bzw. eine ihrer Nebenlinien auf; ihr Sitz war der Vogtshof (Obere Burg oder Kemenate).

Oberburg. Anstelle einer alten Kemenate entstand 1559 der bestehende Bau als Wasserburg, ein 2geschossiger Steinbau, der im 19. und 20. Jh. verfiel und nach dem 2. Weltkrieg wiederhergestellt wurde.

Die **Unterburg** ließ Craft Vogt zu Fronhausen 1367 als Wasserburg erbauen. Im 18. Jh. erhielt sie ein Mansarddach. Zum urspr. Bau gehören noch die Kreuzstockfenster auf der Hofseite der Burg, das gesamte Mauerwerk und 2 Kamine im Obergeschoß. – Die Gräben sind in einen **Park** umgewandelt.

Ev. Pfarrkirche. Die Wehrkirche liegt über dem Ort in Nachbarschaft eines früheren »Freithofes«. Vom Wehrkirchhof sind noch Teile der Mauer mit Schießscharten und einem vorgelagerten Graben erhalten. – Das roman. Kirchenschiff ist teilweise in Fischgrätenverband gemauert, der wahrscheinlich völlig unter Putz verborgen gewesen ist. Der frühgot.

Chorturm beherrscht das Ortsbild, der Turmhelm mit den 4 Wichhäuschen wurde im 16. Jh. erneuert. Nach O schließt sich ein Chor mit 5/8-Schluß an. – Die Raumverhältnisse im I n n e r e n sind gedrückt, v. a. durch die Empore und das dichte Gestühl des 18. Jh. In der Chor-S-Wand ist ein (beschädigter) ehem. Schlußstein eingemauert, auf dem ein Engel zu sehen ist. An der linken Wand steht das Grabmal für Johann A. Vogt v. Fronhausen und seine Gemahlin Margarete geb. Rau (beide † 1568).

Es haben sich noch recht viele ansehnliche **Fachwerkhäuser** erhalten. Die ältesten sind **Gießener Str. 10** (1589) und **16** (1597, Haustür 1870); **Rathausstr. 2** besitzt noch einen Ständerbauteil, entstand aber wohl erst im 17. Jh. Einige Häuser des 17. Jh. zeigen Schnitzereien in Renaissance-Tradition, Konsölchenfriese, gedrehte Schnur und Rosetten. Hierzu gehören **Bahnhofstr. 1** (1676), **Rathausstr. 4**, **Steinweg 7** (1698) und **Gießener Str. 9.** Dem 18. Jh. gehören **Gießener Str. 4** (1751, neben der Kemenate gelegen) und **18** an, ein ansehnliches Gehöft mit Torbau von 1796. Barocke Treppenhäuser finden sich in **Rathausstr. 4** und **Steinweg 9** (alte Schule). Die Fachwerktradition dauert noch im 19. Jh. an, wie **Gießener Str. 12** (1855), **7** (1867), **Bahnhofstr. 22** und **32** (1856), **Rathausstr. 14** (1860) und das **Rathaus** selbst zeigen. Auffällig in dieser Zeit sind die sauberen Steinsockel, deren oberste Steinlage leicht einspringt, ferner die häufigen verzierten Datumsteine sowie die Haustüren mit reich verzierten Oberlichtern (besonders bei **Gießener Str. 1** und **16**).

UG

FULDA (Fulda H7)

Eiloha in Buchonien (Buchenland) hieß die alte Siedlung, deren fränkischer Herrenhof, an römische Villenanlagen erinnernd, 1953 auf dem Fuldaer Domplatz ausgegraben wurde. Der wohl in den Sachsenkriegen zerstörte Bau bildete den Ausgangspunkt für das neue Kloster Fulda, das Sturm, der Schüler des Bonifatius, 744 auf dem vom Bischof selbst bestimmten Platz mit 7 Gefährten gründete. Es wurde 751 dem Hl. Stuhl unmittelbar unterstellt. Eine umfangreiche Landschenkung durch König Karlmann wurde zur Grundlage der späteren Territorialbildung.

Als Grabstätte des hl. Bonifatius, der 754 von den Friesen erschlagen worden war, entwickelte sich die Kirche zu einem be-

rühmten Wallfahrtsort; die Zahl der Mönche vermehrte sich auf einige hundert, Reichtümer und Besitzungen des Klosters wuchsen, Abtei und Kirche wurden bald zu klein. 791 begann Ratgar den großen Kirchenneubau, den er als Abt fortführte (819 vollendet). In Ratgars Zeit entstanden auch die Propsteien Frauenberg im N und Johannesberg im S, zu denen unter Hrabanus Maurus (822 bis 842) Petersberg im O des Klosters hinzutrat. Fulda gedieh zu einer Stätte reichen kulturellen Lebens. Aus der angeschlossenen Klosterschule gingen zahlreiche berühmte Männer hervor, so Einhard, der Biograph Karls d. Gr., Abt Eigil, der Biograph Sturms, Hraban, der den neuen Klosterbau vollendete, späterer Erzbischof von Mainz, Walahfried Strabo, der gelehrte Theologe, Dichter und Abt von Reichenau, u. a. – König Konrad I. wurde 918 in der Abteikirche beigesetzt. – 1013 unterstellte Kaiser Heinrich II. die Abtei der Gorzer Reform und gab ihr neue missionarische Aufgaben. Mit der wachsenden politischen Bedeutung setzte eine künstlerische Blüte ein (Goldschmiedewerkstatt, Buchmalerei, Baukunst, Wandmalerei). Abt Richard v. Amorbach-Fulda vervollständigte um 1018 das symbolische Propsteienkreuz auf 4 Bergen rings um Fulda (s. u., Frauenberg) mit der Gründung von St. Andreas zu Neuenberg.

Die dörfliche Siedlung erhielt 1019 Marktrecht und wurde 1157 (oder schon 1114?) zur Stadt erhoben. Das dieser Zeit entstammende Heertor, 1959 freigelegt, gilt als das älteste erhaltene Stadttor Deutschlands. Die Stadt blieb aber trotz des Aufstandes von 1331 der Abtei unterworfen.

Im Hochmittelalter stiegen die Äbte zu Reichsfürsten auf. Dann führte Verfall der Klosterzucht zum fast völligen Sieg der Reformation, gegen die erst Fürstabt Balthasar v. Dermbach (1570 bis 1606) sich erfolgreich durchsetzte. Nach dem 30jährigen Krieg lebte die kirchlich-politische wie die künstlerische Tätigkeit wieder auf. Der Neubau der Stiftskirche 1704–12 bildete den Auftakt zur Bistumserhebung 1752. Das Gesicht der Stadt und des Hochstiftes wandelte sich völlig durch umfangreiche Bautätigkeit im 18. Jh. 1734 Gründung der Universität (bis 1803). 1802 wurde das Bistum säkularisiert (1821 neu organisiert); die Stadt fiel mit dem Hauptteil des Gebietes 1816 an Kurhessen.

● Stadtanlage. Der mittelalterl. Stadtkern schließt südlich an die Abtsburg; der rechteckige Umriß ist in ein gitterförmiges Straßennetz mit dem Markt als Mittelpunkt aufgeteilt. Erweiterungen erfolgten nach S und W. – Der **Mauerring** mit mehreren Türmen blieb in Teilen erhalten. Von einem Kranz weitgestellter Warttürme erhielten sich noch 6, als schönste die Warte bei Lüdermünd. – Das anmutige Stadtbild wird bestimmt durch die Lage im weiten Talkessel der oberen Fulda, umrahmt von entfernten

Mittelgebirgen, die einzelne Hügelzüge bis ins Stadtgebiet entsenden. Der Stadtsilhouette geben die Türme der Stadtpfarrkirche und des Domes nebst dessen Kuppel ihre unverwechselbare Form. Leider ist der Barockcharakter der Stadt durch vermeidbare Abbrüche jüngst mehrfach beeinträchtigt worden.

Dom St. Salvator und Bonifatius ●

Der Grundriß der Kirche Sturms ist bis auf Apsis und W-Wand noch ungeklärt; das Kloster schloß südlich an, wurde aber im 9. Jh. nach W verlegt. Der Neubau Ratgars (791–819) umschrieb zunächst den Bau Sturms mit einem »östlichen Tempel« und fügte ihm dann einen »westlichen Tempel« an, dessen Lage und Disposition auf St. Peter in Rom zurückgingen. An die Basilika mit schlichter O-Apsis schloß sich ein breit ausladendes, durchgehendes Querschiff, daran die W-Apsis mit dem Grab des hl. Bonifatius. Unter beiden Chören lagen geräumige Hallenkrypten (817–819). Dem O-Chor war ein Paradies mit der Königskapelle vorgelagert. Es wurde unter Abt Wernher (968–982) durch eine größere Anlage mit doppelchöriger Johanniskapelle ersetzt. Türme wurden im 2. Viertel des 10. Jh. zu seiten der O-Apsis errichtet. – Die Ratgar-Basilika bestimmt noch die Disposition des barocken Neubaus; Teile des W-Abschlusses, der Querschiffmauern und der Kern der O-Türme wurden übernommen. Johann Dientzenhofer ersetzte jedoch den O-Chor durch eine Fassade, so daß der Neubau von 1704–12 nach W gerichtet ist! – Luftkriegsschäden im 2. Weltkrieg; Wiederherstellung bis 1954 und seit 1976.

Der Dom ist eine 3schiffige kreuzförmige Basilika; an die Doppelturmfassade lehnen sich Andreas- und Taufkapelle. Den Mönchschor hinter dem Hochaltar flankieren Nebenräume, an die sich Sakristei und Marienkapelle im Zuge des alten Ratgar-Querhauses anschließen. Ihre Ausdehnung (etwa 74 m) bestimmt die Breite der Klostergebäude. Mit nahezu 94 m Länge und 32,7 m Breite erreicht der Dom nur knapp das Ausmaß der Ratgar-Basilika.

Dem Äußeren gibt die Vielzahl der Laternen auf Türmen, Kuppel und Kapellen sein Gesicht. Trotz der tiefen Lage zwischen Schloß und Michelsberg spricht der Dom durch seine Türme auch im Stadtbild beherrschend mit. Der O-Ansicht, nicht ausschließlich der Fassade, hat Dientzenhofer die höchste Sorgfalt gewidmet. Wäre die Langhausbreite allein bestimmend, so wirkte die Fassade schmal und steil, da die ottonischen Türme ihr Ausmaß bestimmen. Doch Dientzenhofer ergänzt sie glücklich durch die beiden seitlichen Kapellen mit ihren Kuppeldächern und läßt die

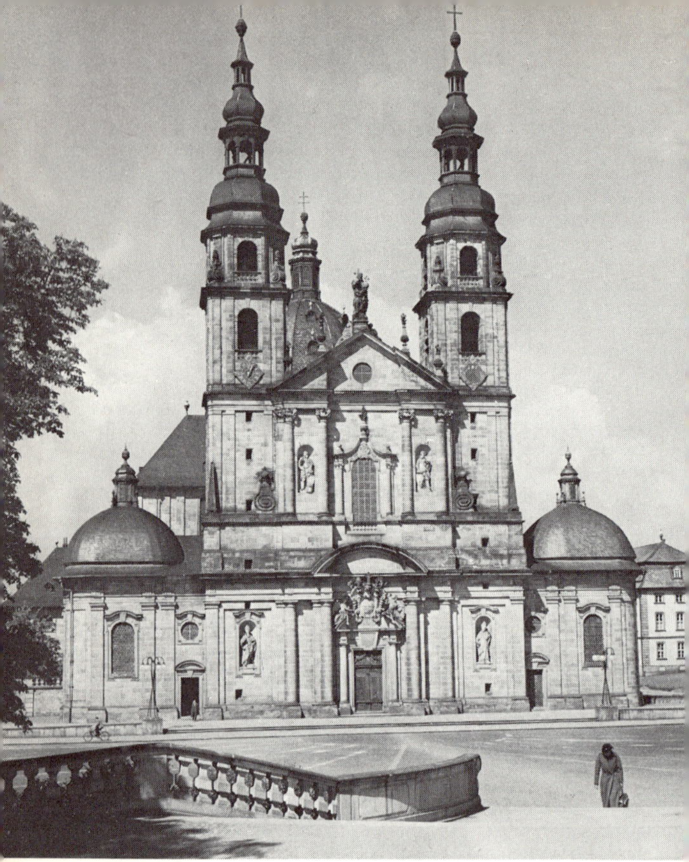

Fulda. Dom

Front mit seitwärts gestellten Obelisken ausklingen. Querhausdächer und Hauptkuppel sind in die O-Ansicht optisch einbezogen. So gleichen Höhe und Breite sich aus zu ruhiger, von Dreieckslinien bestimmter Komposition.
Der Hauptteil der *Fassade* gliedert sich in 2 Geschosse mit

trennender Attikazone, in deren Fußhöhe die Kapellendächer beginnen. Von den Turmunterbauten setzt sich das Mittelstück erst im Obergeschoß mit Voluten spürbar ab. Frei stehen das 3. und das 8eckige 4. Geschoß der Türme unter ihren 3stöckigen, sehr differenziert geformten Haubenlaternen. Die senkrechte Gliederung der Fassade zeigt vorwiegend ein zartes Relief, das seinen Reiz zumal im Schattenspiel des späten Vormittags offenbart. Pilaster, teils verdoppelt, im Mittelteil sehr weit gestellte Halbsäulenpaare setzen die architektonischen Akzente. Die Mitte springt zurück. Fenster und Nischen umgeben eigene schmale Rahmen mit »Ohren« und kurviger Verdachung. Säulenrahmung und dekorativer Aufsatz zeichnen besonders das Mittelportal und auch das Fenster darüber aus. Über dem Portal ließ Adalbert v. Schleifras sein Prunkwappen durch Balth. Esterbauer anbringen. Andr. Balth. Weber schuf für die beiden weit gestellten Nischen im Erdgeschoß die Figuren der hll. Bonifatius und Sturm, für die 2 enger gestellten im Obergeschoß die der hll. Simplizius und Faustinus. Die Spitze des steil aufsteigenden Figurendreiecks bildet der Salvator mundi auf dem Giebel. – Die Fassade des älteren Bruders Joh. Leonh. Dientzenhofer an St. Michael zu Bamberg ist als Vorbild noch zu spüren. Doch unverkennbar ist die Zunahme an plastischer Kraft und gestalterischem Vermögen. – Gegenüber der reichen Ausstattung der Hauptfront halten sich die übrigen Außenfronten zurück. Gleichmäßiger und flacher ist die umlaufende Pilastergliederung, aufgelockert freilich durch den Wechsel von schmalen und breiten Jochen. Kräftiger heben sich die Pilaster der Kuppel mit eingelegten Säulen heraus. Der Dachreiter über dem Mönchschor bildet ein Gegengewicht zur Fassade.

Inneres. Fern von dem barocken Reichtum Süddeutschlands läßt die etwas nüchterne Monumentalität des Innenraumes Erinnerungen an Italien aufsteigen. Das tonnengewölbte Mittelschiff führt trotz der tief einschneidenden Stichkappen durch den kräftigen Zug seines Hauptgesimses auf den Kuppelraum zu, dessen östl. Pfeiler den Tiefenzug mit kurviger Gesimsführung aufnehmen und zum Hauptaltar hinleiten. Das Langhaus hat jedoch zugleich selbständigen Charakter im Rhythmus seiner Jochgliederung, die in fünfteilig alternierendem Schema eine Verdoppelung des römischen Triumphbogenmotivs auf die Arkadenwände aufträgt. Denn hier wechseln große Rundbogenöffnungen mit kleineren rechteckigen, über denen Figurennischen eingelassen sind. Gegenüber dem architektonischen Gewicht der Arkadenzone tritt das Gewölbe zurück; es ermangelt jeder Dekoration. Die Arkadenzone, die als Ganzes durch Halbsäulen gerahmt wird, führt durch ihre Triumphtore in selbständige, durch zentralisierende Dekoration und frontal gestellte Altäre stark betonte Räume, deren rechteckigen Grundriß die Kuppeln als Querovale interpretieren. Chor und Kreuzflügel schließen innen mit leichter Abschrägung der Winkel; hier begleiten Figurennischen die Altäre der Stirnwände. Über den Zwischenjochen der Seitenschiffe öffnen sich zur Längsrichtung kleine brückenhafte Emporen; rings um das Querhaus legen sie sich als ein Kranz von Loggien. Über der Vierung wölbt sich machtvoll die Kuppel, im Tambour gegliedert mit Doppelpilastern, zwischen denen Fenster und Figurennischen miteinander wechseln. Die Doppelbänder über den Pilastern tragen die krönende Laterne. – Die Auflockerung des Kuppelraumes findet noch ihre Steigerung in Chor und Hochaltar. Dieser ist als Baldachin ganz durchbrochen gebildet, so daß man hindurchschaut in den langgestreckten Mönchschor. Unter ihm liegt die *Krypta* oder Bonifatiusgruft, beim Treppenabgang durch freistehende Stützengruppen von der Ein- zur Dreischiffigkeit gesteigert.

Die farbige Haltung des Inneren, durch Weiß bestimmt, wirkt kühl, doch auch festlich. Architektonische Akzente werden in Gold gesetzt. Schwarz und Gold sind die vorwiegenden Farbtöne der Ausstattung, denen sich dunkelkräftige Farben der Altarbilder gesellen. Die sparsam verteilten Fresken sprechen im Raumbild nur wenig mit – es sind die Evangelisten in den Zwickeln der Hauptkuppel, 1711–12 von Luca Antonio Colomba, sowie die Kuppelzwickel in den Seitenschiffen, die Melchior Steidl freskierte.

Ausstattung. Architektur, Stuck und Altäre bilden eine untrennbare Einheit, in die sich die Grabmäler vorzüglich einfügen. Die reich geformte, leider z. T. zerstörte Deckenstukkatur der Seitenschiffe findet im Stuck der Taufkapelle ihren Höhepunkt. Der Stukkator Giov. Batt. Artari schuf die Apostelfiguren für die Wandnischen im Mittelschiff, von Langhaus und Chor sowie im Mönchschor, Gestalten mit beherrschter, an ihre Rahmung gebundener Bewegung. – Den durchbrochenen 6säuligen Hochaltar, der den Blick auf das Altarbild des Mönchschores freigibt, arbeitete Joh. Neudecker d. Ä.; aus der Bekrönung fährt Maria

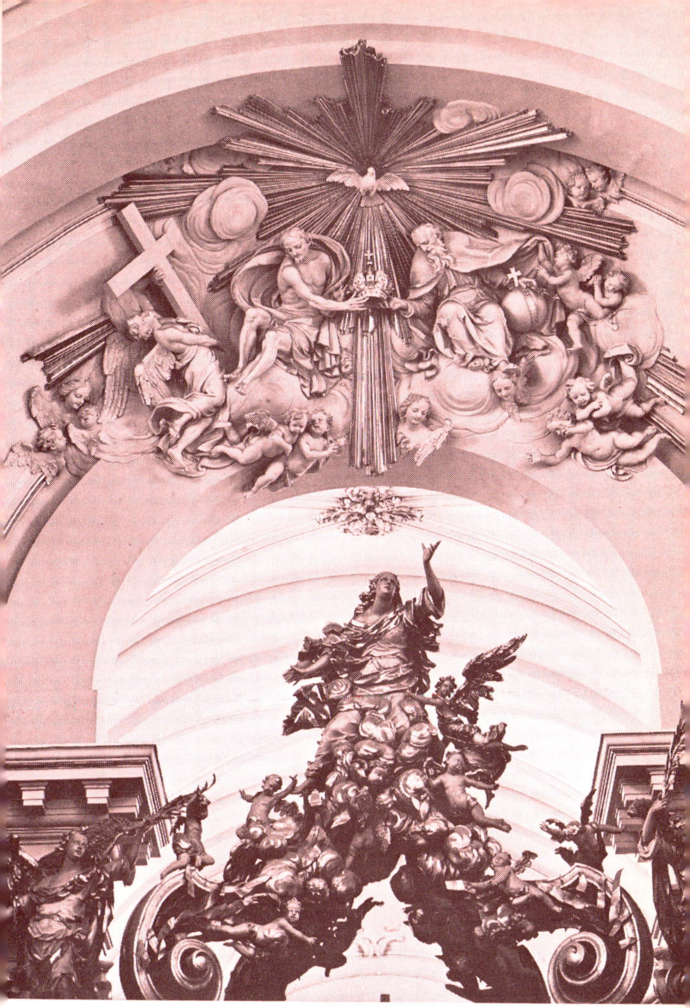

Fulda. Dom. Hochaltar. Himmelfahrt Mariä

zum Himmel auf. Über dem Chorbogen erwartet sie die Hl. Dreifaltigkeit (in Stuck, von Artari). – Dekorative Wandaltäre der hll. Benedikt (S) und Sturmius (N) im Querhaus von Neudecker; die allegorischen Gruppen, welche die Basis der Altäre verbreitern, wieder von Artari. – Geschwungene Rahmen umfassen die beiden Grabmäler an den westl. Vierungspfeilern: links das des Adalbert v. Schleifras, 1719–22 von J. H. E. Mockstatt, rechts das Grabmal des Adolph v. Dalberg, 1729–34 von Chr. Jos. Winterstein. Im Aufbau ähnlich sind die Epitaphien von Joh. Valentin Schaum für Fürstabt Placidus v. Droste, 1741–43, am südöstl. Kuppelpfeiler, und für Amand v. Buseck, 1756, neben dem rechten Querschiffaltar. – Kanzel, 1712–14, von Andr. Balth. Weber, der auch das Schnitzwerk des Orgelprospektes besorgte. Die hervorragend gegliederte Hauptorgel mit 3 Werken und Pedaltürmen stammt vom Franziskanerpater Adam Oehninger aus Miltenberg, 1708–13. Chororgel 1719 von Johannes Hoffmann aus Würzburg. – In der Krypta errichtete Neudecker den Bonifatius-Altar mit den Reliefdarstellungen des Martyriums und der Auferstehung des Heiligen. Das Martyriumsrelief stürzte 1964 herab; es wurde 1966 wieder angebracht.

Aus dem alten Dom stammt das Relief Kaiser Karls d. Gr., Anfang des 15. Jh., rechts vom Haupteingang. – In der Dreikönigskapelle am südl. Seitenschiff steht der Dreikönigsaltar von Wolfgang Fröhlicher (1699–1700). – An den Hochfesten wird der Hochaltar mit den Teilen des sog. »Silbernen Altars« umkleidet, vorzüglichen Spätbarockarbeiten von Joseph Ignaz Saller aus Augsburg (vor 1749).

In den nordwestl. anschließenden Räumen Domschatz und Dommuseum. – Der Domschatz enthält u. a. den um 700 in Burgund entstandenen Ragyntrudis-Codex, den Bonifatius nach der Überlieferung bei seinem Märtyrertod zum Schutz über sich hielt; er ist von tiefen Schwerthieben gespalten. Der Silberne Altar, eine Gruppe von meist Augsburger Werken des reifen Barock, wird bei besonderen Festen auf dem Hochaltar aufgestellt. Das Antependium schuf Joh. David Schoap um 1730. Meßgewänder seit der Spätgotik; unter den barocken Prunkornaten hebt sich besonders der Jubiläumsornat Amand v. Busecks heraus, 1744 zur 1000-Jahr-Feier geschaffen (Goldstickerei auf rotem Samt).

Das **Dommuseum** enthält ältere Architekturteile (z. B. karoling. Kapitelle) und plastische Ausstattungsstücke der Jahrhunderte bis zum Domneubau (z. B. spätgot. Bildwerke aus Erfurter Werkstätten).

Die **ehem. Klostergebäude** im W (jetzt Priesterseminar) sind schlichte Barockbauten (N-Portal 1668 bezeichnet); die **Domdechanei**, 1702–04 von Antonius Peyer, mit schwungvollem O-Giebel. Die Innenräume sind barock, der Saal im Obergeschoß klassizistisch stuckiert.

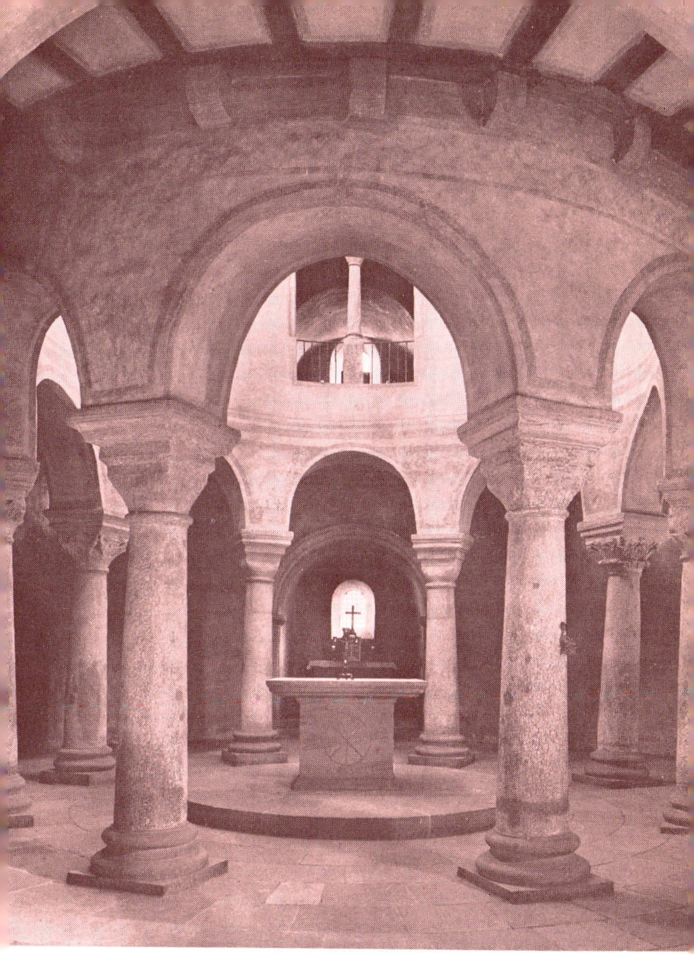

Fulda. St. Michael. Rotunde und Apsis
(zu S. 168)

Nördl. vom Dom liegen die ehem. Landesbibliothek und St. Michael. – Das Bibliotheksgebäude, das jetzt der Philosophisch-Theologischen Hochschule dient, erbaute Karl Philipp Arnd 1771 bis 1778 als **Landesbibliothek.** Der Bau von 9 : 3 Achsen hat 2½ Geschosse unter einem Mansarddach; Bauglieder aus Rotsandstein rahmen die Putzflächen; gut dekoriertes Portal. Im Obergeschoß hat sich Arnds prachtvolle Holzausstattung des *Bibliothekssaales* in spätem Rokoko (mit Ausnahme der Decke) erhalten. Gute doppelläufige Freitreppe mit Rokoko Balustern.

● **Propsteikirche St. Michael** (Abb. S. 167)

Sie wurde 820–822 unter Abt Eigil (wohl durch Rachulf) als Friedhofskapelle der Abtei erbaut. Vom karoling. Rundbau ist nur die kreisrunde Krypta mit ionischer Mittelsäule im Hauptraum erhalten, in ihrem Umgang später abgeteilte Inklusenzellen. Der Oberbau mit außen gerade geschlossener Apsis wurde im 10. und 11. Jh. (Weihe 1092) mehrfach erneuert und aufgestockt, zugleich ein (später erhöhtes) Langhaus mit W-Turm angefügt, ferner ein südl. Anbau (die Rochuskapelle im N erst 1715/16). – Die Michaelskapelle ist 1934–37 und nach Kriegsschäden ab 1945 gut restauriert worden.

Kern der Anlage ist eine Rotunde mit 2geschossigem Umgang; der 1618 erhöhte Rotundenturm ruht auf 8 Säulen: 4 von ihnen tragen schmucklose Kapitelle des 11. Jh. (vgl. Neuenberg), die andern 4 Akanthuskapitelle aus Eigils Zeit. Dekorative und figürliche Wandmalereien, v. a. am Chorbogen (St. Michael) gehören ins frühe 11. Jh., wurden aber wohl teilweise gegen 1100 übermalt. – Geistiges Vorbild des ungewöhnlichen Baues war die Grabeskirche von Jerusalem (eine Nachbildung des Hl. Grabes stand bis zum 18. Jh. in der Rotunde), deren älteste erhaltene Wiederholung auf deutschem Boden St. Michael darstellt. – Eine eigenartige Reliefplatte des 14. Jh. in der Rochuskapelle schildert durch Symbole und Passionswerkzeuge den Leidensweg Christi.

Nördl. die **Propstei Michelsberg** (jetzt Bischöfl. Palais), vorwiegend 1. Drittel des 18. Jh., mit reich stuckierten Räumen.

Kath. Stadtpfarrkirche St. Blasius

An die Stelle der roman. Marktkirche mit Querhaus, Chorquadrat und Apsis trat ein got. Bau, dessen N-Turm, 1447–66, in der heutigen W-Fassade erhalten ist. Die got. Anlage wich einem etwas schmaleren Bau des Spätbarock, 1771–86 nach Plan des Jesuitenbruders Johann Anderjoch errichtet, 1953 renoviert.

Der Außenbau der 5jochigen Pfeilerbasilika mit 3seitig geschlossenem Chor ist schlicht bis auf die schwungvolle, städtebaulich wirksame Fassade. Sie drängt mit dem Mittelstück über die Flucht der Turmwände. Die weich schwingende Terrasse verspannt den Sockel und betont zugleich mit breit auslaufender Freitreppe den Hauptzugang in der Mittelachse. Fassadenfigur des hl. Blasius von Valentin Weber, 1781. – Der Innenraum verrät trotz der leichten Stuckierung (von Joh. Mich. Hois und Wittmann) mit seiner Strenge die Abnahme des barocken Schwunges und das Herannahen klassizist. Gesinnung, doch fehlen Merkmale etwa des Zopfstiles noch durchaus.

Die Ausstattung ist mit dem Bau gleichzeitig. Neben dem Hochaltar die Figuren der hll. Bonifatius und Blasius von Hois. Orgel mit gutem, dem barocken Stilempfinden noch sehr nahen Gehäuse, 1836–37 von Georg Franz Ratzmann. Übernommen der Taufstein im Schlitzer Typ, 1483. Die Deckenmalereien und die Gemälde der Seitenaltäre (Aloysius-Altar aus der Jesuitenkirche schon um 1760) schuf Joh. Andreas Herrlein; das Hauptfresko ist 1783 bezeichnet.

Die **kath. Severikirche** (ehem. Kapelle der Wollweberzunft) ist ein schlichter spätgot. Bau von 1438 mit einem Netzgewölbe im Chor.

Das **Benediktinerinnenkloster** wurde 1626 gegründet, aber infolge Bauunterbrechung durch den 30jährigen Krieg erst 1678 geweiht. Das 1räumige Schiff der **Kirche** mit eingezogenen Strebepfeilern ist von 9 sehr schmalen Kreuzgewölben überdeckt. Der 3seitig geschlossene Chor hat Netzgewölbe und ist stark erhöht; eine lange steile Treppe führt zu ihm hinauf. Der durch hohe Spitzbogenfenster mit Maßwerk hervorgerufene nachgot. Charakter kontrastiert mit dem Barockportal (1677 mit Knorpelwerk) und dem renaissancehaften Giebel. – Die ehem. Seitenaltäre (bis 1681) kamen nach Buttlar/Rhön. Barocker Kruzifixus; Madonna, St. Benedikt und Scholastika von einem 1764 geweihten Altar. Neuausmalung und teilweise Neuausstattung 1959–64.

Kath. Heiliggeistkirche und **Spital.** Den 5jochigen barocken Saalbau mit kurzem Chor erbaute 1732 Andrea Gallasini in schlichtem Charakter. – Das Hochaltarbild, Ausgießung des Hl. Geistes, malte Emanuel Wohlhaupter in der Art des G. B. Piazzetta. Gutes Kruzifix des 15. Jh. Die Orgel mit für die Familientradition typischem barockisierendem Gehäuse schuf Joseph Östreich 1866–68.

Schloß, ehem. Residenz der Fürstäbte ●

Aus der mittelalterl. Abtsburg (1312 und 1331), von der vornehmlich der Bergfried erhalten ist, entstanden durch eingreifende Umbauten 1607–12 ein Renaissance-Schloß und 1707–13 unter der Leitung Joh. Dientzenhofers eine barocke Residenz.

Den inneren Hof schließt ein 3geschossiger Mittelbau nach W ab; ihm wurden zum äußeren Ehrenhof 2 niedrigere

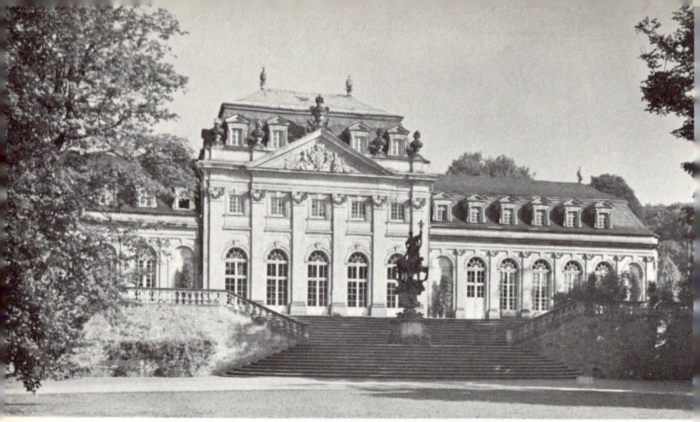

Fulda. Orangerie

Vorderflügel angefügt, deren südlichen Gallasini 1734 vollendete. Von Joh. Neudecker d. Ä. sind die Figuren auf den Pfeilern am Abschlußgitter dieses Hofes; der Brunnen im Innenhof 1710 von A. B. Weber, nach Entwurf von Artari.

Im Inneren haben nur wenige, aber bedeutende Räume ihre Ausstattung bewahrt. Der 1946 wiederhergestellte *Fürstensaal* ist von Andreas Schwarzmann stuckiert; das Plafondgemälde von Melchior Steidl stellt in kräftigen Farben den Olymp dar; in den Medaillons mythologische Szenen. An den Wänden in reichen Rokoko-Rahmen Porträts Fuldaer Fürstäbte. – Auch die *Schloßkapelle* ist von Schwarzmann und Steidl ausgestattet. – Im Mittelbau der Gartenfront liegt der erst 1727–31 eingerichtete *Kaisersaal*, charakteristisch für die barocke Art künstlerischer Gemeinschaftsarbeit. Die Architektur formten teils mit-, teils nacheinander Dientzenhofer, M. v. Welsch, Stengel und Gallasini; an Entwurf und Ausführung der Stukkaturen sind Welsch, Gallasini, Andreas Schwarzmann und Carlo Maria Pozzi beteiligt. J. Fr. Humbach schuf die Hermen, die das Hauptgesims tragen, Emanuel Wohlhaupter 1738–40 die Gemälde. – Im *S-Flügel* Stukkaturen Schwarzmanns und Deckengemälde Wohlhaupters sowie ein Fußboden mit reichem Barockmuster. – *Spiegelkabinett* mit Stukkaturen von Joh. Nikolaus Koch 1757; die Gemälde Herrleins mit den von A. B. Weber und Valentin Schaum geschnitzten Rahmen kehrten 1962 aus Schloß Philippsruhe an ihren urspr. Ort zurück. – Im Gartenflügel klassizist. Raumbilder (*Marmorsaal*).

Die **Gartenanlage** auf der NW-Seite des Schlosses ist nur entstellt erhalten; die Hauptachse führt vom Kaisersaal zur nordwestlich gelegenen Orangerie. Gegen den Dom öffnet sich der Garten durch ein Gittertor in Régence-Formen, 1731 von Gottfried Spansahn. Auf der Schloßterrasse stehen Gartenfiguren der beiden Neudecker: Flora und Herkules bzw. Gartenkunst und Baukunst. Gegenüber entfaltet sich eine große Freitreppe zur Orangerie; hier steht die prachtvoll bewegte *Floravase* von Joh. Friedrich Humbach aus Bamberg, 1728.

Die **Orangerie** wurde 1721–30 nach Plänen Maximilian v. Welschs durch Friedr. Joach. Stengel und Andrea Gallasini ausgeführt, ein in den Verhältnissen fein abgewogener Régence-Bau mit beherrschendem Mittelpavillon.

Die phantasievollen Stuckarbeiten im *Weißen Saal* mit Laub- und Bandelwerkmotiven hat Schwarzmann 1730–34 ausgeführt; das aus perspektivischer Architektur entwickelte Deckengemälde (Apoll im Sonnenwagen und die 4 Weltteile) ist von Emanuel Wohlhaupter 1730 bezeichnet. Der kleine Saal nördl. mit gemalter Laubenarchitektur 1737.

Noch eine Reihe weiterer Barockbauten hat bestimmenden Anteil an der Prägung des Stadtbildes. Den Residenzbezirk schließt nach N das 1711 errichtete **Paulustor** ab (1771 durch Arnd hierher versetzt und bereichert). Zwischen Stadt und Schloß legt sich der Residenzplatz, den die z. T. noch mit Barockhäusern besetzte Hauptstraße (Friedrichstraße, Pauluspromenade) von der Stadtpfarrkirche zum Paulustor durchquert. Dem Schloß gegenüber die **Hauptwache**, um 1757/59 in der Art Gallasinis. Hinter ihr das **ehem. Palais v. Buseck**, 1732 (seit 1834 ev. freiadliges Damenstift Wallenstein), innen Treppenhaus und ein großer Festsaal mit Régence-Stuck; von den 1834 hinzugefügten Anbauten enthält der westliche einen klassizist. Saal mit gemalter Decke und Tapeten des 2. Rokoko. Als Abschluß des Residenzplatzes gegen die Stadt baute Gallasini um 1737 die beiden **Kavalierhäuser** oder Hofbeamtenpalais und bildete damit eine Stadtfassade, wie sie erst später in aufwendigerer Form der Stadt Kassel zuteil wurde; die beiden unterschiedlich langen Baukörper sind 2geschossig mit je 2 3stöckigen Eckpavillons. – Im Mittelpunkt des westl. Platzteiles steht das *Bonifatius-Denkmal*, 1842 von Werner Henschel; die Figur ist das erste größere in der Gießhalle Henschel zu Kassel gegossene Werk. – Der O-Teil des Platzes bildet ein Trapez, abgeschlossen vom **Altensteinschen Palais** (Nonnengasse 4–6, heute Staatsanwaltschaft; 1752). Der langgestreckte Bau von 17 Achsen enthält zahlreiche Räume mit beschwingter Rokoko-Stukkatur (um 1765). Durch die

Tiefe des Obergeschosses geht in 5 : 3 Achsen der prächtig stuckierte Festsaal (Rocaillen, Putten, Landschafts-Medaillons). Dem Verkehr zuliebe sind 2 Seitenachsen des Baues abgerissen und ist die Platzfront aufgebrochen worden; doch wurde der Festsaal restauriert.

Die von den Palais am Residenzplatz eingeleitete Hauptstraße der Stadt (Friedrichstraße) führt bis zum Platz (Unterm Hl. Kreuz) vor der Stadtpfarrkirche und wird dort (Nr. 1) von dem 9achsigen Barock-**Palais des Fuldischen Kanzlers** (Mitte 18. Jh.) aufgefangen. – Seit etwa 1780 wird die Bedeutung des Platzes durch den *Obelisken* hervorgehoben, den Fürstabt Joachim v. Gravenegg zunächst inmitten der Hauptstraße hatte setzen lassen. – Der Kirchenfassade gegenüber (Nr. 7) steht das **Salzhaus**, auf steinernem Unterbau Fachwerk um 1580 mit mittlerem Erker. Die ihm links benachbarten Barockhäuser wurden einem mißglückten Neubau der Bundespost geopfert.

Das **Alte Rathaus** (Unterm Hl. Kreuz 10) südöstl. der Stadtkirche hat durch die Rekonstruktion und farbige Restaurierung von 1969 an Wirkung sehr gewonnen; besonders sind die Fachwerkgeschosse des O-Teiles mit reichsten spätgot. Streben-Konstruktionen von 1531 zu einem wichtigen Akzent des Stadtbildes geworden. Sie ruhen auf spätgot. Arkaden wohl derselben Zeit, während der im Kern ältere W-Teil des Rathauses 1581 und später Umgestaltungen erfuhr.

Weiter südöstl. liegt die von Gallasini 1733–35 errichtete ehem. **Universität** (jetzt Gymnasium), ein 3flügeliger Barockbau mit Ehrenhof. Bereits 1731–32 hatte Gallasini das aus dem späten 16. bzw. späten 17. Jh. stammende ehem. **Päpstliche Seminar** (jetzt sog. Museumsbau, mit der kulturgeschichtlichen Abteilung des **Vonderau-Museums** und dem **Deutschen Feuerwehr-Museum**) durch Umbau vereinheitlicht. In beiden Bauten Stukkaturen von Schwarzmann und Gemälde von Wohlhaupter.

Die barocke **Hornungsbrücke** über die Fulda, südl. der Altstadt, ist eine kraftvolle steinerne Bogenbrücke mit Nepomuk-Figur, 1738 erbaut.

Kirchen des 19. und 20. Jh.

Kath. Pfarrkirche St. Bonifatius in Horas. Dombaumeister Arnold Güldenpfennig aus Paderborn errichtete den Bau 1881–85 in vereinfachter Nachbildung der Marburger Elisabethkirche in Formen der frühen Hochgotik. Die 3schiffige Basilika schließt wie das Marburger Vorbild mit einem Dreikonchenchor, hat aber im W nur einen, indes mächtigen Turm und 2 seitliche Tourellen. Zwischen Querhaus und Hauptchor sind Winkelkapellen eingelegt und nach innen geöffnet. Das Mittelschiff und die Halbjoche des Chores haben ein Triforium; darüber wird der Obergaden von Fünfpaß-Kreisfenstern eingenommen. Im Dreikonchenchor wiederholt sich die Marburger Zweigeschossigkeit. Gurte und Rippen der Gewölbe sind, außer in der Vierung, sehr schmal. – Der Ausstattung ist 1953–57 stark zugesetzt worden; die erhaltenen Tafeln des Hochaltars 1974 in die Kirche zurückgeholt und an den Wänden angebracht. Kreuzweg 1957–61 von Schnell-Stevenson.

Kath. Pfarrkirche St. Elisabeth (nahe der Kreuzung Umgehungsstraße / Petersberger Straße). Erbaut 1963 von Giefer und Mäckler. Der Bau steigert sich in der Höhe von der 12eckigen Taufkapelle im W über das Langhaus zum Chorturm. Bündel aus gekreuzten Betonträgern bilden das Raum- und Deckengerüst des Langhauses. Die Wände sind in z. T. gemustertem Backstein gehalten. Der als Apsis schließende Chorturm ist weiß verputzt und wird von einem großen hellen W-Fenster erleuchtet.

Kath. Rosenkranzkirche in der **Edelzeller Siedlung.** Der Bau, 1956/57 errichtet, ist das letzte Werk von Albert Boßlet, den Erwin van Aaken unterstützte. Die Anlage zeigt Boßlet, bei Wahrung mancher für ihn typischer Mittel, auf neuen Wegen. Das Langhaus erweitert sich in Trapezform nach O, jedoch nur durch Seitenschiffe, während das Mittelschiff mit seiner Stichbogentonne in gleichbleibender Breite nach O durchstößt. Ein Querhaus entsteht nur sekundär. Der Chor, stark in sich abgeschlossen, nimmt die Gewölbeführung des Mittelschiffes auf; nach außen wird er zum Chorturm. Der Glockenturm bindet die raumschöne Fatimakapelle an die Kirchenvorhalle.

Kath. Pfarrkirche St. Paulus (Goerdelerstraße, nahe der Umgehungsstraße), 1965 von Herbert Rimpl. Den innen 8seitigen Bau krönt ein Zeltdach, das am Ansatz giebelförmige Dreiecke zur Belichtung des Raumes freiläßt. Der Altar steht in der Raummitte; die Gestühlsanordnung erinnert an Bartnings Sternkirche. Orgel 1976 von Kreienbrink, Gehäuseentwurf von Heinz Wolff.

Frauenberg

Die **Kirche des Frauenberg-Klosters** auf dem Bischofsberg, zwischen 803 und 817 als Chorherrenstift gegr. und im 11. Jh. von Benediktinern belegt, wurde 1525 zerstört; die Kirche der 1623 eingezogenen Franziskaner fiel 1757 einem großen Brand zum Opfer. Unter Leitung des Franziskaners Kornelius Schmitt entstand an ihrer Stelle 1758–62 ein großformiger, aber einfacher kreuzgewölbter Saalbau. – Großer Hochaltar und reiche bildnerische Ausstattung, 1761–65 von Melchior Egenolf; Gemälde von J. A. Herrlein in den Nebenaltären und über den Beichtstühlen. – **Kalvarienberg,** 1737, mit Stationshäuschen (Reliefs von dem Franziskaner Wenceslaus Marx aus Leitmeritz) und großer Kreuzigung, wohl nach Entwurf von Gallasini.

Am Berghang Bildstöcke eines *Passionsweges*, 1678, sowie die *Pestsäule*, 1651 (ein Denkmal des Friedens und des 300jährigen Gedenktages der großen Pest).

Neuenberg. Ehem. Benediktinerpropstei St. Andreas

Um 1018 gegr., die Kirche 1023 geweiht; erster Propst war Bardo, nachmals Erzbischof von Mainz.

Der 1schiffige kreuzförmige Bau der **Klosterkirche** ist im O-Teil noch ottonisch. Aus roman. Zeit stammt der 3geschossige, nach Brand der Kirche 1440 umgebaute W-Turm, den eine Barockhaube krönt. Im Obergeschoß Johanniskapelle, 1480. Das Schiff wurde 1647 erneuert, 1750–66 völlig neu erbaut, die Querhausflügel eingreifend umgestaltet. – Das schlichte Äußere ist durch barocke Rundbogenfenster jochweise gegliedert; 3 Fenster hat die ottonische Apsis. Innen überdeckt eine Stichkappentonne den 5achsigen Saal des Langschiffes; sie ruht auf Pilastern mit vielgliedrigen Kämpfern. In der Vierung sind der ottonische W- und O-Bogen erhalten. – Ein hervorragendes Baudenkmal ist die *Vierstützenkrypta* unter dem Chor; die Säulen auf attischen Basen tragen unausgeprägte Würfelkapitelle.

Die *Ausmalung* der Erbauungszeit ist ungewöhnlich gut erhalten (1933 restauriert): in den 3 Fensternischen Christus mit alttestamentlichen typologischen Szenen; Engelfriese am Gewölbeansatz; im Gewölbe sind Tugenden mit Krone und Nimbus dargestellt. Die Bilder gehören zu den wichtigsten Denkmälern frühmittelalterl. Freskomalerei in Deutschland. Das architektonische Schema der farbigen Fassung zeigt einen interessanten Übergang zwischen der älteren Tonnenform und der jüngeren Kreuzform des Gewölbes.

Ausstattung. Zu seiten der Chorstufen befinden sich Reste roman. Ambonen. Die barocke Ausstattung des O-Baues ist zum Schaden des Raumeindrucks beseitigt worden. Schlichte, aber schwungvolle Kanzel; zierlicher Rokoko-Prospekt der Orgel (um 1766).

DG

Petersberg s. d., S. 466.

Johannesberg (H7)

Ehem. Benediktinerpropsteikirche St. Johannes d. T.

811 von Abt Ratgar gegründet. Vom urspr. Bau ist nichts erhalten. Von einem ottonischen Neubau, um 1000, wurden 1977 der Fußboden und die Basen einer Basilika mit Stützenwechsel ergraben. Die heutige Kirche entstand 1686.

Aus spätroman. Zeit stammt der W-Turm, dessen Säulenportal mit Rundstab und Zickzackband umrahmt ist. Das 1. Obergeschoß erhielt frühgot. Fenster. Über dem Abschlußfries ruht eine barocke Galerie; der kräftige barocke Turmhelm (1745) umkleidet den erhaltenen roman. Steinhelm. – Die schlichte, in nachgot. Stil errichtete Kirche wird (O-Seite) durch den Anbau der Sakristei mit einer prachtvollen Chorfassade von 1744 gesteigert, die das Herzstück einer großen schloßartigen Anlage werden sollte. – Das Kirchen-Innere hat ein gotisierendes Kreuzrippengewölbe aus Holz; zum Turmuntergeschoß ist es geöffnet, gegen die Sakristei geschlossen.

In der oberen Turmkapelle Reste von Wandmalereien um 1300 (St. Michael, hl. Magdalena, thronender Christus). An der südwestl. Ecke ist die Quirinuskapelle angebaut; sie enthält Medaillons mit Evangelisten-Brustbildern aus Stein und Wandgemälde Wohlhaupters.

Ausstattung. Hochaltar bald nach 1700; das Altarblatt zeigt die Enthauptung Johannis d. T. Seitenfiguren St. Bonifatius und Blasius; Aufsatz um 1800 verändert. – Seitenaltäre mit 1744 bez. Altarblättern (Kreuzabnahme und Verkündigung). – Kanzel der Erbauungszeit mit hoch profiliertem Schalldeckel. – Die Kreuzwegbilder sind nicht Hof-, sondern Landkunst. – Großer, reich gegliederter Orgelprospekt im werkstatt-typischen, nachbarocken Stil von Augustin Östreich, 1844–47. – Joh. Heinrich Mockstatt arbeitete das große Grabmal aus rotem Sandstein für Propst Friedrich v. Buttlar (1707–15): ein pyramidenförmiger Aufsatz auf sarkophagähnlichem Unterbau; Medaillonbilder und Wappenschmuck. Auf der anderen Chorseite das Holzmodell eines geplanten Epitaphs für Propst Konrad v. Mengersen (1715–53), Auftraggeber der

Propsteigebäude, seit 1726 durch Andrea Gallasini erbaut. Von der geplanten Gruppe aus der vorgesetzten O-Front der Kirche zwischen 2 Wohntrakten wurde nur der südliche ausgeführt; das Chronostichon in der Portalinschrift ergibt d. J. 1727. Das Treppenhaus ist in das südlich anstoßende ältere Propsteigebäude eingebaut. – Die Mainzer Favorite des Maximilian v. Welsch ist wohl der charakteristischste, Gallasini sicher bekannte Vertreter dieser in Pavillongruppen aufgelockerten Bauweise, die auf Schloß Marly in der Ile-de-France zurückweist.

Der große *Saal* im Obergeschoß ist an der Decke und den Fenstergewänden mit Bandelwerk stuckiert von Gottfried Hopf, Konrad Albin und Andreas Schwarzmann. Über den Türen die Jahreszahl 1732. Emanuel Wohlhaupter schuf das mythologische Deckengemälde und über dem Kamin das Bildnis des Erbauers.

Die großzügige **Gartenanlage** mit 3 Terrassen und Pavillons (1733 bez.) besaß reichen plastischen Schmuck, ist aber nur unvollständig erhalten. Die skurrilen Gartenzwerge befinden sich jetzt z. T. in Fulda. Die Abschlußmauer östl. der Kirche ist mit 8 Paaren vasenbekrönter Pfeiler besetzt (bez. 1740).

Zur Hauptstraße in Kohlhaus führt eine 150 m lange **Fulda-Brücke**, die auch das angrenzende Hochwassergelände überquert. Sie wurde 1765 erbaut, nach Teilsprengungen 1813 und 1945 jeweils wiederhergestellt. Auf Strompfeilern stehen 4 lebensgroße Barockfiguren.

DG

Kämmerzell (H7)

Die **kath. Pfarrkirche St. Godehard** wurde 1802–04 in schlichten klassizist. Formen von Wilhelm Arnd errichtet. – Der architektonisch aufwendiger gebaute Hochaltar stammt aus der ehem. Universitätskirche in Fulda und enthält ein Altarblatt Emanuel Wohlhaupters mit der Himmelfahrt Mariae und den 4 Erdteilen. Zu seiten des Altars stehen Johannes d. T. und der Prophet Jesaias; der Aufsatz ist verkürzt. – An den Wänden der Kirche 8 Gemälde Wohlhaupters (gleicher Herkunft), deren Thema die Marienverehrung in der Kirchengeschichte ist. – Spätbarocke Orgel (1805 von Joh. Marcus und Georg Östreich) und klassizist. Kanzel aus der Erbauungszeit.

Nahe dem Ortsausgang nach Lüdermünd steht ein interessanter und ungewöhnlicher barocker **Fluraltar**, 1775. Er zeigt eine Darstellung des hl. Sebastian.

Wie der Nachbarort Lüdermünd hat Kämmerzell einen mittelalterl. Wartturm aus dem Kranz der die Abtei Fulda schützenden Wachttürme: den **Edelsturm.**

DG

FULDATAL (Kassel H2)

Wilhelmshausen (H2)

Ehem. Zisterzienserinnenklosterkirche Wahlshausen

Die zwischen 1142 und 1152 erbaute Kirche gehört in die Gründungszeit des Klosters, das 1527 aufgehoben wurde. Im 30jährigen Krieg wurde die Kirche beschädigt; Nebenapsiden und Seitenschiffe hat erst Gustav Schönermark 1892 wieder aufgebaut; gleichzeitig entstand der unpassende Turm an der NW-Ecke.

Die kleine Kirche ist eine kreuzförmige roman. Flachdeckbasilika. Die Hauptapsis schließt sich an ein Chorrechteck; außen schmückt sie ein Rundbogenfries auf Kopfkonsolen. Der einfache Stützenwechsel im Langhaus bedient sich stämmiger, stark verjüngter Säulen; eingetiefte Palmettenbäumchen schmücken die Kapitelle. Rankenformen und geometrische Muster besetzen die meisten Kämpfer. Aus dem S-Querarm führte eine Tür mit dem Agnus Dei im Tympanon. – Der 8eckige *Taufstein* mit beachtlichen Tierreliefs wird um 1200 datiert, ist aber vielleicht erst im 15. Jh. entstanden (Fuß um 1960). Die typisch westfälische, noch ganz barock wirkende *Orgel* wurde aus der Franziskanerkirche in Lügde überführt; sie soll erst 1802 von Isfording erbaut sein.

DG

FÜRSTENAU, Schloß → **Michelstadt** (Odenwaldkreis F13)
FÜRSTENECK, Burg → **Eiterfeld** (Fulda I6)

GEISENHEIM (Rheingau-Taunus A11)

Der Weinbau, der wohl schon seit der Zeit der Römer besteht, ist seit 874 urkundlich belegt. Der Ort kam sehr früh in Mainzer Besitz. Seit 1146 hatte das Domstift das Patronatsrecht der Geisenheimer Pfarrei inne. Auch als Zollstätte war der Ort im Mittelalter von Bedeutung. 1354 erhielt er das sog. kleine Stadtrecht (Befestigungsrecht).

Kath. Pfarrkirche Hl. Kreuz. Anstelle einer roman. Basilika entstand im späten 15. Jh. die 3schiffige flachgedeckte Halle zu 3 Jochen, ein zentralisierender »Vierstützenraum«. Zwischen 1512 und 1518 ließ das Mainzer Domkapitel durch den Dombaumeister Queck den netzgewölbten Chor errichten, 1518 übernahm Meister Niclass Steynmetzen den Bau des heute zerstörten Lettners. Nach Abbruch der roman. W-Türme 1828 wurde das Langhaus nach Plänen von Philipp Hoffmann um 2 Joche verlängert, eingewölbt, mit einer Empore und einer neuen W-Fassade versehen. Erst diese neugot. Veränderung brachte die enge Verwandtschaft mit der Pfarrkirche in Kiedrich, eine Generation bevor diese von Romantikern wie Baronet Sutton »entdeckt« wurde.

Ausstattung. Der *Hochaltar* stellt eine korrigierte Variante des Rothenburger Hochaltares dar. Die Ikonographie wurde dem Kirchenpatrozinium angepaßt; auf den plastischen Flügeln ist die Leidensgeschichte Christi dargestellt (in Rothenburg die Geschichte Mariens), die Heiligen sind z. T. andere. Dennoch sind die Übereinstimmungen groß, sie reichen vom Altaraufbau bis in die Detailgestaltung. Der Altar wurde 1885 von dem Nürnberger Bildhauer Rosenmund geschnitzt. Der Schrein des *Dreikönigsaltars* des südl. Seitenschiffes (Ende 15. Jh.) stammt aus dem Spessart;

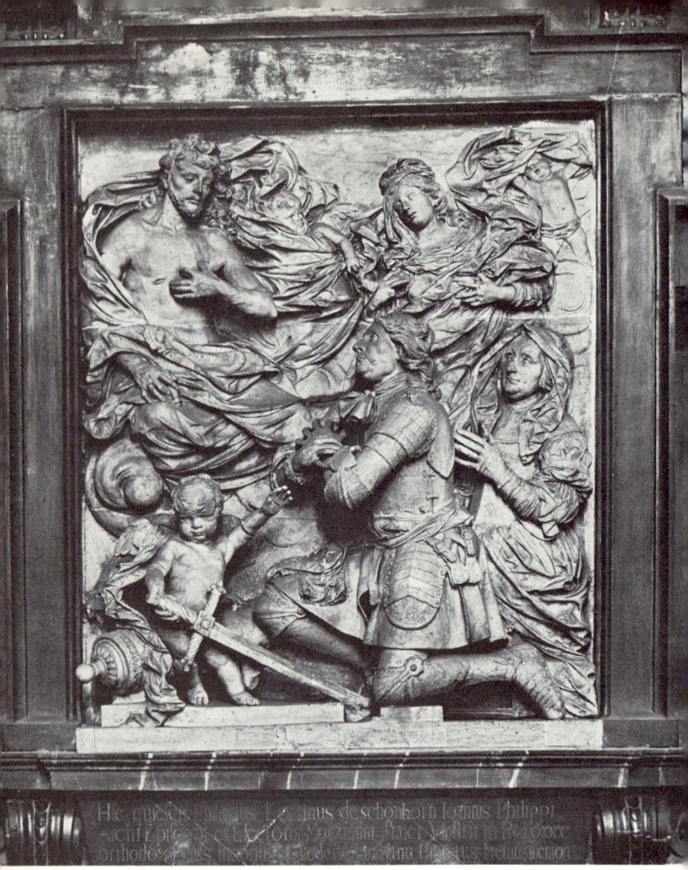

Geisenheim. Kath. Pfarrkirche Hl. Kreuz
Grabmal Ph. E. v. Schönborns

der Madonnenaltar im N-Seitenschiff wurde erst 1894 geschaffen. Vom barocken Hochaltar blieb eine bewegte Kreuzigungsgruppe (um 1700). Dem 17. Jh. gehört die schmiedeeiserne Lichtbank an; aus dem 13. Jh. stammt ein als Aquamanile dienender Bronzelöwe. Die Kanzel entstand im 18. Jh. – 2 bedeutende *Grabmäler*

stehen im Chor: an der N-Wand für Friedrich v. Stockheim († 1528) und Irmel v. Carben († 1529) mit großzügig behandelten, fast vollrunden Bildnisfiguren in feiner Renaissance-Rahmung, dem »Meister von Oppenheim« nahestehend; an der S-Wand für Philipp Erwin v. Schönborn († 1668) von Matthias Rauchmiller. Das virtuos behandelte Marmorrelief zeigt den knienden Verstorbenen vor Christus und Maria.
Außen eine steinerne *Kreuzigungsgruppe* mit einem Kruzifix des Backoffen-Kreises; Maria und Johannes stammen aus dem 18. Jh., wohl von Peter Heinrich Hencke.

In der Nähe der Kirche steht ein **Brunnen**, der das 1949 errichtete Denkmal für den amerikanischen Dichter *Longfellow* (1807–82) trägt, der in seiner »Goldenen Legende« die Romantik des Rheins besang.

Stockheimer Hof (Winkeler Str. 64). Der 1550 erbaute Adelshof trägt noch alle Merkmale der Spätgotik, wie die 4 Ecktürmchen am 3. Obergeschoß und der Treppenturm verdeutlichen. Verwandt, aber einfacher ist der ehem. Stockheimer Hof in Eltville. Wie dort wird der O-Giebel hier durch einen Erker belebt, dessen Obergeschosse aus (erneuertem) Fachwerk sind. 1647 wurde hier der Text des Westfälischen Friedensvertrages entworfen, der 1648 den 30jährigen Krieg beendete.

Ostein-Palais (Rüdesheimer Str. 34). Nach Entwurf von Johann Valentin Thomann wurde 1766–71 eine Dreiflügelanlage um den nach S offenen Ehrenhof errichtet; den Mitteltrakt riß man schon 1812 ab. Außen lehnen sich Gartenpavillons mit 3seitig vorspringenden runden Mittelräumen an die Seitenflügel. Die ausgezeichnete Stuckdekoration von Johann Peter Jäger aus Mainz steht an der Wende vom Rokoko zum frühen Klassizismus (Zopfstil); die Malereien im Gartensaal, ländliche Szenen (1771), stammen von Christian Georg Schütz.

Weitere Adels- und Klosterhöfe: Der **Hof v. d. Leyen** (bzw. Cronberger Hof, Rüdesheimer Straße) wurde 1581 erbaut; zu ihm gehört ein barockes Gartenhaus mit einfachem Stuck. – Den **Ingelheimer Hof** (Bahnhofstr. 1) ließ 1681 der Mainzer Kurfürst Anselm Franz von Ingelheim als Sommerresidenz erbauen. – **Schloß Monrepos** (am westl. Ortsausgang, Rüdesheimer Straße) ist ein nachklassizist. Bau von 1860–63, 1873 auf das Doppelte vergrößert.

UG/EH

Johannisberg (A11)

Das Benediktinerkloster wurde zwischen 1088 und 1109 von St. Alban in Mainz aus errichtet. 1130 verselbständigte Erzbischof Adalbert das Kloster, das dem hl. Johannes d. T. geweiht wurde. Urspr. war es als Doppelkloster gegründet worden; Mitte des 12. Jh. bezogen die Nonnen die St. Georgsklause am Fuß des Hügels (Klause Johannisberg), die 1452 aufgehoben wurde. 1552 brannte das Männerkloster beim Einfall des Markgrafen Albrecht von Brandenburg nieder. Es besaß nicht mehr die Kraft zu einem Neubeginn. 1563 wurde der letzte Abt abgesetzt. Der Fürstabt von Fulda übernahm die Liegenschaft 1716, ließ die Kirche durch Johann Dientzenhofer barockisieren und erbaute anstelle des Klosters Mitte des 18. Jh. das Schloß. Nach der Säkularisation kam das Anwesen an den napoleonischen Marschall Graf Kellermann, Herzog von Valmy. Beim Friedensschluß 1815 gelangte es an Österreich und wurde dem Fürsten Metternich geschenkt. 1826 baute Georg Moller Kirche und Schloß um. Beide brannten im 2. Weltkrieg bis auf die Umfassungsmauern aus.

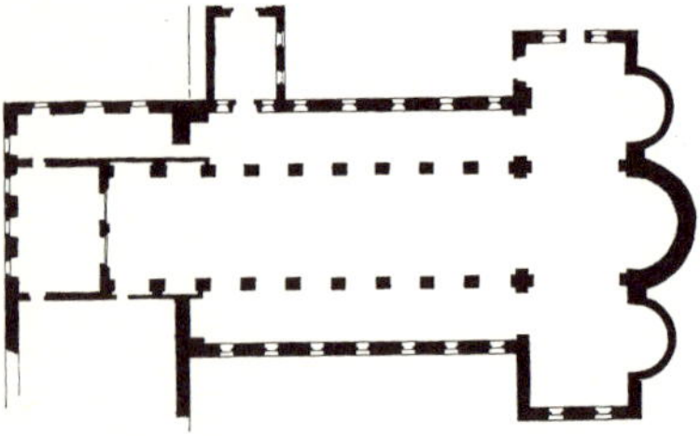

Johannisberg
Ehem. Klosterkirche
Grundriß

Ehem. Klosterkirche (jetzt kath. Pfarrkirche St. Johannes Bapt.). Bei der Zerstörung 1942 trat die Substanz des Gründungsbaues (Anfang des 12. Jh.) wieder zutage, so daß man sich entschloß, die verbliebenen barocken und klassizist. Teile zu entfernen und den roman. Bau zu rekonstruieren – allerdings im Sinne der 50er Jahre. Das 9jochige Langhaus wurde zumindest im Mittelschiff wiederhergestellt, die Seitenapsiden am Querhaus entstanden neu. Die Leitung des Wiederaufbaus 1950–51 lag bei Prof. Steinbach und dem Architekten Rudolf Schwarz. – Auf einem ausgesprochen altertümlichen Grundriß, der sich an das karoling. Mutterkloster St. Alban in Mainz anlehnt, erhebt sich eine 3schiffige, flachgedeckte Pfeilerbasilika mit ausladendem Querschiff und 3 unmittelbar anschließenden Apsiden. Die Langhausarkaden mit einfachen Kämpferprofilen (Schräge oder Kehle) und axial angeordneten großen Obergadenfenstern wirken gleichfalls sehr altertümlich. So war man bemüht, den gesamten Bau älter erscheinen zu lassen, als er tatsächlich ist. Ein vermeintlich hohes Alter sollte der Kirche offenbar eine zusätzliche Legitimation verschaffen und ihre Stellung gegenüber Konkurrenzklöstern stärken.

Das benachbarte **Schloß** (im Besitz der Fürsten Metternich-Winneburg) ersetzt das mittelalterl. Kloster. Die 3flügelige Anlage wurde nach Plänen von A. Gallasini für Fürstabt Konstantin v. Buttlar 1718 bis gegen 1725 errichtet. Der Ehrenhof öffnet sich nach N und wird von einem Gitter abgeschlossen. Nur die Pavillons blieben erhalten. Die Hauptgebäude wurden 1826–35 von Georg Moller umgebaut und nach dem 2. Weltkrieg vereinfacht wiederaufgebaut.

Zu dem **Benediktinerinnen-Immaculata-Kloster** am Ortsrand gehört eine eindrucksvolle expressionistische Kirche von 1928–29. Sie ist 1schiffig mit östl. Apsis und westl. quergelagertem Turmbau mit 2 Spitzhelmen. Die Fenster des Untergeschosses sind parabelförmig, die des Kirchenraumes haben spitz dreiecksförmige Bekrönungen. Die einfache Ziegelornamentik ist für die Bauzeit typisch.

UG/EH

GELNHAUSEN (Main-Kinzig F9/10)

»Geilenhusen« ist eine Gründung des Staufenkaisers Friedrich I. neben einer Burg. Diese Burg war 1158 durch den Erzbischof Arnold von Mainz von dem »rechtmäßigen Besitzer« erworben worden; 1170 war sie im Besitz des Kaisers. Die zur »Kaiserpfalz« prächtig ausgebaute Burg und die Stadt waren Lieblingsschöpfungen der staufischen Herrscher.

Eine innere Stadtmauer umschließt mandelförmig ein planmäßiges Straßengerüst mit einheitlicher Hausstelleneinteilung. 2 Hauptstraßenzüge laufen längs des Berghanges von W nach O; am Ober- und Untermarkt weiten sie sich zu rechteckigen Plätzen. N-S-Straßen laufen senkrecht hierzu. Der Platz des ältesten Rathauses und der Standpunkt der Marien- und der Peterskirche sind wohlüberlegt in dieses Schema eingefügt. Um eine nach S und W sich ausdehnende Stadterweiterung wurde zu Beginn des 14. Jh. eine äußere Mauer konzentrisch gelegt.

Die abseits auf einer Kinzig-Insel gelegene Pfalz bildete als »Burg Gelnhausen« ein eigenes Gemeinwesen; oft standen Stadt und Burg im Streit. – Der Untergang der Staufer brachte der Stadt bald den Rückfall von einem der ersten Orte des Reiches in die Rolle einer Landstadt, zumal nach ihrer endgültigen Verpfän-

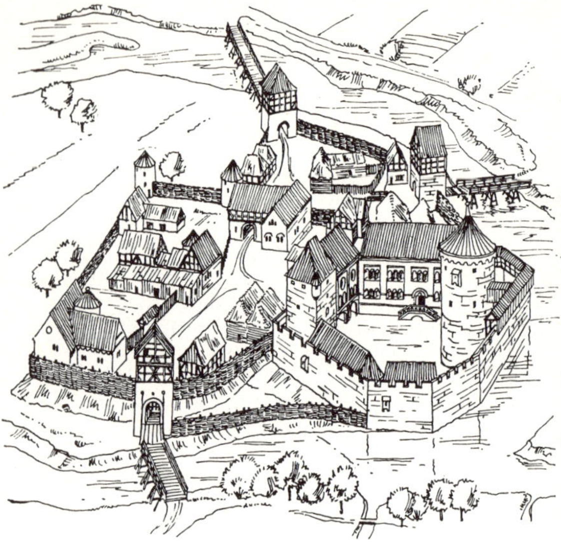

Gelnhausen. Pfalz um 1200 (Rekonstruktion)

dung 1349. 1803 wurde die Stadt mit der Burg in das Kurfürstentum Hessen einverleibt; 1806–10 war sie mit dem Fürstentum Hanau französisch. 1810–13 gehörte sie zum Großherzogtum Frankfurt, wurde dann wieder kurhessisch und 1866 preußisch.
Hans Jak. Christoph Grimmelshausen (etwa 1622–76) soll aus Gelnhausen stammen; seine Vorfahren waren hier Bäcker. An den Erfinder des Telefons Philipp Reis (1834–74) aus Gelnhausen erinnert ein Denkmal auf dem Untermarkt.

● **Kaiserpfalz**

Als Baubeginn der 1158 erstmals erwähnten Burg kann die Mitte des 12. Jh. angenommen werden. Vermutlich hat Friedrich I. 1170 die Anordnung zum Ausbau der Burg gegeben, die zu einem Kranz von Stützpunkten (Büdingen, Burgbracht, Wächtersbach) um den Reichsforst Büdinger Wald gehört. 1180 fand in Gelnhausen ein Hoftag statt, zu dem die Burg in allen wesentlichen Teilen fertig gewesen sein wird. Bis 1188 ist Friedrich I. fast jedes Jahr in seiner Pfalz nachzuweisen; auch Heinrich VI. hat sie schon

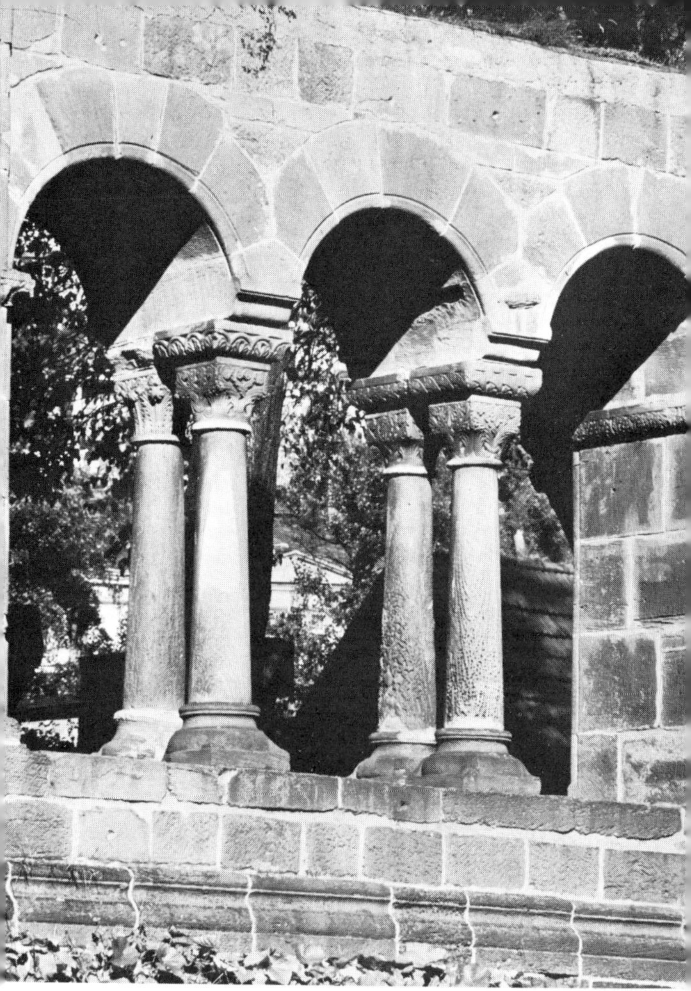

Gelnhausen. Pfalz. Arkaden

als Jüngling besucht. Friedrich II. war bei seinem ersten Deutschland-Aufenthalt jedes Jahr in Gelnhausen. – Nach der Mitte des 14. Jh. beginnt bereits der Verfall der Burg, die mit der Stadt verpfändet war. Schon zu Beginn des 19. Jh. wurde die Schönheit der Ruine entdeckt und seit der Mitte des Jh. vor weiterer Verwüstung gerettet.

Die Burg liegt auf einer Insel der im Mittelalter schiffbaren Kinzig im S der Stadt auf einem riesigen Pfahlrost. Sie wird von einer großen Ringmauer umschlossen, die nur auf der W-Seite durch einen 2schiffigen Torbau Zugang hat. Das Obergeschoß dieser Torhalle war ebenfalls 2schiffig und eingewölbt: vermutlich ein Kapellenraum, der sich öfters bei Pfalzbauten über der Tordurchfahrt befindet (vgl. auch Münzenberg). An die rechte Seite des Torbaus ist ein mächtiger Turm mit Buckelquadern angebaut. An die NO-Ecke der Eingangshalle schließt der Palas an, dessen Rückseite zugleich die nördl. Ringmauer bildet. Erhalten sind von ihm die Front- und Rückseiten. Dieser Hauptbau der Burg war 3geschossig, wie die Anfänge einer Arkadenstellung über dem erhaltenen 1. Obergeschoß zeigen. In der Rückwand des 1. Geschosses befindet sich ein reich ausgestatteter Kamin. – Im östl. Teil des Areals sind die Fundamente eines riesigen Rundturmes ergraben und teilweise sichtbar.

Die klare Gliederung des Ganzen und die dekorativ reiche Behandlung der Einzelteile stellen die Gelnhäuser Pfalz unter die bedeutendsten profanen Bauwerke des deutschen Hochmittelalters. Am meisten Bewunderung verdient der Reichtum an prächtig gearbeiteter *Ornamentik*, die in verschwenderischer Fülle über den verhältnismäßig kleinen Bau verstreut ist. Kein Pfalzenbau, auch nicht die reich ausgestattete Wartburg, kann darin mit Gelnhausen wetteifern. Die enge Verbindung der Formen mit Münzenberg gibt auch kunstgeschichtlich die Gewißheit, daß die Bauten der Pfalz um 1180 vollendet waren.

● Ev. Marienkirche

Der Gründungsbau, wohl in der Zeit der Stadtgründung entstanden, war ein 1schiffiger Saal, dem ein massiger Frontturm vorgesetzt wurde. Die Kapitelle an den doppelbogigen Schallöffnungen des Turmes sind mit Kapitellformen in Münzenberg und im Saalhof in Frankfurt zu vergleichen und ergeben die zeitliche Einordnung um 1170–80. Der obere Abschluß des Turmes mit den Dreiecksgiebeln und dem Rhombendach ist typisch rheinisch. Das Langhaus (ohne die vorgeblendeten Säulen), die unte-

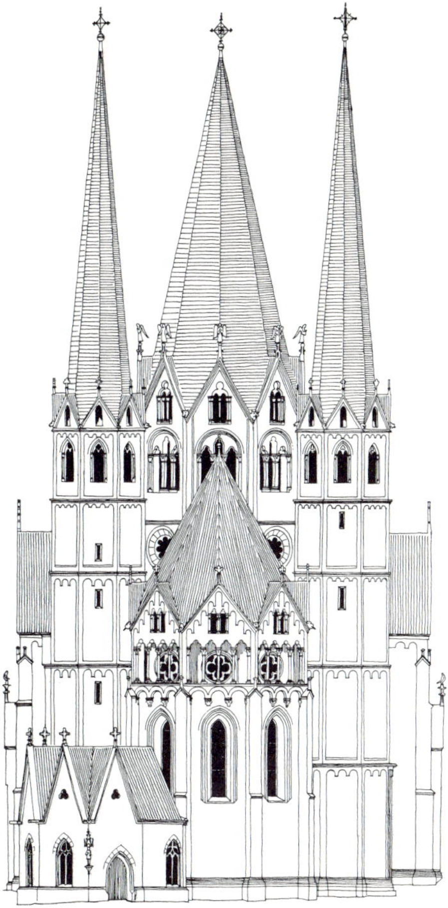

Gelnhausen. Marienkirche. Ostansicht

ren Mauern von Querhaus, Nebenapsiden und Chorquadrat gehören einer Bauperiode von 1200–25 an. Um 1225 beginnt nach Planwechsel der Ausbau in reichsten spätroman. Formen. Am Fuß der Giebelarkade des N-Portals ist die mutmaßliche Baumeisterinschrift mit dem Meisternamen Heinrich Vingerhut eingemeißelt. Am Ende des 13. Jh. wurde das südl. Seitenschiff bis zur Flucht des W-Turmes verlängert. Die nördl. Seitenschiffswand stammt aus spätgot. Zeit. Anfang des 15. Jh. wurde auch die Sakristei südl. an den Chor angehängt.

Auf einer breiten Stufe des Berghanges liegt das Gotteshaus oberhalb des Untermarktes in städtebaulich hervorragender Stellung.

Äußeres. Während der Turm noch ganz in der roman. Blockhaftigkeit verharrt und das Langhaus anspruchslos einfach ist, zeigen die von neuem Geist geprägten O-Teile die Vorliebe des Mittelrheins an der Auflösung der Wand, an schönem Baudetail und an der Bewegtheit der Umrißlinien. Aus dem Motiv der O-Türme über den Nebenapsiden entwickelt sich mit dem breiten 8eckigen Vierungsturm eine lebhaft aufsteigende Baugruppe. Der Chorschluß ist durch Strebepfeiler und Rundbogenfriese gegliedert, von einer Zwerggalerie und einer Giebelfolge gekrönt. Meister Vingerhut muß für seine O-Teile besonders das Vorbild von Notre-Dame in Dijon gekannt haben. – Die 3 ältesten *Eingänge* sind das am W-Ende des südl. Seitenschiffes im 15. Jh. wieder eingesetzte Portal, das einfache Portal mit Kleeblattabschluß an der Mitte der S-Seite und das entsprechende Portal der N-Seite. Seine Figuren im rundbogigen Giebelfeld gehören zu einer Gruppe spätroman. Bauplastik in Aschaffenburg und Frankfurt. Gegen Ende der Bauzeit der O-Teile fällt die Entstehung der beiden Querhausportale. Ein vermutlich vom Portal des Palas der Kaiserpfalz angeregter üppiger Rankenfries faßt das spitzbogige Tympanon und den Eingang gleichermaßen ein. Im N-Portal thront die Muttergottes zwischen weiblichen Heiligen, während eine Kreuzigungsgruppe das S-Portal schmückt.

Inneres. Auch im Inneren ist die Wirkung ganz auf die O-Teile hin gerichtet. Das basilikale Langhaus ist flachgedeckt. Die vorgeblendeten Säulen mit ihren Schaftringen, Blatt- und Knospenkapitellen wurden wahrscheinlich zur Bereicherung der einfachen Architektur als Vorbereitung zum reich gegliederten Querhaus und Chor später vorgesetzt. Im Vierungsraum wird der Blick durch Trompen (wie in Offen-

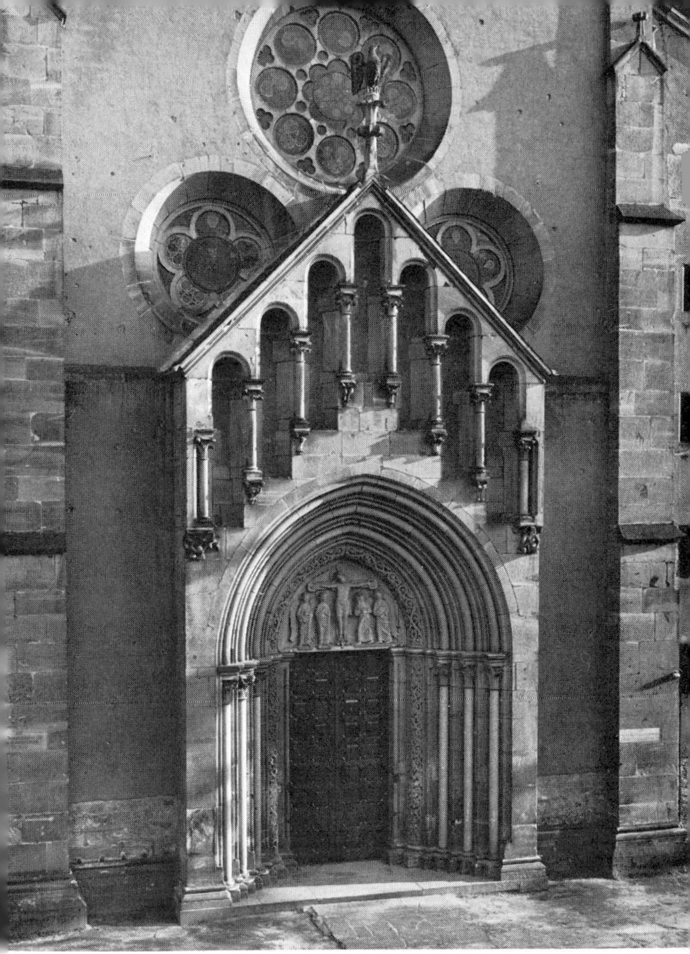

Gelnhausen. Marienkirche. Südliches Querhausportal

bach am Glan oder in Limburg) in den Winkeln oberhalb der Kämpfer in einen 8eckigen Vierungsturm gezogen, der mit einem fächerförmigen Rippenkuppelsystem geschlossen wird. – Ein wohl am Ende der Bauzeit der O-Teile entstan-
● dener *Lettner* zwischen Chor und Querhaus schiebt sich 3seitig in den Vierungsraum vor. Er öffnet sich in 3 spitzbogigen Arkaden zum Schiff. Das Laubwerk der Kapitelle, vorzüglich gearbeitet, ist naturalistisch reich und vielfältig; die Figuren des Jüngsten Gerichtes mit der Auferstehung und dem Höllenrachen in den Zwickeln sind mit der Plastik vom ehem. O-Lettner des Mainzer Domes zu vergleichen. – Im kreuzgewölbten *Chorraum* spielt Meister Vingerhut noch einmal sein schon am Außenbau so vollendet wiedergegebenes Repertoire schmückender Detailformen aus. Mit Kleeblattbogenarkaden, einem aus dem burgundisch-französischen Kunstkreis stammenden Motiv, verkleidet er den unteren Teil von Chorhaupt und Chorschluß. Die Plastik der Schmuckglieder im Chor gehört zum Schönsten, was die deutsche Bauornamentik zu Beginn des 13. Jh. hervorgebracht hat.

● Im Chorhaupt rahmen die Blendarkaden großartige *Wandmalereien* aus der Entstehungszeit des Chores ein, die auch die Chorwölbung füllen. Man glaubt, in einer Gestalt mit dem Kirchenmodell Friedrich I. Barbarossa zu erkennen. Die 1872 stark ergänzten Glasmalereien führen das Programm der Malerei fort.

Ausstattung. Die lutherische Vergangenheit des Gotteshauses bewahrte eine spätgot. Ausstattung. Der Hochaltar im Chor von Nik. Schit, bez. 1500, mit der Muttergottes zwischen 4 Heiligen und bemalten Flügeln, ist das prächtigste Stück. Der südl. Seitenaltar mit der Gruppe der Anna selbdritt stammt aus derselben Zeit. Etwas früher der derbe nördl. Seitenaltar mit dem Kruzifix und Heiligen im Relief; er zeigt Übereinstimmung mit dem Klappaltar in der Prozessionskapelle. – Der Hl.-Kreuz-Altar am Lettner ist mit seinen kleinen Figuren erst um 1500 der alten Mensa aufgesetzt worden. – Im Chor gibt es ein Wandtabernakel und Wandschränke aus der Mitte des 14. Jh.; aus dieser Zeit stammen auch das Chorgestühl und der Sängerstuhl. Die Zinnstandleuchter sind um 1500 entstandene Velumsäulen, bemerkenswert als selten erhaltene Träger von Altarvorhängen. Von vorzüglicher Qualität ist ein aus dem Hausbuchmeisterkreis vermutlich am Ende des 15. Jh. als Antependium gefertigter Wirkteppich mit Mariendarstellungen (links das seltene Einhornmotiv) und ein noch aus der 1. Hälfte des 15. Jh. stammender Teppich mit der Leidensgeschichte Christi. – Das in seinen Formen von Mainz abzuleitende Grabdenkmal des Bischofs Konrad v. Bondiz

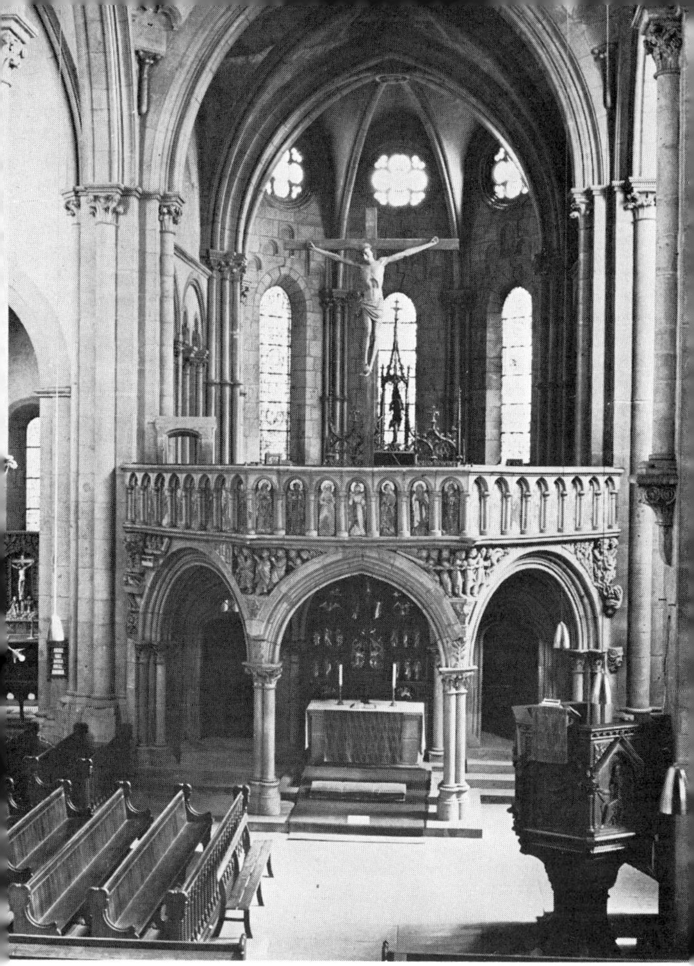

Gelnhausen. Marienkirche. Lettner und Chor

(† 1372) zeigt die Figur des Verstorbenen unter einer spitzbogigen Arkade.

Kath. Peterskirche. Am westl. Ende der Bergstufe erhebt sich am Obermarkt die Kirche, deren spätroman. Ursprungsbau vermutlich nie fertig wurde; im 18. Jh. profaniert und 1932–38 als kath. Pfarrkirche ausgebaut. 1228 wird die kreuzförmige Basilika mit O-Türmen über den Nebenapsiden zuerst erwähnt. Im 19. Jh. verschwanden die Apsidentürme; das durch Einbauten entstellte Querhaus konnte wiederhergestellt werden, so daß es heute am besten über die spätroman. Gestalt der Kirche Auskunft geben kann. Die quergestellten Kämpfer, die ein Rippengewölbe tragen sollten, sind abhängig von ähnlichen Bildungen in der Zisterzienserklosterkirche Arnsburg. Die Einzelformen, wie etwa an den erhaltenen Portalen im N und S, verarbeiten elsässisch-oberrheinische Vorbilder. Die Sitzfigur des hl. Petrus im Tympanon des N-Portals schließt sich an die Gruppe der Tympanonportale um St. Leonhard in Frankfurt, zu der auch das nördl. Seitenportal der Gelnhäuser Marienkirche gehört.

Godebertkapelle. Die 2stöckige Kapelle, in ihrem Baubestand vermutlich aus salischer Zeit, liegt auf einer Terrasse nördl. der Stadt. Sie geht vielleicht auf die Kapelle eines fränkischen Wirtschaftshofes zurück.

Vom **ehem. Johanniterhof** (An der Stadtschreiberei 10) steht noch das Ordenshaus aus der 1. Hälfte des 14. Jh. mit einem Treppengiebel nach S und schönen gekoppelten Spitzbogenfenstern an der W-Seite. – Der **ehem. Arnsburger Hof** (Langgasse 41) ist ein 1743 erneuerter, breit gelagerter Steinbau mit einem Säulenportal. – Vom **ehem. Pfleghof der Abtei Haina** (Philipp-Reis-Straße) steht nur noch der spitzbogige Eingang vom Ende des 13. Jh. *GB*

● Ehem. **Synagoge** (Brentanostraße). Innerhalb einer Häusergruppe und nicht direkt an der Straße gelegen, ist die Synagoge 1938 von der Zerstörung verschont geblieben, jedoch außer Gebrauch gekommen und verwahrlost, bis sie 1975 in den Schutz der Denkmalpflege überging. Der längsgestreckte Saalbau mit Voutendecke entstand 1783; sogar der Thora-Schrein an der O-Wand (kirchlichen Altaraufbauten vergleichbar) ist aus der Bauzeit erhalten. Die Seltenheit der Erhaltung und das Alter des Gebäudes erheben es in den Rang eines ungewöhnlichen Kunstdenkmals. *DG*

● **Romanisches Haus.** Als wichtigstes profanes Gebäude in der Stadt ist das sicher als Amtssitz des kaiserlichen Schultheißen – und somit als ältestes Gelnhäuser Rathaus – anzusehende Steinhaus an der N-Seite des Untermarktes schon am Ende des 12. Jh. entstanden. Es wurde im 19. Jh. sehr frei wiederhergestellt und 1955 erneut umgebaut. Der W-Turm der Marienkirche und die Kaiserpfalz standen bei der Wahl der Detailformen Pate. Das Kleeblattbogenportal in der Mitte des Erdgeschosses erreichte man über eine Rampe.

Das bescheidene **Rathaus** des 14. Jh. an der S-Seite des Obermarktes war urspr. vermutlich ein Kaufhaus. Auf einer Erdgeschoßhalle mit Ständern ruht das Obergeschoß, das 1736 ein Mansarddach und einen barocken Balkon erhielt. Der Fachwerkbau stammt von 1584.

Am Untermarkt wie in den anschließenden Straßen kann man noch gut die alte Hausstelleneinteilung erkennen, die seit der Zeit der Stadtgründung teilweise unverändert geblieben ist. An der N-Seite des Untermarktes gibt es noch *roman. Bogen*, die in offene Verkaufshallen führten. Am Eingang der Langgasse ist ein *roman. Untergeschoß* mit Jünglingsfigur und prächtigem Löwen erhalten (um 1240). In der Kuhgasse (**Nr. 1**) steht ● eines der ältesten Fachwerkhäuser Hessens; die Jahresringchronologie ermittelte das Datum 1351.

Stadtbefestigung. Die *innere Stadtmauer* der Stauferzeit läßt sich bis auf kleine Unterbrechungen noch vollständig verfolgen. Im SO liegt der **Hexenturm** des 15. Jh. als Rundturm hinter dem östl. Mauerzug. An das zur Hälfte abgetragene **Haitzer Tor** schließt sich nach W umknickend der nördl. Teil des Berings an, der vor seine Mitte den sog. **Halbmond** als Geschützturm des 16. Jh. vorgelegt bekam. Vom **inneren Holztor** zieht die Mauer im großen Bogen nach SW. – Die *äußere Mauer* des 14. Jh., die im Gegensatz zur inneren mehrere Türme und einen Wehrgang aufweist, ist gut erhalten. Mehrere hohe Tortürme markieren heute noch von weitem den Umfang des Mauerringes (**Holztor, Schifftor, Ziegeltor**). – Auch die Siedlung vor der Pfalz auf der *Kinzig-Insel* war von einer Mauer mit 2 Toren, von denen Reste erhalten sind, umgeben.

Bei der Marienkirche im »**Haus am Steinbrunnen**« (Kirchgasse 2) das **Heimatmuseum** (Architekturmodelle des historischen Gelnhausen, Volkskunde, Münzen, Siegel u. a.).

GB

GENSUNGEN (G4) → **Felsberg** (Schwalm-Eder)

GERMERODE (I3) → **Meißner** (Werra-Meißner)

GERNSHEIM (Groß-Gerau C12)

Kath. Pfarrkirche St. Magdalena. Von dem barocken Neubau, 1750 bis 1753 nach Plänen von Johann Valentin Thomann, ist nur die Turmfassade unverändert erhalten geblieben. Der W-Turm erhebt sich 2geschossig über dem Unterbau, der durch Voluten zum Turm überleitet. Auch die Außenmauern des Querhauses blieben erhalten. Die Pilastergliederung des Inneren mit marmorierender Fassung und Stuck wurde bei dem Wiederaufbau ab 1946 wiederhergestellt. Der Baldachinaltar, von dem Gernsheimer Meister Andreas Diettmann 1783 geschaffen, wurde aus Bürstadt übertragen. Von dort stammt auch die Kanzel von 1754.

Das **Stadthaus** ist ein klassizist. Bau von 13 Achsen Breite; die 7 mittleren Achsen springen leicht zurück. Vor dem Portal befindet sich ein kleiner Altan auf dorischen Säulen.

Die **Wallfahrtskirche Maria Einsiedel** entstand 1493–99 (Chor) und wurde 1500–08 durch einen flachgedeckten Langhausbau erweitert. Das Gnadenbild ist eine Pietà aus dem mittelrheinischen Raum (1. Hälfte 15. Jh.). Daneben gibt es ein etwas neueres Gnadenbild, eine (angeblich böhmische) Madonna aus der 2. Hälfte des 15. Jh.

UG

GERSFELD (Fulda I8)

Der 944 erstmalig erwähnte Ort – unweit der Wasserkuppe in einem nach W offenen Talkessel der Rhön – war fuldisches Lehen der Herren v. Schneeberg, die ihn 1435 an die Herren v. Ebersberg verkauften. Das Stadtrecht verlieh Kaiser Karl IV. 1359. Unter den Ebersbergern war Gersfeld Zentrum einer reichsunmittelbaren Herrschaft; erst 1816 kam die Stadt an Bayern; 1866 an Preußen, 1945 an Hessen.

Schloß. Ein ausgedehnter, seit 1740 angelegter **Park** umschließt die 3 Schlösser der Herren v. Ebersberg (jetzt Waldthausen). Urspr. stand hier die Burg der Herren v. Schneeberg, die schon 1219 und wieder 1350 erwähnt wird; ihr roman. Turm blieb bis 1810 erhalten. Das **»Mittlere Schloß«** wurde 1607, das **»Obere«** unter Verwendung älteren Mauerwerks 1605–08 errichtet, beides einfachere Wohnbauten. Erst um 1740 wurde das **Unterschloß** erbaut, ein 3geschossiges Gebäude mit Mansarddach.

Im Obergeschoß des Unterschlosses liegt der große *Festsaal*, den ein wohl würzburgischer Stukkator um 1760–65 dekorierte. Aus den mit Rocailleformen überkräuselten Supraporten züngelt das Ornament, über das Gesims hinweg, in die Decke hinauf, wo das

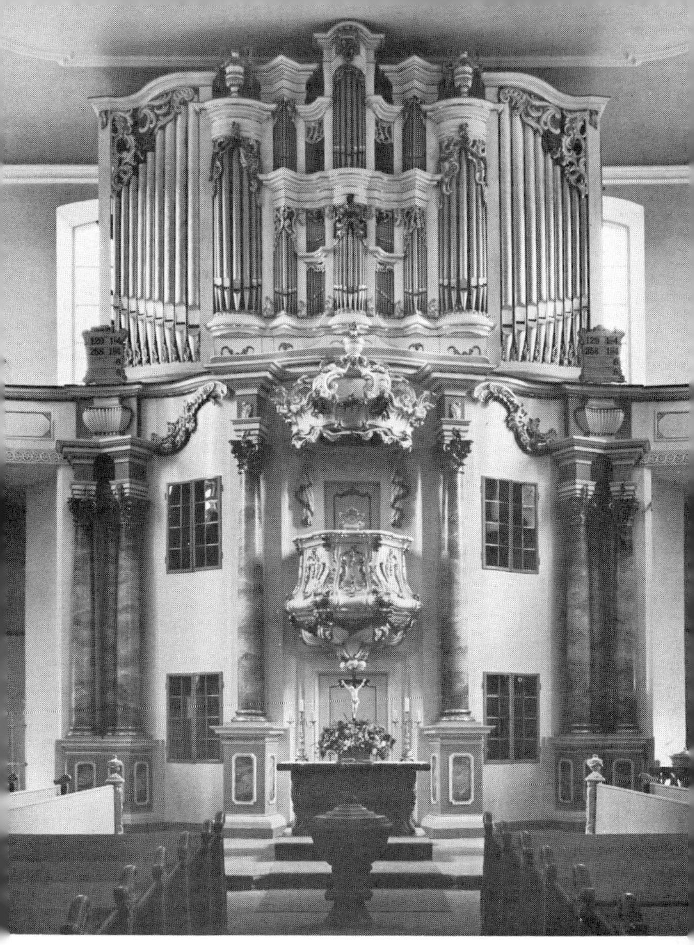

Gersfeld. Ev. Stadtpfarrkirche. Kanzelwand
(zu S. 194)

Muschelwerk der Voute mit leichter Hand gestaltete Jagdszenen rahmt. Im Kurvenspiel der Palmwedelmotive wächst es der ausstrahlenden Mittelrosette entgegen. Der Saal und einige weitere Räume sind mit vorzüglichen Möbeln und Gemälden im Stil des 18. Jh. ausgestattet.

● **Ev. Stadtpfarrkirche** (Abb. S. 193)

Anstelle einer spätroman., mehrfach veränderten Kirche errichtete Joh. Georg Link 1780–85 den jetzigen Bau nach Plänen von Joh. Kaspar Heym aus Ostheim (1778).

Bei zurückhaltender Außenerscheinung ist die Anlage doch sehr stattlich, und geradezu aufwendig in der Gestaltung der Altarwand. – Vor einem 5achsigen Längsbau mit querhausandeutenden Risaliten in den Mitten der Längswände steht ein 3geschossiger Turm mit doppelter Zwiebelhaube und Laterne. Die geschweifte Portalumrahmung lenkt den Blick auf die geschnitzte Tür. – Das Innere sollte nach einem in der Kirche aufbewahrten Holzmodell von 1778 urspr. als Quersaal mit halbkreisförmiger Anordnung eingerichtet werden. Im ausgeführten Längssaal tritt das emporenumgebene, fast schmucklose Schiff zurück. Um so prächtiger ist der Aufbau der *Kanzelwand* im W. Der 6säulige Aufbau, der zugleich die Sakristei enthält, schwingt auf geschweiftem Grundriß vor und läßt aus einer mittleren Nische die Kanzel mit geschwungenem Korb und in Ornament auszüngelndem Schalldeckel vortreten. Über diesem Aufbau stuft sich die Orgel empor, und zwar so, daß ihre Haupttürme auf den Mittelsäulen der Kanzelwand zu ruhen scheinen. Geschwungene Pedalflügel rahmen den 2geschossigen Bau; das Ornament ist reiches Spätrokoko. Vor der Kanzelwand steht frei die schmuckreiche Altarmensa, die zugleich die Taufe in sich enthält. Die schöpferische Verbindung der 4 liturgischen Zentren des prot. Gottesdienstes, wie sie erstmals in der Schmalkalder Schloßkapelle zustande gekommen ist, findet hier am Ende des Barock eine kongeniale Ausdeutung. – Das hervorragende Schnitzwerk schuf zum größeren Teil Georg Gorten; die Orgel erbaute 1784–87 Joh. Mich. Wagner aus Schmiedefeld.

Die **Friedhofskapelle** entstand um 1632 als Gruftkapelle für die Herren v. Ebersberg; Kanzel und Emporenbilder stammen aus der alten Pfarrkirche, die 1664 neu ausgestattet worden war.

DG

GESUNDBRUNNEN → **Hofgeismar** (Kassel G2)

GIESSEN (Lahn-Dill D7)

Die Stadt liegt am linken Lahn-Ufer dort, wo der Fluß aus der nord-südl. Richtung nach SW abbiegt. Hier zweigt eine frühgeschichtliche Nord-Süd-Verbindung von der Lahn ab, um durch die Wetterau das Rhein-Main-Gebiet zu gewinnen; sie trifft sich mit den Straßen von Koblenz, Siegen (Köln), Gelnhausen und Fulda. Die verkehrsgünstige Lage bestimmte auch den Verlauf der Eisenbahnen und seit 1935 der Autobahn.

Im Besitz einer Gleiberger Seitenlinie wird die Burg Gießen 1197 zuerst genannt. 1265 erwarb Landgraf Heinrich sie für Hessen. Sie wurde ein wichtiger Stützpunkt gegen Mainz und Nassau. 1567, bei der hessischen Teilung, fiel Gießen an Ludwig IV. von Marburg, 1604 an Hessen-Darmstadt und wurde Hauptstadt der Provinz Oberhessen. – Stadtrechte werden 1248 bezeugt; die Neustadt wird 1325 genannt. Der Stadtkern, in dreieckförmiger Umrißgestalt, ist unregelmäßig und sehr klein; eine großzügige Erweiterung veranlaßte Philipp d. Großmütige mit dem Ausbau zur starken Festung, die Ludwig IV. durch Eberhard Baldewein verstärken ließ – geschleift 1805–10. Die erheblichen Erweiterungen der Gründerzeit und des 20. Jh. übertreffen an Volumen die alte Stadt bei weitem. – 1944 erfolgten schwere Zerstörungen; nahezu alle bedeutenden Wohnbauten wurden vernichtet.
Gießens kulturelle Bedeutung wurzelt in der Universität, gegr. 1607 zur Aufnahme der vor dem Terror Moritz' d. Gelehrten aus Marburg geflüchteten Professoren; nach der Besetzung Marburgs wurde sie 1625 dorthin verlegt, 1650 – nachdem der Plan einer hessischen Gesamtuniversität scheiterte – wieder zurückverlegt.

Altes Schloß. Die 1944 ausgebrannte und 1976 bis auf einen Turm abgebrochene Burg ersetzte um 1330 die ältere Gleibergsche Burg, die sich am westl. Stadtrand nahe der Stadtkirche befand. Nach dem Wiederaufbau soll das Schloß als Museum dienen.

Neues Schloß (jetzt Universität). Philipp d. Großmütige ließ 1533–39 den Bau errichten, der den Übergang zwischen Spätgotik und Renaissance verkörpert; die Restaurierung 1899–1907 ergänzte verlorene Erker. Über dem massiven Erdgeschoß erhebt sich ein gut gegliederter Fachwerkaufbau mit steilem Dach; 5 Erker und ein hofseitiger Treppenturm beleben Ecken und Mitte des Gebäudes. Als Vorbild für das Fachwerk hat das Rathaus von Alsfeld gedient. Der große Erdgeschoßsaal, dessen Decke 5 kräftige Holzstützen tragen, ist leider unterteilt.

Zeughaus. Das Zeughaus begrenzt im NO den Hof des Neuen Schlosses. Das überaus stattliche, langgestreckte Gebäude wurde 1586–90 von Eberhard Baldewein errichtet. Der Bau brannte 1944 aus. 1959 wurde eine neue Innengliederung eingebracht; die Fenster sind allseitig vergrößert worden. So ist der Bau fast nur noch in der Gesamtsilhouette ursprünglich.

Bei der ehem. Gleibergschen Burg entstand im 14. Jh. das **Haus Leib**, eines der ältesten und bedeutendsten deutschen Fachwerkhäuser mit besonders eigenwilligen Eckverstrebungen an den Geschoßvorsprüngen. Es wurde 1944 schwer beschädigt und 1976 bis 1977 als Rekonstruktion von Grund auf neugebaut.

Die **ev. Stadtkirche** (St. Pankraz) wurde bis auf den *Kirchturm* (1482 – nach 1520) zerstört. 1949 entstand wenig entfernt die **Notkirche** im damaligen Notkirchenprogramm. – Die **ev. Johanneskirche**, außerhalb der Altstadt, wurde 1891–93 von Architekt Griesebach in gotisierenden Formen erbaut. Ca. 75 m hoher Turm und große Orgel. Der Chor empfing 1956 Glasfenster von Erhard Klonk: Christus des Jüngsten Gerichts, 2 Propheten und 2 Evangelisten. – Die **ev. Pauluskirche** in der »Schwarzlach«, 1957 von Gerhard Langmaack: ein schlichter, ansprechender Saalbau mit breitem W-Massiv für die Glocken. Die Glasfenster – Christus als Weltenrichter und St. Michael – schuf C. Wallner 1959. – Die **kath. St.-Albertus-Kirche** erbaute 1957–58 Karl Joseph Dicke. Um eine Altarrotunde lagert sich exzentrisch ein vieleckiger Zentralraum mit verlängertem Arm auf der Eingangsseite im S, die von einer zierlichen Doppelturmfassade flankiert wird. Die ornamental-symbolische Verglasung der S-Seite schuf Richard Süßmuth 1958.

Der **Alte Friedhof** am Nahrungsberg trägt teilweise parkartigen Charakter. Zahlreiche *Grabsteine* seit Mitte des 16. Jh. sind hier aufgestellt, oft von künstlerischem Rang. – Die innen völlig neu gestaltete **Kapelle** wurde 1623–25 erbaut. Renaissance-Details wechseln mit nachgot. Motiven. Den Fachwerk-Oberbau gestaltete v. Ritgen 1840 um.

Das klassizist. **Wachtgebäude** in der Liebigstraße (Nr. 12) mit interessanter Tempelfassade enthält heute das Liebig-Museum. Das Haus war 1824–52 Laboratorium von Justus Liebig. – Die benachbarte Alte Klinik, eine Kaserne von 1817–19, wurde abgebrochen (an ihrem Ort heute Fernmeldeamt).

Gruppe der Gerichtsgebäude an der Ostanlage: Das **Landgericht** ist ein gut gegliederter Bau der Neurenaissance, 1877–79; das **Amtsgericht** ist neuklassizistisch mit Jugendstilelementen, 1912 bzw. 1922 von Kuhlmann erbaut. Beides sind langgestreckte Gebäudetrakte mit kurz vortretenden Flügeln.

Universität. 1877–80 entstand das **Kollegienhaus** in der Ludwigstraße in guter Gliederung und maßvollen Proportionen der Neurenaissance. Eingangshalle 1942 umgebaut. 1944 ausgebrannt,

1950–55 erneuert. *Orpheus-Figur* von Gerhard Marcks. – Die **Neue Aula** im Jugendstil wurde 1907 angebaut.

Universitätsbibliothek. Erbaut 1956–59, Gesamtentwurf von Hans Köhler, 3 selbständige Gebäude: Magazinhochhaus, Verwaltung und Lesesaal, werden durch eine gläserne Halle zu gemeinsamer Gruppe verbunden. Die Anlage ist sachlich und technisch ausgezeichnet.

Das **Stadttheater** entstand 1907 nach Plänen der Wiener Architekten F. Fellner und H. Helmer. – Vor dem Theater steht das *Röntgen-Denkmal* von Erich F. Reuter, 1962. – Gegenüber, am Berliner Platz, befindet sich das **Bürgerhaus**, als Kongreßhalle und Volksbildungsheim von Sven Markelius (Stockholm) erbaut, 1965 eingeweiht.

Das **Oberhessische Museum** (Asterweg 9) ist seit 1963 im Alten Stadtbauamt zu beengt untergebracht, um seine umfangreichen Bestände von der Frühgeschichte bis ins 20. Jh. ausbreiten zu können. Das Œuvre Johann Georg Willes (1715–1808), eines in Paris zum Hofkupferstecher und gesuchten Spezialisten aufgestiegenen Oberhessen, ist fast vollständig vorhanden. Neben Interieurs aus verschiedenen Epochen bietet das Museum auch Kunst des Jugendstils und des Impressionismus.

DG/UG

Schiffenberg

Ehem. Augustinerchorherrenstift

Gräfin Clementia v. Gleiberg, Gemahlin Konrads I. von Luxemburg, gründete 1129 das Stift, das dem Mainzer Erzbistum unterstand. 1323 wurde es dem Deutschen Orden einverleibt und blieb bis zur Ordensaufhebung 1809 in seinem Besitz. Seitdem Staatsdomäne. – Eine nach 3 Seiten abfallende Höhe südöstl. von Gießen bot dem Kloster Platz. Die Kirche nimmt die N-Seite des Klosterhofes ein. Sie entstand wohl gleich nach der Gründung. Chor und Querhaus wurden 1516 gewölbt. Nach der Reformation ging das südl. Seitenschiff verloren. Das arg verfallene Langhaus wurde 1902–04 wieder instand gesetzt und steht seitdem mit zum Hof hin offenen Arkaden.

Die Anlage der **Kirche** zeigt Mainzer Einfluß: Sie ist doppelchörig. Den W-Chor begleiten 2 Rundtürme, vor den O-Chor schiebt sich ein Querhaus mit Vierungsturm. Die 3 Apsiden sind abgebrochen. Der lebhafte Wechsel des farbig differenzierten Baumaterials (Basalt, weiße und gelbrötliche Sandsteinquader, vulkanischer Lungstein) läßt den Bauverlauf gut erkennen: Die Baufolge geht von O nach W. Der W-Abschluß mit den teilzerstörten Türmen ist ein reiner Quaderbau, vorwiegend aus Lungstein. Mit seiner sorgfältig ausgeführten Lisenengliederung scheint er eine späte Replik vom W-Bau des Burchard-Domes in Worms gewesen zu sein. Außenerscheinung und Raumwirkung sind von harmonischer Klarheit. Gute Meißelarbeit zeigen die attischen Basen und die eigentümlichen Doppelwellen-Kämpfer der Schiffspfeiler (je 7 Arkaden). – Von der spätgot. Einwölbung hat sich nur das Sterngewölbe der Vierung erhalten. An Ausstattung blieben eine frühgot. Blendentaufe aus Lungstein und das formschöne Vierungsgitter.

In der S-Front des Hofes erhebt sich die 1493 erbaute **Komturei** als 3geschossiges Steinhaus. Got. Fachwerk zeigt sich noch im O-Giebel. Erkerausbauten nach der südl. Talseite hin tragen eine Wappentafel von 1584. Das Barockportal der Hofseite ist durch eine Wappentafel auf etwa 1700 zu datieren. Gleichzeitig wurde mit entsprechendem Portal nach W der »**Neue Bau**« angefügt. Die westl. Hofbegrenzung bildet der Fruchtspeicher, die **alte Propstei**; 1463 soll sie erbaut worden sein. Über 2 Steingeschossen mit Erkern erhebt sich ein got. Fachwerkgeschoß mit gebogenen Fußstreben. – Im Winkel zwischen Komturei und Propstei steht der *Ziehbrunnen* von 1715.

DG

Wieseck

Von der Ortsbefestigung erhielt sich ein **Torturm** des 14. oder 15. Jh. mit spitzbogiger Durchfahrt; Obergeschoß und Zeltdach sind jünger. Diese »Port« schützte die Straße nach Altenbuseck.

Die ev. **Pfarrkirche** mit mächtigem Chorturm geht in Teilen auf das 13. Jh. zurück; gegen 1500 verbreiterte man das Langhaus nach S. Das S-Portal ist spätromanisch, das im W spätgotisch; 3geschossige Turmhaube des 17. Jh. Den Turmchor überdeckt ein Kreuzrippengewölbe.

DG

GINSHEIM-GUSTAVSBURG (Groß-Gerau C11)

Gustavsburg

Verwaltungsgebäude der MAN. Der Bau ist technisch und architektonisch gleich bedeutend. Technisch zeigt er die neuen Möglichkeiten der Montage eines Stahlskelettbaus aus vorgefertigten Elementen, architektonisch erweist sich, daß bei dieser Bauweise eine bündige, großzügige und in der Einfachheit schöne Architektur aus Stahl und Glas möglich ist. Gebaut 1954/55 von Klaus P. Flesch.

GLADENBACH (Marburg-Biedenkopf D6)

Ev. Kirche. Die 3schiffige Pfeilerbasilika entstand im 12. Jh. als 5jochige Kirche mit östl. Chorquadrat. 1509 wurde der bestehende Chor angefügt und das Langhaus – bis auf das W-Joch – in 2 spitzbogige Arkaden unterteilt und mit 3 got. Rippenkreuzen überwölbt. Nach O schließt sich ein niedrigeres got. Joch mit 3/8-Schluß an. – Zur Ausstattung zählen spätgot. Rankenmalereien im Gewölbe, ein gemaltes Kirchenmodell auf der Empore und eine Gegenüberstellung von Christus am Kreuz und Moses mit der ehernen Schlange, ein Wandbild des 18. Jh.; ferner der roman. Taufstein, die Kanzel (um 1680) und die Orgel, 1791 von Orgelbaumeister Joh. Wilhelm Schöler aus Bad Ems.

Neben der Kirche das **ehem. Pfarrhaus** (Schulstr. 9), ein ansehnlicher Fachwerkbau von 1607.

UG

Rachelshausen (D6)

Die **ev. Kirche** von 1680 ist ein 2geschossiger Fachwerkbau, wie man ihn noch in weiten Teilen Oberhessens findet. Weit ausladende Streben stützen die Konstruktion; die Brüstungsfelder sind mit Andreaskreuzen und gebogenen Bändern verziert, das Gebälk ist geschnitzt. Die Emporen haben Geländer mit geschnitzten Halbsonnen. Emporen und Stützsäule sind blau marmorierend bemalt.

UG

GLEIBERG → **Krofdorf-Gleiberg** (Lahn-Dill D7)
GONTERSKIRCHEN (F8) → **Laubach** (Lahn-Dill)
GOTTSBÜREN (H1) → **Trendelburg** (Kassel)

GREBENAU (Vogelsbergkreis G6)

Die **ev. Stadtkirche** ist auf dem Grundriß eines gestreckten Achtecks errichtet. Der Plan stammt vom Landbaumeister Helfrich Müller. Der Rohbau stand 1740; die Ausmalung besorgte Joh. Friedrich Hoffmann aus Ostheim v. d. Rhön 1765. Das weiträumige Innere ist von großzügiger Wirkung, fast rings von Emporen umschlossen; auf der S-Seite ist ein Platz für die Kanzel freigehalten. – Die Emporenbilder von naivem Charakter schildern wichtige Szenen aus dem Alten und Neuen Testament und setzen sich an der Kanzel fort. An den Brüstungen von Chorständen und Gestühl sind Landschaften und volkstümliche Darstellungen in blauer Grisaille gemalt. – Spätgot. Kruzifix.

Marktplatz von ansprechender Wirkung mit Stein- und Fachwerkgebäuden vom 16. bis ins späte 18. Jh.

DG

GREBENDORF (K3) → **Meinhard** (Werra-Meißner)

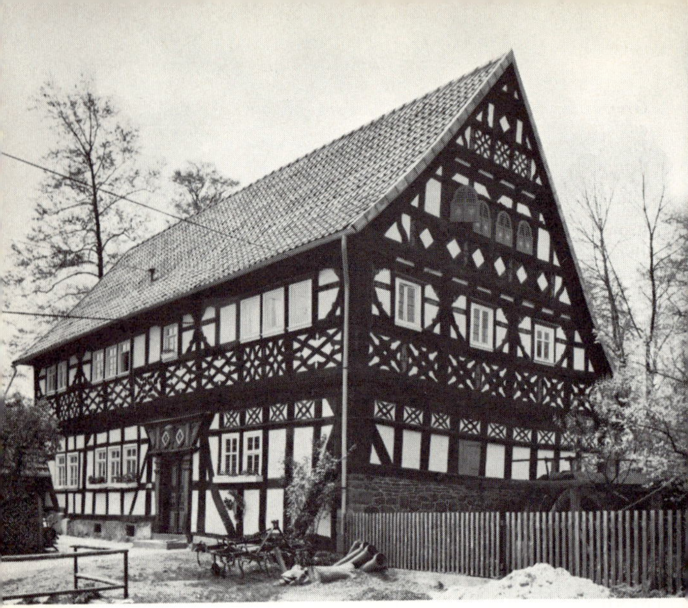

Ilbeshausen. Teufelsmühle

GREBENHAIN (Vogelsbergkreis G8)

Ilbeshausen (G8)

● Die **Teufelsmühle,** 1691 von Hans Muth aus Lauterbach erbaut, gilt als das schönste Fachwerkhaus im Vogelsberg. Der 2geschossige Bau ist in kräftigem Pfostenwerk errichtet. Am Obergeschoß tritt die Wand – wie in thüringischen Fachwerkbauten häufiger zu finden – über dem Brustriegel vor. Strebenkreuze aus breiten Hölzern sind hier zu Mann-Formen zusammengesetzt, während die Brüstung im Schmuck vielfältiger Kreuzformen prangt. Rauten und Kreise füllen die Brüstungszonen im Giebel. – Auch andere **Häuser** des Ortes zeigen noch gutes, kraftvolles Fachwerk.

DG

GREBENSTEIN (Kassel G2)

Der 1272 zuerst erwähnte Ort hatte 1322 Stadtrecht und vereinigte sich 1370 mit der 1356 jenseits der Esse als Neustadt gegründeten »Freiheit«. Beide Stadtteile sind auf rechteckigem

Grundriß mit gitterförmigem Straßennetz angelegt. Der zunächst adelige, um die Burg entstandene Ort war seit 1297 hessisch. Durch Brände erlitt die Stadt 1517, 1637 und 1715 große Schäden.

Die **Stadtmauer** des 14. Jh. ist noch fast vollständig erhalten, auch stehen noch 5 von den einst 13 Türmen, nämlich im O der **Pulverturm** (die Spitze mit Kreuzblume), auf der W-Seite **Lindenturm, Jungfernturm** (mit Ziegeldach) und **Eulenturm** (ohne Spitze), im S der **Burgturm** mit Tor.

Burgruine. Am S-Rand der Neustadt auf einem Berge. Nach der Mitte des 13. Jh. erbaute Ludolph v. Dassel die Burg, die 1272 erstmals erwähnt wird und 1297 an Hessen kam. Sie wich um 1400 einem Neubau durch Landgraf Hermann. Im Mauerwerk gut erhalten blieb der 4geschossige Palas.

Ev. Stadtkirche St. Bartholomäus

Die um die Mitte des 14. Jh. (wohl nach 1322, aber vor 1355) erbaute got. Hallenkirche erhielt einen erheblichen Teil ihrer Innenausstattung nach dem Brand von 1637.

An das 3jochige Langhaus schließt sich ein 1schiffiger 2jochiger Chor mit 5/8-Schluß; im W steht ein massiger 4geschossiger Turm, dessen oberstes Geschoß und Maßwerkgalerie spätgotisch sind (nach 1483), während die Welsche Haube 1586–91 nach Brand entstand. Mittelschiff und Chor haben ein gemeinsames, im O abgewalmtes Satteldach, die Seitenschiffe quergestellte Giebeldächer. Das Portal der S-Seite ist von heute leeren Figurennischen umrahmt, das N-Portal mit Resten einer Marienkrönung um 1380 schmücken Wimperg und Fialen. – Das Innere wirkt breit und gedrungen; die Rippengewölbe der 3schiffigen Halle ruhen auf gestreckten Achteckpfeilern, im Chor auf Konsolen.

1963 wurden Reste einer spätgot. Gewölbebemalung im Chor aufgedeckt; gut erhalten der thronende Christus und die hl. Elisabeth. – Ausstattung. Aus der Zeit vor dem Brand stammen 2 got. Wandtabernakel, der 12eckige Taufstein (14. Jh.), das Lesepult im Chor und ein got. Levitensitz. – 1638 entstand die Empore mit ihren reichgeschnitzten Gesimsen, gleichzeitig das Lesepult am Choraufgang (urspr. Notkanzel), etwas später die eigentliche Kanzel. Das Gestühl im Schiff wurde 1639 und 1658 geschaffen, im Chor 1639 und 1669 zugleich mit dem Pfarrstand. – Wilhelm Dibelius aus Kassel erbaute 1732–36 die stattliche Orgel mit 2 Baßtürmen; die Gesimsgliederung des Brustwerkes spiegelt den Grundriß des Hauptwerkes wider. Barocke Malereien schmücken die Orgelempore.

Das stattliche **Rathaus** wurde 1637 von den Kroaten bis auf das steinerne Untergeschoß eingeäschert; dieses stammt im Kern aus dem 14. Jh., ist aber 1573 in noch spätgot. Stil verändert worden. Nach dem Brand und auch 1672 erneuerte man das Fachwerkgeschoß. Ins Innere führen 2 got. Portale an den Stirnseiten (das südl. aus dem 14. Jh.), ein Portal von 1619 und, in der Mitte der breiten O-Front, ein Barockportal von 1726 mit St.-Georgs-Relief von 1591.

● **Häuser.** Aus got. Zeit sind noch 4 Steinkammern (**Fruchtspeicher**) erhalten. Reich ist der Bestand an **Fachwerkhäusern** aus dem 15.–18. Jh. Sie gehören im allgemeinen dem »Diemeltyp« an, der eine hier beheimatete Abwandlung des niedersächsischen Hauses darstellt. Noch got. Konstruktion zeigt außer dem **Haus Hühn** (Hochzeitsberg, Ecke Leimberg) das besonders prächtige **Haus Leck** (Schachtener Str. 11), das durch den Heimatbund vor dem Abbruch gerettet und 1964
● als **Ackerbürgermuseum »Diemelhaus«** neu eingeweiht wurde. Es ist ein spätgot. Ackerbürgerhaus (um 1470/80) von höchst charakteristischer Erscheinung: Deelenbau mit Wohnseite links und etwas schmalerer Stallseite rechts; über Erd- und Zwischengeschoß liegt der durchlaufende Schüttboden. In der Konstruktion fallen besonders die langen Schrägschwerter sowie der umlaufende aufgeschwertete Brustriegel des Obergeschosses auf. Der Mittelstiel des Giebels läuft in ganzer Höhe durch. 1606 wurden das Portal und die Deele umgestaltet: reiches Schnitzwerk aus fischgrätenartigen Seilformen.

DG

GREIFENSTEIN (Lahn-Dill BC7)

Gegen Mitte des 13. Jh. verlegten die von Nassau bedrängten Herren v. Beilstein ihren Sitz auf die Burg Greifenstein, nach der sie sich fortan benannten. Doch Nassau besetzte 1298 auch diesen Platz und zerstörte die Burg. Nach längeren Auseinandersetzungen erwarb Graf Johann v. Solms-Burgsolms 1395 die Burg, deren Wiederaufbau er bereits 1382 begonnen hatte. 1415 ging sie an die Braunfelser Linie über. Im 17. Jh. wurde sie beträchtlich ausgebaut, verfiel aber, nachdem die Residenz 1693 von Greifenstein nach Braunfels verlegt worden war. Seit etwa 1970 umfangreiche Grabungen und Restaurierungen durch den Greifenstein-Verein, eine der verdienstvollsten hessischen Bürgerinitiativen.

● **Burg.** Wie einst über der Hohen Straße, die von Frankfurt über das Gebirge nach Köln führte, so liegt die Burg heute über der Siegerländer Autobahn imposant und weithin sichtbar, den Dillgrund und seine Nebentäler beherrschend.

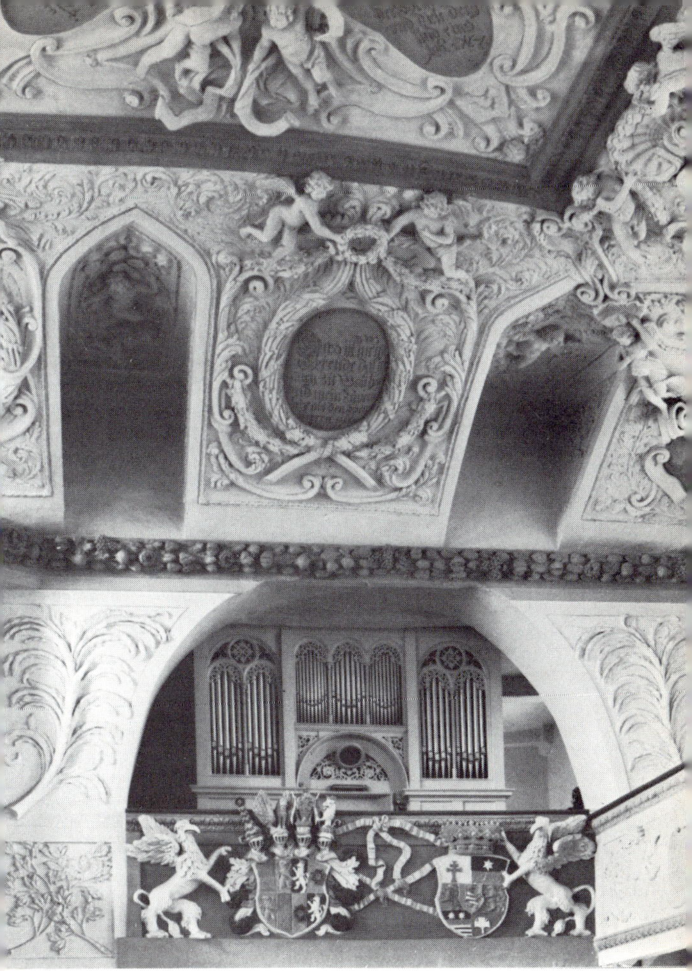

Greifenstein. Burgkapelle. Ehem. Herrschaftsloge

In 3 **Beringen** lagern sich die Befestigungen um die Kernburg, so daß die Außenmauern (1447–80) bis weit ins Dorf reichen. Von den um 1610/20 hinzugekommenen Batterietürmen ist v. a. die »Roßmühle« im O als mächtige ovale Geschützbastion hervorzuheben. Weniger gut ist der mittlere Bering erhalten, besser wieder der innere. Die **Kernburg** wendet sich mit einer zur Angriffsseite gerichteten Schildmauer nach N; 2 eng gestellte Rundtürme verbinden sie zu einer kraftvollen Verteidigungsanlage von auch künstlerisch bedeutender Wirkung. Der westl., wegen Beteiligung des Grafen von Nassau-Sonnenberg (1382) sog. »Nassauer Turm« wird von einer verschieferten Steinkuppel bekrönt; der östl. Turm mit Zeltdach trägt einen Greifen als Wetterfahne. Der stark zerstörte got. *Palas* an der S-Seite der Kernburg ist durch Entschuttung und Festigung der Mauern nun in wesentlich besserem Zustande als zuvor. Östl. neben der Schildmauer liegt der *Neue Bau* von 1687–93, ebenfalls als Ruine. Viele meist ruinöse Baukörper zeugen an verschiedenen Stellen noch von dem großzügigen Ausbau, den der Greifenstein als Muster-Festung durch Graf Wilhelm I. v. Solms-Greifenstein († 1635) erfahren hatte.

Die **Burgkapelle** (St. Katharina) an der S-Ecke des 3. Burgberings blieb als **ev. Pfarrkirche** des Ortes erhalten. Sie entstand 1448–76 in 2 Geschossen, von denen das untere heute nur noch als Heizungskeller verwendet wird. Der Bau mit eigenartiger Materialstruktur – Basaltquader wechseln mit Schieferschichten – lehnt sich an einen älteren Turm, der aber erst 1683 in den Raum der Oberkirche einbezogen wurde. Damit zugleich erfolgte bis 1691 eine barocke Umgestaltung (1958 instand gesetzt).

● Der saalartige, von schmalen Emporen begleitete Raum wird von der schweren, überreich dekorierten *Stuckdecke* völlig beherrscht. Der Künstler war Jan van Paeren (Jovanes de Paerni). Deckenspiegel, Schräg-Voute und Stichkappen tragen Kartuschen, Ornament und Putten in plastisch kräftiger Gestaltung. Auch an der Kanzel und den Emporenbrüstungen setzt sich der gleiche Schmuck fort. Die Herrschaftsloge, auf der jetzt die spätklassizist. Orgel steht, trägt aufwendigen Wappenschmuck (Solms-Greifenstein und Hessen-Homburg).

DG

Beilstein (BC7)

Burg Beilstein, auf einem Bergausläufer im Ulmtal gelegen, war der Stammsitz der seit 1129 genannten Herren v. Beilstein. Gegen Mitte des 13. Jh. verdrängte Nassau die Beilsteiner aus ihrer Burg (vgl. Greifenstein). Die Nassauer Grafen bauten die Burg im 14. Jh. aus und erlangten 1321 Stadtrechte für den Ort, die aber nicht voll zur Auswirkung kamen. Graf Heinrich I. begründete 1341 die ältere Beilsteiner Linie, die 1561 ausstarb. Die jüngere Linie Nassau-Beilstein, 1607 von Graf Georg begründet, verlegte die Residenz 1620 in das ererbte Dillenburg.

Die **Burg** hat zum Kern einen rechteckigen got. Palas, den unter französischem Einfluß Rundtürme an den Ecken verstärken; vor dem Verfall war er 3geschossig, auf der Angriffsseite noch höher (Treppe zur Plattform in der Mauerstärke). Gegen S ist die Burg durch einen Halsgraben gesichert; zwischen ihn und die bergseitige Schildmauer wurde später ein Nebengebäude gesetzt (eingestürzt). Das Torhaus ist wiederhergestellt und bewirtschaftet. Im Gesamtbild der Burg spricht v. a. das westl. Nebengebäude (ebenfalls Ruine) stark mit. Umfangreiche Ausgrabungen – v. a. im westl. und nördl. Burgbereich – und teilweise Wiederherstellungen seit der Mitte der 1970er Jahre.

Die **Schloßkirche** ist jetzt ev. Pfarrkirche. Als Basaltbau entstand sie 1614–16; sie lehnte sich an einen älteren Turm, der im NO steht (hohe 3geschossige Haube 1769). Gekuppelte schmale Fenster erleuchten den Saal, dessen verputzte Balkendecke kleine Stuckrosetten trägt. Der Fußboden setzt sich aus kleinen Steinen im Fischgrätenmuster zusammen. Ein Triumphbogen trennt den hochgelegenen Chor vom Schiff; die gleichwohl allseitig umlaufenden Emporen ruhen auf Holzstützen, die bis zur Decke durchgehen. Beschlagwerk mit kräftigen Rollwerkaufbiegungen ziert die Brüstungen. Ausstattung der Erbauungszeit, Orgel barock. Die farbige Fassung wurde 1959–60 wiedergewonnen.

DG

GROSSEN-BUSECK (E7) → **Buseck** (Lahn-Dill)
GROSSEN-LINDEN (D7) → **Linden** (Lahn-Dill)

GROSSENLÜDER (Fulda H7)

Seit 822 wird Kloster Fulda als Grundherr des bedeutenden Dorfes erwähnt, in dem seit 850 ein Gericht nachgewiesen ist und das 1295 zum Sitz eines fuldischen Amtmannes wurde.

Kath. Pfarrkirche St. Georg

Schon 822 weihte Erzbischof Haistulf von Mainz eine steinerne Kirche den hll. Maria, Petrus und Sebastian. Sie ist nicht, wie vielfach vermutet, in der heutigen Sakristei erhalten; diese, ein

2jochig gewölbter Bau mit – soweit sichtbar – spätroman. Formen, ist vielmehr ohne eigene S-Wand an den Chor des 13. Jh. angebaut. – Chor und Chorturm sind vom Neubau der 1. Hälfte des 13. Jh. erhalten; ein neues Presbyterium mit Querhaus und Langschiff errichtete Andrea Gallasini 1734–35. Das 5. Turmgeschoß ist 1516 aufgesetzt, der Helm 1885 erneuert.

Machtvoll erhebt sich die Kirche mit ihrer hochgelegenen und gutgegliederten Barockfassade über der schmalen Hauptstraße; reizvoll bietet sich die Ansicht von der Chorseite auf die mit übereinanderstehenden Säulen gegliederte Polygonalapsis, den darüber aufragenden Turm, die Sakristei und die barocken Kreuzflügel. Gliederung und Ornament des *Chorbaues* (Blattkapitelle, Kleeblattbogenportal) verweisen auf den rheinisch-fränkischen Kunstkreis. An der Tür alte Beschläge. – Das Innere überwölben Rundstabrippen auf gewirtelten Diensten; es ist von der Barockkirche ganz abgetrennt und dient jetzt als Sakristei.

Die Ausmalung von 1913 stützt sich auf Fragmente der Spätgotik und der Zeit um 1600. – Got. Sakramentsnische. Sakristeischrank mit Knorpelwerk, 1675.

Die *Barockkirche* steht auf kreuzförmigem Grundriß; außer der reich mit Wappen (Adolph v. Dalberg, Amand v. Buseck und 14 Stiftskapitulare) geschmückten Rotsandstein-Fassade hält sich das Äußere zurück. Auch die Innenarchitektur des von stuckierten Flachtonnen in Holz überwölbten Raumes will nur Rahmen der in Form und Farbe reichen Ausstattung sein.

Das Georgsgemälde im Hochaltar stammt wie der 1741 bezeichnete Gekreuzigte im linken Seitenaltar von Emanuel Wohlhaupter; die Geburt Christi im rechten Altar ist von Andreas Herrlein 1771 signiert. Er malte auch den an der 14. Station mit »1789« datierten Kreuzweg. – Kanzel aus Stuckmarmor. – Im N-Querhaus steht jetzt der spätgot. Taufstein von 1501 im Schlitzer Typ. – Schon 1782 wurde die 1734 von B. Brünner geschaffene Orgel durch einen großzügigen, breit entwickelten Neubau ersetzt; er ist ein charakteristisches Werk des im Nachbarort Oberbimbach ansässigen Orgelbauers Johann Marcus Östreich. – Spätgot. Vesperbild, 1. Hälfte 15. Jh.

Repräsentativ steht im Ortsbild auch das **ehem. Amtsgericht** des 17. Jh., ein 3geschossiger Steinbau mit Treppenturm und Barockportal. Stukkaturen des Inneren aus dem 18. Jh.

14 *Bildstöcke*, bes. zu beachten derjenige von 1713 am Ortsausgang nach Müs (Aufsatz mit Madonna und den 14 Nothelfern) und der von 1768 am alten Weg nach Eichenau (Darstellung des Walldürner Blutwunders). *DG*

GROSS-GERAU (Groß-Gerau C11)

In der 910 erstmals erwähnten Mark Groß-Gerau erscheint etwa 100 Jahre später auch der gleichnamige Ort, der 1013 an das Bistum Würzburg gelangt. Über die Grafen v. Katzenelnbogen (ab 1259) kommt Groß-Gerau 1479 an Hessen. 1398 erhielt der Ort Stadtrechte.

Ev. Pfarrkirche. Von einem got. Neubau d. J. 1470–90 ist der 1659 erhöhte Turm erhalten geblieben. Sein 2flügeliges *W-Portal* ist von einem Wimperg umgeben. Im Portal-Tympanon sitzt ein spätgot. Maßwerkfenster. Vor ihm steht auf einem Mittelpfeiler eine qualitätvolle mittelrheinische Portalmadonna aus der Bauzeit mit lebhaft bewegtem Gewand. Das gotisierende Langhaus von 1860–70 wurde nach Kriegszerstörungen wiederaufgebaut.

Das **Rathaus** ist der stattlichste Vertreter einer Gruppe von Fachwerk-Rathäusern im nördl. Ried (Berkach [= Groß-Gerau], Büttelborn, → Seeheim, → Trebur). Es entstand 1578–79 und wurde 1909 und 1926 erneuert. In beiden Geschossen befinden sich große Hallen mit Holzstützen; die Fenster des Obergeschosses sind mit reich geschnitzten (z. T. erneuerten) Fenstererkern versehen.

Das älteste **Fachwerkhaus** steht in der **Mainzer Straße** (**Nr. 4**, um 1470); Obergeschoß und Giebel entstanden in Ständerbauweise. Aus dem 17. und 18. Jh. stehen einige Fachwerkbauten in der Mainzer Straße und der Kirchstraße; **Kirchstraße 2** ist mit einem polygonalen Eckerker versehen.

UG

GROSSROPPERHAUSEN (G5) → **Frielendorf** (Schwalm-Eder)

GROSS-UMSTADT (Darmstadt-Dieburg E12)

Die in die nördl. Ausläufer des Odenwaldes eingebettete Stadt ordnet sich um einen großen rechteckigen Marktplatz. Der 741 als »Autmundistat« zuerst erwähnte Ort, seit 766 Besitzung der Abtei Fulda, erhielt um 1300 Stadtrechte, was seinen planmäßigen Ausbau bedingte. Verschiedene Territorialherren, darunter besonders Hanau und Kurpfalz, und mehrere Adelsfamilien teilten sich im Laufe der Jahrhunderte in den Besitz der Stadt. Sie errichteten innerhalb der Stadtmauer Schlösser und Höfe. Diese durch die eigenartige Situation bedingten Baugruppen bestimmen neben der Pfarrkirche noch heute das Bild der Ackerbürger-Siedlung. – Unter der Pfarrkirche liegen die Reste (1967 entdeckt) einer römischen Villa mit einer Badeanlage.

Ev. Pfarrkirche. Erste Erwähnung von St. Peter bereits 741. Um 850 Steinbau, dessen Reste 1968 ausgegraben werden konnten. Der massige W-Turm von ca. 1270, das steile Dach des pseudo-basilikalen Langhauses und der höher gezogene Chor ergeben eine geschlossene Silhouette. Die neben dem W-Turm zwischen 1490 und 1494 entstandene Kirche folgt dem Schema der Babenhäuser Pfarrkirche (das auch im nordöstl. [eingemeindeten] **Kleestadt** vertreten ist). – Im 3/8-Abschluß des Chorgewölbes Fresken mit Evangelistensymbolen und Ranken von 1490–94. Orgel mit Teilen der 1699 errichteten Orgel von Adam Ph. Schleich aus Bamberg. In der südwestl. Ecke des Langhauses 3 Verglasungen von 1857, ein Fenster an der südöstl. Ecke von Linnemann 1909. Zahlreiche Grabplatten (1969 wiedergefunden): z. B. Wambolt-Cronberg von 1496, Beseler 1491, Bommersheim-Praunheim 1533, Vigelius 1687.

Rathaus, 1604–06 unter Oberaufsicht des Werkmeisters Hans Marian aus Darmstadt erbaut. Die zum Markt gewendete Breitseite mit den beziehungsreich hier angebrachten Statuen der Klugheit und der Gerechtigkeit bildet mit der Kirche den nördl. Abschluß des Platzes. Das Prunkportal, die Seitengiebel und ein Zwerchhaus haben Gelegenheit gegeben, die zu Gebote stehende Ornamentik der Erbauungszeit auszubreiten.

Wambolt-Schloß. Der Adelshof, westl. des Marktes an einem von mächtigen Bäumen bestandenen Hof, ist als 3flügelige Anlage um 1600 erbaut (S-Flügel 1681). Die Renaissance-Giebel sind mit den Rathausgiebeln verwandt.

Pfälzer Schloß, an der SW-Ecke des ältesten Stadtkernes. Unterbau 15. Jh., barockisierende Aufstockung nach Brand von 1806.

Hanauisches oder **Darmstädter Schloß.** Ein Um- und Neubau schuf 1747 aus der ehem. hanauischen Burg des späten Mittelalters einen einheitlich wirkenden Bau mit Mansarddach. Das reizvolle Wappenrelief mit hanauischem Vollwappen und 2 Wappenschilden, Hanau und Lichtenberg, dat. 1465, an der Rückseite erinnert noch an die mittelalterl. Anlage.

GB

GRÜNBERG (Lahn-Dill E7)

Die Landgrafen von Thüringen gründeten 1186 die Burg an der Straße durch »die kurzen Hessen« und wohl gleichzeitig den 1222 als Stadt genannten Ort. Ende des 13. Jh. wurde die Neustadt angelegt und bald darauf mit der Altstadt vereint. Bei der hessischen Erbteilung 1567 kam Grünberg zu Hessen-Marburg, 1604 zu Darmstadt.

Schloß. Unter Verwendung von Gebäudeteilen des Antoniterklosters erbaute Eberdt Baldewein 1578–82 am nördl. Stadtrand das Schloß mit 2 Fachwerkgeschossen über einem massiven Erdgeschoß. Die Straßenseite wird von 2 Erkern gegliedert. Das Wappenrelief Wilhelms II. († 1509) auf der Hofseite legt nahe, daß die Landgrafen schon vor der Reformation Einfluß auf das Kloster genommen hatten. Die rückwärtigen Gebäude des 15. Jh., darunter auch die umgebaute **Kirche**, entstanden noch zu Zeiten des Klosters. Der östl. benachbarte **»Universitätsbau«**, ein stattliches 3geschossiges Fachwerkhaus (um 1500) mit angebautem Backhaus, gehört gleichfalls noch in die Zeit des Klosters; die Bestimmung als Lagerhaus ist nicht glaubhaft, vielmehr scheint es sich um einen Repräsentationsbau gehandelt zu haben.

Die **ev. Stadtkirche** wurde nach Einsturz 1846–52 von Landbaumeister Müller aus Gießen in romanisierenden Formen neu errichtet.

Die **Spitalkirche** in der Neustadt entstand 1723–33. – Benachbart steht das **Augustinerinnenkloster**, seit 1541 Spital. Es handelt sich um einen langgestreckten Fachwerkbau von etwa 1500 mit sich überkreuzenden Streben, z. T. durch ein Steingeschoß unterfangen.

Von der **Stadtbefestigung** steht außer geringen Mauerresten noch der **Diebsturm**, im NW der Altstadt um 1200 erbaut.

Das **Rathaus** wurde 1586–87 als Wohnhaus eines Amtmannes am Marktplatz erbaut; seit 1594 ist das Gebäude Rathaus. Die Farbigkeit des steinernen Erdgeschosses und des Renaissance-Fachwerks wurde wiederhergestellt. Die Fenster haben eine gemalte Rollwerkumrahmung erhalten, Fensterrahmen und Balken der Obergeschosse sind rot gefaßt. – **Alsfelder Str. 1/3** ist ein got. Doppelhaus aus dem 15. Jh., **Rabegasse 2** und **Markt 5** (1529) sind spätgot. Fachwerkhäuser. Hervorzuheben sind ferner **Markt 7** (1668 von Zimmermeister Daniel Kimmel) und **Winterpl. 4** (Altes Brauhaus, 2. Hälfte 18. Jh.).

Von Grünberg nach NW führt die Bahnlinie durch das Lumdatal nach Lollar (z. T. stillgelegt). Die **Bahnhofsbauten** von 1895 (Lollar bis Allendorf) bzw. 1902 (Allendorf bis Grünberg) sind noch erhalten; es handelt sich um ansehnliche 2farbige Backsteinbauten zweier verschieden großer Typen mit geringen Variationen.

UG

Lardenbach (F7)

Die **ev. Pfarrkirche**, 1657 erbaut und 1976 freigelegt, ist der älteste Bau aus der Gruppe der für das Gebiet des → Vogelsbergs charakteristischen Fachwerkkirchen. Ihre Konstruktion ist sehr eigentümlich. Bei 2geschossiger Fenstergliederung sind die Ständer wandhoch, die Streben dagegen geschoßweise angeordnet. Sie treffen an den Eck- und Bundpfosten in Form von Andreaskreuzen zusammen, wobei sich durch die Wiederholung Rautenmotive ergeben. Der Mitteldachreiter ist im Dachstuhl auf Deckenbalken und Außenwände abgestrebt. In der östl. Außenwand ist ein gotisierendes Dreipaßfenster erhalten (das Gegenstück rekonstruiert). Das Innere ist durch Entfernung des Chorbogens 1865 entstellt worden; erhalten ist die Mittelstütze, die den Längsunterzug für die Deckenbalken trägt und damit zugleich einen Teil des Gewichtes aufnimmt, das der Dachreiter ausübt. – Kanzel von Alexander Madern, 1657; Empore aus der Bauzeit, verändert.

DG

Klein-Eichen (F7)

Die **Kirche** von Klein-Eichen gehört zu den ältesten Fachwerkkirchen Hessens. Das profilierte Portal steht noch in got. Tradition (2. Hälfte 16. Jh.). Im Inneren blieb der hölzerne Triumphbogen zur Unterteilung des Kirchensaales in Gemeinde- und Altarraum erhalten.

UG

GRÜNINGEN (D8) → **Pohlheim** (Lahn-Dill)
GUSTAVSBURG → **Ginsheim-Gustavsburg** (Groß-Gerau C11)

GUXHAGEN (Schwalm-Eder G3)

Ehem. Benediktinerkloster und -kirche Breitenau

Werner v. Grüningen gründete 1113 das Kloster am linken Fulda-Ufer, nahe der Eder-Mündung, und berief 1119 Mönche aus Hirsau, nachdem er die erste Kirche St. Peter und Paul teilweise vollendet hatte. Abt Heinrich (1132–70) begann an anderer Stelle den großzügigen Neubau St. Maria, der in den O-Teilen 1143/45 geweiht werden konnte, dessen Fortführung sich aber bis über die Jahrhundertwende hinzog und nie abgeschlossen wurde. Die Apsis wurde 1502–08 gotisch ersetzt; gleichzeitig erhielt die Kirche den jetzt noch vorhandenen Dachstuhl. Nach der Aufhebung 1527 vielfache Verstümmelungen, während die großartigen Schloßbaupläne des Landgrafen Moritz dem 30jährigen Krieg zum Opfer fielen. Seitenschiffe, Nebenchöre und Fassadenoberteil hatte die Kirche schon eingebüßt, als 1874 der O-Teil zur Kirche für die Armenanstalt eingerichtet wurde, die man im völlig verbauten Mittelschiff unterbrachte. Seit 1949 Landesfürsorgeheim.

Es bleibt erstaunlich, wie die Würde des großartigen Bauwerks über alle Verstümmelungen hinweg sich durchsetzt. – Die Kirche war urspr. eine flachgedeckte Pfeilerbasilika; an das Querhaus und das 3schiffige Presbyterium schlossen sich Apsiden (»Paulinzeller Chorfigur«). Das Äußere schmückten Rundbogenfries und Halbsäulen an Nebenchören und Seitenschiffen. Vertiefte Blendfelder gliedern den Querhausobergaden. Am südl. Gaden des Mittelschiffes wechseln Halbsäulen und Halbpolygone; die Einteilung in 8 Felder paßt nicht zu den 7 Arkaden des Langhauses. Die reichere Gliederung des W-Baues erlaubt Schlüsse auf die Baugeschichte: Das Untergeschoß sah eine Doppelturmfassade vor; das 1. Obergeschoß deutet auf einen beabsichtigten Mittelturm hin. Beim 2. Obergeschoß kehrte man zur Doppelturmfassade zurück; auf das im 30jährigen Krieg verstümmelte Geschoß setzte der Historizismus 1898 doch einen – recht klobigen – Mittelturm. – Die Ornamentik – in den O-Teilen Schachbrettmuster – entwickelt sich nach W hin immer reicher: Verschiedene Schmuckformen, Fabelwesen und Jagdszenen zieren die Langhauskämpfer; noch reichere, z. T. figurierte Bildungen finden sich im W-Bau (Henricus-Kapitell). Die Arkadenrahmungen im Langhaus wechseln zwischen Schachbrett- und Rankenfriesen. Eine doppelte Drillingsarkade nach Oberkaufunger Art verband Mittelschiff und W-Bau, die Emporenarkade etwas eingezogen.

Im SW des Klosterbezirks, den z. T. noch die alte **Klostermauer** umgibt, erhielt sich die spätgot. **Zehntscheune** mit kräftigem Staffelgiebel.

DG

HABICHTSWALD (Kassel G2/3)

Dörnberg (G2)

Ev. Pfarrkirche. Der schlanke 5spitzige Turmhelm aus spätgot. Zeit bekrönt einen kraftvollen W-Turm, der wie der anschließende Saalbau im Mauerwerk noch aus roman. Zeit stammt. Zu dem 1509 angebauten Chor vermittelt innen ein Triumphbogen mit der Jahreszahl 1508. 1588 wurde das Langhaus erneuert: eine Mittelstütze trägt den Längsunterzug für die Flachdecke (1934). Der Chor ist in Sternform gewölbt; seine zahlreichen Schlußsteine sind figürlich behandelt (Maria, Evangelistensymbole, Heilige) oder mit Wappen geziert. Alle Darstellungen richten sich nach der Gewölbemitte aus. Noch bemerkenswerter sind die *Wandmalereien* aus dem frühen 16. Jh. Zu Szenen aus dem Marienleben treten verschiedene Heiligendarstellungen. Die Figuren sind frei gruppiert; die landschaftliche Umgebung ist locker skizziert.

DG

HADAMAR (Limburg-Weilburg B8)

Der 832 erstmals erwähnte Ort gelangte im 13. Jh. an die Grafen von Nassau. Nach der Erbteilung 1303 wurde Hadamar zur Residenz der älteren Linie der Grafen von Nassau-Hadamar erhoben (bis 1394). Graf Emicho erwirkte 1324 die Stadtrechte. 1557 fiel die Stadt an Nassau-Dillenburg. 1606-1711 war sie Residenz der jüngeren Linie Nassau-Hadamar. Graf Johann Ludwig baute ab 1612 das Schloß aus und legte die neuen Teile der Stadt in Schachbrettform um 3 Marktplätze an. 1815–66 war Hadamar im Besitz des Herzogtums Nassau, dann Preußens.

● Schloß

Ein Hof des Klosters Eberbach wurde von Graf Emicho 1323 aufgekauft und zur Wasserburg umgebaut. Nach einem Brand (1540) wurde 1566 der Wiederaufbau vorbereitet, jedoch im wesentlichen erst 1612–29 ausgeführt. Beteiligt waren der Baudirektor Joh. Hederich Sprenger, seit 1616 Joachim Rumpf, von dem Baupläne erhalten sind. Der N-Flügel entstand ab 1612, der O-Flügel 1614–17 und der S-Flügel 1622–29, nur letzterer als völliger Neubau. Ein gleichaltriger 2geschossiger Arkadenbau im W wurde um 1780 abgebrochen.

Das **Hauptschloß** ist eine 3flügelige Anlage der Spätrenaissance, die sich nach W öffnet. Der Hof ist von N her zugänglich. N- und O-Flügel bergen erkennbar noch spätgot. Teile; die Grundmauern mit den Lanzettfenstern auf der Außenseite, der Treppenturm mit Rundbogenfries und 2 Portale im Hof gehören hierzu (wohl von 1529–30). – Die 3geschossigen Flügel sind nur durch einfache Rechteckfenster gegliedert. Haupt- und Zwerchgiebel sind mit Rollwerk verziert. Die Räume wurden bis zum Dachgeschoß mit geometrischen Stuckdecken versehen (z. T. erhalten); Türen mit einfachen Profilen verbinden sie untereinander. Später, vermutlich nach der Berufung Rumpfs 1616, wurden einzelne rundbogige Portale mit einem nachgot. Profil versehen; diese Form findet sich im S-Flügel, am Hofeingang des O-Flügels, als Triumphbogen in beiden Geschossen der alten Kapelle (O-Flügel) und bei den Wirtschaftsbauten. – Offensichtlich wurde mit dem Bau des S-Flügels und der neuen Schloßkapelle gleichzeitig auch die alte Schloßkapelle erneuert. Die *neue Kapelle* trägt mit ihren doppelten Emporen und Beschlagwerkschnitzereien deutlich protestantischen Charakter, während die *alte*, nun doppelgeschossig erneuerte *Kapelle* mittelalterl. Anlagen entspricht. Diese Maßnahme wie auch die Verwendung nachgot. Formen finden ihre Erklärung im Übertritt des Grafen zum kath. Glauben, während die Gräfin calvinistisch blieb – es wurden also 2 Schloßkapellen benötigt. – Am W-Ende des S-Flügels liegt die malerische *Schloßküche* mit hohen Säulen und tief heruntergezogenem Kamin. Nach einer barocken Aufstockung nimmt der Treppenturm am S-Flügel die Funktion eines Schloßturmes ein.

Zahlreiche Räume, insbesondere des S-Flügels wurden 1698–1700 bzw. 1705–10 neu ausgestattet; dabei erhielten sie Stukkaturen aus der Werkstatt Eugenio Castellis. Unter den Deckenmalereien sind die Bilder im Balkonzimmer innerhalb eines Kreuzgewölbes (Putten vor Landschaften) hervorhebenswert. Urspr. war das gesamte Schloß – sowohl die Renaissance-Teile als auch der barocke Stuck – ausgemalt; die Renaissance-Portale hatten gemalte Giebel und Gewände, auch gemalte Quader und Pilaster lassen sich feststellen.

Im S schließen der **Marstallhof** (1619–25) und der **Fohlenhof** (1625–27) an den Schloßkomplex an.

Kath. Liebfrauenkirche (ehem. Pfarrkirche), auf dem Friedhof dicht an der Elbe gelegen. Die niedrige 3schiffige Hallenkirche wurde kurz vor 1379 erbaut und durch eine Stiftung der gräflichen Stadtherren gegen 1450 um das östl. Joch und den Chor erweitert. Gleichzeitig erhöhte man das Mittelschiff, das ein Netzgewölbe mit figürlichen Schlußsteinen und plastisch verzierten Rippen erhielt. Die Emporen neben dem W-Turm besitzen reiche Maßwerkbrüstungen. Im Barock entstand eine neue Ausstattung. Den Hochaltar (1738) und die Kanzel (1743) schuf der Bildhauer Martin Volck, ein Hauptvertreter der »Hadamarer Schule«.

Kath. Pfarrkirche St. Johann Nepomuk (ehem. Jesuitenkirche). 1630 wurde das Jesuitenkollegium gegründet. Der Laienbruder Franz Xaver Pfisterer aus Tirol entwarf die 1753–55 erbaute Saalkirche. Der Chor mit gotisierenden Formen und der W-Turm wurden 1898 angefügt. Die Ausstattung gehört einheitlich der Rokokozeit an. – Die **Klostergebäude** entstanden 1756–57, das gegenüberliegende **Jesuitengymnasium** 1764.

Die **Herzenbergkapelle** von 1675–76 auf dem »Hirtzberg« nördl. der Altstadt ist eine kleine Wallfahrtskapelle, ein 8eckiger Zentralbau. 1690–91 wurde das länglich-8eckige Schiff angefügt und ein neuer Altar gestiftet. Die Vorhalle stammt von 1860. In der Kapelle setzte man die Herzen von 4 nassauischen Fürsten bei.

Das **Franziskanerkloster** wurde 1816 aufgehoben. Die **Kirche St. Ägidien**, 1658–66 in nachgot. Formen erbaut, ist innen völlig umgebaut, seit das Kloster als Psychiatrisches Krankenhaus dient.

Bischöfliches Konvikt (jetzt Musisches Internat). Die Gründung des Schülerheims des Bistums Limburg (= Konvikt) 1852 geht auf eine Stiftung Clemens Brentanos zurück. 1903–05 entstand der schloßartige Neubau auf dem Hexenberg westl. über Hadamar, eine 3flügelige Anlage mit wuchtigen Rundtürmen an der Frontseite. Architekt war Jakob Fachinger aus Limburg.

● Die Stadtanlage ist trotz starker Verunstaltungen bedeutend. Der mittelalterl. Ort umgab gleichmäßig auf 3 Seiten die Burg; nur das **Limburger Tor** blieb im S erhalten. Nach 1607 kaufte Graf Johann Ludwig von Nassau weite Teile der Altstadt auf und ordnete einen nach N verschobenen Neubau der Stadt mit rasterförmigen Straßen und Plätzen an. Steuererleichterungen und Strafandrohungen gaben seinen Absichten entsprechenden Nachdruck. Nur 3 mittelalterl. Straßen blieben übrig. An den neuen Plätzen entstanden prunkvolle **Fachwerkhäuser.** Hervorzuheben sind: Untermarkt 1, seit 1818 **Rathaus**; es wurde 1639 erbaut; die Vorhalle stammt von 1643. **Schulstr. 15/17** entstand um 1676; am Mittelerker des Doppelhauses erkennt man Adam und Eva mit der Schlange; auch die Fenstererker sind mit Schnitzfiguren versehen. Weitere barocke Häuser sind **Schulstr. 2**, **Nonnengasse 1** (1641, ehem. Rathaus) und **Borngasse** 7 (1694, nicht 1604) mit Mittelerker und hervorragender Haustür, von Statuen gerahmt.

Die 4bogige **Elbbrücke** von 1571 wurde 1740 verbreitert. Die *Nepomuk-Figur* gehört der 2. Hälfte des 18. Jh. an.

UG

HAIGER (Lahn-Dill B6)

Haigrahe, vielleicht ein Freibauernhof, wird 778 bezeugt. Ein fränkischer Königshof bestand um 900. Doch erst im späten 14. Jh. ist Haiger Stadt und teilt seit damals die Geschicke von Nassau-Dillenburg. – Von der Befestigung ist kaum etwas erhalten.

Ev. Pfarrkirche St. Maria. Schon 914 bestand eine Taufkirche. Der spätgot. Bau bewahrt nur im W-Turm roman. Reste. Das östliche der 3 Langhausjoche (Querschnitt pseudobasilikal) ist durch $^3/_8$-Konchen querhausartig erweitert. Der $^3/_5$-Schluß des gestreckten Chors erhebt sich über einer 5eckigen Krypta.

Im Chor eine *spätgot. Ausmalung* – vor 1512 (von Jan van Leyden?) – von ungewöhnlicher Vollständigkeit. Über einer breit erzählten Passionsfolge in üppigen Architekturrahmen sind ringsum an den Wänden die Apostel dargestellt; im Gewölbe das Jüngste Gericht und begleitend Engel. Die reiche Rankenmalerei um die Schlußsteine breitet sich noch über das ganze östl. Mittelschiffsjoch aus. Die Farbskala ist reich und hell – Grün und Gelb fallen sehr ins Gewicht –, gedämpft, aber ungebrochen. – Orgel (1730–32 von Florenz Wang), Kanzel und Gestühl barock.

Rathaus 1830 von Eberhard Philipp Wolff. Die Front wird durch einen flachen Risalit mit Giebel betont.

DG

HAINA (Kloster) (Waldeck-Frankenberg E4)

Ehem. Zisterzienserkloster ●

Graf Poppo v. Reichenbach gründete um 1140 ein Kloster in Aulesburg, das er mit Zisterziensern aus Altenkamp besetzte. Doch wollte es nicht gedeihen, bis der Abt um 1204 die Verlegung des Klosters nach Haina erreichte. Notbauten wurden errichtet, so daß 1221 die Translatio erfolgen konnte. Die erste Weihe der Kirche, bereits 1224, bezog sich wohl auf den Unterbau von Chor und Querhaus. 1254 scheint der O-Bau fertig gewesen zu sein; eine unverbürgte Nachricht nennt 1328 als Jahr des Bauabschlusses. – Das Kloster wurde 1527 aufgehoben und von Philipp d. Großmütigen in eine Anstalt für Geisteskranke, die erste ihrer Art, umgewandelt.

Klosterkirche. Im Äußeren wenig verändert, im Inneren hervorragend erhalten, stellt die Kirche von Haina eines der wichtigsten Zeugnisse deutscher Zisterzienserbaukunst und zugleich deutscher Frühgotik dar. Die kunstgeschichtliche Stellung ist durch die frühe Annahme des Hallenplanes ausgezeichnet (vor 1254, die Priorität gegenüber Marburg ist umstritten). Entscheidendes Erlebnis ist die Einheitlichkeit und Harmonie des wundervollen, farbig gefaßten Raumes, der in dem Maßwerk der großartigen Fenster den Hauptteil der originalen Glasgemälde erhalten hat. In der Geschlossenheit dieses rein got. Raumes ist die Hainaer Kirche in ganz Deutschland unübertroffen. – Chor und Kreuzflügel sind überquadratisch und in je 2 Joche unterteilt; abgebrochen wurden die je 3 Querhauskapellen im N und S. Das anschließende Hallen-Langhaus hat 9 Joche; zwischen dem 3. und 4. Joch von O trennt der Lettner Mönchs- und Laienbrüderkirche.

Ä u ß e r e s. Zisterziensischer Gepflogenheit entsprechend war der Bau turmlos bis auf einen Dachreiter, an dessen Stelle 1889 ein wenig glücklicher Vierungsturm trat. Der nahezu fensterlose Unterbau trägt ein Hauptgeschoß, dessen hervorragender Schmuck die Maßwerkfenster sind. Nur die Seitenwände des Chores tragen noch einen Rundbogenfries, doch ohne Lisenen. Reiche Maßwerkblenden zieren die Giebel. Am Langhaus füllen die Fenster breiter den Raum zwischen den Strebepfeilern, die erst über dem Kaffgesims beginnen. Zwischen dem 5. und 4. Joch von W zeigt sich im Fenstermaßwerk deutlich der Umbruch zwischen älterer und jüngerer hochgot. Form; diese bestimmt die reiche, aber etwas spitzige Erscheinung der W-Front mit Wimpergportal und großem W-Fenster, beide von kleineren Fenstern flankiert. Der breite W-Giebel verdankt sein endgültiges Bild erst einem Umbau vom Ende des 14. Jh.

Inneres. Ein Rundbogenportal mit dem Kreuzeslamm im Bogenfeld führt aus dem Kreuzgang ins östl. Langhausjoch. Wir durchqueren die hohe Halle und gelangen in die Vierung, den Mittelpunkt des Raumes, die den besten Überblick bietet. Erst über dem wenig gegliederten Unterbau entfaltet sich allseits die reiche Architektur. Den O-Bau umkreist ein Laufgang vor den tiefen Fensternischen. Auf Konsolen, an denen u. a. die Evangelistensymbole angebracht sind, setzen die Dienste an. In reichen, aber schmalen Profilen entfalten sich die Gewölbe. – Unübertrefflich sind die beiden großen *Prachtfenster* nach O und N. Die Teilung in 2 Spitzbogen unter einem Kreis wiederholt sich ein zweites Mal in den kleineren Spitzbögen. Der Hauptkreis des O-Fensters ist mit 7 Sechspässen ausgesetzt. Vorbild waren die 4teiligen Maßwerkfenster am Langhaus der Kathedrale von Amiens. Die übrigen Fenster sind 2teilig; anstelle des Kreises treten im Langhaus 3 Dreipässe in den Bogenscheitel. Ungewöhnlich ist die Anordnung einer pyramidalen Dreiergruppe von schmalen Fenstern in der südl. Querhausstirnwand.

Die Vierungspfeiler sind kreuzförmig mit vorgelegten Halbsäulen und eingestellten Diensten; im Langhaus die auch in Marburg verwendeten Rundpfeiler mit 4 Diensten. Nur sind die dem Mittelschiff zugewandten Dienste nach zisterziensischer Art auf Konsolen abgekragt. Die schmalen Blattwerkzonen der Kapitelle und Konsolen zeigen phantasievolle Erfindungen. Zwischen dem meist pflanzlichen Ornament zeichnen sich einige Konsolen mit hockenden Hunden aus. Die ersten Schlußsteine der Laienbrüderkirche (ab 4.

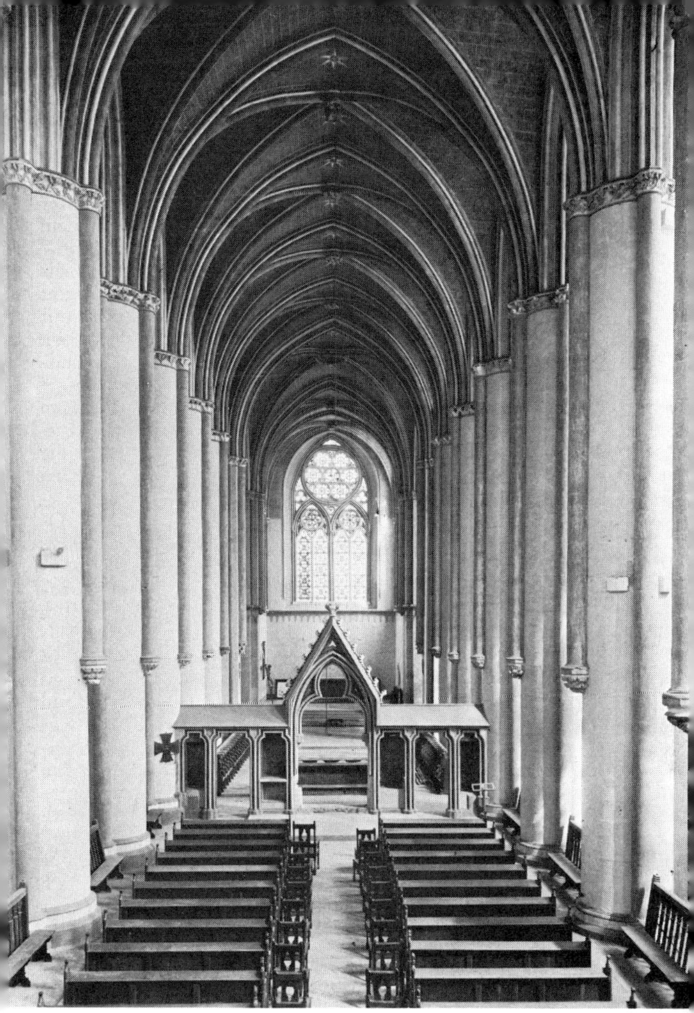

Haina. Ehem. Klosterkirche. Inneres gegen Osten

Langhausjoch von O), etwa um 1280/90 entstanden, sind figürlich verziert; freiplastisch entwickelt sich die Madonnenfigur, von Weihrauchengeln in den Seitenschiffen begleitet. – Das 3teilige W-Fenster bringt eine dem O-Bau ebenbürtige, aber fortgeschrittene Form: es füllt den Spitzenkreis mit einem Kranz von 5 größeren und 5 kleineren Dreipässen, die einen kehligen Fünfpaß rahmen.

Mönchs- und Laienbrüderkirche trennt der gleichzeitige *Lettner.* Aus einer Reihe teils geschlossener, horizontal abgedeckter Felder erhebt sich der große mittlere, übergiebelte Spitzbogen. Nur der Mittelteil steht von Anfang her an dieser Stelle; im südl. Seitenschiff überschneidet der Anschlußteil ein Wandgemälde der hl. Katharina aus dem 14. Jh. – 1938 gelang die Feststellung der urspr. *farbigen Fassung*, an die sich die Wiederherstellung in lockerer Form anlehnte. Weiß beherrscht Wandflächen und Pfeiler, Gelb neben Schiefergrau die Dienste, Backsteinrot mit weißen Fugen die Gewölbe, deren Kappen 6zackige weiße Sterne auflockern. Diesen Farbklang ergänzt ein lebhaftes Grün auf dem Laubwerk der Ornamente. Das Untergeschoß schließt ein ringsumlaufender Fries ab, im Chor rundbogig, in Quer- und Langhaus mit Kleeblattbögen. Schürfungen 1976/77 bilden die Grundlage einer geplanten exakten Wiederherstellung der alten Farbfassung. Ein großer Formreichtum entfaltet sich in den Teppichmustern der graugrünen Glasfenster. In der Rose des O-Fensters nennt sich der Glasmaler »Lupuldus frater«. Figürlich gestaltet ist nur die große W-Rose; Kreuzigung, bez. 1335.

Ausstattung. Das Wandtabernakel im Chor schuf wohl Tyle von Frankenberg um die Mitte des 14. Jh. – An den Chorstühlen des 13./14. Jh. erscheinen Tiere und Masken in guter Schnitzarbeit. – Im Anfang des 16. Jh. entstand das monumentale, charaktervolle Kruzifix. – Verschiedenen Ziegenhainer Grafen sind *Grabsteine* gesetzt, darunter auch dem Letzten des Geschlechts, Johannes II. († 1450), aus dessen Erbe die Grafschaft Ziegenhain an Hessen überging. Den feinen Reliefgrabstein des Heinrich (?) v. Löwenstein schuf um 1510 der Meister der Hankratschen Kreuzigung (vgl. Fritzlar). Von historischem wie künstlerischem Interesse ist der Grabstein des Obervorstehers Heinz v. Lüder († 1559), des Verteidigers von Ziegenhain. Der Meister, Philipp Soldan, schuf auch das programmatische Gedenkrelief der Klosterreformation mit Landgraf Philipp und der hl. Elisabeth, 1542. 2 weitere Grabsteine, 1573 und 1606, entstammen der Herber-Werkstatt.

Die Umwandlung in eine Heilanstalt hatte zur Folge, daß das **Kloster** dem Abbruch entging. Der **Kreuzgang** entstammt mit dem O-Flügel dem späten 13., mit S- und W-Flügel dem 14. Jh.; der N-Flügel wurde erst 1858 wiederaufgebaut, Einwölbung 1892–96. Reizvolle 2schiffige Räume schließen sich an: im O nördl. der

Kapitelsaal (3 Joche) mit Achteckstützen für die Rippengewölbe und 3teiligen Maßwerkfenstern zum Kreuzgang; südl. des Durchgangs das *Auditorium* (3 Joche) mit Gratgewölben auf Rundpfeilern. Das *Refektorium* am S-Flügel (5 Joche) dient als Winterkirche: Rundpfeiler tragen Rippengewölbe, aufgestecktes Blattwerk umgibt 2zonig die Kapitelle. Das Altarbild, Christus am Ölberg, schuf Joh. Heinrich Tischbein 1788. – Der W-Flügel, mit Erweiterung des 15. Jh., wurde großenteils im 19. Jh. verändert.
Den Kern der jüngeren Anstaltsgebäude bildet das **Psychiatrische Krankenhaus** von 1885 mit großzügiger Gliederung und neuzeitlich-historisierenden Detailformen.

DG

HALLENBURG, Schloß → **Schlitz** (Vogelsbergkreis H7)
HALLGARTEN (B11) → **Oestrich-Winkel** (Rheingau-Taunus)

HANAU (Main-Kinzig E10)

Südöstl. der Stadt, bei Großkrotzenburg, begann der nördl. Teil des obergermanischen Limes. Unter dem Vorort Kesselstadt liegen die Reste des größten rechtsrheinischen römischen Kastells; daneben ist ein Militärbad auf dem alten Friedhof zugänglich.
Auf einer Kinzig-Insel lag die 1234 zum ersten Male genannte Burg der Herren v. Hanau. Sie gab den Anlaß zur Gründung einer Stadt, die i. J. 1303 Stadtrechte erhielt. – Bis zum Ende des 16. Jh. veränderte sich das Bild der kleinen Ackerbürgerstadt kaum. Da brachte ein unvorhergesehenes Ereignis einen lebhaften Baubetrieb vor den Toren: Graf Philipp Ludwig II. v. Hanau und seine Vormünder erlaubten 1597 Religionsflüchtlingen aus den Niederlanden den Bau einer neuen Stadt. Diese »Neustadt«, ein typisches Beispiel einer auf dem Reißbrett entworfenen Anlage der Renaissance mit einem regelmäßigen rasterförmigen Straßennetz und bastionierter Umwallung, entstand nach dem Plan von Nicolas Gillet in wenigen Jahren, ähnlich den ebenfalls von Glaubensflüchtlingen gegründeten Städten Pfalzburg, Freudenstadt, Mannheim, Lixheim, Mühlheim a. Rh. und Glückstadt. Die Vertriebenen brachten Handel und Industrie (1661 Gründung der ersten deutschen Fayencemanufaktur, bedeutendes Goldschmiedegewerbe, das bis heute einen internationalen Ruf hat). – Die Vereinigung der Grafschaften Hanau-Münzenberg (in der Wetterau und im Kinzigtal) und Hanau-Lichtenberg (in Baden und im Elsaß) 1642 brachte neuen Aufschwung, der 1701 sichtbar im Bau des großen Schlosses Philippsruhe am Main seinen Ausdruck fand.
Nach dem Aussterben des reichen Reichsgrafengeschlechts und dem Übergang der Grafschaft an Hessen-Kassel und Hessen-Darmstadt (1736) fand die Stadt in dem Erbprinzen Wilhelm IX. (später

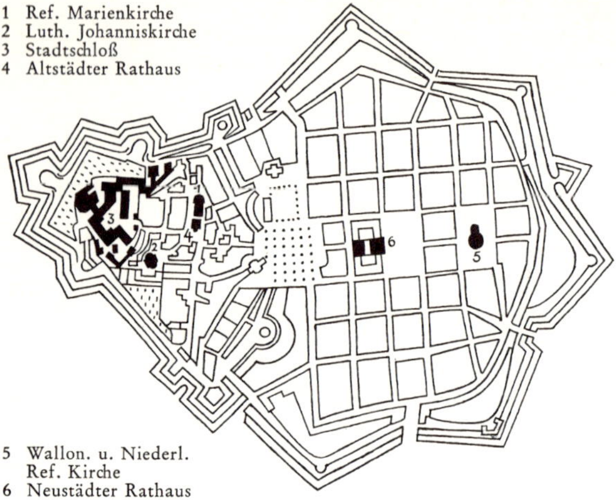

Hanau. Stadtanlage im 18. Jh.

Landgraf und Kurfürst) von Hessen-Kassel, der den hanauischen Landesteil von seinem Regierungssitz Hanau aus selbständig verwaltete, einen baufreudigen Gönner. Ihm verdankt man u. a. den riesigen »Paradeplatz« zwischen Alt- und Neu-Hanau und eine große Kur- und Badeanlage, das »Wilhelmsbad«, vor der Stadt. – Alle Häuser der Alt- und Neustadt Hanau, sämtliche Kirchen und öffentlichen Gebäude gingen in den letzten Wochen des 2. Weltkriegs zugrunde. Einige historische Gebäude konnten unter Benutzung der Außenmauern wiederaufgebaut werden. – Hanau ist Geburtsort der Brüder Grimm (Jacob 1785–1863, Wilhelm 1786–1859); ihr Bronzedenkmal steht auf dem Neustädter Marktplatz. Auch der Komponist Paul Hindemith (1895–1963) wurde hier geboren.

Altstadt

Ev. Marienkirche (Pfarrkirche der Altstadt)
Vom Anfang des 14. Jh. ist der untere Teil des Turmes erhalten. Nachdem der Begräbnisplatz der Hanauer Grafen vom Kloster Arnsburg in den Chor der alten Kirche verlegt und bevor die Kirche zu einem halben Kollegiatstift erhoben worden war, erhielt sie 1485–92 einen Chorneubau.
Das Äußere des Chores mit schlanken Strebepfeilern

und steilem, pyramidenförmigem Dach (neuer Dachstuhl 1961) bietet sich in strenger Einfachheit. Die Proportionen des Langhauses erscheinen etwas derb. – Im Inneren gewinnt der Blick vom Schiff durch den niedrigeren Triumphbogen in den Chor den geschlossenen Eindruck eines spätgot. Raumes. In seinem reichen Netzgewölbe sind an den Schnitt- und Gabelpunkten der Gewölberippen 50 genealogisch geordnete Wappen angebracht. Die Steinmetzarbeiten am Chor führte Siegfried Ribsche aus Büdingen aus, der vielleicht auch der Architekt dieses Bauteils war. – Das früher 3schiffige Langhaus, 1449–54 erweitert und 1558–61 in der Höhe dem Chor angepaßt und mit Emporen versehen, wurde nach dem Brand von 1945 unter Verwendung der Umfassungsmauern als Halle wiederaufgebaut.

Zur Ausstattung gehören die Reste spätgot. *Glasmalerei* im Chor, darunter ein Fenster mit dem hl. Georg und der Pietà, dem »Meister WB« zugeschrieben. Vom Hausbuchmeister stammt eine kleine Kabinettscheibe mit einem Wappenpagen. – Die mittelalterl. *Grabsteine* sind durchweg heraldisch mit in Bronze aufgesetzten Wappen und Inschriften wie die Grabplatten der Hanauer Grafen in Babenhausen, sicher in Nürnberg angefertigt. Das Epitaph der Adriane v. Nassau († 1477) zeigt eine feingliedrige Frauenfigur. Erhalten sind Reste der Denkmäler mit lebensgroßen Standbildern in Nischenarchitektur, die für Mitglieder des Grafenhauses im 16. Jh. an der S-Wand des Chores aufgestellt wurden: Philipp III. († 1561) und Helene von der Pfalz († 1579) von Johann von Trarbach aus Simmern.

Im Inneren des rippengewölbten **ehem. Kapitelhauses** (Sakristei) Wandmalereien mit den hll. Kosmas und Damian. – Außen am nördl. Eckstrebepfeiler gutes Monstranzrelief, das den Vorbeigehenden die Stelle des verschollenen Sakramentshauses anzeigen sollte, vermutlich von Siegfried Ribsche.

Luth. Johanniskirche. Nach Entwurf von Joh. Wilhelm aus Frankfurt 1658–63 mit gotisierenden Maßwerkfenstern als schlichte Halle erbaut, 1727 nach W erweitert. Den stattlichen Turm mit Abschlußbalustrade fügte der Hanauer Architekt Joh. Ph. Dreyeicher 1679–91 an. – 1957 ohne den Erweiterungsbau von 1727 unter Benutzung der alten Umfassungsmauern wiederaufgebaut, noch ohne Turmhelm.

Altstädter Rathaus (Deutsches Goldschmiedehaus). Das breit gelagerte, 1537/38 errichtete und 1957 in der Fachwerkfront wiederhergestellte Gebäude nimmt eine Seite des bis 1945 von Fachwerkgiebelhäusern umstandenen Marktplatzes der Altstadt ein. Als Baumeister wird Konrad Speck genannt;

Steinmetzarbeiten u. a. von Hans von Gießen, Johann von Lich, Peter von Aschaffenburg. Auf einem steinernen Untergeschoß sind zwischen hohen Staffelgiebeln 2 doppelt vorkragende Fachwerkgeschosse mit 2 mehrfenstrigen Erkern eingespannt. – Eingangstür oberhalb einer 2läufigen Freitreppe von 1742, Seitenportal 18. Jh. in zweiter Verwendung.

Auf dem Marktplatz steht der **Justitiabrunnen** von 1611, der in Konkurrenz zu den seit 1605 errichteten 4 Marktbrunnen der Neustadt von Konrad Büttner aus Büdingen (bes. tätig am Offenbacher Schloß) geschaffen wurde. Am Neustädter Marktplatz ist nur ein 1616 datierter Brunnen vom gleichen Meister erhalten.

Stadtschloß. Die aus staufischer Zeit stammende Wasserburg wurde 1829 abgerissen. Von den Bauten des 18. Jh. ist nach dem Brand 1945 nichts mehr erhalten. – Das **ehem. Regierungsgebäude** (Kulturhaus, 1685–91) und der **ehem. Marstall** (Stadthalle, 1713) von J. L. Rothweil wurden nach 1945 wiederaufgebaut; gutes, reliefverziertes Seitenportal. – Teile des **Schloßgartens** sind schon um 1765 als englisches »Bosquet« angelegt.

Stadtmauerreste mit Wehrgang sind an der Schlenkergasse und hinter der Bangertstraße sichtbar, ein Rundturmrest an der Nordstraße.

Neustadt

Niederländisch-Wallonische Kirche. Die ideale Lösung einer auf einen Kanzelaltar bezogenen prot. Predigtkirche, ausgehend von den nirgends mehr auf uns gekommenen Rundtempeln der Hugenotten, fand in Hanau eine ausgeprägte Form. (Vgl. auch die ähnliche 8eckige Marekerk in Leiden/Niederlande von 1639–49.) Der Grundstein wurde 1600 gelegt. Ein kleiner 8eckiger Zentralbau, ehem. für die niederländisch sprechenden Einwanderer, und ein größerer 12eckiger Zentralbau für die französisch sprechenden Wallonen wurden aneinandergeschoben und zu einer Doppelkirche vereinigt. Als Architekten werden René Mahieu, Johann d'Hollande und Daniel Soreau genannt. – Im Inneren trugen Sandsteinsäulen, zwischen die Emporen gespannt waren, flache Kassettendecken und die darüber aufsteigenden Konstruktionen des den äußeren Eindruck bestimmenden hohen Daches mit Zwerchgiebeln und Dachreiter. – 1958 wurde die Niederländische Kirche wiederaufgebaut; die Wallonische Kirche ist Gedenkstätte.

Neustädter Rathaus

Auf der N-Seite des Marktplatzes war eine Lücke frei gelassen worden, in der von dem hanauischen Baudirektor Christ. Ludw. Hermann 1725–33 ein Rathaus errichtet wurde. Es stand bis 1945 inmitten von Renaissance-Häusern aus der Gründungszeit der Neustadt (nur Portal der Hofapotheke, um 1600, gerettet; am Haus Markt 7 Inschrifttafel vom erstgebauten Haus der Neustadt von 1597) und ist heute hufeisenförmig vom Neubau des Rathauses von Theo Pabst eingefaßt.

Das ganz mit Sandsteinen verblendete Gebäude in strengen Formen des Hochbarock hat gute Proportionen. Über Arkaden im Erdgeschoß eisernes Balkongitter mit Wappen der Neustadt, im Frontgiebel neben den Allegorien des Friedens und der Gerechtigkeit Doppelwappen Hanau-Lichtenberg und Brandenburg-Ansbach.

Vom gleichen Baumeister stammt auch das 1722 errichtete **Frankfurter Tor.** Das breite, doppelstöckige ehem. Walltor mit 3 Durchgängen gehört zu den wenigen erhaltenen hochbarocken Stadttoren; im Frontgiebel gut durchgeführtes Doppelwappen.

Schloß Philippsruhe •

Die Sommerresidenz der Grafen v. Hanau am Main-Ufer, 2 km vom alten Schloß entfernt, trägt den Namen des Bauherrn: Philipp Reinhard v. Hanau legte 1701 den Grundstein für den großzügigen Schloßkomplex, der in seiner Gesamtdisposition zu den frühesten deutschen Beispielen der Nachahmung des Versailler Schloßschemas mit einem hufeisenförmigen Ehrenhof und anschließenden langen Flügeln gehört (am nächsten verwandt ist das französische Schloß Clagny). J. L. Rothweil, der später die Schlösser in Weilburg, Arolsen und Neuwied baute, war der Planleger. Er wurde bald von dem Ingenieur Jacques-Ant. Vith Girard aus Paris als Bauleiter abgelöst, der sicher auch der Urheber der Stuckentwürfe für die Säle war, die von Eug. Castelli und Ant. Genone ausgeführt wurden. Für Rothweil besonders charakteristisch sind die Eckpavillons am Hauptbau und an den vorgelagerten Wirtschaftsflügeln. – Der Umbau von 1875–78 verbreiterte den Mittelbau in die Tiefe und nötigte ihm eine zu schwere Kuppel auf; die Altane mit der Eingangsrampe wurde vorgelegt.

Im Inneren ist nur im S-Flügel der *»Weiße Saal«* mit klassizist. Stuckdekor der umfassenden Ausräumung entgangen. Die historisierend in verschiedenen Stilformen 1875 ff. reich ausgestatteten Festräume – als **Museum** genutzt – gewinnen als selten so rein erhaltene Beispiele dieser Zeitepoche an Bedeutung.

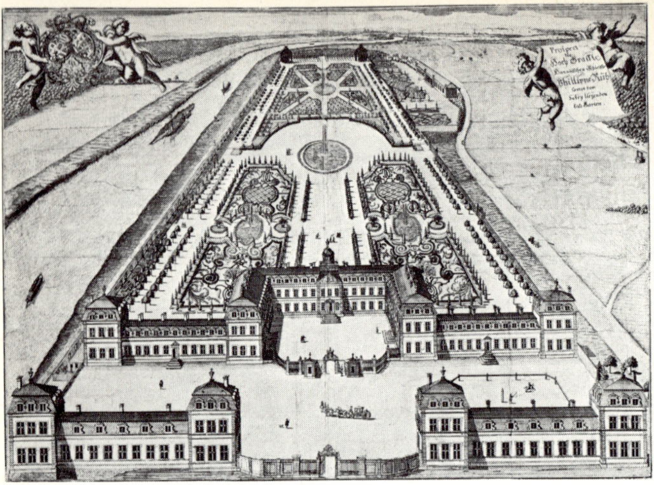

Hanau. Schloß Philippsruhe
Stich von P. Fehr nach Zeichnung von J. D. Fütcken

Der große **Park**, ehem. im französischen Stil mit Rampen und Terrassen angelegt, wurde im 19. Jh. in einen englischen Park umgewandelt. – Vom Schloß Philippsruhe gehen 3 lange Alleen aus, von denen eine nach O zur Stadt führt. Von den 2 nach N gerichteten Straßen endet eine in der 1715 gegründeten und mit einer Mauer umzogenen **Fasanerie** und die andere vor der Burgruine im Park des Wilhelmsbades.

● Wilhelmsbad

Seit 1777 wurde unter besonderer Anteilnahme des Erbprinzen Wilhelm IX. von Hessen von Fr. Ludwig v. Cancrin an einem 1709 entdeckten Gesundbrunnen eine große Kur- und Badeanlage erbaut, die im 18. Jh. mit ihren Gebäuden und Einrichtungen zu den bedeutendsten Schöpfungen dieser Art in Deutschland zählte und bis zu den Befreiungskriegen eine große Blütezeit erlebte. Gleichzeitig wurde von Cancrin um die Gebäude ein reizvoller englischer Park angelegt, der in nächstem Wettstreit mit Wörlitz und Schwetzingen steht und als Vorstufe für die englische Parkgestaltung in Wilhelmshöhe bei Kassel gelten kann.

Mittelpunkt der an einer Straße aneinandergereihten Gebäude ist der **Arkadenbau**, 1778 begonnen und 1780 erhöht. Symmetrisch nach beiden Seiten geordnet sind je **2 Pavillons** und je ein langgestreckter **Remisenbau**. Während die hohen Mansarddächer einen altertümlichen Charakter be-

wahren, ist die Gesamtordnung der Gebäude mit ihrer lockeren Gliederung ohne auf sie zuführende oder von ihr ausgehende Achsen inmitten des weiträumigen Parkes, der sich unmerklich in die Landschaft verliert, neuartig im Sinne des »romantischen Klassizismus«. – Vor dem **ehem. Badehaus** trägt der **Brunnentempel** von 1779 einen Äskulap und Putten von J. J. Juncker aus Mainz.
Im **Park** reizvolles Theater, **Comoedienhaus** genannt, ein schlichter Steinbau (1781), nach innerer Wiederherstellung genutzt; Anbau von Ferdinand Kramer 1969. Feststehendes **Karussell** (1779), das einzige seiner Art, eine **Eremitage** (1783) und eine künstliche **Burgruine** (1779/80) mit rundem Saal, die Erbprinz Wilhelm als Wohnung benutzte. Der Stuck des Saales steht in Zusammenhang mit dem Schlößchen Schönbusch bei Aschaffenburg. Die mehrstöckige Ruine, einer der frühesten Bauten dieser Art in Deutschland, nach dem Vorbild von Shrubs Hill in England, war eine Hauptattraktion des mit allerlei Spielereien ausgestatteten Parks. In der Löwenburg in Wilhelmshöhe wurde die Idee der künstlichen Ruine von Wilhelm IX. weiterentwickelt.

Das **Historische Museum** der Stadt Hanau ist im Schloß Philippsruhe untergebracht. Bedeutungsvoll sind provinzialrömische Funde. Neben kulturhistorischen Beständen gibt es eine Sammlung von Hanauer Fayencen und Bilder von Malern der 1772 gegründeten Hanauer Zeichenakademie sowie Zeugnisse der Hanauer Goldschmiedekunst. *GB*

Steinheim am Main (E10)

Auf einem flachen Basaltrücken, der dem Ort den Namen gab, lag in der Stauferzeit eine Burg über dem Main; zwischen ihr und der Pfarrkirche, etwa 900 m nördl. in der Main-Niederung, zog sich die alte Siedlung hin. 1320 erhielt Gottfried V. v. Eppstein von König Ludwig das Recht, sein Dorf Steinheim zur Stadt zu machen. Südl. der Burg entwickelte sich nun die befestigte Stadt (Ober-)Steinheim, während sich um die alte Pfarrkirche das Dorf (Nieder-)Steinheim zusammenschloß. 1425 kaufte Konrad v. Daun, Erzbischof von Mainz, Burg, Stadt und Amt Steinheim; seitdem war die zum Schloß umgebaute Burg mainzische Sommerresidenz und Amtssitz. 1802 kamen Stadt und Amt an Hessen-Darmstadt. 1938 wurde das alte Städtchen mit dem Dorf zur Stadt Steinheim vereinigt und 1975 nach Hanau eingemeindet.

Schloß. Bald nach der Erwerbung durch Mainz wurde die staufische Burg, von der spätroman. Kapitelle erhalten blieben, prächtig umgebaut (noch teilweise in den Untergeschossen des schlichten Schloßgebäudes zu erkennen). 1804 wurde der Bau von Prinz Georg von Hessen durch eine vorgesetzte neue Main-Front vereinfacht. Gutes Renaissance-Portal an einem Treppenturm, dat. 1572. Der freistehende stattliche *Bergfried* aus der 1. Hälfte des 15. Jh. übertrifft an Wucht seinen etwa gleichaltrigen Bruder, den Eschenheimer Turm in Frankfurt. Weithin ist die Steinpyramide, die ihn bekrönt, mit den 4 über den Zinnenkranz vorkragenden Türmchen in der Main-Ebene sichtbar. – Im Hauptbau ist das **Museum** der Stadt untergebracht mit seiner Sammlung vorgeschichtlicher und römischer Funde, ortsgeschichtlicher Dokumente u. a.

Kath. Stadtpfarrkirche St. Johann Baptist

Das Kirchlein entwickelte sich aus einer 1329 genannten Kapelle in der Stadt und wurde 1449 anstelle der Pfarrkirche im Dorf Nieder-Steinheim »wegen der unruhigen Zeit« zur Pfarrkirche erhoben.

Der wehrhafte W-Turm mit einem Zinnenkranz und offenen Ecktürmchen bereichert neben dem Schloßturm die reizvolle Silhouette der Stadt. – Der kleine spätgot. Chor trägt im Inneren an den Schnittpunkten der Gewölberippen erzbischöfliche Wappen der Erbauungszeit (1504–09).

Im Langhaus bemerkenswerte Renaissance-*Grabdenkmäler* mehrerer Mainzer Amtsleute: besonders fein das Wandgrab des Frowin v. Hutten († 1528; bez. C. F. 1553) und seiner Gattin Kunigunde v. Hatstein (bez. 1548). – Geschnitztes Chorgestühl (Anf. 16. Jh.) mit Wappen des als Gelehrter bekannten Pfarrers Johannes de Indagine (Rosenbach). – Die schöne *Strahlenmadonna* auf dem linken Seitenaltar, ein hervorragendes Stück des Weichen Stils, soll aus der alten Pfarrkirche der Stadt Hanau im Kinzdorf stammen.

Der Kern des kleinen Städtchens ist noch gut erhalten; kurfürstliche **Ökonomiegebäude** mit Wappen aus dem 16. und 17. Jh. liegen im O und S hinter der Stadtmauer; **Adelshöfe** (hervorzuheben **Huttenhof** mit Renaissance-Erker) und bemerkenswerte **Fachwerkhäuser** aus dem 15.–16. Jh. in den engen Gassen. – Im W zieht sich parallel der alten Mauer entlang die **»Vorstadt«** mit Traufenhäusern und überbauten Toreinfahrten aus der Zeit von 1690–1750.

Die alte **Stadtbefestigung** ist noch in ansehnlichen Resten sichtbar. Das **Maintor** von 1564 (?), die Türme des **Mühltores** und ein hoher Schalenturm an der SW-Ecke der Befestigung sind erhalten.

GB

HARLESHAUSEN (G2) → **Kassel**
HATTENHEIM (B11) → **Eltville am Rhein** (Rheingau-Taunus)

HATZFELD (Eder) (Waldeck-Frankenberg D5)

Ein Adliger von Hepisfelt wird schon 1138/39 genannt, der Ort selbst erst 1282. 1340 erhielt H. Stadtrechte, die es 1885 verlor und 1950 zurückgewann. Von 1464 bis 1772 ging es schrittweise an Hessen über. Die Familie v. Hatzfeld gelangte in Schlesien 1748 in den Reichsfürstenstand.

Friedhofskapelle (St. Cyriax, jetzt Emmauskapelle), Überrest des einstigen Dorfes Niederhatzfeld. Als 3schiffige gratgewölbte Basilika wurde sie im 12. Jh. erbaut, verlor aber durch den 30jährigen Krieg ihre Seitenschiffe. Die farbige Raumfassung, die erneuert werden konnte, ersetzt oder betont architektonische Gliederungen, umrahmt die Fenster und schmückt die Gewölbe mit Sternen. – Bemerkenswert ist das aus Kleinsteinen hergestellte Fischgrätmuster des Fußbodens. – Bäuerlich prachtvoll wirkt der figürliche Schmuck des reichbemalten Orgelprospektes mit den alten gedrehten Pfeifen. Erbauer war Joh. Sebastian Rindt, 1706.

Ev. Pfarrkirche St. Johannes. Der verschieferte Fachwerkbau wurde im 17. Jh. errichtet, der S-Eingang 1787 erneuert. 2 Längsunterzüge auf Holzsäulen tragen die Flachdecke; der Kanzelpfeiler, der auf einem roman. Kapitell steht, ist reicher gestaltet. Die Emporen sind mit biblischen Szenen bemalt. – Spätgot. Kruzifix mit Evangelisten-Symbolen, 4. Viertel 15. Jh.

Rathaus aus der Biedermeierzeit, verputztes bzw. verschiefertes Fachwerk. – **Fachwerkhäuser** sind noch in größerer Zahl zum Vorteil des Stadtbildes erhalten, mit reichgeschnitzter Tür das Haus **Obergasse 2** von 1711.

DG

HAUNECK, Burg → **Haunetal** (Hersfeld-Rotenburg H6)

HAUNECK (Hersfeld-Rotenburg H6)

Unterhaun (H6)

Auf dem Friedhof wurde 1937 die wohl karoling. **Kreuzkapelle** ausgegraben – ein im Lichten nur etwas über 7 m messender Zentralbau auf Vierpaßgrundriß. Ihn überdeckte ein schlichter Saalbau wahrscheinlich des 13. Jh., der im

30jährigen Krieg zugrunde ging. Außer nun z. T. beseitigten Fundamentresten erhielt sich in ziemlicher Höhe der Turm (als einziger dörflicher *West*-Turm im hersfeldischen Raum), in dessen W-Wand ein Monolithfenster aus der 1. Anlage eingefügt wurde. – 2 vermutlich ottonische Grabsteine mit erhabenem bzw. eingeritztem Kreuz sind erhalten. Die Kirchenruine und der stimmungsvolle umgebende Friedhof sind vorbildlich in Ordnung gebracht. – St. Crucis ist die einzige hessische Kirche, deren Kreuzpatrozinium und Gebäudegrundriß übereinstimmen.

Ev. Kirche. Den Neubau in Form eines Saales mit Chorpolygon errichtete Adam Johann Erdinger aus Schmalkalden 1736. Der Außenerscheinung geben die geschwungenen Stürze der Fenster und Portale ihren Charakter. Im Inneren eine Holztonne. Die doppelten Emporen lassen den Altarraum frei. Dabei ist die westl. Oberempore nach den Seiten hin schräg angeschlossen, so daß für den Innenraum fast der Eindruck eines gestreckten Achtecks (nach Vorbild der Kasseler Karlskirche) entsteht.

Oberhaun (H6)

In der 1711 errichteten Fachwerk-**Kirche** erhielt sich als Kanzelfuß ein Taufstein in frühmittelalterl. Kelchform.

DG

HAUNETAL (Hersfeld-Rotenburg H6)

Oberstoppel (H6)

Auf dem Stoppelsberg liegt die **Burg Hauneck**, eine Gründung der Herren v. Haun, die möglichst weitgehende Selbständigkeit zwischen den Abteien Fulda und Hersfeld zu erringen suchten. Doch 1409 erzwang Hessen die Abtretung der Burg, die Amtssitz wurde. 1469 von den v. Buchenau niedergebrannt, erfuhr die Burg ihre Wiederherstellung unter dem Amtsvogt Hans Jakob v. Ettlingen, der 1484 hier seine Wohnung nahm. Der Torbau und der 3geschossige Palas entstanden bis 1489 neu, wohl auch die Mantelmauer. Die erhaltenen Teile des Bergfrieds zeigen Kanten aus Buckelquaderwerk, stammen also aus dem Hochmittelalter. Im 17. Jh. verfiel die Burg (jetzt Ruine).

DG

Odensachsen (H6)

Ev. Kirche. An den spätgot. Chorturm schloß Baumeister L. S. 1706–08 das neue Schiff an, dessen Gliederung mit Pilastern und Gesimsen etwas aufwendiger ist als sonst meist im hessischen Landkirchenbau. Den Turm krönt ein besonders schöner spätgot. Helm mit 4 Ecktürmchen, 1511. – Auf den 3seitigen doppelten Emporen ruht eine Mittelraumtonne wie in Wichmannshausen und anderen Nachfolgebauten der Schmalkaldener Schloßkapelle. – Im Chor steht der Kanzelaltar; aus der Baldachinkanzel kragt ein Erker vor wie in Ausbach; gegenüber auf der oberen W-Empore die Orgel des 17. Jh. mit gutem Knorpelornament an den jüngeren Pedalflügeln. Die Ausmalung schuf 1741 Gustav Altmöller: Glorienhimmel an der Decke, biblische Szenen und Personen an Emporen und Kanzel. Die kräftigen Farben wirken etwas kühl. Ein älteres Kreuzigungsgemälde wurde mit eingefügt. – Renaissance-Taufstein mit Schlingenmustern, 1582.

DG

HEDDERNHEIM (D10) → **Frankfurt am Main**
HEILIGENBERG, Burg → **Felsberg** (Schwalm-Eder G4)
HEILIGENRODE (H3) → **Niestetal** (Kassel)
HEIMARSHAUSEN (F3) → **Naumburg** (Kassel)
HEINEBACH (H4) → **Alheim** (Hersfeld-Rotenburg)
HELMARSHAUSEN (G1) → **Karlshafen** (Kassel)

HELSA (Kassel H3)

Als erstes Dorf in Hessen wurde Helsa am 30. 1. 1975 insgesamt unter Denkmalschutz gestellt. Der Ort verdankt seine Bedeutung dem Verkehr – hier teilte sich, von Kassel her kommend, die Straße nach Berlin und nach Leipzig; der moderne Verkehr drohte, den Ort zu zerstören, doch brachte eine Umgehung die bessere Lösung.

Zahlreiche **Fachwerkhäuser** von bemerkenswertem Reichtum der Konstruktion und des Schmuckwerks stammen v. a. aus dem 17. und 18. Jh. So **Berliner Str. 11** (ehem. 145), von Zimmermeister Georg Möller aus Allendorf, Mitte 17. Jh. Als Schmuckmotiv hängende Herzbänder in den Gefachen, an einem Eckpfosten eine Jägerfigur. Haustür 1847. – **Berliner Str. 10** mit gedrehter Säule und Tulpenranke als Eckverzierungen, 18. Jh. – **Berliner Str. 6** von 1788, mit reicher Rokoko-Tür und schöner Treppe. – **Leipziger Str. 29** von 1798 mit schöner klassizist. Haustür. – **Leipziger Str. 33** mit Rokoko-Tür.

Ev. Pfarrkirche. Sie liegt inmitten des alten **Wehrkirchhofes**, von dem ein Mauerstück im S noch als Hauswand erhalten ist. Der *Turm*, westl. mit etwas Abstand frei vor die Kirche gestellt, enthält in seinem Unterbau (aus dem 13. Jh.?) den tonnengewölbten Durchgang zu dem früher

geschlossenen Kirchhof. 1556 ist der Turm erneuert, 1657 in Fachwerk aufgestockt, 1727–29 mit einer Laternenhaube versehen.
Der eingezogene quadratische *Chor* der Kirche ist um 1500 in einfachen Formen entstanden, mit einem Kreuzrippengewölbe überdeckt. Das *Schiff* wurde 1593–94 unter Verwendung alter Teile fast neu erbaut, im W von einem hohen Giebel mit reichem Fachwerk bekrönt. Das Innere teilen Steinsäulen, die über 2 Längsunterzügen die flache Decke tragen, in eine 3schiffige Halle – ein bemerkenswertes Zeugnis des Nachlebens got. Tendenzen und ihrer Anpassung an protestantische Raumvorstellungen. Wesentlich ist v. a. die 3seitige, mit der Brüstung hinter den Säulen durchlaufende Empore, bez. 1594. Eine konstruktive Verbindung zwischen Deckenträgern und Emporen hat hier also noch nicht stattgefunden (vgl. dagegen Richelsdorf und Wichmannshausen). Das Quergebälk der Empore reich mit Konsolenfriesen, gedrehter Schnur und Walzenornament, die Füllungen mit Runddocken. – Spätgot. Steinkanzel; die Orgel 1702 von Joh. Conrad Altstetter, die seitlichen Felder Rokoko.

DG

HELSEN (F2) → **Arolsen** (Waldeck-Frankenberg)
HEMFURTH (F3/4) → **Edertal** (Waldeck-Frankenberg)

HEPPENHEIM (Bergstraße D13)

Der an der römischen Bergstraße gelegene Ort wurde 755 erstmals urkundlich erwähnt; eine Kirche stand an der Stelle der heutigen Pfarrkirche. Marktrecht wurde wahrscheinlich seit dem 10. Jh. erteilt; wohl um 1180 entstand die Stadtmauer (Mönchsturm). Seit dem 11. Jh. besteht die Starkenburg. 1232 kam Heppenheim an Kurmainz und wurde Verwaltungsmittelpunkt des Amtes Starkenburg; baulicher Zeuge ist der Kurmainzische Amtshof des 13. Jh. Die Verpfändung Heppenheims an Kurpfalz machte 1556 die Reformation möglich; nach Ende der Pfandschaft führten die Jesuiten ab 1624 die Gegenreformation durch. 1804 fiel Heppenheim an Hessen-Darmstadt.

Starkenburg. Von der um 1065 gegründeten Anlage haben sich nur noch Reste got. Bauteile erhalten. Der Bergfried wurde 1924 bis 1930 nach Sprengung des mittelalterl. Vorgängers errichtet.

Kath. Pfarrkirche St. Peter (»Dom«). 1900–04 wurde die bestehende Kirche durch den Architekten Ludwig Becker an der Stelle der ersten Heppenheimer Kirche bzw. eines klassizist. Nachfolgers erbaut. Nur der roman. Turm blieb im NW erhalten. Mit der Errichtung eines zweiten, gleichartigen Turmes erhielt man eine Doppelturmfassade; zwischen die Türme wurde der W-Giebel gespannt und eine 5teilige Vorhalle, die an die Architektur got. Lettner erinnert. – Die Kirche, eine weiträumige 3schiffige Basilika mit Querhaus, ist ein hervorragender historizistischer Bau. Dem Typ nach ist sie an Kirchen der Mitte des 13. Jh. im »Übergangsstil« zwischen Romanik und Gotik orientiert. Der innere Aufriß ist 3geschossig. Über den Erdgeschoßarkaden folgen im Chor ein Laufgang in der Art eines Triforiums, in Quer- und Langhaus kleine Blendarkaden. Die besondere Qualität der Kirche äußert sich in den sehr differenziert gestalteten Details.

Die Ausstattung gehört weitgehend der Bauzeit an; sie stammt von G. Busch. Das Hochaltar-Retabel schuf 1919 A. Mohrmann. Spätgotisch ist noch der Liebfrauenaltar im nördl. Seitenchor, hervorzuheben die im 12. Jh. kopierte Sandstein-Inschrifttafel mit einer Grenzbeschreibung von 805.

Ehem. Kurmainzer Amtshof (Amtsgasse 5). Der Neubau des Amtshofes wurde nach dem Stadtbrand von 1369 nötig; um 1400 wurde der 5seitige Hof fertig. Der **Hauptbau**, im S des Hofes, erhielt einen Kapellenturm mit einem Chörlein und einem Saal im Obergeschoß. Kapelle und Saal wurden um 1400 mit Malereien ausgestattet; um 1580 erhielten Portal und Fenster des Saales noch gemalte Architekturrahmen. Die W-Seite des Hofes nimmt das **Kelterhaus** von 1719 ein.

Stadtbefestigung. Außer Mauerzügen des 14. Jh. (Siegfriedstraße und Grabenstraße) blieben Teile eines roman. Turmes im Hof von Marktgasse 6 stehen; es handelt sich um den um 1180 erbauten **Mönchsturm.**

Den **Bahnhof** mit 2geschossigem Empfangsgebäude errichtete 1845–46 Georg Moller.

Stadtbild. Die Altstadt Heppenheims mit ihren malerischen Gassen ist noch fast geschlossen erhalten. Wichtigster Platz ist der Markt mit dem **Rathaus**, dessen Untergeschoß 1551 entstand. Der Fachwerkaufbau mit 2 Eck-Erkern und einem Mittelerker, der als Turm das Dach überragt, wurde nach einem Brand von 1693 errichtet. Die Brüstungsfelder unter den Fenstern sind mit Andreaskreuzen und geschwungenen Rauten verziert. – Die ältesten Fachwerkbauten sind **Amtsgasse 8** mit einem polygonalen Erkeraufbau und **Altes Gäßchen 11** (beide um 1480). Renaissance-Bauten sind **Siegfriedstr. 104** (1577) und **Marktstr. 10/12** (1579 bez.). **Markt 5** übernimmt über einem steinernen Erdgeschoß (1577) die Fachwerkarchitektur des Rathauses (1708); der Mittelerker ist allerdings kleiner. Urspr. war das Gebäude Gasthaus, ab 1784 dann Apotheke (1818 bis 1819 war Justus Liebig hier Lehrling). Aus der Zeit um und nach 1700 stammen u. a. noch **Marktstr. 2, Kellereigasse 2, Kirchengasse 1** (neben dem Rathaus) und einige Häuser der V o r s t a d t, u. a. der **Friedrichstraße**.

Volkskundemuseum Odenwald-Bergstraße-Ried (Amtsgasse 5).

UG

HERBORN (Lahn-Dill C6/7)

Als Mittelpunkt der Herborner Mark (914–1048) hatte der Ort am Dill-Übergang strategische Bedeutung. Wilhelm von Holland verlieh den Grafen von Nassau 1251 das Recht zur Stadterhebung. Grundlage war vielleicht eine karoling. »curtis« auf dem Kirchberg. Der Stadtausbau rückte in 3 Etappen gegen die Dill nach O vor. Von den Stadtbränden beeinflußte v. a. der d. J. 1626 das Erscheinungsbild, da die östl. Hälfte der Stadt einheitlicher wiederaufgebaut wurde. – Seine Blütezeit sah Herborn 1584 bis 1817 durch die ev.-theol. Universität, die auch Buchdruckereien anzog. – Bis 1866 blieb Herborn (mit kurzer Unterbrechung) nassauisch, dann fiel es an Preußen, 1945 an Hessen.

Die Ringmauer, 1343 zuerst genannt, stand bis zum 19. Jh. 3 **Türme** sind noch ganz, 2 weitere in Resten erhalten: Dillturm, Bürgerturm, Linker Turm; Hainturm und Speckturm. Ferner blieb der St. Leonhardsturm, durch den 1562 das **Hintersandtor** gebrochen wurde.

Schloß (Ev.-theol. Landesseminar)

Die Anlage geht wohl auf die Grafen Walram und Otto v. Nassau zurück, nach 1251. Erneuerung 1630; durchgreifende Restaurierung 1929–31 mit neuem Innenausbau.

Beherrschend ragt das Schloß über die Stadt, mit hohen Mauern, steilen Dächern und Türmen. Es besteht nur aus einem langen, im nördl. Drittel gewinkelten Flügel, dessen Front, mit 3 Rundtürmen bewehrt, sich nach O zur Stadt richtet. Der mittlere Turm, auf quadratischer Grundlage, steht dort, wo an den älteren südöstl. Teil des Baukörpers das wenig jüngere nordöstl. Drittel stumpfwinklig anstößt. Das obere Geschoß jedes Turmes kragt auf kleinen Konsolen vor; das südliche der 3 Kegeldächer schmücken noch 4

Wichhäuschen. Die N-Front wendet sich mit einem hübschen Korbgitter (Renaissance) nach außen.

Ev. Pfarrkirche (St. Peter)

Äußeres und Inneres spiegeln die ereignisreiche Baugeschichte. Eine roman. Basilika liegt zugrunde; sie wurde 1231 dem Deutschen Orden geschenkt. Die Apsis wurde 1909 ergraben; das urspr. tonnengewölbte Chorjoch rahmten die 2 erhaltenen O-Türme (1562 aufgestockt, 1815–17 bis unter das Chordach abgetragen). Die 1. Hälfte des 14. Jh. sah einen neuen Chor entstehen, der wohl 1457 sterngewölbt wurde. Das Langhaus errichtete Conrad Rosbach 1598–1609 ganz neu. Der W-Turm stürzte 1787 ein; den 1801 begonnenen Neubau vollendete Joh. Schrumpf 1822.

Das Äußere wirkt unscheinbar. Hohe Spitzbogenfenster über kürzeren rundbogigen Fenstern bzw. mittleren Portalen durchbrechen die Wände des verputzten Langhauses. – Dem Inneren bringt die Verengung des »Chorhalses« zwischen Schiff und Chor seinen besonderen Effekt. Auch wirken die Raumteile gegensätzlich: der spätgot. gewölbte Chor – die weite flachgedeckte Halle, deren Längsunterzüge auf je 2 hohen toskanischen Säulen ruhen. Von Emporen allseits umzogen, wird das Raumgefüge freilich in der Entfaltung eingeschränkt – zu einer konstruktiven Verbindung von Bauwerk und Emporen ist es nicht gekommen. Doch ist das Holzwerk gut durchgearbeitet: Balusterstützen tragen die im Schiff doppelten Emporen, die Brüstungspfosten zeigen Beschlagwerk.

Aus der Hochgotik blieben nur Reste der *Ausmalung*; gut erhalten ist dagegen der umlaufende Apostelzyklus, entstanden in der 2. Hälfte des 15. Jh., nebst einem Christophorus an der N-Wand. – *Grabplatten* von Gelehrten der Universität: Olevian, Zepper, Piscator, sowie von Corvin. – Altar, Taufstein und Orgel 1967.

Stadtbild. In ungewöhnlicher Treue hat sich das charaktervolle Straßenbild der vergangenen Jahrhunderte erhalten, allerdings sind in rückliegenden Straßenzügen auch Flächensanierungen erfolgt. Die Sanierung verschiedener Einzelobjekte in den 1970er Jahren geht leider mit totalen Entkernungen Hand in Hand. – Neben vielen vorzüglichen Fachwerkbauten fällt die hohe Zahl von Häusern auf, die nach landesüblicher Art verschiefert sind. **Marktplatz, Hauptstraße, Kornmarkt** und **Mühlgasse** zeichnen sich durch besondere Einheitlichkeit aus. 4stöckige Giebelhäuser wiegen vor, nur wenig vorkragend, häufig reich beschnitzt. Freiliegendes Fachwerk mit Schnitzereien zeigen ferner u. a.

Kornmarkt 8/10, 12 und **22** (dieses von 1609) sowie der Nachbarbau des Nassauer Hauses.

Das **Rathaus** erbaute Jörg Zaunschliffer 1589–91. Der langgestreckte Bau schließt am Marktplatz mit einem Eckpavillon. Der Oberbau aus Fachwerk wurde nach Brand 1626–29 erneuert. Den Eckbau krönt ein Pavillondach mit Achteckaufsatz, Doppelhaube und Laterne. Eine Galerie geschnitzter Bürgerwappen (erneuert, die Originale im Heimatmuseum) umzieht den Sockel des 3. Geschosses am Eckpavillon. Das Innere besitzt ein stattliches Treppenhaus mit barockem Schnitzwerk, 1629.

Das Alte Rathaus wird schon 1324 erwähnt. Nach 1591 wurde es zur **Hohen Schule** umgebaut (heute **Heimatmuseum**). 2 Flügel stoßen rechtwinklig aufeinander: der größere 2geschossig in Stein, mit Fachwerkgiebel nach N und 3 Zwerchhäusern nach W; steinerner Erker von 1645 (1958 erneuert). Die SW-Ecke besetzt ein runder Treppenturm mit Haube. Hier schließt der Fachwerkflügel von 1603 mit 7seitigem Eckturm an. Das Erdgeschoß des Hauptflügels birgt die ehem. Aula.

Der **Paulshof** (Corvinsche Druckerei) ist ein 2geschossiger Fachwerkbau von 1606, dessen Zwerchhäuser ein Treppenturm mit Welscher Haube trennt. – Den gleichen Baugedanken verkörpert das **ehem. Döhringsche Haus** (2. Pfarrhaus) von 1687 (steinernes Untergesch.).

Das **Haus Bast** bildet den künstlerischen Höhepunkt in der W-Front des Kornmarkts (Nr. 4). Der westl. Nebenbau (Schulhofstr. 1, mit Konsolengesimsen) ist 1594 bezeichnet; die Ornamentik des Hauptbaus steht einem Haus von 1631 nahe. Ein Satteldach schließt den 4geschossigen Bau. Die vorwiegend symmetrisch aufgeteilte Marktfassade, die Konstruktionsformen, das mit Stabmustern besetzte Quergebälk und die rankenverzierten Pfosten stehen im Beginn des Barockstils. Eine Löwenkonsole trägt die Hausecke. – Gegenüber dem Rathaus liegt am Buttermarkt (Marktplatz 2) das **Nassauer Haus**, wohl aus dem späten 17. Jh. Über 4 Geschossen erhebt sich ein Mansarddach mit Giebelgaupe. Imposant wirkt die symmetrische Gliederung der Marktfront. Wilde-Mann-Formen wechseln mit Andreaskreuzen, alle mit reichen Rankenmustern; die Eck- und Mittelpfosten sind säulenartig ausgebildet. Reiche Profile überziehen durchgehend das Quergebälk.

Den **Marktbrunnen** schenkte Fürst Christian von Nassau-Weilburg 1730. Der Brunnenpfeiler inmitten des 8eckigen Troges trägt einen wappenhaltenden Löwen.

Als besonders gute Leistung seiner Art ist das **Ehrenmal des 1. Weltkriegs** nahe dem Hintersandtor hervorzuheben.

DG

HERBSTEIN (Vogelsbergkreis G7)

Auf einer Basaltkuppe im O des Vogelsberges gründete Abt Heinrich IV. von Fulda 1258 eine Burg; das Gelände war wohl schon im 10. Jh. an das Kloster gelangt. Die angeschlossene Siedlung wird 1325/38 als Stadt bezeugt. Infolge von Verpfändungen fand die Reformation Eingang; mit der Einlösung durch Fulda wurde H. 1603 wieder katholisch. 1810 ging H. an Hessen-Darmstadt über, verlor die Stadtrechte 1936 und gewann sie 1948 zurück. – Ein Brand zerstörte 1907 einen großen Teil der Stadt mit dem damaligen Rathaus.

Die **Stadt** ist in Ringform angelegt, so daß die Pfarrkirche den höchsten Punkt in der Mitte einnimmt, während die nicht erhaltene Burg am Ortsrand lag. Die **Ringmauer** ist weitgehend erhalten; in ihrem Verlauf liegen 3 Rundtürme, darunter der **Eulenturm** an der N-Seite. Er steht noch in voller Höhe, nur das Dach ist neu.

Kath. Pfarrkirche St. Jakobus

Der Bau entstand um 1400; ein erweiternder Umbau erfolgte 1682–86 (Nebenchöre). Restaurierung 1959–60.

Der 2jochige Chor hat 5/8-Schluß; das Langhaus ist eine Stufenhalle, der Turm im W angefügt. Die Raumverhältnisse sind gedrungen, vielleicht mit Rücksicht auf die flachen Fundamente und die exponierte Lage. – Einige gute *Wandbilder* konnten 1931 und 1959 aufgedeckt werden: im Chor ein hl. Michael mit Schutzmantel – sehr ungewöhnlich –, darunter Leidenswerkzeuge einer 1682 z. T. zerstörten Schmerzensmann-Darstellung, Anf. 15. Jh.; im Langhaus um 1440: Kreuzigung und Schweißtuch der Veronika.

Auf dem neuen Hochaltar steht eine barocke Kreuzigungsgruppe. 4 Nebenaltäre wurden 1960 abgebrochen; erhalten blieb nur der Muttergottesaltar am O-Ende des S-Schiffes, im Zopfstil. – Andreas Herber schuf 1580 für die damals ev. Gemeinde den Taufstein mit Reliefs (Taufe Christi u. a.); der kupferne Deckel kam 1741 hinzu. – Die reiche Kanzel, die Joh. Bien aus Blankenau zugeschrieben wird (um 1700) und deren Evangelisten-Figuren von Joachim Ulrich stammen (vgl. [Hosenfeld-]Blankenau), ist jetzt im Chor abgestellt. Die neue Orgel steht im Chorpolygon.

Von verschiedenen Altären haben sich Figuren und Figurengruppen erhalten: Anbetung der Könige, mittelrheinisches Relief um 1400. – Petrus und Paulus, Ende 15. Jh., aus Petersberg bei Fulda. – Besonders ausgezeichnet eine Mondsichelmadonna um 1510/20, mittel- bis oberrheinisch, nebst einem zugehörigen hl. Jakobus (Kirchenpatron). – 2 Vesperbilder, um 1460 (außen an der N-Seite) und um 1700. – Hl. Josef, 1. Hälfte 18. Jh. – Außen am Chor hl. Jakobus von einem der Stadttore, um 1700.

Das jetzige **Rathaus** präsentiert sich als eindrucksvolle Fachwerkanlage von 2 gleichartigen, nebeneinanderstehenden Traufenhäusern unter einem Dach. Beide Häuser sind 2geschossig mit breiten Zwerchhäusern unter Segmentgiebeln. Zu den einfachen Mannformen der Konstruktion treten Brüstungen mit Andreaskreuzen und Rautengittern. Das dünne Strebewerk, die Portal-, Zwerchgiebel- und Lukarnenformen weisen auf eine Bauzeit im Zopfstil.

Nordöstl. der Stadt (etwa 2 km entfernt, östl. der Straße nach Lauterbach) liegt der **Galgen**, von dem sich 2 aus Trommeln bestehende Steinsäulen, wohl aus dem 16. Jh., erhalten haben.

DG

Stockhausen (G7)

Schloß. Friedrich Georg Riedesel, Frhr. zu Eisenbach, General der braunschweigischen Truppen im Krieg um Kanada (1754–63), gab 1770 Georg Koch den Auftrag für einen Schloßneubau. Aus dieser Zeit stammt wohl der Wirtschaftshof im S mit gefälligem Herrenhaus und 2 Torpfeilern nebst Wachpavillons. Erst 1801–07 wurde der langgestreckte schlichte Hauptbau errichtet oder vollendet. Der aufwendigere mittlere Torbau ist 1801 bezeichnet, die Torfahrt mit einer geschnitzten klassizist. Tür geschlossen. Der Hof liegt auf der Gartenseite, von 2 kurzen Querflügeln begleitet.
Eine mächtige Stützmauer schirmt den in 3 Terrassen errichteten **Park** gegen die Straße ab. Auf der oberen Terrasse steht ein Gewächshaus von 1810. Die mittlere Terrasse, das eigentliche Parterre, gliedert sich um einen Springbrunnen. Auf der Stützmauer gegen die untere Terrasse und an der herabführenden Freitreppe stehen Putten und Vasen des späten Rokoko aus rotem Sandstein. Die untere Terrasse mit weiter Rasenfläche umfaßt eine Hainbuchenallee, die den Park gegen den Wirtschaftshof abschließt, und einen Teich, der von der Altfell gespeist wird und die seitliche Begrenzung bildet; an der Rückseite geht der Park in Waldbestand über. Die Einrichtung des Parks stützte sich vielleicht auf eine ältere Terrassierung des 16. Jh.

DG

HERING (E12) → **Otzberg** (Darmstadt-Dieburg)

HERLESHAUSEN (Werra-Meißner K4/5)

1019 schenkte Kaiser Heinrich II. den Hof »Herleicheshuson« im Ringgau dem Kloster Kaufungen. Nach der Säkularisation übergab Philipp d. Großmütige das Dorf dem Ritter Georg v. Reckerode. 1678 fiel es an die Landgrafen von Hessen-Philippsthal, deren Barchfelder Linie das Schloß heute noch innehat.

Optisch wird der Ort von der Brandenburg beherrscht, die auf dem anderen Werra-Ufer in Thüringen liegt. – Das **Dorfbild** mit schönen Fachwerkhäusern der Barockzeit ist noch sehr geschlossen, aber von Straßenbau und Landbaugesellschaft mit weitgehender Zerstörung bedroht.

Schloß Augustenau. Georg v. Reckerode begann den Bau, doch stammen die ältesten erhaltenen Teile erst aus dem späten 16. Jh.: ein Treppenturm an der W-Ecke des Binnenhofes (1580) und der W-Flügel mit Torfahrt (um 1601). Die Erneuerung des späten 19. Jh. gab der Anlage einen stark historisierenden Charakter. – Großer **Schloßpark** im Landschaftsstil.

Die **ev. Pfarrkirche** (St. Bartholomäus) liegt in der Ortsmitte etwas erhöht inmitten eines **Wehrkirchhofes**, dessen Spitzbogenportal im W 1516 (1521?) bezeichnet ist. Die Mauer, mit Schalenturm an der O-Seite, weist noch Schießscharten in 2 Geschossen auf. – Die **Kirche** ist kreuzförmig, jedoch nicht in urspr. Anlage, der vielmehr nur der kräftige roman. Chorturm (12. Jh., um 1300 verändert und eingewölbt) und das saalartige Schiff (1401, 1457 und 1777 erneuert) zugehören. Die 1606 geplante Erweiterung um 2 Kreuzflügel kam nur auf der N-Seite zustande, da die Reform des Landgrafen Moritz die Ausführung unterbrach. Erst 1923 ließ Fürst Chlodwig im S das Fürstenhaus mit der Herrschaftsloge anbauen. – Das Äußere gipfelt in dem Turm, den eine Haube von 1756 krönt. Innen überfängt eine Gesamtraumtonne das Schiff, das von 3seitigen doppelten Emporen umgeben ist. Der Ausbau erfolgte 1777–78 (W-Portal). – Über der Kellertür des Fürstenbaues ist ein got. Sturz mit 2 gekrönten Köpfen, angeblich Heinrich II. und Kunigunde, verwendet. – 1955 wurden die Wand- und Gewölbemalereien des Chores aufgedeckt, aus der 1. Hälfte des 14. Jh.; am besten erhalten sind das Jüngste Gericht in der östl. und die Kreuzigung in der nördl. Gewölbekappe, ferner eine Verkündigung in den Laibungen des O-Fensters. – Orgel 1832 von Friedrich Krebaum. – Eindrucksvoll ist das Wandgrabmal des »Georg v. Reckroth, Ritter zur Brandenburg« († 1558) an der N-Wand des Chores; die fast freiplastische Ritterfigur wendet sich aus dem Grabstein heraus dem Kirchenraum zu.

DG

Markershausen (K4)

Burg Brandenfels. Am S-Rand des Ringgaues erhebt sich der steile, jetzt vollständig bewaldete Brandenfels. Die wohl Mitte des 13. Jh. durch die v. Boyneburg errichtete Burg ging ein Jahrhundert später an die Treusch v. Buttlar über und verfiel nach 1600. – Von der großzügigen Anlage blieben beträchtliche Reste, vorwiegend wohl des 14. Jh., als Ruine erhalten. Der tiefe Halsgraben, dessen Zugbrücke bis auf den Unterbau verschwand, trennt das Burgplateau von dem Vorgelände im W. Auf dem Plateau stehen v. a. noch große Teile der nördl. 3geschossigen Gebäudegruppe mit

Kapelle und Palas, dessen langgestreckte Mantelmauer leicht geknickt ist.

Im Dörfchen zu Füßen des Berges ist die **ev. Kapelle** äußerlich ein bescheidener Fachwerkbau Mattheis von 1828. Diese Hülle birgt jedoch einen vollständig erhaltenen Innenraum des Régence-Stils in betonter Symmetrie und mit einem Kanzelaltar nach thüringischem (wohl Eisenacher) Vorbild (1746).

DG

Nesselröden (K4)

● Das **Schloß** wurde 1592–94 durch die Treusch v. Buttlar erbaut. Der stattliche 3geschossige Bau gehört, trotz Zurückhaltung im Dekor, zu den bedeutendsten Renaissance-Architekturen Hessens. Ein Treppenturm mit Fachwerkabschluß betont die Hauptfront zwischen 2 erkerartigen Eckrisaliten; die Rückseite hat einen Mittelrisalit, der diesen entspricht. Je ein Giebel bekrönt alle Risalite und die beiden Schmalseiten. Nur die Giebel kennen Horizontalteilungen; der Unterbau bleibt blockhaft, indes gelockert durch die aufsteigenden Vertikalen. Am (erneuerten) Portal des Treppenturmes erscheint das Buttlarsche Wappen, von Beschlagwerk umrahmt. – Der wohlgeordneten Außenerscheinung entsprach urspr. die Anlage des Inneren: Durch die Tiefe des Gebäudes erstreckte sich in der Mittelachse jedes Geschosses ein großer Saal, flankiert von kleineren Räumen. Nur das Obergeschoß bewahrt diese Anordnung; der Saal im Mittelgeschoß wurde später in 2 Teile getrennt. In jeder Hälfte finden sich hier ein Zierkamin mit den Daten 1593 bzw. 1594 und Renaissance-Portale, die in die Seitenräume führen.

Die **ev. Pfarrkirche** wurde 1852 als schlichter klassizist. Saalbau durch Ant. Jak. Spangenberg errichtet. Ausstattung aus derselben Zeit.

DG/UG

Willershausen (K4)

Ev. Pfarrkirche. In eine frühgot. Saalkirche mit quadratischem Chor wurde zu Anfang des 16. Jh. eine spätgot. Miniaturhalle hineingesetzt. Ihre reichen Stern- und Netzgewölbe ruhen auf spiralig umwundenen Rundpfeilern. Der Eindruck ist reizvoll und höchst eigentümlich. Die bemalte Barocktonne des Chores wurde 1895 beseitigt. – Steinerne Kanzel 1567.

Das **Schloß**, ehem. Treusch v. Buttlar, jetzt Hessen-Philippsthal-Barchfeld, ist im Kern mittelalterlich. Anbauten und innere Umbauten verbinden sich mit dem Datum 1693. *DG*

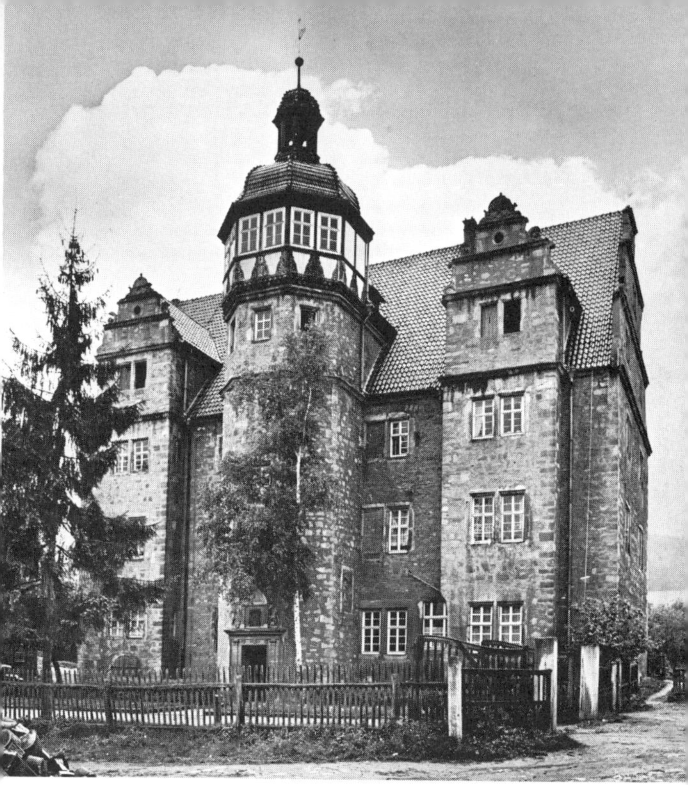

Nesselröden. Schloß

Wommen (K4)

Die **ev. Kirche** wurde 1739–40 errichtet; sie ist von ungewöhnlicher räumlicher Weite. Die gediegene barocke Ausstattung gipfelt in der prächtig dekorierten Orgel, die Joh. Caspar Beck aus Herrenbreitungen 1744 errichtete.

DG

HERMANNSTEIN (CD7) → **Wetzlar** (Lahn-Dill)

Bad HERSFELD (Hersfeld-Rotenburg H5)

Wahrscheinlich als fränkische strategische Gründung um 700 an der Straße »durch die kurzen Hessen« entstanden, wurde Hersfeld in den Sachsenkämpfen zerstört (vgl. Fulda). Sturm, ein Lieblingsschüler des Bonifatius, gründete hier 736 eine Einsiedelei, die er aufgab, um in Fulda ein Kloster zu errichten. Eine kirchliche Niederlassung muß jedoch fortbestanden haben, an der Erzbischof Lull um 769–775 ein Kloster errichtete. Neben der Abtei entwickelte sich an der Mündung der Geis und der Haune in die Fulda eine Siedlung; im 10. Jh. entstand, wohl auf dem Platz der »Ebenheit«, eine der Heinrichsburgen. Ein dem Abt gehörender Markt ist schon für die Mitte des 11. Jh. gesichert; zur selben Zeit entstand der Saalbau einer Pfalzanlage östl. der Abtei (1977 ergraben). Seit 1170 ist die Siedlung als Stadt nachweisbar. Der elliptische Umriß faßt ein versetztes Straßenkreuz ein. Die Stadtmauer ist in Teilen erhalten. – Im Spätmittelalter errang sich die Stadt weitgehende Freiheit vom Abt, v. a. in der Vitalisnacht 1378, in der ein Überfall des Abtes und der v. Buchenau auf die Stadt scheiterte. Die Reformation fand in Hersfeld guten Boden; das geistliche Stift fiel 1648 als weltliches Fürstentum an Hessen-Kassel. Der badische Oberstleutnant Lingg, der in französischen Diensten stand, rettete 1807 die Stadt, die auf Befehl Napoleons niedergebrannt werden sollte. Heute ist Hersfeld zu einem Zentrum mittlerer Industrie herangewachsen. Zugleich ist es Badeort, jedoch das Kurhaus 1975 abgebrochen.

Ehem. Benediktinerabtei St. Wigbert, St. Simon und Juda

Erzbischof Lull von Mainz erbaute die erste Klosterkirche St. Simon und Juda, in die er um 780 den aus Fritzlar vor Sachseneinfällen nach dem Büraberg geretteten Leichnam des hl. Wigbert überführen ließ. Durch den Besitz dieses Heiligenleibes kam es in Hersfeld zu einer ähnlichen Blüte wie in Fulda. Ausgrabungen haben 1955 und 1963 inner- und außerhalb des S-Querhauses eine mittelgroße Kirche mit W-Vorhalle und Pastophorien zum Vorschein kommen lassen, vom Ausgräber ins 9. Jh. datiert, von anderen Forschern jedoch mit der Kirche Lulls gleichgesetzt. Kleinere Bauten, 1921/22 im S-Querhaus aufgedeckt, aber nicht einwandfrei rekonstruiert, mögen vorausgegangen sein. 831 legte Abt Bun den Grundstein zu einem großzügigen Neubau, der 850 von seinem Nachfolger Brunwart vollendet und vom Mainzer Erzbischof Hrabanus Maurus geweiht wurde. Nach einem Niedergang im 10. Jh. begann 1005 eine neue Blütezeit mit der Berufung Abt Godehards, des späteren Bischofs von Hildesheim, der in Hersfeld neue Klostergebäude errichtete und die Mittel der Abtei in den missionspolitischen Unternehmungen Kaiser Heinrichs II. erfolgreich einsetzte. Ins frühe 11. Jh. fällt die Gründung der abhängigen Propsteien Petersberg und Johannesberg. 1038 brannte

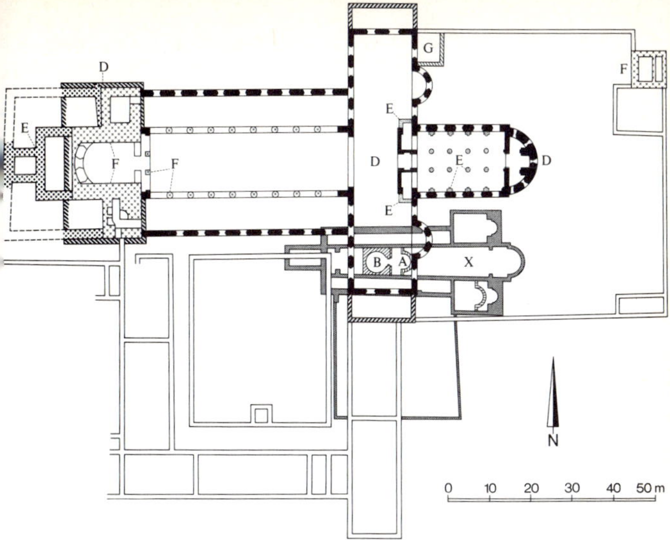

A-Kirche, nach 736 (Sturm)?
B: Taufkapelle, Umbau der A-Kirche
X-Kirche, um 769-775 (Lull), mit Kloster
undatierter Einbau in der X-Kirche
D: 831-850 (Bun), erhalten
dgl., nicht erhalten
Klostergebäude, 1005/12 (Godehard)?
E: 1038-1040 ff. (Meginher)
dgl., unvollendet
F: um 1100-1144 (mehrere Phasen)
G: um 1180/1200, später hierher versetzt
Klosterbauten, nicht genauer datiert

Bad Hersfeld. Ehem. Benediktinerabtei
Grundriß mit Rekonstruktionen

die Kirche aus; 1040 erfolgte die Wiederherstellungsweihe, wobei die Gebeine Wigberts und Lulls in die neue Krypta übertragen wurden. Nach längerer Unterbrechung wurde anstelle des vorhergehenden Westwerks um 1100 ein neuer W-Bau begonnen; einer während des Baues erfolgten Einsturzkatastrophe (um 1120) folgte die Vollendung (ohne N-Turm) 1144. Damals war auch das neue Mittelschiff und wohl auch das neue Klostergebäude fertig. Die Weihe vollzog Erzbischof Heinrich von Mainz 1144. Der in der Mitte des 13. Jh. errichtete hölzerne Vierungsturm trug als Wahrzeichen eine goldene Hand, die sog. »Schwurhand Karls d. Gr.«. – 1761 brannten die Franzosen die Kirche nieder, die seitdem Ruine blieb. 1951 gab die Eröffnung der Hersfelder Festspiele zu wesentlichen Herstellungsarbeiten und anschließenden Grabungen Anlaß.

● Die **Abteikirche** ist als dachlose Ruine bis auf einige Giebel und die Mittelschiffsmauern gut erhalten. Sie war eine flachgedeckte Basilika von ausgewogenen, nicht übermäßig steilen Verhältnissen. Nach einheitlichem Maßsystem ist der ganze Bau entworfen. Die Ausdehnung von Langchor und Querschiffsflügeln ist der Höhe des Bauwerkes gleich. Das Querhaus ist ohne Unterteilung »durchgehend« gebildet; der Chor erhebt sich über einer ausgedehnten Krypta, deren Gewölbe im Hauptteil (von 1040) eingestürzt sind. Im W schloß der karoling. Bau mit einem machtvollen Westwerk, das im 12. Jh. in modernerer Form ersetzt wurde. Die heutige Gesamtlänge beträgt 102,85 m, die Ausladung des Querhauses 56,5 m.

Äußeres. Das Baumaterial ist verputzter Bruchstein (Kleinquaderwerk) mit Hausteingliederung; in einigen Bögen wechseln rote und weiße Schichten, v. a. an der jüngeren W-Partie. – Wesentliches Gewicht ist auf die *O-Partie* gelegt: Die Hauptapsis wird durch Pilaster gegliedert und von einem Nischenkranz bekrönt; über den Querhausapsiden sitzen zwischen 2 normalen Rundbogenfenstern Vierpaßfenster in Kreisblenden. Querhaus und Langhaus kennen nur die Gliederung durch Fenster und Portale. – Der *W-Bau* verbindet den Chorgedanken mit einer Doppelturmfassade. Die Mitte bildet eine tonnengewölbte Eingangshalle; ihre westl. Hälfte ragt über die Turmfront hinaus und öffnet sich in großem Bogen. Auf dem Vorsprung ruht die W-Apsis, durch Pilaster gegliedert, die sich durch Quaderwerk und Farbwechsel als Teile des 12. Jh. zu erkennen geben.

Inneres. Die noch karoling. O-Krypta unter der Apsis ist ein Querstollen mit 3 Altarnischen und zeichnet sich durch Rund- und Sechseckfenster aus. Die 3schiffige Hauptkrypta (1038–40 verändert eingebaut) besteht aus 5 Jochen; ihre gurtlosen Kreuzgewölbe ruhten auf Säulen mit unausgeprägtem Würfelkapitell (z. T. erhalten) und attischer Basis sowie auf Wandpilastern. 1957 wurde ein Taufbrunnen (?) ausgegraben. – Den Langchor gliedern Lisenen mit 6 schlanken Blenden; über ihnen sitzen je 4 Fenster. Die je 9 Arkaden des Langhauses sind zerstört, die Säulen mit verjüngtem Schaft aus einem einzigen Stein sind verschwunden, doch haben sich von den mächtigen Würfelkapitellen und den attischen Basen mit Ecksporn einige erhalten. Die tonnengewölbte Eingangshalle des jüngeren W-Baues hat je 5 rund-

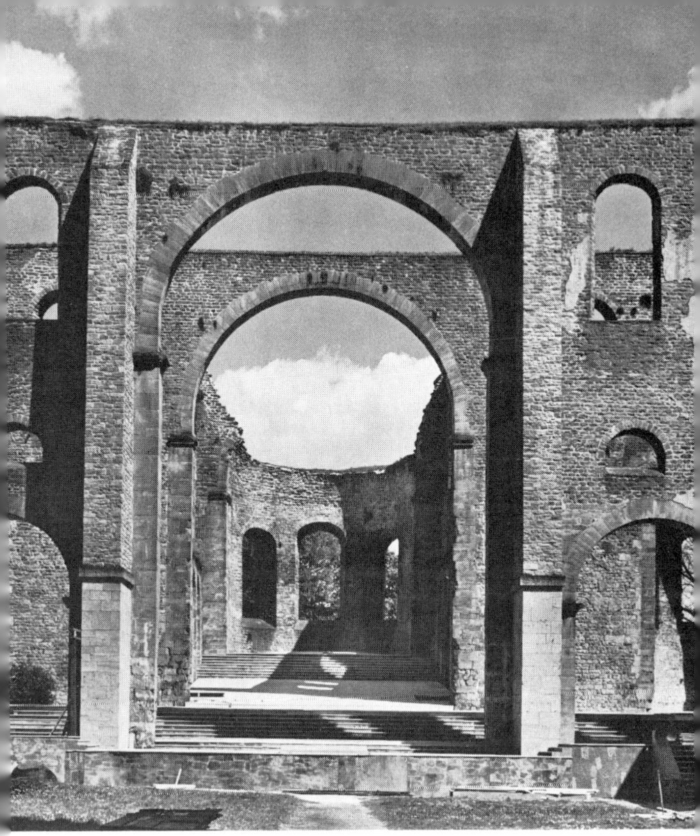

Bad Hersfeld. Ruine der Abteikirche. Chor

bogige Blenden in den Seitenwänden; ein Portal mit Gewände aus riesigen Monolithen öffnet sich zum Mittelschiff. Diesem zugewandt war ein Altan auf einer Drillingsarkade, von der nur noch die attischen Basen erhalten sind. Durch eine Treppe im S-Turm war der W-Chor zugänglich. Diese Treppe führt im S-Turm weiter hoch und mündet im 4. Geschoß in einem kreuzgratgewölbten Raum; darüber ein zweiter mit Bandrippengewölben. Die beiden obersten Geschosse haben auf jeder Seite 2 unter Blenden gekuppelte Rundbogen-Doppelfenster. – Im N-Querhaus der Kirche eine Brunnenschale aus Eichhof, um 1580 (keine frühmittelalterl. Taufschale!).

Eine *Vorhalle* des späten 12. Jh., die vielleicht urspr. den Klosterbezirk eröffnete, wurde später der O-Seite des nördl. Querarmes vorgesetzt. Ihre z. T. als Basen wiederverwendeten Kapitelle tragen reichen Schmuck symbolischer Reliefs, wie Affen, Hähne, Widder, Enten, Fische, Ritter und Mönche.

Nordöstl., etwas abseits, steht der um 1120 entstandene **»Katharinenturm«**, urspr. mit einer Kapelle verbunden, 1895 z. T. eingestürzt und restauriert. Er enthält die Glocken des Stiftes, darunter die 900jährige Lullusglocke, die nur noch im Herbst jeden Jahres zum Lullusfest eine Stunde lang geschlagen wird. Sie nennt in einer Inschrift den Namen des Abtes Meginher (1036–59).

Von den **ehem. Klostergebäuden** ist der östl. Haupttrakt erhalten, der in der W-Wand das sog. *»Stiftsportal«* zum Kapitelsaal enthält, ein 3teiliges Portal der Mitte des 12. Jh. mit Arkadenrahmung. Kapitelle und Kämpfer tragen Tierornamentik. Im Obergeschoß stößt an das S-Querhaus die *Abtskapelle* mit Wandmalereien des 11. Jh.: Christus- und Engeldarstellungen.

Die Gebäude enthalten das **Städtische Museum** (Im Stift 6a) mit Modellen und Spolien der Abteikirche, Vorgeschichte, Volkskunde und einem umfangreichen Handwerksmuseum (v. a. Blaudruckfärberei).

Ev. Stadtkirche (St. Vitus und Antonius)

Die stattliche got. Hallenkirche ist der dritte Bau am heutigen Platze. Sie ersetzte eine roman. Marktkirche. Ihr massiger W-Turm zeugt vom Stolz bürgerlicher Gemeinschaft im Wetteifer mit der Abteikirche. Um 1330 beg., wurde er erst Anfang des 16. Jh. mit den oberen 4 seiner 6 Geschosse vollendet. Nach einem Blitzschlag 1760 hat man den got. Helm durch das jetzige Dach ersetzt. – Schon 1323 war der 2jochige Chor mit 5seitigem Schluß vollendet; die eingezogenen Strebepfeiler nach Vorbild der Marburger Marienkirche sind z. T. innen durchbrochen; die Gewölbeschlußsteine (Christus als Weltenrichter und Engel mit Passionswerkzeugen) stehen in Nachfolge der Turmplastik der

Marburger Elisabethkirche. Um 1350–70 wurde das Langhaus als 3schiffige Halle mit 8eckigen Pfeilern erbaut. Ein Brand 1952, der die meisten noch erhaltenen got. Glasfenster zerstörte, wurde zum Anlaß gründlicher Wiederherstellung. – Hauptorgel 1973–74 von Bruno Döring, Gehäuseentwurf von Heinz Wolff. Glasfenster im Chor 1953 von H. G. v. Stockhausen.

Der um 1590 unter dem Frauenberg angelegte **Friedhof** enthält eine Reihe von *Grabsteinen* in künstlerisch ausgezeichneter Form, u. a. von Angehörigen Hersfelder Tuchmacherfamilien (vom Rokoko bis zur Neugotik). Von besonderem Interesse ist der Grabstein des letzten »Commerzien-Schiffers« auf der Fulda, *Johann Georg Sangmeister* (um 1800). Auf der Vorderseite des Steines ist das Fuldaschiff mit der Kajüte abgebildet. Unter den gußeisernen Grabmälern ragt das der *Wilhelmine Roessing* (1812–49) hervor, als Inschriftkartusche auf einem Palmbaum gestaltet. Am Eingang dieses Friedhofsteiles ein Grabdenkmal, das die Stadt Hersfeld dem Kaufmann *G. A. C. Traugott Dippel* (1806–69) stiftete: ein Kurzpfeiler mit hoher gotisierender Fialenbekrönung.

Rathaus. Ein 2teiliger roman. und got. Kernbau wurde 1597 ● durch Überkleidung und Giebelaufsätze in den Formen der Weserrenaissance verwandelt, zugleich durch einen Flügelanbau erweitert (Portal 1612). Die reichen Schmuckgiebel der Marktfront stehen mit der Stadtkirche reizvoll im Stadtbild zusammen. Innen zeichnen geometrische Stuckdecke und Intarsientür den Ratssaal aus.

Das Stadtbild war bis etwa 1965 verhältnismäßig gut erhalten, da mehrere Straßen und Plätze noch geschlossene Fachwerkfronten bewahrt hatten. Diese weitgehende Einheitlichkeit hat seither schwer gelitten. In der Breiten Straße sind zwischen gediegene Fachwerkhäuser früherer Jahrhunderte 2 Großkaufhäuser gesetzt worden, die an Maßstablosigkeit kaum noch übertroffen werden und überdies, mindestens in einem Falle, von gröbster Geschmacklosigkeit zeugen. Auch am Linggplatz sind schwerwiegende Eingriffe erfolgt, hier zugleich unter Opferung guter Substanz (so Nr. 12, Gasthof »Hackerbräu«, dessen Kellergewölbe noch aus dem 13. Jh. stammte). Erfreulicherweise gelang es, den Beschluß zum Abbruch des **Hospitals** (15. Jh., Fachwerkobergeschoß 1888 abgebrannt, danach gut erneuert) rückgängig zu machen. – Nach wie vor ist auch eine größere Anzahl von einzelnen Fachwerkhäusern besonders hervorzuheben, wie sich auch einige Steinhäuser erhalten haben.

Steinhäuser: Auf dem Grundstück **Klausstr. 34** steht noch die Giebelwand einer Kemenate, mit Buckelquaderkanten, jetzt in jüngerem Zusammenhang. – Das älteste im ganzen erhaltene Steinhaus der Stadt ist das **Alte Kaufhaus** (Markt 29), das im Mauerwerk mit Portal und 2 Fenstern, die von Rundstäben gerahmt sind, noch ins 13. Jh. gehört, im späten 15. Jh. aber umgebaut wurde. Zusammen mit dem links benachbarten Haus **Markt 28** aus dem 14. Jh. befand es sich 1623 im Besitz des Schultheißen Antonius Winter, der die Giebel in Renaissance-Formen neugestalten ließ. – Das **Gasthaus zum Stern** (Linggpl. 11) kann ebenfalls aus dem 14. Jh. stammen und erfuhr Veränderungen im 16. Jh. sowie 1707. – Das sog. **Burgmannenhaus** (Markt 8) geht im Fachwerk auf das Spätmittelalter zurück, erhielt aber 1582 durch Abt Ludwig IV. eine neue Renaissance-Fassade in Stein (später erhöht).

● Fachwerk: Das **Küsterhaus** (Kirchplatz 5) zwischen den beiden Pfarrhäusern an der Stadtkirche, um 1480, hat einen 2geschossigen Unterbau mit durchgehenden Ständern; die Obergeschosse springen auf Knaggen vor, in den Brüstungen nasenbesetzte Andreaskreuze. – Holzreiches Barockfachwerk und eine Tür mit schönen Metallarbeiten zeigt das **Pfarrhaus** von 1714. – **Weinstr. 10**, 1. Hälfte 16. Jh., mit sich überkreuzenden Bändern in der Brüstung. – **Markt 6**, ein Renaissance-Fachwerkbau auf Steingeschoß, mit geschweiften Brüstungskreuzen und 5fach gebogtem Giebel. Ähnliche Motive, wohl etwas jünger, an **Markt 7**. – Das **Haus Weber** (Klausstr. 34) war das Wohnhaus eines der bedeutendsten Zimmermeister seiner Zeit; Hans Weber schuf es sich 1609. Charakteristisch ist der Fensterreichtum. Reiches Beschlagwerk an Portal und Pfosten. – Weber oder seinem Einfluß können auch weitere Hersfelder Fachwerkbauten zugeschrieben werden, so das Obergeschoß der Rathauserweiterung; die **Apotheke** (Weinstr. 11), Erdgeschoß Ende 18. Jh. erneuert; **Weinstr. 12**; der **Gasthof »Linggklause«** (Hanfsack 7), 1600 dat., im Erdgeschoß massiv, 2. Obergeschoß 18. Jh., das Fachwerk Webers mit Seilmotiven, Andreaskreuzen, Fischblasen und Rosetten; **Hanfsack 2**, 1619 dat., Fehlstellen um 1960 nachgeschnitzt: reiche Beschlagwerkdekoration mit hängenden Herzen unter dem Brustriegel. – Ein prächtiges Barockhaus von 1676 ist das ehem. Freigut des Frhr. v. Schachten, **Markt 16** (jetzt städt. Verwaltung).

Die Dachzone über dem 3geschossigen Fachwerk ist durch Zwerchhäuser gegliedert. – Aus der Barockzeit weiter Breitenstr. 17, das **Gasthaus »Zum goldenen Löwen«**, 1683 von Zimmermeister Jacob Knot, mit Eierstabgesimsen, auf den Eckpfosten Fruchtgehänge und Masken; **Klausstr. 3** mit Schuppen- und Knospen-Ornament.

Das **Hauptgebäude** der **Tuchfabrik Rechberg** erhielt am Giebel gegen die Hainstraße ein bemerkenswertes Jugendstil-*Relief* von Arnold Rechberg.

Neues Krankenhaus, 1957–60, in beherrschender Lage über der Stadt.

An der Grenze zwischen Stadt und Stift steht ein frühroman. *Doppelkreuzstein*. – Nahe dabei das 1896 errichtete *Denkmal* für den badischen Offizier *Joh. Baptist Lingg*, der die Stadt gegen Napoleons Befehl vor der Einäscherung rettete.

Schulen: Alte Stadtschule, seit 1913 Luisenschule (Neumarkt 11). Landbaumeister Leonhard Müller errichtete 1834–36 den klassizist. Massivbau; die mittleren 5 von insgesamt 15 Achsen springen als Risalit vor. Kuppeltürmchen über der Dachmitte. – Gymnasium, sog. **»Klosterschule«**. An Stelle des Franziskanerklosters entstand 1688–89 ein Schulgebäude, von dem ein Teil beim Neubau 1909 übernommen wurde. – **Nordschule**, bedeutender Neubarockbau gegenüber dem Stift.

Frauenberg. In der Ruine der **ehem. Kirche** auf dem Frauenberg, westl. der Stadt, wird deren älteste Pfarrkirche vermutet. Eine Grabung legte 1929 die Fundamente einer kleinen karoling. Kapelle frei. Beim Neubau des **Jugendheimes** 1958 bezog man die spätroman. Chorruine (1. Hälfte des 13. Jh.), die durch ein got. Querhaus erweitert war, in den Kapellenbau ein. – Im Stadtteil Frauenberg 2 moderne Kirchen: die **ev. Martinskirche** (1969) und die **kath. Pfarrkirche** (1967); bei dieser ist die Achse vom Eingang zum Altar diagonal durch den Raum gelegt, der quadratischen Grundriß hat.

Weiter westlich liegt das Hofgut **Meisebach.** Das 2geschossige Schlößchen mit asymmetrischer Fenstergliederung und Portalstellung, Haupt- und Zwerchgiebel, am Portal mit Beschlagwerkschmuck, hat trotz der späten Entstehung, 1675, noch viel Renaissance-Tradition bewahrt. Der rechte Anbau mit pseudobarokkem Portal, sonst aber mehr klassizist. Haltung, entstand 1904.

Petersberg. Anstelle der östl. von Hersfeld vor 1005 errichteten Propsteikirche Petersberg steht ein **Kirchen**-Neubau des frühen Zopfstils von 1755. – Auf dem **Friedhof** ein Obelisk-Grabstein als »Denkmal der verklärten Demoiselle W. C. E. Reutel« († 1792), den ihr Bruder, der damalige Hersfelder Landbaumeister, ihr errichten ließ.

Im **Stadtteil »Hohe Luft«** errichtete Georg Lippsmeier 1956 die **kath. Pfarrkirche St. Bonifatius.** Ein halbes Oval bildet den Grundriß; mit der Wand schwingt die Decke in Kurven zusammen.

Johannesberg. Ehem. Benediktinerpropstei, südl. der Stadt, gegr. zwischen 1012 und 1024 durch Abt Arnold, 1647 zerstört. Die **Kirche** wurde 1951–53 ausgegraben: eine 1schiffige kreuzförmige Anlage mit westl. Rundturm in der Mittelachse, sehr ungewöhnlich. Erhalten ist nur die Stirnwand des S-Querhauses, da sich an sie das wenig jüngere **Brüderhaus** ohne eigene Abschlußwand anlehnt.

Westl. vom Johannesberg liegt der **Eichhof,** ehem. Schloß – Wasserburg und Sommersitz – der Hersfelder Äbte. Der 1328 begonnene Bau wurde im 16. Jh. unter weitgehender Wahrung des urspr. Charakters den Wohnbedürfnissen der Renaissance angepaßt. Im N an der Hersfelder Seite springt ein Rundturm vor. Das Tor im S, überragt von dem kräftigen quadratischen Bergfried an der SO-Ecke, führt in den quadratischen Binnenhof. Diesen umgibt über einem steinernen Sockelgeschoß allseitig gleichmäßiges Fachwerk in 2 Geschossen von gediegen-einfacher, aber sehr wirkungsvoller Erscheinung, mit Fußbändern, »Alsfelder« Streben und Mannformen. Das Erdgeschoß des Bergfrieds enthält das sog. Lutherzimmer mit reichen Intarsien, 1582.

DG

HERZBERG → **Breitenbach am Herzberg** (Hersfeld-Rotenburg H6)

HESSISCH LICHTENAU (Werra-Meißner H3)

Landgraf Heinrich I. zog Bewohnerschaft und Gemarkung mehrerer Dörfer 1289 zur Stadt Lichtenau auf einer Hochfläche westl. des Meißner zusammen. Eine Durchgangsstraße in N-S-Richtung bildet den Kern der Stadtanlage mit rechtwinklig ansetzenden Querstraßen sowie einer Ringstraße parallel zur Stadtmauer. Eine Burg bestand nur bis 1413. Seit 1889 trägt die Stadt ihren heutigen Namen.

Der **Mauerring** ist noch in erheblichem Umfang erhalten; ein starker Rundturm weist auf das ehem. Obertor im S, ein weiterer Mauerturm im W steht auf quadratischem Grundriß.

Ev. Stadtpfarrkirche (St. Katharina). Aus der Stadtgründungszeit stammen die Untergeschosse des W-Turmes, der 1888–89 Obergeschoß und Spitzhelm erhielt. Das Langhaus entstand bis 1350 als Hallenkirche des reduzierten Systems mit nur einem Seitenschiff im N; erstmals übernahm hier eine Pfarrkirche dieses bei hessischen Bettelordenskirchen verbreitete System. Der Chor schließt mit einem Joch und 5/8-Polygon an das Hauptschiff an. Spätgot. Fenstermaßwerk weist auf Baumaßnahmen im 15. Jh. Nur die Sakristei von 1415, nördl. am Chor, bewahrte ihr urspr. Gewölbe, als die Kirche 1637 von den Kroaten eingeäschert wurde. Der neue Innenausbau bis 1671 mit Holzgewölben nebst der hervorragenden Orgel Joh. Eberhard Dauphins (1721–22) fiel dem Brand von 1886 zum Opfer. 1888–89 wurden die Gewölbe in Stein erneuert.

Nach der Stadtzerstörung von 1637 entstand auch das **Rathaus** (seit 1964 Gasthaus) neu, 1651–55 errichtet. Den ansehnlichen 3geschossigen Fachwerkbau mit reichem Quergebälk zeichnet ein risalitartiger Erkervorbau an der südl. Schmalseite aus. Rechts daneben das Portal, Holz, rundbogig in rechteckigem Rahmen, mit Diamantquaderwerk und Eierstabgesims.

DG

Küchen (I3), am Meißner

Ev. Kirche. Erbaut 1827–28 von Landbaumeister Joh. Friedr. Matthei. Klassizist. Quersaal, nach N gerichtet, über dem Eingang Fachwerkturm. Das Innere ist in amphitheatralischer Form eingerichtet: hinter dem Altar in der Mitte der

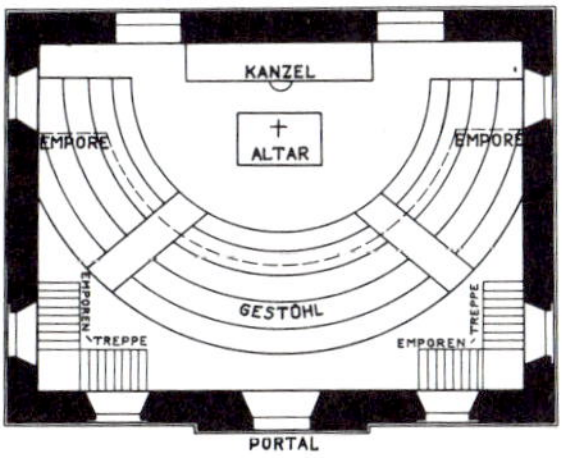

Küchen
Ev. Kirche. Grundriß

N-Wand die Kanzel mit symmetrischem Unterbau; das Gestühl und die auf 4 toskanischen Säulen ruhende Empore im Halbkreis ansteigend. 2 Säulen mit Lotoskapitellen tragen über den Emporen den Turm auf der Innenseite, dazwischen die Orgel mit pfeifenlosem Ornamentprospekt 1840 von Ziese.

Die eigentümliche, dem Protestantismus sehr angemessene Anlage ist noch zweimal wiederholt worden: 1828–29 von Arend in [Münchhausen-]Wollmar, Kr. Marburg-Biedenkopf, und 1829–30 von Matthei selbst in [Sontra-]Stadthosbach, Werra-Meißner-Kreis.

DG

Reichenbach (I4), am Meißner

Als Stammsitz des nächst den Landgrafen mächtigsten hessischen Adelsgeschlechtes, der Grafen v. Ziegenhain und Reichenbach, hatte der Ort im Hochmittelalter erhebliche Bedeutung, von der die Reste der Burg und der Klosterkirche noch zeugen.

Burg. Eine Wallburg der Chatten mag schon im 5. Jh. hier bestanden haben. 1089 werden die Grafen v. Reichenbach zum erstenmal genannt; bis 1233 besaßen sie Burg und Ort, die dann an die Landgrafen übergingen. Das Grafengeschlecht starb 1272 aus. Die Burg wurde bis etwa 1490 bewohnt und verfiel danach; Restaurierungen 1899–1901 und 1935. – Der 1821 eingestürzte runde Bergfried wurde wiederhergestellt; von Palas, Hauptturm und Umfassung ist nur geringes Mauerwerk erhalten.

Ehem. Nonnenklosterkirche St. Maria, jetzt ev. Pfarrkirche *Gründung und Erbauung der Kirche liegen im dunkeln. Man weiß nur, daß ein Nonnenkloster von den Ziegenhainer Grafen hier gegründet, 1207 aber verlassen war und dem Deutschen Orden als älteste Niederlassung in Deutschland übergeben wurde. Ihm gehörte die Kirche bis zur Aufhebung des Ordens, 1809. Die Kirche wird in ihrem erhaltenen roman. Kern der Zeit um 1140 angehören; sie verlor nach der Reformation den gesamten O-Bau; Obergaden und Seitenschiffswände wurden 1788–95, das W-Turmobergeschoß in got. Zeit neu aufgeführt. Gründliche Renovation 1956. Bei den Grabungen 1973–74 fand man nicht nur den kreuzförmigen O-Bau der roman. Kirche mit geradem Schluß, sondern auch den Dreiapsidenschluß eines Vorgängerbaues, der wohl ebenfalls ein Querhaus hatte, und darunter eine noch ältere Apsis.*

Erhalten ist nur das Langhaus, eine flachgedeckte Basilika. Der quadratische W-Turm ist mehrfach verändert, 1823 mit einer neuen Haube bekrönt. Das spätgot. Stabwerkportal wurde in älteres Mauerwerk gesetzt. Die sichtbaren Seitenwände der Kirche mit je 3 Stichbogenfenstern bei basilikalem Aufbau gehören der Zopfzeit an. – Die Turm-O-Wand enthält das 2stufige roman. Innenportal; sein Tympanon mit Kreuz auf einem Halbkreis wird von Rundbogenfolgen, Rautenfriesen und gedrehten Schnüren gerahmt. Im Langhaus sind nur noch die Arkaden aus prachtvollem rotem Sandstein alt. Bis zur O-Wand hat sich zweimal doppelter Stützenwechsel erhalten. Die Mehrzahl der Säulen trägt schlichte, aber ausgezeichnet geformte Würfelkapitelle; nur das nordöstl. Kapitell zeigt reicheren Schmuck mit Pflanzen und verschiedenen Tieren in gestreuter Anordnung. Kämpfer und Gesimse tragen meist gestuftes Schachornament. Wür-

felkapitelle und Sockelprofil lassen an künstlerischen Einfluß des Gandersheimer Münsters denken.
Der O-Abschluß des Mittelschiffes wurde mit einer Sgraffito-Arbeit von Wittig und Grünewald 1956 neu gestaltet. Altartisch und schlichte Kanzel des 17. Jh. Orgel von Joh. Eberh. Dauphin, 1722. Die seitlichen Spitztürme hatten bis 1956 ihre »Ohren« behalten; die jetzigen stammen von der Rotenburger Altstadtorgel.

DG

HEUSENSTAMM (Offenbach E10)

Ein Zweig des aus dem Westerwald stammenden Geschlechtes der Herren v. Schönborn erwarb 1661 den Ort. Sie fanden eine Burg aus staufischer Zeit vor. Vor dieser mit Wohnbauten des 16. Jh. besetzten kreisförmigen Wasserburg erbauten sie ein neues Schloß, von dessen großem rechteckigen Grundriß nur die vordere Front mit kurzen Seitenflügeln fertig wurde. Heusenstamm gehörte im frühen 18. Jh. dem kaiserlichen General Graf Anselm Franz v. Schönborn (einem Neffen des berühmten Kurfürsten von Mainz und Bischofs von Bamberg, Lothar Franz v. Schönborn, dessen Brüder Kurfürsten und Bischöfe von Trier, Würzburg, Bamberg, Speyer und Konstanz waren).

Kath. Pfarrkirche St. Caecilia ●

Maria Theresia v. Schönborn, geb. v. Montfort, Witwe des 1726 verstorbenen Grafen Anselm Franz, hatte den Wunsch, sich und ihrem Hause bei ihrem Schloß eine Begräbniskirche zu errichten. Die Kirche, die zu den schönsten barocken Landkirchen gehört, wuchs ab 1739 nach Entwurf Balth. Neumanns empor und war 1740 im Rohbau fertig.

Die äußere Erscheinung ist schlicht und entspricht anderen Neumannschen Dorfkirchen. Die Einturmfassade gehört zu jener in der fränkischen Tradition stehenden Neumannschen Bauidee, die, von St. Paulin in Trier ausgehend, über Wiesentheid und Heusenstamm nach Kitzingen-Etwashausen und Hofheim und zu anderen kleineren Kirchen weitergeführt wird. Der Turm steht fast bis zur halben Höhe im Schiff, er entfaltet sich erst über dem streng gegliederten Untergeschoß. Das Doppelwappen Schönborn-Montfort über dem Hauptportal erinnert an die Bauherrin. – Im Inneren überrascht die Weiträumigkeit. Das kurze 2jochige Langhaus öffnet sich in ein Raumgefüge mit stark zentralistischer Tendenz. Trikonchosähnlich sind dem quadratischen Vierungsraum zu beiden Seiten 3seitig geschlossene Seitenräume und die flachbogige Chorapsis angefügt. Der Vierungsraum wird baldachinartig von einer Flachkuppel

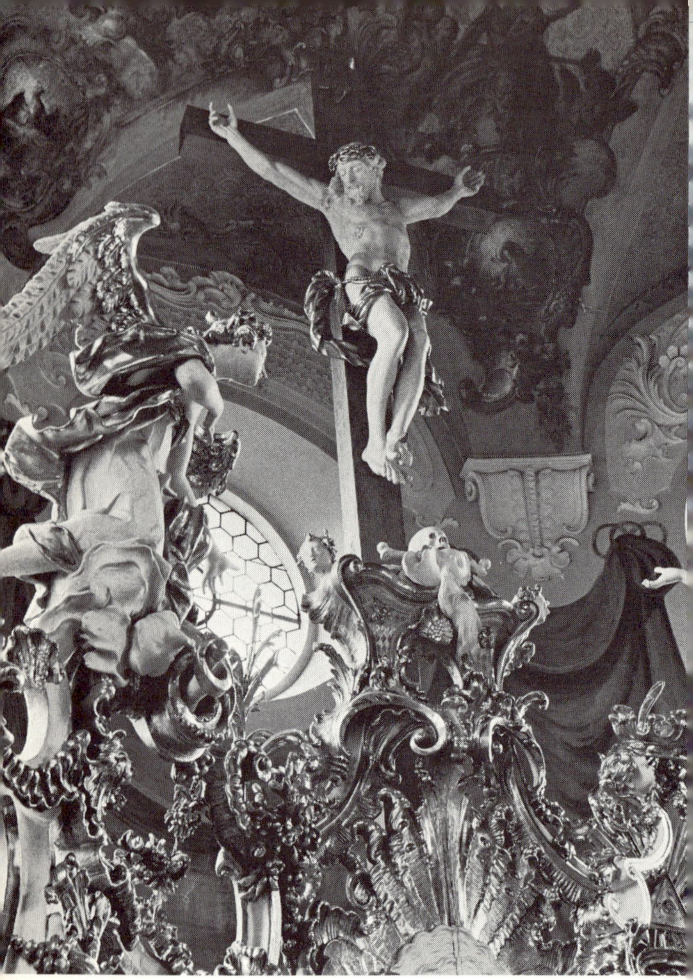

Heusenstamm. Kath. Pfarrkirche. Bekrönung des Hochaltars

überspannt, die von 4 in die Ecken gestellten Säulen getragen wird. Diese stehen dicht vor der Wand, die hinter ihnen halbkreisförmig ausbiegt. (In Etwashausen ist dieses System weiterentwickelt; es findet in der Klosterkirche in Neresheim seinen Gipfelpunkt.) – Die schwerfällige Empore gehört nicht Neumanns Entwurf an.

Die *Deckenfresken* von Chr. Th. Scheffler aus Augsburg, in ihrer Ikonographie auf die Begräbnisstätte bezogen, sind 1741 datiert. – Ausstattung. Der Würzburger Hofbildhauer Joh. Wolfg. v. d. Auvera stellte 1744 den rokokohaft-zierlichen Hochaltar auf, den er vermutlich nach Neumanns Angaben schuf. Seine Werkstatt lieferte auch die Kanzel. Das Gestühl und die Kommunionbank stammen aus der Werkstatt des Mainzer Hofschreiners Hermann. Strenge klassizist. Seitenaltäre aus der Zeit um 1800.

Friedhofskapelle. Das 1708 geweihte Kirchlein enthält im Inneren vorzüglichen Stuck von den gleichzeitig im Philippsruher Schloß in Hanau tätigen Stukkateuren Eug. Castelli und Ant. Genone.

Torbau. Graf Erwein v. Schönborn ließ die massive Ehrenpforte anläßlich der Krönung Josephs II. in Frankfurt (1765) errichten, vor der Franz I. und der neue Herrscher Gäste des Schloßherrn waren. Die Details sind für die Zeit schon auffallend klassizistisch.

GB

HILDERS (Fulda K7)

Der stadtartige Marktflecken gelangte aus fuldischem und Adelsbesitz 1342 an das Hochstift Würzburg, 1814 an Bayern und erst 1866 an Preußen (Hessen).

Die **kath. Pfarrkirche St. Bartholomäus** steht hoch und beherrschend östl. über dem Ort, durch ihren aufragenden W-Turm mit Zwiebelhelm (1960 wiederhergestellt) und dank dem hellen Verputz zwischen Sandsteingliedern weithin sichtbar. 1793–96 wurde sie von Joh. Michael Schauer aus Saal bei Königshofen erbaut. – Einem Brand fiel 1851 die Ausstattung zum Opfer. Die 3 danach neu errichteten Altäre stehen bemerkenswert getreu in barocker Tradition. Ihre Figuren stammen z. T. noch aus dem 18. Jh.; besonders qualitätvoll die hll. Petrus und Paulus am Hochaltar.

Vor dem Hause **Bahnhofstr. 2** steht ein Renaissance-*Bildstock* (gegen 1622), der schönste von den 13 Bildstöcken des Ortes. Im Aufsatzmedaillon sind die Kreuzigung Christi und Himmelfahrt Mariae dargestellt.

DG

HIRSCHHAUSEN (C8) → **Weilburg** (Limburg-Weilburg)

HIRSCHHORN (Neckar) (Bergstraße E14)

Gegen 1200 legten die Herren v. Hirschhorn auf der Bergzunge zwischen Neckar und Finkenbach ihre Burg an. Auf dem schmalen Uferstreifen des Neckartales gründeten sie im 13. oder 14. Jh. einen Marktflecken, der 1391 zur Stadt erhoben wurde und Befestigungsrecht erhielt. Die südl. anstoßende Vorstadt erhielt erst um 1500 ihre Mauern.

Burg. Der Gründungszeit im frühen 13. Jh. gehören die Schildmauer im N und Teile des Bergfriedes an. Zu Beginn des 14. Jh. erfolgte der weitgehende Neubau des Turmes, die Aufstockung der Mauer und die Errichtung eines Palas; wenig später entstand die Kapelle. 1582–86 wurde der Palas nach einem Brand wiederaufgebaut. Untere und obere Vorburg dürften im 15. Jh. entstanden sein; im 16. Jh. erhielten sie teilweise neue Tore und Wirtschaftsbauten. Vom got. Palas sind Reste erhalten, zu denen auch die 1350 geweihte Kapelle zählt. Sie birgt einen Bilderzyklus mit der Passion Christi. Der östl. angebaute Renaissance-Palas besitzt 2 Renaissance-Giebel; der südliche ist mit einfachen Voluten, Pilastern, Kugelaufsätzen und Maßwerkrundfenstern versehen, wie sie der Bauzeit entsprechen, während der nördliche mit Obelisken und ausladenden Voluten einen moderneren Eindruck macht.

Kath. Pfarrkirche zur Unbefleckten Empfängnis Mariae. Der nachgot. Bau wurde 1629–30 als luth. Pfarrkirche an einen Torturm der Stadt angefügt. Bei einer Erneuerung 1730–32 erhielt das Innere ein Holztonnengewölbe und 3 neue Altäre sowie eine neue Orgel. Die *Steinkanzel* mit ornamentaler Korbbrüstung, Reliefs der 4 Evangelisten an der Treppe und gedrehtem hohen Fuß entstand 1630 (1731 renoviert). Die steinerne Taufe ist 1545 bezeichnet.

Das **ehem. Karmeliterkloster** liegt am Berghang über dem Hinterstädtchen. Als Stiftung der Herren v. Hirschhorn wurde es 1400–06 errichtet. Aus der Gründungszeit stammen noch die **Kirche** und Teile des Konvents. Das 1schiffige Langhaus mit eingezogenem Vorchor und $^5/_8$-Schluß überdeckt eine (moderne) Holztonne. Beim Bau der W-Empore (1618 gebaut oder erneuert, 1908–09 grundlegend renoviert) wurden Teile des got. Lettners mitverwendet; die Wendeltreppe mit offener Spindel stammt wohl erst von 1618. Auch die Kanzel mit nachgot. Wendeltreppe, gewundenem Fuß und Renaissance-Brüstung entstand 1618.

Den Triumphbogen schmückt eine gemalte Verkündigung des Weichen Stiles (Anf. 15. Jh.); über dem südl. Seitenaltar im Langhaus ist die Hl. Sippe dargestellt. Mehrere Grabsteine der Herren v. Hirschhorn (15. und 16. Jh.).

Im ehem. *Kapitelsaal* des **Konventbaues** erhielt sich die gesamte Ausmalung vom Beginn des 16. Jh. Die bedeutenden Wandgemälde stellen Propheten und Karmeliterheilige in gemalten Nischen dar (von O nach W: Elias; Elisa; Jonas; Dionysius; Cyrill doctor; Simon Stock, darüber die Madonna; Albertus von Trapani; Angelus; Andreas Corsini; Petrus Thomas und Ludwig), ferner die Elias-Geschichte und eine Ansicht Hirschhorns. Die Bilder gehören dem Umkreis des Jörg Ratgeb an.

Ersheimer Kapelle, kath. Friedhofskirche SS. Nazarius und Celsus ●

Die Kapelle war die Pfarrkirche des 773 erstmals erwähnten und im 16. Jh. wüst gewordenen Ortes Ersheim. 1360 wurde sie zur Grablege der Herren v. Hirschhorn bestimmt. 1355 war bereits die Weihe eines Kirchenneubaues erfolgt, von dem sich der jetzige Vorchor erhalten hat. Um 1460 entstand ein neues Langhaus, 1517 wurde der Chorneubau vollendet.

Langhaus und Vorchor besitzen glatte Außenwände mit wenigen Maßwerkfenstern. Aufwendiger ist der Chor, von Strebepfeilern und 3teiligen Fensterbahnen gegliedert. Das Langhaus ist auch im Inneren einfach. Von besonderem Interesse sind hier der netzgewölbte Chor und der Vorchor, dessen *Ausmalung* fast vollständig erhalten ist.

An der N- und S-Seite sind die Apostel in geschwungenen Gewändern aufgereiht; in den Lünetten darüber sitzen je 2 diskutierende Propheten. Von den Gewölbekappen blicken die 4 geflügelten Evangelistenbüsten herab, deren Köpfe mit den geläufigen Symbolen angegeben sind. Die Bilder wurden 1355 vollendet. Nach 1464 entstanden die im Langhaus erhaltenen Heiligenbilder. – An den Wänden stehen Grabdenkmäler der Herren v. Hirschhorn.

Auf dem **Friedhof** befindet sich die 1412 von Konrad v. Hirschhorn gestiftete 4,2 m hohe *Totenleuchte.*

Die ev. **Kirche** mit aufwendiger Außengestaltung wurde 1891–92 südl. der Altstadt errichtet.

Das höchst reizvolle Ortsbild der typischen mittelalterl. Burgstadt hat sich gut erhalten. Nur der nördl. Teil der Stadtanlage – das sog. Hinterstädtchen bis zur Pfarrkirche – gehört der Gründungszeit an. Er besteht aus 2 parallelen Straßenzügen und kurzen Verbindungsgäßchen. Das Straßennetz der jüngeren südl. Vorstadt besteht aus einer Längsstraße mit kurzen Stichstraßen zum Fluß. – Zahlreiche nennenswerte **Fachwerkhäuser** bereichern das malerische Altstadtbild Hirschhorns. Besonders in der Hauptstraße stehen noch ansehnliche Renaissance-Häuser

(**Nr. 46** von 1608, **Nr. 60** von 1584 und **Nr. 122** angeblich von 1559). – Auch die **Stadtmauern** des 14. und 15. Jh. stehen z. T. noch aufrecht.

UG

HIRZENHAIN (Wetteraukreis F8)

Ev. Pfarrkirche (ehem. Klosterkirche St. Maria)
Schon im 14. Jh. gab es in dem abgelegenen Waldtal des Vogelsberges eine kleine Wallfahrtskirche. Die Herren v. Eppstein übergaben Ort und Kirche 1431 an die Augustinerchorherren zur Einrichtung eines Klosters, das 1439 bezogen wurde.
Die alte Wallfahrtskirche vom Ende des 14. Jh. hat sich in dem 1schiffigen Chor der Klosterkirche erhalten. Kurz vor Mitte des 15. Jh. wurde als Laienkirche ein 3schiffiger Hallenraum von gedrungenen Verhältnissen angefügt. 4 8eckige Mittelschiffpfeiler tragen die Kreuzrippengewölbe. Die Schmuckglieder aus Sandstein sind gut durchgearbeitet, besonders die Fischblasenornamentik der Maßwerkfenster. Das Wappen Franks IX. v. Kronberg und der Katharina v. Ysenburg im Schlußstein des 1. Langhausjoches schlägt ebenso wie die Steinmetzzeichen eine Verbindung zum Bau der Kronberger Kirche, deren Bauherr Frank IX. war. Gleiche Steinmetzzeichen finden sich auch am Kirchenschiff in Ortenberg.

● Ausstattung. Der zierliche *Lettner* ist als Schmuckstück der Halle in den gleichen Jahren wie sie entstanden. In den Zwickelräumen der spitzbogigen Arkaden sind 10 Medaillons mit Szenen aus dem Leben der Muttergottes eingespannt, deren Stil wohl von Frankfurt (Dom-S-Portal, Liebfrauentympanon) hierhergelangte. Die 4 Steinfiguren des Lettners gehören zur qualitätvollen Plastik des mittelrheinischen Kunstkreises aus den 40er Jahren des 15. Jh. (hll. Petrus und Paulus, Muttergottes, hl. Augustinus im südl. Seitenschiff). Mit der lebensgroßen Muttergottes aus weißem Sandstein im nördl. Seitenschiff entstammen sie einer Frankfurter Werkstatt, die auch eine Madonna in Königstein lieferte. – Am nordöstl. Pfeiler Madonna auf der Mondsichel, schöne Holzfigur um 1460. (Die bewegten Statuen Johannes' d. T. und des hl. Antonius aus dem Anfang des 16. Jh. befinden sich seit 1942 im Denkmalamt in Darmstadt.) Auf dem Choraltar ehem. Triumphbogenkruzifix des 15. Jh.

Eine **Eisenhütte**, aus der die durch ihre Eisenkunstgüsse bekannt gewordene Buderus-Hütte hervorgegangen ist, bestand schon im 14. Jh. und wurde im 16. Jh. als herrschaftlich stolbergische Hütte erneuert. – Das **Kunstguß-Museum** der Buderusschen Eisenwerke ist eine einzigartige Spezialkollektion von Zeugnissen dieses wäh-

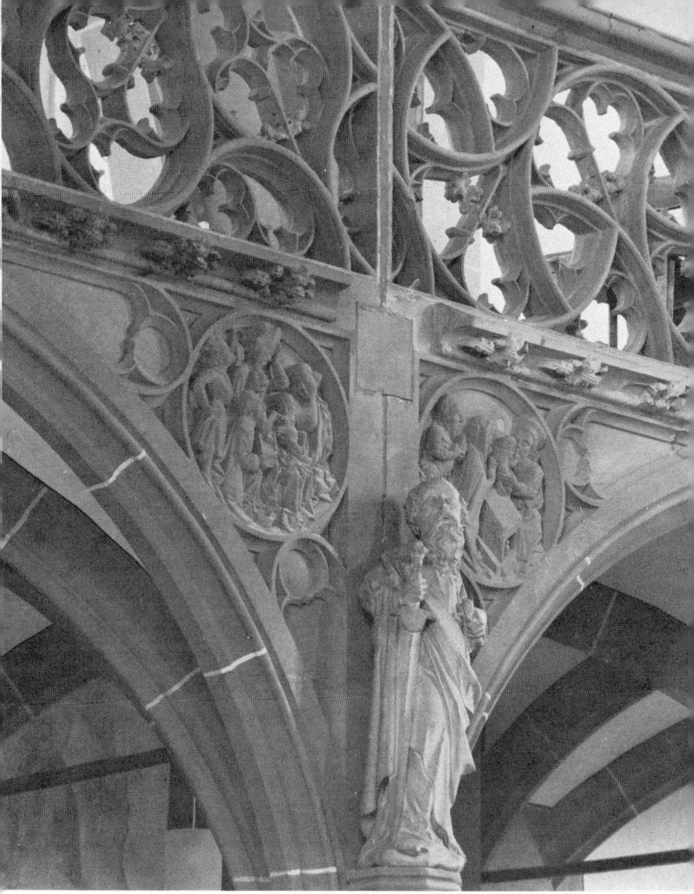

Hirzenhain. Ev. Pfarrkirche. Lettner-Detail

rend des 19. Jh. v. a. in Preußen (Berlin, Gleiwitz) gepflegten und von Künstlern wie Schinkel geförderten Kunsthandwerks. Neuere Entwürfe lieferten u. a. Ewald Mataré, Ludwig Gies, Emy Roeder und der Leiter der Kunstgießerei 1947–67, Peter Lipp.

GB

HOCHHEIM am Main (Main-Taunus C11)

Kath. Pfarrkirche St. Peter und Paul. Auf einer Main-Terrasse am südl. Ortsrand liegt die 1730–32 von Joh. Farolsky erbaute Kirche, die aus einem breiten Saalraum mit einem Turm an der N-Fassade und 3seitig geschlossenem Chor besteht. Das schlichte Äußere wird von Pilastern gegliedert. – Im Inneren haben sich die Deckenbilder aus dem Rokoko (Verklärung Christi, Martyrium der Apostel Peter und Paul), z. T. beschädigt, erhalten. Den W-Abschluß des Raumes bildet eine doppelte Empore mit Malereien von Joh. Bapt. Enderle, die sich gleichfalls auf Petrus und Paulus beziehen. Der Hochaltar und die 2 Seitenaltäre sind gute Werke aus der Zeit um 1770; hervorragende Kanzel der gleichen Zeit.

Hochheimer Muttergottes (auf dem »Plan«). Die große Rokoko-Statue der Madonna wurde 1770 geschaffen und ist von einem eisernen Baldachin (1801) geschützt.

Von der **Ortsbefestigung** haben sich geringe Mauerreste erhalten, ferner ein Tor bei der Kirche, das 1746 mit einem kleinen Fachwerkhaus überbaut wurde.

Wohnbauten. Fachwerkhäuser des 18. und frühen 19. Jh. stehen noch in der Wintergasse und in der Kirchgasse. **Kirchgasse 17** ist ein 2geschossiges Barockhaus mit Dreiecksgiebel über der Mittelachse. **Plan 2** ist ein Fachwerkbau von 1770 mit bemerkenswertem Untergeschoß.

UG

HÖCHST (D10) → **Frankfurt am Main**

HOFGEISMAR (Kassel G2)

Der 1033/36 erstmalig erwähnte Ort geht vermutlich auf einen Königshof zurück; er war mainzischer Besitz. Stadtrecht wurde um 1220/30 verliehen, die Neustadt wird 1234, die Petersstadt vor 1307 genannt. Nachdem die Stadt schon 1462 verpfändet worden war, fiel sie 1583 endgültig an Hessen. Die Reformation hatte sich um 1530 durchgesetzt. Seit dem 19. Jh. wächst die Bedeutung der Kleinindustrie. Auch die Orgelbauwerkstatt Euler siedelte nach Hofgeismar über.

Ehem. Kollegiatstiftskirche Liebfrauen, jetzt ev. Pfarrkirche der Altstadt

Wohl vor 1138 wurde das Stift St. Martin an dieser Kirche gegründet. Die heutige Kirche bewahrt im Kern den Neubau von etwa 1200–30. 1330 wurde das südl. Seitenschiff, 1446 das nördl. zur Halle umgestaltet; Mittelschiffgewölbe wohl schon 1330 gotisch ersetzt. Eine Krypta unter dem Chor wurde nach 1600 zu-

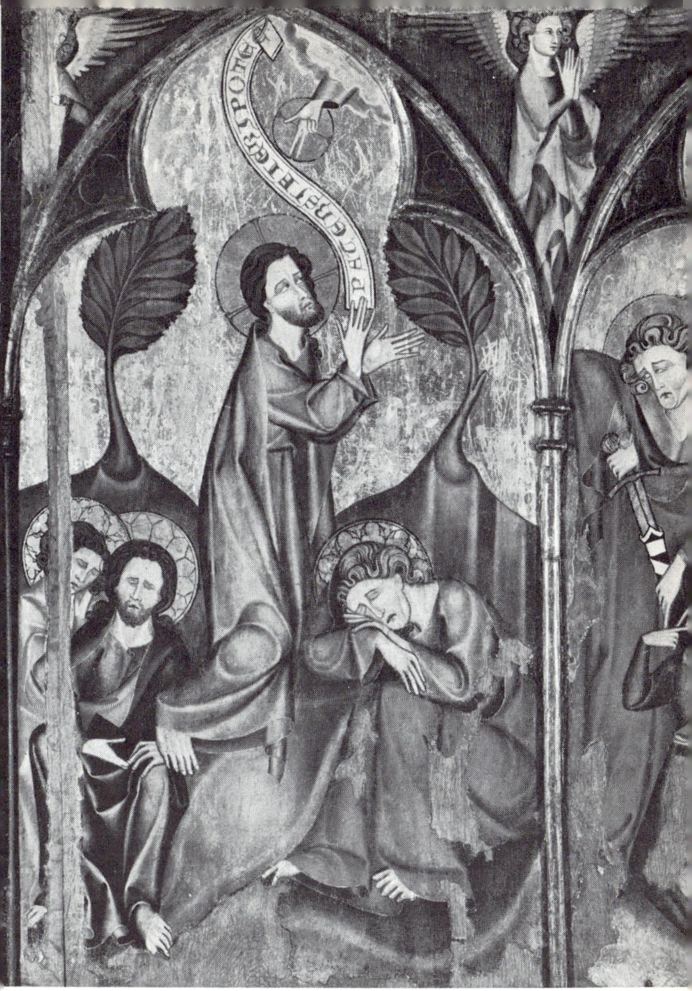

Hofgeismar. Liebfrauenkirche
Passionstafel des Altars: Ölberg, Petrus

geschüttet. Der Chor wich 1850 einem gotisierenden Neubau auf verkürztem Grundriß. Der W-Turm bewahrte seinen roman. Charakter, erhielt aber 1738 eine barocke Haube. 1954/55 wurde der Innenraum restauriert.

Heute ist die Kirche eine 3schiffige, mit dem ehem. Querhaus 4jochige, rippengewölbte Halle mit 1schiffigem 5/8-Chor und quadratischem W-Turm. – Äußeres. In das Erdgeschoß des mächtigen Turmes führt ein rundbogiges 2-Säulen-Portal mit Faltenkapitellen; das Tympanon historisierend. Gruppen von Klangarkaden durchbrechen das Mauerwerk der Obergeschosse. Die S-Seite ist fassadenmäßig gestaltet. Reich und fein durchgebildetes Portal mit Wimperg, Fialen und einst figurengefüllten Nischen im O-Joch neben dem Querhaus, 1330 bezeichnet. An der S-Tür als roman. Türklopfer ein Löwenkopf.

Inneres. Aus dem zunächst einheitlichen Eindruck einer got. Halle schält sich der roman. Kern in Mittel- und Querschiff. Die Hauptpfeiler sind erhalten; ihre 3fachen Runddienste gehen auf den Fritzlarer Dom zurück, tragen aber nur auf der S-Seite Wulstkapitelle, während die gerahmten Würfelkapitelle der N-Seite dem Lippoldsberger Kunstkreis zugehören. Die Zwischenstützen waren Pfeiler mit Kantensäulen; einige Kapitelle sind als Dienstbasen im S-Seitenschiff wiederverwendet worden. Die Gurtvorlagen der Vierungspfeiler ruhen auf Konsolen; die dem Mittelschiff zugewandten sind reich und eigentümlich mit kerbschnitthaften Motiven verziert: im N der Paradiesgarten, im S der Sündenfall. 2 Schlußsteine der got. Gewölbe tragen Figurenschmuck: Kreuzigungsgruppe; Petrus und Paulus. S- und N-Seitenschiff unterscheiden sich gemäß der auseinanderliegenden Entstehungszeit in der Gestaltung von Maßwerk und Konsolen.

● Ausstattung. Auf dem Altar steht eine *Passionstafel* der Zeit um 1320: Ölberg, Gefangennahme, Grablegung und Frauen am Grabe. Die Mitteltafel, vermutlich eine Kreuzigung, fehlt. Das Erhaltene ist höchst eindrucksvoll durch seinen lyrischen, feinlinigschwungvollen Stil, ein hervorragendes Werk der hochgot. Malerei. – Der 12eckige Taufstein mit Christus und den Aposteln unter spitzbogigen Arkaden, um 1320, steht jetzt in der Turmvorhalle. – Die Wangen des Chorgestühls (14. Jh.) zieren große geschnitzte Blätter; die Figuren aus dem 19. Jh. – Im Schatz eine von Meister G. M. um 1580–90 gearbeitete zylindrische Humpenkanne aus Silber, die reich mit Rollwerk geschmückt ist.

Das **Dekanat** am Altstädter Kirchhof ist im Mauerkern noch gotisch; es besteht aus der einstigen Propstei und der anstoßenden, 1329 gestifteten Martinskapelle. Ab 1568 wurden beide zum Wohnhaus umgebaut. – Im Garten einige spätroman. Kapitelle, vielleicht aus der ehem. Krypta von Liebfrauen.

Die **ev. Neustadtpfarrkirche** (St. Maria) bewahrt im Triumphbogen Reste eines wohl spätroman., bereits gewölbten Baues. Das Langhaus wurde 1341, der Chor ab 1414 durch einen Neubau ersetzt, die Sakristei 1421 angefügt. 1349 wurde der W-Turm begonnen, 1460 sein Obergeschoß vollendet; die Haube erhielt er im späten 18. Jh. – Das Hallenlanghaus von 3 Jochen hat schwere Rundpfeiler; der Chor ist höher und hat elegantere Formen.

Die **kath. Pfarrkirche St. Peter** ist 1896–97 von Georg Kegel im Typus einer westfälischen Hallenkirche der Gotik errichtet worden; der Chorraum schließt mit 4 Seiten eines Zehnecks, hat also einen Dienst in der Mittelachse. 1974 modernisierte Joh. Reuter die Kirche.

Die Eckpfosten am **Hochzeitshaus** (1621) mit Wildem Mann und Wilder Frau (hier die **Städt. Sammlungen für Heimatkunde**, u. a. mit einer wichtigen Sammlung vorgot. Kapitelle). – Das **Amtshaus** errichtete Friedr. Gotthelf Breithaupt 1842 als 3geschossigen klassizist. Bau.

Stadtteil Gesundbrunnen, in der Gegend der Wüstung Nordgeismar. Der Mineralquell wurde um 1640 zuerst, 1700/01 erneut gefaßt. Das Bad nahm großen Aufschwung: 1724 ein neues Brunnenhaus, danach mehrere Badehäuser: **Karlsbad**, ein Fachwerkbau, 1728–32, mit O-Flügel um 1770; das **Wilhelmsbad**, um 1745; das **Friedrichsbad**, 1770, mit fürstlicher Wohnung von Joh. Ludwig Splittdorf; derselbe erbaute anschließend ein neues (nach 1790 verändertes) **Brunnenhaus**. Über der Quelle errichtete S. L. du Ry 1792 einen gefälligen **Rundtempel**. Den Barockgarten ließ Wilhelm IX. zum englischen **Park** umgestalten.

Im Park liegt das **Schlößchen Schönburg**. Simon Louis du Ry, der Kasseler Hofarchitekt, erbaute es 1787–89 für Landgraf Wilhelm IX. Der Bau aus Haupt- und Obergeschoß wird in seinen 3 mittleren Fensterachsen durch eine Säulenvorhalle und einen Dachgiebel betont. Pilaster schmücken den Mittelsaal des Erdgeschosses, Architekturmalereien das Treppenhaus und Deckenmalereien die übrigen Räume. Schönburg ist durch Proportionen und Einzelformen ein hervorragendes Werk des Frühklassizismus. Es dient heute als Ev. Akademie der Landeskirche.

DG

Beberbeck (G1)

Landgraf Karl verlegte um 1724 das seit zweieinhalb Jahrhunderten bekannte Gestüt von der Sababurg nach dem ehem. lippoldsbergischen Klosterhof Beberbeck (1019 als Dorf »Biberbach« erwähnt, im Spätmittelalter wüst). Kurfürst Wilhelm II. ließ 1826 bis 1829 den umfangreichen Neubau des Gestüts westlich vor den beiden Gutshöfen errichten. Zuletzt entstand – 1830, jedoch erst 1837–40 ausgestattet – das schloßartige Fürstenhaus. Die Pläne stammen von Johann Konrad Bromeis (Feststellungen von E. Goens); die Ausführung leitete vielleicht Daniel Engelhard. – Gestüt 1930 aufgelöst, 1946 im Schloß ein Altersheim eröffnet, sonst Domäne.

Ehem. Gestüt. Die klassizist. Anlage ist großzügig um einen parkartig gestalteten Binnenhof gruppiert. Im W steht als Hauptgebäude das **Fürstenhaus**, ein langgestreckter Bau mit 2 Stockwerken über hohem Sockelgeschoß, 11 Achsen breit, das Mittelrisalit von 3 Achsen durch Pilaster unter einem Dreiecksgiebel zur großen Ordnung zusammengefaßt. Auf der W-Seite stößt der Kuppelsaal des Inneren halbrund vor die Front. Die seitlichen Flügel zu 7 Achsen sind 2geschossig mit veränderten Höhenlagen; eine Folge von Rundbogenblenden zeichnet das Untergeschoß aus. – Im Kuppelsaal gemalte Kassettendecke; die Deckenmalerei des Treppenhauses wurde 1938 wiederhergestellt.

Dem Schloß gegenüber steht im O das ebenfalls langgestreckte **Officiantenhaus**, im 9achsigen Mittelteil 3-, in den 5achsigen Flügeln 2geschossig, von einem Dachreiter auf rundem Grundriß und mit Pilastergliederung bekrönt. – Die Langseiten des Gevierts werden von niedrigeren **Stallgebäuden** eingenommen; Pavillons und weitere Gebäude sind in die äußeren Ecken der Gesamtanlage gruppiert.

Sababurg

Die inmitten des Reinhardswaldes auf einer Basaltkuppe gelegene Burg, um 1300 als »Zappenburg« (Zapfenburg) erstmals erwähnt, war ein Stützpunkt des Mainzer Erzbischofs für seine Besitzungen im Weser- und Diemel-Gebiet. Ein Neubau, der aus den Einkünften von Gottsbüren finanziert wurde, ging schon 1354 zur Hälfte und 1429 vollständig an Hessen über. Nach zeitweisem Verfall seit 1490 wiedererbaut (Palas), erlebte die Burg ihre Glanzzeit unter Philipp d. Großmütigen und wurde durch Wilhelm IV. um einen Tiergarten (Ummauerung 1589) bereichert. Ein Blitzschlag äscherte 1644 einen Eckturm ein, woraufhin 1658 die Welschen Hauben beider Ecktürme entstanden. Schäden, die frühere Kriege anrichteten, blieben nicht von Dauer; erst seit 1889 ist die Burg Ruine, da damals das Dachwerk entfernt wurde.

Das Hauptgebäude ist ein 2geschossiger spätgot. **Palas** mit hohen Giebeln an der O- und W-Seite. Stattlichkeit geben ihm 2 mächtige Rundtürme an den Ecken der N-Seite. Ein 8eckiger Treppenturm steht an der SW-Ecke. – Nach NW schließt der allein unter Dach erhaltene **Kanzleibau** an, der nach 1583 Sitz des Amtmannes für das Amt Gieselwerder war. (Ausbau zur Gaststätte, 1964; weitere Sicherungsarbeiten am Palas.)

Unterhalb der Kernburg sind ausgedehntere Teile von Mauern und Gräben der **mittelalterl. Burg** erhalten.

DG

HOFHEIM (C13) → **Lampertheim** (Bergstraße)

HOHENRODA (Hersfeld-Rotenburg I6)

Ausbach (I5/6), am Landecker

Ev. Kirche (St. Georg). Den vollständigen Neubau von 1730 wird Landbaumeister Adam Johann Erdinger errichtet haben. Ausbach gehört zur Nachfolge der Schloßkapellen Wilhelms d. Weisen. 1geschossige Emporen umziehen den Kirchensaal auf 3 Seiten und tragen eine hölzerne Mittelraumtonne. Die Kanzel mit vorkragendem Erker steht auf Stützen frei hinter dem Altar. Die ganze Kirche ist reich bemalt: ein Wolkenhimmel mit Glorie und Engeln an der Decke, alttestamentliche Personen und Darstellungen an der Empore, Laub- und Bandelwerk am Altar. Die zwischen 1730 und 1734 entstandene *Ausmalung* steht dem Emporenmeister von Weiterode nahe; auch erbaute der dortige Orgelbauer, Johan Weyer, 1734 die Ausbacher Orgel. Das schlichte Äußere kennzeichnet v. a. der 6eckige, halb in den Kirchensaal einspringende W-Turm.

Um 1970 ist der Ortskern mit »Zonenrandmitteln« zerschlagen worden; man verstümmelte auch den **Wehrfriedhof**, dessen Umfassungsmauer modernisiert wurde, und beschnitt das Torhäuschen. Die wertvollen Grabsteine erfuhren eine Neuordnung.

DG

Mansbach (I6)

Die **ev. Pfarrkirche** gehört mit Odensachsen, Weiterode u. a. zu den Nachfolgebauten der Schmalkaldener Schloßkapelle. Über dem noch spätgot. Chor wurde der Turm 1569 aufgebaut und erhielt 1756 seine Haube. Die doppelten Emporen mit korinthischen Säulen und die Mittel- ●

raumtonne des Schiffes entstanden 1682 (Zimmermeister Sebastian Bamberger aus Schmalkalden!); das äußere Gebäude erhielt 1706 seine heutige Gestalt. Es bietet eine der eigentümlichsten Lösungen im Bereich des prot. Kirchenbaus. Der Zahl der durch die Emporen gebildeten »Joche« und Geschosse entsprechend sind die Öffnungen in der S-Wand angeordnet: 8 durchweg ovale Fenster und ein Portal. Die Tonne ist als Wolkenhimmel mit Engeln bemalt; an der W-Empore Porträts biblischer Personen. – Der Taufstein mit spätestgot. Bandschlingenmuster gehört der Eiterfelder Gruppe an (um 1550); Orgel von 1732.

Schloß der v. Geyso. Die »Alte Burg« ist ein Renaissance-Herrenhaus, bez. 1561 und 1569. 1577–78 entstand das eigentliche Schloß, ein 3geschossiger Bau mit einem 8eckigen Treppenturm auf der S-Seite. Die Schmalseiten des Schlosses tragen 3teilige Giebel mit Halbbogen-Bekrönungen. – Als 3flügeliges Sommerschlößchen wurde um 1820 das **Kavalierhaus** errichtet: 2½ Geschosse in schlichten Formen.

DG

HOHENSTEIN (Rheingau-Taunus B9/10)

Breithardt (B9/10)

Die **ev. Pfarrkirche** besitzt noch einen wehrhaften W-Turm aus roman. Zeit. Im 15. Jh. erhielt er seinen jetzigen Spitzhelm mit den 4 Wichhäuschen. Wie der Turm erhebt sich auch der got. Chor über das niedrige, im Kern roman., jedoch im 17. Jh. veränderte Langhaus (geometrische Stuckdecke). Der Chor wurde um 1451 erbaut und wird von einem Netzgewölbe auf verzierten Konsolen überdeckt. An seinen Wänden ein geschlossener Zyklus von *Wandmalereien* aus der 2. Hälfte des 15. Jh. mit Szenen aus dem Neuen Testament. Aus d. J. 1490 stammt ein Wandtabernakel, auf dessen Sockel die Widmungsinschrift den Stifter Adolphus v. Breithardt nennt, von Blendmaßwerk gerahmt. Seitlich der Nische knien der Stifter und seine Familie; über der Nische befindet sich eine Kreuzigungsgruppe, in Flachrelief dargestellt. Der Taufstein mit maßwerkverziertem Becken entstand 1519. Die Orgel gehört dem späten 18. Jh. an.

UG

Hohenstein (B10)

Burgruine

Am Ende des 12. Jh. befand sich die Burg im Besitz des Grafen Dieter I. v. Hoynstein, einem vermutlichen Ahnen der Grafen v. Katzenelnbogen. Nach dem Erlöschen dieses Geschlechtes ging sie durch Erbfolge 1479 an die Landgrafen von Hessen über. 1647 wurde sie Ruine.

Die Burg, auf einem steilen, in das Aartal vorspringenden Felsen gelegen, war eine der mächtigsten der Gegend; eindrucksvolle Reste haben sich erhalten. Die Hauptteile gehören wohl noch dem 13. Jh. an. Die Kernburg auf dem höchsten Felsgrat sichert eine gewaltige Schildmauer. An ihrem südöstl. Ende erhebt sich der unregelmäßig 6eckige Hauptturm. Über dem Steilhang zur Aar lag der Palas. Nach S dehnt sich die umfangreiche Vorburg aus, die von einer starken Mantelmauer im SO gedeckt wird. 2 viereckige Türme flankieren diese (ähnlich Langenau und Ehrenfels). Das Burgtor befindet sich im südwestl. Turm dieser abweisenden Mantelmauer.

EH

HOLZBURG (G6) → **Schrecksbach** (Schwalm-Eder)
HOLZHEIM (D8) → **Pohlheim** (Lahn-Dill)

HOMBERG (Efze) (Schwalm-Eder G4)

Wird »Hohenberc« auch erst 1162 genannt, so ist seine Gründung in der Frankenzeit doch durch den Namen und durch die zentrale Lage zwischen den Orten Ostheim, Sondheim, Westheim und Nordwig (diese beiden wüst) gesichert. Auf einem breiten, steilen Basaltkegel über der Straße »durch die langen Hessen« erwuchs die Burg; seit etwa 1190 war sie landgräflich, gleichzeitig wurde die Stadt zu ihren Füßen gegründet. 1231 wird bereits die selbständige Unterstadt (»Freiheit«) erwähnt. Die Umwehrung – jeder Stadtteil gesondert – hatte 15 Türme und 7 Tore; sie ist aber nur unvollständig erhalten. Die Zwischenmauer verschwand schon 1536 bei Vereinigung beider Stadtteile. Die »Homberger Synode« beschloß 1526 die Einführung der Reformation in Hessen. Seit 1974 ist Homberg (bereits bis 1932 Kreisstadt) Sitz des Schwalm-Eder-Kreises (ehem. Kreise Fritzlar-Homberg, Melsungen und Ziegenhain).

● **Ev. Stadtkirche** (St. Maria). Weithin die Fernansicht beherrschend, ragt die Marienkirche über die Dächer der Stadt; zusammen mit dem Schloßberg ergibt sich eines der markantesten Städtebilder Kurhessens (vgl. Marburg). Stockwerkhoch erhebt sich der Kirchensockel über den Marktplatz und schließt seine N-Seite ab.

Der Bau begann 1340; am W-Turm nennt Heinrich von Hesserode sich 1374 als Baumeister. Trotz dieser Nachricht will man den Turmunterbau und das W-Portal Tyle von Frankenberg zuschreiben. Beim Weiterbau des Langhauses erhielt das südl. Seitenschiff um 1400 fast die gleiche Breite wie das Mittelschiff. Der Vorgängerbau aus der 1. Hälfte des 13. Jh. wurde 1961 ergraben.

Auf die 3schiffige Halle von 5 Jochen folgt ein 2jochiger Chor mit $^5/_8$-Schluß. Der W-Turm ist halb vom 1. Mittelschiffsjoch umfangen. Chor und Turm sind in rotem Sandsteinquaderwerk errichtet, das Langhaus in Bruchstein. Das Äußere gliedern nur die hohen Fenster und die schlanken Strebepfeiler, die unter der Traufe in Lisenen übergehen. Den 4geschossigen Turm krönen Achteckaufsatz und Galeriehaube der Renaissance (1745 erneuert). – Für die Blattwerkkonsole am Mittelpfeiler des W-Portals ist der Dienst ofenrohrartig ausgebogen. Die hochgot. Reinheit der Formen kommt besonders im Inneren zum Ausdruck. Die Kreuzgewölbe ruhen auf Rundpfeilern mit 4 Diensten, im Chor auf 3teiligen Bündeldiensten. In den Fenstern variiert reiches Maßwerk. – Die formale Zugehörigkeit zur hessischen Bauschule, die von der Marburger Elisabethkirche ihren Ausgang nahm, ist deutlich. Wechselwirkungen bestanden besonders zur Marburger Marienkirche. Hoch und frei wirkt der ungewöhnlich schöne Raum wieder seit der Entfernung der klassizist. Emporen (1961).

Von der barocken Ausstattung erhielt sich der großzügige Orgelprospekt, errichtet 1732–36 von Johann Friedrich Schäfer, Hanau. Die quellende, für Kurhessen einzigartige Régence-Dekoration schuf Jos. Dietrich Göhring aus Marburg. Durch den Reichtum ihrer Ornamentik zeichnen sich auch die beiden Epitaphien der Familie Clement aus. Das eine, 1744/47, ist von Balthasar Füßlein aus Kassel signiert, das andere, 1746, wird ihm zugeschrieben. – 7 *Passionsreliefs* eines Stationsweges (vorher an der Rathausterrasse) werden dem Meister der Hankratschen Kreuzigung des Fritzlarer Domes zugeschrieben.

Kath. Christuskirche. Den Neubau errichtete Josef Bieling 1956–57. Der Altar steht in einer Kreiskuppel, an die sich das Langhaus als Sektor eines äußeren Kreises schließt.

Stadtbild. Trotz starker Hanglage geht der Stadtgrundriß vom Regelmaß aus: die rechteckige Altstadt mit engem, die im SSW anschließende Freiheit mit etwas unregelmäßig gelockertem Gitternetz. Unter den Fachwerkstädten Hessens ist Homberg keine der geringsten, das Stadtbild noch ziemlich geschlossen. Seine Lage, der jähe Aufstieg der Pfarrkirche aus dem Markt, die Marktplatzbebauung selbst und die darauf hinführenden Straßenzüge sind von malerischem und städtebaulichem Reiz.

Das **Rathaus** an der NO-Seite des Marktes hat zwar auf got. Steingeschoß nur einen schlichten Fachwerkbau der Zopfzeit (1767). Doch nimmt die SO-Ecke des Marktes das **Gasthaus zur Krone** ein, einer von Hessens bedeutendsten Fachwerkbauten, 1480 bez. Die beiden Obergeschosse und der Giebel kragen auf Knaggen kräftig vor; 3 Ecken sind mit mehrgeschossigen Erkern ungewöhnlich reich gegliedert; das 16. Jh. fügte in der Mitte der W-Seite noch einen Mittelerker hinzu. – **Nr. 5** an der S-Seite des Marktes ist ein 3geschossiges Biedermeierhaus. – An der W-Seite steht das **Haus May** von 1617, das Portal des steinernen Untergeschosses mit Diamantquaderung; Taustab, Ranken und weitere Motive überziehen in reicher Verteilung Schwellen und Pfosten des Fachwerks. – Zurückgestaffelt der **»Weiße Hof«**, ein ansehnlicher Fachwerkbau in Renaissance-Gesinnung, in dessen Brüstungsschmuck mit Andreaskreuzen got. Tradition fortlebt.

Heimatmuseum (Pfarrstraße; im **Hochzeitshaus** 1517, **Küchenbau** 1582): Erinnerungsgut an den Glockengießer Hans Kortrog, den Verfasser des ersten Reiseberichts aus Brasilien: Hans Staden (um 1550), das Homberger Lehrerseminar (1835–1925) u. a.

Schloß. Die Burg wird zu Anfang des 13. Jh. erwähnt. 1508 wurde sie umgebaut, seit 1605 durch große Befestigungen erweitert und ein rd. 170 m tiefer Brunnen angelegt. Nach den Beschießungen 1636 und 1648 entfestigte man den Schloßberg, um neue Belagerungen zu vermeiden. Die nur noch in Resten erkennbare Ruine wurde seit 1936 von Georg Textor ausgegraben und wiederhergestellt, ein Aussichtsturm 1956/57 errichtet.

DG

HOMBERG (Ohm) (Vogelsbergkreis F6)

Auf steilem Basaltrücken über einer Ohm-Schleife wurde Homberg in beherrschender Lage als fester Platz gegründet (1065 zuerst erwähnt). An die Burg lehnte sich die Stadt der thüringischen Landgrafen (Stadtsiegel 1234 bezeugt). Bei der Erbteilung der oberhessischen Landgrafschaft Marburg fiel Homberg 1605 ar Darmstadt.

Schloß. Von der Burg des 13. Jh., auf der Höhe des Berges, ist noch die Ringmauer mit spitzbogigem Tor erhalten. Ein spätgot. Wohngebäude zeigt sich jetzt im Charakter von 1836. Die Burgkapelle St. Georg, 1328 erwähnt, verfiel um 1700. Im 19. Jh.

wurde der rechteckige Saal zur Scheune umgebaut und in Fachwerk aufgestockt.

Nahe der Kirche finden sich noch Reste der **Stadtmauer**; im W steht der »**Brauhausturm**«, dessen Kegeldach 4 Gauben zieren.

Ev. Pfarrkirche (Unser Lieben Frau)

Der roman. Kernbau des 13. Jh. erhielt vor 1400 einen neuen Chor und wurde 1467 unter Umbau zur Pseudobasilika eingewölbt. Nach mehrfachem Wechsel der Inneneinrichtung wurde die gegenwärtige Form in einer Restaurierung 1962 gewonnen.

Das Langhaus war zunächst eine flachgedeckte spätroman. Basilika zu 3 Jochen (vgl. Alsfeld). Die runden Arkaden ruhen auf schweren quadratischen Pfeilern. Bei der Einwölbung wurden v. a. die Seitenschiffmauern erhöht; die Obergadenfenster führen seitdem in den Dachraum der Seitenschiffe (jetzt indirekte Beleuchtung). Im südl. Seitenschiff schlicht, aber ansprechend verzierte Schlußsteine. Im nördl. Seitenschiff, das in 2 anderen Bauphasen eingewölbt wurde, sind kleine Reliefs des 13. Jh. wiederverwendet. Der Triumphbogen des Langhauses legt sich vor den höheren des Chores und ist auf der Rückseite 1467 bezeichnet. – Chorquadrat und Apsis des Gründungsbaues wurden vor 1400 durch ein Chorpolygon mit merklich gesteigerter Höhe ersetzt (vgl. wiederum Alsfeld); einfache Maßwerkfenster und Laubkapitelle. An die N-Seite schließt eine 2jochige Sakristei. – Das schlichte Äußere gewinnt malerischen Reiz durch die Abfolge von Turm (mit Spitzhelm und 4 Giebeln), niedrigerem Schiff und steilerem Chor. Am N-Portal ein 1491 bez. Kreuzigungsrelief, das S-Portal von 1828.

Im Altarraum steht eine große spätgot. Kreuzgruppe um 1510. Ihre farbige Fassung konnte 1961 freigelegt werden, ebenso die der Wappentafel des Jost v. Weytters und der Anna Schenckin, 1563. – An der Stirnwand des nördl. Seitenschiffes eine zierlich gewölbte Wandnische von 1521, urspr. wohl für eine Heiligenfigur. – Figürlicher Grabstein des 1568 verstorbenen Ludwig v. Beneburg (Boyneburg), von M(elchior) A(tzel).

Die **Friedhofskapelle**, wohl bald nach 1563 erbaut, nimmt einen guten Platz im Stadtbild ein, das sie mit ihrem schlanken Türmchen vor dem Giebel bereichert.

Das S t a d t b i l d wird durch eine erhebliche Zahl älterer **Fachwerkhäuser** bestimmt, deren Giebelfolge am Berghang reizvoll gestaffelt ist. Doch sind noch fast alle Häuser verschindelt, verschiefert oder verputzt. – Friedrich Bleibaum legte 1965 das stattliche **Rathaus** frei, das 1539 gleich nach dem Stadtbrand erbaut worden war, und stellte es wieder her. Über dem massiven Kellergeschoß erheben sich 2 Geschosse in kraftvollem, an das Alsfelder Rathaus erinnerndem Fachwerk. Zur Wiederherstellung gehören auch 3 der 4 Dachfußerker. Urspr. ein zierlicher Dachreiter mit Haubenbekrönung; der jetzige ist wohl barock. Im Inneren sind die je 2 Reihen Holzsäulen mit kräftigen Kopfknaggen für die durchgehenden Längsunterzüge in beiden Geschossen weitgehend erhalten. – Vor dem Rathaus steht der große, tiefe **Marktbrunnen** von 1827, auf dessen Mittelsäule (1828 bez.) ein Löwe sitzt.

DG

Büßfeld (F6)

Die **Kirche** – aus der Gruppe der Fachwerkbauten am → Vogelsberg – wurde 1700–02 errichtet; sie ist z. T. verschindelt. Der Entwurf ist von Landbaumeister Johann Ernst Müller in Gießen, die Ausführung vom Zimmermeister Hans Georg Haubruch aus Herbstein. Die freiliegenden Teile lassen mit hohen Eckständern und 2geschossiger Strebenanordnung in kräftigen Mannformen die Nähe zu Sellnrod deutlich werden. Von derselben Hand wie dort ist zweifellos das Portal, von einem Segmentbogen gekrönt und auch hier von Volkskunstsäulen mit rosettenartigen Sockeln und Kapitellen gerahmt. Über dem Portal und an der S-Seite haben sich noch geschnitzte Fensterumrahmungen der Erbauungszeit erhalten. Der Dachreiter und seine konstruktive Abstützung entsprechen Stumpertenrod und Sellnrod: wie hier der Längsunterzug im Schiff, wie dort das Holzrippengewölbe im Altarraum, beide nach dem Vorbild von Lardenbach und Zeilbach durch einen Triumphbogen getrennt, der aber höher hinaufgerückt ist. – Reich geschnitzte Kanzel – um 1700 von Joh. Philipp Neubecker aus Schweinsberg –, Orgel 1651 mit verzierten Hauptpfeifen.

DG

Bad HOMBURG v. d. Höhe (Hochtaunuskreis D9)

Burg und Ort unterstanden vom Hochmittelalter an verschiedenen Herren, am längsten von ca. 1200 bis 1433 den Herren v. Eppstein, bis 1622 eine hessische Nebenlinie Hessen-Homburg hier ihre Residenz aufschlug. Nach dem Aussterben der Hessen-Homburger 1866 an Preußen. – 1361 zuerst Stadt genannt. Anlaß zur Besiedlung wird die Salzgewinnung im Grund des Kirdorfer Baches gewesen sein. Einer kleinen Burgsiedlung (Obere Altstadt) stand zunächst ein Haufendorf gegenüber. Beide Siedlungskörper wurden später von einer im Mittelalter nicht vollendeten Ringmauer umschlossen, von der 3 Rundtürme erhalten sind. 1685 südöstl. der oberen Altstadt planmäßige Anlage der unbefestigten Neustadt (2 Straßenzüge mit Querstraßen). Seit der Entdeckung des Ludwigs- (1809) und Elisabethenbrunnens (1834) Aufstieg zum Kur- und Badeort; ab 1912 »Bad« Homburg genannt.

● **Schloß.** Von der spätroman. Burg der Eppsteiner ist nur der sog. »**Weiße Turm**« im oberen Schloßhof erhalten. Die glockenförmige Haube auf dem zurückgesetzten Obergeschoß ist 1635 datiert. – Friedrich II., der Gründer der Neustadt, ließ 1680–85 neue Schloßgebäude errichten. Lange, geradlinige Flügel wurden um 2 Höfe gelegt; der obere Schloßhof öffnet sich zu den Bergen des Taunus. Der einzige Schmuck der etwas eintönigen Fronten sind prächtige *Portale*. Links neben dem Unteren Portal schließt die **Schloßkirche** von 1685 an; im quadrat. Chorraum Fürstenlogen. Das Obere Portal von 1680 ist ein pompöses Barockportal, welches das zur Hälfte heraussprengende Reiterstandbild Friedrichs II. trägt. Harmonischer wirkt das gegenüberliegende Portal am **Archivgebäude**, das im Giebelfeld eine Nische mit der überlebensgroßen Bronzebüste Friedrichs II., modelliert von dem berühmten Berliner Bildhauer Andreas Schlüter, 1704 gegossen von Joh. Jacobi, bietet. (Am Bau Kopie, Original im Schloß; der Fürst ist Kleists »Prinz von Homburg«.) – 1835 begann der Darmstädter Hofbaumeister Georg Moller einen Umbau des Schlosses, der hauptsächlich den östl. zum Garten gehenden Flügel betraf. – Das *Spiegelkabinett*, das Homburger Tischler Friedrich III. 1728 zur Hochzeit schenkten, hat sich mit guten Intarsienarbeiten von der alten Einrichtung erhalten. Mehrere Innenräume mit Möbeln des 18. Jh. (3 Stücke von David Roentgen) und Bildnissen sind zugänglich. – An der NW-Ecke des oberen Schloßhofes wurde 1900 mit 10 originalen Doppelsäulen (2. Hälfte des 12. Jh.) aus Kloster Brauweiler bei Köln eine offene Halle angebaut.

Westl. vor dem Schloß liegt ein um 1820 gestalteter **Landschaftspark** mit einem Teich in der Mitte.

Die beiden das Stadtbild überragenden Kirchen sind Bauten des Historismus: gotisierend die **kath. Marienkirche** von Ludwig Bekker, 1892–95, die **ev. Erlöserkirche** von Spitta und F. Schwechten, 1908, romanisierend.

Heiliggrab-Kapelle auf dem Friedhof. Um 1490 für den Marienkirchhof in Gelnhausen gestiftet, 1825 nach Homburg übergeführt.

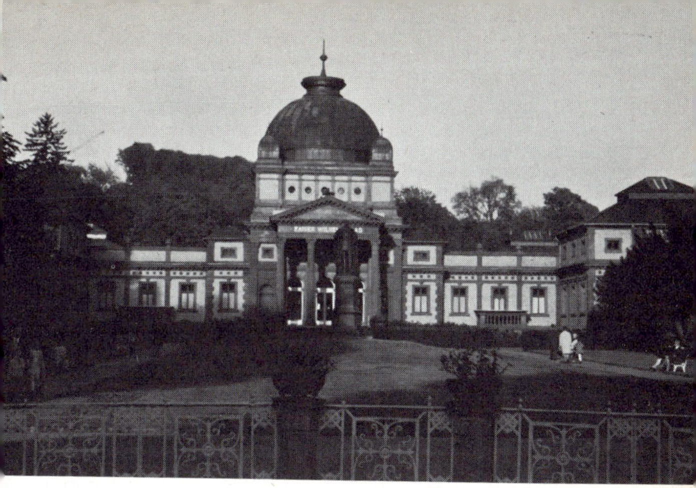

Bad Homburg v. d. Höhe. Kurpark. Kaiser-Wilhelm-Bad

Kurhaus. 1841–43 wurde das erste größere Kurhaus von dem in München tätigen Jean-Bapt. Metivier erbaut. An gleicher Stelle entstand 1950–52 das Kur- und Gesellschaftshaus von H. C. Bartels und J. Schweitzer.

1862 begann Peter Joseph Lenné († 1866) mit der Gestaltung des **Kurparks**, den Friedrich Jühlke 1867 erweiterte und fertigstellte. ● Obwohl später verändert, läßt die weiträumige, mit Einzelbauten durchsetzte Anlage das Spätwerk Lennés als Kern noch erkennen. Im Park fand ein *Denkmal Lennés* Aufstellung, das Christian Daniel Rauch schon um 1850 geschaffen hatte. Es steht am Brunnen-Kursaal oder Brunnensälchen, dem jetzigen **Spielkasino**, das Jacob Westerfeld 1834 nach Plänen von Georg Moller ausgeführt hat. – Bemerkenswerte Gebäude im Kurpark sind ferner das Kaiser-Wilhelm-Bad und die Russische Kapelle. Das **Kaiser-Wilhelm-Bad** wurde 1887–90 von Louis Jacobi, dem vom Kaiserhaus favorisierten Homburger Architekten und Ausgräber der Saalburg, im italienischen Renaissance-Stil gebaut; mit großem Mittelpavillon, vorgestelltem Portikus und Ehrenhofflügeln in Pavillonform greift es aber vornehmlich barocke Gedanken auf. Die **Russische Kapelle**, wie die Darmstädter von Benois entworfen, wurde 1899 eingeweiht. – Im Kurpark außerdem die klassizist. **Wandelhalle** von 1839, urspr. auch als Pflanzenhaus angelegt (daher die hohen Fenster), der **Monopteros** der Auguste-Victoria-Quelle, 1910 von Kaiser Wilhelm II. selbst entworfen, und der hölzerne **Siamtempel** von 1907.

Das **Gotische Haus** wurde 1823 nach Plänen von Georg Moller begonnen. – An der Kaiser-Friedrich - Promenade stammt die **Villa Trapp** (Nr. 55) ebenfalls von Moller, 1839–40, für den Begründer des Heilbades. **Ritters Parkhotel** (Nr. 69) errichtete Edmund Heusinger v. Waldegg 1855 als neugot. Backsteinbau; Louis Jacobi hat es 1883, 1898 und 1909 erweitert. Das Haus **Nr. 7–13** ist ebenfalls von Heusinger v. Waldegg. – Mollers Schüler Jacob Westerfeld baute eine Reihe guter spätklassizist. **Wohnhäuser** auf der S-Seite der Dorotheenstraße.

Von einem Schüler Westerfelds, Christian Holler, stammen die Entwürfe für die **Englische Kirche** am Ferdinandsplatz, 1868. Davor steht das *Denkmal der Landgräfin Elisabeth* von F. Guth, 1908.

Das Empfangsgebäude und den Fürstenpavillon des **Hauptbahnhofes**, mit großzügigem Treppenhaus und z. T. guten Stuckdecken, baute A. Wegner 1905–07.

Bundesschuldenverwaltung am Bahnhof, guter Zweckbau von 1953.

Städt. Heimatmuseum (Schloß, Orangerie) mit u. a. einer Sammlung zur Entwicklung des Hutes vom Dreispitz bis zum Homburg.

● Römerkastell Saalburg

1723 wurde auf einer Einsattelung des waldbedeckten Vordertaunus ein dem römischen Kaiser Caracalla geweihter Inschriftstein gefunden, durch den man auf den römischen Ursprung umfangreicher Mauerreste aufmerksam wurde. Seit 1747 war bekannt, daß es sich bei diesen Resten um eine »römische Schanze«, einen militärischen Stützpunkt, handelte, und bereits 1818 wurde dem Steinbrechen Einhalt geboten. 1853–62 begannen die ersten größeren Ausgrabungen, die seit 1870 systematisch durchgeführt wurden. Kaiser Wilhelm II. ließ dann 1898–1907 den kühnen Plan verwirklichen, ein römisches Kastell in seiner alten Form wiederaufzubauen. Antike Nachrichten und Vergleichsbeispiele, besonders das Legionslager von Lambaesis in Nordafrika, gaben die Grundlage für eine Rekonstruktion der römischen Steinbauten über den alten Grundrissen.

So wuchs um die Jahrhundertwende eine ausgedehnte Kastellanlage empor, die für uns heute ihre Herkunft aus der Ära des historisierenden 19. Jh. nicht verbergen kann, aber mit ihren efeuumrankten Mauern im Laufe der Jahrzehnte aus der nüchtern-sachlichen Sphäre der Rekonstruktion in den Bereich eines Denkmals von eigenem historischem Gehalt gerückt ist. Wir müssen für diese Leistung dankbar sein, denn heute hätte wohl niemand mehr den Mut, so unbefangen Vergangenheit durch einen Wiederaufbau zur Anschauung zu bringen.

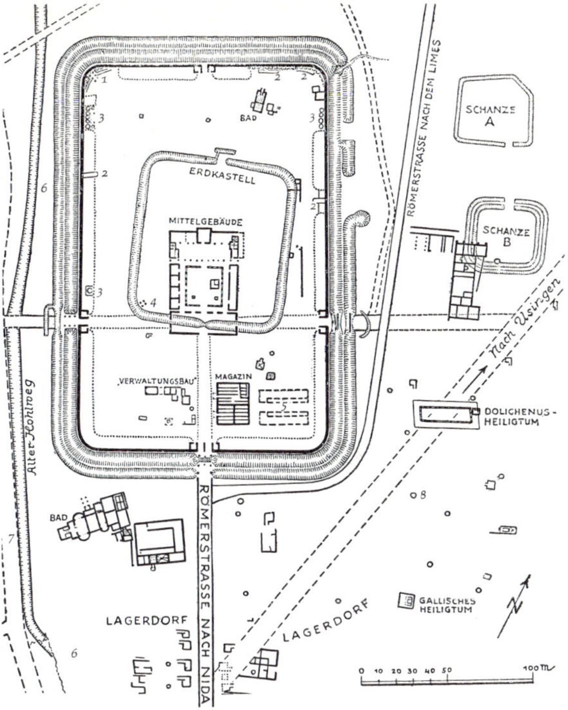

1 Rampen und Mauerreste des Steinholz-Kastells und Eckturm oder Treppenaufgang des Holzkastells
2 Rampen des Steinholz-Kastells
3 Backöfen unter dem Wall
4 Eckturm des Erdkastells, durch Pfähle gekennzeichnet
5 Modelle zweier Mannschaftsbaracken (nicht über alten Standspuren errichtet)
6 Zwei nicht mehr erhaltene Heiligtümer (?)
7 Nicht erhaltener Brennofen
8 Rekonstruierter, nicht dort gefundener Backofen

Saalburg. Anlageplan des Römerkastells

Das Saalburgkastell auf der Taunushöhe war einer der vielen militärischen Stützpunkte längs der Grenze des römischen Einflußbereiches. Seit 83 n. Chr. drangen die Römer unter Kaiser Domitian von Mainz aus über den Rhein bis in die Wetterau vor. Auf der Höhe oberhalb der fruchtbaren Ebenen errichteten sie an einem Paß ein kleines Erdkastell, das zwischen 125 und 128 zu einem größeren Kohortenkastell ausgebaut wurde. Nach einer Teilzerstörung um 185–187 erfolgte zwischen 209 und 213 der Ausbau mit Zinnenmauern und teilweise massiven Innenbauten, deren Rekonstruktion uns heute den Eindruck eines wohlerhaltenen römischen Militärstützpunktes vermittelt.

GB

HÖNEBACH (I5) → **Wildeck** (Hersfeld-Rotenburg)
HORAS (H7) → **Fulda** (Fulda)

HOSENFELD (Fulda GH8)

Blankenau (G7)

1265/66 gründete Hermann v. Schlitz ein Zisterzienserinnenkloster und besetzte es mit Nonnen aus Kreuzberg (heute »Philippsthal«). ach dem Bauernkrieg in eine fuldische Propstei umgewandelt. Ihre zumeist brarocken Gebäude umgeben die Kirche im N und O.

Kath. Pfarrkirche St. Simon und Judas, ehem. Propsteikirche St. Maria

Ihre Baugeschichte ist noch nicht eindeutig geklärt. Sicher vom Gründungsbau stammt der Chor; ob aber auch der Vierungsturm frühgotisch ist (wie in Rasdorf) oder ob er zu dem am nordwestl. Vierungspfeiler auf 1568 datierten Langhausneubau gehört, ist ungewiß. Den nachgot. Stil des Langhauses zeigen auch die Querhausflügel; das Datum 1614 am O-Portal des S-Flügels muß nicht verbindlich für das ganze Querhaus sein. Ausstattung und Stuckierung des Barock erfolgten nicht in einem Bauvorgang, sondern schrittweise während des ganzen 18. Jh.

Die Kirche ist ein kreuzförmiger Bau mit Vierungsturm und westl. Verlängerung. Der äußerlich schlichte, weiß verputzte Bau mit sandsteinroten Quaderkanten (z. T. gemalt) wirkt durch die Gruppierung der Bauteile, die im Vierungsturm gipfelt. Die Detailformen sind spitzbogig, Langhausfenster und Querhausportale zeigen aber den Vorhangbogen. Das Innere ist reich mit barockem Stuck überzogen: im Chor symmetrisches, in den übrigen Bauteilen schon asymmetrisches Rokoko. Außer Decken, Gewölben und Gesimsen sind auch die Fensterbögen stuckiert. Die Angleichung an den vorgefundenen Bestand (Rundstabrippen im Chor, auf sichtbar gelassenen Diensten mit got. Blattwerkkapitellen; Gratgewölbe in der Vierung; sonst Spiegeldecken) ist mit beachtlichem künstlerischem Feingefühl gelungen. In der Vierung Zwickelgemälde mit den 4 Evangelisten.

Ansehnlicher barocker Hochaltar in reicher Farbigkeit mit guten Gemälden (bald nach 1700); Assistenzfiguren sind die hll. Valentin und Johann Nepomuk. An der Kanzel St. Benedikt und Kirchenväter von J. Ulrich. In den Seitenaltären (nach 1765) Altarblätter von Joh. Andr. Herrlein. Der große barocke Orgelprospekt, mit Pedaltürmen, ist 1744 bezeichnet. Die Kreuzwegbilder, die aus Simmershausen (Rhön) stammen, tragen Volkskunst-Charakter (in diesem Zusammenhang beachtlich); die letzte Station bez. 1782. – Der Grabstein eines Ritters v. Lißberg, um 1300, wurde 1960 wiederaufgefunden. – Grabstein v. Wildungen, um 1600. – Der Grabstein des Propstes Aemilian v. Riedheim im Chor zeigt die Szene der Ermordung des Propstes i. J. 1699 durch 2 Räuber.

DG

HÜNFELD (Fulda I7)

Schon vor 825 entstand hier ein Tochterkloster von Fulda, an dessen Stelle später ein Kollegiatstift trat (1803 aufgehoben). Doch blieb von Hünfelds Frühzeit kein Kunstzeugnis erhalten. Das Stadtbild ist schlicht und gehört – nach dem verheerenden Brand von 1888 – vorwiegend dem ausgehenden 19. Jh. an.

Die **ev. Pfarrkirche** wurde 1855–57 in dem allein erhaltenen Chor des spätgot. Neubaues der Stiftskirche Hl. Kreuz eingerichtet; die Strebepfeiler wurden abgebrochen. 1895–96 hat man die Kirche um ein Joch und den Turm nach W erweitert.

Die **kath. Stadtpfarrkirche St. Jakobus** hat einen roman. Chorturm (3. Geschoß von 1613), für dessen nachträglich angesetzte Strebemauern Buckelquaderwerk verwendet wurde. Das 1507 begonnene Langhaus (Inschrift über dem östl. N-Portal) trägt den Charakter einer Stufenhalle und ist in allen Teilen flachgedeckt, nur der Chor gewölbt. Die Arkaden ruhen auf schlanken Achteckpfeilern. Die flache Holzdecke ist mit spätgot. Schmuckwerk bemalt – Rankenstäbe, Spiralranken und Rosetten; die Malerei ist nach ihrer Aufdeckung im 19. Jh. aufgefrischt und z. T. erneuert, aber in der Grundlage original und ungewöhnlich bemerkenswert. (Originale Fragmente befinden sich im Marburger Universitätsmuseum.) – Ausstattung zumeist neugotisch (1858), 1965 leider z. T. beseitigt. Der spätgot. Taufstein, bez. 1496, gehört dem »Schlitzer Typ« an.

Rathaus. Aufwendiger Neurenaissance-Bau von 1888–89.

Die um 1300 errichtete **Stadtmauer** ist an der O-Seite weitgehend erhalten, z. T. überbaut.

Kath. Pfarrkirche St. Ulrich (nördl. der Straße nach Rasdorf). Erbaut 1961 von Reinhard Hofbauer (vgl. Wetzlar-Niedergirmes). Die dortige Grundrißform eines Apsidentrapezes ist hier wiederaufgegriffen, aber basilikal ausgeweitet. Die Fenster sind als Lichtschlitze in gestaffelter Anordnung schräggestellt. Darüber eine Faltdecke. Die Raumwirkung spricht an. – Gutes Tabernakel, wie die 6 Leuchter und das Kreuz in der Krypta nach Entwurf von Agnes Mann. Barockfigur des hl. Ulrich, bis zum 19. Jh. in der Stadtpfarrkirche.

DG

HÜNFELDEN (Limburg-Weilburg B9)

Kirberg (B9)

Der urspr. Name Kirchdorf bezeugt eine der ältesten Kirchen der Gegend, Sitz eines zu Dietkirchen gehörenden Dekans, 1217 erwähnt. 1355 erfolgte die Erhebung zur Stadt durch die Grafen von Diez und der Bau einer Burg, der Stadtmauer und einer neuen Kirche.

Burgruine. Nordwestl. der Kirche entstand 1355 die Burg, wohl an der Stelle der ältesten Kirchengründung. Ein Torturm und verschiedene Mauerreste haben sich erhalten.

Ev. Pfarrkirche. Aus got. Zeit (1355) stammen noch Chor und W-Turm. Das Schiff wurde 1828–30 erneuert. Die Ausstattung ist weitgehend klassizistisch.

Die **Stadtmauer** von 1355 ist besonders an der O- und N-Seite noch weitgehend erhalten. Sie wird von Strebepfeilern in dichter Reihenfolge abgestützt.

● **Steinscher Hof** (Bubenheimer Str. 3)

Um 1525 erbaute die Kirberger Linie der Herren v. Reifenberg den Hof, den um 1550 die Familie vom Stein übernahm. 1748 erfolgte eine Renovierung durch die Mutter des späteren preußischen Ministers Reichsfreiherr Karl vom Stein (1757–1831). Die Fenster wurden dabei verändert und eine neue Treppe eingebaut. 1974 erfolgte eine grundlegende Restaurierung des zuletzt völlig verwahrlosten Baues.

Der Steinsche Hof ist ein 3geschossiger Fachwerkbau auf tonnengewölbtem Keller mit 2 Freipfeilern. Die 2 Untergeschosse des Fachwerkbaues sind zu einem Stockwerk in Ständerbauweise zusammengefaßt; das 2. Obergeschoß kragt vor und besitzt 4 Eck-Erker. Die Wände werden von hohen, sich überkreuzenden Streben gegliedert, in der Brüstungszone gibt es gebogene Fußbänder, urspr. vielleicht in durchlaufender Reihung. Die spätgot. Fenster waren kleiner, aber zahlreicher als die barocken. Diese schneiden weit in die Brüstungszone ein. Der traufseitige Hauseingang führt in eine hohe Halle, an deren Ende sich ein got. Treppenturm befand; jetzt ist dort eine barocke Treppe. Die Räume des Obergeschosses wurden bei der jüngsten Renovierung mit originalen Ausstattungsstücken des schwedischen Spätbarock, v.a. Tapeten und Elementen der Wandgestaltung, versehen. Das hervorragende Äußere des Hofes mit seinen reichgegliederten Fassaden macht den Steinschen Hof zu einem der bedeutendsten Fachwerkbauten in Südwesthessen. Verwandte Bauten sind die Rathäuser in Oberlahnstein, Rhens, Weinähr und Bürgerhäuser in Diez und Limburg.

Weitere ehem. **Adelshöfe**: Der **Hof der Spechte v. Bubenheim** (Bubenheimer Str. 1) ist ein 2geschossiger Fachwerkbau, innen noch mit einem alten Festsaal. – **Langgasse 52** (Apotheke), ein frühklassizist. Herrenhaus, besitzt noch seine urspr. Treppe. – **Langgasse 64–68** (jetzt Rathaus) ist ein Fachwerkherrenhaus mit Zwerchhaus und Rundgiebel; die Haustür gehört dem 18. Jh. an. – Ein Fachwerkhaus mit Fenstererkern und Schnitzereien ist der **Riedsche Hof** (Louisenstr. 8–10, Ende 16. Jh.).

UG

HUNGEN (Lahn-Dill E8)

782 schenkte Karl d. Gr. ein Gut, in dem der Kern des späteren Hungen vermutet werden darf, an Kloster Hersfeld; es wurde Mittelpunkt einer Hersfeldischen Mark. Aus der Vogtei entwickelten die Münzenberger und Falkensteiner ihre Territorialherrschaft, die sich im 1361 von Karl IV. an die Gräfin Agnes für Hungen erteilten Stadtrecht ausprägte. 1403 verkaufte Hersfeld seine Besitzungen und Rechte an die Falkensteiner; ihre Erben waren 1419 die Solmser. Hungen wurde Nebenresidenz der Linie Solms-Lich, 1603–78 sogar selbständige Residenz; danach war es Witwensitz der braunfelsischen Linie. 1806 kam es an Hessen-Darmstadt.

Die **Burg** entstand zum Schutz der »Straße durch die kurzen Hessen« an einem wichtigen Straßenkreuz: Münzenberg-Ulrichstein/Lich–Nidda, auf dem Ausläufer einer Hochebene über dem Horloff-Knie. – Die **Stadt** entwickelte sich von dem durch die Burg gesicherten höchsten Punkt im SW annähernd kreisförmig im Umriß nach NO; ein regelmäßiges Straßennetz gibt es nicht, da die alten Straßen entscheidend waren. Die **Stadtmauer** ist noch in größerem Umfang, doch turmlos, erhalten.

Schloß

Anstelle der 1383 erwähnten Burg ließ Bernhard II. 1454–56 den im Kern noch vorhandenen Bau mit 3 Flügeln errichten. 1535 wurde die Vorburg im NO befestigt. Graf Otto ließ 1604 den

Tor- und Kanzleibau der Vorburg beginnen, zugleich auch den »Neuen Saalbau« (den nördl. Außenflügel). Die beiden got. Seitenflügel – »Alter Bau« und »Frauenzimmerbau« – wurden ab 1608 erneuert. Um 1700 wurde der Hauptflügel umgestaltet; ein Anbau erfolgte 1790.

Der malerische Reichtum, den das Schloß der Fülle seiner asymmetrisch verteilten, wechselvoll geformten Türmchen verdankt, verschleiert zunächst, daß es sich eigentlich um eine recht regelmäßige Anlage handelt. Der **Hauptbau** gruppiert sich in 3 Flügeln hufeisenförmig um einen inneren Hof, dessen heute offene SW-Seite urspr. die im stumpfen Winkel nach außen vorspringende Stadtmauer schloß. An den linken Flügel schließt – dem Zug der Stadtmauer folgend – ein vierter Bauteil nach N an, während der NO-Seite des Schlosses ein unregelmäßiger Hof mit Nebengebäuden vorgelagert ist. – Die Mitte des nordöstl. Hauptflügels nimmt der got. **Torturm** ein; sein 5spitziger Helm beherrscht das ganze Gebäude. Nach außen gliedert sich ihm ein Vorbau mit 2 hoch überbauten Schilderhäuschen an; im äußeren Winkel zum Frauenzimmerbau steht ein Turm mit 3fach gestufter, äußerst voluminös geschwungener Zwiebelhaube, um 1700. Im inneren Winkel zum Frauenzimmerbau erhebt sich der 1572–74 errichtete quadratische Treppenturm. Der **Alte Bau** ist 2geschossig; die Fenster hatten ein Kreuzstock-Maßwerk. Wie sein Gegenüber, der Frauenzimmerbau, hatte er wohl einst 4 Ecktürmchen. Der 3geschossige **Frauenzimmerbau** bewahrt an seiner Hofseite 2 nach 1611 aufgesetzte Renaissance-Giebel mit Pilastern und Beschlagwerk. Der Umbau von 1700 legte eine Laubenvorhalle vor den Mittelbau und die angrenzenden Flügelachsen; der ältere Treppenturm wurde dabei übersprungen, und so gedieh die reizvolle Anlage nicht ganz symmetrisch. – In einigen Räumen des Inneren noch geometrische Stuckdecken der Erbauungszeit, die denen der Kirche nahestehen. – Im Hof ein *Ziehbrunnen* von 1572.

Ev. Pfarrkirche St. Maria

3 Bauteile scheiden sich deutlich voneinander: Schiff, Chorturm und Chor. Der Chorturm steht als ältester Teil – im Unterbau romanisch – zwischen Chor und Schiff. Die Apsis ersetzte der got. 5/8-Chor, vor 1514 bis vor 1518. Das Schiff entstand nach der 1581 erfolgten Einführung des ref. Bekenntnisses 1596–1608. Es entwickelt sich in fast doppelter Breite des Turmes nach N und ist an der S-Seite mit einem Rundturm besetzt.

Malerisch wirkt der Gegensatz der verschiedenen Bauteile. Den Längssaal umgeben einfache Emporen (1874 erneuert); die Kanzel (um 1606) steht vor dem Mittelpfeiler der O-Wand, vor ihr der Marmoraltar (um 1800). Die flache *Decke* zeigt eine reiche Stuckfelderteilung, wie sie noch reicher in Nidda (1615–17), [Wölfersheim-]Wohnbach (1620/21) und [Pohlheim-]Holzheim (1631/32) wiederkehrt. Sowohl für die Anordnung des Innenraumes als für die Stuckdecke scheint Hungen das älteste Beispiel der Gruppe zu sein. – Der Turmchor ist frühgotisch überwölbt.

Dekoratives Rankenwerk von etwa 1400 schmückte den Triumphbogen. Die Haupt*ausmalung* entstammt der Mitte des 15. Jh.: Sternenhimmel am Gewölbe, marmorierte Rippen, reiches Rankenwerk über Teppichsockel; in den Fensterlaibungen und angrenzenden Wandflächen sind figürliche Malereien ins Rankenwerk eingeflochten: vorzüglich erhalten der Marientod. Die Quaderummalung der Chorfenster erfolgte 1518, die der S-Tür um 1607. – Der spätgot. Chor wurde im 17. Jh. als Grablege der Grafen v. Solms-Hungen eingerichtet. Die O-Wand nimmt das kleine, aber prächtige Inschrift-Kenotaph des Stifters der Linie, Graf Ottos II., ein – 1616 errichtet.

DG

Obbornhofen (E8)

Ev. Pfarrkirche. An einen Chorturm mit Fachwerkobergeschoß aus der Zeit um 1500 schließt sich ein barockes Langhaus von 1741–42 an. Ein hervorragendes Werk ist die farbig gefaßte Stuckdecke im Régence-Stil. Einfacher gestaltet sind die Emporen. Die geschnitzte Kanzel ist 1652 datiert; die Orgel entstand erst um 1840 in spätklassizist. Formen.

Bemerkenswertes spätgot. Fachwerk-**Rathaus** (um 1530/40).

UG

HÜNSTETTEN (Rheingau-Taunus B9)

Wallrabenstein (B9)

Burgruine. Graf Walram v. Nassau-Idstein ließ 1393 die Burg zur Sicherung seiner Grenzen gegenüber Camberg errichten; nach seinem Tod wurde sie verpfändet, u. a. an die Herren v. Reifenberg. 1549 ist die Burg noch bewohnt, doch im 30jährigen Krieg bereits verfallen und hundert Jahre später an einen Dorfbewohner verkauft. Die winkelförmige Anlage sitzt auf einem Bergsporn am Ortsrand. Ein Bergfried und 2 (ehemals 3) kleinere Türme sichern die Anlage. Einer der Ecktürme ist rund, der andere polygonal; die Mauer zwischen ihnen ist bis auf das Wehrgeschoß erhalten.

Die **ev. Kirche** entstand 1708 als einfacher quer-, innen längsorientierter Saalbau und besitzt eine schlichte barocke Ausstattung.

Hauptstr. 1 ist ein Fachwerkhaus mit polygonalem geschnitztem Erker und geschnitzten Fensterumrahmungen (Fenstererker). Das Haus wurde 1680 erbaut. Besonders der Erker stellt im ländlichen Fachwerkgebiet Hessens eine Besonderheit dar.

UG

IDSTEIN (Rheingau-Taunus C9)

Das zwischen den waldreichen Höhen des Hintertaunus gelegene Städtchen gehört wie Königstein, Kronberg, Homburg und Eppstein zu jenen Orten im Taunusgebiet, die ihre Existenz und ihren Wohlstand einer Burg, der Residenz eines Landesherrn, verdanken. Graf Walram von Nassau wählte 1255 bei der Teilung der Grafschaft den Burgsitz in Idstein als Mittelpunkt des nassauischen Gebietes südl. der Lahn. 1605 starb die von ihm begründete Linie aus, und sein Erbe fiel an die Linie Nassau-Weilburg-Saarbrücken, von der sich 1629 die jüngere Idsteiner Linie abzweigte, die 1721 ebenfalls erlosch. Nach der Übernahme durch Nassau-Usingen verlor die Stadt ihre Stellung als Residenz. Seit 1806 beim Herzogtum Nassau, 1866 preußisch. – Auf Bitte des Grafen Adolf von Nassau, des späteren deutschen Königs, wurden dem bei der Burg entstandenen Ort 1287 Stadtrechte gewährt.

Der alte Stadtkern wird von 2 Straßenzügen gebildet, einem südl. der Burg vorbeiziehenden westöstl. Zug, auf den von S die zweite lange Straße stößt, an der die Pfarrkirche liegt. Reizvoll und bewegt als Platzgefüge ist der König-Adolf-Platz mit dem Rathaus, der von dem Torbau der Burg beherrschend überragt wird.

● **Ev. Pfarrkirche** (sog. »Unionskirche«)
Die ehem. got. Basilika, die wohl anläßlich der Erhebung der Kirche zur Stiftskirche 1328–40 erbaut wurde, erfuhr durch Arnold Harnisch aus Mainz 1667–77 eine gründliche Umgestaltung.
Am basilikal gestuften schlichten Außenbau, an den nördl. des Chores ein gedrungener Turm angelehnt ist, fallen die ovalen Oculi in der Obergadenzone auf. Im Inneren bestimmen Rundbögen auf toskanischen Säulen aus Lahnmarmor mit der zweifach gebrochenen Holzdecke über dem weiten Mittelschiff den mit seinen Einzelformen italienisch wirkenden Eindruck des Langhauses.

Die die Obergadenwände und die Decke überziehenden Ölgemälde mit *Evangelienszenen* (1673–75) auf Leinwand dagegen wirken in ihrer Anordnung wie in ihren Farben nordländisch, sind doch

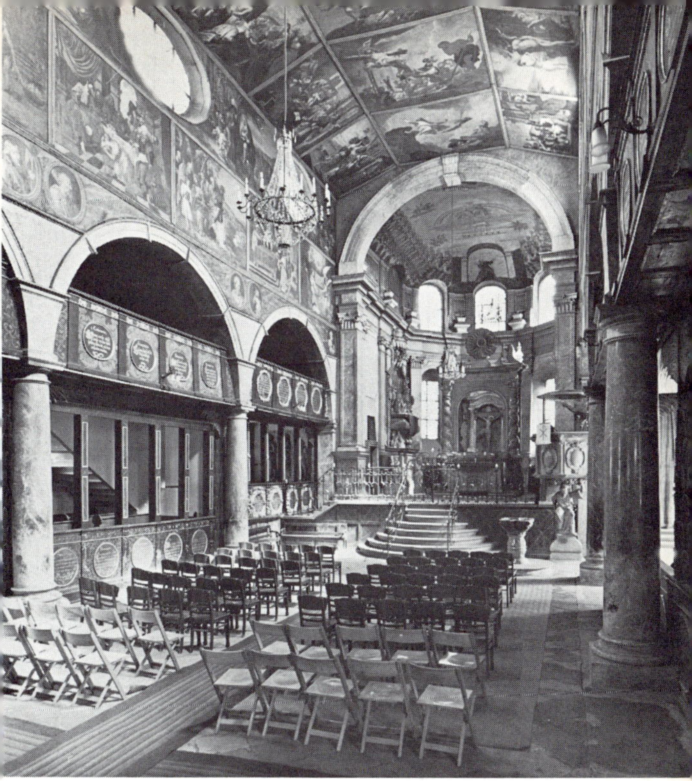

Idstein. Ev. Pfarrkirche. Inneres

auch 2 nach Kartons von dem in den Niederlanden geschulten Joachim v. Sandrart (Verkündigung und Einzug in Jerusalem) mit 3 weiteren von dessen Neffen und Schüler Johann v. Sandrart und die übrigen von Mich. Angelo Immenraet aus Antwerpen gemalt. Die aneinandergereihten Ölbilder sind ein nicht ganz gelungener Versuch, mit malerischen Mitteln eine über das deutsche Renaissance-Raumgefühl hinausgehende Architektur zu ergänzen und zu beleben. – Im Chor Deckengemälde von Pronner aus Gießen, 1725.

Die Ausstattung stammt fast ganz aus der Zeit des barocken Umbaus. Hochaltar (1673) von Arn. Harnisch aus Mainz;

Kanzel (mit kniendem Samson als Fuß) von Christian Gaßmann aus Düsseldorf; Taufstein (1675) von Hans Mart. Sattler aus Idstein. – Bemerkenswerte Grabdenkmäler des Grafenhauses Nassau-Idstein: Adolf II. († 1426) und Margarete v. Baden († 1442); Philipp d. Altherr († 1558) und Adriane v. Bergen (im sog. Reiterchor des nördl. Seitenschiffs). Im Hauptchor an der N-Wand prunkvolles Epitaph des Fürsten Georg August Samuel († 1721) und der Henriette Dorothea v. Oettingen († 1723) mit hohen Aufbauten von Caspar Vogel aus Zweibrücken. – Unter dem Chor liegt die Fürstengruft mit Särgen.

● **Burg und Schloß**

Das weit ausgedehnte, gut zu verteidigende Gebiet von Burg und Schloß liegt auf einem Felsen als Talsperre im Mündungswinkel des Wolfsbaches in den Wörnsbach; man betritt es, vom König-Adolf-Platz aufsteigend, durch den einfachen **Torbau** von 1497. – Von der alten wehrhaften **Burg**, die 1101 schon erwähnt wurde, ist nur der mächtige hohe, runde **Bergfried**, der sog. »Hexenturm«, das Wahrzeichen der Stadt, erhalten. Im lebhaft gruppierten ehem. **Kanzleigebäude** von 1565 mit Treppenturm und Renaissance-Fachwerkgiebeln heute Jugendherberge.

Über eine weitgespannte Steinbrücke erreicht man das 1614–34 erbaute 3flügelige **Schloß**. Es wirkt durch eine breit gelagerte Massigkeit der Vorderfront. – Fürst Georg August von Nassau-Idstein baute das Schloß unter Beteiligung von Max. v. Welsch und ab 1713 des Stukkateurs Carlo Maria Pozzi im Inneren teilweise um. 1717 wurde die *Hofkapelle* eingebaut (durch die Tür links vom Hauptportal zugänglich, jetzt **Heimatmuseum**) und die Decke mit vorzüglichem Stuck versehen. Im sog. *Kaiserzimmer* und dem dazugehörigen Vorzimmer stammen die Malereien von Val. David Albrecht und Luca Ant. Colomba, gute Stuckdekorationen von Pozzi.

Rathaus. Über dem ehem. Graben an den Burgberg angelehnt, mit Durchfahrt quer zum Gebäude. Nach Felsrutsch von 1928 in der alten Form 1933/34 wiederaufgebaut.

Fachwerkbauten. Prächtig am König-Adolf-Platz das sog. **»Killingerhaus«** mit Renaissance-Giebel und dem 1615 dat. reichgeschnitzten Erker. In der von S zum Platz anlaufenden Obergasse mehrere Häuser des 16. Jh., beachtenswert **Nr. 5**, 1598, mit altem Wirtshausschild zum Schwanen; sog. **»Dechanei«** (Nr. 14), 1596 erbaut; üppig geschmückt die stattliche Zweigiebelfront des sog. **»Haus Toepfer«** (Nr. 26), dessen Erker 1676 datiert ist; gegenüber über Steinsockel die langgestreckte Fachwerkfront des **ehem. Gymnasiums,** 1689–91.

GB

ILBENSTADT (E9) → **Niddatal** (Wetteraukreis)
ILBESHAUSEN (G8) → **Grebenhain** (Vogelsbergkreis)

IMMENHAUSEN (Kassel G2)

Die ältere Geschichte der Stadt wird überschattet durch den Streit zwischen der Landgrafschaft Hessen und dem Erzbistum Mainz (so schon 1282). 1385 zerstörte Mainz die hessische Stadt, deren gitterförmige Anlage indes erhalten blieb. Bis ins späte 19. Jh. blieb Immenhausen Ackerbürgerstadt, dann entstand eine Glashütte. Die Glasindustrie blühte durch Ansiedlung des Schlesiers Richard Süßmuth 1946 bedeutend auf; heute arbeitet die Hütte auf genossenschaftlicher Grundlage. Von hier stammen zahlreiche Glasgemälde in öffentlichen und privaten Bauten Hessens.

Ev. Pfarrkirche

Der untere Teil des W-Turmes entstand in der 2. Hälfte des 14. Jh., Oberbau und Haube sind 1851 erneuert. Inschriften von 1409 und 1446 an südl. Strebepfeilern von Schiff und Chor geben das ungefähre Baudatum dieser Teile an.

Das 3schiffige Hallenlanghaus besteht aus 3 Jochen mit Kreuzrippengewölben über Achteckpfeilern; die der S-Seite stehen auf quadratischen Sockeln. Ein Halbpfeiler im W zeigt, daß das Mittelschiff urspr. breiter werden sollte und nach Errichtung der Außenwände zugunsten des nördl. Seitenschiffes verschmälert wurde; gleichwohl ist es im Gewölbe etwas höher. Der Chor aus 2 Jochen und $^5/_8$-Schluß wurde etwas breiter ausgeführt als geplant, die S-Wand ist herausgeschoben.

● A u s m a l u n g. Durch die Freilegungen von 1964–65 ist die Kirche von Immenhausen jetzt eines der bemerkenswertesten Beispiele für die farbige und szenische Raumgestaltung des späten Mittelalters in Hessen. Die erhaltenen Farbwerte sind Grün, Rot, Schwarz und Gelb. Im Chor sind die Schlußsteine ummalt, in der Vierung der Christus des Jüngsten Gerichts, im Mittelschiff Rankenmalereien. – Die 3 nicht durchfensterten Wandfelder im *Chor* (2 im N, 1 im S) sind bis zum Kappenansatz mit Bildern in 2 oder 3 Geschossen ausgefüllt. Im westl. Feld der N-Seite Kreuzigung mit Maria, Johannes und 2 Stiftern, die Marter der 10000 Christen, Abendmahl; benachbart: Kreuzabnahme und Ölberg (gut erhalten). Auf der S-Seite St. Wilhelm als Ritter (nicht apokalyptischer Reiter), Hl. Sippe. – Das *Schiff* wird überwiegend bis zur Höhe des Gewölbeansatzes, teilweise noch darüber hinaus von Gemälden eingenommen, die v. a. an der besser erhaltenen, weil trockneren S-Wand mit ihren Rahmungen dicht aneinanderstoßen. Wohl nicht einheitlich entstanden (Inschrift »1483« in einem Kreuzigungsbild der W-Wand), aber durchweg aus der 2. Hälfte des 15. Jh. Zahlreiche Heiligenbilder, biblische Szenen und Martyrien.

Ausstattung. Spätgot. Chorgestühl, mit Lilien-, Trauben- und Weinranke in den durchbrochenen Wangen, im S ferner Adler und Löwe. Die Vorderbrüstungen sind verändert, im N 1601 bez.

Rathaus. 1662, freistehend, mit Fachwerkobergeschoß.

Die **Stadtbefestigung** ist in größerem Umfang erhalten, v. a. die mehrere Meter hohe Wehrmauer an der westl. Seite, verstärkt durch einen halbrunden und einen rechteckigen Turm.

DG

IPPINGHAUSEN (F3) → **Wolfhagen** (Kassel)

JESBERG (Schwalm-Eder F5)

In seiner reizvollen Lage an der Bundesstraße von Kassel nach Marburg wird Jesberg von der Ruine der einstigen **Burg** überragt. Der roman. Bergfried geht noch auf das Erbauergeschlecht der v. Linsingen zurück, während die spätgot. Wohngebäude seit 1586 bis auf Mauerreste zerfielen.

Die **ev. Pfarrkirche** wurde auf got. Grundlage 1714–16 recht ansehnlich barockisiert und erneuert; der heutige Chorturm ersetzte 1881 einen älteren.

Das **ehem. Schloß** des Prinzen Maximilian (heute Altersheim) ist ein Bau vom Rang der untergegangenen Kasseler Prinzenpalais. Maximilian, ein Sohn des Landgrafen Karl, hatte das Gericht Jesberg 1723 als Abfindung erhalten. Das 2geschossige, farbig erneuerte *Hauptgebäude* mit betonten Mittelachsen duckt sich unter ein hohes Mansarddach. Von den beiden freistehenden *Flügelbauten* ist der südliche erhalten. Ein »holländischer« Garten war einst zugehörig.

Nahe dem südl. Ortsausgang steht die mehrgeschossig in Kreisöffnungen gegliederte **Zehntscheuer** von 1826, ein Nutzbau von bemerkenswerter künstlerischer Wirkung (heute Raiffeisen-Lager).

DG

JOHANNESBERG (H7) → **Fulda** (Fulda)

JOHANNESBERG → **Bad Hersfeld** (Hersfeld-Rotenburg H5)

JOHANNISBERG (A11) → **Geisenheim** (Rheingau-Taunus)

KALSMUNT, Burg → **Wetzlar** (Lahn-Dill D7)
KÄMMERZELL (H7) → **Fulda** (Fulda)

KARLSHAFEN (Kassel G1)

Organisatorisches Geschick und wirtschaftlicher Weitblick verbanden sich bei Landgraf Karl von Hessen-Kassel (1670–1730) mit Plänen von echt barocker Größe. Um die für die hessische Wirtschaft lähmende Zollstation Hannoversch-Münden zu umgehen, ließ der Landgraf einen Kanalbau in Angriff nehmen, der die Weser unmittelbar mit Kassel verbinden sollte. Der Kanal gedieh freilich nur bis Schöneberg und verfiel nach dem Tode Karls. An der ersten Etappe, der Mündung der Diemel in die Weser, entstand jedoch ab 1699 die Neugründung Sieburg, zunächst für die Aufnahme hugenottischer Flüchtlinge bestimmt, denen sich ab 1707 in wachsendem Maße deutsche Zuwanderer gesellten. 1715 erhielt die junge Siedlung den Namen Carlshafen.

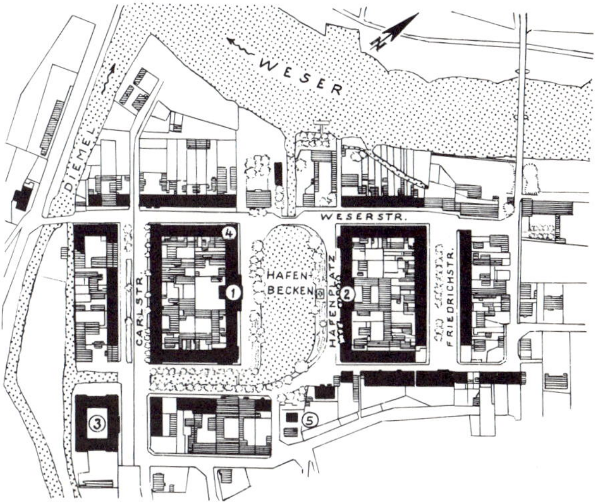

1 Rathaus
2 Thurn-und-Taxissches Postgebäude
3 Invalidenhaus
4 Gasthaus »Zum Landgraf Carl«
5 Ev. Kirche

Karlshafen. Übersichtsplan

● Der urspr. Plan der Stadtanlage, den der Landgraf selbst entwarf, sah nichts Geringeres vor als ein »Landesportal« für das gesamte Fürstentum. Als Stadtzentrum wurde das große **Hafenbecken** in abgerundet querrechteckiger Form angelegt, durch Stichkanäle mit Weser und Diemel verbunden. An den Längsseiten wurde es mit großen rechteckigen Häuserblocks (»**Carrés**«) gleich Ehrenhofflügeln besetzt, deren Mittelrisalite durch bedeutende öffentliche Gebäude in symmetrischer Entsprechung vertreten werden sollten (ausgeführt im SW das Rathaus). Jenseits breiter Straßen auf der Rückseite der Baublocks wurden halbe Carrés errichtet, die dem Stadtganzen seinen seitlichen Abschluß gaben. Das »Corps de logis« der Stadtanlage, am SO-Hang axial hinter dem Hafenbecken, kam nicht zur Ausführung; seit 1961 erhebt sich hier die neue **ev. Kirche.** – In voller Breite öffnete sich die Stadt zur Weser; erst nach 1765 wurde die Wasserseite der Weserstraße bebaut.
Für die künstlerische Gestaltung der **Häuser** war stets das Gesamtbild entscheidend: die Stadtfassade zur Weserseite und die Carré-Fassaden zum Hafenbecken hin. Die Reihenhäuser sind grundsätzlich 5achsig und haben über 2 Geschossen einen Mittelgiebel, von 2 Gaupen flankiert. Größere Gebäude mit Quaderkanten heben die Ecken der Blocks heraus, mit gestuften Giebeln über den Schmalseiten und 3achsigen Segmentgiebeln über der 7achsigen Längsfront. So im N das heutige **Gasthaus »Zum Landgraf Carl«**, als erstes der Stadt 1699 erbaut. – In den Längsfronten am Hafenbecken sind die Mittelbauten hervorgehoben; im SW das Rathaus, im NO anstelle eines gleichartig geplanten Gegenstückes das Thurn-und-Taxissche Postgebäude.

Das **Rathaus**, urspr. Packhaus und Jagdschloß mit Ratsstube, wurde 1715–18 errichtet. Auf den ersten Blick erscheint es vergrößert 2geschossig. Der Unterbau erreicht gerade die Traufinie der Nachbarbauten, das Obergeschoß ihre Firstlinie, während das steile Walmdach, vom 8seitigen Dachreiter bekrönt, erheblich darüber hinausstößt. Doch bereits der Unterbau enthält ein Mezzaningeschoß über den offenen Arkaden des Erdgeschosses. Die 3teilige Mitte faßt ein Risalit zusammen, der 2geschossig mit Pilastern besetzt ist und mit einem Segmentgiebel schließt. – Das verbaute Innere enthält im Festsaal reichen Régence-Stuck von Andrea Gallasini.

Das **Thurn-und-Taxissche Postgebäude** von 1768 wurde später verändert. Ohne hervorgehobene Architekturformen enthält es sich der Konkurrenz mit dem Rathaus. Schöne Rokoko-Tür.

Als südl. Eckpfeiler der Stadt erbaute Friedrich Conradi 1704–10 das 3geschossige **Invalidenhaus.** Die Anlage umgibt schloßartig einen reckteckigen Binnenhof. Pilaster in großer Ordnung heben als Mittelteil des NO-Flügels die Kapelle hervor, bekrönt von einem Segmentgiebel.

Das gegenüber liegende **Freihaus,** 1723 von Conradi, blieb unvollendet.

Unter Landgraf Friedrich II. entstanden weitere ansehnliche Einzelhäuser, so 1766 das neue **Packhaus** an der S-Ecke des Hafens. – Von 1765 stammt das **Haus Suchier** (Weserstr. 47), zu dessen Stichbogenportal eine doppelläufige Freitreppe führt. – Das **Haus zum Schwan** am Diemelkanal wurde 1832 durch Aufstockung entstellt. 1780 entstand das Portal. Im Inneren hat sich Decken- und Wandstuck im Stile Nahls erhalten.

DG

Helmarshausen (G1)

Den Königshof Helmerateshusa schenkte Otto I. 944 der edlen Frau Helmburg. Graf Eckard gründete hier Ende des 10. Jh. die bedeutende Reichsabtei, der Otto III. 997 Münz-, Zoll- und Marktrecht verlieh. Heinrich II. schenkte sie an Bischof Meinwerk von Paderborn, in dessen Auftrag Abt Wino 1032 eine Reise nach Jerusalem unternahm. Das Streben nach Selbständigkeit führte die Abtei um 1200 zur Anlage der Krukenburg und der Neustadt (»Alt-Köln«) auf den Diemelhöhen, doch sah sich der Abt bald genötigt, den Schutz des Kölner Erzbischofs Engelbert gegen Paderborn anzunehmen und gegen Abtretung fast der Hälfte der Besitzungen (einschließlich der Krukenburg) zu erkaufen. Wohl damals erhielt die Marktsiedlung östl. des Klosters Stadtrecht (1220 bezeugt). – Der Doppelbesitz schuf schwierige Rechtsverhältnisse, in die seit 1336 auch die mainzische und im 15. Jh. die hessische Ausdehnungspolitik eingriffen, während das kölnische Interesse nachließ und die Neustadt daher auch verfiel. Der Schutzvertrag mit der Abtei leitete 1479 die hessische Inbesitznahme ein, die 1597 bzw. 1617 abgeschlossen war.

Die Stadt liegt in einer Flußbiegung am linken Ufer der Diemel, wenig vor deren Mündung in die Weser. Der Stadtgrundriß ist ein ostwestlich gelagertes schmales Trapez mit leiterförmigem Straßennetz. – Von der **Stadtbefestigung** ist außer Mauerresten nur ein Turm erhalten.

Ehem. Benediktinerabtei St. Petrus, seit 1107 auch St. Modoald

Bischof Meinwerk von Paderborn weihte 1011 die erste Abteikirche. Sie war eine 3schiffige, querhauslose Basilika mit O- und W-Apsis; unter dieser eine Vierstützenkrypta, wohl etwa ähnlich derjenigen von Fulda-Neuenberg. Nach einem Brand zu Beginn des 12. Jh. wurde das Mittelschiff mit niedersächsischem Stützenwechsel umgebaut. Auch der hochroman. Neubau benutzte die Langhausmauern des Gründungsbaus. Die bis zu 2 m Höhe erhaltenen Mauern und Bauglieder zeigen, daß die Kirche um die Mitte des 12. Jh. in 5 Doppeljochen eingewölbt wurde; an die Stelle der ottonischen W-Apsis trat eine Dreiturmgruppe mit einer Säulenkrypta unter dem mächtigen Mittelturm. Der neue O-Bau schloß mit Haupt- und südl. Nebenapsis sowie nördl. Flankenturm. Die Zeichnung Dilichs von 1591 zeigt außer diesem noch einen östl. Vierungsturm. – 1536 aufgehoben, seit etwa 1550 als Steinbruch benutzt und z. T. eingestürzt (Vierungsturm 1604). 1964 und 1968 ergraben, aber wieder zugeschüttet, nicht einmal die gut erhaltene Krypta bewahrt.

Die Abtei war im 11. und 12. Jh. Sitz einer der bedeutendsten roman. Kunstwerkstätten. Roger von Helmarshausen schuf gegen 1100 die berühmten Paderborner Tragaltäre, zwischen 1151 und 1165 entstand das Lippoldsberger (sog. Hardehäuser) Evangeliar.

Von den **Klostergebäuden** sind der O-Flügel und die nach O aus ihm vorspringende Johanniskapelle, wenn auch (v. a. 1604) umgebaut, erhalten. Rundbogenarkaden und roman. Tierkapitelle von ausgezeichneter Arbeit gehören zu den Erdgeschoßräumen des O-Flügels, die durch die Niveau-Erhöhung seit 1600 sehr beeinträchtigt sind.

Unmittelbar östl. an den ehem. Klosterbezirk grenzt die heutige **ev. Stadtpfarrkirche**, oft irrig für einen Rest der Abteikirche gehalten. Der roman. Kernbau ist vielleicht die 1202 erwähnte Kapelle des Stadtplebans. Den quadratischen Chorturm schmücken Treppengiebel. Die urspr. 2schiffige Kirche wurde 1476 und 1799 umgebaut. Kanzel 17. Jh., Orgel 1732 von Heeren.

Wohnhäuser. Aus dem Hochmittelalter stammt das rückwärtige Haus von **Steinstr. 54**, ein Steinhaus, dessen gewölbter Keller auf einem Mittelpfeiler ruht. – Niedersächsische **Fachwerkbauten** des Diemeltyps aus dem 16.–18. Jh. beherrschen das Bild der Stadt, besonders in der Steinstraße.

Krukenburg. Von der Burg, die Erzbischof Engelbert um 1220 errichtete, sind noch ein Teil der Umfassungsmauern und Türme und größere Reste des got. Palas, den Bischof

Wilhelm von Paderborn (1401–15) erbaute, vorhanden. – Im Inneren der Burg steht die ältere **Johanniskapelle**, einer der bemerkenswertesten frühmittelalterl. Zentralbauten in Deutschland. Die auffällige Übereinstimmung mit der 1036 begonnenen Busdorf-Kirche in Paderborn und der vorroman. Charakter des aus flachen Steinen geschichteten Mauerwerks wirken für die überlieferte Bauzeit mit Weihedatum 1126 sehr ungewöhnlich. – Den Kern bildet ein Rundbau von etwa 13 m Durchmesser; an ihn schließen sich 4 Kreuzarme, der östliche mit Apsis, der etwas längere westliche mit Frontturm und rundem Treppenturm auf der N-Seite. Den Außenbau umzieht ein Sockel mit »Gandersheimer Profil«. Den Mittelraum deckte eine Kuppel, die Kreuzarme Tonnengewölbe. Der westl. Abschluß und die Gewölbe sind eingestürzt. Die kleine Krypta sitzt nicht axial. Sie war wohl eine Hl.-Grab-Anlage mit Prozessionsweg über 2 Treppen.

DG

KASSEL (GH2/3)

Eine fränkische »curtis« (»Kastell«) am Fulda-Übergang war Ausgangspunkt für die Entstehung Kassels; Chassella und Chassalla lautet 913 die älteste Namensform. 1008 übergab Kaiser Heinrich II. die Curtis seiner Gemahlin Kunigunde, doch fiel sie bei deren Tod an das Reich zurück. Später kam der Wirtschaftshof an das Kloster Kaufungen, das übrige Reichsgut als Lehen an die Landgrafen von Thüringen, die darauf 1140/48 das Kloster Ahnaberg gründeten. In über hundertjähriger, segensreicher Verbindung von Thüringen und Hessen blühte Kassel auf: die Entwicklung zur Stadt war 1189 abgeschlossen; die Ummauerung bestand schon 1152, auch Burg und Pfarrkirche St. Cyriakus waren damals vorhanden. Aus dem Thüringer Erbfolgestreit nach dem Tode Heinrich Raspes, 1247, ging 1263 endgültig die selbständige Landgrafschaft Hessen hervor. Landgraf Heinrich I., das »Kind von Brabant«, wählte Kassel zur Residenz und begann um 1277 den Bau des neuen Schlosses. Zugleich erfolgte die planmäßige Anlage der 1283 urkundlich erwähnten (Unter-)Neustadt jenseits der Fulda. Um 1330 wuchs unter Heinrich d. Eisernen nach W hin die »Freiheit«: eine regelmäßige Gründung aus 3 Hauptstraßen und schmaleren Quergassen, im Mittelpunkt der Platz des neuen Martinsstiftes. 1378 schlossen sich die 3 bis dahin selbständig verwalteten Städte gegen den Landgrafen Hermann zu einem Gemeinwesen zusammen. Doch dieser setzte 1384 eine absolutistische Stadtverfassung durch. Seither wurde die Stadt auch baukünstlerisch das Spiegelbild der Neigungen und Fähigkeiten ihrer Fürsten.

Die Regierung des Sohnes, Landgraf Ludwigs d. Friedsamen, brachte eine Zeit des Wohlstandes. (Rathaus 1408, Hochzeitshaus 1421, Tuchhaus 1421, alle zerstört.) Seit 1523 wurde die Stadt von Philipp d. Großmütigen zur Festung ausgebaut; sie war daher allen Stürmen des 30jährigen Krieges gewachsen, aber auch bis in die Barockzeit hinein jeder Wachstumsmöglichkeit beraubt. – Die Regierung Wilhelms d. Weisen (1567–92) machte Hessen zum bestverwalteten Staat in Europa. Das Stadtbild von Kassel profitierte durch die Errichtung von Zeughaus, Kanzlei (Renthof) und Marstall; dazu kam der eingreifende Umbau des Schlosses, in dem Wilhelm als bedeutender Astronom Deutschlands älteste Sternwarte einrichtete. – Der Sohn, Landgraf Moritz, dessen gelehrten und künstlerischen Neigungen Kassel das Ottoneum verdankt, war ein eigensinniger Charakter; seine verfehlten Maßnahmen brachten Hessen im 30jährigen Krieg an den Rand des Zusammenbruches.

In der Zeit des reifen Barock setzte eine stürmische Weiterentwicklung ein. Hessens genialster Fürst, Landgraf Karl, der in 60jähriger Regierungszeit (1670–1730) sein Land zu höchster Blüte führte, hat der Residenzstadt einen neuen Charakter gegeben. Drei Leistungen sind es vor allem: die Gründung der Oberneustadt für die Hugenotten (hier wuchs Kassel über die Grenzen der Festung hinaus), ferner die Anlage der Karlsaue und endlich die architektonische Bewältigung des Karlsberges, der späteren Wilhelmshöhe. Die Großartigkeit selbst der ausgeführten Teile fand kaum ihresgleichen. – Wilhelm VIII., dessen Bruder Friedrich I. als König in Schweden regierte, gründete die berühmte Gemäldegalerie und zog zum Bau des Schlosses Wilhelmsthal hervorragende Künstler wie François de Cuvilliés, Joh. August Nahl und Joh. Heinrich Tischbein in seine Dienste. – Vollender des Werkes, das Karl begonnen, wurde Landgraf Friedrich II. (1760–85). Ihm verdankt die Stadt ihre Öffnung in die Landschaft; das Schleifen der Bastionen, die Kassel im 7jährigen Krieg doch nicht mehr hatten schützen können; die Anlage der »königlichen Plätze« Friedrichsplatz, Königsplatz und Leipziger Platz, die endliche Verschmelzung mit der Oberneustadt; die Anlage der Weißensteiner (später Wilhelmshöher) Allee und somit die Achsenverbindung nach Wilhelmshöhe. Der schöpferische Baumeister dieser Periode war S. L. du Ry. 1777 gründete der Landgraf die Kunstakademie (heutige Werkakademie) und die Gesellschaft der Altertümer; diese stellte bedeutende Baudenkmäler der hessischen Vergangenheit unter Denkmalschutz. Auch das Museum Fridericianum ist eine Schöpfung Friedrichs II.; hier stellte er die Kunstschätze des Landgrafenhauses der Öffentlichkeit zur Verfügung (es soll das erste öffentliche Museum in Europa gewesen sein).

Mit dem Regierungsantritt Wilhelms IX., der 1803 die Kurwürde erlangte, verödete das reiche geistige Leben in Kassel. Doch war auch er baufreudig: sein Denkmal ist Schloß Wilhelmshöhe. – 1821 kündigte sich unter Kurfürst Wilhelm II. eine neue Blüte an, die jedoch bald unter politischen und familiären Zwistigkeiten erstickte. Seine »lückenfüllenden« Neubauten am Friedrichsplatz und Wilhelmshöher Schloß bedeuten keine unbedingt positiv zu wertende Bereicherung. Die große Zeit der Stadt war vorbei, auch wenn sie sich nun zunehmend ausdehnte. Die Erweiterung nach NW begann 1833 mit der Anlage des Ständeplatzes und setzte sich mit Errichtung des Hauptbahnhofs bis 1855 fort. Gleichzeitig aber forderte die erste Abbruchwelle ihre Opfer: 1834–37 Brotschirne, Tuchhaus und Rathaus der Altstadt.

1866 ging der Kurstaat an Preußen über. Kassel wuchs rascher, v. a. nach W entlang der Hohenzollernstraße. Bauten der Gründerzeit und des Jugendstils bestimmen z. T. noch heute das Gesicht dieser Stadtviertel. Nach dem 1. Weltkrieg entstanden städtebaulich bedeutende Siedlungen. – Nach dem Rang der Residenz wurde Kassel 1945 selbst der einer Provinzhauptstadt genommen. Noch heute hat die Stadt nicht die Einwohnerzahl aus der Zeit vor der Zerstörung erreicht.

Am 22. Oktober 1943 ging die Kasseler Altstadt mit ihrem Reichtum an Fachwerkbauten im Feuersturm unter; alle Steingebäude brannten aus; das gesamte Stadtgebiet war zu 76 % zerstört. Der »Wiederaufbau« brachte leider weitere Verluste; in das Grundrißgefüge der Stadt wurde entscheidend eingegriffen, zumal der Friedrichsplatz beschnitten und der Unterneustädter Kirchplatz beseitigt wurden. 4 Kirchen, 6 Paläste, mehrere palastähnliche Häuser und fast sämtliche in der Mauersubstanz bereits stärker geschädigten Einzelbauten wurden abgebrochen, auch wenn über die Wiederbebauung ihres Platzes noch keine Vorstellungen bestanden. In erster Linie zielte die Abbruchwelle auf die Denkmäler der fürstlichen Vergangenheit der Stadt. Beim Wiederaufbau überwog der Wille zur Modernität das Gefühl für Gediegenheit, doch hat die Zahl guter Einzelbauten (öffentliche Gebäude, Kirchen und Schulen, Geschäftshäuser, Versicherungsgebäude) und auch städtebaulicher Leistungen von Rang im Lauf der Jahre zugenommen (Ständeplatz, Treppenstraße, verschiedene Siedlungen). Wirkliche und vermeintliche Verkehrsbedürfnisse forderten Opfer, brachten aber auch Fortschritte, so daß eine Hauptgeschäftsstraße der Stadt, die Obere Königsstraße, zur Fußgänger-Reservation erhoben werden konnte. Parkplätze und (kostenlos benutzbare) Parkhochhäuser fügen sich dem Stadtbild störungslos ein und erleichtern die Besuchsmöglichkeiten.

Auch in den letzten Jahren stehen begrüßenswerte und verderbliche Maßnahmen im Widerspruch zueinander. Besonders zu bedauern ist die fortdauernde Vernachlässigung und Gefährdung des Zeughauses, der Bauten am Fulda-Ufer, die Entstellung und Zerstörung von Häusern in der Wilhelmshöher Allee, ferner der Abbruch der Pfeifferschen Villa in Wilhelmshöhe. Die wachsende Wertschätzung der Architektur zwischen 1860 und 1930 hängt mit neuen Einsichten zusammen, die sich noch nicht überall durchgesetzt haben.

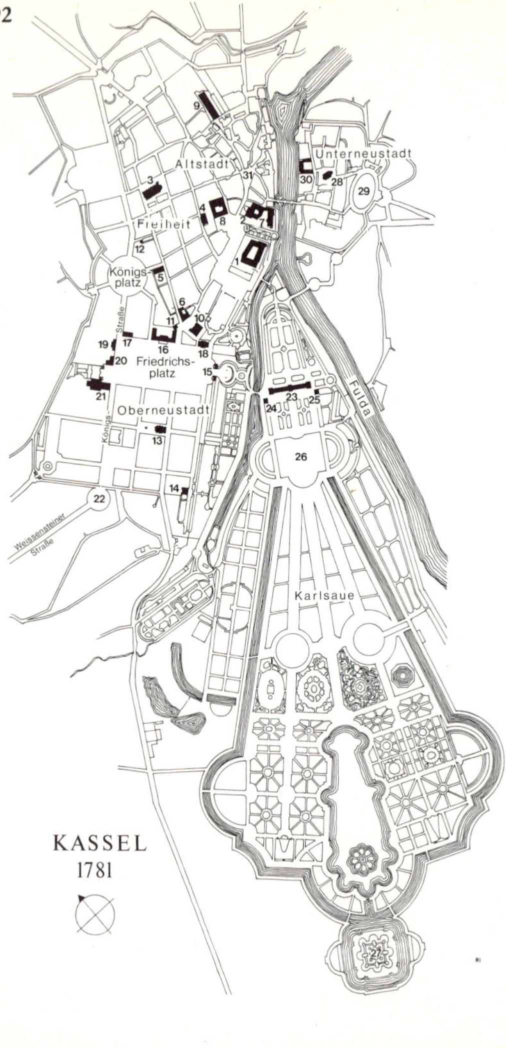
Altstadt
Unterneustadt
Freiheit
Königsplatz
Straße
Friedrichsplatz
Oberneustadt
Königs-
Weissensteiner Straße
Fulda
Karlsaue
1
2
3
4
5
6
7
8
9
10
11
12
13
14
15
16
17
18
19
20
21
22
23
24
25
26
27
28
29
30
31

KASSEL
1781

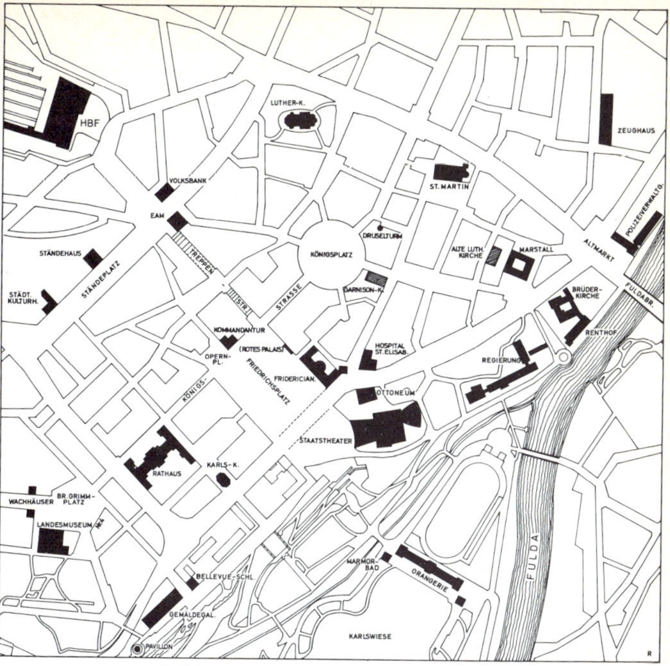

Kassel. Übersichtsplan der modernen Innenstadt

Legende zum Stadtplan von 1781

1 Schloß
2 Brüderkirche
3 Martinskirche
4 Alte luth. Kirche
5 Garnisonkirche
6 Hospital St. Elisabeth
7 Renthof
8 Marstall
9 Zeughaus
10 Ottoneum
11 Zwehrenturm
12 Druselturm
13 Karlskirche
14 Bellevue-Schlößchen
15 Friedrichstor
16 Fridericianum
17 Weißes Palais
18 Elisabethkirche
19 Nahlsches Haus
20 Kommandantur
21 Opernhaus
22 Weißensteiner Platz
23 Orangerie
24 Marmorbad
25 Küchenpavillon
26 Bowlinggreen
27 Siebenbergen
28 Unterneustädter Kirche
29 Leipziger Platz
30 Kastell
31 Altmarkt

Altstadt und Freiheit

Schloß. Auf dem linken Steilufer der Fulda, vielleicht an der Stelle des alten namengebenden Königshofes »Chassalla«, erbaute Landgraf Heinrich I. 1277 die Landgrafenburg. Unter Philipp d. Großmütigen (1509–67) und Wilhelm IV. (1567–92) wurde sie umgestaltet zu einer großen, nicht ganz regelmäßigen 4-Flügel-Anlage im Renaissancestil, von deren umgebenden Bastionen noch das **»Rondell«** an der O-Ecke erhalten ist. Den in Einzelheiten veränderten Bau vernichtete ein Großbrand 1811 unter Jérôme. Kurfürst Wilhelm I. ließ 1816–20 durch Heinrich Christoph Jussow die übergroße »Chattenburg« beginnen, die aber ab 1821 mit dem Erdgeschoß unfertig liegenblieb. An ihre Stelle trat 1878–82 das **Regierungs- und Gerichtsgebäude** aus Sand- und Backstein in nachklassizist. Formen. Es brannte 1943 aus. Auf völlig verändertem Grundriß entstand 1957–60 ein scheibenartiger Rasterbau von kolossalen Verhältnissen (Walter Freiwald und Hermann Lahme).

Die ehem. Pfarrkirche der Altstadt, **St. Cyriakus**, verschwand schon 1526; vom **Kloster Ahnaberg** wurden die letzten Reste 1880 abgebrochen. Der Ahnaberger Altar befindet sich im Landesmuseum. Als einer der großen hessischen Passionsaltäre entstand er um 1420–30 unter westfälischem (Wildunger Altar) und niedersächsischem Einfluß.

Ev. Brüderkirche (Brüderstraße)

Ehem. Karmeliterkloster. Landgraf Heinrich I. berief 1262 die Brüder; das Kloster wurde 1292 erbaut, 1526 aufgehoben. Der Kirchenbau begann 1292; ein Altar konnte 1304 geweiht werden; 1331 wurde der Chor, 1376 das Langhaus vollendet. 1943 stürzten die Gewölbe ein; die hölzerne Ausstattung (insbesondere die wertvolle Orgel) wurde vernichtet. Die Wiederherstellung (bis 1955) wurde nicht auf die Erfordernisse des prot. Gottesdienstes ausgerichtet, der hier nicht mehr regelmäßig stattfindet, sondern ganz auf die mittelalterl. Raumvorstellung.

Die Kirche ist das älteste hessische Beispiel vom Typ der »reduzierten Hallenkirche«, bei dem auf der Klosterseite – hier im S – das Seitenschiff fortfällt. An das urspr. 4jochige Schiff schließt sich asymmetrisch der langgestreckte Chor mit 5/8-Schluß. 1527 wurde das ohnehin kurze Langhaus um ein weiteres Joch beschnitten. – Das Äußere, denkbar schlicht, bildet eine malerische Gruppe mit dem südl. anschließenden Renthof und dem Kapitelsaal nördl. am Chor. Im Bogenfeld des N-Portals ist das spätgot. Beweinungsrelief wieder eingesetzt, das in engstem Zusammenhang mit thüringischen Schnitzaltären um 1500 steht (vgl. Lüderbach und die Marienkapelle am Dom zu Fulda). – Im Inneren tragen schlanke 8eckige Pfeiler bzw. Wandkonsolen die z. T. erneuerten Rippengewölbe.

3 Epitaphien des 16. Jh., an der S-Wand, blieben erhalten, darunter mit reicherem Aufbau das des Kommandanten Otto Georg v. Scholley († 1583). Orgelprospekt von Werner Bosch, 1957, in guter Gliederung.

Der got. **Kapitelsaal** auf der N-Seite des Chores ist nach starker Beschädigung wiederhergestellt. Kurt Lehmann schuf für die N-Wand 1958 den schwebenden Engel als Mahnzeichen der *Totengedenkstätte* für den 22. Okt. 1943.

Ev. Martinskirche (Martinsplatz)

Als Pfarrkirche der neugegründeten »Freiheit« war St. Martin wohl um 1330 geplant und soll auch 1343 im Bau gewesen sein. Der Aufstieg, der die Kirche zum Kasseler »Dom« werden ließ, wurde jedoch erst durch die Gründung des Kollegiatstiftes veranlaßt, die Landgraf Heinrich 1364 beantragte und 1366 durchführte. Schon 1367 war Chorweihe, 1383 der Chor in Benutzung. Der weitere Ausbau ging schleppend voran. Die 1440 eingestürzten Hauptschiffgewölbe wurden 1448–52 wiederhergestellt. Schlußweihe 1462. Von der W-Front standen damals 2 Untergeschosse; nur der S-Turm erhielt 1483–87 ein 3. Geschoß und ein 4. Geschoß 1564/65 vom Meister Hans von Ulm, der den Turm mit vorzüglichem Achteckbau und welscher Haube abschloß (Vorbild für Zierenberg). 1889–92 ersetzte man den Renaissance-Aufbau durch Pseudogotik und ergänzte den N-Turm als Gegenstück. – Die Kirche brannte 1943 aus; Pfeiler und Gewölbe des Schiffes stürzten ein. 1954 begann der Wiederaufbau, den Otto Heinrich Vogel bis 1958 durchführte; Türme 1960.

Der 1943 zerstörte Bau war eine 6jochige Hallenkirche der »hessischen Schule« mit reichgegliederten Pfeilern und 1-schiffigem Chor (5/8-Schluß), auf eine Doppelturmfassade angelegt. Das Äußere wirkt nicht reich, aber stattlich. In den modernen, 4geschossigen Turmaufsätzen ist das Stabwerkmotiv des obersten alten Geschosses frei abgewandelt. – Die lichte Raumwirkung des Inneren nach dem Wiederaufbau ist derjenigen vor der Zerstörung ebenbürtig. Äußerst schlanke Rundpfeiler tragen neue netzartige Faltgewölbe; nur im Chor sind die got. Sterngewölbe erhalten. Eine entscheidende Änderung bildet der gitterartige, mit Glas geschlossene Lettner, der das östl. Mittelschiffjoch zum Chor zieht.

Die Ausstattung ist überwiegend modern; die hervorragenden Barockwerke (Kanzeldeckel 1660, Hessens bedeutendste Orgel 1610 von Hans Scherer) gingen zugrunde. Der Choraltar trägt ein Mosaik-Retabel von Christiane Wollenhaupt-Brenner.

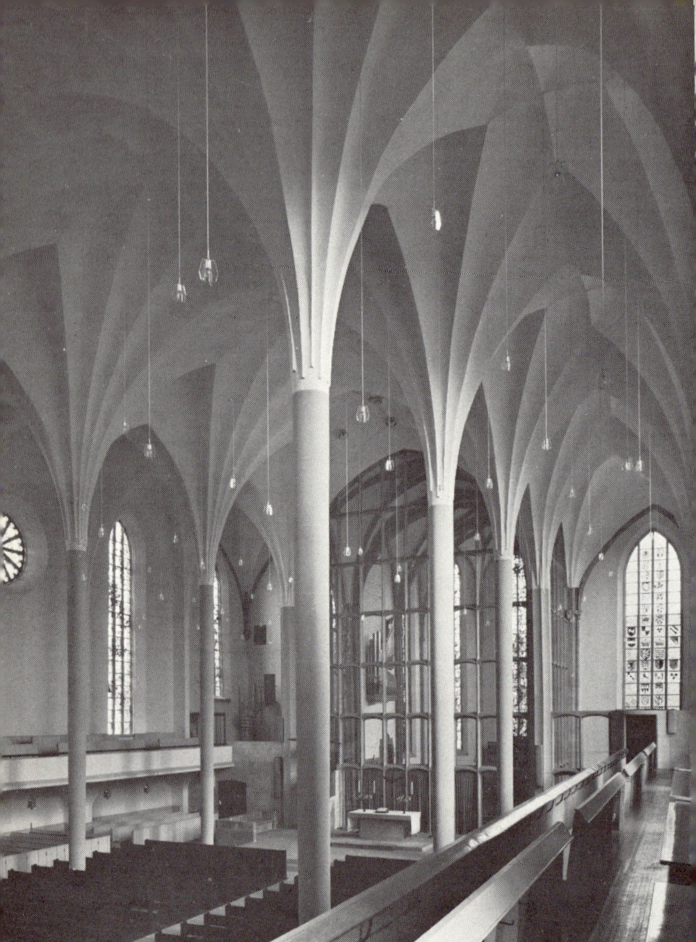

Kassel. Ev. Martinskirche. Inneres

Hinter dem Hauptaltar steht ein schmaler Kruzifixus von Albert Schilling (Basel). Chororgel von Hammer; die 1964 erbaute Hauptorgel von Werner Bosch verbindet im klar gegliederten Prospekt die Tradition des Werkaufbaus mit moderner Gestaltung. – Gerettet sind die wichtigsten *Grabdenkmäler*. Elias Godefroy aus Kammerich (Cambrai) begann 1567 das Grabmal für den in diesem Jahr verstorbenen Landgrafen Philipp d. Großmütigen und seine Gemahlin Christine von Sachsen († 1549). Die 2geschossige, mit überreichem Aufsatz bekrönte Architektur im Triumphbogenschema vollendete nach Godefroys Tod (1568) Adam Liquier Beaumont bis 1572. Von seiner Hand stammt der Hauptteil der Reliefs. Die beiden Figuren des Landgrafenpaares schuf Godefroy: der Landgraf sehr porträthaft, die Landgräfin von sanfter Feinheit wie selten in dieser Zeit. – An den Chorwänden Bronzeepitaph der Landgräfin mit Relief von Philipp Soldan (1550), ferner Epitaph des Prinzen Philipp von Hessen († 1626). – Für den Chor schuf H. Gottfr. v. Stockhausen 1958 die figürlichen Glasgemälde; die gute ornamentale Verglasung des Schiffes stammt von Hans Leistikow.

Die **Alte Lutherische Kirche**, 1734 von Joh. Friedrich Jussow erbaut, war von Landbaumeister Giovanni Ghezzy entworfen. 1943 brannte sie aus, wurde danach teilweise abgetragen und um 1970 durch eine Tiefgarage ersetzt. – Die **ev. Garnisonkirche** erbaute Bröckel 1757–70. 1943 ebenfalls ausgebrannt; die Umfassungswände sind unvollständig erhalten.

Das **Hospital St. Elisabeth** (Oberste Gasse) wurde wahrscheinlich 1297 durch Mechthild v. Cleve, die 2. Gemahlin Landgraf Heinrichs I., gegründet. 1586/87 ließ Wilhelm IV. es erneuern und erweitern. 1943 ausgebrannt, 1952 wiederhergestellt; nur die Straßenfronten der beiden Hauptflügel tragen noch Renaissance-Charakter. – Von 1587 stammen an der Frontecke der Obersten Gasse ein Relief mit hessischem Wappen und eine Nische mit der Sandsteinfigur der hl. Elisabeth (1. Hälfte 15. Jh.).

Die Bauten Landgraf Wilhelms d. Weisen (1567–92) sind grundsätzlich von schlichter Außenerscheinung, in ungegliedertem Bruchstein mit Quaderkanten errichtet. Als ausführende Baumeister werden Christoph Müller und seine Söhne genannt.

Renthof. Die unregelmäßige, ausgedehnte Anlage zwischen Brüderkirche und Fulda wurde zum großen Teil abgebrochen. – Der 1579/1580 von Landgraf Wilhelm IV. an der Fulda errichtete **Kanzleibau** wurde bis auf den Eckturm 1958 abgetragen; der Nachfolgebau hat sich ihm in den äußeren Maßen angeglichen. – Das einstige **Karmeliterkloster**, ein Flügel des Renthofes, wurde 1598 zur Hofschule eingerichtet und 1618 zur Ritterschule umgebaut (Inschrift über dem Torweg zur Kettengasse; W-Portal 1617 bez.). An die S-Wand dieses erhaltenen N-Flügels (jetzt Altersheim) lehnt sich ein *Brunnen* mit der Sitzfigur eines römischen Feldherrn, um 1600. Den gegen den Chor der Brüderkirche hin liegenden kleinen Binnenhof begrenzt nach W ein Fachwerkanbau als Gehäuse einer 4geschossigen, schwungvoll ovalen Barocktreppe.

Der **Marstall** (Wildenmanngasse), 1591–93 erbaut, hat die charakteristische Form der Schlösser Wilhelms d. Weisen: 4 langgestreckte Flügel, hier 2geschossig, umgeben einen Binnenhof, in dessen 4 Ecken Treppentürme stehen. Die Haupttorfahrt befindet sich in der Mitte der SW-Seite. 1964/65 erfolgte der Wiederaufbau als Markthalle, unter Erneuerung der nach dem Brand von 1943 abgebrochenen Ziergiebel. Ein Portal wurde von der Ruine der Alten Luth. Kirche herversetzt.

Das 1581–83 erbaute **Zeughaus** wurde im frühen 17. Jh. vollendet. Die Ausführung leitete Chr. Müller; die Plangedanken gehen wohl auf Wilhelm IV. und den Grafen Rochus zu Lynar zurück. 1943 brannte der Bau aus; die Giebel wurden abgetragen. Im Zusammenhang mit der Errichtung der **Max-Eyth-Schule** bis 1976 erfolgten schwerwiegende Eingriffe in die Substanz der vernachlässigten Ruine, die bis auf das vordere Drittel abgerissen wurde; hier sind alle Öffnungen – so die Tore von 1766 – vermauert, bauliche Details unsorgfältig ausgebaut. – Die **Artilleriekaserne**, 1829–31 von Bromeis, ist abgebrochen.

Ottoneum (Naturkundemuseum; Steinweg 2)

Moritz d. Gelehrte ließ, vielleicht nach eigenem Entwurf, 1604–05 von Wilhelm Vernukken das älteste feste Schauspielhaus Deutschlands am SW-Rand der Altstadt, unweit des Schlosses, erbauen; nach dem ältesten Sohn des Landgrafen wurde es »Ottoneum« genannt. Den Umbau zur Aufnahme der Kunstsammlungen führte Paul du Ry 1696 durch. Die Zweckbestimmung wechselte häufig: 1709 wurde eine Sternwarte eingerichtet, und auch die Anatomie des Collegium Carolinum (Universitäts-Vorschule) zog hier ein.
Seit 1884 ist das Gebäude Naturkundemuseum. Der im 2. Weltkrieg beschädigte Bau ist wiederhergestellt.

Der Wohlklang des Vernukkenschen Baues ist fast nur noch in der O-Fassade mit ihren zierlichen Giebelvoluten zu spüren; du Ry hat einen balkongekrönten Portalvorbau in feiner Einfühlung davorgesetzt. Die schlichtere W-Front geht ganz auf du Ry zurück; die Seitenfronten wurden von ihm in den oberen Teilen umgestaltet. Von der ehem. Kuppel der Sternwarte erhielt sich nur der 8eckige Unterbau.

Vor der O-Front des Ottoneums steht der **Papinbrunnen**, 1906 von Hans Everding.

Von der einstigen **Stadtbefestigung** zeugen noch 2 Türme: der **Zwehrenturm**, dem Ottoneum gegenüber, wurde um 1330 bei Anlage der »Freiheit« errichtet, 1779 zur Sternwarte umgebaut und unter äußerlicher Angleichung mit dem Museum Fridericianum verbunden. Der runde **Druselturm** (zwischen Königsplatz/Martinskirche) gehörte ebenfalls zur Befestigung der »Freiheit«, wurde aber erst 1415 hinzugefügt.

Das **Polizei-Verwaltungsgebäude** am Altmarkt wurde 1956–58 nach Plänen von Siegfried Schmeling (Städt. Hochbauamt) errichtet. 6geschossig und mit Klinker, Platten und Glas dekorativ gestaltet, bildete es bis zum Bau größerer Hochhäuser einen bedeutenden Akzent der Kasseler Fulda-Front.

Oberneustadt

Ref. Karlskirche (Karlsplatz)
Für die neugegründete Oberneustadt erbaute der Hugenotten-Architekt Paul du Ry 1698–1706/10 die Karlskirche; sie diente der deutschen wie der französischen Gemeinde. Aus Platzgründen wurden 1730 und 1874 Emporen eingebaut. Beim Brand 1943 stürzten Kuppel und Laterne ein. Mit dem Wiederaufbau 1954–57 stellte Walter Seidel den emporenlosen Zustand wieder her.
Auf dem Grundriß eines gestreckten Achtecks erhebt sich der schlichte Baukörper, nur gegliedert durch die an den Ecken hochgeführten Strebepfeiler und die Rundbogenfenster in ihren Blenden. Das neue zeltartige Satteldach trägt eine luftige Laterne moderner Form. – Das Innere ist frei und licht, vom großzügigen Rhythmus der Rundbogenblenden und -fenster umgeben. Die helle und zarte Farbgebung entspricht der räumlichen Wirkung. Den jetzt nach SO (vorher NW) gerichteten Altarplatz besetzen Altar und Kanzel in axialer Anordnung. Orgel 1959 von Bosch auf ausgezeichnet eingefügter Empore.

Vor der jetzigen Eingangsfront der Karlskirche, auf dem Karlsplatz, ließ Friedrich II. 1768 das *Standbild des Landgrafen Karl* aufstellen (durch eine Kopie ersetzt; Original z. Z. im Weißenstein-Flügel des Schlosses Wilhelmshöhe). Es war 1686 von Bartholomäus Eggers in Rom vollendet worden und stand zunächst im Ottoneum.

Schöne Aussicht. Die gesamte SO-Front der Oberneustadt mit dem Blick über Karlsaue und Fuldatal, die »Schöne Aussicht«, war mit Palais und guten Bürgerhäusern der Barockzeit besetzt (nach 1950 durchweg abgebrochen). Erhalten ist – außer einem wiederhergestellten Bürgerhaus am O-Ende – das **Bellevue-Schlößchen** (jetzt **Spohr-Museum**, Schöne Aussicht 2). Landgraf Karl hatte es 1714 von Paul du Ry für astronomische Zwecke erbauen lassen.

Um 1790 wurde es durch S. L. du Ry umgebaut. Als fast quadratischer Block nimmt das Palais die Ecke zwischen Schöner Aussicht und Fünffensterstraße ein. Die Fassaden sind schlicht, nur das Erdgeschoß durch ein leichtes Gesims abgeteilt. Die Kreuzform des urspr. Dachaufbaus, der das Oktogon der Sternwarte trug, wird durch das später aufgebrachte Mansarddach verschleiert. Im Inneren hat sich die Rokoko-Decke des Obergeschoßsaales erhalten. – Gegen SW erbaute Heinrich v. Dehn-Rotfelser auf einer ehem. Bastion 1871–77 die **Gemäldegalerie** (Schöne Aussicht 1); dabei verwendete er teilweise das Material der seit 1871 abgebrochenen Chattenburg (vgl. Schloß). Dehn-Rotfelser folgte in der Disposition Klenzes Alter Pinakothek in München: Den langgestreckten Mittelbau mit Oberlichtsälen im Obergeschoß begleiten Seitenkabinette auf der N-, eine Loggia auf der S-Seite (zur Aue hin); 2 Eckrisalite flankieren den Mittelbau. Der Formenapparat ist der eines vornehmen Nachklassizismus. Die Wiederherstellung der Galerie erfolgte 1962–76; sie enthält jetzt Malerei und Plastik seit 1750 als »Neue Galerie – Staatliche und Städtische Kunstsammlungen«. – Das gegenüberliegende Haus **Friedrichstr. 36** ist durch sein gußeisernes Treppenhaus ausgezeichnet. – Die SW-Ecke der Schönen Aussicht krönt ein zierliches klassizist. Rundtempelchen, als **Frühstückspavillon** für Kurfürst Wilhelm I. vielleicht um 1817 von Engelhard geschaffen. – Von hier führt eine Brücke über die Frankfurter Straße zum ehem. Henschelgarten auf dem **Weinberg** mit seiner antikisierenden Pergola. Bemerkenswert ist die große Stützmauer des Weinberges: Zur Felsenverstärkung sind große Pfeiler und Bögen aus Backstein in antikisierenden Formen vorgesetzt.

Auf dem Platze abgebrochener prinzlicher Palais wurde 1957/59–64 die wegen ihrer düsteren und massiven Außenerscheinung stark umstrittene Gruppe der **Justizgebäude** von Franz C. Throll und Rainer Schell errichtet.

● Friedrichsplatz

Der Festungsring, der Kassel im 17. Jh. umgab, trennte es zunächst räumlich von der Oberneustadt. Erst im späteren 18. Jh., nach Aufgabe der Bastionen, stellte Landgraf Friedrich II. die Verbindung zwischen Oberneustadt und alter Stadt her. Der Friedrichsplatz sollte als Gelenk dienen. Vor die in N-S-Richtung angelegte Altstadt (mit Freiheit) schob sich eine architektonisch gestaltete

Fassade, welche die Orientierung zur Oberneustadt aufnahm. Nur diese Seite erhielt eine hervorragende Architektur als Gesamtfassade der Stadt Kassel. Ihr gegenüber hatte die Häuserfront der Oberneustadt geringeres Gewicht; die NW-Schmalseite erhielt stattliche Gebäude, doch ohne symmetrische Anordnung; die SO-Seite öffnete sich zum weiten Landschaftsausblick in die Aue, in das Urstromtal der Fulda, und zur Söhre. Diesem Blick gab 1782 S. L. du Ry durch das Friedrichstor, das Bromeis 1824 zum Auetor ausbaute, die architektonische Fassung. Zugleich verlieh das in der Platzmitte aufgestellte Standbild des Landgrafen dem an Größe in Deutschland nicht übertroffenen Platz (325×156 m) den Charakter eines »Königlichen Platzes« nach Pariser Vorbild (vgl. die Place de la Concorde).

Das **Museum Fridericianum** bildet das Herzstück der langgestreckten NO-Front des Platzes. S. L. du Ry, der es 1769 bis 1779 errichtete, verschmolz hier die barocke Tradition mit der maßvollen Zurückhaltung eines beginnenden Klassizismus. Typisch für diesen ist, daß die ausgedehnte, 19 Achsen lange Front keine pavillonartige Eckbetonung mehr kennt; doch darf man nicht übersehen, daß diese Rolle einst den isoliert stehenden Eckgebäuden der Gesamtfront des Platzes übertragen war. Der 2geschossige Bau zeigt eine durchgehende Gliederung von ionischen Pilastern großer Ordnung. In der Mitte tritt ein kräftiger, von 6 Säulen getragener Portikus mit Dreiecksgiebel vor. Über ihm ist die den ganzen Bau umziehende Balustrade höher gerückt und trägt hier 6 Figuren von den Brüdern Heyd und Samuel Nahl d. J.: Darstellungen der Künste und Wissenschaften. – Auf der Rückseite umschließt das Gebäude mit 2 kurzen Flügeln einen Hof. Die Hoffront des Hauptbaus wurde 1808–10 unter Leitung von A. Grandjean de Montigny beim Umbau zum Ständehaus verändert. Von ihm stammt die in der Mitte vorstoßende Apsis. 1955 provisorische Wiederherstellung, 1963/64 weitere Restaurierungsarbeiten.

1767 begann die Schleifung der Festungswerke, und bereits im gleichen Jahr errichtete S. L. du Ry das 1769 vollendete Palais des Generals v. Jungken, das **Weiße Palais**, an der linken, nördl. Ecke der Hauptfront des Platzes. Als rechten Eckpfeiler der Platzfront erbaute er 1770–76 in entsprechender Gliederung die **kath. Elisabethkirche.** Zwischen diesen beiden Bauten und dem Museum Fridericianum hatte du Ry Baumanpflanzungen angelegt; im 19. Jh. entschloß man sich jedoch, die »Lücken« zu füllen: Der künstlerische Stil war vom Leichten zum Kompakten fortgeschritten. Bromeis war der Baumeister; 1826–29 errichtete er das **Hofverwal-**

tungsgebäude, 1821–26 das **Rote Palais.** – Von diesen 4 Bauten zu seiten des Museum Fridericianum ist nach sukzessivem Abbruch nur noch der Säulenportikus des Roten Palais vor der glatten Wand des Bilka-**Kaufhauses** (1961 von Sep Ruf) erhalten.

An der NW-Seite des Friedrichsplatzes läuft die Königsstraße entlang; von ihren dem Platz zugewandten Häusern verdienten die sog. Kommandantur und das **Nahlsche Haus** besondere Beachtung. Dieses hatte sich der Bildhauer Nahl 1771 selbst erbaut und die Fassade plastisch reich geschmückt. Es mußte der hier statt auf dem Opernplatz mündenden Treppenstraße weichen. Die **Kommandantur** (urspr. Rouxsches Haus), gegen 1770 von du Ry errichtet, war das einzige unversehrte Barockhaus Kassels. Ihre Beseitigung konnte abgewendet werden; das Gebäude wurde zwar abgebrochen, aber wiederaufgebaut, allerdings ohne das Sprossenwerk der Fenster.

An der W-Ecke des Platzes öffnet sich der kleinere Opernplatz, urspr. architektonisch gefaßt durch Kommandantur und das ihr entsprechende Opernhaus, das 1909 niedergelegt wurde. Hier erhebt sich jetzt der 1956 erbaute **Kaufhof.** Die Platzmitte nimmt das *Denkmal für Louis Spohr* von Hartzer ein.

Das ehem. die Mitte des Friedrichsplatzes betonende *Standbild des Landgrafen Friedrich II.* entwarf Joh. August Nahl; sein Sohn Samuel vollendete es, 1783 wurde es aufgestellt. Nach dem Krieg wurde es gegen die Oberneustadt zurückversetzt.

1909 hatte Kaiser Wilhelm II. an der Stelle des Auetores den Theaterbau errichten lassen, der in das harmonische Gefüge des Friedrichsplatzes den ersten Mißklang trug. Die Luftangriffe zerrütteten die städtebauliche Wirkung des Platzes, hoben sie aber noch nicht auf. Erst der ›Wiederaufbau‹ verzichtete auf die klare Struktur des Platzes. Quer hindurch wurde eine Hauptverkehrsader gelegt; ihr opferte man das Hofverwaltungsgebäude, so daß der Platz jäh bis ans tiefliegende Ottoneum abrutscht. Die dort erreichte Diagonale der Altstadt wird sinnwidrig vom Neubau des Theaters fortgeführt, den Paul Bode in städtebaulich unglücklichen Lageverhältnissen zu errichten hatte.

Das andere Gelenk, durch welches Landgraf Friedrich II. die Oberneustadt mit der Altstadt verbinden ließ, war der Königsplatz, benannt nach Landgraf Friedrich I., König von Schweden. Die Königsstraße traf hier, vom Friedrichsplatz kommend, im stumpfen Winkel auf die W-Front der »Freiheit«. Der 6strahlige runde Platz vermittelte die Übergänge. Architekt der städtebaulich großzügigen Lösung war auch hier Simon Louis du Ry.

Die letzten Zeugen der einstigen vorzüglichen Bebauung – das **Haus des Stukkators Brühl** mit reicher Fassade und das **Schlieffen-**

Palais – wurden, da ausgebrannt, nach dem Kriege abgebrochen. Versicherungen errichteten neue **Verwaltungsgebäude.** Der Neubau der **Commerzbank** an der S-Ecke nimmt die Proportionen des ehem. Rotenburger Palais wieder auf.

Die urspr. Bebauung der Königsstraße ist bis auf geringe Reste verloren. Dagegen blieb der imposante Neubarockbau des **Rathauses** erhalten, den Karl Roth 1905–09 errichtete. Den 4geschossigen Hauptflügel, dessen Mittelbau in Grundriß, Höhe, Gliederung und Dach hervorgehoben ist, flankieren Seitenflügel; so entsteht ein tiefer Ehrenhof an der Hauptfront, ein flacherer an der Rückseite. Der Hauptgiebel wurde mit dem Dach 1950 abgetragen. An der Rückseite entstanden umfangreiche Erweiterungsbauten. Inneres: Das großzügige, bis zum 2. Obergeschoß reichende Treppenhaus öffnet sich auf 2schiffige Quergänge mit Kreuztonnengewölben auf Freipfeilern; in den Detailformen mischen sich Neubarock und Jugendstil. Der erneuerte große Saal liegt über dem Vestibül.

Der 5eckige Wilhelmshöher Platz (jetzt: Brüder-Grimm-Platz) vermittelt zwischen der Königsstraße und der 5 km langen Wilhelmshöher Allee, die schnurgerade auf Schloß Wilhelmshöhe zuführt. Auch ihre Anlage geht auf den städtebaulich so befähigten Landgrafen Friedrich II. zurück.

Heinrich Christoph Jussow begann 1803 das **Wilhelmshöher Tor;** ausgeführt wurden bis zum Einmarsch der Franzosen die beiden Wachthäuser mit kräftigen Säulenvorbauten. An den N-Bau, der seit 1960 das **Brüder-Grimm-Museum** enthält, lehnte sich das 1803–06 errichtete Fürstenhaus, jetzt durch den Neubau des **Verwaltungsgerichts** ersetzt. – Das **Haus Nr. 4** wurde um 1810 erbaut; nach 1815 beherbergte es die Arnoldsche Tapetenfabrik (heute Büro- und Verwaltungsgebäude). Die nach schwerer Beschädigung vorbildlich wiederhergestellte Platzfassade gliedert sich in die 7achsige Mitte und 2 Seitenteile zu je 5 Achsen. – Beherrscht wird der Platz durch das **Landesmuseum** (Nr. 5), errichtet 1911–13 von Theodor Fischer am Hang des Weinberges; ein stattlicher Bau unter Jugendstil-Einfluß, mit kräftigem Frontturm. Hier sind weitere Abteilungen der **Staatl. Kunstsammlungen** untergebracht: die Vor- und Frühgeschichte sowie die Hessische Volkskunst; außerdem das **Deutsche Tapetenmuseum.** – Die etwas zurückliegende **Murhard-Bibliothek** (Nr. 4/A) ist ein 3geschossiger Bau in Formen der Renaissance, mit durch 2 Geschosse gehendem Portal und großen Fenstern, 1903–05 von dem schwedischen Architekten Emil Hagberg. Davor der *Bücherwurm-Brunnen* von Bernewitz. (Mit der Murhard-Bibliothek ist die **Landesbibliothek** verbunden.)

Fuldaaue

● Karlsaue

Unmittelbar vor den Fenstern des Landgrafenschlosses lag die Spitze einer Insel zwischen 2 Fulda-Armen; hier schuf Wilhelm d. Weise seit 1568 einen ummauerten Schloßgarten, den Landgraf Moritz noch erweiterte. Wirtschaftliche Zweckmäßigkeit, medizinisch-botanisches Interesse für seltene ausländische Pflanzen und die Aufgabe eines »Lustgärtleins« gingen eine harmonische Verbindung miteinander ein. Die Mitte bildete ein kreuzgangartiger Laubenhof mit zentralem Tempelchen; am S-Rand stand ein Lusthaus mit 4 Ecktürmen, giebelgerahmtem Dach und weitem Saal, offenbar in Erinnerung an das Stuttgarter Lusthaus.

Unter Landgraf Karl wurde das Werk der Vorgänger bei weitem überboten. Die »kleine Fulda« mußte ihren Lauf ändern. Der neue Auegarten übertraf an Ausdehnung die alte Stadt Kassel zuzüglich der Oberneustadt. Die Arbeiten begannen 1701 mit dem Bau des neuen Orangerieschlosses, das 1711 in der Hauptsache vollendet war. Die Gartenarbeiten waren 1722 noch kräftig im Gange und wurden damals vom Militär übernommen. Weder der Architekt des Schlosses noch der Schöpfer der Gartenanlagen sind bekannt, wenn wir auch wissen, daß Le Nôtre die (eigenen?) Pläne Karls begutachtet hat. Das Schloß wirkte gerade als Ruine fast antikisch-monumental, als wären persönliche Eindrücke des Landgrafen von seiner italienischen Reise 1699/1700 für die Gestaltung maßgebend gewesen. Die Erwähnung eines vor 1703 dem Schloßbau vorstehenden Architekten »aus Rom« bezieht sich wohl auf das Aueschloß und läßt sich vielleicht auf Guerniero oder Rossini deuten. Das Marmorbild errichtete P.-E. Monnot ab 1722, im Gesamtumriß den Formen der Orangerie-Eckpavillons angepaßt; das östl. Gegenstück, der Küchenpavillon, entstand unter S. L. du Ry erst 1765–70. Er brannte im 2. Weltkrieg aus; noch stärker wurde das Orangerie-Schloß selbst betroffen. Wiederaufbauarbeiten in Anlehnung an die frühere Gestalt 1976–77.

Die Gesamtanlage weicht von der S-N-Richtung leicht östlich ab. Die **Orangerie**, nahe der N-Spitze der Insel im Strahlungszentrum gelegen, ist ein langgestrecktes, 1flügeliges und 1geschossiges Gebäude, an den Ecken und in der Mitte durch Pavillons ausgezeichnet. Charakteristisch ist der Balustradenabschluß mit reichem Figuren- und Vasenschmuck, wohinter sich das flache Dach verbirgt. Am S-Rand des Mittelpavillons hat sich die Attika noch unversehrt erhalten; sie trägt die mythologischen Figuren Joh. Gg. Kötschaus von etwa 1730.

Nach S lagert sich vor das Schloß eine breite Terrasse, bis zum Krieg von einer Balustrade mit Vasen, Putten und

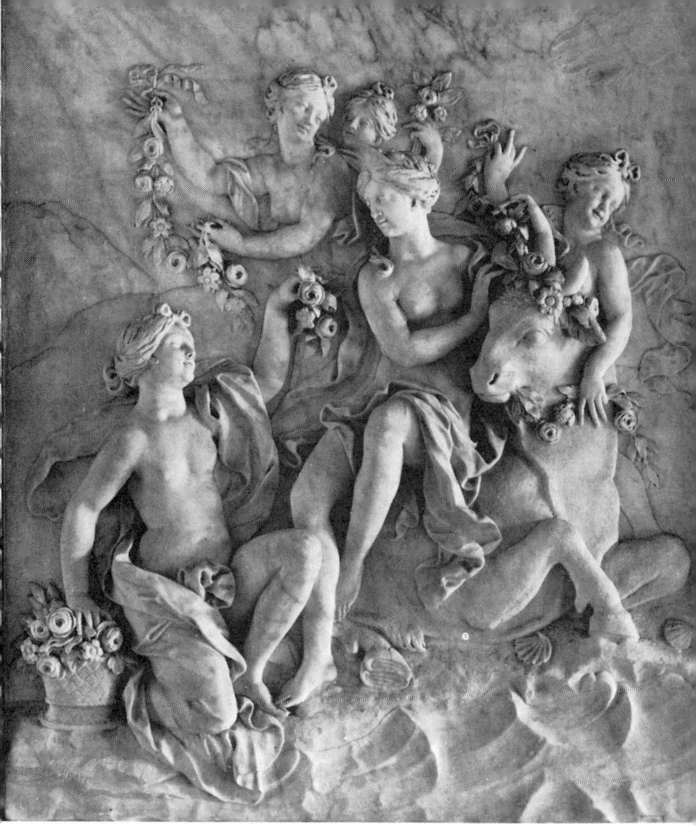

Kassel. Marmorbad. Raub der Europa. Wandrelief von Monnot

Figurengruppen von Nahl und Xavery abgeschlossen. Seitlich vor den Eckpavillons stehen **Marmorbad** und **Küchenpavillon.** Trotz starker Abweichungen fügen sich die Pavillons vorzüglich zum Schloßbau, dessen Ehrenhofflügel sie zu bilden scheinen.

Das **Marmorbad** ist die einheitliche Leistung und das Lebenswerk von Pierre-Etienne Monnot. Der dekorative Zweck steht voran; ob das Bassin des 8seitigen, konkav einschwingenden Binnengehäuses jemals zum Baden benutzt wurde, weiß man nicht genau. Es wird von einer Kuppel mit indirekt beleuchteter Laterne über offener Pfeilerstellung bekrönt; zum abgerundeten Quadrat der Außenwand vermittelt ein tonnengewölbter Umgang.

Rings an den Wänden und auf den Balustraden des Bassins stehen 12 Statuen aus der antiken Mythologie, nicht mehr antike Heroen, sondern höfisch bewegte Gestalten, die vom großen Vorbild Bernini zur Régence hinüberleiten. Monnot hat diesen Skulpturenschmuck schon 1692 in Rom begonnen; erst 1720, als ihm der Auftrag des Landgrafen sicher war, schuf er auch die 8 großen Reliefs griechischer Sagen und die beiden großen Kaminaufsätze mit den Porträtmedaillons des Landgrafen Karl und seiner Gemahlin Marie Amalie. 1728 konnte er sein Werk, ausgezeichnet durch Linienführung und Flächenaufteilung im Reichtum farbigen Marmors, abschließen.

Park. Der weite Platz vor dem Orangerieschloß bildete ein zierliches Gartenparterre, das schon 1764 zu einem »Bowlinggreen« umgeschaffen wurde (jetzt *»Karlswiese«* genannt). Die Einfassung durch Heckengänge soll in barocker Form wiederhergestellt werden. Hier liegt der Ausgangspunkt von 5 Achsen, die den ganzen Auegarten durchgliederten: 3 Alleen und flankierende Kanäle – der Küchengraben im W, der Hirschgraben im O. Sie umfassen mit kleeblattförmigem Schluß den S-Rand der Aue, in dessen Mitte ein reich sich buchtendes, langgestrecktes *Wasserbecken* die *Schwaneninsel* auf 8passigem Grundriß umfängt (1722–28). Auf ihr erhebt sich ein klassizist. Tempelchen. An den südl. Kanalbogen schließt sich noch ein Bassin mit der künstlich aufgeschütteten Insel *»Siebenbergen«* (1729 vollendet). – Die reich in französ.-barockem Sinne aufgegliederte Anlage mußte gleich nach dem Regierungsantritt Wilhelms IX. (1785/86) eine Anglisierung über sich ergehen lassen, die dem Wesen dieses architektonisch so mustergültig durchgeformten Parks ganz anders widerspricht als im Falle des Schloßparks Wilhelmshöhe. Wenigstens die architektonisch entscheidenden Linien: Kanäle, Wasserbecken, Hauptallee, Querachse und Rondelle, blieben in der Umgestaltung erhalten.

Der **Statuenbestand** der Karlsaue hat unter dem Bombenkrieg empfindlich gelitten. Den Eingang zur Mittelallee flankieren 2 *Rossebändigergruppen*, die J. A. Nahl um 1767 urspr. für die Rennbahn auf der W-Seite des Schlosses geschaffen hatte. Eine

Folge *mythologischer Figurengruppen* von mehr dekorativem Charakter umsäumt das Bowlinggreen (seit 1804, obwohl meist schon um 1764 in der Werkstatt Kötschaus entstanden).

Nahe dem NO-Beginn der Karlsaue führt die **Drahtbrücke** über die Fulda, eine interessante Hängebrücke mit kreuzvergittertem Geländer, zwischen 2 gemauerten Toren. 1870 wurde sie unter Leitung von Eduard Rohde unter Beteiligung der Firma Henschel erbaut.

Unterneustadt

Die Gründung der 1283 zuerst erwähnten Neustadt jenseits der Fulda geht auf Landgraf Heinrich I. zurück. Die regelmäßige Anlage fand ihr Zentrum im Holzmarkt, dessen Mitte die 1342 schon vorhandene Maria-Magdalenen-Kirche einnahm. Als 1788 die neue Wilhelmsbrücke Altmarkt und Holzmarkt miteinander verband, verschwand der got. Bau.

Die neue **Unterneustädter Kirche** wuchs auf dem querovalen Leipziger Platz auf, den Simon Louis du Ry an der Stelle der aufgegebenen Befestigung geschaffen hatte. Heinrich Christoph Jussow errichtete den klassizist. Bau 1802–08. – Der die Unterneustadt einst bindende Platz fiel samt der Kirche 1952 einer neuen Straßenführung zum Opfer.

Das **ehem. Kastell** an der Fulda-Brücke (17. und 18. Jh.) wurde nach dem Brand 1943 trotz seiner historischen Bedeutung abgebrochen; in den überbauten Hof des neuen **Hauses der Jugend** wurde nur das alte Hofportal, 1794–97, einbezogen. – Als Ruinen sind das **Karlshospital** und die **Unterneustädter Mühle** erhalten.

Nordöstl. schließt sich an die Unterneustadt die einstige **Zentrale des Konsum- und Sparvereins** an (jetzt co-op). Den noch heute sehr modern wirkenden Eisenbetonbau, dessen 4 Geschossen Fensterbänder zwischen den geschlossenen Kanten Licht geben, erbaute Karl Wittrock 1926–27.

Unterstadt / Wesertor / Möncheberg / Fasanenhof

● Das **ehem. Gießhaus** der Firma Henschel wurde im wesentlichen 1836–37, vermutlich nach Plänen von Carl Anton Henschel, errichtet. Vor der Auflösung der Firma war es Werksmuseum. Einer Tempelarchitektur gleicht der Backsteinrundbau mit Lisenengliederung, Rundbogenfenstern und Kranzgesims. Über dem Mauerwerk erhebt sich mit einem Durchmesser von 16 m ein Kuppelgewölbe aus konischen Topfröhren mit wabenförmiger Innenhaut, außen jetzt mit Kunststoff überkleidet. Ein flaches Zeltdach deckt die ringförmige Öffnung in der Mitte. Als erstes größeres

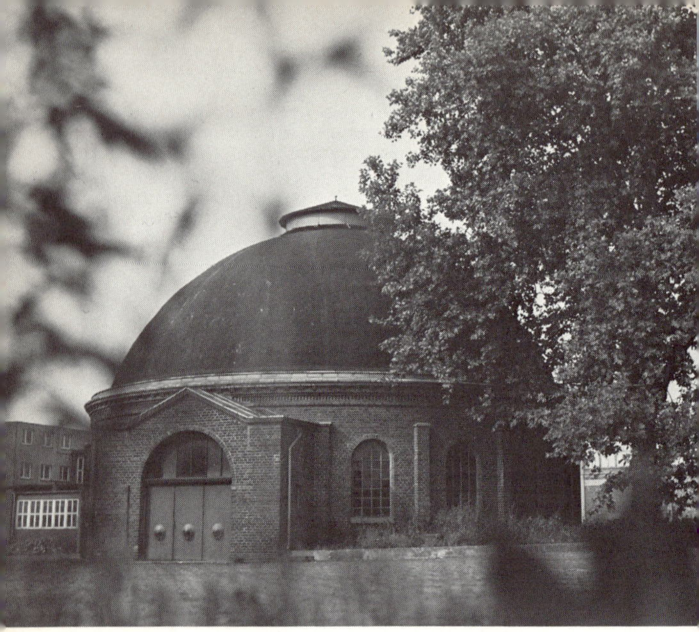

Kassel. Altes Gießhaus Henschel

Werk wurde hier 1842 das Bonifatius-Denkmal Werner Henschels für Fulda gegossen.

● **Kath. Pfarrkirche St. Bonifatius** an der »Weserspitze« (Ihringshäuser Straße, Mittelring). Unter den modernen Kirchen Kurhessens nimmt der Bau, den Jos. Bieling 1956–57 errichtete, besonderen Rang ein. Der Grundriß setzt sich aus 2 Figuren zusammen: einem Apsidentrapez, das ein zur Apsis divergierendes Trapez mit querhausartigem Abschluß durchkreuzt. Der Turm steht frei neben der östl. Fassadenecke. – Das stützenlose Innere empfängt im Gegensatz zum weiß verputzten Äußeren mit farbigem Reichtum in zarten Tönen: pastellrot die durch Altarstufen und Baldachin zum offenen Zentralbau gedeutete Apsis. Das große Fenster über dem Eingang und die Lichtbänder in Schiff und Querhaus sind in zartester Farbigkeit gehalten.
Ausstattung. Kruzifix in der Apsis 1958 von Otto Sonnleit-

ner. Mosaiken an Kanzel und Taufkapelle von Gerhard Dechant, Homberg (Efze). – Vor der Kirche wurde 1962 eine *Bonifatius-Statue* von H.-W. Spemann aufgerichtet.
Das anschließende **Altenheim** erbaute Bieling 1964–65.

Das **Möncheberg-Krankenhaus** beherrscht die Unterstadt durch seine Baumasse, die seit 1952 immer weiter zugenommen hat.

Das **Villengebiet** der Mönchebergstraße entstand um 1870.

Die **ev. Erlöserkirche** auf dem **Fasanenhof** (Chamissostraße) wurde 1935 errichtet und brannte 1943 aus; 1954/55 stellte Schmiedt sie bereichert wieder her. Die 3schiffige 5jochige Stufenhalle mit Rundstützen decken eine stichbogige Längstonne im Mittelschiff und kleine Quertonnen in den Seitenschiffen, nach dem Vorbild von Le Raincy. Die Wände sind jedoch fester geschlossen und zeigen nur jochweise hohe Fenster.

Die **Fasanenhofschule** (Mörikestraße) errichteten Catta und Groth 1929–30. Der 3–4geschossige Bau steht auf etwa T-förmigem Grundriß und schließt mit einem Flachdach. Am Gelenkpunkt mehrerer Flügel steht ein Treppenturm. Die Fenster sitzen vertieft, aber ohne architektonische Fassung in der Wand und sind in Gruppen verteilt.

Kath. St.-Laurentius-Kirche in der **Wartebergsiedlung**, 1961/62 von Josef Bieling.

Friedrich-Wilhelms-Stadt

Die Friedrich-Wilhelms-Stadt erweiterte seit 1833 den Kasseler Stadtkern nach NW. Ihr städtebauliches Zentrum bildet der langgestreckte (fast 400 m) Ständeplatz, dessen NW-Front heute eine lockere Gruppierung meist wiederhergestellter Bauten des 19. Jh. aufweist, während die SO-Front mit Nachkriegsgebäuden – z. T. Verwaltungshochhäusern – besetzt ist.

Das **Ständehaus** inmitten der nordwestl. Platzseite wurde 1834–36 von Julius Eugen Ruhl in Anlehnung an italienische Palazzi der Hochrenaissance errichtet. – Das **Kulturhaus**, 1873, ordnet sich als nachklassizist. Bau mit maßvollen Proportionen gut in die Platzfront. Beide Gebäude brannten im Kriege aus und wurden wiederhergestellt, das Kulturhaus leicht verändert. – An der dem Ständeplatz parallel laufenden Garde-du-Corps-Straße errichtete Paul Bode 1949 das Lichtspieltheater **»Capitol«**; das urspr. schwungvolle Innere ist durch Aufteilung völlig verändert.

Die Verbindung zwischen dem oberen Ende des Ständeplatzes und dem Friedrichsplatz stellt die Treppenstraße her, städtebaulich nicht glücklich situiert, aber architektonisch vorzüglich, eine im Rahmen des Wiederaufbaues ausgezeichnete künstlerische Leistung. Der natürliche Geländeabfall ist zur Anlage einer verkehrsfreien Ladenstraße ausgenutzt, die Treppen- und Grünanlagen harmonisch miteinander vereinigt.

Für die 1844–48 erbaute Friedrich-Wilhelms-Nordbahn und die 1852 eröffnete Main-Weser-Bahn ließ Kurfürst Friedrich Wilhelm I. 1855–61 durch Landbaumeister August Eggena (nach Entwurf von Gottlob Engelhard) den **Hauptbahnhof** errichten. Nach dem Krieg wurde das Gebäude um 1949–55 auf der alten Grundlage unter Leitung von Friedrich Bätjer neu gestaltet.

Nördl. vom Königsplatz steht die pseudogot. **Lutherkirche** (1893–97) im **Alten Friedhof**, auf dem sich eine Reihe stattlicher *Grabdenkmäler* erhalten hat; besonders zu nennen das romantisch-neugot. Grabmal des 1822 siebenjährig verstorbenen Grafen v. Reichenbach; A. Kraus schuf den Sarkophag, Werner Henschel die Bronzeteile (Engelsfiguren und Gitter), ferner auch das Grabmal der Schwester Lotte Amalie der Brüder Grimm, 1843. Den akanthusverzierten Marmorsarkophag des Staatsministers Georg v. Schmerfeld († 1823) schuf I. G. Weber. Am S-Rand des Friedhofes das *Mausoleum der Kurfürstin Wilhelmine Karoline* († 1820) von Heinrich Christoph Jussow; nahe davor dessen eigene Grabplatte.

Die **Oberpostdirektion** (Friedrich-Ebert-Straße) entstand 1904–06 in betonter Ecklage zwischen 2 Straßen mit der Front zur ehem. Hohenzollernstraße. Die großzügige Gliederung verwendet romanisierende Details. Der hohe Giebel ist seit dem 2. Weltkrieg zerstört.

Nahe dem um 1905 erbauten **Polizeipräsidium** (Königstor) steht ein spätklassizist. Mietwohnhaus mit romanisierenden und Renaissance-Elementen: **Königstor 14.** Als Musterbeispiel der städtebaulichen Vorstellungen von 1860 ist es 1975 saniert, die Fassade in urspr. Farbigkeit wiederhergestellt worden.

Frankfurter Vorstadt

Staatl. Hochschule für bildende Künste (Menzelstraße 13), 1964–66 von Paul Posenenske. – **Ev.-luth. Michaeliskirche** (Tischbeinstraße), 1961–62 von Siegfried Schmeling, mit Parabelquerschnitt (nicht aus Stahl oder Beton, sondern gemauert); mit erhöhtem Altarraum.

Westl. der Aue, zwischen Frankfurter Vorstadt und Schönfelder Park, liegt auf sanft abgedachtem Gelände seit 1956/57 die **Auefeld-Siedlung.** Zwar scheinen gelegentlich Effekte etwas gesucht, zugleich der private Charakter bei Einzel- und Reihenhäusern etwas zurückgesetzt, doch wirkt die Siedlung mit ihren guten Gliederungen im allgemeinen als eine für die damalige Zeit vorzügliche städtebauliche Leistung. Hervorzuheben: das **Altenheim** (E.-Wildermuth-Straße). – Auf markantem Punkt steht die ev. **Markuskirche**, ein kastenförmiger Bau, 1958–60 von Diez Brandi. – Die **kath. Michaelskirche** errichtete Armin Dietrich 1964–65.

Schloß Schönfeld (jetzt Gaststätte). 1777 ließ sich Oberst Nikolaus v. Schönfeld nahe der Frankfurter Straße das Schlößchen erbauen, von dem zunächst nur die beiden Flügel entstanden. Jérôme benutzte das Schloß seit 1809 als Sommersitz. In seinem Auftrag verband Leo v. Klenze beide Flügel durch eine Galerie, die Bromeis 1823 unter Kurfürst Wilhelm II. nach Jussows Angaben 2geschossig ausbaute, wie es der urspr. Plan vorsah. Den Hauptteil des Mittelflügels nimmt ein zum Achteck abgeschrägter Pavillon ein. Den im 2. Weltkrieg zerstörten W-Flügel hat Theo Bode 1963–65 wiederaufgebaut. – Der malerische **Park** im englischen Stil wurde 1798 aus einer Barockanlage umgeformt; er setzt sich nach NW im **Botanischen Garten** fort.

Westliches Stadtgebiet

Das westl. Stadtgebiet entwickelte sich v. a. in der Gründerzeit entlang der Wilhelmshöher Allee und der ihr parallel geführten Hohenzollernstraße (jetzt Friedrich-Ebert-Straße). Die Friedenskirche und die Bebauung des heutigen Bebelplatzes kennzeichnen einen Höhepunkt des Jugendstils in Kassel. Als wichtige Grünzone gehört die Goetheanlage diesem Bereich an. Das Straßennetz zwischen Querallee und Aschrottpark wurde von Baurat Stübben geplant.

An und nahe der Wilhelmshöher Allee entstanden mehrere moderne Gebäudekomplexe von zurückhaltend-stilvoller Wirkung wie die **Jacob-Grimm-Schule.**

Ev. Kreuzkirche. Im Übergang vom Historizismus zum Jugendstil entstand der Bau 1906; im 2. Weltkrieg wurde er zerstört. Beim Wiederaufbau 1958 entfernte Gustav Gsaenger die inneren Hälften der 4 Winkeltürme, welche die Vierung zuvor umstanden; er gewann so aus der Kreuzform eine harmonische Kreisform, gegliedert durch die umlaufende Empore. Eine Sternkuppel überwölbt den jetzt einheitlichen Raum, dessen Wirkung vorzüglich ist. Das Altarbild in Glasmosaik (Gleichnis vom Abendmahl) schuf Christiane Wollenhaupt-Brenner 1963.

Ev. Adventskirche. Der neugot. Bau von 1886–89 brannte 1943 aus. Beim Wiederaufbau durch Kurt v. Wild, 1960–63, wesentlich in modernen Formen, blieb der alte Turm erhalten.

Bauten und Ensembles der Gründerzeit von bemerkenswerter Erscheinung befinden sich noch in der Goethestraße, Querallee, Kirchweg und v. a. in der Pestalozzistraße. Je mehr nach W, desto mehr meldet sich der *Jugendstil* zu Wort – schon in der Pestalozzistraße, dann am Bebelplatz und in der Umgebung der Friedenskirche. Auch an der

Wilhelmshöher Allee haben sich gute Beispiele erhalten. Viele dieser Gebäude sind jedoch vernutzt und stark gefährdet.

Ev. Friedenskirche (Friedrich-Ebert-Straße). Mit ihrer hohen, eng gestellten Doppelturmfront liegt sie beherrschend im Stadtbild. Das Äußere verbindet die Auffassung des Jugendstils mit barockisierenden Details.

Kath. Rosenkranzkirche (Friedrich-Ebert-Straße). Romanisierende Basilika mit Querhaus, Chor und Apsis sowie kleiner W-Apsis, in buntem Steinmaterial errichtet, von wohltuender Weiträumigkeit. Der 1900–01 von Georg Kegel errichtete Bau wurde 1975 von Joh. Reuter erneuert. Der Rosenkranzzyklus stammt von Agnes Mann.

Stadthalle (Friedrich-Ebert-Straße), 1911–14 von Hummel und Roth. Der in der Außenerscheinung neuklassizist. Bau hat teil an dem Aufschwung der Kasseler Baukunst zu Beginn unseres Jahrhunderts. Großes doppeltes Treppenhaus. Der *Blaue Saal* von 5 : 5 Achsen hat seitlich Fenster, gegenüber der Bühne eine Empore. Die Kassettendecke ruht auf ionischen Säulen. Blau und Gold sind die vorwiegenden Gliederungsfarben des Raumes. – Der vor der Stadthalle am Hang gelegene Platz ist auf der gegenüberliegenden Seite mit 2 als Tempelchen gestalteten **Kioskgebäuden** besetzt (um 1925).

Südl. der Stadthalle (zwischen Goethe- und Herkulesstraße) liegt das **Diakonissen-Mutterhaus** mit seiner modernen **Kapelle**, die Wolfgang Haeseler 1962 erbaute. Auf dem Grundriß eines übereck gestellten Quadrats erheben sich 4 völlig in Maßwerk aufgelöste Dreiecksgiebel mit sich kreuzenden Dachflächen. Der gediegenen Außenerscheinung entspricht die sakrale, aber intime Wirkung des Innenraumes.

Kirche der Christengemeinschaft (Hansteinstraße), 1961–62, in gewollt verformter Architektur.

Altersheim am Aschrottpark (Friedrich-Ebert-Str. 178), 1930–32 von Otto Haesler erbaut, ein Stahlskelettbau. 2 5geschossige Wohnflügel sind parallel angeordnet, »alle Fenster schau'n nach Süden aus«; die S-Wände sind völlig in Glas aufgelöst bis auf Zimmertrennwände und Fußstreifen. Ein Quertrakt verbindet beide Flügel. Sehr beachtliche Schöpfung der Neuen Sachlichkeit.

Heinrich Tessenow errichtete gegen 1930 die **Malvida-von-Meysenbug-Schule,** später in **Heinrich-Schütz-Schule** (Wilhelmshöher Allee) umbenannt. In der Außenerscheinung werden die kubischen Werte betont; zugrunde liegt auch hier die Auffassung der Neuen Sachlichkeit. Der Bau hat ein Flachdach; die eng geteilten Fenster sitzen in gleichmäßiger Reihung glatt in der ebenen Wandfläche. Aula und Turnhalle springen an der S-Seite ungleichmäßig vor. 4 Flügel umschließen einen Innenhof. Nach dem 2. Weltkrieg war ein Anbau erforderlich.

Das **ehem. Generalkommando** (nahe dem Wilhelmshöher Bahnhof; jetzt Bundesarbeits- und -sozialgericht) errichteten Kurt Schönfeld und Ernst Wendel 1936–38. Der neoklassizist. Stil wird in maßvollen Proportionen und guter Gliederung vorgetragen. Den Haupteingang im O betont eine vorgesetzte 8-Pfeiler-Front; ein flacher Ehrenhof mit Erdgeschoßgalerie zeichnet die S-Seite aus.

Den *Bären* auf der **Berliner Brücke** (nach Kirchditmold) schuf Heinz Wiegel.

Wilhelmshöhe ●

Den westl. Rand des Kasseler Beckens bildet in gut 5 km Entfernung von der Stadt der Habichtswald. Auf einer Terrasse am Berghang gründete Erzbischof Adalbert I. von Mainz vor 1137 das Kloster Weißenstein als Vorposten gegen die Landgrafen. Diese antworteten mit der Gründung des Klosters Ahnaberg, dem sie Kassel kirchlich unterstellten. Das Kloster Weißenstein, das spätestens 1217 unter landgräfliche Schutzhoheit geriet, wurde 1527 aufgehoben. An seiner Stelle erbaute Landgraf Moritz 1606 bis 1610 durch Hermann Wolff und Hans Meurer ein Jagdschloß, das Landgraf Karl modernisieren ließ. Der von Karl geplante umfangreiche Neubau unterblieb. Doch wurde der gesamte O-Hang des Habichtswaldes 1701–18 in einen architektonischen Park umgewandelt, der in Europa nicht seinesgleichen kannte, obwohl nur ein Teil des von dem Italiener Giovanni Francesco Guerniero entworfenen Planes zur Ausführung kam. Landgraf Friedrich II. (1760–85) ließ den Park im Geschmack englisch-romantischer Vorbilder verändern. Eine weitergehende Umgestaltung zum »englischen Park« unter Zufügung romantisch-klassizist. Einzelbauten veranlaßten Wilhelm IX. (I.) und auch noch Kurfürst Wilhelm II. (1821–31). V. a. aber verwirklichte Wilhelm IX. den von seinem Vater geplanten Schloßbau. – 1943–45 haben Schloß, Park und Parkgebäude durch Luftangriffe z. T. schwere, in einzelnen Fällen vernichtende Schäden erlitten.

Das Riesenschloß auf dem Habichtswald, der **»Herkules«**, ● ist in 236 m Höhe über dem Schloßniveau (523 m über dem Meer) der Ausgangspunkt der gesamten Anlage. Als durchsichtiges Phantasieschloß wächst es aus der Landschaft hervor; künstliches Felsenwerk bildet seinen Unterbau. Hier begleiten Rampentreppen die äußere Erscheinung, zum Binnenhof des Oktogons in dämmerigen Grotten sich öffnend. Auch das schmale Mittelgeschoß umkränzen noch die aufwärts führenden Rampen, doch schon treten die Mittelflächen des Achtecks zurück gegenüber den akzentuierten Diagonalen. Frei tritt erst das Obergeschoß hervor, aufgelöst in hohe Rundbögen, gerahmt von durchbrochenen Pfeilergruppen. Bald nach der 1718 erfolgten Vollendung freilich erwies sich das gewählte Steinmaterial, ein Basalttuff, als witterungsunbeständig. Es war nötig, die Öffnungen zu verengern; das Problem der statischen Sicherung des Oktogons ist erst in den 1970er Jahren gelöst worden. – Auf der vorderen Mitte des Riesenschlosses erhebt sich eine obeliskartige Pyramide, auf ihr steht *Herkules*, auf seine Keule gestützt – Wahrzeichen der Stadt Kassel. Die 9,20 m hohe Kupfertreibarbeit, Nachbildung des Herkules Farnese, schuf 1713–17 der Augsburger Joh. Jakob Anthoni. Bis zum Scheitel der Figur erreicht das Riesenschloß eine Höhe von 71 m. Herkules triumphiert als Heros und Helfer der Götter über die besiegten Giganten. Zu seinen Füßen liegt der mit einem Felsblock niedergeschmetterte Riese Enkelados; sein Kopf allein wird im zweitobersten Becken einer imposanten Wasserkunst sichtbar, ohnmächtig speit er wider die Götter. – Der Lauf der Wasser nimmt seinen Ausgang von einem **Grottenhof** unter dem Oktogon, in dessen Inneres die Vexiergrotte eingebaut ist. Aus einem Vierpaßbecken stürzen die Wasser über Felsentrümmer in den zweiten Grottenhof hinab und umspülen das Haupt des Enkelados. Hierunter beginnt erst die eigentliche **Kaskade**, vom Strahl aus dem Munde des Riesen eröffnet. Weite Becken unterbrechen die Wassertreppe; ausschwingende Fußgängersteige bilden den Rahmen. Nach Guerrieros Plan sollte die Kaskade den ganzen Hang des Habichtswaldes bis zum Schloßteich hinabgeführt werden. Zur Ausführung kam nur das obere Drittel mit dem **Kaskadenstern** und der **Neptunsgrotte**.

In Friedrichs **Park**-Gestaltung wechselten verschlungene Wege mit malerischen Durchblicken, romantisch-empfindsamen Eremitagen und exotischen Häuschen; die reichliche Anpflanzung ausländischer Bäume von z. T. bereits sehr beachtlicher Größe ließ aus dem Park zugleich einen der bedeutendsten botanischen Gärten werden. Wilhelm IX. ergänzte ihn insbesondere durch eine Neuformung der Wasserspiele: Scheinbar natürlich geformte Bachläufe leiteten die Wasser der Kaskade in Grotten und Fallstufen bis zur Fontäne des Schloßteiches. Wilhelms Ziel war, das »Heroische« im Park zu steigern. An seinen Rändern geht der Park unmerklich in den Wald über.

Wir folgen zunächst dem Verlauf der Wasser und nennen

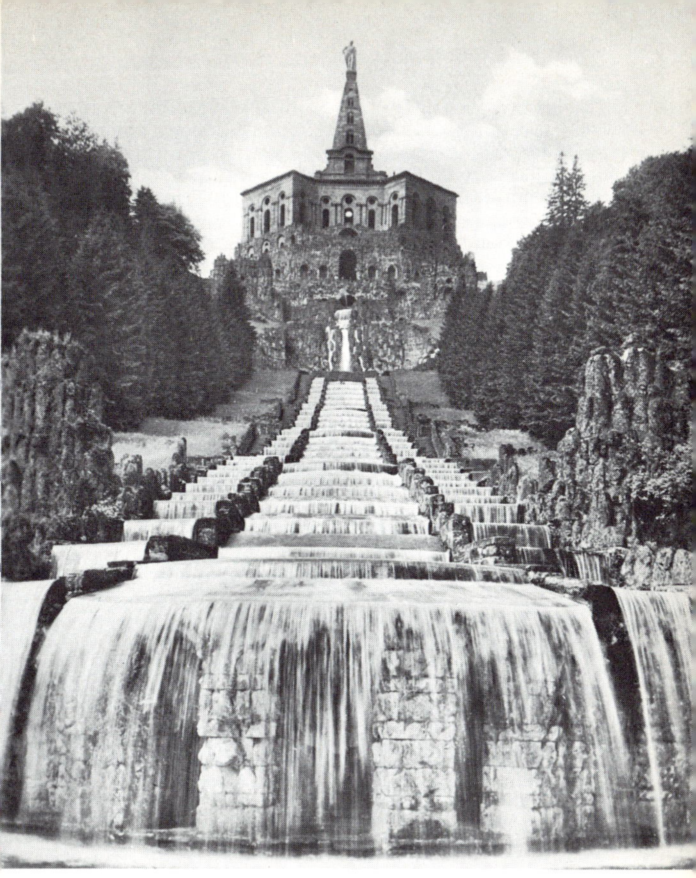

Kassel-Wilhelmshöhe. Herkules und Kaskade

dann die übrigen Bauwerke. Von der Kaskade kommen die Wasser zum **Steinhöferschen Wasserfall**, 1793; dann zur **Teufelsbrücke**, 1791–93 von Jussow, die gußeiserne Brücke 1826 von Werner Henschel nach Zeichnungen von Bromeis. Anstelle der urspr. geplanten Querallee folgt die

Plutogrotte (um 1780 erstellt); 1794 wurden die von J. A. Nahl für Wilhelmsthal geschaffenen Gruppen von Meerungeheuern hierhergebracht. Die Wasser werden nun über den 1788–92 von Jussow errichteten **Aquädukt** geleitet, fließen am 12säuligen (»Freundschafts«-)**Tempel** (1817/18 von Jussow) vorbei und enden in der **Fontäne** (1789). Der von Karl Steinhöfer 1826–28 angelegte **Neue Wasserfall** ist schwer beschädigt und außer Benutzung.

Landgraf Karls Absicht, die Wasserkünste durch eine Ableitung von der Eder ständig zu speisen, ließ sich nicht durchführen, so daß die Wasser nur kurzfristig springen können.

Als Bauten der Zeit Friedrichs II. erhielten sich ferner: die **Sibyllengrotte**, die **Eremitage des Sokrates** (ein kleines Häuschen mit Apsis und Laubenvorbau), die offene 8-Säulen-Rotunde des **Merkurtempels** (1781), ferner Nachbildungen der römischen **Cestius-Pyramide** und des **Vergil-Grabes**. – Am südöstl. Parkrand entstand seit 1781 das chinesische **Dörfchen Mulang**, dessen reizende **Pagode** nebst einigen Häuschen erhalten ist. Wie die seither verschwundene Moschee und andere Anlagen des Schloßparks geht es auf englische Stichvorlagen von Chambers und Over zurück. Chambers' Mitarbeiter, der Gartenarchitekt und Landschaftsmaler Joh. Heinrich Müntz, hat englische Ideen nach Kassel übertragen.

Die Umgestaltung des Parks unter Wilhelm IX. betraf außer den Wasserspielen v. a. die vorzügliche Anlage des **Lac** (Sees) unterhalb des Schlosses (1785–91) und die Errichtung der Löwenburg (s. u.). 1794 entstand noch der **Pavillon »Felseneck«** nahe unterhalb der Kaskade. Im **Kaskaden-Restaurant** ist als Kern das unter Jérôme erbaute Aufseherhaus erhalten. Beide Bauten entwarf Jussow.

● Schloß Wilhelmshöhe

1786–89 erbaute Simon Louis du Ry für Wilhelm IX. nach verschiedenen Vorstudien, u. a. solchen mit Ruinencharakter – den der Landgraf in der Löwenburg verwirklichen ließ –, den südl. gelegenen Weißensteinflügel und in gleicher Form 1787–92 unter Beteiligung Jussows den nördl. Kirchenflügel. 1790 wurde das alte Schloß des Landgrafen Moritz abgerissen und an seiner Stelle 1792–98 der Mittelflügel erbaut, jedoch nicht von du Ry, dessen Vorentwürfe gleichwohl benutzt wurden, sondern von dem herber klassizistisch empfindenden Heinrich Christoph Jussow (d. J.). Brückenförmige Terrassen auf gebogenem Grundriß verbanden die 3 einzeln stehenden Bauteile. König Jérôme (1807–13) ließ der nördl. Terrasse einen gedeckten Gang aufsetzen; das südl. Gegenstück errichtete Jussow um 1817 auf Geheiß Kurfürst Wilhelms I. Doch erst 1829 wurden die »Lücken« auf Befehl Wilhelms II. von Landbaumeister Heinrich Regenbogen bis zur vollen Höhe geschlossen und dadurch der jetzige kompakte Eindruck hervorgerufen, der schon bald nach Entstehen getadelt wurde. –

Die Wiederherstellung ist abgeschlossen; der in künstlerischer Hinsicht unbedingt erforderliche Wiederaufbau der Schloßkuppel unterblieb. Im Hauptflügel fand die Gemäldegalerie Alte Meister nebst der Antikensammlung der Staatlichen Kunstsammlungen seit 1974 ein neues Domizil. Leider wurde ihretwegen auf das Sprossenwerk der Fenster verzichtet, die nun als Löcher im Mauerwerk wirken und diesem den Charakter des Unfertigen oder Ruinösen geben – zugleich ein schlechtes Beispiel gegenüber den anderweitigen Bemühungen der Denkmalpflege.

Die Anlage des Schlosses ist auf dem Kontinent einmalig. Die beiden Seitenflügel begrenzen den bergseitig offenen Ehrenhof nicht rechtwinklig, sondern in geöffneter Trapezform. Wie der Mittelflügel standen sie zunächst frei; alle 3 Flügel schließen beidseitig mit eingezogenem Halbrund. Von den jeweils 3 Geschossen ist das untere durch stärkere Gesimsbildung als Sockelgeschoß abgetrennt, aber durch Rundbogenfenster ausgezeichnet. In den oberen Geschossen reihen sich Rechteckfenster. Den Abschluß bildet eine umlaufende Balustrade, die das flache Dach verdeckt; sie ist nur am Hauptbau durchbrochen, wo das Hauptgeschoß zu einem schmalen Mezzaningeschoß ausgedehnt ist. Die entscheidenden Unterschiede zwischen den Flügeln liegen in der räumlichen Gliederung, welche du Rys Seitenflügel gegenüber der flächigen Gestaltung des Mittelbaus besitzen. In einer Breite von 7 der insgesamt 9 Achsen tritt an den Langseiten der Seitenflügel ein Risalit vor die Wand, der aus Freisäulen großer Ordnung besteht, die über der Balustrade in Vasen-Aufsätzen ausklingen. Sockel und Hauptgesims binden die Säulen-Risalite so fest in die Baumasse ein, daß sie nicht als selbständige vorgelegte Baukörper erscheinen können, sondern als Verräumlichung der Wand wirken – ein barocker Nachklang im Schaffen du Rys. Ebensolche Ausbildung zeigen auch die Apsiden.

Du Ry sah einen gleichartigen Mittelflügel vor. Jussow hat jedoch am Mittelflügel die Säulen der Apsisgliederung auf Pilaster reduziert und die auflockernden Vasen abgestoßen. Geblieben sind nur Säulengruppen vor den Langseiten, aber nicht mehr als Wandgliederung, sondern als frei vorgestellte Portici von voller Höhe, jedoch eingeschränkter Breite (nur 5 von 15 Achsen). Der Tambour der Flachkuppel war bis auf seine Fensterreihung gänzlich gliederungslos. – Die Zwischenflügel sind architektonisch ohne Charakter.

Inneres. Durch Luftangriff wurde die Schloßkuppel zerstört und das Innere des *Mittelflügels* weitgehend vernichtet; von der klassizist. Ausstattung sind nur Einzelstücke erhalten (heute **Staatl. Kunstsammlungen**). Der *Kirchenflügel* hat lediglich in der schlicht eingerichteten *Kapelle* (Entwurf von Jussow) klassizist. Züge bewahrt. Der wiederhergestellte *Weißensteinflügel* beherbergt einen Großteil von Zimmerausstattungen des späteren 18. und frühen 19. Jh., die in 28 Räumen wieder zusammengestellt werden konnten. Sie stammen v. a. aus den zerstörten Kasseler Schlössern und aus Wilhelmshöhe selbst.

Nebengebäude. Auf der N-Seite des Schlosses erbaute Leo v. Klenze 1808/09 als Hofarchitekt Jérômes das Theater, von Bromeis 1828 zum **Ballhaus** eingerichtet. Den Eingang im S bildet eine 4-Säulen-Front; das von Säulen umstellte Innere deckt eine flach kassettierte Tonne. – Gegenüber steht das 1822 von Bromeis erbaute **Gewächshaus** in Eisenkonstruktion, wohl der Veckerhagener Hütte; der Mittelpavillon trat 1887 an die Stelle einer gläsernen Rotunde. – Die kleine **Säulenhalle** am N-Ende des Bowlinggreen, eine Halbrotunde, errichtete Jussow um 1816. – Für den nördl. jenseits der Straße errichteten **Marstall** – teils 1791 von Jussow, teils 1822 von Bromeis – fanden Dachreiter und Uhr des Schlosses Weißenstein wieder Verwendung. An das Gebäude schließt westl. das stattliche **Kavalierhaus** an, urspr. im Zopfstil errichtet, 1824 von Bromeis für die Gräfin Reichenbach umgebaut. Das Äußere ist reicher geschmückt als klassizist. Bauten in Kassel sonst: mit toskanischen Pilastern großer Ordnung und mit reicher Palmettenfolge an den Gesimsen. – Das **Schloßhotel**, 1826–29 von Bromeis geschaffen, ist durch einen Neubau ersetzt. – **Wache**, in klassizist. Formen, mit Portikus in der Wandflucht, 1826, ebenfalls von Bromeis.

● Löwenburg

1793–98 erbaute Heinrich Christoph Jussow für Wilhelm IX. die Löwenburg im S-Teil des Parkes. Sie erhielt den romantischen Charakter einer got. Burgruine, jedoch mit bewohnbaren Teilen. Als Vorbild sind nicht nur englische Schlösser des Mittelalters nebst einigen hessischen Ruinen, sondern wohl auch schottische Schlösser der Neugotik anzusehen. Wilhelm besaß in diesem Bau, seiner Lieblingsschöpfung, ein intimes Refugium im Gegensatz zum klassizist.-repräsentativen Schloß Wilhelmshöhe. Er stattete den Bau

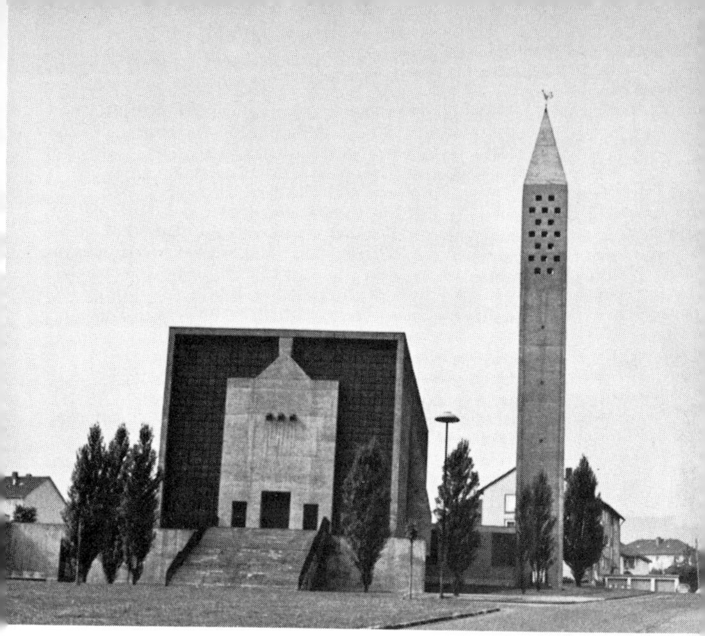

Kassel. Kath. Maria-Fatima-Kirche
(zu S. 320)

daher reich aus, möglichst mit älteren Originalwerken. Die Schloßkapelle bestimmte er zu seiner Grabstätte.
Um einen längsrechteckigen, nicht regelmäßigen Hof gruppieren sich die einzelnen, teils intakten, teils ruinösen Baukomplexe. Es dominierten der im 2. Weltkrieg beschädigte Bergfried, die ihm gegenüber liegende Schloßkapelle und der Torbau an der Schmalseite. In den Innenräumen wechseln die Möbel älterer Herkunft mit solchen, die nach Jussows Entwurf in altertümelndem Stil neu geschaffen wurden.
Die *Glasgemälde* der **Kapelle,** 1888 ergänzt, bringen Szenen aus den Legenden des Hl. Kreuzes und der hll. Katharina und Nikolaus; sie entstanden um 1350–70 für die Hersfelder Stadtkirche. Für den Chor der Kapelle schuf Christian Ruhl 1800 das romantische »Rittergrabmal«, das wie der Sarkophag Wilhelms I. von Jussow entworfen wurde.

Anschließend an das Dörfchen **Mulang** und dessen Namen übernehmend war ab etwa 1880 ein Villenstadtteil entstanden, dessen Charakter bis in die Mitte der 70er Jahre ungestört geblieben war, zu dessen Gunsten aber danach angesichts unmittelbarer Bedrohung Bürgerinitiativen und Denkmalpflege eingreifen mußten. Bereits das Burgfeld-Krankenhaus zerstört den Maßstab des Viertels völlig, und das Kurhaus ist bis auf die sehr schöne Einfriedigung in der Schloßteichstraße abgebrochen. Zu nennen: **Burgfeldstr. 4**, 1881 ff. von Heinrich Schmidtmann; ferner die **»Kleine Löwenburg«**, ein eklektizistischer Bau an der Steinhöferstraße, 1898. Bemerkenswerte Treppenhausbemalung in **Kurhausstr. 7**.

● Die **Maria-Fatima-Kirche** (Oderweg) erbaute Gottfried Böhm 1958/59 (Abb. S. 319). In O- und W-Wand des kastenförmigen Baues ziehen sich Fensterbahnen um dazwischengesetzte Wandscheiben. Diese nehmen, auf jeder Seite verdoppelt, den Altar bzw. Orgel und Taufe zwischen sich.

● Staatliche und Städtische Kunstsammlungen

Staatl. Kunstsammlungen Schloß Wilhelmshöhe
(Antikenabteilung, Gemäldegalerie Alte Meister, Kupferstichkabinett)
In der *Antikenabteilung* neben Kleinplastik, Gefäßen und Geräten 2 überlebensgroße Nachbildungen verlorener Bronzewerke des Phidias, der sog. Kasseler Apoll und eine Athena-Statue. – Den Kern der *Gemäldegalerie* bilden die Sammlungen Wilhelms VIII. zwischen 1725 und 1756. Der Schwerpunkt liegt auf den Niederländern – von Hals 7, Rubens 8, van Dyck 11 und Rembrandt 17 Werke –, v. a. aber eine außerordentliche Breite des Überblicks. Die italienische Abteilung ist gleichfalls bemerkenswert reich. – Auch im *Kupferstichkabinett* besteht der Kern in einer großen Niederländersammlung. Zahlreiche Blätter gehen auf Lehrer und Schüler der Kasseler Kunstakademie zurück; bedeutend ist der Nachlaß des Baumeisters Christoph Heinrich Jussow; weitere Künstlernachlässe von Ruhl, Nahl, Henschel, Breithaupt u. a. m.

Neue Galerie (Schöne Aussicht 1)
Kunst seit 1750, beginnend mit Werken des Hofmalers Joh. Heinrich Tischbein d. Ä. und Joh. August Nahls d. J. Deutsche und besonders Kasseler Maler der Romantik, Realisten des 19. Jh., Skizzen und Bildnisse von Louis Kolitz, Gemälde der Neoimpressionisten Baum und Herrmann, aus der Willingshäuser Schule (Bantzer u. a), Malerei des 20. Jh., namentlich Nebel und Fritz Winter. Seit 1962 weiterer Ausbau der Abteilung des 20. Jh.

Landesmuseum (Brüder-Grimm-Pl. 5)
(Vor- und Frühgeschichte, Volkskunde, Plastik und Kunsthandwerk, Astronomisch-Physikalisches Kabinett)

Aus der *Vor- und Frühgeschichte* umfangreiche Funde der Steinzeit, besonders wertvoll diejenigen aus der Gruppe niederhessischer Steinkammergräber. Fundbestände der Bronzezeit (Frauengrab von Molzbach). Merowingisch-karolingische Funde aus Büraburg. – Umfangreiche Bestände besonders zur hessischen *Volkskunde*, u. a. große Sammlung hessischer Brautstühle. – Kernstück der Abteilung *Plastik und Kunsthandwerk* ist die Kunstkammer Wilhelms d. Weisen aus dem späteren 16. Jh. Einige wichtige Altäre und Figuren aus der Spätgotik; bedeutende Glas-, Fayence- und Porzellansammlung. – Das *Astronomisch-Physikalische Kabinett* verdankt seine Entstehung einem Observatorium, das Wilhelm IV. um 1560 im Kasseler Schloß einrichtete. Astronomische Instrumente sind hier ausgestellt, ferner ein prunkvoller Destillierofen aus der Zeit des Landgrafen Moritz. Denis Papin konstruierte für Landgraf Karl eine Dampfdruckpumpe, deren Zylinder erhalten ist. Zahlreiche Instrumente des 18.–20. Jh. zeugen vom Weiterleben der naturwissenschaftlichen Tradition Kassels.

Deutsches Tapetenmuseum (Brüder-Grimm-Pl. 5) ●
Das einzige Fachmuseum dieser Art in der Welt stellt fast lückenlos die Geschichte der Wandbespannung dar, besonders von der Stoff- und Ledertapete des 18. Jh. bis zur modernen Papiertapete.

Eingemeindete Vororte

Kirchditmold

Ev. Pfarrkirche. Erbaut 1790–92 nach Plänen von S. L. du Ry; der W-Turm nach Brand 1910 erhöht. Den Längssaal gliedern umlaufende Emporen. Die Orgel mit 3türmigem Prospekt im Zopfstil schuf Wilhelm 1792. Bei der Kirchenerneuerung 1962–63 erhielt die Orgel Pedaltürme und ein Rückpositiv von Werner Bosch.

Harleshausen

An der Grenze zwischen Kirchditmold, Harleshausen und Rothenditmold steht seit 1963 die **ev. Paul-Gerhardt-Kirche** als 6eckiger Zentralbau von Max und Christian Guther. Interessante Grundrißlösungen zeigt das **Gemeindezentrum** als Ganzes.

Ahnatalstr. 59. Das einzige erhaltene Fachwerkhaus der Kasseler Altstadt ist bereits 1901 hierher versetzt worden. Über dem Steinsockel erheben sich 2 Voll- und 2 Giebelgeschosse in Fachwerk. Pfosten mit Beschlagwerk am Säulenportal, Knorpelwerk und Mauresken. Wohl Mitte 17. Jh.

Rothenditmold

Rothenbergsiedlung, 1929–31 von Otto Haesler im Stahlskelettbau. Die von der Kasseler Wohnungsfürsorge erbaute Siedlung ist als Projekt der Stuttgarter Weißenhofsiedlung zur Seite zu stellen.

Haesler legte die Wohnzeilen in N-S-Richtung an, um östl. und westl. Besonnung zu ermöglichen. An wichtiger Stelle entstand ein zentrales Wasch- und Heizgebäude. Von 2500 geplanten Wohnungen kamen infolge wirtschaftlicher und politischer Schwierigkeiten nur 216 zur Ausführung. Im Detail haben in den 1970er Jahren eingreifende, z. T. entstellende Veränderungen stattgefunden.

Wolfsanger

Ev. Pfarrkirche St. Johannes d. T. Sie ist das erste bezeugte Bauwerk des Landbaumeisters Giovanni Ghezzy, 1725/26. Das saalartige Schiff schließt mit flüssiger Kurve an den eingezogenen, halbrund endenden Altarraum. Der steinerne W-Turm tritt mit kräftiger Gliederung heraus. Die asymmetrische Inneneinrichtung vernichtete der 2. Weltkrieg.

Bettenhausen

Der Ortskern, in dem sich ein dörfliches Fachwerkhaus aus dem 16. Jh. erhalten hat (**Erfurter Str. 28/30**), ist unter Bereichsschutz gestellt. Die **ev. Pfarrkirche** war 1944 bis auf den Turm von 1792 zerstört worden. Den Neubau errichtete Walter Seidel 1953–54.

Der **Messinghof** entstand 1679 als staatliche Industrieanlage. 2 langgestreckte, parallel liegende Gebäude enthielten die Gießerei und das Hammerwerk. Der Hammerflügel brannte im 2. Weltkrieg aus und wurde danach abgebrochen. Das *Gießereigebäude* enthält zugleich die ehem. Verwaltung; es ist auf beiden Schmalseiten mit geschweiften Giebeln bekrönt, z. T. aber umgebaut. Die rechteckige, an den inneren Ecken abgeschrägte Gießerei wird von einem ovalen, bienenkorbartigen Ofen überfangen, dessen Spitze heute bis unterhalb des Dachfirsts abgebrochen ist. Das Zufahrtstor von 1679 trägt die Initialen des Landgrafen Karl. In dieser Gießerei wurden ab 1713 die Teilstücke des »Herkules« für den Karlsberg gegossen.

Fabrikgebäude Salzmann & Co. 1876 erbaut, 1916 erweitert, gotisierendes Backsteingebäude mit Stichbogenfenstern, von bemerkenswert großzügiger Gliederung.

Hallenbad-Ost, 1929–30 von Fritz Graubmann. Backsteinbau in kubischer Gliederung mit Vor- und Rücksprüngen und mit flachen Dächern. Eine Monumentalisierung der Form gegenüber den gleichzeitigen Bauten der Neuen Sachlichkeit ist unverkennbar. An den gestuften Mittelbau schließt rückseits die Schwimmhalle.

In der **Siedlung Forst- und Erlenfeld** entstand nach den Plänen des 1961 verunglückten Architekten Olaf Andreas ● Gulbransson die **ev. Immanuelkirche** (Wißmannstraße), wohl einer der bemerkenswertesten Kirchenneubauten Kassels, 1962–63. Auf dem Grundriß eines übereck gestellten Quadrats ziehen sich die Seitenwände dreiecksförmig von den Firstsäulen der Längsachse bis zur Bodenhöhe an den Außenpunkten der Querachse herab. Die großen, beidseits vom First herabhängenden Dachflächen werden in der Querachse von einem niedrigeren, ähnlich gebildeten Raumkörper durchstoßen, dessen Wandstücke in Fenstergitter aufgelöst sind. Ein weiteres von Hubert Distler gestaltetes Fenster betont das Altarzentrum mit Taufstein und Kanzel, um das herum das Gemeindegestühl im Halbkreis angeordnet ist.

Waldau

Von der ehem. **Burg** aus dem 15. Jh. ist der S-Teil der Ringmauer mit 2 Turmstümpfen erhalten. Ihr ist ein langgestrecktes Fachwerkhaus des 18. Jh. aufgesetzt; gepflegt und gut erhalten.

Das **ehem. Jagdzeughaus** (Nürnberger Str. 140) ist ein ebenfalls langgestreckter Fachwerkbau mit ausgemauerten Gefachen und stammt aus dem späten 16. Jh. Die Giebelseite öffnet sich in einem großen Tor; an den Eckpfosten des Fachwerks Beschlagwerkschmuck. Das Gebäude, dessen Vernichtung geplant war, ist durch Übergang an eine öffentliche Einrichtung gerettet worden.

Niederzwehren

Ev. Pfarrkirche (Matthäuskirche). Der Chorturm wurde 1472 erbaut, der charakteristische Helm mit 4 Ecktürmchen nach Brand 1552 wieder aufgesetzt. Die Kirche ist ein Neubau von Joh. Andreas Engelhard, 1789–90. Die 2geschossige Fenstergliederung in rundbogigen Blendrahmen fand die ausdrückliche Billigung Simon Louis du Rys. 1913–14 und 1956 wurde die Kirche erneuert und teilweise verändert.

Ev. Lukaskirche. Errichtet 1962–64 von Werner Hasper. Den Saal umgibt eine Empore, darüber ein parallel zu ihr laufendes Lichtband aus Betonglas; das Altarfenster im W reicht durch die ganze Höhe des Baues.

Die **kath. Herz-Jesu-Kirche** hat Zeltcharakter; sie gleicht einem vergrößerten Rhombendach, das auf der Erde aufsitzt und dessen Giebel verglast sind. Innen ist der Raum durch eine Querwand verkürzt. Architekt war Erich Weber; Weihe 1970.

Kraftwerk. Als technisch-industrielles Bauwerk von guter, monumentaler und doch zugleich eleganter Erscheinung zeigt sich das Kraftwerk an der Neuen Mühle am Fulda-Ufer (1958). Mit seinem 109 m hohen Turm übt es trotz der Tallage eine beachtliche Fernwirkung aus.

Oberzwehren

Ev. Kirche. Den schlichten, nach W gerichteten Saalbau mit umlaufenden Emporen und vorgesetztem O-Turm errichtete Landbaumeister Adolph Schuchard 1823–24 in Anlehnung an Kirchditmold. Rundbogenlünetten über Rechteckfenstern gliedern das Äußere. Die Renovierung 1964 brachte eine Neuordnung des bis dahin ungestörten klassizist. Raumes. Orgel 1823 von Wilhelm.

Nordshausen

Ev. Pfarrkirche. Das ehem. Zisterzienserinnenkloster gründete Adalbert v. Wallenstein vor 1257; 1527 wurde es aufgehoben. Bei der Gründung wurde eine kleine Kirche übernommen; der W-Turm wurde in 2 Abschnitten hinzugefügt. Die alte Kapelle wurde erhöht, als man die Nonnenempore einzog (um 1262?), abermals erhöht, um 3 Joche verlängert und eingewölbt im 14. Jh. oder erst 1467. S-Portal bez. 1497. – Die Restaurierung der Kirche wurde 1958 abgeschlossen. – An den querrechteckigen W-Turm schließt in gleicher Breite das 5jochige Schiff an. Im W-Teil der Kirche erhielten sich vermauert die Rundbogenfenster des 1. und darüber die Spitzbogenfenster des 2. Bauzustandes. Darüber erst die Folge der spätgot. Fenster.

Östl. der Kirche liegt die **Zehntscheuer**, ein blockhafter spätgot. Bruchsteinbau; das Fachwerkobergeschoß verbrannte im Krieg. 1961 wurde das Gebäude von Willy Schatt zum Gemeindehaus ausgebaut.

DG

KAUFUNGEN (Kassel H3)

Oberkaufungen (H3)

Ehem. Benediktinerinnen-Reichsstift
Am Rande des Kaufunger Waldes lag eine Kaiserpfalz über dem Ort Kaufungen; hier gründete Kaiserin Kunigunde, die Gemahlin Heinrichs II., 1017 ein Benediktinerinnenkloster, wohin sie sich nach dem Tode ihres Gatten zurückzog. Das Kloster, an dessen Stelle vom 13. Jh. bis 1509 ein Kanonissenstift getreten war, wurde 1527 aufgehoben, 1532 der hessischen Ritterschaft zugewiesen, der es heute noch zusteht.

● **Ev. Pfarrkirche**, ehem. Stiftskirche Hl. Kreuz
Die Kirche, um 1017 begonnen, war 1025 geweiht. Trotz vieler Veränderungen läßt sich der Gründungsbau noch herausschälen. Nach 1174 wurde der Chor eingewölbt. In der 1. Hälfte des 13.

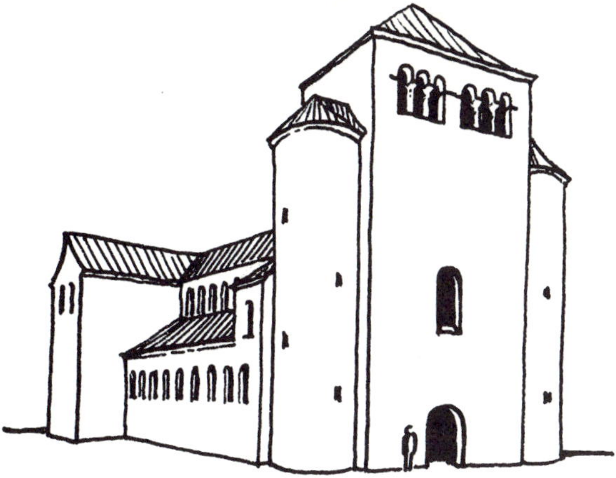

Oberkaufungen. Ehem. Stiftskirche

Jh. begann man das Langhaus umzuwandeln: Beabsichtigt war wohl ein Hallenbau, doch wurden nur die alten Arkaden durch wenige neue von weiter Spannung ersetzt. So verlor das Mittelschiff seine eigene Beleuchtung. Ein Brand gab 1422 Anlaß zur Erneuerung der meisten Fenster und Türen, auch wurde das S-Querhaus umgebaut; 1469 ersetzte man die roman. Apsis durch einen 5/8-Schluß und zog im Chor ein Sterngewölbe ein. Nach weiterem Brand 1564 erfolgte eine unzulängliche Erneuerung. Gründliche Renovation 1935–38 und 1969–73.

Der *Gründungsbau* war eine 3schiffige Säulenbasilika von wahrscheinlich 9 Arkaden (in Nachfolge des karoling. Hersfeld), anschließend ein Querhaus mit Nebenapsiden an den quadratischen Flügeln, dann ein schmaler Vorchor mit Hauptapsis; im W ein mächtiger breitrechteckiger Turm zwischen 2 flankierenden Rundtürmen, die um das Fenstergeschoß des Mittelturmes niedriger waren. Im Inneren verband eine doppelgeschossige Drillingsarkade W-Bau und Mittelschiff – ein Motiv, das auf Aachen zurückgeht und hier wohl durch Corvey oder Hersfeld (?) vermittelt wurde. Oberkaufungen hat dann bei den W-Bauten von Fritzlar, Neuenheerse und Breitenau Pate gestanden. Die Bestim-

mung der W-Empore als Platz der Kaiserin ist wohl nicht anzuzweifeln. – Erhalten sind von diesem Bau nur der Mittelturm des Westwerks nebst Empore und Arkaden (1936 freigelegt) sowie die Außenmauern von Langhaus, N-Querschiff und Vorchor, einschließlich der Vierungspfeiler.
Das Äußere hat durch die späteren Umbauten mancherlei Einbußen erlitten; nur der 6eckige *Archivturm*, der nach 1174 als Schatzkammer an die Stelle des nördl. Flankenturmes trat, ist in vorzüglichem Quaderwerk aufgeführt. – Im Inneren unterscheiden sich die einzelnen Bauphasen hart voneinander. Das Langhaus hat je 3 weitgespannte spitzbogige Pfeilerarkaden; die Wulstkämpfer stehen unter Einfluß der Wormser Schule, der hier wohl durch Fritzlar vermittelt wurde. War tatsächlich eine Halle geplant, so ist der Umbau kaum vor Mitte des 13. Jh. denkbar. Der unvollendete, im Mittelschiff lichtlose Zustand, bei dem die Arkadenbögen vom Dachgebälk der Seitenschiffe zugesetzt sind, tut der Raumwirkung argen Abbruch. Im Querhaus kann, trotz einiger Umbauten, die monumentale Gesinnung des Gründungsbaus noch erfaßt werden, die im Chor unter etwas kleinlichen Formen des spätgot. Umbaus verblaßt. Von der roman. Einwölbung des Chores blieben nur die Wandvorlagen übrig: mit Kantensäulen, Konsolen und Gittermustern als Nachfolge Lippoldsbergs zu erkennen. – Mit 60 m innerer Länge gehört Oberkaufungen nicht zu den umfangreichsten Leistungen seiner Zeit. Doch auch im heutigen Zustand vermittelt der Bau den Eindruck einer historischen Atmosphäre voller Kraft und Monumentalität.

Ausstattung. Die Spätgotik nützte die weiten Flächen des Baues für *Wandgemälde* aus. Den Zug der Hll. 3 Könige zeigt die innere Stirnwand des N-Querhauses, wohl gleich nach 1422. An den Pfeilern finden sich Heiligenbilder, an der nördl. Seitenschiffswand ein Passionszyklus vom Ende des 15. Jh. Nur ornamentale Malereien zieren das Chorgewölbe. – Der 5türmige Orgelprospekt im W, 1799 von Wilhelm, gehört dem Zopfstil an; Querhaus-Orgel 1974 von Noeske. – Der Meister der Hankratschen Kreuzigung im Kreuzgang des Fritzlarer Domes schuf den *Grabstein der Äbtissin Anna v. d. Borch* († 1512) im N-Querhaus. Die stimmungsvoll-freie Haltung, das feine Faltenwerk der flachen Relieffigur und das lebendig-reiche Rankenwerk zeichnen den Stein besonders aus. Ähnlich und wohl von gleicher Hand der Grabstein im Chor für Anna, Fürstin zu Anhalt, 1504. – Die Wappenfenster im Chor ließ die Hessische Ritterschaft 1936 nach Entwürfen von Otto Hupp ausführen.

Von den urspr. **Stiftsgebäuden** stehen keine wesentlichen Teile mehr aufrecht, doch ist die Anlage des **Kreuzganghofes** südl. der Kirche von den späteren Bauten respektiert worden. An seiner *O-Seite* steht noch das **ehem. Priorhaus,** östl. davon der stattliche Fachwerkbau des **Vogtshauses.** Der S-Flügel des Hofes enthielt in der Stiftszeit das **Dormitorium** (mit got. Pforte). Man vermutet hier den ottonischen Palas, da südöstl. die **Georgskapelle** anschließt, ein 1958 als **Heimatmuseum** (Glasmacherkunst, Kohlebau, Volksgut) wiederhergestellter Apsissaal, der jetzt als die um 1011/17 entstandene Pfarrkirche des Ortes gedeutet wird. – Den *W-Flügel* bildet auf alten Grundmauern die ritterschaftliche **Renterei,** 1606 erbaut. Ihr gegenüber steht das **Herrenhaus,** zum Sitz der hessischen Ritterschaft aus got. Kern 1714 völlig umgestaltet, fast in Verlängerung der Kirche nach W. Das Zusammenspiel dieser beiden Bauten ergibt eines der prachtvollsten Fachwerkbilder in ganz Hessen. Beide Bauten stellen 2 Fachwerkobergeschosse über einen steinernen Unterbau. Im Holzwerk ist das Herrenhaus reicher, aber zierlicher. Die Renterei mit ihren beträchtlichen Geschoßhöhen und den außerordentlich reich und vielfältig gebildeten Taustabgesimsen ist in der Gesinnung monumentaler. Der *Rittersaal* im Herrenhaus ist mit Wappen der adligen Familien geschmückt. Ein Kamin trägt das Datum 1463. Schönes Barocktreppenhaus.

»Roßgang«, um 1820 entstanden, das einzige in Westeuropa erhaltene Beispiel eines Pferdegöpels für den Bergbau. Die Formen sind schlicht. An den 14eckigen Kernbau mit Sandsteinunterbau und Treibehaus in verschaltem Fachwerk schließt sich ein 2geschossiger Fachwerkbau als Schachtkaue.

DG

KIEDRICH (Rheingau-Taunus B10)

Eine um 1183 gefälschte Urkunde, angeblich aus d. J. 1069, bezieht sich auf die Schenkung des Kiedricher Zehnten durch den Erzbischof Friedrich von Mainz (937–954) an das St. Petersstift. Seit 1250 ist der mainzische Ort, berühmt durch seine Weinlagen, selbständige Pfarrei. Die Bedeutung für Mainz äußert sich in der erzbischöflichen Burg Scharfenstein. Im Spätmittelalter entwickelte sich Kiedrich zu einer bedeutenden Wallfahrtsstätte. Der recht gut erhaltene langgestreckte Ort mit seinem Wehrkirchhof am südl. Ende fand schon im 19. Jh. immer mehr Beachtung, gefördert durch den englischen Baronet John Sutton (1820–73), der 1865 eine

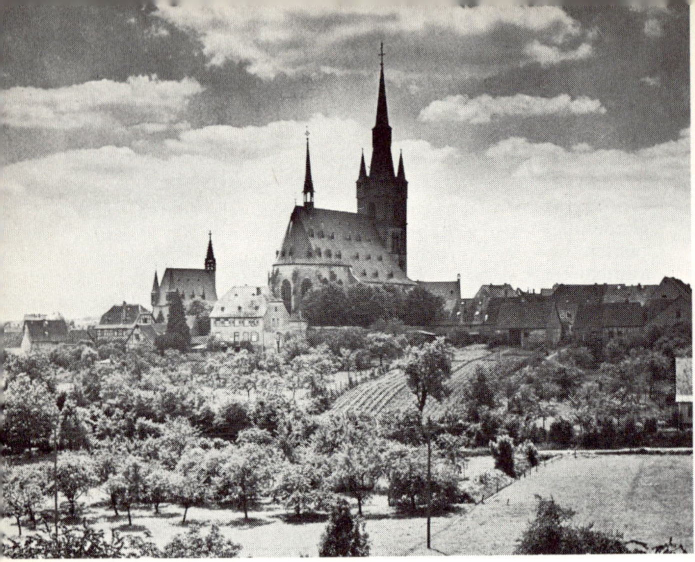

Kiedrich von Nordosten
mit kath. Pfarrkirche und (links) Michaelskapelle

Schule zur Pflege des Gregorianischen Chorals stiftete und sich um die Wiederherstellung der Pfarrkirche verdient machte.

Burg Scharfenstein zählte im 13. Jh. zu den 4 Stützpunkten des Erzstiftes (Ehrenfels, Rheinberg, Eltville). Sie war zeitweise Residenz der Erzbischöfe. Heute steht nur noch der runde 3geschossige *Bergfried* des 13. Jh.

● Kath. Pfarrkirche St. Valentin

Die einstmals bedeutende Wallfahrt erklärt die beträchtlichen Mittel, die man für den spätgot. Neubau aufwenden konnte. Das Langhaus wurde um 1380/90 als niedrige 3schiffige Halle errichtet (in der unteren Hälfte des heutigen Langhauses noch erhalten). In die folgenden Jahrzehnte fällt der Bau des W-Turmes, der unter Einfluß der »Frankfurter Schule« Madern Gertheners steht. Vermutlich 1454–81 entstand der Chor (bez. 1481, mit Steinmetzzeichen). Derselbe Baumeister erhöhte ab etwa 1480 bis 1493 das Langhaus um das Emporengeschoß und wölbte es neu ein (1490 und 1493 bez.). 1858–74 erfolgte unter Leitung des Frankfurter Dombaumeisters Franz Joseph v. Denzinger auf Kosten Baronet Suttons eine Gesamtrestaurierung; der Turm erhielt ein 5. Geschoß, und das Innere wurde, z. T. nach alten Befunden, von F. A. Martin neu ausgemalt.

Äußeres. Der W-Turm ist 5geschossig und mit einem Spitzhelm und 4 Wichhäuschen versehen. In seinen 4 spätgot. Geschossen ist er durch Ecklisenen und abschließende Bogenfriese in 2 Teile untergliedert, einen unteren aus Werkstein und einen oberen aus Bruchstein mit Werksteingliederungen. Das *W-Portal* ist 2flügelig; auf dem Mittelpfeiler steht ein hl. Valentin. Im Tympanon sind die Verkündigung und die Krönung Mariens dargestellt, darüber Gottvater zwischen 2 musizierenden Engeln, um 1410/20. Über dem Portal befindet sich ein 4teiliges Maßwerkfenster; der Raum dahinter diente urspr. als Michaelskapelle. – Die unterschiedlichen Maßwerkfenster des 2geschossigen Langhauses, in das der Turm eingestellt ist, zeigen das unterschiedliche Alter von Erd- und Emporengeschoß. Nach O schließt sich der eingezogene Chor an. Er ist mit besonders aufwendig gestalteten Strebepfeilern besetzt: Über Statuennischen mit Baldachinen wachsen in mehreren Stufen Fialen empor. Im S und im N sind 2 Sakristeien angefügt.

Das Innere zählt zu den eindrucksvollsten Kirchenräumen der Gotik am Mittelrhein. Das Erdgeschoß mit den Seitenschiffen und den Gewölben unter den Emporen gehört noch der ersten Bauphase an. Weite spitzbogige Arkaden schließen Seitenschiffe und Emporen gegenüber dem Mittelschiff ab. Dennoch wirkt das Mittelschiff eingeengt. Der breite Chor ist vom Langhaus nur ausschnitthaft zu sehen. Der Gegensatz zwischen dem nur indirekt beleuchteten Langhaus und dem weiten, lichten Chor erinnert an die Franziskanerkirche in Salzburg. Auch die Einzelformen, besonders das reiche Sterngewölbe, legen Zusammenhänge mit dem Steinmetz Hans von Burghausen bzw. seinem Schwiegersohn Hans Stetthaimer und beider, meist in Bayern tätiger Werkstatt nahe. Konsolen und Schlußsteine sind mit verschiedenen Reliefs und Wappen Rheingauer Adelsfamilien versehen. Dem Triumphbogen ist ein schlanker Lettner vorgelagert, dessen weite Arkaden zwar Durchblicke in den Chor gestatten, der aber gleichzeitig Langhaus und Chor scharf voneinander trennt.

● Die Ausstattung ist eine der reichsten des Rheingaus. Der *Hochaltar* wurde als Epitaphaltar für den kurmainzischen Rat Caspar v. Eltz vielleicht von Hans Juncker aus Aschaffenburg 1619 geschaffen; er steht am Übergang von der Renaissance zum Barock. Gleiches gilt für den *Katharinenaltar* (1620) im südl.

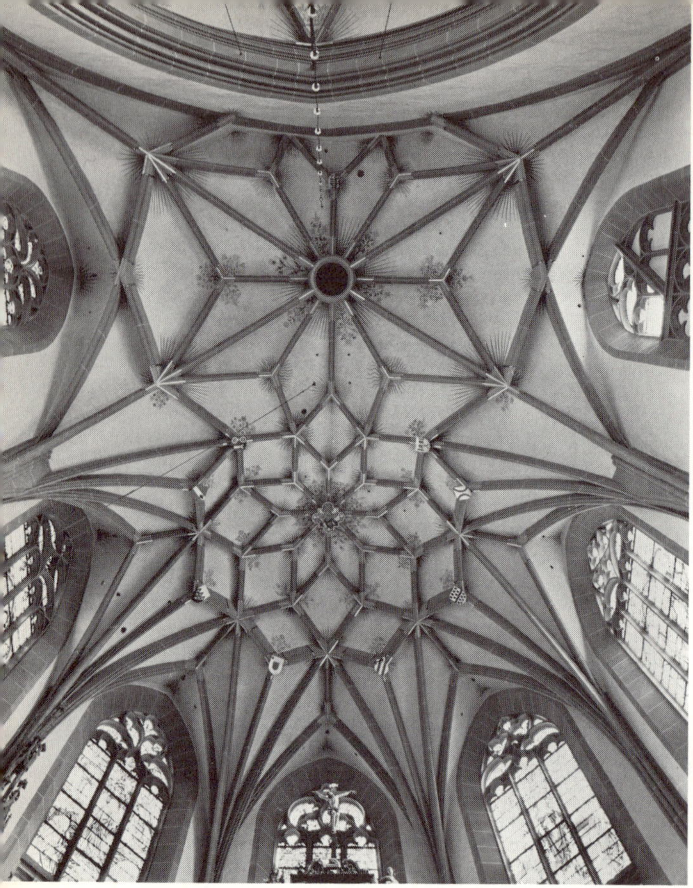

Kiedrich. Kath. Pfarrkirche. Chorgewölbe

Seitenschiff, Epitaphaltar für die Familie v. Schwalbach. Beide Altäre sind mit Statuen (z. T. in Nischen) und Reliefs geschmückt. Der Vorgang ist wohl einmalig: Grabdenkmäler von Adelsfamilien nehmen die Stelle des Altares ein, werden zudem als Altar (-Retabel) genutzt und stehen damit im Mittelpunkt des Gottesdienstes! Der Johannesaltar im nördl. Seitenschiff mit Anna selbdritt im Schrein zwischen Johannes Ev. und Johannes d. T. gehört der mittelrheinischen Kunst um 1500 an (Flügel 1862 von F. A. Martin gemalt). Der Margaretenaltar auf der N-Empore enthält Figuren um 1490; der Marienaltar auf der S-Empore entstand um 1480 und wurde wohl aus Bayern angekauft. – Von guter Qualität ist die im Chor aufgestellte thronende Madonna aus Holz, um 1330. – Das üppige Sakramentshäuschen des späten 15. Jh. wurde 1869 aus Bruchstücken erneuert. Die 6eckige *Steinkanzel* mit durchbrochenem Maßwerk schuf 1493 der Meister des Chorgewölbes. – Das *Kirchengestühl* schnitzte 1510 Erhard Falckener aus Abensberg in Bayern (ähnlich Bechtolsheim, Udenheim und Weinheim). Das Chorgestühl und der Dreisitz, beide mit vollplastischen Schnitzereien, gehören der Zeit um 1510 bzw. 1530 an. – Unter den Statuen sind die Kreuzigungsgruppe im Triumphbogen (Nürnberg, Anf. 16. Jh.) und die Terrakottamadonna an einem Schiffspfeiler (um 1450) hervorzuheben. – Got. Schmiedearbeiten sind 2 Standleuchter sowie die Beschläge an der südl. Sakristeitür und einem Wandschrank dort. – Die *Orgel* ist die älteste Deutschlands. Sie entstand in der 2. Hälfte des 15. Jh., birgt aber noch Pfeifen von 1312, die ältesten überhaupt bekannten. Nach erheblichen barocken Veränderungen wurde sie 1857 rekonstruiert; die bemalten Flügel schuf F. A. Martin. Das Portativ (Tragorgel) im Chor stellte um 1630 Orgelbauer Weinmann her. ●

Die 2geschossige **Totenkapelle St. Michael** wurde um 1440 erbaut, 1845–47 und 1851–58 weitgehend restauriert. Im tonnengewölbten 2schiffigen Erdgeschoß befand sich das Beinhaus; im Obergeschoß liegt die netzgewölbte Kapelle, deren 5/8-Chörlein in einem Erker untergebracht ist. Die Choröffnung schmückt ein verzierter Kielbogen. Zwischen den mittleren Strebepfeilern der N-Seite ist eine überdachte Außenkanzel eingespannt. Der oben 8seitige Treppenturm vor der W-Seite trägt eine Maßwerklaterne mit durchbrochenem Helm. – Ein Glanzstück spätgot. Schmiedekunst ist der 7armige *Kronleuchter* zu Füßen der prachtvollen *Doppelmadonna* aus dem Umkreis des Hans Backoffen (um 1510 bis 1520). ●

Im **ehem. Wehrkirchhof** steht eine *Kreuzigungsgruppe* aus Sandstein, um 1530, aus der Schule Hans Backoffens stammend. Zum Kirchenbezirk gehören der **Pfarrhof** (1626), das **Küsterhaus** und das **Chorregentenhaus**.

Adelshöfe: Der **Schwalbacher Hof** (Suttonstr. 22) wurde um 1730 von dem Mainzer Architekten Anselm Franz Frhr. v. Ritter zu Grünstein (Groenesteyn) für sich errichtet. Erst 1870–72 wurde die Gartenfassade, 1912–13 die Straßenfront in Anlehnung an die originalen Entwürfe fertiggestellt. Der Mittelbau erhielt eine Kolossalordnung mit korinthischen Pilastern. Das Innere enthält hervorragende Stuckarbeiten im Bandelwerkstil von Georg Hennicke (1731). – Der **Bassenheimer Hof** (Suttonstraße), jetzt Teil des Valentinushauses, wurde 1660–61 errichtet. Im Inneren sind die hölzerne Wendeltreppe und die Türgewände mit gedrehten Säulen beachtenswert. – Die Gebäude des **Eberbacher Hofes** (Suttonstr. 7–8), schon 1312 als Besitz des Klosters Eberbach erwähnt, wurden 1706 (Nr. 7) bzw. 1735 neu gebaut. Die ehem. Kapelle besitzt eine Stuckdecke von Sebastian Beschauff. – Der **Zehnthof** (Oberstr. 1) ist ein stattliches Haus mit reichem Fachwerkgeschoß, angeblich von 1591.

Das **Rathaus** ist ein Renaissancebau von 1585–86. 2 Erker sitzen zu seiten der traufenständigen Fassade des Steingebäudes. Die Türrahmung zum Sitzungssaal ist noch ursprünglich.

Das alte Straßenbild ist vergleichsweise gut erhalten. Es wird von zahlreichen schmucken **Fachwerkhäusern** des 16. und 17. Jh. bestimmt, die z. T. geschnitzte Pfosten und Füllungen besitzen. **Marktstr. 21** gehört noch der Zeit um 1500 an. **Nr. 13** ließ Baronet Sutton um 1860 für den Maler F. A. Martin im gotisierenden Stil errichten; im Garten steht noch das ehem. Ateliergebäude.

UG/EH

KIRBERG (B9) → **Hünfelden** (Limburg-Weilburg)
KIRCHBERG → **Lollar** (Lahn-Dill D7)
KIRCHDITMOLD (G3) → **Kassel**

KIRCHHAIN (Marburg-Biedenkopf E6)

In den Auseinandersetzungen zwischen Mainz und Hessen wurde Kirchhain, das erstmals 1146 als »Werplohen« erscheint, von Landgraf Heinrich II. als militärischer und wirtschaftlicher Stützpunkt gegen das mainzische Amöneburg ausersehen. Der im Vergleich zur Amöneburg niedrige Basaltberg trug bereits 1238 die Kirche, die dem hl. Michael geweiht war; neben ihr legte der Landgraf die nun bis auf geringe Reste verschwundene Burg an.

Auch von der 1368 vollendeten **Stadtmauer** ist außer dem **Hexenturm** wenig erhalten. Die in 3 Ringen sich um den Kirchberg legende Stadtanlage (vor 1352) ist noch gut erkennbar.

Ev. Stadtpfarrkirche. Neubau nach 1363 oder nach dem Stadtbrand von 1412 als 3schiffige Hallenkirche mit gerade geschlossenem, 1929 in größerer Breite erneuertem Chor und mit quadratischem W-Turm. Dessen Haube stammt wie der nördl. Treppenanbau mit dem schönen Renaissance-Portal aus d. J. 1582. Das

Innere, 1666–69 zur flachgedeckten Saalkirche umgestaltet, empfing 1929/30 eine Ausstattung im Zackenstil des dekorativen Spätexpressionismus; den Chor deckt seitdem ein Zellengewölbe. Ältere Ausstattung ist in Einzelstücken mittleren Ranges erhalten, darunter verschiedene Grabsteine. Bemerkenswert der breitgelagerte Orgelprospekt von Joh. Andreas Heinemann, 1752.

Das **Rathaus** gehört zu Hessens schönsten spätgot. Fachwerkbauten. Je 3 große Bögen öffneten sich an den Schmalseiten (heute mit Fenstern geschlossen). Kaum weniger hoch als der 3geschossige Bau selbst sind die Giebel. Im Fachwerk fallen die großzügigen Strebenkreuze als monumental und ungewöhnlich auf. Die Türmchen auf den Dachecken gingen verloren. An der N-Seite erhebt sich der runde steinerne Treppenturm von 1562. – Ausgezeichnete Restaurierungen im 20. Jh.

Unter den anderen Fachwerkhäusern der Stadt nimmt der **Blaue Löwe** (Borngasse 20) von 1612 den ersten Rang ein. Im steinernen Unterbau 2 große Tore mit Beschlagwerkrahmen sowie das Erbauer-Doppelwappen Happel/Volbrecht. Darüber 2 Geschosse in prachtvollem Fachwerk mit Zierkreuzbrüstungen; Pfosten und Fußstreben sind mit Blumenranken beschnitzt, die Fenster liegen z. T. in Schieberahmen.

DG

Langenstein (E6)

Der »lange Stein«, ein vorgeschichtlicher **Menhir**, gab dem Ort den Namen; er steht aufrecht neben der aus dem 16. Jh. stammenden Torhalle des ummauerten **Friedhofes**.

Ev. Pfarrkirche (St. Jakob). Schiff und Chorquadrat entstanden in der 1. Hälfte des 13. Jh., gewannen aber ein spätgot. Gesicht durch den Umbau d. J. 1522, dem der 3seitige Chorschluß zugehört. Der ganze Chor wurde damals neu gewölbt, und zwar in sehr reicher und komplizierter Form. Das tragende Gewölbe ist als ein Netz von Rauten gebildet, die durch Grate in Zellen unterteilt sind. Darunter schwingt sich ein frei hängendes Rippennetz in Wabenform, »auf Lücke« gearbeitet (1522). Das Langhaus ist flach gedeckt. ●

Die 1954 aufgedeckte urspr. *Bemalung* des Chores zeigt die Kreuzungspunkte des tragenden Netzes mit Rankenmustern umgeben, die im Durchblick durch die Sechseckrahmen als ornamentale Bildkompositionen erscheinen. – Im Langhaus prot. Ausstattung: dörfliche, ausladend figurierte Barockkanzel; Emporen mit barock bemalten Brüstungen (hier auch die Brüstungsfelder der abgebrochenen Chorempore); Orgel in klassizist. Aufbau von Carl Ziese, 1855. – An der W-Seite außen sind apotropäische Reliefs angebracht (Leprakranke?), wohl aus spätgot. Zeit.

DG

Stausebach (E6)

Kath. Pfarrkirche. Sie ist ein Juwel unter den hessischen Dorfkirchen – gewiß, weil der Deutsche Orden hier im späteren 15. Jh. als Bauherr auftrat. Im Grundriß fügt sich ein 3jochiger Chor mit Polygonschluß an eine 3jochige Stufenhalle. Schlanke Proportionen und gediegene Ausarbeitung bestimmen den Charakter des bis auf einen Dachreiter turmlosen Äußeren. – Im Inneren, bis 1958 wiederhergestellt, entfaltet sich ein Wohlklang von Raumgefühl und Farbe. Die Langhausseitenschiffe sind sehr schmal; die Gewölbe verschneiden in hohe Rundpfeiler. Der Blick ins Netzgewölbe von Mittelschiff und Chor bringt eine Überraschung: Alle Kappenflächen zwischen den Rippen stuckierte die Régence (gegen 1743) mit feinem, reichem Dekor auf farbigem Grund. Unter Wahrung des struktiven Gerüsts der späten Gotik erhielt der Raum seine schwebende Leichtigkeit.

Einige Figuren und die steinerne Maßwerkkanzel gehören noch ins 15. Jh. Die W-Empore von 1658 mit geschnitzten Profilen und ornamental bemalter Unterseite trägt die Orgel des 18. Jh., deren Prospekttyp norddeutsch ist. Die pseudogot. Altarausstattung fügt sich dem Raum gut ein. – Kleine barocke Stationenreliefs aus gebranntem Ton, außen durch Abgüsse ersetzt, hängen jetzt im Chor.

Den **Kirchhof** umgibt eine Wehrmauer mit Schießscharten, um 1500.

DG

KIRTORF (Vogelsbergkreis F6)

Nach dem großen Stadtbrand von 1725 errichtete Landbaumeister Helfrich Müller den Neubau der **ev. Pfarrkirche** bis 1731. Sie ist ein Saalbau mit 3seitigem Schluß; vor der südwestl. Schmalseite steht ein Turm mit Dreifachhaube. Die Emporen umgeben den Raum allseitig, weiten sich vor dem Altar aus und tragen hinter ihm die Orgel, die mit Altar und Kanzel eine Gruppe bildet. Emporengemälde in kräftigen Farben: Christus, Maria, Apostel und Evangelisten, sowie Luther und Melanchthon; an der Orgelempore irdische und himmlische Musik. Joh. Georg Stertzing aus

Eisenach schuf 1732 die Orgel mit 2 kräftigen Seitentürmen. – Gedenkgrabstein für die Freiherren von und zu Lehrbach, 1751 in Régence-Formen errichtet.

Das **Rathaus** ist ein 2geschossiger Fachwerkbau von Joh. Conrad Koehler aus Wallenrod, 1781 über hohem Steinsockel; die Freitreppe kam 1832 hinzu.

Die **Fachwerkhäuser** sind fast durchweg nach 1725 entstanden. Vielleicht älter ist das 3geschossige Haus am östl. Ortsausgang (**Alsfelder Str. 5**) mit reichen Fachwerkfiguren, Eckverzierungen durch gedrehte Säulen und Knorpelwerk, Andreaskreuzen und anderen Brüstungsmotiven.

DG

Wahlen (F6)

Die **ev. Pfarrkirche** ist 1779–81, vielleicht nach Plan von Joh. Helfrich Müller, errichtet. In den Saalbau mit 3seitigem Schluß und Haubendachreiter führen Türen im W und N; über dem N-Portal ein Bogenfeld mit eigentümlicher Ikonographie: eine Kreuzigung, deren Zeugen zur Rechten Christi Maria und Johannes sind, zur Linken der Pfarrer. Zwischen dem Pfarrer und Christus ist der Baum der Erkenntnis mit dem Sündenfall eingeschoben. – Das Innere teilt sich in das von der 3seitigen Empore umzogene Schiff und den Altarraum mit Altar-Kanzel-Orgel-Gruppe, von den Chorständen hinterfangen. Eindrucksvolle einheitliche Holzausstattung. Die Orgel ist wohl um oder nach 1800 in der Bernhard-Werkstatt zu Romrod geschaffen.

Interessantes dörfliches Fachwerkhaus mit »Fensterkreuzmotiv« in der Konstruktion: **Neustädter Weg 29**, 1809 von Joh. Heinr. Krimmelbein.

DG

KLEIN-EICHEN (F7) → **Grünberg** (Lahn-Dill)

KÖNIGSTEIN im Taunus (Hochtaunuskreis C10)

Die Silhouette der Stadt mit der Burg bildet von vielen Blickpunkten des Maintales aus die Mitte eines malerischen Bildes, das die waldüberkleideten Randkuppen des Hochtaunus umgrenzen.

Burg und Ort Königstein kamen Ende des 12. Jh. durch Erbschaft an die Herren v. Münzenberg, 1255 an die Falkensteiner, wurden 1418 eppsteinisch, bis 1535 die Grafen v. Stolberg als Herren auftraten. 1581 zog Kurmainz Stadt und Festung widerrechtlich und gewaltsam an sich und behielt sie mit kurzer Unterbrechung bis 1803; seitdem bis 1866 nassauisch, später preußisch. – Der Ort Königstein ist ab 1276 nachweisbar; er erhielt 1313 Stadtrechte. Der Stadtkern besteht aus der Oberstadt und dem östl. angefügten »Tal«. Beide Ortsteile umzog seit der Mitte des 14. Jh. eine an die Burg anschließende Mauer. Die Gründung einer Wasserheilanstalt (1851) bedingte den Aufschwung zu einem heilklimatischen Kurort; die Nähe von Frankfurt wandelte Königstein zu einer Villensiedlung.

● **Burgruine**

Die bedeutendste und größte Wehrburg des Taunusgebietes ist wohl eine Gründung der Stauferzeit; sie wird 1225 zum erstenmal bezeugt. In der Zeit der stolbergischen Herrschaft erhielt die mittelalterl. Burg Geschützrondelle und Zwingeranlagen, aber erst die Mainzer Erzbischöfe ließen sie ab 1581 zu einer immer weiter vervollständigten starken Festung ausbauen. Sprengung durch die Franzosen 1796.

Die nach 1664 angelegten *Bastionen* stoßen weit den Hang herunter und schaffen große Plattformen. Ein tunnelartiger Torweg mit dem Mainzer Wappen an der Stirnseite führt am O-Rand des Burgberges vorbei in den *äußeren Burghof*, der einst von Magazinen und Kasernen umstanden war. Um einen rechteckigen *inneren Burghof* schließen sich oberhalb des weiten äußeren Hofes die ältesten, z. T. noch aus mittelalterl. Zeit stammenden Teile der Burg mit 4 3stöckigen Flügeln zusammen. Der südl. Flügel war der urspr. *Palas*; dort hat sich ein großer Saal mit Kreuzrippengewölben erhalten. Den inneren Burghof überragt als massiver quadratischer Klotz der 34 m hohe *Bergfried*.

Kath. Pfarrkirche. Eine 1289 erwähnte alte Pfarrkirche lag nahe der Burg in der Oberstadt. Die einfache Saalkirche von 1744–50 (Turm 1689, Helm 19. Jh.) an der Stelle einer Kapelle in der Unterstadt ist wegen ihrer Ausstattung (bis 1758) zu nennen. Zur schönsten mittelrheinischen Plastik des Rokoko zählt der Skulpturenschmuck des von Erzbischof Friedr. Karl von Ostein gestifteten *Hochaltars* und der *Kanzel*. Wie die Figuren an Chor- und Langhauswänden stammen die Plastiken von Heinrich Jung aus Hochheim. Der Aufbau des Hochaltars (1758) ist dem Mainzer Johann Peter Jäger, das Kanzelgehäuse wohl seinem Schüler Johann Peter Metz zuzuweisen. Eine Madonna der Zeit um 1440 auf dem linken Seitenaltar stammt aus einer Frankfurter Werkstatt und ist mit Steinfiguren in Hirzenhain verwandt.

Altes Rathaus (Sitz des **Stadtmuseums**). Fachwerkobergeschoß 1673 auf got. Verteidigungsanlagen eines äußeren Burgtores mit Schlüsselscharten. – Gegenüber in der Hauptstraße gut erhaltenes **Fachwerkhaus** von 1592.

Amtsgericht. Der einfache 2geschossige Bau mit Mansarddach war das Kurmainzer Kellereigebäude. Das Wappen des Mainzer Erzbischofs datiert das Haus in d. J. 1727.

GB

Falkenstein (C10)

Burgruine, auf einem steilen Felsberg zwischen Kronberg und Königstein. Von der stark befestigten, ehem. mit Königstein in Zusammenhang stehenden, dann münzenbergischen Burg sind nur Mauerreste des Berings mit Burgtor und niedrigen Rundtürmen und der quadratische Bergfried aus dem Anfang des 14. Jh. erhalten.

GB

KONRADSDORF → **Ortenberg** (Wetteraukreis F9)

KORBACH (Waldeck-Frankenberg E3)

Den karoling. Reichshof Curbecki – urspr. ein sächsischer Edelsitz – übergab Kaiser Otto II. 980 dem Kloster Corvey. Die Stadtgründung, angeblich bereits 1073, war jedenfalls 1188 vollzogen. Stadtherr war der Bischof von Paderborn, doch setzten die Grafen von (Schwalenberg und) Waldeck gegen 1254 den unabhängigen Besitz der Stadt durch, den sie zuvor als Schirmvögte innehatten. Die Stadtentwicklung verlief bes. eigentümlich. Nördl. an die oval umgrenzte Altstadt schloß sich in der 1. Hälfte des 13. Jh. die untere und daneben in der Jahrhundertmitte die obere Neustadt. Beide erscheinen seit 1265 zur »Neustadt« vereinigt; die Nikolaikirche erhebt sich auf der gemeinsamen Grenze. Ebenso erstand das Rathaus auf der bisherigen Grenze zwischen Alt- und Neustadt, als beide Gemeinwesen sich 1377 miteinander vereinigten. Die günstige Entwicklung, die Korbach als Handwerks- und Hansestadt im Spätmittelalter nahm, hielt nicht an; die Stadt wurde durch den 30jährigen Krieg, den Stadtbrand von 1664 und den 7jährigen Krieg hart betroffen. Erneuten Aufschwung nimmt Korbach in der Gegenwart als Hauptstadt des Kreises Waldeck nach dem 1929 erfolgten Anschluß an den Reg.-Bez. Kassel (seit 1974 Kreis Waldeck-Frankenberg).

Die Altstadtmauer des 12. und die Neustadtmauer des 13. Jh. wurden nach der Stadtvereinigung von gemeinsamem Hagen und zweiter Mauer umgeben, die am äußeren Enser Tor 1414 bezeichnet ist. Erhalten sind außer umfangreichen **Mauerzügen** v. a. noch das **Enser Tor**, der **Thülenturm**, der **Herrschaftliche Turm** (bez. 1505) und weitere Halbtürme.

Ev. Pfarrkirche der Altstadt (St. Kilian)

1335 begann man mit dem Chor, wenig später mit dem Turm und der Marienkapelle an seiner S-Seite, 1388 mit dem Langhaus, das 1450 vollendet war. – 1957 wurde die Kirche von Fr. Bleibaum restauriert und die urspr. farbige Fassung aufgedeckt und wiederhergestellt.

Die stattliche spätgot. Hallenkirche hat ein 3schiffiges 3jochiges Langhaus, ein kurzes Chorjoch mit 5seitigem Abschluß und einen vorgesetzten W-Turm. Den bedeutendsten Schmuck des Außenbaus bilden die Portale im W und S, bes. das *südl. Figurenportal.* Apostel, Heilige und Engel in den Bogenläufen begleiten das Jüngste Gericht im Tympanon. Am Mittelpfeiler steht die Madonna, flankiert von je 3 Heiligen am Gewände (Maria und Bartholomäus 1936 durch Kopien ersetzt). Die Arbeiten stehen dem »Meister von 1404« nahe (vgl. Volkmarsen). Etwas jünger sind die nur z. T. erhaltenen Figuren an den flankierenden Strebepfeilern. – Die *Marienkapelle*, die südl. an den 3geschossigen W-Turm anschließt, ist als Gefallenen-Gedenkstätte eingerichtet.

Inneres. Aus der Vorhalle stößt ein Podest in das Kirchenschiff vor; hier öffnet sich unter dem Brustwerk der Orgel hindurch der Blick in den weiten, lichten Hallenraum, gegen dessen überwiegende Breitendehnung erst der Chor eine Tiefenrichtung wiederherstellt. Schlanke, doch kräftige Rundpfeiler tragen die Kreuzrippengewölbe, deren Profile auf Grund eines Planwechsels z. T. in dekorativen Schleifen endigen. Weite und hohe Maßwerkfenster mit phantasievollen Bildungen – v. a. der Fischblasenwirbel (»Vierschneuß«) am O-Ende des N-Schiffes – geben dem Raum reiches Licht. Die Schlußsteine zeigen Marienkrönung und Majestas im Chor, Passionsszenen im Langhaus.

Ausmalung und Ausstattung. Die farbige Fassung basiert auf der Tonskala Altrot-Braun-Gelb, erweitert durch Grün und Blau in den Kapitellen und Schlußsteinen. Zu leuchtender Kraft steigert sich die Farbigkeit, um Weiß und Gold bereichert, in der Gruppe einer *Anbetung der Könige* vom Meister der S-Portal-Madonna. Der große gemalte Flügelaltar im Chor, 1527 aus der Korbacher Franziskanerwerkstatt, paßt sich bewußt der Gesamtfarbigkeit des Raumes ein. In seinem Stil werden niederländische und nordwestdeutsche Vorbilder spürbar. – Ein Diakon vor dem Hochaltar steht noch unter dem Einfluß des S-Portalmeisters. – Bernd und Johann Bunekeman aus Münster schufen das schlanke *Sakramentstürmchen* mit seinen reichen spätgot. Formen, 1524–25.

Die Anlehnung an ihr Fritzlarer Sakramentshaus war den Meistern als Verpflichtung auferlegt. – Die reizvolle *Kanzel* ist am Korb von Heiligengestalten umgeben, die dem Weichen Stil noch vorausgehen. Den Schalldeckel, für den prächtige Evangelistensymbole die Konsolen bilden, krönt eine Madonna vom Ende des 15. Jh. – Hölzernes Kruzifix, Anfang 14. Jh. – Orgel 1957.

Ev. Pfarrkirche der Neustadt (St. Nikolai)

Die im 13. Jh. entstandene erste Kapelle erhielt 1359 ihren W-Turm. Der durch Stiftung 1450 nachweisbare Neubau ist an einem Chorstrebepfeiler 1454 bez.; um 1460–67 war auch das Langhaus vollendet. Turmhelm 1702 nach Brand erneuert.

An den quadratischen W-Turm schließt sich die 3schiffige längsgestreckte Halle von 4 Jochen, dann ein 2jochiger Chor mit 5/8-Schluß an. Der Außenbau ist schlicht. – I n n e r e s. Mit Seitenschiffen von halber Breite des mittleren und mit querrechteckigen Gewölbefeldern im Mittelschiff herrscht im Raum die Längsrichtung vor, im Gegensatz zur Kilianskirche. Rundpfeiler mit schmalen Kehlkapitellen tragen die einfachen Kreuzrippengewölbe. Der Schmuck der Schlußsteine weist auf die Passion Christi hin.

A u s s t a t t u n g. Der Korbacher Franziskanermaler schuf, wie in St. Kilian, so 1518 auch hier den *Hochaltar* mit dem Marienleben: auf der Mitteltafel die Anbetung der Könige. – Das Kruzifix darüber ist frühes 16. Jh. – Die got. Steinkanzel entstammt der Bauzeit. Hinter der reichverzierten N-Empore von 1602 ein spätgot. Wandbild mit dem hl. Christophorus. – Die W-Empore trägt eine stattliche 5türmige Orgel von Joh. Friedrich Schäfer, 1742–44. – Für die N-Wand des Chores entwarf der Goldschmied Georg Friedrich Esau aus Mengeringhausen das 2geschossige *Wandgrab des Fürsten Georg Friedrich von Waldeck* († 1692). Heinrich Pape aus Giershagen führte es in Alabaster, Kalkstein und Marmor aus. In einer tiefen Nische ruht im unteren Geschoß der Verstorbene auf dem Sarkophag, im oberen sprengt er über Trophäen einher. Seitlich und teils in Nischen stehen türkische Krieger und allegorische Tugenden. Den oberen Abschluß bildet ein kolossales Wappen.

Gymnasium Fridericianum. In das 1487 gegr., 1566 aufgehobene Franziskanerkloster zog 1579 das Gymnasium ein. Joh. Matthias Kitz errichtete 1770–74 einen schlichten, breitgelagerten Barockbau, der mehrfach erweitert wurde.

Das **Rathaus** besitzt noch den Treppengiebel der S-Seite von 1377. 1929/30 wiederhergestellt; Einbau der Arkaden an der Straßenfront. – An der NW-Ecke wurde die *Rolandsfigur*, um 1470, wiederaufgestellt.

Häuser. 3 got. *Steinhäuser* haben ihre Staffelgiebel bewahrt: **Kirchpl. 2** beherbergt jetzt das **Heimatmuseum, Violinenstr. 3** –

dessen Giebelstufen z. T. Vierpaßdurchbrechungen wie am Rathaus zeigen – die **Jugendherberge**; kleiner ist das **Haus am Enser Tor,** doch bes. typisch als urspr. Lagerhaus. – In den *Fachwerkbauten* mischen sich hessische und niedersächsische Typen. Fachwerk ist in Korbach noch gut, und darunter auch mit einigen ausgezeichneten Beispielen, vertreten. **Haus Schwalenstöcker** (Katthagen 13) entstand 1593, der Oberbau 1659 und 1780 erneuert; gedrehte Säulchen schmücken die Eckpfosten; auf Fußknaggen und Pfostenfüßen, die zu dreieckigen Ornamentfeldern zusammengefaßt sind, finden sich reiche Flachschnitzereien von Masken und Ranken. – 1671 wurde das **Gasthaus zur Krone** (Lengefelder Str. 3) erbaut. Pfosten und Quergebälk tragen reiche Flachschnitzerei in Knorpel- und Rankenwerk. – Stattlich ist mit 12 : 22 Gefachen das allerdings nur 2geschossige **Gasthaus zur Waage,** 1730 als Altstädter Rathaus errichtet. Reiche Mann-Formen beherrschen die Konstruktion. Keller und weitere Mauerreste stammen von einem got. Steinbau. – Bei dem adeligen Wohnhaus von 1712–20, **Stechbahn 9,** ist die Traufseite der Straße zugekehrt. Die dekorative Pracht versammelt sich auf das breite Nischenportal mit Schmuck von Engelfiguren und Fruchtgehängen. Josias Wolrad Brützel könnte es geschaffen haben.

Südl. an der Straße von Frankenberg her steht eine Gruppe von **5 Schachtöfen** aus dem frühen 20. Jh., Bestandteil eines noch in Betrieb befindlichen Kalkwerks.

DG

KÖRLE (Schwalm-Eder H3/4)

Wagenfurth (H3)

Unauffällig, aber in Kurhessen einmalig ist die spätgot. Fachwerk-● **Kapelle,** ein Bau des späten 15. oder frühen 16. Jh., eng zwischen die Fachwerkhäuser des Dorfes geschmiegt. Aus drohendem Verfall wurde sie 1961 gerettet und restauriert. Über dem Kapellenraum, zu dem sich ein Spitzbogenportal öffnet, erhebt sich als 2. Geschoß ein Fruchtspeicher; das Fachwerk verwendet hier wie am Giebel Bogenstreben.

DG

KRANICHSTEIN, Jagdschloß → **Darmstadt** (D11/12)
KRANSBERG (D9) → **Usingen** (Hochtaunuskreis)

KROFDORF-GLEIBERG (Lahn-Dill D7)

Die weite Ebene zwischen Lollar, Gießen und Wetzlar wird von 2 stattlich aufwachsenden Burgbergen beherrscht, die der Land-

schaft weithin ihr Gepräge geben: das Doppelgestirn der Burgen und Burgsiedlungen Gleiberg und Vetzberg (→ Biebertal). Gleibergs Burgsiedlung, das sogenannte »Tal«, legt sich südöstl. vor die Burg; nur ein Stadttor, die »Pforte«, eröffnet den Zugang. 1331 erhielt der Ort Marktrecht; voller Stadtcharakter wurde nicht erreicht. Auf die alte Zufahrt zur Burg wurde im 14. Jh. die Kirche gesetzt.

Burg Gleiberg

Die Konradiner gründeten Gleiberg wohl im frühen 11. Jh.; die ansässigen Grafen aus dem Hause Luxemburg nannten sich nach der Burg. Im 13. Jh. wurde sie merenbergisch; 1328 fiel sie an Nassau. Die Oberburg enthält Teile seit dem 12. Jh., 1646 wurde sie zerstört. Im 16. Jh. entstand die Unterburg.

Der Eingang führt von SW zunächst in die **Unterburg.** *Albertusbau* und *Nassauer Bau* besetzen als 2geschossige Flügel den S-Winkel des Hofes; östl. schließt sich die lange Ringmauer an, die auf den Zwinger stößt, in den die alte Zufahrt aus dem »Tal« führte. Der Ringmauer gegenüber ragt die **Oberburg** unregelmäßig in den Hof. Hinter ihrer geknickten Mantelmauer erhebt sich der runde *Bergfried* des 12. Jh. Er überdeckt z. T. die Reste eines älteren Wohnbaus, den eine um 1330 verstärkte Wehrmauer mit dem westl. gelegenen *Palas* verbindet. Dessen Unterbau entstammt vielleicht noch dem 11. Jh. Um 1230 wurde die Burgkapelle eingebaut, kreuzgewölbt auf Wanddiensten mit Knospenkapitellen. Südl. an den Palas schließt, in den Grundmauern erhalten, ein kräftiger quadratischer Turm als Eckpfeiler des Berings an. Der mit mehreren Ecktürmen besetzte *Zwinger*, einst 1498 bez., sichert W- und N-Seite der Burg.

Kath. Dreifaltigkeitskirche (in Krofdorf). Der Bau wurde 1963–64 nach Entwurf von Breser und Harbach errichtet. Dem Grundriß und verschiedenen Details liegt das Dreieckssymbol der Hl. Dreifaltigkeit zugrunde. Der Raumcharakter wirkt geschlossen und sehr harmonisch. – Altarkreuz von Carl Bourcarde.

Im NW erhebt sich der fast 500 m hohe **Dünsberg** mit einer 3fachen Ringwallanlage der späten La-Tène-Zeit.

DG

KRONBERG im Taunus (Hochtaunuskreis D10)

Burg und Stadt liegen auf einem Sporn des waldreichen Vordertaunus. An die Burg, die vor 1230 von den Reichsministerialen von Eschborn wahrscheinlich im Zuge der staufischen Machtpolitik im Rhein-Main-Gebiet gegründet wurde, schließt sich nach W halbkreisförmig die alte Siedlung mit malerischen Straßenbildern und steilen Treppenläufen. Die Durchgangsstraße nach Königstein erweitert sich zu einem rechteckigen Marktplatz.

1330 verlieh Kaiser Ludwig d. Bayer den Herren v. Kronberg für ihren Ort das Stadtrecht. Die Herren v. Kronberg, die 1630 in den Reichsgrafenstand erhoben wurden, starben 1704 aus.

● **Burg**

Durch einen **Torbau** von 1692 betritt man das Areal der **Unterburg** mit der Burgkapelle aus der Zeit von 1350 und dem stark erneuerten Rundturm. Als Außenburg hatte dieser Bezirk urspr. die Aufgabe, der Bevölkerung bei Gefahr Schutz zu bieten. Von der **Burgkapelle** wurde nach dem Brand von 1943 nur der Chor wiederaufgebaut.

● Er birgt 3 bedeutende Grabdenkmäler: Das Epitaph Hartmuts VI. v. Kronberg († 1372) kommt, wie das Grabdenkmal für Frank VII. († 1382) aus einer Frankfurter Werkstatt. Für Johann IX. († 1506) und seine Gemahlin Clara v. Helmstedt († 1525) wurde zwischen 1510 und 1515 von Moritz Lechler, bekannt unter dem Namen »Meister von Oppenheim«, ein qualitätvolles doppelfiguriges Epitaph gefertigt.

Die **Mittelburg** am W-Abhang des Burgberges hat den Charakter eines Adelssitzes, auf den die zahlreichen Familienmitglieder von der zu eng gewordenen Oberburg im 14. Jh. herunterzogen. 2 einfache rechteckige Baukörper stoßen im rechten Winkel zusammen; zwischen ihnen erhebt sich ein viereckiger Turm. Nach Wappenmerkmalen der 2 Linien des Geschlechtes heißt der nördl. Gebäudeteil das **»Flügelstammhaus«** (die vorgelegte Wendeltreppe im Achteckturm trägt die Jahreszahl 1505), der westl. das **»Kronenstammhaus«**. Die Giebel mit Voluten und Obelisken wurden erst nach 1626 aufgesetzt. Nach dem Erwerb der Burg durch Kaiser Wilhelm II. für seine Mutter, die Kaiserin Friedrich, begann 1891 durch Louis Jacobi eine umfangreiche Restaurierung, der die Mauer mit Wehrgang und eine weitgehende Umgestaltung der Innenräume zu verdanken ist. – Das Innere ist als **Schloßmuseum** zugänglich.

Die als **Oberburg** bezeichnete Kernburg wird von dem viereckigen **Bergfried** überragt, der einen Aufsatz des Jahres 1500 trägt. Die Kernburg hat mit ihren starken Mauern und dem Torbau, über dem einst eine kleine Burgkapelle lag, deren Apsis vom Hof aus noch sichtbar ist, ganz den Charakter einer Wehrburg.

Ev. Johanneskirche

Zuerst 1355 erwähnt und 1440–50 im Auftrag Franks IX. v. Kronberg und seiner Gemahlin Katharina v. Isenburg neu erbaut. In Hirzenhain und in Ortenberg finden sich gleiche Steinmetzzeichen wie hier. Der Frankfurter Steinmetz Stephan von Irlebach war 1443 am Turm tätig.

Den Reiz und den besonderen Charakter der Kirche machen die zahlreichen *Grabdenkmäler* aus. Im Chor begegnet uns ● zuerst das zierliche Epitaph für Walter v. Kronberg, der 1517 als Knabe starb, ein hervorragendes Werk des Mainzer Bildhauers Backoffen. Das benachbarte Grabmal für Anna v. Kronberg († 1549), die als 2jähriges Kind kniend dargestellt ist, stammt wohl von Dietrich Schro aus Mainz. – Im Schiff schmücken mehrere spätgot. Denkmäler die Wände, die exakt durchgearbeitete Kostümstudien zeigen. An der N-Wand gibt es auf dem Grabmal für Philipp IV. v. Kronberg und seine Gemahlin Anna v. Handschuhsheim († 1477 und 1464) zierliche Engel, die Wappen und Veronikatuch halten. Links daneben steht der Junker Walter v. Reiffenberg († 1470) mit seiner Schwester Katrin († 1473). Weniger bedeutsam ist das Epitaph für Johann VII. v. Kronberg († 1488) und seine Gemahlin Katharina v. Reiffenberg († 1479). An der N- und S-Wand 2 weitere Doppelgrabsteine (am südl. Denkmal Datum 1506) und 2 Epitaphien von 1619 und 1624.

Im Chor hängt an der S-Wand in einem klappbaren Schrein eine reizvolle kleine Terrakottagruppe mit der Szene des *Marientodes*. Die stilistische Abkunft der Figuren von der mittelrheinischen Tonplastik des Weichen Stils ist offenbar. – Vor dem Chor 8eckiger Taufstein mit aufgelegtem Fischblasenmaßwerk, 15. Jh., seit 1897 in der Kirche.

Ehem. Streitkirche. Das große langgestreckte Gebäude mit polygonalem Schluß, vor 1738 begonnen und wegen Streitigkeiten 1794 unvollendet gelassen, wurde nie als Kirche benutzt (seit dem 19. Jh. Apotheke).

Die **ehem. Rezeptur** (jetzt Forstamt; Friedrich-Ebert-Str. 6) ist ein Bau aus der Mitte des 18. Jh.

Von der **ehem. Stadtbefestigung** des 14. Jh. ist außer kleinen Mauerresten nur noch das **Eichentor** unterhalb der Friedrich-Ebert-Straße als nach der Stadtseite holzverkleideter Schalenturm erhalten.

Schloß Friedrichshof (Hotel), 1889–94 von Ernst Eberhard v. Ihne für die Kaiserinwitwe Auguste Viktoria erbaut.

GB

KRUKENBURG → **Karlshafen** (Kassel G1)
KÜCHEN (I3) → **Hessisch Lichtenau** (Werra-Meißner)
KUGELSBURG → **Volkmarsen** (Waldeck-Frankenberg F2)

KÜNZELL (Fulda H7)

Pilgerzell (HI8)

Florenberg. Südöstl. von Fulda erhebt sich der Florenberg mit der alten **Wallfahrtskirche St. Flora und Kilian,** deren Vorgängerin schon um 900 von Abt Huoggi erbaut worden war. An den schweren roman. W-Turm schließt sich jetzt ein spätgot. Kirchenbau von 1501–15, geweiht 1516. Das Kirchenschiff hat eine 1740 von Georg Konrad Albin stuckierte Flachdecke, der Chor ein Netzgewölbe. – Zur Ausstattung gehören ein barocker Hochaltar mit 2 Nebenaltären – diese aus Bischofsheim/Rhön –, Kanzel und Vesperbild ebenfalls aus der Barockzeit. Die spätgot. Sakramentsnische mit Kreuzigungsgruppe und 2 Heiligenfiguren lehnt sich noch an den Frankenberg-Marburger Typ an. Der schöne 8eckige Taufstein mit verschlungenem Schriftband am Fuß ist 1500 bezeichnet.

In Pilgerzell am Fuße des Florenberges ist 1962–65 von Hans Schädel eine **kath. Pfarrkirche** erbaut worden. Auf quadratischem Grundriß wächst über niedrigen Wänden ein hohes Zeltdach auf, dessen Spitze näher zur Altarwand gerückt ist. Durch Versetzen der Dachflächen entstehen schmal-dreieckige Fensterbahnen.

Dirlos (I7)

Im W der Gemarkung von Dirlos steht die spätgot. fuldische Warte »**Dicker Turm**«.

DG

LAHN (Lahn-Dill) → **Gießen** (D7), **Krofdorf-Gleiberg** (D7), **Wetzlar** (D7), **Wißmar** (D7)

LAHNTAL (Marburg-Biedenkopf D5)

Caldern (D6)

Ehem. Zisterzienserinnenkloster. Um 1250 wird das Kloster in einer Schenkungsurkunde der Landgräfin Sophie von Brabant erstmals genannt. Die **Klosterkirche** (jetzt Pfarrkirche) entstand um die Mitte des 13. Jh. als 2schiffiger, unsymmetrischer Bau zu 2 Jochen, mit Chorquadrat, Apsis und W-Turm. In der S-Wand befinden sich 2 kämpferlose Rundbogenportale. Das Langhaus wird von spitzen Gurtbögen untergliedert und ist mit Kreuzgratgewölben überdeckt; über dem Seitenschiff befindet sich eine Tonne mit Stichkappen. Eine Besonderheit ist der Chorfußboden in Fischgrätenmuster. Aus dem beginnenden 14. Jh. stammt der halblebensgroße Kruzifixus aus Eichenholz auf dem Altar. Die Orgel mit verzierten Pfeifen (Masken) und Schnitzereien entstand 1703. – Von den **Klostergebäuden** ist nur das **Refektorium** als Scheune eines angrenzenden Bauernhofes erhalten.

UG

LAHR (B8) → **Waldbrunn (Westerwald)** (Limburg-Weilburg)
LAISA (D5) → **Battenberg (Eder)** (Waldeck-Frankenberg)

LAMPERTHEIM (Bergstraße C13)

Der 832 erstmals genannte Ort gehörte zu Worms. 1386–1705 war er zur Hälfte an Kurpfalz verpfändet, danach wieder gänzlich wormsisch. 1803 fiel er an Hessen-Darmstadt.

Die **kath. Pfarrkirche St. Andreas**, ein 1770–71 von J. G. Schrantz unter Verwendung mittelalterl. Teile errichteter Saalbau, war 1708–1868 Simultankirche für Katholiken und Reformierte. Sie besitzt noch Ausstattung des 18. Jh.

Ev. Pfarrkirche, neugotisch, 1863–68. Freie Wiederherstellung durch Karl Gruber nach Kriegszerstörungen.

Ansehnliche Barockbauten sind das **Rathaus**, 1738–39, und das **ehem. kurfürstl. Jagdhaus und Rentamt** (Römerstr. 61), 1754–56. An der gleichen Straße mehrere gute **Fachwerkhäuser** des 18. Jh.

Das Schloß Friedrichsburg, **Neuschloß** genannt (ca. 4 km östl. der Stadt), geht auf eine Gründung Friedrichs I. von der Pfalz zurück (1468); Friedrich II. erweiterte es 1544–56. Geblieben sind nur geringe Teile.

Hofheim (C13)

Kath. Pfarrkirche St. Michael

Bauherr der außergewöhnlichen Dorfkirche war Franz Georg v. Schönborn, Bischof von Worms und Erzbischof von Trier, zu dessen Bistum Worms der Ort seit 1705 gehörte. Nachweislich wirkte Balthasar Neumann, der einen Gewölbebau vorgeschlagen (entworfen?) hatte, beratend mit. Erst nach Neumanns Tod war das 1750 begonnene Gotteshaus 1754 vollendet. Einflüsse von Joh. Seitz sind bemerkbar.

Die klare Gliederung der *W-Fassade* mit dem Frontturm erinnert an die Schauseiten der Kirchen von Neumann in Heusenstamm und (Kitzingen-)Etwashausen. Aus der abgestuften und leicht gebogenen W-Wand mit dem wappenbekrönten Eingangsportal wächst der von Voluten, Obelisken und Vasen begleitete und mit einer Zwiebelhaube bedeckte Turm empor. – Das Innere birgt 3 Säulenaltäre (mit Steinfiguren) aus der Erbauungszeit; im Hochaltar Gemälde mit dem hl. Michael.

GB

LANDSTEIN, Kirche → **Weilrod** (Hochtaunuskreis C9)

LANGEN (Offenbach D11)

Ehem. Großherzogl. Jagdschloß Wolfsgarten (im Besitz des Prinzen von Hessen), 1721–24 errichtet. Um einen längsrechteckigen Hof ist eine Reihe schlichter Wohnbauten gruppiert. Eine Schmalseite nimmt das 1geschossige Herrenhaus ein, dem eine lange Terrasse mit doppelter Freitreppe vorgelagert ist. Das gegenüberliegende Gebäude mit Uhrturm, an den Längsseiten ehem. Dienerhäuser. Der Plan geht wohl auf Louis Remy de La Fosse zurück, den Architekten des Darmstädter Schlosses. Die Auflösung der Trakte in einzelne selbständige Häuser ist seit der Anlage von Schloß Marly bei Versailles öfters anzutreffen (vgl. die zerstörte Favorite bei Mainz). Die Schließung der 4. Seite des Hofes entspricht deutscher Tradition. – Im Herrenhaus hervorragende Ausstattung (Ledertapeten, Möbel, Kunsthandwerk des Jugendstils, Gemäldesammlung), zum größten Teil aber nicht für Wolfsgarten geschaffen. – Im **Park Prinzessinnenhäuschen** von Josef Maria Olbrich (1902) mit zeitgenössischer Innenausstattung.

EH

LANGENHAIN (D8/9) → **Ober-Mörlen** (Wetteraukreis)

LANGENSELBOLD (Main-Kinzig F10)

Der Besitz der Grafen von Selbold an der alten Handelsstraße von Frankfurt nach Leipzig ging im 13. Jh. an die Herren von Büdingen und später an die Isenburger über.

Schloß. An der Stelle eines ehem. Prämonstratenserstiftes, das 1525 zerstört wurde, erbaute der Hanauer Architekt Christian Ludwig Hermann ab 1722 eine Schloßanlage für die Grafen, später Fürsten von Isenburg-Birstein (jetzt Gemeindebesitz). 6 Gebäude sind um einen kleinen Park gruppiert. An der Straßenseite im N ist v. a. das östl. Wohnschloß von 1749 zu beachten. Der Saal im Erdgeschoß zeigt an den Wänden aus geschliffenem Stuckmarmor hervorragenden Wandstuck von Joh. August Nahl oder aus seinem Umkreis (Decke neu). Im Saal darüber hat Christian Georg Schütz d. Ä. die Landschafts-Supraporten gemalt; über den Kaminen Porträts (u. a. Landgraf Wilhelm VIII. von J. H. Tischbein).

Die **ev. Pfarrkirche,** 1727–35 ebenfalls von Hermann erbaut, ist eines der seltenen Beispiele für gotisierende Tendenzen im reifen Barock, zugleich aber eine wichtige prot. Predigtkirche. Der Grundriß ist queroval mit 4 kurzen Kreuzarmen, deren südl. den Turm trägt. Ein hohes Zeltdach deckt den Bau. Die leicht spitzbogigen Fenster sind durch Pfosten in je 2 Spitzbogen geteilt. Das Innere ist quergerichtet mit z. T. 2geschossigen Emporen; die Kanzelwand und das halbkreisförmige Gestühl 1959–60 neu gestaltet. Orgel spätestklassizistisch, 1883 von Ratzmann/Gelnhausen.

DG

LANGENSTEIN (E6) → **Kirchhain** (Marburg-Biedenkopf)

LANGGÖNS (Lahn-Dill D8)

Cleeberg (D8)

Die **Burg** gelangte im 12. Jh. an eine Seitenlinie der niederösterreichischen Grafen v. Peilstein, nach deren Aussterben 1218 an die Isenburger. Der Bergfried und ein Wohnbau beherrschen den Bergsporn. Der spätroman. Bergfried ist auf halbseitig gerundetem Grundriß errichtet; die gerade Seite ist dem Dorf zugewandt, die gerundete dem anderen Teil der Burg, der früher durch eine Mauer von dem Bergfried abgeteilt war. Dieses 3geschossige Wohnhaus aus spätgot. Zeit besetzt die W-Spitze der Anhebung; die W-Seite des Baues ist der Rundung des Berges angepaßt. Der Bau wurde im 16. Jh. erneuert.

UG

Niederkleen (D8)

Die **ev. Pfarrkirche** wurde 1728 unter Verwendung got. Teile neu gebaut. Ihr Inneres ist mit Stukkaturen verziert; die Ausstattung und die Empore mit Brüstungsmalereien gehören der Bauzeit an.

Die **Bauernhäuser** haben die für das Hüttenberger Land übliche Form mit giebelständigen Wohnhäusern und (teilweise überbauten) großen Hoftoren. Darüber hinaus zeichnen sie sich durch reiche Verzierungen aus. **Kreuzstr. 20** (1620) mit risalitartigem Vorbau zeigt geschnitzte Fenstererker und Brüstungsfelder. **Burgstr. 26** entstand 1608, der Anbau mit Hoftor 1820; **Burgstr. 24** wurde 1618 erbaut.

UG

Oberkleen (D8)

Ev. Pfarrkirche. An den mächtigen spätgot. W-Turm, urspr. ein Chorturm, wurde 1767–68 ein barockes Kirchenschiff angefügt, dessen Ausstattung aus der Bauzeit stammt. Nur wenig jünger ist die Orgel (Ende 18. Jh.).

Das **Rathaus** errichtete 1582 Meister Christ aus Ysenach (Eisenach). Es ist 2geschossig und besitzt auffällige, wandhohe Andreaskreuze zur Verstrebung im Erdgeschoß und gekreuzte Streben im Obergeschoß. – In der Marienbergstraße steht das »**Herzenhaus**«, ein Bauernhaus, dessen Brüstungsfelder dekorative Herzformen zeigen, 1691 erbaut. **Hauptstr. 45** mit ausladenden gebogenen Streben entstand 1702, wie die Inschrift am Fenstererker besagt.
UG

LANGSDORF (E8) → **Lich** (Lahn-Dill)
LARDENBACH (F7) → **Grünberg** (Lahn-Dill)

LAUBACH (Lahn-Dill EF7)

Der Ort liegt am W-Hang des Vogelsberges im Tale der Wetter. Schon vor 800 gelangte er an Kloster Hersfeld, dessen Rechte 1341 und 1404 an die Falkensteiner übergingen. Als Erben machten die Solmser Laubach zur Stadt (gegen 1420) und erhoben sie 1548 zur Residenz einer Grafenlinie, die zwar 1806 mediatisiert wurde, das Schloß aber noch innehat. Die kulturellen Leistungen des Grafenhauses, deren Tradition bis heute fortdauert, setzten mit Graf Friedrich Magnus ein († 1561), der nach Einführung der Reformation (1544) eine Lateinschule und eine Bibliothek gründete (beide 1555). – Der Ort teilt seit 1806 die Geschicke von Hessen-Darmstadt.

Schloß

Zahlreiche Haupt- und Nebengebäude bilden die sehr umfangreiche und höchst malerische Anlage des Schlosses der Grafen zu Solms-Laubach. Die Bautätigkeit läßt sich bis ins beginnende Spätmittelalter zurückverfolgen, doch hat jedes folgende Jahrhundert seinen wesentlichen Anteil an Neubauten und Veränderungen. Den engeren Schloßbezirk umgeben der Schloßpark im N und O, die Stadt im W und mit einer den Schloßbezirk begrenzenden Straße auch im S. Als Kern ist ein 3flügeliges Wohnschloß zu betrachten, dessen Hof nach N offen ist. Der eigentliche große Schloßhof ist jedoch nach S vorgelagert und auch auf seiner O-Seite mit einem mehrteiligen Wohntrakt besetzt. Nach

S schließen sich 2 Wirtschaftshöfe an. Die Ringmauer ist, von N ausgehend, noch gut erhalten und führt westl. um den Schloßbezirk herum bis zur südl. Zufahrt.

Kernburg. Den Eindruck eines regelmäßigen Dreiflügelschlosses der Neuzeit haben erst zahlreiche Umbauten und Erweiterungen hervorgerufen. Urspr. stand der östl. Seitenflügel – der »Bau auf der alten Kemnaten« – frei (um 1400 errichtet). Auch der W-Flügel ist im Kern mittelalterlich. Im S stand, frei vor der SW-Ecke des Kemenaten-Baues, der Bergfried, wohl noch aus dem 13. Jh. Erst um 1700 wurde unter Einbeziehung des Bergfrieds, der zugleich seine Barockhaube erhielt, der südl. Verbindungstrakt zwischen beiden Flügeln ausgebaut. Vor die N-Seite des Verbindungsflügels setzte das 19. Jh. einen 2stöckigen Arkadengang. – Im inneren Schloßhof wurde dem Grafen Frdr. Ludw. Christian zu Solms, 1815–22 erster Oberpräsident der Rheinprovinz, ein Standbild errichtet.

Von dem einstigen Turmreichtum der Kernburg zeugen außer dem Bergfried noch die Rundtürme an den äußeren N-Ecken der seitlichen Flügel. Von den beiden Türmen, welche die Mitte beider Längsfronten des Kemenaten-Baues einnahmen, steht noch der östliche. Der **Kemenaten-Bau** enthält 3 Hauptgeschosse über einem großen Keller sowie 2 Giebelgeschosse. Die Fenster mit geschweifter und gebrochener Sturzform entstammen teils der Bauzeit um 1555, teils dem 19. Jh. Das Erdgeschoß enthält eine Folge von 3 in neuerer Zeit wiederhergestellten Räumen, die den got. Charakter in Ursprünglichkeit wiedergeben: Die *Küche* mit einem riesigen Kamin ist etwa quadratisch, von 4 Gratgewölben auf einem Rundpfeiler überfangen. 2 Quertonnen ungleicher Breite überdecken die anschließende *Gesindestube.* Nach S führt eine Tür mit Wappentympanon in die *Herrenstube*, den schönsten Raum der Folge. Gratgewölbe stützen sich auf einen schlanken Mittelpfeiler mit Fratzenkonsolen. Der Fußboden aus fein gemusterten roten Tonfliesen steigert die Gesamtwirkung des Raumes. Die Ausmalung von 1557 führte Michel Sommerstein aus Zerbst aus: Ein großes Wildschwein nimmt einen Teil der N-Wand ein; über der westl. Tür Reste einer Gerichtsdarstellung. Die Räume nehmen jetzt eine **Sammlung** von Objekten der Laubacher Kunst- und Kulturgeschichte auf.

Auf der O-Seite des Großen Schloßhofes fügen

sich der schwer proportionierte **Nassauer Bau** mit kräftigem Mansarddach, der 2stöckige **Marstall** mit einem schmalen, übergiebelten Turmrisalit in der Frontmitte und der »**Neue Bau**« zu einer Dreiergruppe zusammen. Gegenüber im W wird der Schloßhof von der Ringmauer in schrägem Verlauf abgeschlossen; ihr ist die schmale, eingeschossige **Wache** (18. Jh.) vorgelegt. In der Hofmitte steht ein großer *Röhrenbrunnen* des 18. Jh. – Die Ordnung mit der Blickrichtung auf den Bergfried wäre durch die geplante barocke Stadtanlage gesteigert worden, die sich nach S ausbreiten sollte und deren Achse noch heute von der südl. Zufahrt aus alle 3 Höfe durchquert. Ausgeführt wurden nur die beiden Beamtenhäuser, die beiderseits der Achse den Großen Schloßhof vom Hauptwirtschaftshof trennen.

I n n e r e s. Im Hauptgeschoß des **Nassauer Baues** befindet sich als Glanzstück der barocken Einrichtung des Schlosses der *Große Saal*, den Graf Christian August nach 1739 einrichten ließ. Die Spiegeldecke schmückt Stuckornament der Régence. Die Wandvertäfelung, durch große Pilaster in 5 : 3 Achsen geteilt, schuf der Hofschreiner Johann Martin Reineck aus Magdeburg, ebenso die Musikempore über dem Gang auf der Hofseite. Das Treppenhaus empfing durch Hofschlosser Brohler ein Rokoko-Gitter von ungewöhnlichem Reichtum. – Den südl. anschließenden **Marstall** errichtete Wolff Werner aus Lich 1556/57. Das Obergeschoß gestaltete v. Ritgen um und richtete im südl. Teil einen großen *Bibliothekssaal* ein. 4 Paare von hölzernen Achteckstützen teilen ihn in 3 Schiffe. Die außerordentlich umfangreichen Bestände (über 50 000 Bände) wurden in den Neuen Bau verlegt.

A u s s t a t t u n g. Der Reichtum an Möbeln und Bildern gibt dem Schloß um so mehr Profil, als sich ihre Mehrzahl nicht in musealer Aufstellung findet, sondern den bewohnten Räumen eingeordnet ist und sie gestaltet. Die Barockmöbel stammen zum großen Teil vom Hofschreiner J. M. Reineck, doch waren ständig auch andere Künstler tätig. Unter den Gemälden wiegen Bildnisse vor; mehr als 50 stammen von Mitgliedern der Familie Tischbein. Einige wertvolle Porträts des 16. Jh., besonders von Hans Döring und Hans Abel, sind in der Herrenstube ausgestellt.

Nebengebäude und Nebenhöfe. Die **Beamtenhäuser**, die den G r o ß e n S c h l o ß h o f nach S begrenzen, sind einfache Barockhäuser mit Mansarddächern. Sie bilden mit dem Neuen Bau zusammen den N-Rand des H a u p t w i r t s c h a f t s h o f e s, den südl. und östl. untergeordnete Gebäude umschließen. Im W liegt unter schwerem Mansarddach die langgestreckte **Herrenscheuer**, die 1751–53 an die Stelle der Ringmauer trat. Gegen S schließt der Äußere Wirtschaftshof an. Seine O-Seite nimmt das **Armenhaus** ein, bald nach 1700 auf Anregung von Ph. J. Spener errichtet. Der Bau, mit Fachwerk- über Steingeschoß, umschließt mit 2 kurzen Flügeln einen nach N offenen Hof.

Die westl. Zufahrt aus der Stadt wird nördl. von der **Friedrichsburg** begrenzt, 1735–39. Ein Verbindungsstück vermittelt zum »Kirchengang«, der den W-Flügel der Kernburg über den Zwinger hinweg und durch die Mauer hindurch mit dem Herrschaftsstand in der Kirche verbindet (ein Fachwerkgang mit offenem Untergeschoß).

Im Schloßgarten steht die **Untermühle**, 1588/89. Caspar Schellenberger aus Fulda schuf für den W-Giebel des Steinbaues das Doppelwappen mit Karyatidenbildnissen des Grafen Joh. Georg I. und seiner Gemahlin.

Ev. Stadtkirche ●

Aus dem 13. Jh. stammt der O-Bau; 1700 wurde das Querschiff erhöht, 1869 der Treppenturm angebaut. Das Langhaus entstand 1700–02 ganz neu. Pläne für einen 8seitigen Zentralbau entwarf I. L. v. Plönies; zur Ausführung kam ein Längsbau.

Ostbau. Kreuzflügel und 3seitig geschlossener Chor bilden mit der übertürmten Vierung eine zentrale Gruppe. Sie gipfelt im rheinischen Rhombenhelm des niedrigen Turmes. Den Chor schmücken Ecklisenen und Spitzbogenfries. So erscheinen überall got. Formen in roman. Charakter zurückverwandelt. Die Innenräume überwölben schwer profilierte Rundwulst- bzw. Birnstabrippen. Frühgot. Maßwerk füllt die Fenster. – *Langhaus.* Äußerlich trägt es den Charakter eines Saalbaues, eröffnet durch ein W-Polygon mit 5 Seiten des Sechzehnecks. Breite Pilaster rahmen die geputzten Wandflächen ein, in die Stichbogenfenster 2geschossig einschneiden. Ein behäbiges Mansarddach faßt den Bau zusammen. Der Innenraum entwickelt über 1geschossigen Emporen seine Dreischiffigkeit; das Mittelschiff deckt eine Längstonne.

Chor und N-Querhaus hat die Spätgotik mit *Wandmalereien* geschmückt. Im Chor: hl. Georg, Schutzmantelmadonna und Heilige; im N-Querhaus Passionsszenen, Vesperbild und hl. Anna selbdritt; am Gewölbe und in den Fensterlaibungen der N-Seite Groteskenmalereien um 1563.

Ausstattung. Der reichbeschnitzte Herrschaftsstand von 1735 (?), urspr. im Chor, nimmt den südl. Kreuzflügel ein.

Über geschwungenem Grundriß und in vielteiligem Aufbau entwickelt sich auf der W-Empore die Orgel, 1747–51 von Joh. Caspar Beck aus Herrenbreitungen und Joh. Michael Wagner aus Schmiedefeld, ein wichtiges Zeugnis des thüringischen Einflusses auf die hessische Kunst. Prospektschreiner war J. M. Reineck; Joh. Caspar Wöll aus Büdingen fertigte die Bildhauerarbeiten. – Solmsische *Grabmäler*: Im N-Querhaus Alabastergrabmal des Grafen Magnus, 1562/63 von Jordanus Brekevelt; der Verstorbene kniet vor dem Kruzifix. – Vor dem O-Fenster im Chor das große, unfigürliche Grabmal des Grafen Joh. Georg I., mit Alabastersarkophag, von Balth. Büttner, 1600/01. – An der O-Wand des südl. Schiffes gemaltes Epitaph für Graf Albert Otto I., das Bild 1616 von Clemens Beutler. – Am südwestl. Vierungspfeiler Grabmal des Grafen Johann Friedrich († 1696) und seiner Gemahlin († 1702); Joh. Friedrich Sommer aus Marburg arbeitete es 1714 in rotem Sandstein nach Entwurf von J. P. Meyer in Hungen.

Das Stadtbild litt im 3. Viertel des 20. Jh. unter Eingriffen in den Bestand seiner Fachwerkhäuser. Erhalten blieben **Hintergasse 1** (Strumpfweberhaus, um 1450), eines der ältesten Häuser der Gegend; ferner u. a. **Obere Langgasse 4** (ehem. Amtshaus, 1670, mit spätgot. Untergeschoß), **13** (1593), **Grünemannsgasse 13** (Hochzeitshaus, 1672–74), **Auf der Placke 7** (17. Jh.) und **Lippe 4** (um 1720/30). – **Markt 8** mit hübscher Barocktür.

Westl. der Kirche steht der **Grünemannsbrunnen**, 1588/89 von Casp. Schellenberger; auf dem Markt der **Engelsbrunnen** von 1780.

Von der im 15./16. Jh. angelegten Stadtbefestigung blieb im W der **Kriegerturm** mit Fachwerkteilen erhalten (Auf der Placke 11); der Bürgerturm stürzte 1963 ein.

DG

Freienseen (F7)

Ev. Kirche. Sie ist ein gutes Beispiel für den Landkirchenbau Oberhessens im 18. Jh. Der Neubau von 1770–73 lehnt sich an einen Chorturm des 13. Jh. Großzügig wirkt das hohe Mansarddach über dem leicht gestreckten Schiff von 3 : 3 Achsen. – Auf der Chorempore hinter dem Altar eine feine Rokoko-Orgel, am Triumphbogen zart geschwungene Kanzel mit bewegtem Schalldeckel. Die 3seitigen Emporen tragen spätbarocke Malereien mit biblischen Themen in kräftigen Farben. Die Malerwerkstatt des sog. »Freienseer Meisters«, die auch in Bobenhausen II, Albach, Burkhardsfelden und Odenhausen/Lahn arbeitete, zeichnet sich durch Verwendung höfisch-barocker Trachten und in allen Kirchen gleichartiger Bildkompositionen aus.

Unter den zahlreichen guten **Fachwerkbauten** ist **Lövergasse 8** (um 1600) der älteste Bau. Dem 17. Jh. gehören

Tunnelstr. 10 (1663) und **Wintergasse 9** an. In **Wintergasse 15** (1768) finden sich noch Haustür und Treppe aus dem Barock. Von hervorragender Qualität ist **Löbergasse 1** ● (um 1800), mit den eng stehenden Pfosten und steilen Streben ein malerischer Bau des beginnenden Fachwerk-Klassizismus; außer der reich geschnitzten Haustür ist hier das alte Treppenhaus samt Flurvertäfelung und den Zimmertüren erhalten geblieben.

DG/UG

Gonterskirchen (F8)

Ev. Pfarrkirche. An der um 1260/70 im Übergangsstil errichteten Kirche treten roman. Formen neben gotischen auf. In den Chorturm führt ein spitzbogiges Portal mit abgetrepptem Zinnenfries als Umrahmung, was als Anlehnung an die plastische Bauornamentik etwa des Limburger Domes zu verstehen ist. Das 1930 erneuerte Langhaus wird von einer Tonne überwölbt, der Holzrippen unterlegt sind, Beispiel eines barocken Rückgriffs auf die Gotik (17. Jh.). Empore und Kanzel gehören dem 17. Jh. an, die aus Rheinhessen erworbene Orgel entstand um 1770. Als bedeutendes Kunstwerk wird in der Kirche ein kleines *Messing-Kruzifix* aus roman. Zeit aufbewahrt (ein ähnliches Kruzifix findet sich auch in der Kirche von [Lich-]Ober-Bessingen).

UG

Ruppertsburg (E8)

Die **ev. Pfarrkirche** entstand 1750–57 als quergelagerter Saalbau mit ausgesondertem Turm und Sakristei. Das Bruchsteinmauerwerk war urspr. verputzt. Altar und Kanzel bilden eine Einheit und sind in die 2geschossige Sakristeiwand einbezogen. Sakristeiwand, Emporen und Gestühl sind marmorierend bemalt. Die Orgel wurde um 1805/10 von dem bedeutenden Gießener Orgelbaumeister Joh. Georg Bürgy geschaffen.

Im **Kirchhof** ist das gußeiserne *Grabdenkmal des Joh. W. Buderus* († 1806) der Beachtung wert; es kommt aus den Buderus'schen Eisengießereien, von deren Stammwerk, der 1707 gegründeten **Friedrichshütte**, sich 2 Herrenhäuser mit alten Ausstattungsteilen erhalten haben.

UG

LAUTERBACH (Vogelsbergkreis G7)

Der 812 bereits mit einer der ältesten hessischen Kirchen genannte Ort am Lauterbach im Vogelsberg gehörte der Abtei Fulda, erhielt 1265 Stadtrecht, war seit 1456 faktisch, seit 1684 als Erblehen auch juristisch Besitz der Freiherren Riedesel und kam 1806 an Hessen. – 1527 wurde die Reformation durchgeführt.

Ev. Stadtkirche

Als die Riedesel im 18. Jh. fränkische Baumeister in den Vogelsberg beriefen, legten sie den Grund zu einer glücklichen Verbindung hessischer (vgl. Nidda) und thüringisch-fränkischer Tradition im prot. Kirchenbau. Die Stadtkirche in Lauterbach – und in der Rhön später die Gersfelder Stadtkirche – sind dieses reifbarocken Stiles beste Zeugnisse. In Lauterbach baute 1764–67 Georg Koch aus Rodach bei Coburg mit seinem Sohn Georg Veit.

Die Raumverhältnisse sind einfach, doch sucht die Architektur mit dem vorzüglichen Quaderwerk und dem gewählten Formenschatz in Hessen ihresgleichen. Die nach W gerichtete Anlage zeigt einen 7achsigen Saal, leicht eingezogenes 5seitiges Altarpolygon und einen ins Schiff stark einspringenden Frontturm. – Die Außenarchitektur schmükken hohe Pilaster mit triglyphenartigen Attika-Aufsätzen, dazwischen schlanke Fenster, darunter zahlreiche Portale. Ein mächtiges Mansarddach faßt den Bau zusammen. Turmaufsatz und Haube fügte der Klassizismus 1820/21 hinzu. Innen umgeben doppelte Emporen, die vor dem Altarraum in Logen endigen, von toskanischen bzw. ionischen Säulen getragen, das weite Schiff mit der kräftig stuckierten Decke, einem Spiegelgewölbe, das der flache Triumphbogen teilt.

Der Raum lebt von seiner A u s s t a t t u n g. Eine prachtvolle Kanzelwand aus poliertem farbigem Stuckmarmor hinterfängt den Altar. Auf der O-Empore die mit reicher Rokoko-Ornamentik geschmückte Orgel, lt. Vertrag 1768 von Wegmann, im Gehäusetyp jedoch mit den Schöpfungen von J. M. Östreich identisch. (Der Hochaltar aus der früheren Pfarrkirche befindet sich z. Z. im Hohhaus-Museum. Der Mittelschrein entstammt wohl einer thüringischen Werkstatt um 1490; seine gemalten Flügel stehen unter dem Einfluß Rogers van der Weyden und Schüchlins und stammen wohl vom selben Meister wie in Bergheim.) – Unter den zahlreichen Grabdenkmälern der Freiherren Riedesel schuf Andreas Herber das Grabmal des Hermann († 1569) mit der Standfigur des Ritters vor dem Kruzifix.

Die fuldische **Burg** aus den Jahren um 1265 ist nur in Mauerteilen erhalten. Im wesentlichen stammen die heutigen Gebäude aus freiherrlicher Zeit. Die N-Seite des großen, viereckig ummauerten Hofes nimmt ein 3geschossiger **Wohnbau** ein (Portal 1685). Im S gewährt ein Tor von 1680 den Zugang zur Anlage. Der gleichen Zeit gehört das **Amtshaus** an; der *Brunnen* im Hof noch dem 16. Jh.

Ehem. Schloß Hohhaus (Eisenbacher Tor 1–3; heute **Hohhaus-Museum** mit heimatkundlicher Sammlung). Georg Veit Koch erbaute es 1769–73 für General Frhr. Friedrich Georg Riedesel. An den 2geschossigen Hauptbau mit hohem Mansarddach, den ein übergiebelter Mittelrisalit von 3 Achsen und 3 Geschossen durchstößt, schließen sich etwas niedrigere Seitenflügel an und bilden den Ehrenhof. Mit phantasievollem Schwung und spielerischer Leichtigkeit sind im Inneren die Rokoko-*Stukkaturen* über die Wände gebreitet. Andreas (?) Wiedemann aus Fulda schuf hier – v. a. im großen Saal des Obergeschosses – ein Meisterwerk. Aus der Diele des Mittelbaues steigt die *Treppe* auf; das Geländer mit seinen durchbrochenen Docken arbeitete Schreinermeister Eschbach aus Königshofen. – Die **Stadtmühle,** ein Steinbau von 1628, ist in das Museum einbezogen.

Unter den **Wohnhäusern** befindet sich eine stattliche Anzahl von Fachwerkbauten namentlich der Renaissance- und Barockzeit; spätgotisch ist nur noch das Haus **An der Kirche 11** (um 1500). Das Haus **Markt 21** ist ein aufwendiger Steinbau von 1765. – Der Markt verlor seinen einheitlichen Charakter 1960.

DG

Frischborn (G7)

Schloß Eisenbach

Anstelle einer frühmittelalterl. Burg, um 1260 zerstört, errichteten die v. Eisenbach 1287 einen Neubau. 1343 wurden sie vom hessischen Landgrafen mit dem Erbmarschallamt belehnt. 1428 gingen Besitz und Amt an die Riedesel über, die eben damals durch weitere Erbfälle zu einem der bedeutendsten hessischen Adelsgeschlechter wurden. Sie wählten Eisenbach zu ihrem Stammsitz, teilten sich zwar im 16. Jh. mehrfach in verschiedene Linien, indes blieb Eisenbach gemeinsamer Besitz. Die hessische Teilung von 1567 zerstörte den Familienzusammenhang nicht.

Stattlich nach Lage und Ausdehnung erhebt sich die Burg auf einem Bergrücken über der Lauter, von einem stimmungsvollen Naturpark umgeben. Kernburg, Vorburg und Zwinger sind die Hauptabschnitte der Anlage.

Die **Kernburg,** um Anbauten vielfach vermehrt, gruppiert sich um einen unregelmäßig längsrechteckigen Hof. Wohnbauten des 16. Jh. flankieren ihn auf beiden Langseiten. An der äußeren NW-Front reihen sich nebeneinander ein niedriger Eckbau von 1595, die Giebelseite der Neuen Kemenate, der Torweg des 16. Jh., der 5eckige Bergfried (wohl um 1287, umgebaut zwischen 1429 und 1463) und ein Eckbau von 1586. Der 5eckige Turm enthält im Untergeschoß ein reiches spätgot. Sterngewölbe. Hier lag wohl die Kapelle, doch ist ungewiß, ob der jetzt vermauerte Torbogen älter oder jünger war als diese. – Die nordöstl.

Schloßfront wird in voller Ausdehnung von der Neuen Kemenate eingenommen, die um 1515 als **Wohngebäude der Linie Hermannsburg** (später Ludwigseck) gegen die Außenmauer der Kernburg gesetzt und 1581 umgebaut wurde. Aus ihrer hohen 3geschossigen Front kragt an einem Mauerknick etwa in der Mitte ein rippengewölbter Erker vor. Das Dach umkränzte eine Folge feiner Renaissance-Giebel (die 3 der Talfront durch pseudogot. Türmchen und Gaupen ersetzt). Hofseitig ist ein viereckiger Treppenturm von 1580, der »Windelsteig«, vorgelagert. – Die südwestl. Hofseite nimmt das **Wohngebäude der Altenburger Linie** ein, das nach 1515 an die Stelle der Alten Kemenate trat. Ende des 16. Jh. wurde es ebenfalls umgebaut. Aus seiner Hoffront tritt der Treppenturm hervor, der nach dem Doppelwappen Riedesel-Boyneburg 1582/93 entstand. – Die südöstl. Verbindung zwischen beiden Wohnbauten stellte eine hohe Schildmauer mit Wehrgang her, gegen die Hugo v. Ritgen nach 1848 hofseitig den neugot. Quertrakt mit großem Saal lehnte.
Der Kernburg ist westwärts die **Vorburg** mit Torbau von 1557 vorgelagert. – Im NO steht, der Neuen Kemenate zunächst, die **Kirche**, erbaut 1671–74 anstelle einer mittelalterl. Vorgängerin. Den massiven Bau überfängt ein Wohngeschoß in Fachwerk. Das Innere zeigt klare prot. Anordnung: 3seitige Emporen, im O ein aufwendiger Kanzelaltar im Knorpelstil, 1673 von Caspar Wiedemann aus Schlitz. Orgel etwa gleichzeitig. Von der älteren, 1440 erbauten Kirche blieben an der O-Wand spätgot. Malereien erhalten: Anna selbdritt und Heiligengestalten, umgeben von reichem Rankenwerk. Aus Maulbach stammt der spätgot. Taufstein im »Schlitzer Typ«.
Die Vorburg gewährt Zugang zum **Zwinger**, dessen Mauer vor der S- und O-Seite des Schlosses mit 4 ihrer nach innen offenen Rundtürme gut erhalten ist.

Nordöstl. am Fuß des Schloßberges liegt die kleine spätgot. **Annenkapelle**, erbaut 1517, mit sterngewölbtem Chor.

DG

LAUTERTAL (Vogelsbergkreis G7)

Dirlammen (G7)

Die **ev. Kirche**, ab 1704 errichtet, zählt zur Gruppe der Fachwerkbauten des → Vogelsbergs, ist aber zum großen Teil verschindelt. Das geschnitzte Portal ist gegenüber Stumpertenrod vereinfacht. Die Abstützung des Dachreiters, die Trennung von flachgedecktem Schiff und rippengewölbtem Chor entsprechen Büßfeld am nächsten. Wie dort ruhen die Chorgewölbe auf Wanddiensten (stets alle Konstruktionsformen aus Holz). Eindrucksvolle Ausstattung der Bauzeit (Kanzel, Orgel, Empore; Taufstein 1633).

DG

LICH (Lahn-Dill E8)

Aus Schenkungsregistern der Klöster Lorsch und Fulda ist Lich seit 788 bekannt. Im Hochmittelalter gehörte es den Münzenbergern. Ihr Erbe fiel an das Haus Falkenstein; Werner I. vollzog gegen 1290 die Stadtgründung. Nach Aussterben der Falkensteiner ging die Stadt 1418/19 an Johannes v. Solms über; sie wurde Residenz einer selbständigen Grafenlinie. 1806 verloren die Solmser ihre Souveränität an Hessen-Darmstadt.

Lage und Anlage der Stadt werden durch das ältere, in und vor Lich fächerförmig zusammentreffende Straßensystem und den Übergang über die Wetter bestimmt, an der die Wasserburg lag. Nach SO in einen Bogen der Wetter geschmiegt, steigt die Stadt in querovalem Umriß nach N auf. Hier liegt am höchsten Punkt die Kirche, im S am tiefsten die Burg.

Die **Stadtmauer** entstand im Zusammenhang mit der Stadtgründung. Außer dem runden südwestl. und dem rechteckigen nordöstl. Eckturm steht noch der mächtige **»Stadtturm«**, gegen 1500 zugleich als Kirchturm erbaut. Gegen 1700 wurde der mehrstufige barocke Holzaufsatz hinzugefügt.

Ev. Pfarrkirche (St. Marien)

1239 wird die Licher Pfarrgemeinde zuerst genannt. An der Kirche errichtet Philipp III. 1316 das Marienstift; die neue Kirche wird 1320 geweiht. Den Neubauplan von 1509/11 scheint unter Zuziehung von Sachverständigen Graf Philipp v. Solms selbst entworfen zu haben. 1510–14 entstand das Langhaus, eine Emporenhalle, noch ohne Gewölbe und Strebepfeiler, 1515 bis etwa 1525 der Chor mit Strebepfeilern; die Langhaus-Strebepfeiler wurden 1537 nachgeholt. Erst um 1740 ist die Holztonne, die das Mittelschiff deckt, eingezogen worden.

Die Anlage zeigt eine 3schiffige 5jochige Stufenhalle mit Emporen (auch auf der W-Seite umlaufend); der Chor

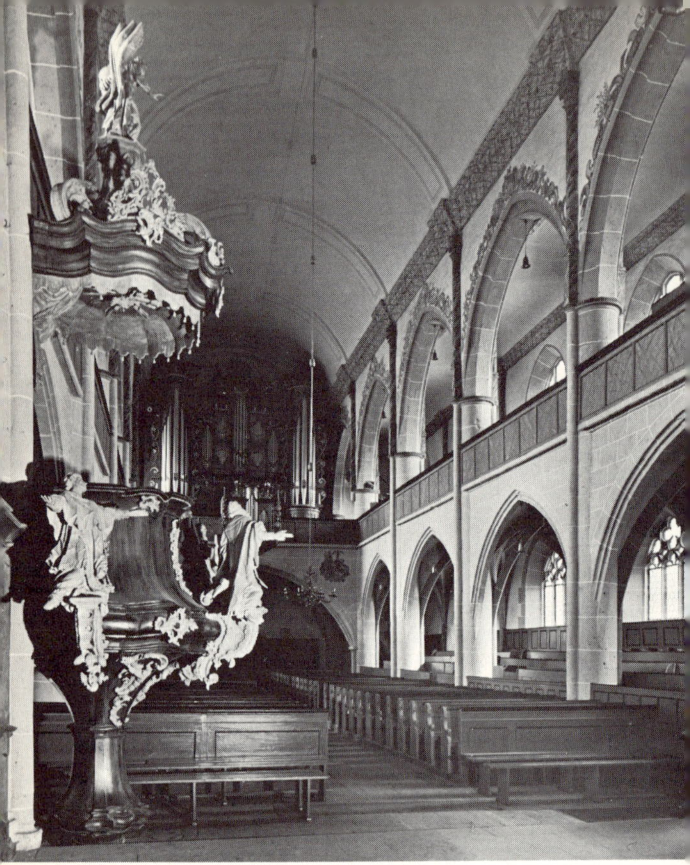

Lich. Ev. Pfarrkirche. Inneres

in Langhausbreite und mit polygonalem Schluß ist 3schiffig mit Hallenumgang. Das Mittelschiff überwiegt nach Weite und Höhe. Die Seitenschiffe überdeckt ein z. T. frei schwebendes Netzgewölbe; alle übrigen Wölbungen sind Gurtentonnen von korbbogen- bis muldenförmigem Querschnitt. Die Seitenschiffarkaden verlaufen mit ihren Profilen in die

Rundpfeiler des Schiffes, deren Kämpfer erst in Ansatzhöhe der Emporenarkaden liegen. In die schlanken runden Chorpfeiler verlaufen die Arkadenprofile kämpferlos. Chor und Seitenschiffe haben reiches spätgot. Maßwerk. – Aus der Renaissance, wohl von 1594, stammt die Rollwerkbemalung über den Arkaden, die 1951 aufgedeckt wurde; die farbige Fassung des W-Teiles um 1760.

Ausstattung. Kruzifixus im Chor, um 1510. – Die spätbarocke *Kanzel* stammt aus Arnsburg. Den reichgeschwungenen, kelchartigen Korb arbeiteten die Schreiner Dietz und Seitz; die Figuren schuf 1772–74 Martin Lutz von Rockenberg. Außer dem bekrönenden Moses sind es 4 Kirchenlehrer (Bernhard, Thomas von Aquin, Bonaventura und Leo d. Gr.); auch sie sollten urspr. den Schalldeckel schmücken, wurden aber dann am Korb angebracht, auf dessen Eckvoluten sie in so ausdrucksvoller Bewegtheit schweben, daß sie den architektonischen Rahmen fast zu sprengen scheinen. Hauptwerk und Rückpositiv der prachtvollen *Orgel* errichtete Georg Wagner 1621–22. Die Pedaltürme schuf er um 1625 für Kloster Arnsburg, doch ließen die Solmser sie 1631 nach Lich überführen, wo sie Georg Heinrich Wagner 2 Jahre später der bestehenden Orgel anschloß. ●

Die Kirche bewahrt unter den zahlreichen *Grabmälern* eines der besten des frühen 14. Jh.: das *Doppelgrabmal des Kuno und der Anna v. Falkenstein* († 1333/29), wie die meisten anderen im Chorumgang aufgestellt (Abbildung S. 360). Die Figuren neigen sich in symmetrischer Entsprechung mit leisem Körperschwung einander zu. Dem Werk geht die strenger aufgefaßte Grabplatte für Werner v. Falkenstein (1297) voraus. In der Spätgotik schuf Joh. Eseler aus Alzey mit seinen Söhnen mehrere Rittergrabsteine: Junggraf Johannes v. Solms († 1457); Graf Johannes v. Solms-Lich und Elisabeth v. Cronberg († 1457/38); ihr Vater Franco v. Cronberg († 1461). Ein dreifaches Doppelgrabmal für sich, seinen Vater und seinen Bruder sowie ihre Frauen ließ Graf Reinhard v. Solms seit 1545 errichten. Das Denkmal hatte Dietrich Schro in Auftrag, doch es ist schwerlich von der gleichen Hand gearbeitet wie die beiden sehr überlegenen Kurfürsten-Grabmäler im Mainzer Dom. Bemalung und Aufstellung erfolgten erst 1562. ●

Die **kath. Pfarrkirche St. Paulus** errichtete Helmut Bilek 1955–56. Den Hallensaal gliedern schlanke Rundstützen nahe den stark aufgelösten Wänden und tragen eine mittlere Stichbogentonne. Das große Fresko der Altarwand schuf Joseph Jost, die Fenster Paul Huppert, den Taufstein Alois Schneider.

Das **Schloß** wurde um 1300 gegründet, wohl anstelle einer älteren Burg. Den Kern bildete ein regelmäßiger Vierflügelbau, an den Ecken mit Rundtürmen besetzt. Wohl gleich-

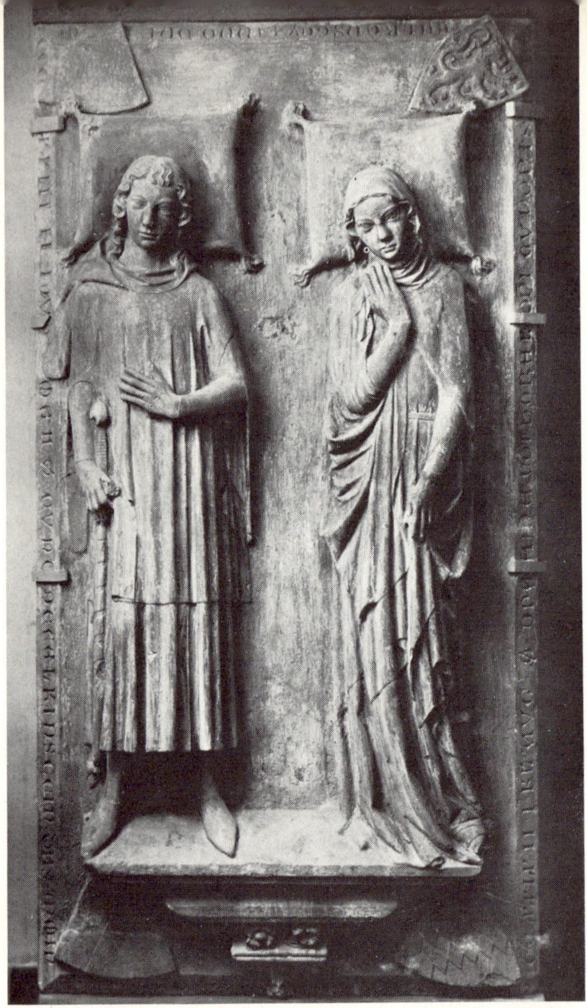

Lich. Ev. Pfarrkirche. Falkenstein-Grabmal (zu S. 359)

zeitig mit dem Umbau und der Barockisierung des Gebäudes 1673–82 entstand die regelmäßige Außenbefestigung mit Bastionen und 2 sich diagonal gegenüberstehenden Ecktürmen. Im 18. Jh. fielen der N-Flügel und die Außenbefestigung; der Bau wurde 1764–66 zum offenen Wohnschloß umgestaltet. 1836 indes füllte Georg Moller den Ehrenhof durch einen massigen Einbau fast völlig aus. Einen Festsaalanbau an der NO-Ecke errichtete Hch. Metzendorf 1911–12. – Die Außenfront zeigt vorherrschend barocken Charakter in Fenstern und Mansarddächern; die Welschen Hauben der beiden erhaltenen Türme stammen noch von 1682. Innen hat sich eine schöne Nebentreppe von 1766 erhalten.

Schlicht, aber gut proportioniert ist der klassizist. **Marstall.** – **Rathaus** 1848–49 in romanisierenden Renaissance-Formen. *DG*

Das Stadtbild ist noch weitgehend geschlossen und enthält mehrere bedeutende Fachwerkhäuser. **Unterstadt 3/5** ist ein got. Doppelhaus (um 1450). **Oberstadt 7, Unterstadt 8** und **Schloßgasse 8** (Westphalenscher Hof) – mit gebogenen Streben und Kopfbändern sowie aufgeblattetem Brustriegel – gehören in die Spätgotik. – Der Renaissance gehören an: **Schloßgasse 7, 9** (1607), **12** (1571) und **14** (Ende 16. Jh., mit vorzüglichem Eckerker). Das **Textorsche Haus** (Kirchpl. 4) von 1632 zeigt reiches Schnitzwerk an Schwellen, Pfosten und Kopfknaggen. Die 6teiligen Fenstergruppen mit vorgezogenen Rahmen (Fenstererker) und die vielfältig wechselnden Brüstungen tragen gleichfalls Schnitzereien der Spätrenaissance.

UG

Arnsburg (E8)

Ehem. Zisterzienserkloster

Im lieblichen Tal der Wetter bettet sich das Kloster in eine Schleife des Flusses. Der eigentümliche Reiz der Abgeschiedenheit, so vielen Zisterzienseranlagen eigen, wird gesteigert durch den ruinenhaften Verfall der mittelalterl. Gebäude, seltsam kontrastiert durch den dekorativen Schwung der intakten Barockbauten.

Konrad v. Hagen und Arnsburg hatte 1151 im ehem. Römerkastell Altenburg, auf einer Höhe 1 km südwestl. Arnsburgs, ein Benediktinerkloster gestiftet. Die Gründung gedieh jedoch nicht, und Konrads Sohn Kuno v. Münzenberg, der Ahnherr des berühmten Ministerialengeschlechts, ersetzte sie durch das Zisterzienserkloster im Tal. 1174 wurden Mönche aus Eberbach berufen. Erneute Schwierigkeiten ließen erst 1197 die Gründung tatsäch-

lich zustande kommen. Das Kloster florierte bis 1802; die Säkularisation gab es an die Solmser als Erben der Münzenberger. Kirche und Kreuzgang waren dem Verfall ausgesetzt, dem das künstlerische Verständnis der Besitzer jedoch bald Einhalt gebot. Die Konventsgebäude wurden Schloß der Grafen Solms-Laubach.

Kirche

Den Baubeginn wird man gegen 1197 annehmen müssen; ein Ablaß von 1246 für den Kirchenbesuch am Weihetage gibt auch das ungefähre Weihejahr.

Der Grundriß kann als typisch zisterziensisch gelten. Das sehr gestreckte Langhaus besteht aus 4$^1/_2$ Doppeljochen; daran schließt sich das Querhaus mit stark ausladenden Kreuzflügeln. Der tiefe Chor endet platt; ihn umgab ein Kapellenumgang, der wie die äußeren Querhauskapellen mit einer Apsidiole schloß. Der Langhaus-W-Wand ist ein 3schiffiges Paradies vorgelegt, in got. Zeit umgebaut, mit Gewölbe aus dem 17. Jh., heute als Kirche eingerichtet. – Vom Aufbau gingen der Chorumgang mit den anschließenden Kapellen und der Obergaden mit den Gewölben verloren. Dadurch tritt die Außenerscheinung ganz hinter der inneren Wirkung zurück. Sie ist, trotz der verringerten Höhe und des fehlenden Abschlusses mit Gewölben, monumental. Das Mittelschiff überdeckten Kreuzrippengewölbe, die in den Langhaus-O-Jochen zunächst 6teilig geplant waren. Die Seitenschiffe besaßen Kreuzgratgewölbe; von ihnen haben sich im N-Schiff noch 4 erhalten, sowie im S-Schiff die meisten Gurtbögen. An die Stelle eines vom Boden aufsteigenden Dienst- und Vorlagensystems wie im O-Bau trat im Langhaus die zisterziensische Gewohnheit, die Mittelschiffsvorlagen auf Konsolen abzufangen. Die westl. Vierungspfeiler wurden nachträglich entsprechend angeglichen. Der Wandaufbau des Mittelschiffes war 3geschossig: schlanke Arkaden, über ihnen schmale Öffnungen zu den Dachräumen der Seitenschiffe, Obergaden. Auch 3geschossig, aber mit tiefersitzendem Lichtgaden, war der O-Bau gegliedert, dessen obere Zone ebenfalls verlorenging. – Die alten Haupteingänge lagen im Schiff. – Die Bauornamentik beginnt mit den Kelchblockkapitellen des Übergangsstils, dann folgen Knospen- und Kelchkapitelle der Frühgotik, nicht übertrieben formreich, aber gut gearbeitet. – Die Wände bestehen aus Bruchquaderwerk; nur für die Glieder sind bearbeitete Quader verwendet.

Ausstattung. Orgel und Kanzel der Barockzeit kamen

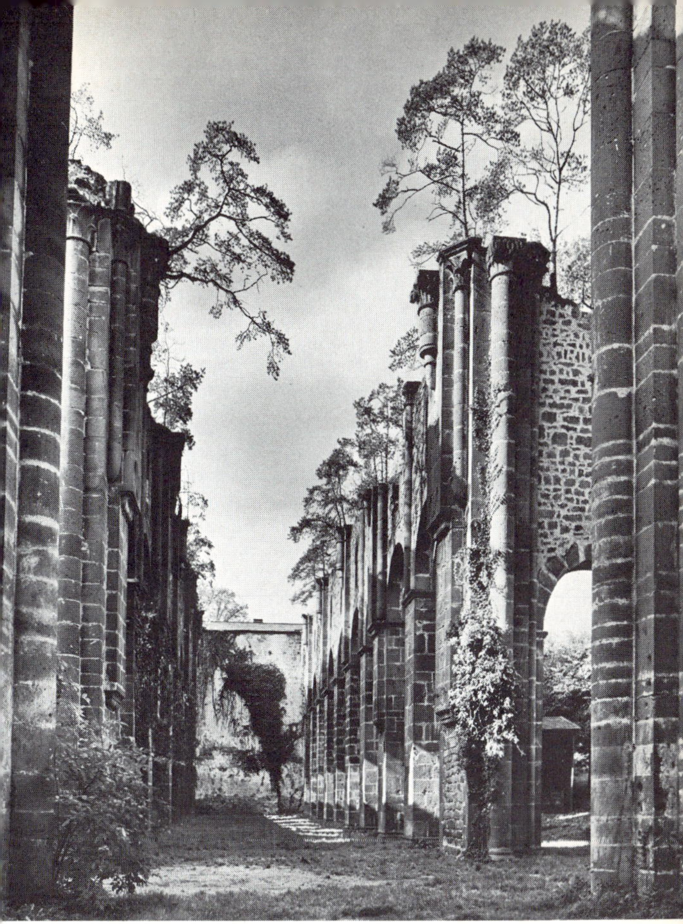

Arnsburg. Ruine der ehem. Zisterzienserklosterkirche

in die Stiftskirche von Lich. Am nördl. Seitenschiff steht der Grabstein für Johann v. Linden und Guda v. Bellersheim, bez. 1394.

Ehem. Klostergebäude

Den **Kreuzgang** umgab das Zisterzienserkloster in der kanonischen Anordnung. Im weitgehend erhaltenen O-Flügel schließt an die tonnengewölbte *Sakristei* der raumschöne *Kapitelsaal*, quadratisch mit 9 rippenlosen Gewölben, doch profilierten Gurten. Seine frühgot. Vierpaßpfeiler tragen vorzügliche Kelchblattkapitelle. In O- und W-Wand flankieren Fensterkompositionen die mittleren Portale: Doppelbögen auf Doppelsäulen nach W, pyramidal gestufte Drillingsgruppen von Rundbogenfenstern im O, alle in Spitzbogenblenden. An der N-Wand ist die vorzügliche Grabplatte des Johann v. Falkenstein († 1365) aufgerichtet, die dem Schwarzburg-Grab im Frankfurter Dom (1352) nahesteht. – Auf Schlafsaaltreppe und Durchgang, der einst nach O zum Krankenhaus führte, folgt das 2schiffige *Parlatorium* zu 7 Jochen (die Gewölbe zerstört). Über das ganze Obergeschoß erstreckte sich das *Dormitorium*; erhalten sind 16 spitzbogige Kreuzgewölbe auf 9 Säulen mit Trommelkapitellen; 4 weitere Joche auf 2 Säulen 1960 wiederhergestellt. – Das *Refektorium* im S-Flügel rahmten Wärmestube und Küche; seinem Eingang gegenüber lag das Brunnenhaus am Kreuzgang; alles ist, wie der gesamte Kreuzgang selbst, zerstört. 1958 wurde der Kreuzhof als **Kriegsopferfriedhof** ausgestaltet. – Im W trennt die Klostergasse den Kreuzgang vom sog. **Bursenbau** des späten 13. Jh. mit dem *Refektorium* und dem *Schlafsaal der Laienbrüder*. Obergeschoß und S-Wand wurden Mitte des 18. Jh. völlig umgebaut.

Nach SO schließen sich die **barocken Konventsbauten** an. Der Zusammenhang ihrer 3 Flügel ist gestört, nachdem der mittlere, nord-südlich gestreckte, weitgehend abgebrochen wurde. Er stand östlich, parallel zum Dormitoriumstrakt, und war 2geschossig zwischen 3geschossige Eckpavillons gespannt. Von ihnen wurde der nördliche, die Bibliothek – gegen 1755–61/62 –, zusammen mit dem größten Teil der gedehnten Flügelmitte 1818 abgetragen (und als ev. Kirche in Birklar wieder aufgebaut). Nur der südl. Eckpavillon, der »**Prälatenbau**« (Abtswohnung), 1727 von B. Kirn, blieb mit einem kurzen Abschnitt der ehem. Front erhalten. Reizvoll heben die im Wechsel gebogenen oder geschweiften Fensterverdachungen sein Hauptgeschoß heraus. Das schmiedeeiserne Geländer des Treppenhauses ist 1750 bezeichnet. Der westlich anstoßende Flügel, die »**Abtei**«, wurde 1745–51 errichtet. Etwa in der Mitte ihrer N-Mauer umschließt sie das südl. Kopfstück des alten Dormitoriumstraktes, so daß eine unmittelbare Verbindung zum mittelalterl. Klosterbezirk bestand. – Nach O war dem ehem. Hauptflügel der 1747 entstandene **Küchenbau** mit schmalen Zwischentrakten angegliedert, ebenfalls 2geschossig mit Mansarddach wie auch die »Abtei«, aber ihr gegenüber in der Flucht leicht nach N zurückgesetzt; in ihm zeigt der große *Festsaal* reichen Rokoko-Stuck an Decke und Türrahmen mit eigenartig gewellten Pilastern.

Im S steht als Abschluß des ehem. Abteigartens, jenseits der Wetter, ein **Gartenhaus** von 1751, 1geschossig mit betontem Mittelpavillon. Der im W breit lagernde **Pfortenbau,** 2geschossig mit Mansarddach, wurde 1774–77 von P. Cölestin Wagner errichtet. Die Torfahrt führt durch den betonten Mittelpavillon. Der bildhauerische Schmuck stammt von Martin Binterim aus Mainz.

DG

Bettenhausen (E8)

Ev. Kirche. Der Bau von 1747–48 mit Stuckdecke, Kanzel und geschwungener Empore sowie mit frühgot. Chorturm zeigt sich ähnlich aufwendig wie die Kirche in Hungen-Obbornhofen, sogar noch einheitlicher.

UG

Langsdorf (E8)

771 zuerst erwähnt, gehörte Langsdorf zur Hersfelder Mark, die 1403 an die v. Falkenstein, mit ihrem Erbe an die Solmser kam. Obwohl ohne Stadtrecht, ist Langsdorf regelmäßig angelegt und war befestigt; die beiden Tore standen bis 1839.

Von der **Marienkirche** blieb der Chorturm des 13. Jh. Östl. schließt an ihn der Neubau der **ev. Kirche**, den der solmsische Landbaumeister Block 1780–82 durchführte. Sie ist ein reiner Quersaal. Das Mauerwerk von 5 : 3 Achsen, verputzt zwischen Quaderkanten, gliedert das Portalrisalit der turmfreien Längsfront. Alle Fenster sind stichbogig. Zuoberst ein Mansarddach. Das Innere, mit Flachdecke auf Vouten, umzieht 3seitig die Empore. Altar, Kanzel und die 1925 erneuerte Orgel sind zu gemeinsamem Aufbau vor der Turmseite vereinigt.

Unter den Fachwerkhäusern fällt das **»Haus im Hegerich«** (Reichgasse 23) besonders auf, da es eher in die südniedersächsische Fachwerklandschaft paßt als in die oberhessische. Besonders die Schnitzrosetten in der Brüstung wirken in dieser Gegend fremdartig. 1563 errichtete es der Zimmermeister Chr. Gabriel aus Ilmenau. Urspr. besaß es einen Erker und eine offene Laube auf der Hofseite. Wahrscheinlich hat der Bauherr, Johann Gewend, ein seiner Herkunft entsprechendes Haus errichten lassen (vgl. Marburg, Markt 19) und sich danach auch den Zimmermeister aus dem thüringisch-sächsischen Grenzgebiet ausgesucht.

DG/UG

LICHTENBERG (E12) → **Fischbachtal** (Darmstadt-Dieburg)

LIEBENAU (Kassel G2)

Ev. Stadtkirche. Die 1schiffige Chorturmkirche entstand im 13. Jh. 1750 erhielt das Schiff seine Spiegeldecke, wohl zugleich der Turm Fachwerkaufsatz und Haube. – Bedeutende *Wandmalereien*, v. a. der Apostelzyklus im Chor. Er gehört noch dem Weichen Stil an, leitet jedoch mit monumentalerer Gesinnung bereits zur Mitte des 15. Jh. über. Früher, um 1400, entstand der hl. Johannes Ev. an der S-Wand des Schiffes. Reiches lockiges Haar umwallt das liebliche Antlitz; weit schwingt das Gewand mit großen Zügen um die Figur. Leider ist das Wandbild jetzt arg verblaßt.

DG

LIMBURG a. d. Lahn (Limburg-Weilburg B8)

Im 7. oder 8. Jh. wurde eine erste Burg auf dem heutigen Domberg angelegt, die als Sitz des 821 erwähnten Niederlahngaues diente. Ein Ort bestand wohl seit dem 10. Jh.; er lag nahe der Lahn-Furt, an der sich wichtige Fernverkehrsstraßen trafen, u. a. die Verbindung Köln–Frankfurt. Im 10. Jh. saßen in Limburg die Konradiner, im frühen 13. Jh. ergriffen die Isenburger von Ort und Burg Besitz. Der Ort wurde seit dem 11. Jh. als Kaufmannssiedlung westl. des Domberges ausgebaut; um 1130 erhielt er eine erste Stadtmauer. 1214 bestanden Stadtrechte. Um 1230 entstand eine neue Stadtmauer im Verlauf der Grabenstraße; 1343 wurde die »Schiede«, eine Landwehr, als vorgeschobene Befestigung angelegt. Nach ersten Verpfändungen ging Limburg 1407 völlig an Kurtrier über und mußte weitere Verpfändungen bis in das 17. Jh. hinnehmen. Kriege und Truppeneinquartierungen während des ganzen 17. und des 18. Jh. ruinierten die Wirtschaftskraft der Stadt. 1806–66 gehörte Limburg zum Herzogtum Nassau, später zu Preußen. Die Besetzung Triers durch die Franzosen führte 1827 zur Gründung des Bistums Limburg. Seit der Jahrhundertmitte wuchs die Stadt über ihre mittelalterl. Grenzen hinaus.

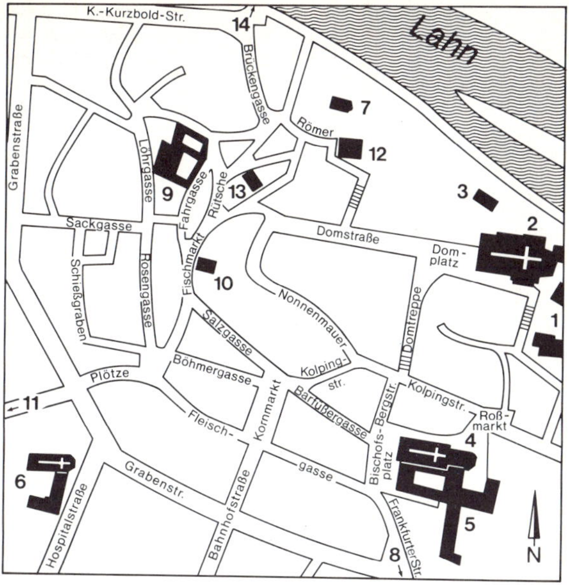

1 Ehem. Burg, Diözesanmuseum
2 Dom, ehem. Stiftskirche St. Georg
3 Friedhof mit ehem. Kapelle St. Michael
4 Stadtpfarrkirche, ehem. Franziskanerkirche St. Sebastian
5 Bischöfliches Ordinariat, ehem. Franziskanerkloster
6 Ehem. Wilhelmitenkloster und Hospitalkirche St. Anna
7 Kapelle des ehem. Eberbacher Hofes
8 Pallottinerkirche
9 Walderdorffer Hof
10 Altes Rathaus
11 Rathaus
12 Römer 1 (got. Fachwerkhaus, 1296)
13 Werner-Senger-Haus
14 Alte Lahn-Brücke

Limburg a. d. Lahn. Innenstadt-Lageplan

Die ehem. **Burg** wurde im 7. oder 8. Jh. angelegt. Ab dem 13. Jh. erhielt sie durch die Grafen von Isenburg ihr heutiges Aussehen. Den ältesten Kern bildet ein quadratischer Wohnturm aus der Mitte des 13. Jh. mit einem faltenartigen Gewölbe im Untergeschoß. An ihn schließt sich die zwischen

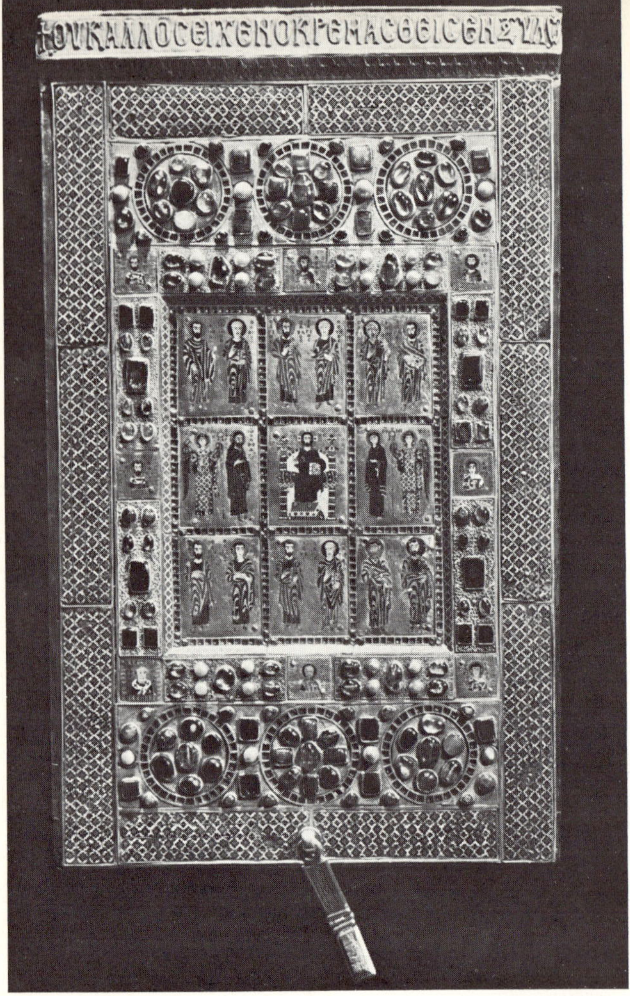

Limburg a. d. Lahn. Diözesanmuseum. Staurothek

1289 und 1298 erbaute Burgkapelle an, die noch ganz in roman. Tradition steht. Die übrigen Teile gehören dem 14.–16. Jh. an. Den N-Flügel bildet ein Fachwerkbau mit geschweiftem Giebel, um 1600. Besonders reizvoll ist der Blick von O auf die Burg, die am Rande des steil abfallenden Lahn-Felsens gleichsam entlangzieht und sich als optischen Gegenpol zur Stiftskirche darbietet.

Die Burg enthält heute das **Diözesanmuseum**, zu dessen Beständen ein Juwel der mittelrheinischen Tonplastik des Weichen Stils gehört, die sog. *Dernbacher Beweinung* aus der Zeit um 1410. – Der Domschatz im Tresorraum der Diözesanverwaltung birgt als größten Schatz die *Limburger Staurothek*, ein byzantinisches Kreuzreliquiar, das 1204 aus der Hagia Sophia in Konstantinopel geraubt wurde. Lt. Inschrift entstand es im 3. Viertel des 10. Jh. für den Kaiserhof. Seinen Schmuck bilden feinste Zellenschmelzplatten mit Christus, Maria und Johannes, den Aposteln und Engeln neben Goldfiligran und Edelsteinen. – Der Stab des hl. Petrus ruht in einer mit Goldblech überzogenen Kapsel, deren Knauf mit Emailleplatten und Edelsteinen besetzt ist: Trierer Arbeit, 988 unter Erzbischof Egbert entstanden. – Silbervergoldeter Meßkelch mit Patene aus dem 13. Jh. – Das Bleireliquiar in Form einer Kirche wurde 1235 bei der Weihe des Hauptaltars verwendet. – Kostbare liturgische Geräte des Trierer Kapitels vom Ende des 17. Jh.

Dom, ehem. Stiftskirche St. Georg

Vom Lahntal aus bietet sich der Bau (seit 1827 Kathedrale, d. h. Bischofskirche) besonders eindrucksvoll dar. Über einem steilen Felsen erhebt er sich, durch seine Farbigkeit als künstlerisches Gegenstück zur gewachsenen Natur gekennzeichnet, als ein monumentales Denkmal für seinen Bauherrn. Putz und Farbe sind nach originalen Befunden wiederhergestellt, alle Architekturglieder jetzt wieder durch Farbe voneinander abgesetzt; die Steinsichtigkeit von einst, Resultat einer Restaurierung 1872/73, hatte sich als verfälschendes Bild erwiesen. Von hoher Bedeutung ist aber nicht allein die Architektur, sondern auch die Ausmalung des Inneren, die sich fast vollständig aus roman. Zeit erhalten hat.

Die Gründung eines Stiftes geht wohl auf d. J. 910 zurück, in dem Graf Konrad Kurzbold eine Schenkung für Stift und Kirche erhielt. 1058 entstand ein Neubau, von dem 1975 bei Grabungen innerhalb der heutigen Kirche Reste gefunden wurden. Spolien dieser Kirche hat man für eine dritte Stiftskirche, die bestehende, verwendet. Sie wurde wohl um 1220 begonnen und durch die Gra-

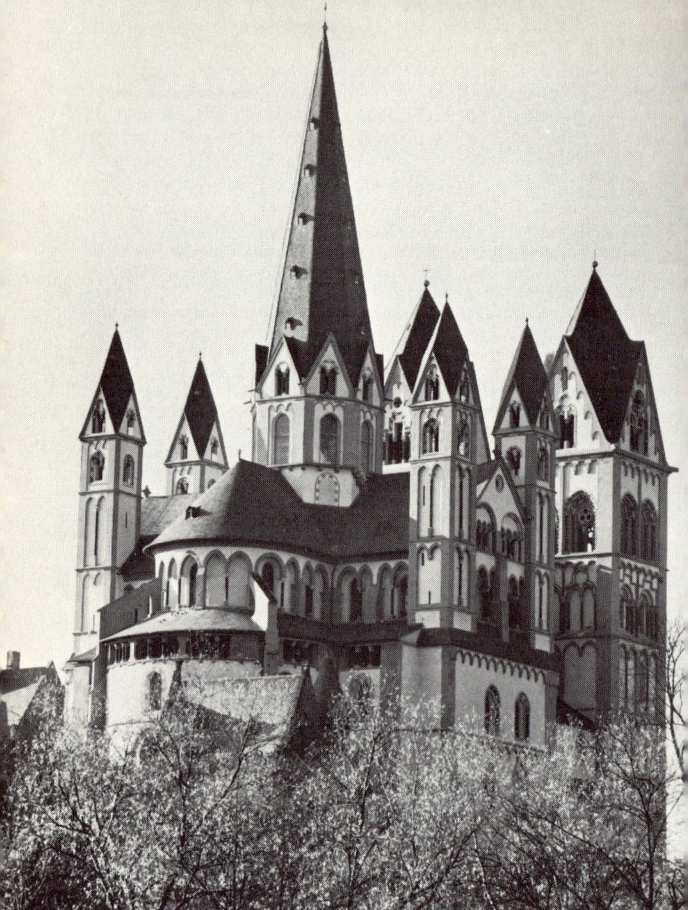

Limburg a. d. Lahn. Dom von Nordosten

fen Ysenburg (vielleicht auch durch Testamente ihrer Vorgänger) wesentlich gefördert. 1235 fand die Weihe des Hochaltars statt; in der Mitte des 13. Jh. war der Bau vollendet. Die Unterteile der W-Fassade entstanden als erstes, danach führte man S- und N-Wand des Langhauses auf, schließlich Querhaus und Chor. Den Abschluß bildete die Einwölbung. Jüngste Bauteile sind die Turmobergeschosse. Die verhältnismäßig kurze Bauzeit erklärt die Einheitlichkeit des Ganzen, wenn auch ein Bauplanwechsel zwischen Langhaus und Querhaus anzunehmen ist. – Die Türme des S-Querhauses sind eine Ergänzung von 1863–65. 1934–35 wurde das Innere durch W. Weyres erneuert; seit 1970 erhielt der Dom seine Außenfarbigkeit zurück; 1974 ff. wurden unter Josef Weimer die spätroman. Wandmalereien im Inneren freigelegt.

Außenbau. Über einem gedrungenen Grundriß, wie er der rheinischen Spätromanik entspricht, erhebt sich die 7türmige Stiftskirche in enger Anlehnung an französische Kathedralen der Frühgotik. Die *W-Fassade* stellt eine Weiterentwicklung der Andernacher Liebfrauenkirche dar; in der Gliederung ist die Senkrechte stärker betont, die Türme sind von unten an vorbereitet. Einem Vorbild in Laon (N-Querhaus) folgt die W-Rose, die hier monumentale Maße erhielt; die 4 – erneuerten – Evangelistensymbole machen deutlich, daß sie Christus in der Majestas Domini symbolisiert. Der Wechsel in den Formdetails der Turmobergeschosse ist auf die Anpassung an die jeweils neuesten »Stilmoden« während des Bauens zurückzuführen.

Die *Langhaus-S-Wand* wirkt uneinheitlich, erweist sich jedoch bei näherer Betrachtung als Ergebnis eines logischen Konzepts, das lediglich von der spätgot. Taufkapelle beeinträchtigt wird. Ein Strebepfeiler mit Strebebogen teilt die Außenwand in 2 Abschnitte. Kapellenartige Anbauten erweitern das Erdgeschoß auf beiden Seiten. Rechts vom Strebepfeiler öffnet sich ein Seitenportal mit kleeblattartigem Rundfenster. In den übrigen 3 Achsen besitzt das Emporengeschoß Spitzbogenfenster; zwischen den Fenstern wird die Wand von einem Spitzbogenfries abgeschlossen. Vor dem Obergaden verläuft ein Laufgang mit Arkaden, die durch kleine Strebepfeiler in Dreiergruppen unterteilt sind. Die Gewände der östl. Fenster aller 3 Geschosse werden von der Außenwand des Querhauses überschnitten – ein deutlicher Hinweis für eine Bauplanänderung. Der Umgang des Obergadens wurde nun auch um das Querhaus herumgeführt. – Die *N-Wand* ist eine vereinfachte Wiederholung der S-

Wand. – Über dem kubischen Baukörper des *Querhauses* erheben sich die Querhaustürme recht unvermittelt. Die Trennung zwischen Türmen und Unterbau erinnert an die Fassade von Andernach mit ihrer altertümlicheren Formulierung. Den Abschluß bildet der 8eckige Vierungsturm, dessen Helm 1774 um 6 m angehoben wurde.

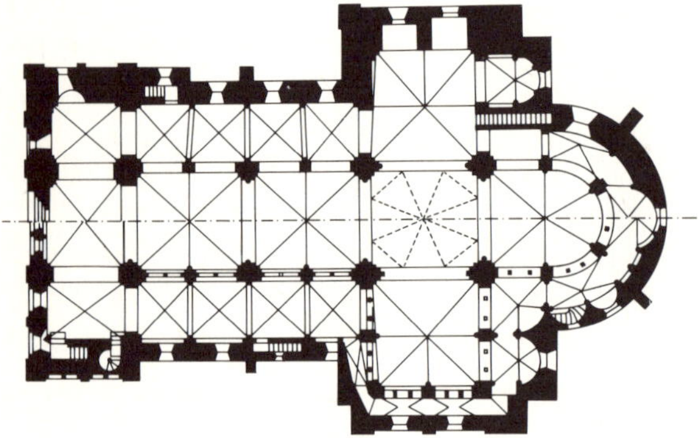

Limburg a. d. Lahn. Dom. Grundriß
(oben: Erdgeschoß, unten: Emporengeschoß)

Zwischen Querhaus und Hauptapsis sitzen rechteckig ummantelte *Nebenapsiden.* Hier verbindet die Gliederung die verschiedenen Bauteile reibungsloser. Die *Hauptapsis* ist 4geschossig aufgebaut. Über dem Unter- und dem Emporengeschoß folgt eine Zwerggalerie, die nach dem Vorbild von St. Simeon in Trier nicht aus Arkaden, sondern aus Kolonnaden zusammengesetzt ist. Der Umgang vor dem Obergaden ist auch an der Apsis weitergeführt.

Der Innenraum ist noch stärker von der frühgot. Architektur Frankreichs bestimmt als der Außenbau. Das kurze 3schiffige *Langhaus* umfaßt nur 2 Doppeljoche und eine W-Empore zwischen den Türmen. Im 4teiligen Aufriß lösen sich die plastischen Einzelglieder nach oben hin immer stärker von der Mauermasse los. Über den spitzbogigen Doppelarkaden, die noch aus der Wand ausgeschnitten zu sein scheinen, folgen die Emporenöffnungen

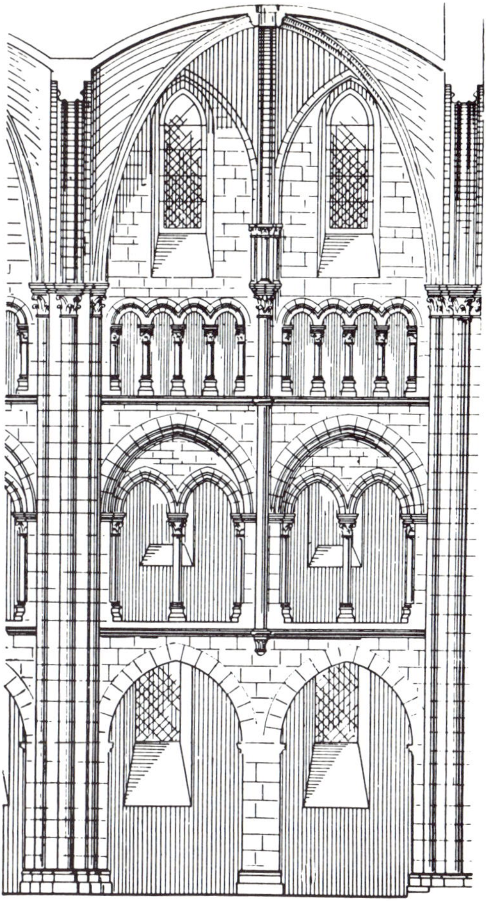

Limburg a. d. Lahn. Dom. System des Langhauses

mit einer Zwischensäule unter den übergreifenden Blenden. Alle Bogenformen sind hier mit Rundstäben besetzt. Im 4teiligen Triforium schließlich stehen die Arkaden frei vor dem Wandgrund. Die Dienste der Hauptpfeiler laufen ohne Unterbrechung durch, die Zwischendienste der kuppelartigen 6teiligen Rippengewölbe dagegen verkröpfen sich mit den waagerechten Gesimsen. Sie beginnen erst am Fuße der Emporen. Diese sind über 3 Treppen in der Mauerstärke der Seitenschiffe zu erreichen. – In *Querschiff* und *Chor* setzt sich die Langhausgliederung fort, wenn auch die Detailformen wechseln. So sind die Arkaden der Empore nicht mehr 2-, sondern 3teilig; der mittlere, etwas größere Bogen ist gestelzt. An den Stirnseiten des Querhauses sind die Rundstäbe, welche die Obergadenfenster umrahmen, in das Triforium hinuntergezogen, so daß die Trifoliengliederung unterbrochen wird. Die Gewölbe im Querhaus sind 7teilig. – Die Empore sollte urspr. nicht den ganzen Kirchenraum umziehen; dies war erst ein Ergebnis der Planänderung, derzufolge die westl. Querhausteile nachträglich umgearbeitet wurden. Das so erreichte gleichmäßige Herumführen der Wandgliederung ergibt bei der Kürze des Langhauses den Eindruck eines Zentralraumes, der sein Zentrum in der *Vierung* und seine Krönung in dem offenen, belichteten Vierungsturm findet. Trompen leiten den Turm von der Vierung in ein Achteck über, das von einem 8teiligen Rippengewölbe auf Diensten überzogen wird. Im Mittelalter ergab sich für den Betrachter vom Langhaus aus eine starke Kontrastwirkung zwischen dem auf die Vierung orientierten Zentralraum und dem dunklen Chor als Hintergrund. Er konnte den Zentralraum optisch erfassen, ihn aber nicht betreten und damit räumlich erfahren – ein Lettner hinderte ihn daran. Der Vierungsturm dürfte zugleich als Baldachin für das Grabmal Konrad Kurzbolds aufgefaßt worden sein.

● Die farbige Ausmalung gibt auch dem Innenraum seine besondere Qualität. Der wiederaufgedeckte urspr. Zustand stellt die vollständigste zeitgenössische Dekoration eines großen mittelalterl. Bauwerkes dar, die sich erhalten hat. Alle funktionell wichtigen Teile der Architektur werden durch ornamentale Bänder, feine Mäander- und Rankenmuster, hervorgehoben. Die – nicht verputzten – Eckquadern sind völlig unregelmäßig ausgeführt; sie schneiden bewußt unharmonisch in die Bögen ein. Die Füllmauern dagegen sind weiß belassen oder haben figürlichen

Schmuck erhalten, der sich aber meist auf Arkadenzwickel beschränkt: Apostel und Propheten, Tugenden und Laster. An der W-Seite des S-Querhauses sind 2 Monumentalfiguren, im Erdgeschoß Samson, der einen Baum ausreißt, im Obergeschoß Johannes d. T. In den Gewölben des Langhauses sind die Elemente Wasser und Erde dargestellt sowie die Erzengel Michael und Gabriel mit den 4 Paradiesströmen.

Historische Stellung und Vorbilder. In der Zeit des Stilwandels zwischen Romanik und Hochgotik in Deutschland, dem »Übergangsstil«, ist St. Georg der einheitlichste Kirchenbau. Ausgehend von der rheinischen Romanik sind hier erstmals in so vollständiger Weise Elemente der französischen Frühgotik aufgenommen, namentlich im Inneren; der Innenraum stellt gewissermaßen eine frühgot. Kathedrale des 12. Jh. im Sinne des soeben vollendeten Baues von Laon dar – v. a. hinsichtlich des 4teiligen Aufrisses, der Einzelformen (Empore, Triforium, Obergaden, Gewölbe) und der Schmuckelemente wie der Fassadenrose –, doch wurde dieses Vorbild bei fortschreitendem Bau abgewandelt, im Querhaus z. B. durch Übernahme eines kennzeichnenden Motivs der älteren normannischen Architektur, der Verbindung des Obergadenfensters mit der Triforiumszone. Hier hat man sich an den um 1060 durch Wilhelm d. Eroberer gegründeten Abteien St-Etienne und La Trinité in Caen orientiert. Der deutliche Bezug auf diese fürstlichen Kirchenstiftungen schafft eine merkliche Distanz zum Erzbistum Trier. Die Zusammenhänge mit der rheinischen Romanik äußern sich dagegen v. a. im zentralbauartigen Charakter des Innenraumes, im einzelnen z. B. in der Empore und den Emporentreppen, die von Andernach beeinflußt sind. Auch Trier wirkte als Vorbild: Die Chorschranken erinnern an jene von St. Matthias, nur sind Ober- und Unterteil vertauscht; die Formen im Gewölbe (Kapitelle, Dienste, Bögen) zeigen eine gewisse Verwandtschaft mit dem Trierer Dom. Der rheinischen Romanik folgt auch die W-Fassade als Weiterentwicklung jener von Andernach. Mit der Zwerggalerie am Chor wird wieder auf ein Trierer Vorbild zurückgegriffen. Ähnlich ist mit dem geraden Gebälk nur die Zwerggalerie von St. Simeon. Der offene 8seitige Vierungsturm bezieht sich auf die Kaiserdome des Mittelrheins. – Trotz der französischen Anregungen handelt es sich also keineswegs um die Übertragung eines vollständigen Bausystems nach Deutschland, wie dies beim Kölner Dom der Fall ist, sondern um eine sehr individuelle und differenzierte Synthese der französischen Frühgotik und der heimischen Tradition.

Ausstattung. Aus der Erbauungszeit erhielt sich der überaus reich skulptierte *Taufstein* in der Taufkapelle. Die optische Überleitung von den 8 Säulen, auf denen er ruht, zum Becken bilden Knospenkapitelle, über denen Fabelwesen und eine Taufe Christi eingemeißelt sind. Das *Stiftergrabmal des Konrad Kurzbold* († 948) besteht aus einer auf 6 Säulen ruhenden Grabplatte. Vor den Säulen stehen Kleriker, ein Löwe und ein Bär. Die Platte entstand um 1230, der Unterbau ist möglicherweise noch älter. Im Chor sind Teile der roman. steinernen Chorschranken aus der Vierung aufgestellt. Das schlanke spätgot. Sakramentshäuschen ist 1496 datiert. Das bedeutende Epitaph für Daniel v. Mudersbach und seine Frau Jutta († 1477 bzw. 1461) mit den knienden Bildnisfiguren vor einem kleinen Vesperbild hängt mit der Mainzer Plastik des ausgehenden 15. Jh. zusammen. Der *Annenaltar* aus dem Beginn des 16. Jh. entstand vermutlich in Franken.

Die **Totenkapelle St. Michael** steht auf einem kleinen **Friedhof** neben der W-Fassade des Domes. 1280 wurde ihr Hauptaltar gestiftet; das Untergeschoß diente früher als Karner.

Ehem. Franziskanerkirche St. Sebastian

Das 1223 gegründete Kloster ist eine der frühesten Franziskanerniederlassungen in Deutschland. Um 1300 begann unter Förderung Johanns I. v. Isenburg der Neubau der bestehenden Kirche, der sich über mehrere Jahrzehnte erstreckte. 1738–43 wurden die Klostergebäude neu gebaut und die Kirche renoviert. Seit 1827 dient sie als Bischöfliche Hauskapelle und als Stadtpfarrkirche.

Die Kirche besteht aus einem 3schiffigen basilikalen Langhaus und einem 1schiffigen 3jochigen Chor mit 5/8-Schluß. Das Langhaus war urspr. flachgedeckt; statt eines Turmes findet sich, den Bauvorschriften der Bettelorden gemäß, nur ein Dachreiter. Die spitzbogigen Langhausarkaden ruhen auf einfachen Rundpfeilern; die weiten Arkadenstellungen bewirken die Einbeziehung der Seitenschiffe in den Hauptraum, wie sie der italienischen Bettelordensarchitektur entspricht. Die barocke Spiegeldecke mit Stuckmedaillons (Madonna, Sebastian und weitere Heilige) stammt von Angelus Homburg, 1742.

Ausstattung. Der Hochaltar von 1891 zeigt im Schrein Heilige und auf den Flügeln die Passion Christi. Die beiden Seitenaltäre sind spätgotisch; der südliche ist ein Marienaltar (Ende 15. Jh.), der nördliche ein Annenaltar aus der Zeit um 1500. – Im Chor steht die Grabplatte des Johannes de Limburg († 1312); weitere Epitaphien des 16. und 17. Jh. hängen im N-Seitenschiff. – Auf der barocken Empore die prächtige Orgel von Adam Oehninger (1686) mit urspr. Farbfassung. Gestühl und Kanzel entstanden 1742.

Ehem. Wilhelmitenkloster. Das Kloster wurde 1317 von der Lahn-Insel in die Diezer Vorstadt verlegt, vor das Diezer Tor. Die schlichte Kirche des 14. Jh. (jetzt **kath. Kirche St. Anna**) hat man 1650–52 umgebaut. Von großem Wert sind die *Glasgemälde* des Mittelfensters im Chor, um 1350/60; dargestellt ist das Leben Christi. Unter den Skulpturen ist die *Anna selbdritt* aus

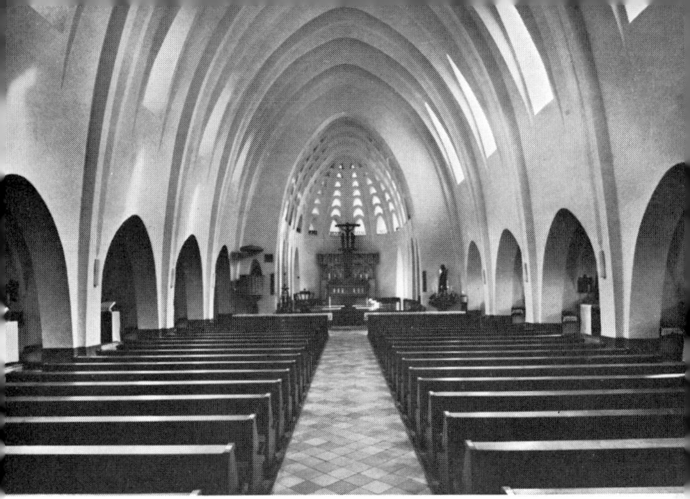

Limburg a. d. Lahn. Marienkirche der Pallottiner. Inneres

dem frühen 16. Jh. (vom sog. Meister mit dem Brustlatz) hervorzuheben. Die Orgel stammt aus der Mitte des 18. Jh.

Im **ehem. Eberbacher Hof** (»Erbach«) befindet sich die 1322 errichtete **Kapelle** der einstigen Niederlassung dieses Klosters. Das benachbarte **Wohnhaus** ist 1777 datiert.

Pallottinerkirche (Frankfurter, Ecke Wiesbadener Straße), 1924–27 von Hubert Pinand errichtet, ein eindrucksvoller Bau des Expressionismus. Mit Doppelturmfassade, eingezogenem Chor und dem Grundriß einer 3schiffigen Basilika folgt sie zwar traditionellen Formtypen, doch wird der Innenraum gänzlich bestimmt von einem aufsteigenden parabelförmigen Bogen. Das Mittelschiff, alle Arkaden und Fenster folgen dieser Bogenkurve. – Der Hochaltar und eine Michelangelo nachempfundene Pietà (1933) stammen von Karl Baur. ●

Häuser der Altstadt ●

Limburg kann sich rühmen, mit dem rückwärtigen Hausteil von **Römer 1** das älteste bekannte Fachwerkhaus Deutschlands zu besitzen; durch dendrochronologische Untersuchung mehrerer Hölzer ist es auf d. J. 1296 datiert. Es handelt sich um einen 3geschossigen Ständerbau, dessen oberstes Geschoß auf der Talseite vorkragt. Lange Schwertungen sichern die Konstruktion ab. Die Pfosten des vorkragenden Geschosses ruhen nicht auf einer Schwelle, sondern hängen frei nach unten durch. Der vordere Hausteil wurde um 1520 neu gebaut, charakteristisch sind für ihn die gebogenen Streben und die großzügigen Fenster. Der Fachwerk-Treppenturm wurde bei der Sanierung 1976–77 durch den Architekten F.-J. Hamm nach dem Vorbild des Eberbacher Hofes errichtet.

Weitere got. Bauten sind **Kleine Domtreppe 1** (1425) und **Salzgasse 17** (um 1450). Limburgs Baublüte liegt im 16. und 17. Jh. Zunächst entstehen schwungvoll gegliederte spätgot. Häuser wie das Vorderhaus von **Römer 1, Rütsche 15, Bischofspl. 7, Dompl. 7, Fischmarkt 3/4, Kornmarkt 3, Roßmarkt 15** und **Brückengasse 9** (1567). Die gebogenen Streben dieser Häuser schließen sich zu geschoßübergreifenden Ovalen zusammen, die malerische Wirkung ergeben. – In den folgenden Jahrzehnten treten sowohl nachgot. Elemente wie moderne Verzierungen auf; Brüstungsschnitzereien lehnen sich an got. Maßwerk an, während die Giebel an steinerne Renaissance-Giebel erinnern (**Plötze 14** und **16** von 1567, **Nonnenmauer 7** von 1584, **Rütsche 5/7, Fischmarkt 20, Plötze 17/19** und **23/25, Salzgasse 21** und **Frankfurter Str. 2** sind die wichtigsten Beispiele). Bei einem Teil dieser Häuser konnte die originale *Farbfassung* wiederhergestellt werden (Frankfurter Str. 2, Salzgasse 21, Barfüßerstr. 6); ganz hervorragend ist die Fassung von Rütsche 5/7: Die Fachwerkstruktur ist in blaugrauen Farbtönen so bemalt, daß der Eindruck von Diamantquadern entsteht, die sogar Schatten werfen. – Im 17. Jh. verschwinden die got. Elemente völlig, das Fachwerk wird mit der sog. Mann-Form (Streben und Kopfknaggen) abgestützt, Andreaskreuze können hinzutreten. Beispiele sind **Barfüßerstr. 6, Domtreppe 1** und **Fischmarkt 5**. – Die Barockzeit wird von **Kornmarkt 1** vertreten, einem verputzten Fachwerkbau aus der Mitte des 18. Jh.

Steinhäuser entstanden nur selten; sie wurden von reichen Patriziern oder Adligen errichtet. **Fischmarkt 1** und **12** sowie **Barfüßerstr. 2** sind got. Steinbauten, Fischmarkt 12 noch aus dem 13. Jh. (1552 verändert). – Der **Walderdorffer Hof** (Fahrgasse 5) besteht aus einem got. Wohnturm, der 1665–81 mit neuen Flügeln umgeben wurde, die 2 Innenhöfe umschließen. Baumeister war Angelo Barella. An den Außenwänden befinden sich 2 Fachwerkerker; im Haupthof erschließen 2 freistehende Wendeltreppen das Obergeschoß.

Das **Rathaus** war von 1399 bis 1899 im Haus **Fischmarkt 21** untergebracht; der Bau geht noch auf spätgot. Zeit zurück. Die hohe Halle im Erdgeschoß wurde 1958 wiederhergestellt (Ratskeller). – 1899 entstand der **Rathausneubau** in der Werner-Senger-Straße.

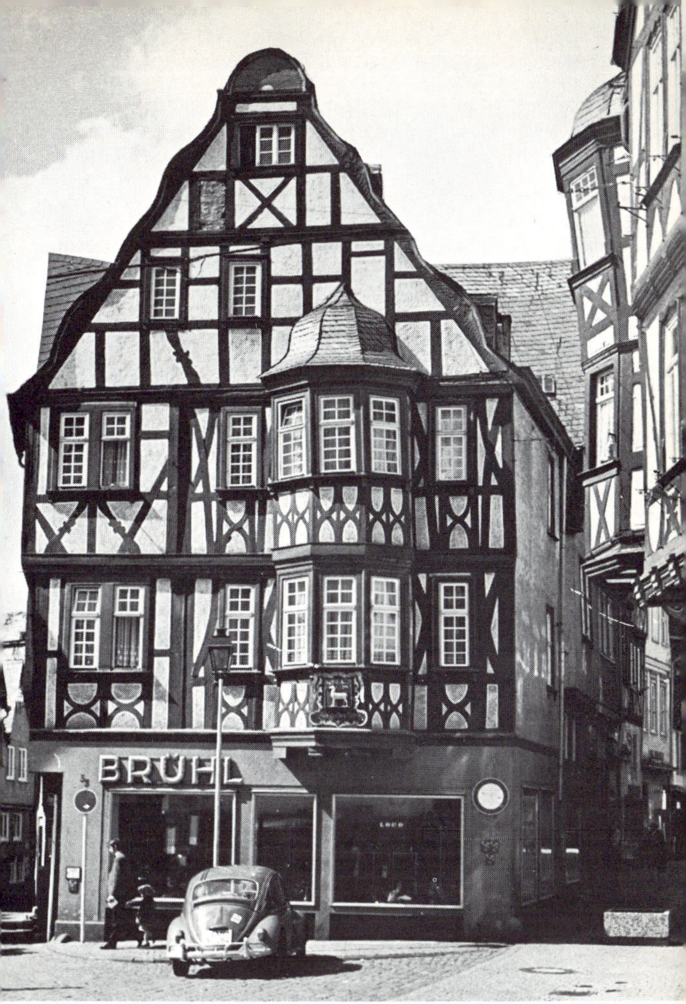

Limburg a. d. Lahn. Haus Kornmarkt 3

Stadtbefestigung. Der quadratische **Brückenturm** auf dem gegenüberliegenden Lahn-Ufer stammt in seinen unteren Teilen aus dem 13. Jh.; 1543 wurde er erneuert und nach 1800 mit einem klassizist. Giebel versehen. – Die **Lahn-Brücke** wurde 1315–41 in Stein errichtet und später wiederholt erneuert.

UG

Dietkirchen (B8)

● Ehem. Stiftskirche St. Lubentius und Juliana (kath. Pfarrkirche)

Der hl. Lubentius soll im 4. Jh. an der unteren Lahn missioniert haben. Nach seinem Tode wurde er als Schutzheiliger des Archidiakonats verehrt. Im 8. Jh. übertrug man seine Gebeine nach Dietkirchen. Das Kollegiatstift fand 841 erstmals urkundliche Erwähnung. Die ehem. Stiftskirche war der Sitz des Archidiakons der rechtsrheinischen Trierer Kirchen, seit 1021 urkundlich genannt.

In herrlicher Lage steht die Kirche auf einem steilen Kalkfelsen des Lahntales. Doppelturmfront und Chorseite beherrschen weithin die Landschaft, ganz ähnlich wie der Limburger Dom und das Kloster Arnstein.

Die erste nachweisbare Kirche, ein einfacher Saalbau, entstand wohl noch im 8. Jh. Im späten 10. oder frühen 11. Jh. schritt man zu einem Neubau, einer 3schiffigen Basilika mit mächtigem W-Turm, die gegen Ende des 11. Jh. vergrößert wurde: Eine neue Choranlage entstand, die Doppelturmfront ersetzte den W-Turm, schließlich fügte man ein neues (breiteres) Langhaus ein. In der 2. Hälfte des 12. Jh. wurde das Langhaus unter Einfluß rheinisch-roman. Bauten zu der heute noch bestehenden Emporenbasilika umgebaut. Das Gewölbe des Querhauses gehört dem 2. Viertel des 13. Jh. an, ebenso die Rhombendächer der W-Türme; beides steht unter Einfluß des Limburger Domes. – 1692 wurde der Lettner abgebrochen. 1955–58 umfassende Restaurierung.

Außen tritt der salische Bau des 11. Jh. noch klar zutage. Die ungleichen Türme sind bis in Höhe des Mittelschiffsgiebels fast vollkommen ungegliedert; darüber treten Rundbogenfriese und Schallarkaden auf. Auch der Blick auf die südl. Kirchenfassade zeigt den hochroman. Bau, dessen Seiten- und Mittelschiff im 12. Jh. um je 1 Geschoß erhöht wurden. Das Querhaus hat noch die Höhe des urspr. Mittelschiffes. Das abfallende Gelände zwang zu hohen Stützmauern für die Apsiden. – Nördl. des Chores liegt die kleine *Michaelskapelle* (um 1000) mit dem Beinhaus darunter. Die Stiftsgebäude befanden sich auf der S-Seite. – Inneres. Das kurze und steile Schiff ist einschließlich der W-Em-

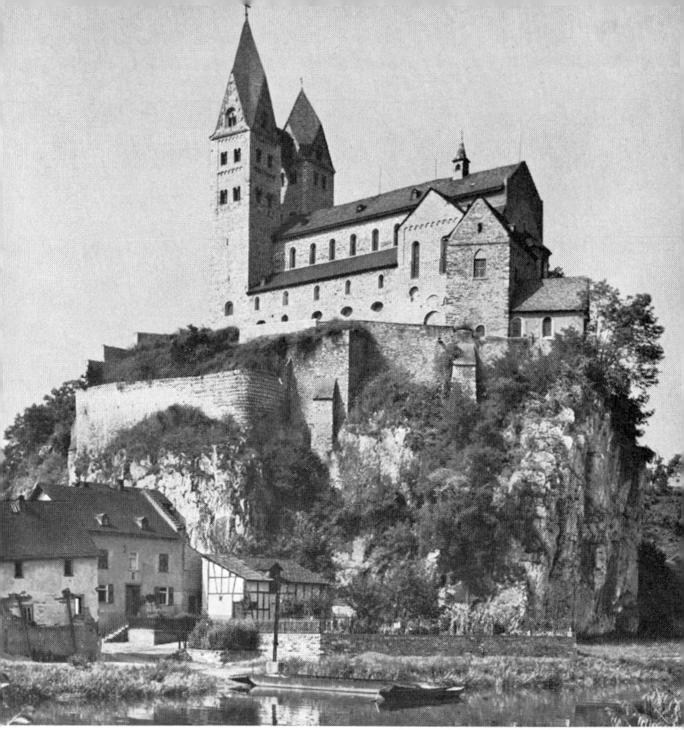

Dietkirchen. Ehem. Stiftskirche von Südosten

pore 5 Joche lang. Es ist 3geschossig und wird von dem Gleichklang der Arkaden auf stämmigen rechteckigen Pfeilern beherrscht. Über den 3 mittleren Arkaden öffnet sich die Empore mit je 4 kleinen Arkaden auf Basaltsäulchen innerhalb eines Blendbogens. Über dem hohen Obergaden wurde an der Holzdecke des 16. Jh. frühbarocke Malerei freigelegt. Auch die Bemalung von Pfeilern und Wänden mit einer Fugenmalerei wurde wiederhergestellt. Seit dem Umbau des 13. Jh. bildet das Querhaus eine Halle von 2 Jochen Tiefe mit Kreuzrippengewölben. Die urspr. Rippenornamentierung und die Darstellung der Paradiesflüsse im

Scheitel des Chores sind heute wieder sichtbar. Von den 3 Apsiden wurde die südl. schon im 13. Jh. zugunsten einer Sakristei abgebrochen.

Ausstattung. Der spätroman. *Taufstein* mit 6 Säulchen und Knospenkapitellen entstand um 1220 und steht in enger Beziehung zu Limburg. Auf der roman. W-Empore hat eine bemerkenswerte Barockorgel Platz gefunden, 1711 von Joh. Jak. Dahm geschaffen. Im N-Seitenschiff das Renaissance-Grabmal des Philipp Frey v. Dehrn († 1550). An der Sakristeitür die *»Evangelistenplatte«*, eine runde Metallplatte mit Löwenkopf und den Evangelistensymbolen, Anf. 13. Jh. – Im Kirchenschatz wird ein prachtvolles *Kopfreliquiar des hl. Lubentius* aufbewahrt (Büste 1477, Kopf um 1270), eine mittelrheinische Goldschmiedearbeit.

UG/EH

LINDEN (Lahn-Dill D7)

Großen-Linden (D7)

Ev. Pfarrkirche (St. Peter). Die in der Spätromanik veränderte Kirche des 11. Jh. wurde 1907–08 nochmals stark umgebaut; damals erhielt sie eine neue Ausstattung. Das spätroman. *W-Portal*, das urspr. wohl im S saß, gibt Rätsel auf. Es ist 2stufig; Löwenkämpfer trennen die figurierten Pfosten von den mit Reliefs besetzten kantigen Bogenläufen. Eine überzeugende Deutung des Darstellungsinhalts ist bisher nicht gelungen, zumal es sich um eine einfache, regionale Kunstproduktion jener Zeit handelt, die sich nicht ohne weiteres in die spätroman. Kunstentwicklung eingliedern läßt. Eine christliche Legende dürfte der Darstellung am ehesten zugrunde liegen, wobei wir mit lokalen Traditionen und mit Stilverspätung in der Ausführung zu rechnen haben. – 2 frühgot. Portale sind an benachbarten Gebäuden eingebaut.

Das **Pfarrhaus** gehört zu den bedeutendsten Fachwerkbauten der Gegend. Das Gefüge läßt auf eine Entstehung im späten 15. Jh. schließen. Die N-Wand ist in Ständerbauweise ausgeführt; an den übrigen 3 Seiten kragt das Fachwerk des Obergeschosses vor. Die Eckpfosten, die nicht auf einer Schwelle stehen, werden von gebogenen Streben abgestützt; die Brustriegel laufen durch und sind aufgeblattet.

DG/UG

LINDENFELS (Bergstraße E13)

Die Burg wurde wohl zur Deckung der Lorscher Besitzungen im Odenwald angelegt. 1123 kommt ein Graf in Lindenfels vor; 1208 wurde die Burg erstmals erwähnt. 1336 erhielt der nordöstl. an die Burg angelehnte und dem Pfalzgrafen gehörende Ort Stadtrechte.

Als Mittelpunkt des inneren Odenwaldes liegen Burg und Stadt auf einem Bergvorsprung mit großartigem Rundblick. Die regelmäßige, länglich-viereckige Form des Stadtgrundrisses zeigt die planmäßige Anlage eines Landstädtchens des 14. Jh.

Die **kath. Kirche St. Petri und Paul** oberhalb der Burgstraße ist ein Barockkirchlein mit Dachreiter, das 1745 geweiht wurde. Die Altäre aus dem Anfang des 18. Jh. sollen aus der Hl.-Geist-Kirche in Heidelberg stammen. – Die **ev. Stadtkirche** wurde an der Stelle einer mittelalterl. Kirche von dem Darmstädter Landbaumeister Karl Christ. Lauteschläger 1823–25 erbaut.

Burg. Im Anfang des 18. Jh. verfallen, 1887 und 1891 restauriert. Die auf einer Anhöhe über der Stadt gruppierte Anlage erreicht man über einen Burgweg, der, von einem Zwinger mit Türmen begleitet, ganz um die Kernburg herum zum inneren Burgtor führt. Um einen vieleckigen Hof lagern die Reste der Burggebäude. Vom Palas sind im N Teile der Wände mit roman. Schichten erhalten. Reste der Michaelskapelle südl. des als Rundturm an Fundamentresten kenntlichen Bergfrieds inmitten des Hofes.

Die **Stadtbefestigung** des 14. Jh. umzieht teilweise noch wohlerhalten mit Türmen und dem doppelten **Fürther Tor** von der Burg ausgehend das Städtchen.

GB

LIPPOLDSBERG (H1) → **Wahlsburg** (Kassel)

LOHRA (Marburg-Biedenkopf D6)

Ev. Pfarrkirche. Die 3schiffige spätroman. Pfeilerbasilika besteht aus 2 Jochen und einem quadratischen Chor; das südl. Seitenschiff wurde 1909 in Fachwerk aufgestockt. Die Arkaden sind im Inneren durch breite Gurtbögen getrennt; darüber sitzt ein got. Kreuzrippengewölbe. Der Inneneindruck wird hauptsächlich durch die Ausstattung des späten 17. Jh. bestimmt. 1690 und 1699 entstand die Chorempore, deren Brüstungsfelder 1772 von Wilhelm Hermann Werner aus Gladenbach mit biblischen Szenen bemalt wurden. 1691 wurde die Orgel geschaffen, die noch verschließbare bemalte Flügel besitzt. Zur Ausstattung gehören ferner der Pfarrstand (um 1700), die Langhausemporen (17. Jh.) und die Kanzel von 1699.

In der Nähe der Kirche stehen einige bedeutende **Fachwerkbauten,** so das **Rathaus,** 1713 von den Werkmeistern H. P. und Joh. Krauskop errichtet, und **Kirchweg 7,** dessen südl. Bauteil in der 2. Hälfte des 17. Jh. entstand und um 1700 mit einer nördl. Erweiterung und einem neuen Giebel versehen wurde. Weitere Fachwerkbauten des 18. und frühen 19. Jh. finden sich in der **Schulstraße** (**Nr.** 2 von 1702, **Nr. 6** von 1818), am **Kirbach** und in der **Marburger Straße.**

UG

LOLLAR (Lahn-Dill D7)

Die 1852 endgültig fertiggestellte Main-Weser-Bahn von Kassel nach Frankfurt ließ Lollar zu einem bedeutenden Industrieort werden.

Die Firma J. W. Buderus übernahm 1861 die 1853 gegründete **Main-Weser-Hütte** und erweiterte die direkt an der Bahnlinie gelegenen Werksanlagen. Es entstand der **Gichtturm** in 4geschossiger, klassizistisch beeinflußter Gliederung; der obere Abschluß des Turmes erinnert an Wehrbauten. Vom Gichtturm aus wurde der Hochofen mit Brennmaterial beschickt. Nördlich grenzt die **Fabrikantenvilla** an das Werksgelände an; sie wurde als 2flügeliger Bau in den Formen einer got. Burg mit Türmchen und Maßwerkverzierungen errichtet. Die Übernahme got. Formen ist in der Zeit vor der Gründung des Deutschen Reiches für das aufstrebende Bürgertum typisch. Die Familie Buderus war im 19. Jh. von Pächtern einer gräflichen Eisenhütte (Friedrichshütte bei Laubach) zu selbständigen Industrieunternehmern aufgestiegen.

Für die Arbeiter der Buderus-Werke entstand im späten 19. Jh. eine **Häuserzeile** am Ende der Marburger Straße (ab Nr. 93). Es handelt sich um Doppelhäuser mit 2 Giebelhausteilen, die einen mittleren Traufenhausteil rahmen. Die Gebäude sind in Typ und Material gleich (graue Ziegelwände mit roten Eckziegeln, Giebelspitzen teilweise in Fachwerk), unterscheiden sich aber in Größe und Detailgestaltung.

Das Ortszentrum mit Kirche und Backhaus wurde in den 1960er Jahren zerstört. In der Marburger und Gießener Straße befinden sich noch einige ältere **Fachwerkhöfe.** Zu einem kleineren Betrieb gehört das Haus **Gießener Str. 63**, das 1887 als historisierendes Fachwerkhaus errichtet wurde.

UG

Ruttershausen (D7): Kirchberg

Kirchberg war 1226 merenbergisch, fiel aber 1396 zur Hälfte, 1585 ganz an Hessen.

Die **ev. Pfarrkirche** (St. Maria) in Kirchberg diente schon im Mittelalter als Pfarrkirche für die weit oberhalb gelegene Stadt → Staufenberg, die keine Kirche innerhalb ihrer Mauern hatte. Die kleine, 1495–1508 entstandene Anlage ist reizvoll asymmetrisch: das N-Schiff etwas schmaler als das südliche, dem sich der Chor nicht ganz regelmäßig anschließt. Schlanke Rundpfeiler tragen die Kreuzgewölbe; den Chor zeichnet ein Sterngewölbe aus. Im Turm stecken roman. Reste. – Spätgot. Kruzifix; Rokoko-Orgel. – Mehrere Figurengrabmäler der v. Rolshausen (1564/82) und v. Rodenhausen (1582/86, 1605/13) zeigen einen formenreichen Renaissance-Aufbau.

DG

Salzböden (D6/7)

2 km oberhalb des Ortes wurde nahe der Schmelzmühle **»Schloß Battingsfeld«** ergraben, neben den »Höfen« bei Dreihausen (→ Ebsdorfergrund) die älteste Straßenfeste Hessens; sie gehört dem 8. Jh. an.

Die **ev. Kirche** ist eine Wehranlage aus dem 13. Jh., im 16. Jh. verändert. Um 1600 fügte man den Chor in gotisierenden Formen an und stattete ihn mit einem Holzrippengewölbe aus; das Langhaus ist mit einer bemalten Flachdecke versehen. 1609 und 1807 entstanden die doppelten Emporen, die in der 2. Hälfte des 18. Jh. durch G. E. J. Kayser und seinen Sohn Brüstungsmalereien erhielten. Im Chor stehen Renaissance-Grabsteine der Familie v. Rolshausen sowie eine Rokoko-Orgel.

Die Straße in Richtung »Schloß Battingsfeld« führt über eine 2bogige steinerne **Brücke** aus den Jahren um 1800.

UG

LORCH (Rheingau-Taunus A10)

Die Rheinenge des »Binger Lochs« bedingte, daß hier, an der Wisper-Mündung, die Fracht größerer Schiffe entweder auf kleinere umgeladen werden mußte, die die Stromschnellen des »Binger Lochs« ungefährdet durchfuhren, oder auf Wagen, um die Rheinenge und die Zollsperre auf dem »Kaufmannsweg« durch das Wispertal und den Kammerforst zu umgehen. Diese Straße erreichte das Rheintal wieder bei Rüdesheim und Geisenheim. – Der Ort war wohl bereits in römischer Zeit besiedelt. Den Ausgangspunkt der mittelalterl. Stadt bildete ein Königshof, der in Mainzer Besitz überging. Der Weinbau ist hier seit karoling. Zeit bezeugt. Im Spätmittelalter pflegte die Stadt ein blühendes Tuchmachergewerbe. Durch Auswanderung der Weber nach der Reformation, durch weitgehende Zerstörungen und verheerende Seuchen im 30jährigen Krieg kam es zum Niedergang. 1806–66 gehörte Lorch zum Herzogtum Nassau, dann zu Preußen.

Der Steilhang des Ufers zwang zur Staffelung der Siedlung. Der Kern der Stadt breitete sich auf der höchsten Uferterrasse um die Pfarrkirche und den Marktplatz aus. Darunter liegt der Hauptteil an der Rheintalstraße, jenseits der Wisper das »Kirchspiel«, das überragt wird von der Burgruine Nollig auf halber Höhe des Gebirgszuges.

Burgruine Nollig (Nollich). Ein im 14. Jh. gegenüber von Lorch errichteter 3geschossiger Fachwerkturm aus hohen Ständern, Schwertungen und Riegeln diente zur Sicherung der Wisper-Mündung. Schon nach wenigen Jahren oder Jahrzehnten wurde er steinern ummantelt und mit 2 runden Ecktürmchen versehen. Die Fachwerkteile gingen bei jüngeren Umbauten verloren.

Kath. Pfarrkirche St. Martin. Sie liegt beherrschend über dem Ort. Der unregelmäßig in das Schiff einschneidende W-Turm gehört in seinen unteren Teilen noch zu einem spätroman. Bau, vielleicht auf römischen Fundamentresten. Die heutige Kirche wurde mit dem Chor Ende des 13. Jh. im Stil der klassischen Gotik begonnen, wie die Maßwerkfenster, Laubkapitelle und Bündeldienste zeigen. Im frühen 14. Jh. begann der Bau des Langhauses, das kurz vor 1400 durch ein nördl. Seitenschiff erweitert wurde. So ergab sich die Raumform einer 2schiffigen asymmetrischen Halle, wie sie auch aus Rüdesheim und Eltville bekannt ist. Um 1480 erhielten die beiden *Vorhallen* ihre heutige Gestalt. Die äußere Vorhalle muß den beträchtlichen Niveauunterschied zum Marktplatz überbrücken.

Trotz vieler Verluste ist die spätmittelalterl. Ausstattung ● noch sehr bedeutsam. Der feingliedrige got. *Hochaltar* von 1483 ist der reichste Flügelaltar des Mittelrheins. 10 Statuennischen sind in seinem Schrein in 2 Geschossen gestaffelt, in der Mitte die Gottesmutter, darüber der Kirchenpatron, in der Bekrönung Kreuzigung. Der Stil der Plastik wurde von der oberrheinischen Kunst beeinflußt. Das Sakramentshaus gehört dem beginnenden 15. Jh. an. Aus der Erbauungszeit des Chores stammt das kraftvolle *Chorgestühl* mit phantastischen Tieren und Pflanzen in den Wangen (Vorder- und Rückseiten ergänzt). Architektonisch reich gestaltet ist der *Taufstein* von 1464. Das Becken wird von 2 Löwen und 2 Hunden getragen und besitzt Reliefs mit den Kirchenvätern und den Evangelistensymbolen. Unter den Einzelbildwerken ist das bedeutendste das große *Kruzifix* aus der 1. Hälfte des 13. Jh. (Die »Lorcher Kreuztragung«, eine meisterhafte Tonfigurengruppe des Weichen Stils, gelangte in die Berliner Museen.) – Mehrere gute Grabsteine, um 1500; groß aufgefaßt das Renaissance-Denkmal des kaiserlichen Feldmarschalls Johann Hilchen v. Lorch († 1550) mit dem Standbild des Verstorbenen.

Auf dem **Kirchhof** ein Steinkreuz (bez. 1491) mit einem Kruzifix des 18. Jh. – Prächtige Aussicht von der Terrasse auf das Rheintal.

Das **Hilchenhaus** (Rheinstraße) wurde 1546–48 von Feldmarschall Johann Hilchen v. Lorch erbaut, der Giebel 1573 vollendet. Es ist ein 3geschossiges Steinhaus mit 4 Giebelgeschossen, auf winkelförmigem Grundriß mit seitlichem Treppenturm erbaut. Im Gegensatz zu dem gleichzeitigen Stockheimer Hof in Geisenheim wurde hier der Renaissancestil schon vollkommen übernommen. Die Schauseite wendet sich dem Rhein zu. Den Erker umgibt ein Altan im 1. Obergeschoß, der als Balkon auch das Portal links noch überdeckt. Im Inneren ist nur der Erker mit Netzgewölben ausgeschmückt.

Wohnbauten. Im Hof des Hauses Marktpl. 1 steht ein Rest des karoling. **Saalhofes** (oder eines römischen Baues?). Der **Zehnthof** ist ein turmartiges Steinhaus der Spätgotik, im Krieg stark beschädigt. – Der Marktplatz und die Hauptstraßen zeigen noch das Erscheinungsbild der Barockzeit; zahlreiche Fachwerkhäuser besitzen vorkragende Obergeschosse und Erker.

Von der **Stadtbefestigung** des Spätmittelalters blieben Reste an der Wisper-Mündung mit 2 Rundtürmen, ferner am Anfang des Weiseler Weges und am Obertor.

Über die Wisper spannt sich eine 2bogige **Steinbrücke** von 1552.

In den Räumen des **Rathauses** (Markt 5) ist das **Heimatmuseum** untergebracht. Es bietet u. a. sehr qualitätvolle mittelalterl. Kunstwerke des Rheingaus.

UG/EH

LORSCH (Bergstraße D13)

Ehem. Benediktinerabtei

Das karoling. Reichskloster war im frühen Mittelalter von außerordentlicher geistiger, kultureller und politischer Bedeutung. Gaugraf Cancor gründete 764 auf seinem Landgut Laureshaum (Laurissa) ein Kloster und schenkte es Erzbischof Chrodegang von Metz. Chrodegang setzte Benediktiner aus Gorze (Lothringen) in das Kloster und übertrug 765 die Gebeine des Märtyrers Nazarius nach Lorsch. Der wachsenden Bedeutung entsprechend entstand ab 766 ein Klosterneubau auf der Höhe der Düne. 772 unterstellte sich der Abt Karl d. Gr. Lorsch wurde Reichskloster, der Abt wurde Reichsfürst. Karolinger, Ottonen und Salier förderten das Kloster außerordentlich. Erzbischof Brun von Köln reformierte das Kloster um 948/951 nach den Grundsätzen des lothringischen Klosters Gorze. Im Gegensatz zu der burgundischen Re-

form von Cluny waren die Gorzer Klöster im allgemeinen reichstreu und kaiserfreundlich; bis zum Anfang des 11. Jh. umfaßte die Gorzer Reform etwa 80 Klöster bei ständigen Auseinandersetzungen mit Cluny und später auch mit dem cluniazensischen, papstfreundlichen Hirsau. 1105 wurde ein Abt aus Hirsau in Lorsch eingesetzt, dem sich Lorsch erfolgreich widersetzte, bis er 1111 wieder abberufen wurde. Lorsch blieb danach der Gorzer Reform wenigstens bis gegen 1170 treu.

Die Klosteranlage von 766–774 wurde unter Abt Richbod (784 bis 804) durch Neubauten in Stein südl. der Kirche ergänzt. Zwischen 876 und 882 fällt die Errichtung der Gruftkirche (ecclesia varia = bunte Kirche), die als Grablege für Ludwig d. Deutschen im O an die Klosterkirche angefügt wurde. 1090 zerstörte ein Brand den karoling. Großbau. Der Wiederaufbau ging nur sehr langsam vonstatten; der Turmbau nach Hirsauer Vorbild fällt vermutlich in die Zeit der Überfremdung 1105/11. Erst 1130 fand die Wiederherstellungsweihe statt. 1228 wurde die Abtei den Benediktinern entzogen und dem Mainzer Erzbischof übertragen. Der Versuch, Zisterzienser aus Eberbach anzusiedeln, scheiterte; daher erhielten 1248 die Prämonstratenser das Kloster als mainzische Propstei. 1461 mußte Lorsch an Kurpfalz verpfändet werden; bei der dortigen Reformation 1556 wurde die Propstei aufgehoben. Jetzt setzte der Verfall des Klosters ein, den auch die Rückgabe an Kurmainz 1623 nicht aufhalten konnte. 1803 kamen die Baulichkeiten an Hessen-Darmstadt.

Zahlreiche Grabungen im 19. und 20. Jh. suchten nach den Fundamenten der 1621 durch spanische Truppen zerstörten Abteikirche; entscheidend war die letzte, 1927–36 unter Friedrich Behn, die mit einer durchgreifenden Restaurierung der Königshalle einherging.

● **Torhalle.** Von der karoling. Klosteranlage erhielt sich nur die reich geschmückte »Lorscher Halle«, ein 2geschossiges, querrechteckiges Gebäude, das einst dicht hinter dem W-Tor der Abtei frei in dem großen Vorhof der Kirche stand. Als karoling. Klostergebäude mit vollständig erhaltener Wandgestaltung ist es ein einzigartiges Baudenkmal in Deutschland. In 3 großen Rundbogen öffnet sich das Untergeschoß nach beiden Fronten; dazwischen steigen Halbsäulen mit Kompositkapitellen auf, die ein zierliches Friesband mit Blattornament tragen. Das Obergeschoß schmückt eine enge Pilasterstellung mit Spitzgiebeln, von denen je 3 einem Bogen des Untergeschosses entsprechen. Die mittlere Spitzarkade umrahmt jeweils ein kleines Rundbogenfenster. Ein Konsolengesims schließt die Front gegen die Dachtraufe ab. Die Grundfläche der Schauseiten ist mit einem Mosaik aus roten und weißen Steinen in verschiedenen Mustern belebt, die der Wandfläche eine teppichhaft-textile Wirkung verleihen. Auch die antiken Gliederungen, die nur im Untergeschoß noch etwas von ihrer tektonischen Kraft besitzen, werden ins Ornamental-Dekorative umgebildet.

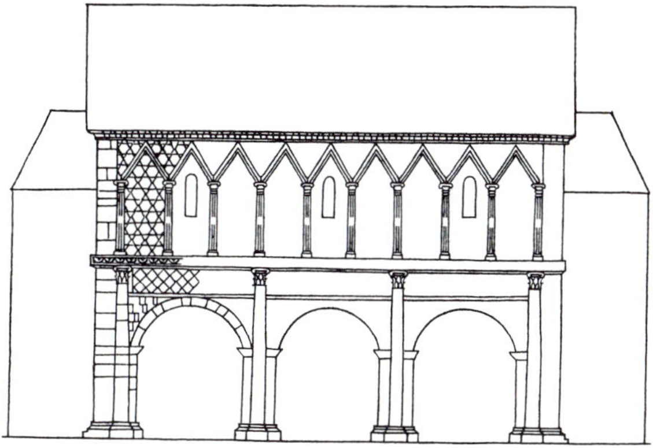

Lorsch. Ehem. Benediktinerabtei. Torhalle (Rekonstruktion)

I n n e r e s. 2 runde Treppentürme an den Schmalseiten der Torhalle führen hinauf in das O b e r g e s c h o ß, einen rechteckigen Saal, der urspr. nur eine Flachdecke hatte. Er enthält wichtige *Wandgemälde*: in einer untersten Schicht Reste figürlicher Malereien und darüber – schon aus karoling. Zeit – eine Architekturausmalung, die fast vollständig rekonstruiert werden konnte. Über einem quadrierten Sokkel umzieht eine ionische Kolonnade mit kräftigem Architravgesims den Raum: ein völlig antikes Gliederungssystem, das ähnlich auch in den Kanontafeln verschiedener Bilderhandschriften der sog. Palastschule Karls d. Gr. vorkommt. Am Ende des 14. Jh. wurde der Raum erhöht, indem man die Holztonne einzog. Die got. Übermalung blieb an der N- und S-Seite erhalten. Im N handelt es sich um eine Marienkrönung mit 4 Reihen musizierender Engel und den Zinnen des himmlischen Jerusalem. Im S ist in der Mitte der Schmerzensmann dargestellt, darüber die Fürbitte Christi

und Marias bei Gottvater für die Menschheit. Auch hier erscheint Christus in der Gestalt des Schmerzensmannes. (Vom gleichen Maler stammen Wappenfresken im Amtshof zu Heppenheim.)
Da es an sicheren Hinweisen auf die urspr. Bestimmung des Raumes und des ganzen Gebäudes fehlt, wurde die Torhalle abwechselnd als Königshalle, Gerichtshalle oder Kapelle gedeutet. Möglicherweise hat ihre Funktion auch schon in karoling. Zeit gewechselt. Die Form des Untergeschosses ließe an ein »Triumphtor« am Eingang des Klosters denken, das wahrscheinlich mit einer sakralen Funktion verbunden ist. Zum römischen Konstantinsbogen gibt es eine typologische Verwandtschaft; dort ist in der Attikazone eine Kapelle untergebracht. Aber auch eine Beziehung zu S. Maria in Turri im Atrium von Alt St. Peter in Rom ist denkbar. – Außen- wie Innenarchitektur lassen in besonderer Weise den Rückgriff der karoling. Kunst auf die (frühchristliche) Antike, die »karolingische Renaissance« deutlich werden. Bei der Weihe der Klosterkirche 774 in Anwesenheit Karls d. Gr. war die Torhalle wahrscheinlich schon vollendet.

Von der **Basilika St. Peter und Paul und St. Nazarius** steht heute nur noch ein Teil des Mittelschiffes der *ehem. Vorkirche.* Die W-Wand enthält aufgehendes Mauerwerk der beiden Türme der Zeit nach 1105. Den entwickelten roman. Formen der Pfeiler nach gehört der erhaltene Rest der Bauperiode zwischen 1141 und 1148 an, die Vorkirche entstand nach cluniazensischem Vorbild. – Ein karoling. Steinsarkophag im Inneren zeigt ionische Pilaster, die denen der Torhalle ähneln.

Auf Grund der umfassenden Grabungen ergibt sich folgendes Bild der heute verschwundenen Hauptkirche: Sie war eine 3schiffige Pfeilerbasilika mit querrechteckigem, flach geschlossenem Chor im O sowie Westwerk und Vorhof anstelle der noch erhaltenen Vorkirche (vgl. SS. Felice e Fortunato in Vicenza). An den O-Chor wurde 876 als Außenkrypta die Gruftkirche Ludwigs d. Deutschen angeschlossen, ein 1schiffiger gewölbter Raum mit Apsis. Nach dem Brand von 1090 erhielt der Vorhof ein westl. Turmpaar; der offene Hof selbst wurde zur Vorkirche nach Hirsauer Art umgewandelt. Die Klostergebäude schlossen sich im S der Kirche an. Sie umgaben einen quadratischen Kreuzgang. Auf der N-Seite lag der Friedhof. Mehrere Kapellen umrahmten die Hauptkirche, die mit den beiden Vorhöfen die O-W-Achse des ummauerten Klosterbezirkes bildete. An der SO-Ecke stand ein

Gebäude, das vielleicht als Latrine diente. – Eine weitere frühmittelalterl. Klosteranlage mit 3schiffiger Basilika wurde am Seehof ergraben.

Das **Rathaus** lehnt sich eng an das Vorbild von Heppenheim an, es wurde 1715 erbaut. Über einem Steinsockel erheben sich 2 Fachwerkgeschosse, durch 3 Erker gegliedert. Der Mittelerker setzt sich über dem Dach als Rathausturm fort. – Unter den Wohnbauten ist das **Palais des Frhrn. v. Hausen** hervorzuheben (Bahnhofstr. 18), 1775 von G. Günther als verputzter Fachwerkbau mit Eckpilastern errichtet.

UG/EH

LÜDERBACH (K4) → **Ringgau** (Werra-Meißner)
LUDWIGSTEIN, Burg → **Witzenhausen** (Werra-Meißner I2)

MALSFELD (Schwalm-Eder H4)

Dagobertshausen (H4)

Ev. Pfarrkirche. Der einheitliche spätgot. Bau (um 1400) besteht aus einem gestreckten Chor von 2 Jochen mit $^5/_8$-Schluß, einem fast quadratischen, durch die Empore noch kürzer wirkenden Langhaus und dem W-Turm. Diesen schließt ein Zeltdach des 19. Jh. ab; als Mauerkrone hat sich indes der offene Zinnenkranz mit dahinterliegendem Wehrgang erhalten, das eindrucksvollste Beispiel im nördl. Hessen (vgl. Steinheim am Main). – Im Chor sind die Rippengewölbe auf Wanddiensten erhalten, im Langhaus 1637 zerstört; hier eine Flachdecke auf Balusterstützen von 1784. Ornamentale Details der ehem. Langhausgewölbe sind im Mauerwerk außen und innen angebracht. – Sakramentsnische mit Kreuzigungsrelief, 1. Hälfte 15. Jh. – Orgel 1841 von Friedrich Bechstein, neugotisch, mit 2fach abgetrepptem Gehäuse und Zinnenfries, Ornament z. T. klassizistisch.

DG

MANSBACH (I6) → **Hohenroda** (Hersfeld-Rotenburg)

MARBURG (Marburg-Biedenkopf E6)

Die Kreuzung der »Weinstraße« von Wetzlar nach Westfalen (einer der wichtigsten Nord-Süd-Straßen im Mittelalter) und einer West-Ost-Straße aus dem Westerwald ins Amöneburger Becken samt der dazugehörigen Lahn-Furt bildet den Ausgangspunkt für die Entwicklung Marburgs. Als oberhessischer Verwaltungsmittelpunkt für den zunächst gisonischen, ab 1122 landgräflich-

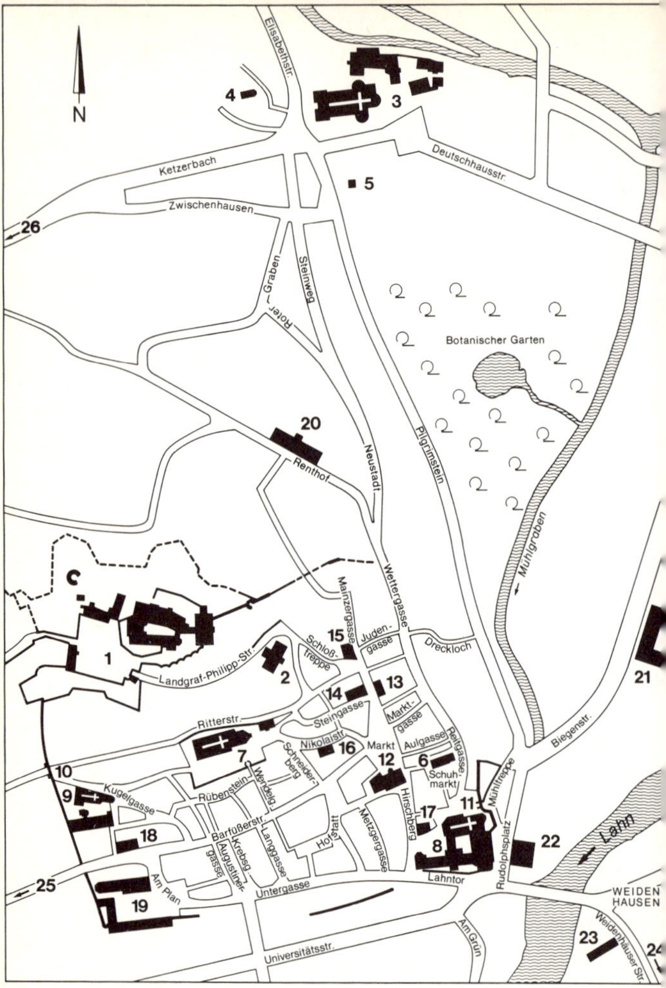

Marburg. Innenstadt-Lageplan
(auf der Grundlage eines Stadtplanes von Manfred Ritter)

thüringischen Besitz gewann der Ort während des 12. Jh. rasch an Bedeutung. Vielleicht schon in vorroman. Zeit besiedelt, wurde Marburg um 1139/40 Markt- und Münzstätte. Mit dem Stadtmauerbau von 1180/90 darf man Stadtrechte annehmen, die 1222 bezeugt sind. Zu Beginn des 13. Jh. standen 2 Kirchen, deren größere 1227 Pfarrechte erhielt; die kleinere, ältere Kilianskapelle steht – profaniert und verstümmelt – noch heute. Entscheidend für das Schicksal der Stadt wurde die hl. Elisabeth, die 1228 hier ihren Witwensitz nahm. Die Betreuung ihres Grabes durch den Deutschen Orden und ihre Heiligsprechung 1235 u. a. auf Betreiben ihres Schwagers Konrad von Thüringen machten aus Marburg einen Wallfahrtsmittelpunkt. Elisabeths Tochter, Sophie von Brabant, wählte bei der Lostrennung Hessens von Thüringen (1248) Marburg zum neuen Regierungssitz. Damit war eine recht konfliktträchtige Situation durch das Nebeneinander von aufstrebendem Großbürgertum, Deutschem Orden und hessischen Landgrafen geschaffen. Durch Jahrhunderte blieb Marburg Haupt- oder wenigstens Nebenresidenz, die Elisabethkirche Grablege der hessischen Landgrafen. 1567–1604 war Marburg zuletzt Sitz einer selbständigen Landgrafschaft unter Ludwig IV. Von der 1527 durch Landgraf Philipp d. Großmütigen gegründeten prot. Universität vertrieb Landgraf Moritz von Hessen-Kassel – er war 1605 zur ref. Lehre übergetreten – die luth. Theologen und Professoren, die an der 1607 gegründeten Universität Gießen aufgenommen wurden. Gegen den Widerstand der Bevölkerung ließ Moritz die Bilder in den Kirchen zerschlagen. Die Konfessionsspaltung (Universität reformiert, Bürgerschaft meist lutherisch) blieb bis zur Marburger Union 1947. Von den Kriegen des 17. und 18. Jh. erholte sich Marburg erst allmählich im 19. Jh., besonders ab 1850. 1866 fiel die Stadt mit Kurhessen an Preußen, 1945 an das neue Land Hessen.

Zu nebenstehendem Plan:

1 Schloß
2 Ehem. Kanzlei
3 Elisabethkirche und Deutschordensgebäude
4 Michaelskapelle
5 Ehem. Hospitalkapelle
6 Ehem. Kilianskapelle
7 Marienkirche
8 Ehem. Dominikanerkloster und -kirche; Alte Universität
9 Ehem. Kugelherrenkloster, Kugelkirche
10 Kalbstor
11 Mühl(Dominikaner)pforte
12 Rathaus
13 Roter Hirsch (Markt 19)
14 Steinernes Haus (Markt 18)
15 Schloßtreppe 1 (1418)
16 »Hochzeitshaus«
17 Hirschberg 13 (1321/1477/1978)
18 Dernbacher Hof (Barfüßerstr. 4)
19 Universitäts-Reithalle, ehem. Franziskanerkloster
20 Ehem. Dörnberger Hof
21 Universitätsmuseum
22 Herrenmühle
23 Hospital St. Jakob (Weidenhäuser Str. 13)
24 nach Schröck, Moischt
25 nach Ockershausen
26 nach Michelbach

Die Stadt entwickelte sich um den Kern eines steilen Straßenmarktes (Hirschberg – Markt – Mainzer Gasse) und wurde schon um 1180/90 östl. bis zum Berghang und westl. bis zur Langgasse erweitert (vor dem Haus Barfüßerstr. 28 wurde ein Stadttor ergraben). Die Erweiterung schloß die landgräfliche Hofstatt nahe dem Marktplatz ein. Die endgültige W-Mauer mit dem Franziskanerkloster und dem Kalbstor entstand um 1235; um 1260 wurde die Neustadt samt dem Renthof der Stadt nordöstl. vorgelagert. Um 1300 legte man den Steinweg als gepflasterte Verbindung zur Deutschordensballei an. Erst um 1830 begann die Stadt über die alten Grenzen nach N und W hinaus zu wachsen; ab etwa 1870 wurde das Südviertel angelegt, um 1900 das Biegenviertel, und seit etwa 1930 bebaute man auch die Hänge jenseits der Lahn.

● Schloß

Heinrich I., Enkel der hl. Elisabeth, begann um 1260/70 mit dem Ausbau der thüringischen Burg des 12. Jh. zum Residenzschloß (Kapellenbau, Fürstenbau), das im späten 15. und im späten 16. Jh. nochmals wesentlich erweitert und erneuert wurde. Das 17. Jh. fügte Verteidigungsanlagen hinzu, die im 18. Jh. z. T. wieder geschleift wurden. Umbau des heute von der Universität genutzten Schlosses zu einem Landesmuseum seit 1976.

3 Flügel umgeben einen trapezförmigen Innenhof. Den N-Flügel nimmt ein symmetrischer Saalbau ein, im W liegt der Frauenbau (Kemenate) und im S der Landgrafenbau mit der Schloßkapelle. Den Übergang vom N- zum S-Flügel bildet über dem Tor zum Schloßhof die Sakristei. Östl. ist der Wilhelmsbau vorgelagert.

Der **Landgrafenbau** stammt aus dem 13. Jh.; er wurde im 15. und 16. Jh. grundlegend umgebaut. Ebert Baldewein fügte 1572 die Rentkammer als Vorbau vor der S-Seite der Schloßkapelle an; das Arkadengeschoß diente vermutlich ● als Schloßwache. – Die 1288 geweihte **Schloßkapelle** ist, einer alten Tradition der Burg- und Bischofskapellen folgend, 2geschossig (die Unterkirche wurde teilweise zur Eingangshalle umgestaltet). Sie steht in der Nachfolge der Ste-Chapelle in Paris und der französischen Architektur des 13. Jh. in der Champagne und der Ile-de-France – wie die Elisabethkirche, mit der sie v. a. in den Detailformen (Kapitelle usw.) Gemeinsamkeiten zeigt. An ein mittleres Rechteck sind in der Hauptachse 2 Apsiden und in der Querrichtung 2 trapezförmige Nischen angegliedert, so daß die Oberkirche trotz ihrer Längsorientierung Zentralbautendenz erhält. Die Doppelgeschossigkeit kann ihrer Herkunft we-

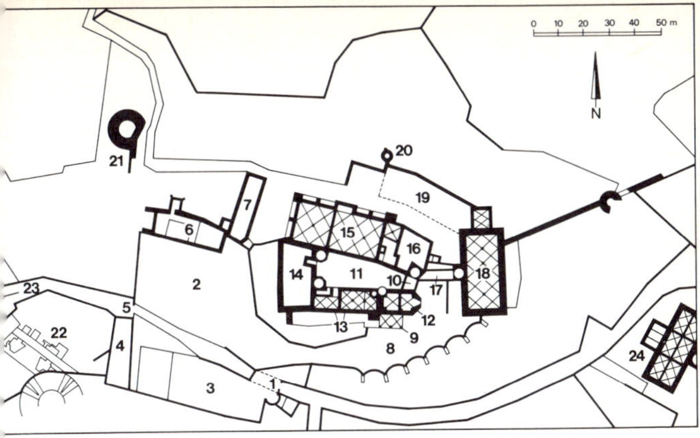

1 Südtor
2 Äußerer Schloßhof
3 Bastei
4 Schmiede
5 Zugbrückentor
6 Marstall
7 Zeughaus
8 Südterrasse
9 Rentkammer
10 Hoftor und Sakristei
11 Innerer Schloßhof
12 Schloßkapelle
13 Landgrafenbau
14 Frauenbau
15 Saalbau
16 Küchenbau
17 Arkadengang
18 Wilhelmsbau
19 Nordterrasse mit Kellern der Wirtschaftsbauten
20 Ehem. Nordtor
21 Hexenturm
22 Kasematten
23 Zum Schloßpark
24 Ehem. Kanzlei

Marburg. Schloß. Lageplan (Erdgeschoß-Grundriß)

gen als Herrschaftssymbol verstanden werden. Die Nischen der Oberkirche sind – der Pariser Ste-Chapelle folgend – die Thronnischen des Fürstenhauses; sie sollten dem Thron eine architektonische Rahmung geben. Von starker Wirkung ist hier die dekorative, hellfarbige Architekturmalerei, das seltene Beispiel einer got. Ausmalung (1973 nach Befund wiederhergestellt). Die – gemalten – Steinquader, die Fensterumrahmungen, die Dienste, Kapitelle und Schlußsteine sind mit je einer eigenen Farbe in kräftigen Weiß-, Blau-, Grün-, Rot- und Goldtönen abgesetzt. Das 6 m hohe *Christophorus-Bild* in der W-Nische ist ursprünglich. Der Riese durchschreitet einen Fluß mit Fischen und Fabelwesen; Christus ist – einer älteren Legende nach – als kleiner Erwachsener mit Bart dargestellt. Bemerkenswert auch der alte farbige Fußboden aus glasierten Tonplatten. Zum urspr. Raumeindruck fehlen die nach 1809 entfernten farbigen Glasfenster sowie die gesamte Ausstattung.

● Der **Saalbau** mit 2 Hauptgeschossen über einem Kellergeschoß wurde wohl nach 1292 begonnen und zu Beginn des 14. Jh. vollendet. Die Mitte gliedert ein Risalit mit Staffelgiebel; seitlich wird der Bau von polygonalen Türmen eingefaßt. Der große Festsaal im Obergeschoß (*Fürstensaal*) wird durch 4 8eckige Pfeiler mit tiefliegenden Kämpfern in 2 Schiffe geteilt. Plastisch gestaltet sind nur die Schlußsteine mit Tieren, Blattranken und Masken. Vorbilder für Saal und Saalbau finden sich in französischen Schlössern und Klöstern; der Außenbau orientiert sich u. a. am Refektorium des Mont-St-Michel (1203–17), das Motiv der Ecktürmchen mag über den Palas von Vianden nach Marburg vermittelt sein. Der Innenraum folgt Refektorien und Dormitorien, wie sie die Zisterzienserklöster, z. B. Eberbach und Maulbronn, ausgebildet haben. Die Querorientierung – Eingänge und Thron befanden sich urspr. an den Längsseiten, die Thronnische ist ja noch erhalten – führt wieder auf die Tradition des Burgenbaus zurück, besonders auf Kaiserpfalzen. Das reiche Intarsienschnitzwerk der hervorragenden Holztür schuf 1573 Nikolaus Hagenmüller; es stellt ein Außenportal dar mit Säulen, Pilastern und Balkonen, die Durchblicke in Räume mit zentralperspektivischer Wirkung gestatten, und wird ergänzt durch Schnitzfiguren und Rankenwerk.
Der **Frauenbau** aus dem 15. Jh. hat über hohem Unterbau 2 Wohngeschosse, mit denen er die Traufhöhe der anschließenden Trakte erreicht. – Im Hof stehen 2 **Treppentürme**, einer aus der Erbauungszeit der Kapelle, der andere, in der SW-Ecke, von 1567 (Portal von E. Baldewein und Ph. Soldan?).
Östl. vom Kernschloß liegt der **Wilhelmsbau**, 1492–98 von Hans Jakob v. Ettlingen erbaut, nachdem Marburg wieder Hauptresidenz Hessens geworden war. 3geschossig, mit vorgelagertem Treppenturm, enthält er im mittleren Geschoß den »Wappensaal« und im Obergeschoß die ehem. Wohnung des Landgrafen. Den verbindenden **Arkadengang** errichtete Landbaumeister Regenbogen 1870 anstelle eines älteren. Über dem Portal eine große *Wappentafel* und darüber die Halbfiguren von Landgraf Wilhelm II. und seiner Mutter Anna v. Katzenelnbogen, die sich über die Brüstung lehnen. Dieses 1493 bez., von Nikolaus Gerhaert beeinflußte Werk wird Ludwig Juppe zugeschrieben. – Westl. liegt am äuße-

ren Schloßhof der ehem. **Marstall** mit 1632 vollendetem Giebel. Sein aufwendiges Renaissance-Portal stammt von dem 1573 erbauten Haus Steinweg 4. – Von der alten Schloßbefestigung sind einige Türme erhalten, im NW der **Hexenturm** (1478), unter dem Wilhelmsbau ein roman. Turmstumpf mit erneuertem, 100 m tiefem **Ziehbrunnen** und im W des Schlosses die **Kasematten** des 17. Jh. Der gesamte **Schloßpark** war urspr. eine Verteidigungsbastion.

Die **ehem. Kanzlei** (Landgraf-Philipp-Str. 4, jetzt Universitätsinstitut), einen regelmäßigen, das Stadtbild beherrschenden Renaissance-Bau mit Wendeltreppenturm und gestuften Volutengiebeln, hat Ebert Baldewein 1573–76 errichtet. Die Figuren stammen von Melchior Atzel. Das Gebäude in dieser exponierten Lage war die »Antwort« des Landgrafen auf die Errichtung des Rathauses durch die Bürgerschaft.

Elisabethkirche ●

1227 verließ Elisabeth von Thüringen, Gemahlin des beim 5. Kreuzzug verstorbenen Landgrafen Ludwig IV., die Wartburg und kam im folgenden Jahr nach Marburg, ihrem Witwensitz. Sie lebte hier 3 Jahre als Angehörige einer Hospitaliter-Gemeinschaft in franziskanischer Frömmigkeit und Armut, indem sie sich der Pflege der Kranken und Bedürftigen widmete. 1233, 2 Jahre nach ihrem Tod und ihrer Beisetzung in einer Kapelle des hl. Franziskus (im Bereich des jetzigen N-Chores) übernahm der Deutsche Orden unter Leitung von Elisabeths Schwager Konrad von Thüringen das Hospital. Nach der Heiligsprechung Elisabeths ließ er noch im gleichen Jahr, am 14. 8. 1235, den Grundstein zum Bau einer neuen Kirche legen, die den Machtanspruch des Deutschen Ordens symbolisieren sollte. Die Kirche wurde so angelegt, daß nicht das Grab der hl. Elisabeth, sondern ein Marienaltar (Hochaltar) im Zentrum der Kirche zu stehen kam. 1236 wurden im Beisein Kaiser Friedrichs II. die Gebeine Elisabeths in einen Sarkophag, später in den Elisabethschrein übergeführt. 1249 fand die Weihe des Hohen Chores statt. Nach Abriß der Franziskuskapelle wurden 1257/58 die Seitenchöre vollendet. Am 1. Mai 1283 konnte die Gesamtweihe vorgenommen werden; die beiden Türme allerdings waren erst um 1330 vollendet.

Die Elisabethkirche ist neben der Trierer Liebfrauenkirche das erste hochgot. Bauwerk Deutschlands. Ihre Meister kannten das klassische got. System der Kathedralen von Reims und Amiens, reduzierten es aber auf einen konsequent 2geschossigen Aufriß, wie er sich zwar schon bei einigen nordfranzösischen Pfarrkirchen findet, v. a. aber für Herrschaftskirchen (Schloßkirchen) typisch ist. Die Zweigeschossigkeit wurde auf das gesamte Langhaus übertragen, so daß fast zwangsläufig der Typ einer Hallenkirche entstand. Die

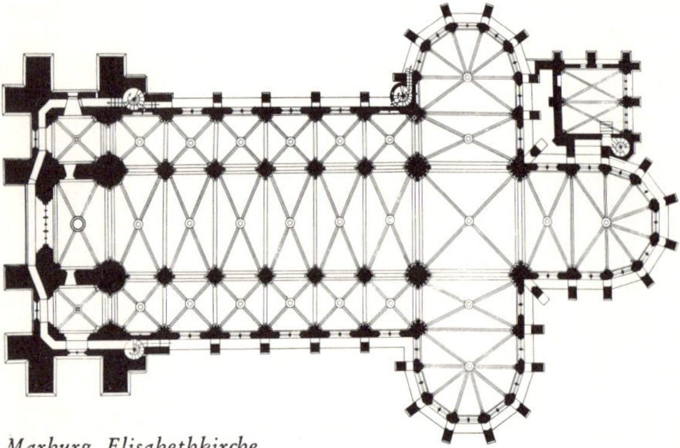

Marburg. Elisabethkirche
Grundriß in Höhe des oberen Umganges

Elisabethkirche wurde damit zu einem Musterbau und Ausgangspunkt der got. Kirchenarchitektur Hessens. Drei Bauideen trafen zusammen: 1. im Chor und Querhaus der Gedanke einer zentralen Dreikonchenanlage, wie er im 11. Jh. in Köln entwickelt und anschließend in Frankreich aufgegriffen wurde; 2. der klassisch-basilikale Grundriß im Langhaus, wie ihn die hochgot. Kathedralen in Frankreich zeigen; 3. der Aufbau als 3schiffige Hallenkirche in der engen Jochteilung, wodurch der Eindruck einer »via sacra«, einer »heiligen Straße«, entsteht, die den Pilger vom Eingang zum Chor – oder jedenfalls zum Lettner – hin geleitet.

Im G r u n d r i ß legen sich O-Chor und die beiden Querschiffarme gleichartig mit einem schmalrechteckigen Vorjoch und einem aus Halbjoch und 5 Seiten des Zehnecks gebildeten Abschluß um die quadratische Vierung. An diesen zentral gestalteten O-Teil schließt nach W das 3schiffige 7jochige Langhaus im Hallensystem an. Wie in den hochgot.

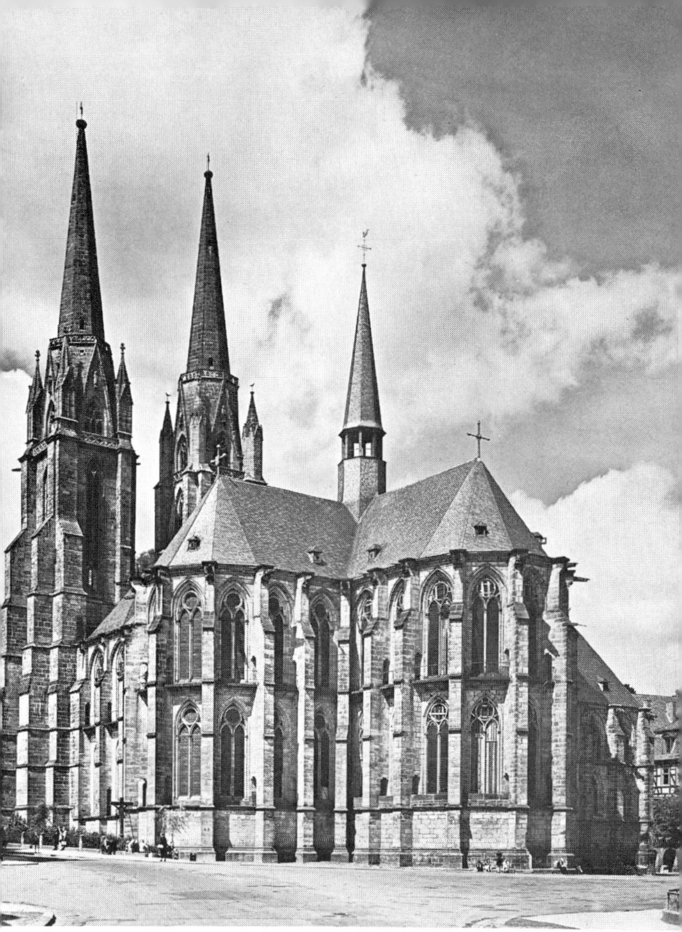

Marburg, Elisabethkirche von Südosten

französischen Kathedralen ist auch hier das Mittelschiff doppelt so breit wie die Seitenschiffe; da ihre Gewölbefelder quadratisch angelegt sind, ergibt sich für das Mittelschiff eine Folge querrechteckiger Felder ebenfalls im Verhältnis 1 : 2. Der W-Bau besteht aus 2 mächtigen Türmen über den westl. Seitenschiffsjochen und dem zwischen ihnen eingespannten 7. Mittelschiffsjoch mit dem W-Portal.

In der Außenarchitektur ist die Vertikalgliederung betont, zugleich aber durch die Horizontalen der 2geschossigen Fensteranlagen und der Gesimse gebunden. Die Strebepfeiler steigen bis zur Höhe der Gewölbekämpfer empor; mit einer Schräge gehen sie in eine Art von Wandpfeiler über, die auf geschmückten Konsolen die Wasserspeier tragen und sich mit dem Profil des Dachgesimses verkröpfen. Vor den 2 Fensterreihen führen wie an nordfranzösischen Kirchen schmale Laufgänge um den ganzen Bau und durchbrechen dabei die Strebepfeiler. Die Wand zwischen den Pfeilern ist an den 3 Chören völlig in 2teilige spitzbogige Maßwerkfenster aufgelöst. Die klassische Fenstergliederung geht auf das Vorbild der Kathedrale von Reims zurück. Im Langhaus wird die Formensprache der O-Teile beibehalten, allerdings bleiben hier seitlich der Fenster Wandstreifen stehen. Abgewalmte Querdächer decken die Seitenschiffe. – Der W-Bau besteht aus 2 mächtigen 80 m hohen Türmen über den westl. Seitenschiffsjochen und dem zwischen ihnen eingespannten 7. Mittelschiffsjoch mit dem W-Portal. In der Detailgestaltung weichen die Türme etwas voneinander ab, da sie nacheinander entstanden. Das *W-Portal* mit der 1974 wiederhergestellten Farbigkeit der Türflügel ist kunstgeschichtlich bedeutsam durch die Art, wie es die Anregungen des französischen Figurenportals übernimmt (vgl. Amiens, S-Portal mit der »Vierge dorée«). Vor der Mitte über dem Portalpfeiler steht die Madonna; zu beiden Seiten knien Engel, die Kronen halten. Die Statue gibt den Hinweis auf die Patronin des Ordens und der Kirche, Maria. 2 Bogenläufe sind mit Blattwerk gefüllt; der innere trägt in der Spitze 2 Engel mit dem Kreuz. Das Tympanon ist mit Rosenlaub (rechts) und einem Weinstock überzogen, an dessen Trauben Vögel picken. Die Türflügel besitzen die originalen Beschläge und (innen) Malereien mit dem Deutschordenskreuz. Im Geschoß über dem Portal erscheint ein großes maßwerkverziertes Prachtfenster, das hier (um 1270) den dekorativen Stil der Kölner Schule zur Geltung bringt.

Dem Strebesystem des Äußeren entspricht im Inneren das Wand- und Pfeilersystem. Charakteristisch sind für das

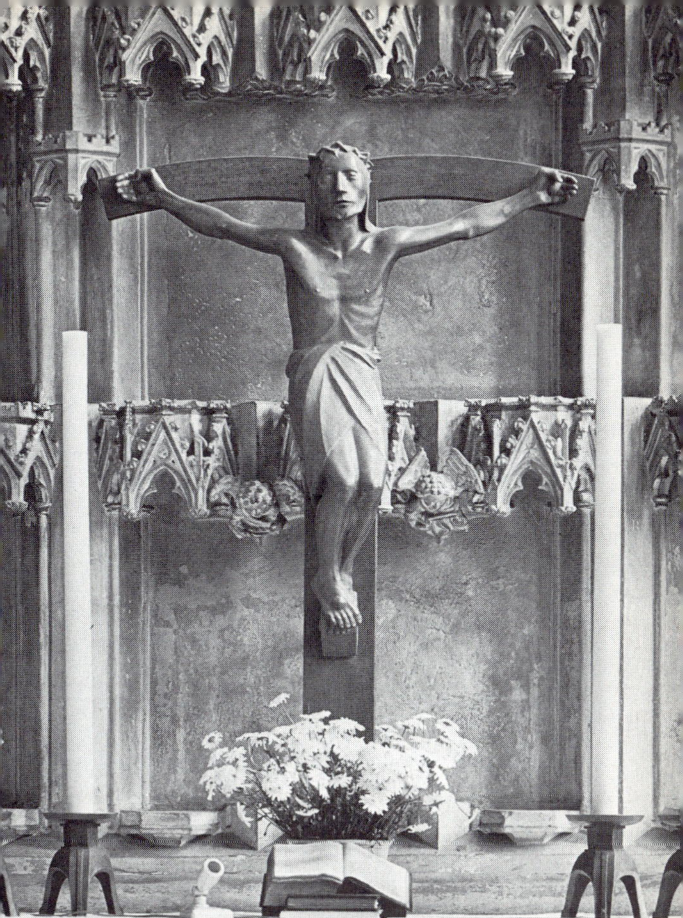

Marburg. Elisabethkirche. Kruzifixus von Ernst Barlach

Mittelschiff die Rundpfeiler mit 4 Diensten. Sie erheben sich auf mehrgliedrigen Basen und tragen auf reichen Knospen- und Blattkapitellen die Scheidbogen, Gurte und Kreuzrippen der Gewölbe, in deren Kappen sich ein Rest der urspr. Architekturausmalung erhalten hat (gemaltes Quaderwerk). Die rasche Folge der mächtigen Pfeiler trennt die Seitenschiffe vom Mittelschiff trotz der gleichmäßigen Raumhöhe; desto stärker wirkt das Ausweiten um die Vierung in die Chöre hinein. Für den gewöhnlichen Pilger war einst der Weg vor dem Lettner, am Eingang zum Hohen Chor, zu Ende; kleine Öffnungen gestatteten ihm nur den Blick in den Hohen Chor, doch dürften ihm die Seitenchöre zugänglich gewesen sein, der S-Chor als Grablege des Bauherrn Konrad und (später) der hessischen Landgrafen, der N-Chor als Grabstätte der hl. Elisabeth.

Ausstattung. Der steinerne Lettner von 1343 ersetzte eine ältere Chorschranke, von der nur der hölzerne Bogen übernommen wurde. Seinen Skulpturenschmuck, 50 kleine Statuen, ließ Landgraf Moritz 1607 fast vollständig zerstören. Als Mittelfiguren hatten Sitzstatuen von Christus und Maria gedient; dazu kamen Heilige und Engel (Reste im Museum). Der *Kreuzaltar* ist seit 1931 durch die Aufstellung des Kruzifixes von Ernst Barlach wieder zu einem liturgischen und künstlerischen Zentrum des Langhauses geworden. Die übrige Ausstattung des Langhauses wurde zerstört, zuletzt die Farbigkeit (1931). Nur 2 gemalte Heiligenfiguren am 3. nördl. Langhauspfeiler blieben; sie rahmen eine spätgot. Madonnenstatue (Leihgabe eines Berliner Museums). Ferner ein gemalter Schmerzensmann gegenüber dem S-Portal und seit 1907 noch eine großartige Steinkanzel nach dem Vorbild der Pilgram-Kanzel im Wiener Stephansdom. Von besonderer Feinheit ist die um 1490 geschaffene Figur der *hl. Elisabeth* in einem farbigen Chörlein (N-Seitenschiff). – Der Elisabeth- und der Sippenaltar im W-Joch, beide von Ludwig Juppe (1513 bzw. 1511), stammen aus dem N-Chor.

Im N-Chor wurde das *Mausoleum der hl. Elisabeth* über ihrem ehem. Grab in der Franziskuskapelle errichtet. Der steinerne Baldachin stammt aus dem 3. Viertel des 13. Jh. und stellt die seit dem Frühchristentum geläufige Verbindung zwischen Heiligengrab und (Ziborien-)Altar dar. Der Künstler könnte sich am Hochaltar der Ste-Chapelle in Paris orientiert haben. Das Relief an der Vorderseite des Altartisches mit der Darstellung Elisabeths im Grab entstand um 1350, desgleichen die Malereien am Baldachin. Wandgemälde in den Nischen des 1294 geweihten Altars zeigen eine vor 1300 in Anlehnung an Buchmalereien geschaffene Kreuzigung (Mittelbild der rechten Nische) und die Elisabeth-Legende. Über dem Altar eine teils plastische, teils gemalte Kreu-

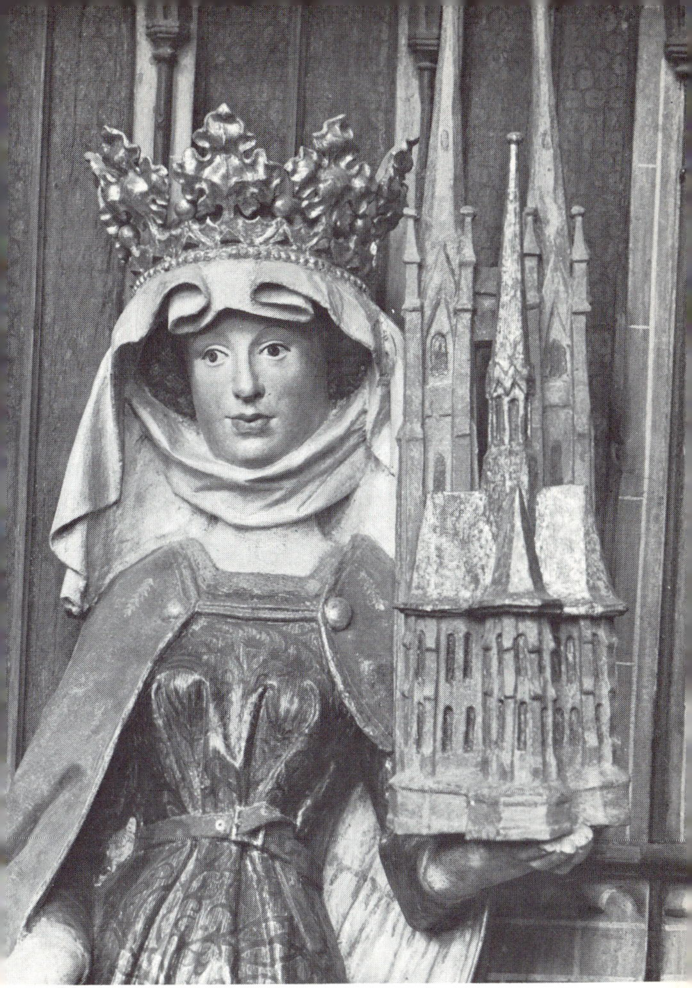

Marburg. Elisabethkirche. Hl. Elisabeth (Detail)

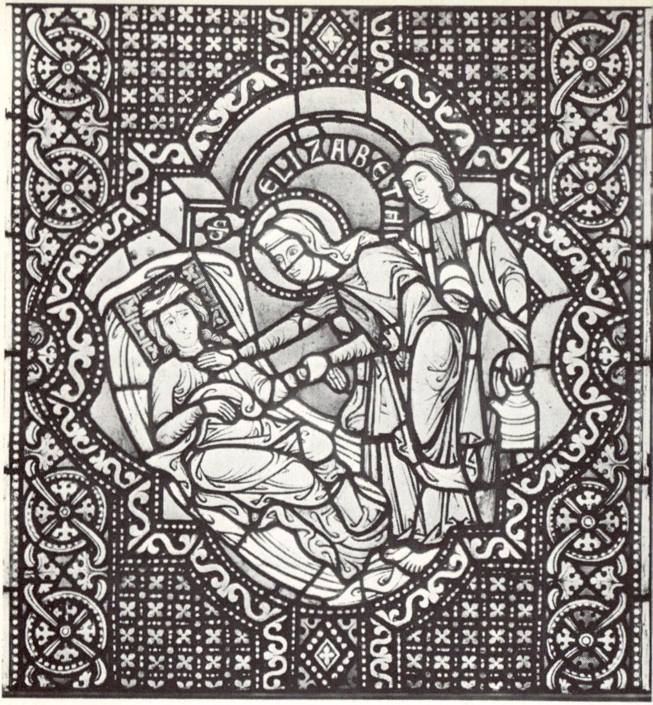

Marburg. Elisabethkirche
Chorfenster
Elisabeth von Thüringen besucht eine Kranke

zigungsgruppe. – Der Marienkrönungsaltar Juppes, ebenfalls im N-Chor, enthält in der Predella ein älteres Werk, das *Marburger Vesperbild*, eine der frühesten und bedeutendsten Gruppen des Weichen Stils, um 1390 im Salzburger Raum geschaffen. Die originale Farbigkeit wurde 1968 freigelegt.

Der prächtige *Hochaltar* ist 1290 geweiht worden. Seine steinerne Retabelwand hinter der Mensa enthält 3 reichverzierte Blendbogennischen mit Wimpergen und Fialen; sie stellt in zierlicher Kleinarchitektur die Portalfassade des Straßburger Münsters dar. In den Nischen stehen künstlerisch bedeutende Figürchen: Maria zwischen krönenden Engeln als Hauptgruppe und rechts Elisabeth zwischen Katharina und Magdalena; die 3 Figuren links gehören

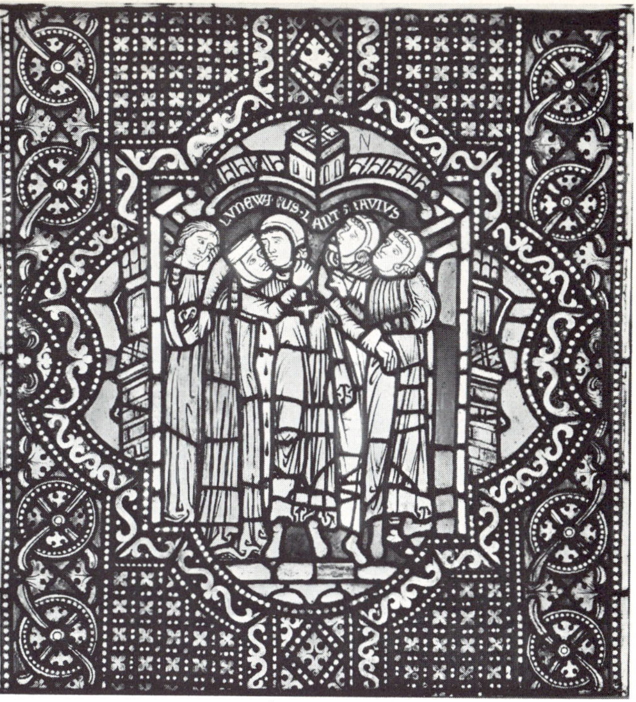

Marburg. Elisabethkirche. Chorfenster
Landgraf Ludwig
nimmt Abschied von Elisabeth (hier ohne Nimbus)

dem 19. Jh. an: Christus, Johannes d. T. und Franziskus. An den übrigen Seiten sind Statuen aufgemalt, Propheten und eine Verkündigung an Maria. – Der *Zelebrantenstuhl* von 1397 enthält im Baldachin eine spätgot. Figur der hl. Elisabeth von Ludwig Juppe.

Die Glasmalereien in den 3 mittleren Chorfenstern gehören zu den bedeutendsten in Deutschland, gleichrangig mit den berühmten Bildwerken der Zeit in Bamberg, Straßburg und Naumburg. Dargestellt sind im *oberen Mittelfenster* Christus und Maria, die als Bräutigam und Braut des Hohenliedes den Gedanken der Vermählung Christi mit der Kirche symbolisieren. Darunter stehen Ecclesia und Synagoge als Allegorien des Neuen und des Alten Bundes. Im *Johannesfenster* (untere Reihe Mitte) finden sich oben Johannes d. T. und St. Bartholomäus; darunter Reste eines Schöpfungsfensters: Erschaffung der Gestirne, der Vögel und Fische, Sündenfall und die Szene »als Adam grub und Eva spann« (weitere Reste im Museum). Im *Elisabethfenster* (unten links) sieht man die hl. Elisabeth, Maria mit dem Kind als Mater misericordiae, Johannes Ev. und St. Franziskus in leuchtend blauer Kutte. Im *Elisabeth-Medaillonfenster* (unten rechts) sind in 2 Streifen Szenen aus dem Leben der Heiligen und ihre Werke der Barmherzigkeit dargestellt; links: 1. Elisabeth besucht Gefangene, 2. Sie pflegt Kranke, 3. Sie gewährt Obdach, 4. Sie bekleidet Bedürftige, 5. Sie spendet Durstigen Wasser, 6. Sie speist Hungrige; rechts: 1. Elisabeths Tod, 2. Sie spendet Almosen, 3. Sie erhält das Ordensgewand der Hospitaliter-Gemeinschaft, 4. Sie erhält die Nachricht vom Tode ihres Gemahls Ludwig, 5. Abschied Ludwigs vor dem Kreuzzug. Das Einzelmedaillon (6.) mit der Geburt Christi zeigt, daß ehemals wohl noch ein Marienfenster bestand. Diese 4 Fenster sind gleichzeitig mit dem Chor bis 1249 entstanden; den großen Figuren ist noch etwas von spätroman. Frontalität eigen; die Farbigkeit ist reich und leuchtend. – Im *Marienfenster* oben links, um 1314, wird die Farbe auf den Dreiklang Rot-Blau-Gelb zurückgeführt. Noch einige Jahrzehnte jünger ist das *Magdalenenfenster* oben rechts. Im Kern gehören auch die Grisaillefenster des Chores dem 13. bzw. 14. Jh. an. – Reste alter Fenster haben sich auch im Querhaus erhalten, dessen Glasgemälde sonst aus der Mitte des 19. Jh. stammen. Das moderne W-Fenster gestaltete 1962 Georg Meistermann.

● Der *Schrein der hl. Elisabeth* in der Sakristei entstand wohl gleichzeitig mit dem O-Bau zwischen 1235 und 1249 in einer Aachener Werkstatt, die zuvor den dortigen Marienschrein geschaffen hat. Die Form dieses Meisterwerkes deutscher Goldschmiedekunst, an dem vergoldete Kupferplatten einem Eichenholzkern aufgelegt sind, gleicht einer Kirche mit Längsbau und mittlerem kurzem Querschiff. Unter Arkaden sitzen auf allen Seiten Figuren, auf der Hauptseite Christus mit 6 Aposteln, auf der Gegenseite zwischen den anderen 6 Aposteln Reste einer Kreuzigungsgruppe, an den Schmalseiten Maria bzw. Elisabeth. Auf den Dachschrägen 8 Reliefs mit teilweise den gleichen Darstellungen von Leben und Werken der Heiligen wie im Medaillonfenster. Die Gebeine wurden übrigens dem Schrein nach der Reformation entnommen und später vom Deutschen Orden verpfändet. – Die Sakristei um 1280 gebaut, hat als einziger Raum der Elisabethkirche die urspr. Farbigkeit, ja sogar den alten Mosaikfußboden bewahrt (das Gitter wurde 1326 angebracht). Die Architekturausmalung zeigt gemalte Quader und Blendarkaden in vereinfachter Wiederholung der Sakristei des Kölner Domes.

Die sehr bedeutende Reihe der *Grabmäler* im S-Chor beginnt

mit dem des 1240 verstorbenen Ordenshochmeisters Landgraf Konrad, des Bauherrn der Kirche. Es steht in der Achse des S-Seitenschiffes an bevorzugter Stelle; seine Blockhaftigkeit zeigt noch die Nähe der roman. Kunst. Von guter Qualität ist das sog. Einzelgrab (bald auf Otto, † 1328, bald auf Heinrich, † 1308, ● gedeutet), in dem sich die enge, für die folgenden Gräber bindende Anlehnung an den Typus der königlichen Grabdenkmäler in der Abteikirche St-Denis bei Paris erstmals äußert; die Platte ruht auf offenen Arkaden, nur an den 4 Ecken stehen je 2 Leidtragende. Das Doppelgrab zweier nicht sicher identifizierbarer Landgrafen stammt aus derselben Werkstatt; es ist das erste, das dem neuen Typus folgt. Hervorzuheben ist ferner die ausdrucksvolle, 1471 von Meister Hermann geschaffene Grabfigur Ludwigs I. († 1458), deren Kopf auf Wolken ruht; besonders betont sind bei diesem Grabmal der Baldachin und das Kopfende mit dem landgräflichen Wappen. Bei dem Grab Juppes für Wilhelm II. ● († 1509) liegt unter der Platte, auf der in ritterlicher Rüstung der Landgraf wie ein Lebender ruht, der von Würmern, Kröten und Schlangen zerfressene Leichnam als ein »Memento mori«. (Weitere bedeutende Grabplatten an den Wänden des Chores.) – Die beiden Schnitzaltäre des S-Chores, 1512 von Ludwig Juppe und dem Maler Johann v. d. Leyten geschaffen, sind Johannes d. T. sowie Georg und Martin geweiht. Von älteren Altären blieben über den Nischen noch Malereireste und Statuen erhalten.

Deutschordensgebäude. Von dem in mehrere Bezirke geteilten und ummauerten Ordensbereich sind nur noch wenige Gebäude übriggeblieben. Die Mitte einer 3flügeligen Bauanlage nimmt der heute auch **»Herrenhaus«** benannte Offizienbau ein. Er war 1252/53 im Bau (im Inneren wurden Fenster aus dieser Zeit freigelegt) und wurde 1480 verändert (Arkadenwand). 1780–87 erhielt er das Fachwerkgeschoß mit Mansarddach. Das **Brüderhaus** im W bezieht sich im Grundriß noch auf die Achse der Franziskuskapelle und ist wohl unmittelbar nach 1234 begonnen worden; zahlreiche Umbauten beließen wenig vom urspr. Charakter (hofseitiger Vorbau 1572). Dem alten **Komturhaus** im O wurde ab 1483 der **Neue Bau** südl. vorgelagert, aus dessen Stirnwand ein Schmuckerker vorkragt; gegen O wendet sich der 1530–31 angebaute Chorerker der *Hauskapelle.* Von der östl. anschließenden »Alten Komturei« blieben nur die 1530 gesetzten Renaissance-Säulen erhalten; ihr schönes Régence-Portal (vor 1743) wurde an das Herrenhaus versetzt. Jenseits des Neuen Baues war 1515 das neue Backhaus (auch **Fruchtspeicher**) errichtet worden. Der mächtige Baublock mit steilem, mehrgeschossigem Dachstuhl gibt ein eindrucksvolles Bild von einem herrschaftlichen got. Zweckbau, der bezeichnenderweise das Aussehen eines kleinen Schlosses oder Rathauses erhielt.

Gegenüber der Elisabethkirche steht am Berghang die 1268–70 erbaute **Michaelskapelle** (»Michelchen«), vom ehem. Pilgerfriedhof umgeben. – Südl. am Pilgrimstein steht die Ruine der **ehem. Hospitalkapelle** aus dem 3. Viertel des 13. Jh.

Kilian. Marburgs älteste Kirche, um 1200 erbaut, ist seit 1584 profaniert und verstümmelt. Der Fachwerkaufbau entstand nach Abbruch von Turm und Giebel für die Schusterzunft. Erkennbar ist noch die Gestalt einer 1schiffigen, ehem. gewölbten Kirche der Wormser Bauschule; am besten erhalten ist das W-Portal mit der Bauinschrift »Godescalcus me fecit«.

Marienkirche, luth. Pfarrkirche

Der 1227 zur Pfarrkirche erhobene Bau, in dem 1222 eine landgräfliche Gerichtssitzung stattfand, wich seit dem späten 13. Jh. einem Neubau, dessen Chor 1297 geweiht wurde. Bauherr war der Deutsche Orden. Um 1370 dürfte das Langhaus begonnen worden sein, dessen Vollendung unter Tyle von Frankenberg ab 1375 erfolgte. Gegen 1447 begann man mit dem Bau des W-Turmes und der Turmhalle. 1473 wurden die Bauarbeiten eingestellt, nachdem ein provisorischer Turmhelm errichtet war. Bauherr von Langhaus und Turm war nun die Stadt. Nach der Reformation nahmen die Landgrafen die Kirche in Anspruch; sie diente ihnen als Grablege. Nach 1604 wurde der Treppenvorbau am Chor hinzugefügt, der auf die landgräfliche Empore führte. Diese Empore zeichnete nun an Stelle des got. Hochaltars den O-Teil der Kirche aus.

Durch ihre Lage und Größe bildet die Marienkirche mit ihrem mächtigen Turm, den über der Maßwerkgalerie ein Spitzhelm bekrönt, einen der markantesten Punkte der Stadt für Nah- und Fernsicht. Am auffälligsten ist außen der Kontrast zwischen Langhaus und Chor, da die Strebepfeiler des Chores in das Kircheninnere gezogen sind. Der einstige Figurenschmuck ging unter Landgraf Moritz (um 1607) zugrunde. – I n n e r e s. Durch die Einziehung der keilförmigen Strebepfeiler in den 3jochigen Chor entstanden trapezförmige Nischen, die an die Architektur der Schloßkapelle erinnern. Das Langhaus ist eine 3schiffige, 4jochige Halle, in der die Wirkung der Elisabethkirche im Sinne einer lichten Halle, eines Einheitsraumes, korrigiert wurde.

Die urspr. *Bemalung* hat man 1963–66 freigelegt und teilweise rekonstruiert. Außer der Quadrierung der Wände und der Bemalung der Rippen ist das Madonnenbild im Chor (um 1297) zu nennen, dessen Architekturrahmen auf den Hochaltar der Elisabethkirche zurückweist. Im Langhaus sind ein Christus am Kreuz (Volto Santo) und Teile der Passion Christi dargestellt. – Von der ältesten Ausstattung ist nur das roman. *Taufbecken* erhalten. Nach der Übernahme Marburgs durch den lutherischen Landgrafen Ludwig V. von Darmstadt wurden die testamentswidrigen Veränderungen seines reformierten Vorgängers Moritz von Kassel rückgängig gemacht. Als Ersatz für den alten Altar entstand ein neuer Altaraufsatz durch Adam und Philipp Franck aus Gießen, 1626. – Den Messingtaufkessel goß um 1625 Jakob Rottenberger. – Das Grabmal für Ludwig IV. von Marburg († 1604) ● und Hedwig von Württemberg († 1590) wurde 1590–92 von Gerhard Wolff aus Mainz geschaffen; westl. daneben entstand in enger (politisch gemeinter) Anlehnung 1627–31 das Grabmal für Ludwig V. von Hessen-Darmstadt († 1626) und Magdalena von Brandenburg († 1616) von Adam und Philipp Franck. – Den prachtvollen Orgelprospekt fertigte 1721–22 Joh. Nikolaus Schäfer aus Hanau; Bildschnitzer war Joh. Friedrich Sommer. – Für die Gefallenengedenkstätte in der Turmhalle schuf Erhard Klonk 1958 das *Apokalypsenfenster.*

Hinter dem Chor der Pfarrkirche steht der **Kerner**, das um 1300 vom Deutschen Orden errichtete frühere Beinhaus (innen nach 1456 und 1684 umgebaut). Vom 14. Jh. bis 1456 wurde er als Rathaus benutzt, wodurch die Stadt symbolisch dem Machtanspruch des Deutschen Ordens gegenübertrat.

Dominikanerkirche. Seit der Übergabe der Klöster an die Universität 1527 ist die 1291 bis um 1320 erbaute Kirche ev.-ref. Universitätskirche. In der 2schiffigen, »reduzierten« Halle ist das südl. Seitenschiff nur durch Blendarkaden angegeben. Die beiden verbliebenen Schiffe werden von Arkaden auf Rundpfeilern getrennt. Das Langhaus blieb unvollendet; urspr. sollte es die Höhe des Chores erreichen. Ausgestattet wurde die Kirche zum größten Teil 1927 (Lettner, expressionistischer *Orgelprospekt*, Ausmalung). Kanzel und Teile ● des Taufbeckens entstanden um 1670.

Das Kloster wich 1874–78 dem **Universitätsbau** Carl Schäfers; 1887–91 wurde die Aula hinzugefügt. An die Stelle einfacher Formen traten aufwendige pseudogot. Neubauten. Die Qualität dieses an der Frühgotik orientierten Neubaus äußert sich besonders im Kreuzgang und der Eingangshalle mit ihren detaillierten Kapitellen und in der gut ausgestatteten *Aula* mit historisierenden Gemälden aus der Marburger Geschichte von Peter Janssen aus Düsseldorf (1903).

Kugelkirche, kath. Pfarrkirche (Kugelgasse). In der 1478 von den Brüdern vom gemeinsamen Leben (»Kugelherren«)

begonnenen Kirche wurden 1482 und 1485 Altäre geweiht. Der Bau des Langhauses wurde nicht weitergeführt, so daß man in dem fertigen Teil das Netzgewölbe einzog und 1516 bemalte. An einen 1schiffigen Chor schließt sich der Beginn eines 3schiffigen Langhauses an; der Emporeneinbau stammt erst von 1899. Sakramentshaus von Bernd Bunekemann um 1520. Im Hochaltar einige spätgot. Schnitzfiguren. Die Orgel schuf 1975–77 Orgelbaumeister G. Woehl, Marburg.

Das 1491 erbaute und 1506 erweitere **Kugelhaus** im W dient heute der Universität. Es steht auf der Stadtmauer und stammt wahrscheinlich von dem Baumeister Hans Jakob v. Ettlingen.

Ev. **Matthäuskirche** im Ortsteil **Ockershausen**, 1961–62 von Kurt v. Wild. Auf dem Grundriß eines symmetrischen Fünfecks mit ungleich langen Seiten erhebt sich das gut durchgliederte Gebäude, dessen Betongerüst mit Rauhquaderwerk und Betonmaßwerk gefüllt ist. Das gesondert stehende 3seitige Turmgerüst enthält die Glockenstube.

St. Peter und Paul entstand 1958–59 als erste kath. Kirche seit dem Mittelalter. Die Pläne für den monumentalen Bau lieferte O. Linder. In der Krypta werden Elisabeth-Reliquien aufbewahrt.

Die **Stadtmauer** ist an vielen Stellen erhalten oder zumindest ergraben. Die älteste Stadtmauer ist im N (zwischen Schloß und Wettergasse) und im S (Universitätsstraße) noch weitgehend sichtbar; sie entstand im letzten Viertel des 12. Jh. Die jüngere Mauer (um 1235) ist im W der Altstadt noch komplett mit dem Stadtgraben, dem roman. **Kalbstor** (Ritterstraße) und dem jüngeren **Bettinaturm** erhalten. Die etwa gleichalte O-Mauer (Reitgasse/Wettergasse) wurde schon in got. Zeit überbaut und steckt heute in den Kellern der Häuser. Hier blieb noch die **Dominikanerpforte** erhalten. Weitere Türme und Turmreste gibt es noch bei der N- und der S-Mauer. Ein barockes **Torhäuschen** steht am Barfüßer Tor, ein klassizistisches am Grün (1832).

Die starken Niveauunterschiede innerhalb der Stadt (99 m Höhendifferenz zwischen Talsohle und Schloßhof) sind z. T. durch **Treppen** ausgeglichen worden (Dreckloch bei der Wettergasse, Judengasse, Schloßtreppe, Ludwig-Bickell-Treppe, Rübenstein), deren einige in Schächten nach oben führen und am Ausgang ähnlich wie Brunnen eingefaßt sind (Mühltreppe bei der Dominikanerkirche, Wendelstein bei der Marienkirche).

● Rathaus

Seit dem 14. Jh. bis zum Brand 1456 diente das Obergeschoß des Kerners bei der Pfarrkirche als Rathaus. Das jetzige Rathaus an der Schmalseite des Marktes führten 1512–24 der Stadtmaurermeister Jost und Meister Hans aus Lich aus.

Der Bau drückt das gesteigerte Selbstbewußtsein des Stadtpatriziats aus, zumal sich das Rathaus an fürstlichen Bauten wie dem Wilhelmsbau am Schloß orientiert. Das freiliegende Untergeschoß an der Talseite war Kaufhalle für Fleisch. Das eigentliche Erdgeschoß darüber, vom Markt her zugänglich, diente ebenfalls als Kaufhalle. In der Mitte der Marktfront kragt mit 4 Seiten eines Sechsecks ein Treppenturm vor, der zu den oberen Geschossen führt. Über der Tür stellt ein Steinrelief von Ludwig Juppe die hl. Elisabeth mit dem Kirchenmodell, Bettlern und den Wappen von Stadt und Landgrafen dar. Seitlich am Treppenturm die »Marburger Elle«, ein Tuchmaß. Das steile Satteldach mit spitzem Dachreiter wird beiderseits von Staffelgiebeln begrenzt, die am Fuß von kleinen Ecktürmchen begleitet werden. 1574–75 wurde unter Leitung von Ebert Baldewein im W der Küchenbau in feinen Renaissance-Formen angefügt und 1581–82 vom selben Meister der Giebelaufsatz des Treppenturmes errichtet. Er enthält eine *Kunstuhr* mit Gockel, Weltkugel (für Tag- und Nachtanzeige), Totenbläser, Tod und Justitia. – Im 1. Obergeschoß liegt der vielfenstrige *Ratssaal*, der im späten 16. Jh. auf seine heutige Größe reduziert wurde. Die Renaissance-Türen dieses Umbaues erinnern an die wenig älteren Prunktüren im Schloß. Die Wandvertäfelung des Saales gehört dem frühen 20. Jh. an.

1731–32 wurde am Barfüßer Tor die **Universitäts-Reithalle** anstelle der alten Klosterkirche wahrscheinlich von Charles du Ry erbaut (Institut für Leibesübungen). – Von den südl. anschließenden Klostergebäuden, ehemals auch Universitäts-Bibliothek, haben sich bei dem klassizist. Umbau 1825 und 1850 nur noch die rückwärtigen Außenmauern (Stadtmauer) des 13. Jh. erhalten.

Universitätsinstitute. Ältester erhaltener Institutsneubau ist die bescheidene **Zootomie** (Tierarzneischule, jetzt Wohnhaus, Lingelgasse 13), 1825 errichtet. 1840–42 entstand durch die Baumeister Arend und Rudolph die neue **Anatomie** in der Ketzerbach, ein verputzter Ziegelbau mit breitem Mittelrisalit. Gleichzeitig wurde der **Dörnberger Hof** am Renthof zu einem Institut klassizistisch umgebaut. Die bedeutende Gruppe der historisierenden Neubauten beginnt mit der **Chirurgie** (jetzt Pharmakologie, Pilgrimstein 2), 1853/56–58 von Fr. Lange erbaut; es folgen die **Physiologie** (Deutschhausstr. 2) gegenüber der Elisabethkirche, 1885–88, das **Botanische Institut** am Rande des Botanischen Gartens (1875), die **ehem. Universitätsbibliothek** (1897–1900 von Zölffel) in der Universitätsstraße und die **Physik** am Renthof (1917).

Aus der Bautätigkeit des 20. Jh. sind hervorzuheben: der 1927 errichtete **»Jubiläumsbau«** (Ernst-v.-Hülsen-Haus, Biegenstr. 11), in dekorativem Spätexpressionismus, ein Werk des Architekten Lütcke; die **Kinderklinik** und die **Hals-Nasen-Ohren-Klinik** (Deutschhausplatz), beide 1922–27 von M. Spielberg; der Monumentalbau des **Hessischen Staatsarchivs** (Friedrichsplatz), 1935–38 von Friedrich Nonn; die **Geisteswissenschaftlichen Institute** mit der **Universitätsbibliothek** am Krummbogen (1964–67) sowie die **Naturwissenschaftlichen Institute** auf den Lahnbergen (seit 1963). 1964 entstanden in der Biegenstraße das **Verwaltungsgebäude** und benachbart das **Auditoriengebäude.** Auf der anderen Lahn-Seite wurde von Architekt Freiwald 1960–62 die neue **Mensa** errichtet.

Gegenüber der Alten Universität am Rudolphsplatz liegt die **Herrenmühle,** von Ebert Baldewein 1582–83 erbaut. Ein Flügel und ein Renaissance-Ziergiebel sind erhalten.

Im Vorort **Weidenhausen** steht das **Hospital St. Jakob** (Weidenhäuser Str. 13), ein Fachwerkbau mit steinernem Untergeschoß, 1570 errichtet. Das Fachwerk mit ausladenden Streben ist maßgeblich für die Marburger Architektur des späten 16. und 17. Jh.

● **Wohnbauten.** *Steinhäuser* entstanden äußerst selten. Ein roman. Steinhaus nahe dem Rathaus (Hofstatt, um 1240/50) wurde 1960 abgebrochen. Das **Steinerne Haus** am Obermarkt ist nunmehr das älteste Haus der Stadt, um 1319–23 erbaut, 1976 wiederhergestellt. Zum alten Baubestand gehören die Außenwände mit Treppengiebeln und Aborterker sowie der Dachstuhl; im frühen 17. Jh. (Erker, Stuckdecke) und 1765 (Balkon) fanden Veränderungen statt. Nur wenig jünger ist das Haus **Barfüßerstr. 3,** das allerdings im 16. Jh. aufgestockt wurde und eine neue Fassade erhielt. Das **»Hochzeitshaus«** (Nikolaistr. 3) mit rundem Treppenturm, steilem Walmdach und 5 Dachtürmchen entstand 1527–30; die Stuckdecke im Flur stammt von 1663. – Häuser mit steinernem Untergeschoß sind etwas häufiger; hierzu zählen der **Dernbacher Hof** (Barfüßerstr. 4, um 1540) mit Freitreppe, spätgot. Stabwerkportal und 2geschossigem Erker, ferner das **Bückingsche Haus** (Markt 16), um 1580 erbaut (Portal), 1675 erneuert (Fachwerk, Treppe; die Rokoko-Tür von etwa 1775) und mit Stuckdecken versehen; **Hofstatt 11** (um 1580/90), **Untergasse 20** (um 1600) und **Marktgasse 17,** wo ein Teil des Untergeschosses noch ein spätgot. Kaufhaus mit großen Arkaden ist (um 1510, Aufbau um 1580).

Das älteste *Fachwerkhaus* ist **Hirschberg 13,** 1321 erbaut und 1977–78 nach Abbruch rekonstruiert wiederaufgebaut; die Giebelseite stammt allerdings erst von 1477. Besser erhalten ist das Haus **Schloßtreppe 1** (1418), ein monumentaler 5geschossiger Ständerbau mit einer 1578 angefügten Fassade zum Marktplatz. Got. Häuser sind ferner **Wettergasse 3** (Hinterhaus auf der Stadtmauer, von 1457), **Barfüßerstr. 45** und **53, Schneidersberg 8** sowie ein kleines **Haus in der Aulgasse** mit 2geschossigem Ständerbau über einem einspringenden Erdgeschoß. – Aus dem 16. Jh. ist eine geschlossene Häusergruppe am Obermarkt erhalten, **Markt 14** (1600, »Sonne«), **17** (um 1570, »Stiefel«), **19** (1566, »Roter Hirsch«), **21** (1560) und **23** (Mitte 16. Jh., mehrfach umgebaut). **Markt 19** zählt zu den wichtigsten Häusern der Stadt. Es ist ein Traufenbau und steht über den Kellern von 2 älteren Häusern. Bauherr war der landgräfliche Rat und Statthalter Jost Didamar aus Kassel, die Bauformen des Hauses haben zu Kassel engste Beziehungen. Von Bedeutung sind ferner das etwa gleich alte Haus **Reitgasse 10**, auch ein Traufenbau mit Eck-Erkern und langen Fensterreihen, **Wendelgasse 3** (um 1550), **Roter Graben 15** (um 1580), **Rübenstein 10** (1600) und **Barfüßerstr. 27, 33, 35** und **48** (Gasthof zum Bären, 1529 Unterkunft Martin Luthers). Die Tradition der Fachwerkbauten hielt bis um 1800 an, wie einige Häuser am **Steinweg**, am **Renthof**, in der **Wettergasse** (**Nr. 16**) und in **Weidenhausen** (**Nr. 8, 18, 30, 33, 36, 60, 62** und **68**) zeigen; den Abschluß bilden prunkvolle klassizist. Bauten, wie **Steinweg 38** und **Barfüßerstr. 47** mit aufwendigem Strebenwerk. Erst zu Beginn des 19. Jh. begann man, Fachwerkbauten umgehend zu verputzen.

Das urspr. *farbige Aussehen der Fachwerkhäuser* ist durch Untersuchungen vielfach belegt, allerdings wird die Farbe nicht in allen Fällen am Haus rekonstruiert. Im 16. Jh. finden sich fast grundsätzlich rot bemalte Balken und Begleiterstreifen in den Putzgefachen (**Rübenstein 10, Weidenhausen 62, Markt 23**); im 17. Jh. kommen blaue Farben für Hölzer und Gefachrahmen auf (**Reitgasse 6** von 1684, **Hofstatt 23**). **Barfüßerstr. 27** zeigt als Besonderheit eine marmorierende Bemalung aller Balken; die Farbfassung gehört der Barockzeit an, das Haus selbst ist etwas älter. Kratzputz kommt in der Stadt erst seit der Gründerzeit vor, als die Kenntnis von den farbigen Fachwerkfassaden verlorengegangen war.

Um 1830 wurden aufwendige Stadtveränderungen geplant; die bedeutendste ist die trichterförmige Neuanlage der **Elisabethstraße** 1830–32; allerdings sind nur 3 Häuser aus

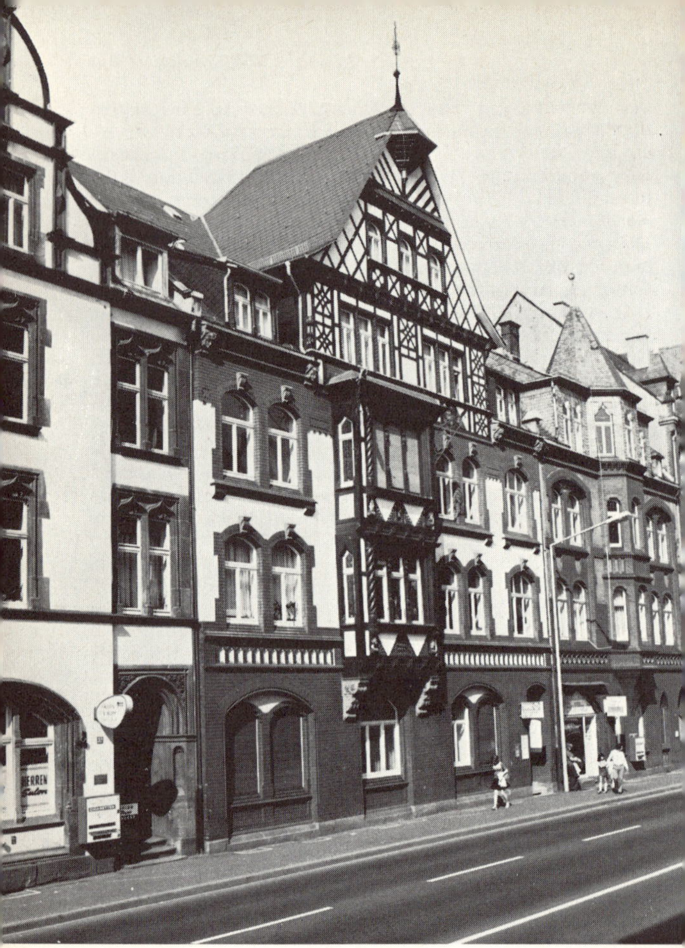

Marburg. Deutschhausstraße

der Bauzeit erhalten. In der **Ketzerbach** wurden aufwendige klassizist. Häuser gebaut: **Nr. 1** ist ein ehem. Gasthof (1836), **Nr. 5-9** sind 4geschossige Mietshäuser (5: 1866, 6–8: um 1830/35), **Nr. 57** wurde 1826 gebaut und **Nr. 61** um 1830, mit einem Säulenaltan als Eingang (vermauert). Verputzte klassizist. Fachwerkbauten entstanden bis um 1870/80. – Mit dem Wohnhaus **Barfüßerstr. 19** (1866), einem Backsteinbau, beginnt die historisierende Steinarchitektur Marburgs, die zu so aufwendigen Bauten wie dem Dürerhaus (Marktgasse 18–20) führt, das Eichelberg & Dauber 1905 errichteten. – Ein Wiederaufleben des Fachwerks ist ab etwa 1875 zu registrieren, als Architekten wie Carl Schäfer (**Ritterstr. 3**, 1877; **Neustadt 24**, 1878–80) und Eichelberg & Dauber (**Wettergasse 18**, 1896; **Wettergasse 11**, 1899; **Steinweg 8**, 1900–01) auf das historische Fachwerk Hessens und Norddeutschlands zurückgreifen.

In diese Zeit fallen auch wesentliche Stadterweiterungen Marburgs. Das **Südviertel** ist ein Villenviertel mit einigen großzügigeren Mietshäusern, vornehmlich zwischen 1870 und dem 1. Weltkrieg angelegt und von der Frankfurter Straße, der Schwanallee, der Universitätsstraße und dem alten Vorort Grün begrenzt. In den Jahren um 1900 wurde das **Biegenviertel** (Biegenstraße, Deutschhausstraße, Uferstraße) mit großzügigen Mietshäusern erschlossen, bei denen Formen der Gotik und der Renaissance wieder aufleben und sich häufig mit Jugendstil-Elementen verbinden. – Gleichzeitig suchten studentische Verbindungen meist an den Hängen des Schloßbergs und des Rotenbergs Platz für ihre aufwendig gestalteten Häuser; auch einzelne Villen entstanden dort.

Museen

Marburger Universitätsmuseum für Kunst- und Kulturgeschichte ● (Hülsenhaus, Biegenstr. 11). Die Sammlung umfaßt Kunst in Hessen vom 8. bis zum 20. Jh., insbesondere Architekturfragmente aus Fulda, Hersfeld und Marburg, Ausstattungsstücke aus der Marburger Elisabethkirche (Glasfenster, Wandteppich mit dem Gleichnis des Verlorenen Sohnes). Von Bedeutung ist der Birkenbringhäuser Kruzifix (Anf. 11. Jh.) und die Sammlung mittelalterl. Kampf- und Turnierschilde. Ferner bewahrt das Museum eine Sammlung hessischer Volkskunst und eine Galerie moderner Gemälde, darunter Werke von Spitzweg (Briefbote im Rosenthal, um 1858), Carl Bantzer, Karl Schmidt-Rottluff, Otto Mueller, Max Pechstein, Wassilij Kandinskij, Paul Klee und Christian Rohlfs. Von dem Maler Otto Ubbelohde und dem Bildhauer Georg Kolbe besitzt es umfangreichere Sammlungen.

Im Schloß ist die **Religionskundliche Sammlung** der Universität

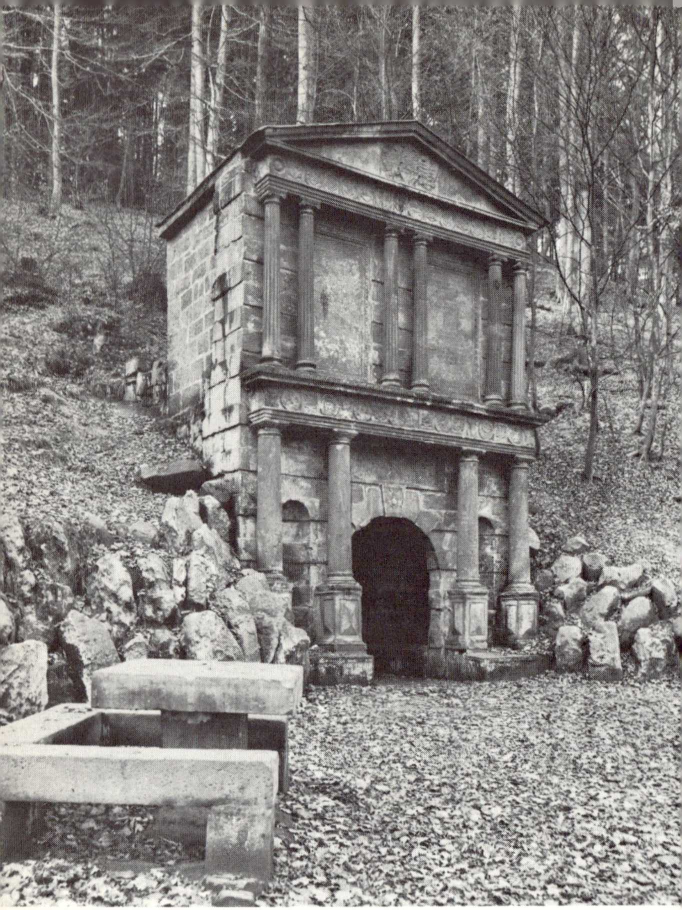

Schröck. Elisabethbrunnen

untergebracht; sie verfügt über bedeutende Stücke nichtchristlicher Religionen.

Im Kornhaus des Deutschen Hauses (bei der Elisabethkirche) ist ein großes **Mineralogisches Museum** eingerichtet. *UG*

Michelbach (D5/6)

Ev. Pfarrkirche. Die 1schiffige 3jochige Chorturmkirche entstand in der Nachfolge des Marburger St. Kilian um 1220/30. In die Kirche führt ein rundbogiges Portal an der S-Seite mit eingestellten Dreiviertelsäulen, Kapitellen und einem Wulst in der Bogenlaibung. Am Chorgewölbe sind ornamentale Malereien der Spätromanik erhalten. *UG*

Schröck (E6)

Kath. Pfarrkirche St. Michael. Die 1712–20 erbaute Kirche ist ein Saalbau mit 3seitig geschlossenem Chor. Das Äußere des reinen Quaderbaues wird von Pilastern gegliedert. Über dem Portal ist eine Statue der hl. Elisabeth mit einem Bettler von Joh. Friedrich Sommer angebracht. Thomas Gäßner schuf gegen 1750 den Hochaltar; die Seitenaltäre, nach 1713 von Johann Neudecker um- oder neugestaltet, stammen aus der Amöneburger Stiftskirche.

Rings um die Kirche stehen einige ansehnliche **Fachwerkhäuser. Roßdorfer Str. 2** (um 1600) ist das älteste. **Schröcker Str. 1** und 33 sind Bauten aus der 1. Hälfte des 18. Jh. mit hohen Untergeschossen und kräftigen Streben; in dieser Tradition steht auch **Schröcker Str. 25,** 1816 von Zimmermeister Balser Wilhelm. – Weitere gute Fachwerkhäuser, auch des 19. Jh., stehen im Nachbarort **Moischt.**

Elisabethbrunnen (westl. von Schröck). Vielleicht an einer vorgeschichtl. Stelle ließ Landgraf Ludwig IV. von Hessen 1596 das neue Brunnenhaus von einem unbekannten Architekten errichten. Die 2geschossige Fassade weist bereits viele Elemente des Manierismus auf, was sich in der Rustizierung des Untergeschosses, besonders der kleinen Nischen, und in der abweichenden Gliederung des Obergeschosses zeigt. Auch die Steinbänke und -tische sind noch ursprünglich. Der Brunnen diente als Mittelpunkt landgräflicher Feste. *UG*

MARDORF (E6) → **Amöneburg** (Marburg-Biedenkopf)

MARIENSCHLOSS, ehem. Kloster → **Rockenberg** (Wetteraukreis D8)

MARKERSHAUSEN (K4) → **Herleshausen** (Werra-Meißner)

MEINHARD (Werra-Meißner K3)

Grebendorf (K3)

In dem nördl. an Eschwege anschließenden Ort ein Renaissance-**Schloß** der v. Keudell, 1610, sowie die von Matthei gebaute **Pfarrkirche,** 1820. *DG*

Schwebda (K3)

Burg. Der 3geschossige Bruchsteinbau wurde um 1529–33 am Ortsrand errichtet. Bauherr war der hessische Rat Bernhard v. Keudell. Das Kielbogenportal mit gestäbter Umrahmung und 2 Figurennischen zeigt den Übergang von spätgot. Formen zur Renaissance. – Das gegenüberliegende Wohnhaus enthält ein spätgot. Portal von 1549. 1852 wurde der gesamte Bau neu errichtet, wobei die Fensterrahmen den älteren Formen nachgebildet wurden. So entstand verhältnismäßig früh ein ansehnlicher gotisierender Bau.

Das schlichte **Herrenhaus** südwestl. der Kirche enthält eine bemerkenswerte klassizist. Treppe. Der rückwärtige Flügel war 1517 für Hans v. Keudell erbaut worden.

Ev. Pfarrkirche. Ein Saalbau von 1785 mit originaler Ausstattung schließt sich an einen roman. querrechteckigen W-Turm aus dem 12. Jh. an, der mit gekuppelten Schallarkaden versehen ist. Die Säulchen besitzen Würfelkapitelle. Die Orgel von 1844 baute W. Schmerbach d. J.

UG

Für die sog. Kanonenbahn, die Strecke Treysa-Leinefelde der Verbindung Koblenz–Berlin, wurde um 1878 der **»Frieda-Tunnel«** geschlagen. Das *Tunnelportal* lehnt sich an hochmittelalterl. Wehrarchitektur an; den doppelten Bogen (rund und spitz) rahmen Pfeilertürme, Spitzbogenfries und Zinnenkranz überfangen das Ganze.

DG

MEISSNER (Werra-Meißner I3)

Germerode (I3)

Ehem. Prämonstratenser-Doppelkloster

Graf Rutger v. Bilstein gründete 1144 oder unmittelbar zuvor das Kloster, das zwischen 1213 und 1243 in ein Nonnenkloster umgewandelt und 1527 aufgehoben wurde. Die Kirche wurde um 1145–65 erbaut; erhaltene Teile des Klosters stammen aus dem 12. und 13. Jh.

● Die **Kirche** (ehem. St. Maria und Walburg, jetzt ev. Pfarrkirche) ist eine hochroman. 3schiffige Gewölbebasilika zu 4 Langhausjochen im gebundenen System mit Pfeilerstützenwechsel, ohne Querschiff, mit 3schiffigem Chor über einer Krypta; sie schließt nach W mit einer Doppelturmfassade. Im System folgt sie weitgehend der Klosterkirche zu Lippoldsberg, der sie sich auch zeitlich anschließt. Sie unterscheidet sich nur durch den Fortfall des Querhauses und das

Vorhandensein einer 4schiffigen Krypta. Eine bewußte Korrektur bedeutet die Einführung von Doppelfenstern in den spätesten Teilen des Langhauses. Die Wiederherstellung nach 1951 hat der Kirche viel von ihrem alten Glanz zurückgegeben. Die Nonnenkrypta ist als Winterkirche eingerichtet.

Äußeres. Machtvoll hebt sich die O-Front der Kirche über das stark abfallende Gelände, so daß die Krypta fast zu ebener Erde liegt, von einem mehrstufigen Sockel umzogen. Die 3 nebeneinanderliegenden Apsiden geben dieser Ansicht ihr Gepräge. In der N-Wand des Mittelschiffes erkennt man die vermauerten Arkaden des abgetragenen Seitenschiffes. Um das W-Portal mit Giebelsturz ist das Sockelprofil herumgeführt. Der S-Turm wurde 1904 unter Erhaltung der alten Substanz erneuert; noch krönt ihn die Haube von 1742 mit abgesetzter Spitze, wie sie für die Bauten des Landbaumeisters Ghezzy charakteristisch ist. Im S fehlt das Seitenschiff in Länge der Nonnenempore; der anschließende Teil ist mit dem jetzigen Haupteingang barock erneuert. – Inneres. Maßgebend sind die Vielfältigkeit des Räumlichen, die Abwechslung in den architekturplastischen Motiven, die Wölbung. Das Mittelschiff hat Kreuzgratgewölbe zwischen Gurt- und Schildbogen; Seitenschiffe und Krypten besitzen Kreuztonnengewölbe. Im Mittelschiff wechseln Hauptpfeiler, an denen die Gurtvorlagen mit verzierten Viertelkreiskonsolen (»Lippoldsberger Konsolen«) abgefangen sind, und Zwischenpfeiler, die mit Kantensäulen besetzt sind. – Die Nonnenkrypta ist eine 3schiffige Säulenhalle, deren Würfelkapitelle in flachem Relief mit geometrischen und pflanzlichen Motiven, eines auch mit Vögeln, geschmückt sind. Die O-Krypta unter dem etwas erhöhten Chor ist eine 4schiffige Halle mit quadratischen und rechteckigen Pfeilern.

Ausstattung. Die westl. Trennwand benutzt eine roman. Arkadenwand, die aus etwas jüngerer Zeit als das Schiff stammt. Prachtvoll geschnitzte Emporen von Hans Schindewolf nehmen seit 1606 die W- und N-Seite des Schiffes ein. 1700 erbaute Altstetter aus Mühlhausen die Orgel mit großlinigem Knorpelwerk; sie steht seit 1952 auf der W-Empore. Brüstungsteile von 1606 wurden 1959 zur Kanzel neu gestaltet.

Vom nördl. anschließenden **Kloster** steht der *W-Flügel* ohne Dächer und Decken, als Gedenkstätte für Kriegsopfer eingerichtet. Er bietet noch spätroman. Details neben got. veränderten Einzelheiten. *Torbau* und Fachwerkhäuser des *O-Flügels* gehören der Domänenzeit (seit 1634 hessen-rotenburgisch) an.

DG

MELLNAU (E5) → **Wetter (Hessen)** (Marburg-Biedenkopf)

MELSUNGEN (Schwalm-Eder H4)

Am wichtigen Fulda-Übergang der Sälzerstraße (Sooden/Werra – Westdeutschland) und der »langen Hessen« gelegen, gewann Melsungen frühzeitig Handelsbedeutung; schon bald nach 800 wird es genannt. Es liegt in einem Talkessel am linken Fulda-Ufer. Kurz vor 1190 wurde die junge thüringische Stadt vorübergehend an Mainz verkauft, jedoch schon 1194 (als Mainzer Lehen?) von den Landgrafen zurückerworben (1263 hessisch). Während sich die »langen Hessen« nach S verlagerten, stieg Melsungens Verkehrsbedeutung im Spätmittelalter wieder durch die »Nürnberger Straße«. 1554 gab ein Stadtbrand Anlaß zu großzügiger Erneuerung des Stadtkerns.

Der Stadtplan hat in Trapezumriß Gitterform. – Noch weitgehend steht die mittelalterl. **Stadtmauer**, von den Türmen nur der **»Eulenturm«** (Diebesturm), 1556, die Dacherker 1722 abgebrochen.

Ev. Stadtkirche (St. Maria). Die roman. Kirche, wohl zwischen 1194 und 1218 erbaut, wurde 1387 zerstört; erhalten blieb der W-Turm mit roman. Innenportal. Der 1415–25 errichtete Neubau läßt an eine 3schiffige, 3jochige Halle mit säulengetragenen Gewölben den Chor von 2 Jochen mit 5seitigem Polygon anschließen. Die schlichten Architekturformen sind noch »doktrinär«-hochgotisch. – Von der pseudogot. Ausstattung d. J. 1886–91 sind Kanzel und Empore erhalten; die Orgel wurde 1968 abgebrochen. Die Renovierung 1973–74 gab den Baugliedern eine warmrote Farbe vor hellen Wänden; die z. T. figürlichen Schlußsteine heben sich verschiedenfarbig ab. Altartisch, Lesepult und Gestühl entstanden neu.

Schloß. Die unwohnliche mittelalterl. Burg am Kasseler Tor ersetzte Wilhelm IV. als hessischer Regent 1550–57 durch den bestehenden Neubau in nachgot. Formen. Den langgestreckten Hauptflügel gliedern einige Erker und Treppentürme. Die S-Seite begrenzt den Schloßhof, an dem der 1577 errichtete **Marstall** (jetzt Amtsgericht) dem Schlosse gegenüber liegt. Alle Bauten sind innen völlig verändert.

Fulda-Brücke. Auf 6 schweren steinernen Bögen überquert die Brücke den Fluß. Sie wurde 1595/96 erbaut, 1945 z. T. gesprengt, danach wiederhergestellt, 1950/51 durch einen Neubau oberhalb der Stadt entlastet.

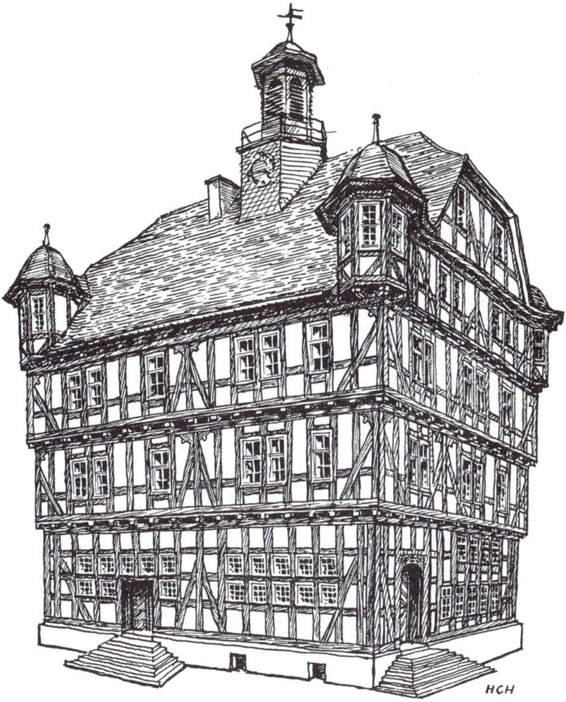

Melsungen. Rathaus

Rathaus. Auf der Brandstätte von 1554 errichteten die Bürger 1556 das Rathaus inmitten des Marktplatzes. Frei steht der höchst stattliche Fachwerkbau und wendet sich nach allen Seiten mit eindrucksvoller Geschlossenheit. Alle 4 Fronten sind wie Fassaden ausgebildet. Die 3 Geschosse gliedern sich in 16 : 12 Gefache. Den längsgerichteten Bau deckt ein Krüppelwalmdach; Ecktürmchen mit Hauben betonen die Gebäudekanten und fassen das untere der beiden Giebelgeschosse an den Stirnseiten rahmend ein. Der Dachreiter – 1928 wiederhergestellt – krönt das Gebäude in der Mitte des Dachfirstes. Das S-Portal sitzt asymmetrisch, ein Erbteil der Spätgotik. Doch die Konstruktion mit den waagerecht übereinanderliegenden Geschossen ist als renaissancemäßig anzusprechen; so auch die geringe, nur balkenstarke Vorkragung der Geschosse. Im Aufbau des Fachwerks wiegen Senkrechte und Waagerechte vor, wie es für Niedersachsen typisch war und blieb. An betonten Stellen gesellen sich Schrägstreben und Kopfbänder, die mit den senkrechten Pfosten zusammen das Symbol des »Hessischen Mannes« ergeben, die zukunftweisende Form des Barock in Hessen. – Mit seiner großzügigen Gesamterscheinung, der Beherrschung des Konstruktiven und der künstlerischen Auflockerung im Detail nimmt das Melsunger Rathaus unter den Renaissance-Fachwerkhäusern Kurhessens die erste Stelle ein.

● **Häuser.** Der trotz einiger Eingriffe im ganzen noch vorzüglich erhaltene Fachwerkcharakter der Stadt wird v. a. durch die hohe Zahl von *Bauten des 16. Jh.* bestimmt. Schon 1524 entstand **Fritzlarer Str. 15,** mit Staffelgiebel in der Mitte. Anfang des 16. Jh. wurde auch **Markt 16** erbaut, mit got. Knaggen an der Seitenfront (Hauptfront umgebaut). – Gleich nach dem Stadtbrand 1554 entstand eine Gruppe von *Häusern im Renaissancestil* mit nachgot. Elementen: reiche Hohlkehlen und Stabprofile im Quergebälk, Spitzbogenportale (diese vielfach verändert). Nach Abbrüchen und eingreifenden Veränderungen seit etwa 1965 sind noch erhalten: **Kasseler Str. 15** und **21, Quergasse 5** (1563), **Vorderes Eisfeld 3** und **14, Markt 5** und **8** (beide beeinträchtigt), **Burgstr. 25.** – In einer seit 1583 belegten zweiten Gruppe wird das Quergebälk mit Seilmustern verziert. Durchweg hat das Fachwerk hessischen Charakter mit Gleichgewicht zwischen konstruktiven und schmückenden Gliedern. Beispiele: **Kasseler Str. 2** und **19** (Tür entfernt), **Quergasse 4, Vorderes Eisfeld 7/9, Markt 9, Markt 22** (mit barocker Eckfigur, vgl. das Stumpfhaus in Alsfeld), **Burgstr. 5** (Eckfiguren Wilder Mann und Wilde Frau, Portal 1722 erneuert), **Fritzlarer Str. 9** (Eckverzierung mit Quadermuster), **Flämmergasse 9/11, Zur Bleiche 3** (1614), **Brückenstr. 2, 7, 9, 19** und **24.** – Die übrigen Bauten der Stadt sind zum großen Teil Fachwerk des *17.–19. Jh.*; hervorzuheben: **Kirchpl. 8** (barock, mit reichem Quader- und Beschlagwerk); **Fritzlarer Str. 3** (prachtvoller Barockbau, 1953 restauriert; im Quergebälk Eierstab, geschnitztes Portal mit Beschlagwerk und Tulpenkandelabern, um 1740); **Am Bitzen 3** (Portalrahmen trotz Inschrift 1798 noch mit Beschlagwerk ähnlich den Obergeschossen von Kirchpl. 8); **Markt 17/18** (klassizist. Doppelhaus); **Burgstr. 2** (guter pseudogot. Fachwerkbau gegen 1900). An die Stelle von Brückenstr. 11 und Fritzlarer Str. 21 traten im Maßstab gut eingefügte Neubauten aus Holz bzw. Betonfachwerk.

Gute *Haustüren* des Rokoko noch: **Brückenstr. 5** (auch **Nr. 7** und **9**), **Kasseler Str. 2** und **22**; des Zopfstils: **Mühlenstr. 42**; des Empire: **Kasseler Str. 11**; des Klassizismus: **Fritzlarer Str. 14, Mühlenstr. 9** und **14.**

DG

MENGERINGHAUSEN (EF2) → **Arolsen** (Waldeck-Frankenberg)

MERENBERG (Limburg-Weilburg B8)

Die 1129 erstmals erwähnte Burg war Stammsitz der Herren v. Merenberg, der Vögte der Reichsstadt Wetzlar. Nach ihrem Aussterben 1328 ging Merenberg an Graf Johann von Nassau über, den Stammvater der Nassau-Weilburger. Der Ort erhielt 1290 und 1331 Stadtrechte, die jedoch vom Herzogtum Nassau (ab 1816) nicht mehr anerkannt wurden.

Burgruine. Auf einem hohen Basaltkegel erhebt sich der runde Bergfried (14. Jh.) der Gipfelburg, dessen Gewölbe zerstört sind. Er wurde urspr. durch eine Wendeltreppe erschlossen. Von den übrigen Gebäuden haben sich nur noch spärliche Reste erhalten, besonders die Burgmauer auf längsrechteckigem Grundriß mit halbrunden Schalentürmen.

Die **ev. Pfarrkirche** ist ein schlichter Saalbau von 1719 mit hundert Jahre jüngerem W-Turm, aus Bruchsteinmauerwerk. Kanzel und Orgel gehören dem 18. Jh. an.

Zur **Stadtbefestigung** zählt ein quadratischer Torturm mit Spitzbogentor; die Stadtseite besteht aus Fachwerk.

Unter den **Fachwerkhäusern** ist **Mittelgasse 3** hervorzuheben. Die Fenster besitzen vorgezogene Fensterrahmen (Fenstererker) mit Schnitzereien im Knorpelstil, u. a. der Darstellung von 2 Faßbindern. Das Handwerkerhaus entstand 1682.

UG

MICHELBACH (D5/6) → **Marburg** (Marburg-Biedenkopf)

MICHELSTADT (Odenwaldkreis F13)

Eingebettet in die waldreichen Berge des nordöstl. Odenwaldes liegen das Städtchen Michelstadt, das benachbarte Schloß Fürstenau und das Dorf Steinbach mit der Einhards-Basilika in einer Auebucht des Mümlingtals.

Ludwig d. Fromme schenkte 815 seinem Freunde Einhard, dem Berater und Biographen Karls d. Gr., die Mark Michelstadt. Schon zu seinen Lebzeiten vermachte Einhard seinen Besitz dem Kloster Lorsch. Als Mainzer Stützpunkt im Kampf um das Erbe des Klosters wurde zu Beginn des 14. Jh. die der Stadt nahe gelegene Wasserburg Fürstenau ausgebaut. – Eine Burg, in deren Schutz das mittelalterl. Michelstadt entstand, war vom 13. Jh. an Sitz der 1531 ausgestorbenen Michelstädter oder Eberhardinischen Linie des späteren Erbacher Grafenhauses; sie wurde später gräfliche Kellerei.

Obwohl für Michelstadt ein Stadtprivileg nicht bekannt ist, ließ der schon zu Beginn des 14. Jh. bestehende Mauerring am Stadtcharakter der Siedlung nie Zweifel aufkommen. – Das nur wenige Kilometer entfernte Erbach überflügelte als Residenz des Grafenhauses seit dem Erlöschen der Michelstädter Linie immer mehr das Landstädtchen Michelstadt, das dadurch seine altertümliche Individualität erhalten hat. Es gehört mit seinem Marktplatz und den vielen Fachwerkhäusern zu den am besten erhaltenen hessisch-fränkischen Stadtbildern. – Stadt und Umgebung blieben bis 1806 bei der Grafschaft Erbach und fielen dann an Hessen-Darmstadt.

Ev. Pfarrkirche. Eine Marienkirche ist schon 821 bezeugt. – Die Anlage der langsam gewachsenen Kirche folgt dem basilikalen Schema mit 3 Schiffen; sie ist allerdings in der Dachzone ohne Oberlichtgaden. (Vgl. Groß-Umstadt und Babenhausen.) Am mit Strebepfeilern besetzten *Chor* findet sich eine Bauinschrift mit der Jahreszahl 1461. Am Giebel der W-Seite hat sich der Baumeister Hans Eseler (s. a. Fränkisch-Crumbach) mit einem Meisterschild verewigt; die Jahreszahl 1490 gibt wohl das Ende der Bauarbeiten an. Der polygonale Treppenturm entstand 1475. – Der mächtige hohe *Turm* an der S-Seite des Chores wurde 1507 begonnen, sein Abschluß 1537 aufgesetzt. Mit seiner steilen Spitze ist er das die niedrigen Fachwerkhäuser seiner Umgebung überragende Wahrzeichen der Stadt. – Im I n n e r e n fallen die Breite und Kürze des Langhauses auf. Über dem Mittelschiff war im Gegensatz zu den netzgewölbten Seitenschiffen und dem gleichfalls gewölbten Chor die Wölbung unterblieben. Holztonne von 1967. – Die zum südl. Seiten-

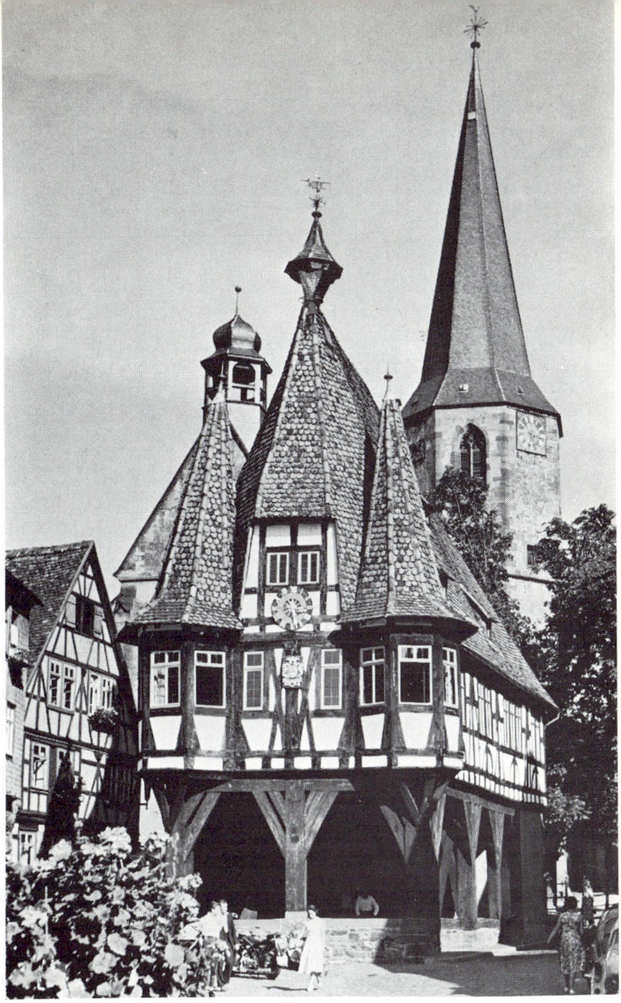

Michelstadt. Rathaus, im Hintergrund die ev. Pfarrkirche

schiff sich öffnende *Eberhardskapelle* wurde 1542 angefügt, während die Kapelle nördl. des Chores schon 1451, also vor dem Baubeginn der spätgot. Kirche, errichtet wurde.

Ausstattung. Vom 14. Jh. an wurden die Dynasten von Erbach in der Kirche begraben; so ist die Zahl der *Grabdenkmäler* ungewöhnlich groß. Die beste Leistung aus dem späten Mittelalter ist das Doppelgrabmal für die Schenken Philipp I. († 1461) und Georg I. († 1481), das einen Arkadenpfeiler des Schiffes umschließt. Den Auftakt für die Reihe der Renaissance-Denkmäler von hoher Bedeutung bildet das Tischgrab für Graf Georg II. († 1569) und Elisabeth von der Pfalz († 1564), das früher im Chor stand. Das reiche Alabastermonument an der südl. Chorwand für Graf Georg III. († 1605), den Bauherrn der Renaissancebauten in Fürstenau, zeigt die liegende Figur des Toten vor einem hohen Wandaufbau. Die Epitaphien für Friedr. Magnus († 1618) und Joh. Casimir († 1627) sind vorzügliche figuren- und ideenreiche Alabasterarbeiten des bekannten fränkischen Bildhauers Michael Kern. Besonders fein sind die Schlachtenreliefs zu seiten der sitzenden Figur Johann Casimirs.

Im Turmobergeschoß ist die wertvolle *Kirchenbibliothek* untergebracht.

● **Rathaus.** Das den Platz beherrschende, mit der Schmalseite dem Freiraum zugewandte Fachwerkhaus ist mit seiner holzgerechten Bauweise ein Beispiel des hohen Niveaus der bodenständigen Zimmermannskunst. Bewußt ist die Wirkung der hochgereckten Platzfront gesteigert durch die Auflösung des Obergeschosses über der offenen Ständerhalle in 2 Eck-Erker, welche die durch 2 Geschosse gehende Giebelwand zwischen sich einspannen und mit ihren hohen Spitzhelmen das steile Walmdach mit dem Dachreiter begleiten. Das Fachwerk bildet Figuren, die sich zu Andreaskreuzen zusammenschließen. Von außen kann man gut die Inneneinteilung ablesen. Das Haus gehört zu den wenigen got. Holzhäusern, deren Baujahr am Holz angegeben ist. Es trägt die Jahreszahl 1484.

Das herrschaftlich wirkende **ehem. Gasthaus zum Löwen** vom Jahre 1755 antwortet mit seinen schweren Steinmauern dem feingliedrigen Gefüge des Fachwerkrathauses. Ein prunkvolles Portal mit Balkon betont seine Mitte. – Der **Röhrenbrunnen** von 1575 mit 8seitigem Becken trägt auf hohem Mittelpfeiler eine allegorische Figur (ehem. St. Michael, im 18. Jh. mit Attributen der Justitia [?] versehen).

Gegenüber dem massigen Baukörper der Stadtkirche steht am Kirchplatz das **Gasthaus Drei Hasen**, ein Steinbau von 1813 mit einem einfallsreichen Wirtshausschild.

An der Einhardspforte südl. der Kirche öffnet sich eine schmale Gasse in den Hof der monumentalen Baugruppe der **Gräfl. Kellerei.** Hier stand ehem. die 1307 geschleifte Burg. Der breit gelagerte Hauptbau mit den Fachwerkgeschossen über dem Steinsockel gliedert sich in 3 Bauteile; der Mittelbau von 1506 stand urspr. allein. Nach W begrenzt den Hof ein Speicherbau mit Treppengiebel und schöner Freitreppe; sie ist 1539 datiert (der N-Giebel 1517). Das **Amtshaus** auf der N-Seite stammt von 1549 und wurde 1621 erweitert.

Reste der mittelalterl. **Stadtmauer** mit dem **Diebsturm,** der vermutlich zur ehem. Burg gehört hat, sind dicht an der Kellerei zu finden.

Das Städtchen ist reich an guten **Fachwerkhäusern** hessisch-fränkischer Ausprägung. Hervorzuheben sind die Häuser **Obere Pfarrgasse 1,** dat. 1620, und **Neutorstraße 5,** 1571 erbaut. Auch die **ehem. Apotheke** von 1557 an der Einmündung der Unteren Pfarrgasse in die Große Gasse und das **Haus des Zentgrafen List** von 1561 in der Neutorstraße sind zu erwähnen.

Im Fachwerkhaus des **Preußischen Hofes** (Braunstr. 7) ist das **Odenwaldmuseum** mit Hausgerät und volkskundlichem Kulturgut untergebracht.

Schloß Fürstenau ●

Das heutige Schloß bildet eine ausgedehnte reizvolle Gruppe von Gebäuden verschiedener Bauzeiten, die von einem mit hohen alten Bäumen geschmückten **Park** englischen Stils umgeben ist. – An der Straße von Michelstadt begrüßt den Besucher ein **Parkpavillon** von 1756 mit Portalbalkon. Man gelangt an der **Schloßmühle** (mit Volutengiebel und Allianzwappen Erbach-Reuss vom Ende des 16. Jh.) vorbei zum **Torbau** von 1765 und zum weiten äußeren Schloßhof. **Stallgebäude** umgrenzen ihn. – Der ehem. nach S abgeschlossene kleine innere Schloßhof wird im N begrenzt von der **Beschließerei** des endenden 16. Jh. und im W vom sog. **Neuen Palais** von 1810. Der ruhig gegliederte Bau des 19. Jh. ist bewußt in Gegensatz gesetzt zur äußerst stimmungsvollen W-Front des **alten Schlosses.** Das ehemals allseitig von Wasser umflossene 3flügelige alte Schloß enthält noch den Wehrbau des 14. Jh.; 4 Ecktürme sind die am deutlichsten sichtbaren Überreste. Graf Georg III. hat es mit viel Geschick verstanden, durch einen kühnen architektonischen Wurf aus der Wehrburg ein Renaissanceschloß zu machen. Er spannte zwischen N- und S-Flügel die einzigartige *Bogengalerie* und bekrönte sie mit einer kunstvollen Rollwerkbalustrade. Der Bauherr ließ das Erbauungsjahr 1588, sein Wappen und die Anfangsbuchstaben seines Namens im Scheitel des Bogens anbringen; 2 posaunenblasende Genienstatuen begleiten das Wappenfeld. – Der phantasievolle Renaissance-Aufbau des *südöstl. Eckturmes* und das Portal von 1596 am *Treppenturm* im Winkel zwischen N- und O-Flügel stammen gleichfalls aus der Regierungszeit Georgs III. – Nahe beim Schloß Fürstenau liegt am Rande von

Steinbach (EF13)

● die **Einhards-Basilika,**

Eigenkirche Einhards, des Beraters und Biographen Karls d. Gr., mit einer Krypta zur Aufnahme der 827 aus Rom überführten Gebeine der hll. Marcellinus und Petrus. Die Kirche war damals vollendet, aber noch nicht geweiht. Die Gebeine wurden im Januar 828 nach Seligenstadt weitergegeben (s. d.). Die Kirche erlangte deshalb nicht die Bedeutung, die sie als Grabeskirche zweier Heiliger fraglos gewonnen hätte. Diese Entwicklung aber schloß in sich, daß ihr baulicher Bestand ohne große Veränderungen auf uns gekommen ist. – 1073 wird die der Muttergottes geweihte Kirche mit Lorscher Benediktinern besetzt, 1232 die Propstei in ein Nonnenkloster verwandelt und zur Grablege der Schenken zu Erbach (Grabsteine seit 1795 im Schloß in Erbach). Anstelle des 1535 aufgelösten Klosters wurde 1542 ein Spital eingerichtet.

In der Vollständigkeit des Baubildes mit der Wohlabgewogenheit der Bauteile im Grund- und Aufriß, in der schlichten Intimität des Innenraumes gehört die Steinbacher Kirche zu den eindringlichsten Zeugnissen der karoling. Architektur nördl. der Alpen.

Äußeres. Beherrschender Teil der nach O gerichteten Kirche ist das Mittelschiff. Die Seitenschiffe wurden abgetragen. Um die Standfestigkeit des alten Baukörpers zu verbessern, fügte man 1972/73 neue Seitenschiffmauern auf den Fundamenten der Längsseiten hinzu, behielt aber die bald nach 1300 erfolgte Vermauerung der 6 schmalen hohen Langhausarkaden bei. Ihre quadratischen Pfeiler sind wie in Seligenstadt aus Backsteinen aufgemauert. Die unversehrten Obergadenfenster sitzen in der Achse der Arkaden. Im Gegensatz zu dem profanen W-Giebel, der im 16. Jh. an die Stelle eines roman. W-Chores getreten ist, gibt die O-Ansicht die karoling. Bauformen klar wieder. Aus der östl. Abschlußwand des Mittelschiffes wölbt sich die Hauptapsis (Mittelstück im 19. Jh. ergänzt) vor, die von einer niedrigeren

Apsis vor dem nördl. Nebenchor begleitet wird. Symmetrisch hierzu lag eine zweite Nebenapsis vor dem abgebrochenen südl. Nebenchor. An dem feingefügten, regelmäßigen Sandsteinquaderwerk der O-Teile offenbaren die karoling. Stein-

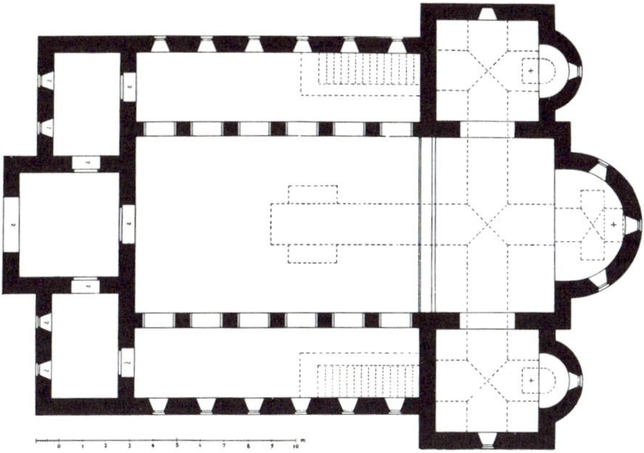

Steinbach. Einhards-Basilika. Grundriß

metzen ihr großes Können; sie knüpfen mit der Kleinquadrigkeit der Bausteine an antike Traditionen an.

I n n e r e s. Durch die Schließung der Arkaden (bald nach 1300) ist die ehem. 3schiffige flachgedeckte Basilika zum 1schiffigen Saal geworden. Die Umrisse der erhaltenen Bauglieder sind knapp und klar; die äußerste Zurückhaltung bei Verwendung dekorativer Einzelheiten ist auffallend. Wie in Seligenstadt erscheinen die Arkadenöffnungen als Ausschnitte aus der Wand, die Pfeiler sind Bestandteile dieser für Wandmalereien bestimmten Flächen (Reste von Malereien im Apsisrund und besonders am Konsolenfries im östl. Abschnitt der S-Wand, in Höhe der einstigen Bretterdecken). Die Schiffswände ziehen sich bis zur östl. Abschlußwand ohne Unterbrechung durch. Ehemals trennte ein Lettner das Schiff von den O-Teilen. In einfacher Harmonie und Bezogenheit klingen in der O-Wand der Rundbogen der Kalotte, die Fenster der Apsis und die kreisrunden Öffnungen über dem Apsisrund zusammen. Zu den Nebenchören öffnen sich in den Schiffswänden Durchgänge, die nur wenig höher sind als die Arkadenbögen im Langhaus (abgeschnürte Querarme). Noch findet keine Durchdringung von Querhaus und Schiff statt.

● Unter der Kirche liegt eine *Krypta* mit sich kreuzenden tonnengewölbten Gängen. (Man gelangt zu ihr über das an urspr. Stelle erneuerte Treppenpaar in den Seitenräumen.) An den in einem kleinen Oratorium unter der Apsis mündenden Hauptgang schließt sich unter dem nördl. Nebenchor ein ähnlicher Stollen an, dem im S unter dem südl. Nebenchor ein heute abgetragener Gang entsprach. Offenbar bestimmte der Kirchenstifter im bis zur Mitte der Kirche nach W verlängerten Mittelgang für sich und seine Gemahlin einen Ruheplatz; er wollte in der Nähe der Gebeine der hl. Märtyrer begraben sein. Beide Nischen, die zur Beherbergung der Särge vorgesehen waren, blieben jedoch leer. Die kultisch in Beziehung zur Oberkirche stehende Krypta zeichnen besonders das Ebenmaß der Raumproportionen und eine vorzügliche Ausbildung der Gewölbe mit scharfen Graten und sauberen Kanten aus. – Die Reliefplatten der Anna v. Erbach († 1375) und der Äbtissin Elis. Lochinger († 1512) sind die einzigen in Steinbach verbliebenen Grabdenkmäler.

Von den an der S-Seite der Basilika gelegenen **Klostergebäuden** hat sich nichts erhalten.

GB

MITTELHEIM (B11) → **Oestrich-Winkel** (Rheingau-Taunus)
MITTELHOF → **Felsberg** (Schwalm-Eder G4)
MITTERODE (I4) → **Sontra** (Werra-Meißner)
MOISCHT (E6) → **Marburg** (Marburg-Biedenkopf)

MÜCKE (Vogelsbergkreis F7)

In zwei Orten der Gemeinde stehen Fachwerkkirchen vom Bautypus der → Vogelsberg-Gruppe.

Ruppertenrod (F7)

Mit der **ev. Kirche** von Ruppertenrod, die sehr eindrucksvoll in der Ortsmitte steht, wird 1710–11 der Typ der

Stumpertenröder Kirche (→ Feldatal) wieder näher aufgegriffen. In der O-Achse zeigt das Fachwerk »Tannenbaum«-Motive. Schiff und Chor sind gemeinsam von einer Muldendecke überwölbt, die auf einem Längsunterzug ruht; ihn trägt im Schiff eine Stütze mit sehr reich ausgeschnittenen Kopfbändern. Der Dachreiter steht über dem Choransatz. Darunter markiert ein großer Triumphbogen die Grenze von Schiff und Altarraum; an seiner S-Seite die Kanzel, auf den übrigen 3 Seiten Emporen. Orgel (1851) hinter dem Altar.

Sellnrod (F7)

In der älteren **ev. Kirche** zu Sellnrod, 1697–98, ist das Fachwerksystem zu höchster Vollkommenheit gebracht. V-förmige Streben umkränzen das höhere Untergeschoß, in der Mitte der S-Seite durch Halsriegel und Kopfknaggen zur Form des Hessischen Mannes ergänzt; diese Form wiederholt sich rings um das Obergeschoß. Besonders ausgezeichnet ist die W-Front. Prächtige Volkskunstsäulen tragen den Dreiecksgiebel des Portals. Dicht hinter dem W-Giebel wächst der schlanke Haubendachreiter auf. Innen wird er abgestützt wie in Stumpertenrod, doch trägt die Säule zugleich einen Längsunterzug für die Schiffsdecke. Das Innere mit emporenfreier S-Seite (dort die spätmanieristische Kanzel von 1608) hat die Orgel auf der O-Empore hinter dem Altar. ●

DG

MÜHLTAL (Darmstadt-Dieburg D12)

Nieder-Beerbach (D12)

Burgruine Frankenstein

Kurz vor 1252 gründete Konrad Reiz v. Breuberg die Burg Frankenstein, nach der sich seine Nachkommen benannten. 1662 erwarben die Landgrafen von Hessen die Herrschaft. Die Burg wurde um 1360, im 15. Jh. und 1520–36 ausgebaut.

Die Burganlage ist von einer unregelmäßigen, mehreckigen Ringmauer umgeben. Durch ein spitzbogiges Tor an der W-Seite betritt man den äußeren Burghof und gelangt von hier durch einen Torturm in die Kernburg. Der Torturm aus der Mitte des 15. Jh. (1893 erneuert und ergänzt) ist 5geschossig und hat eine zur Kernburg gewandte offene

Seite, so daß er von Angreifern nicht als Bollwerk gegen sie benutzt werden konnte. Es folgt ein Halsgraben und dann die nur in Ruinen erhaltene Kernburg. Hier steht ein weiterer Turm, 1893 restauriert, der eine vorzügliche Aussicht bis Darmstadt, in das Rheintal und in den Odenwald bietet – ein Überblick, der zugleich die frühere Bedeutung der Burg verdeutlicht. Vom Palas sind nur noch spärliche Teile erhalten. Die innere Ringmauer ist schildmauerartig verstärkt. Im S steht ein quadratisches Vorwerk vor der Burg.
UG

MULANG → Kassel (GH2/3)

MÜNCHHAUSEN (Marburg-Biedenkopf D5)

Christenberg
Der alte Name (urkundlich 1227) lautet Kesterburg. – Ausgrabungen 1964/65 haben auf die Geschichte dieses Berges ein völlig neues Licht geworfen. Seit 447 v. Chr. (dieses Datum ermittelte die dendrochronologische Untersuchung) befand sich an dieser Stelle ein keltischer Herren- oder Fürstensitz (La-Tène-Kultur), von dem außer Fundstücken ein Holzpalisadenwall (»murus Gallicus«) von einmaliger Bedeutung festgestellt werden konnte. Nach tausendjährigem Wüstliegen wurde nach Beginn der fränkisch-sächsischen Auseinandersetzungen eine kräftig bewehrte karoling. Landesfestung angelegt, deren Benutzung von etwa 720 bis 840 durch Funde nachzuweisen ist (keine Fliehburg). Sie war von einer mehrfach erweiterten Ringmauer umgeben, die nach Verfall und Überwucherung das Aussehen eines Erdwalles angenommen hatte. Gestaffelte Verteidigungsanlagen aus Wällen und Gräben schützten den Berg v. a. auf der Angriffsseite im O.
Nahe dem N-Rand der weiträumigen Fläche des »castrum« erhebt sich in eindrucksvoller Lage die **ehem. Archipresbyteratskirche St. Martin**, jetzt Totenkirche für das 3 km westl. gelegene Dorf Münchhausen. Grabungen von 1953 erbrachten den Grundriß einer rechteckig schließenden Kirche von größerem Ausmaß als die heutige – sie darf der Karolingerzeit zugeordnet werden. Der roman. Neubau (11. oder 12. Jh.) wurde im N verschmälert. An die Stelle seiner Apsis trat 1520 ein got. Polygonalchor. Das Schiff verlor bei der Erhöhung 1817–18 seine Gewölbe. – Die Außenansicht beeindruckt durch die freie beherrschende Lage des Bauwerkes und durch die gestaffelte Anordnung der Baukörper. Zwischen dem 5spitzigen W-Turm und dem Chor mit seinem Dachreiter liegt das niedrigere Dach des Schiffes. Am Langhaus zeigt sich roman. Fischgräten-Mauerwerk. Eine Außenkanzel lehnt sich an die S-Seite.
DG

MÜNZENBERG (Wetteraukreis D8)

Burg und Stadt Münzenberg umweht ein romantischer Reiz, der von der Unberührtheit des Ortsbildes und der Ursprünglichkeit der großartigen Ruine herrührt. In dem dörflichen Städtchen stört kein Gebäude des 19. Jh. das gleichförmige Gefüge der Fachwerkhäuser, die meist mit ihren großen Holzportalen im 18. Jh. erbaut worden sind. Die Denkmalpflege des 19. Jh. wagte nicht, obwohl dies der Ruine ernsthaft drohte, »den kühnen Wurf einer Restauration«. So blieb das Bild der bedeutendsten Ministerialenburg des hohen Mittelalters und der verträumte Anblick einer ländlichen Ackerbausiedlung zu ihren Füßen rein erhalten.

In der Mitte des 12. Jh. erwarb im Tausch vom Kloster Fulda Konrad v. Hagen-Arnsburg inmitten der fruchtbaren Ackerlandschaft der Wetterau eine hohe Basaltkuppe, den »Minzenberg«, der eine Burg tragen sollte. Sein Sohn Kuno nannte sich 1156 zum ersten Male v. Münzenberg; er räumte 1174 den Zisterziensern seinen bisherigen Wohnsitz Arnsburg. Kunos Enkel Ulrich II. starb 1255 kinderlos und hinterließ seinen Schwestern und deren Nachkommen das reiche Erbe. Die Herren v. Falkenstein erwarben bis 1286 allmählich 5/6 der Ganerbschaft, während 1/6 den Herren v. Hanau verblieb, deren Hauptlinie sich v. Hanau-Münzenberg nannte. Nach dem Aussterben der Falkensteiner 1418 zerfiel deren Anteil wieder in viele kleine Teile.
1256 sicherten die Münzenberger Erben den Bürgern der Stadt ihre überlieferten Rechte. Schon 1231 wird ein Schultheiß genannt. Die Stadt muß also eine Gründung der Münzenberger sein; sie ist im Zusammenhang mit dem Bau der Burg entstanden. 1304 und später öfters erhielt sie die Rechte der Stadt Frankfurt bestätigt. Die teilweise noch erhaltenen Verteidigungsanlagen der Siedlung stehen in unmittelbarem Zusammenhang mit den starken Bollwerken der Burg und sind als deren Ergänzung anzusehen.

Burg Münzenberg. Die Burg beherrscht mit ihrer charakteristischen Silhouette die Weite der Wetterauer Landschaft. Die beiden hohen Rundtürme, die, weit auseinanderliegend, die große Breitenausdehnung der Burganlage kundtun, gaben der Burg im Volksmund den treffenden Namen »Wetterauer Tintenfaß«. Mit ihren durchaus auch ästhetisch zu wertenden Verteidigungsanlagen und dem feinen Detail ihrer Wohnbauten repräsentiert die Münzenburg die letzte Blütezeit der mittelalterl. deutschen Reichsherrlichkeit, die sich noch auf eine straffe Organisation von Pfalzen, Reichs-

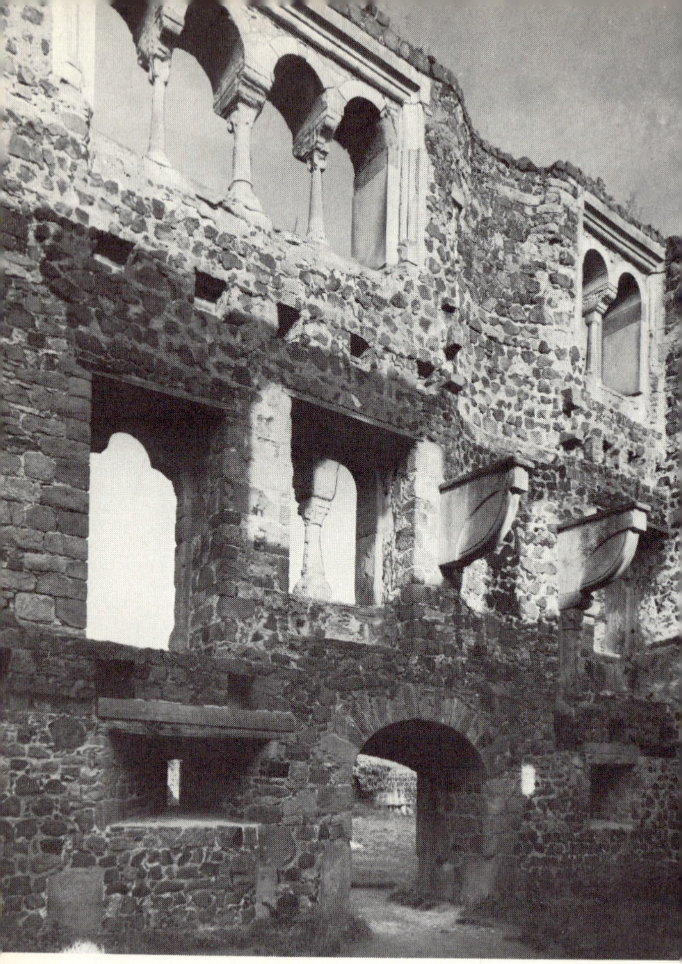

Münzenberg. Burg. Palas-Innenwand

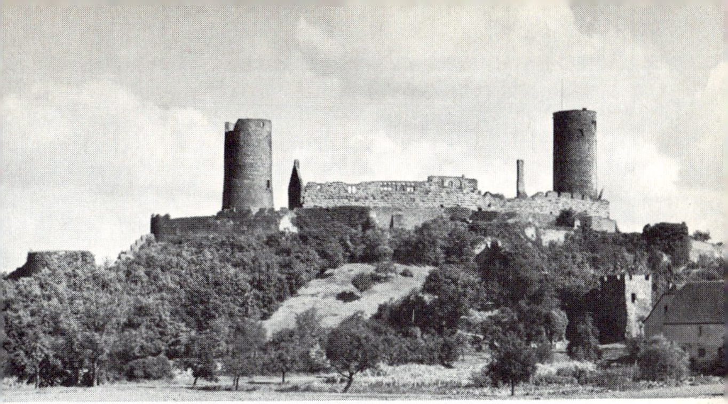

Münzenberg. Burgruine

burgen und Ministerialenburgen stützen konnte. Die Errichtung der Münzenburg ist im Zusammenhang mit der staufischen Machtpolitik an Rhein und Main zu verstehen. Kuno v. Münzenberg, der Erbauer der Burg, war ein treuer Gefolgsmann der Hohenstaufen. So kommt es, daß die Schmuckglieder der Burg nahe Verwandtschaft mit der Ornamentik an der Kaiserpfalz in Gelnhausen aufweisen und auch in der Frankfurter Saalhofkapelle Entsprechungen finden. Die Steinmetzarbeiten am Palas gehören künstlerisch zu den schönsten Zierstücken an deutschen Profanbauten.
Noch heute ist der einzige Zugang zur Burg der alte Burgweg, der südöstl. der Pfarrkirche seinen Anfang nimmt, das Bergmassiv im O ganz umgeht und durch 2 äußere Tor- und Zwingeranlagen (äußeres Rundbollwerk 16. Jh., mittleres Burgtor 14. Jh.) das im S gelegene Haupttor der Burg erreicht. Der langgestreckte Hügel ist von einer hohen Mauer mit Wehrgang umzogen, die aus großen Bossenquadern mit Randschlag, sog. Buckelquadern, besteht. Nach S ist diese Mauer durch einen doppelten Wehrgang gesichert. Der innere, höher liegende Wehrgang ist von heute zugesetzten, aber noch deutlich sichtbaren Zinnen begleitet.
Durch einen tonnengewölbten **Torlauf** betritt man, unter der ehem. Kapelle hindurchschreitend, den inneren Burghof, der sich in großzügiger Weite ausbreitet. Die Reste des roman. Palas nehmen mit der Kapelle einen Teil der S-Front des Areals ein; im N steht der sorgfältig aus Säulenbasalt gemauerte **Falkensteiner Bau** des 13. Jh.

mit frühgot. Fensterformen (besonders schön die gekoppelten Dreier-Arkaden der Stadtseite) als Hauptakzent, während als östl. und westl. Abschluß die mächtigen freistehenden **Rundtürme** in den Blick treten. (Am W-Turm oben noch Kragsteine für 4 Seitentürmchen sichtbar.) Ostwärts des Falkensteiner Baues Ruinen von **Gesindewohnungen** und **Stallungen**; die Reste des **Küchenbaus** mit großem Kamin zwischen Kapelle und östl. Bergfried stammen aus nachmittelalterl. Zeit. Die Schaufront des **Palas** ist das Prunkstück der Burg. Die Außenmauern von 2 Stockwerken über einem Kellergeschoß sind noch teilweise erhalten. Eine große Freitreppenanlage (ähnlich wie an staufischen Burgen in Apulien), von der Reste am W-Teil des Palas erhalten sind, führte zu einem Kleeblattbogenportal im 1. und zu einem gleichen Portal im 2. Obergeschoß. Großartig ist die Reihe von 8 Fensterarkaden im 2. Obergeschoß, die sich nach S zum Land hin öffnet. Genau wie in Gelnhausen und in der Wildenburg im Odenwald befand sich über der Toreinfahrt die roman. **Kapelle** mit plattem Schluß und niedrigem Triumphbogen, die in got. Zeit umgebaut wurde (Fensterdurchbrüche mit Maßwerk).

Ev. Pfarrkirche. Der Verträumtheit des Ortes entspricht das Äußere der Kirche. Der mächtige Chorturm mit dem gedrehten Holzhelm ist mit seinen got. Fensterformen rein erhalten. Aus gleicher Zeit stammt das got. W-Portal, das daneben liegende niedrige Rundbogenportal im Übergangsstil wohl von der roman. Kapelle des beginnenden 13. Jh. – Im Inneren des Turmes hoher Chorraum mit schräg gestellten Kämpfern über Knospenkapitellen auf aus der Wand tretenden Konsolen (Einfluß von Arnsburg). Der niedrige Triumphbogen hat seine Maße wohl noch auf die ehem. roman. Kirche bezogen.

Orgelempore und Herrschaftsgestühl mit geschnitzten Holzteilen des 17. und 18. Jh. In der NO-Ecke des Schiffes eingebauter Ziborienaltar, Mitte 13. Jh., in Zusammenhang mit den Schmuckformen im Chor. Auf dem Choraltar überlebensgroßes Kruzifix, Ende 14. Jh. Sakramentsnische mit Maßwerkbekrönung, 15. Jh., und Rittergrab Joh. Dan. v. Bellersheim, 1601.

Rathaus. Beherrschend am langgestreckten dreieckförmigen Marktplatz vor dem Hintergrund der Burgruine gelegen. Über massivem Untergeschoß (über der spitzbogigen Tür 1551) ist ein Fachwerkobergeschoß mit weit vorkragendem Erker zwischen hohen steinernen Treppengiebeln eingespannt. *GB*

Bad NAUHEIM (Wetteraukreis DE8/9)

Der großzügig geplante Badeort liegt am Rande der östl. Taunusberge und wird vom bewaldeten Johannisberg überragt. Die salzhaltigen Quellen wurden schon in der Römerzeit zur Salzgewinnung genutzt. 1317 erhielten die Herren v. Falkenstein einen Lehnsbrief über die Salzsoden zu Nauheim, die 1418 an Hanau gelangten. Seit dem 17. Jh. gibt es eine Saline mit Gradierhäusern, die zuerst der Italiener Todesco wirtschaftlich nutzte. 1730 wurde Waitz v. Eschen der erste Direktor der hanauischen Saline; er führte die Dorngradierung ein, erbaute 2 Windmühlen (ein Windmühlenturm noch im westl. Gradierbau erhalten; der andere Turm, auch Waitzscher Turm oder Rabenturm genannt, steht im Kurpark hinter dem medizinischen Institut). Die Eröffnung der Solbadeanstalt und damit die Geburtsstunde als Badeort war im Juli 1835. Seit dieser Zeit nahm der Ort ständigen Aufschwung, wurde 1854 Stadt und nannte sich seit dieser Zeit Bad Nauheim. Das erste Badehaus wurde 1850 erbaut. Bis 1897 standen bereits 6 Badehäuser. 1866 kam auf halber Höhe unter dem Johannisberg das in italienisierenden Formen errichtete Kurhaus dazu. In d. J. 1905–11 wurden die Bade- und Trinkkuranlagen unter Großherzog Ernst Ludwig von Hessen-Darmstadt nach einem einheitlichen Plan großzügig neu errichtet. Diese Bauten als Zeugnisse des ausklingenden Jugendstils haben sich mit der Innenausstattung fast unversehrt erhalten und geben dem Badeort einen eigentümlichen Reiz, den zu wahren alle Anstrengungen gemacht werden sollten.

Auf dem **Johannisberg** sind Reste des 8eckigen *W-Turmes* einer 1254 erstmals erwähnten **Kirche** erhalten, der offenbar zugleich ehem. Wehrturm war.

Die **ref. Wilhelmskirche** am S-Rand des alten Dorfkerns trat als schlichte barocke Saalkirche 1740–42 an die Stelle einer mittelalterl. Kirche. Der gedrungene Turm steht in der Längsachse vor dem 1964 zum Gemeindehaus umgebauten Schiff. Hessisches Allianzwappen über der Turmeingangstür.

Die **ehem. luth. Reinhardskirche** (seit 1907 russische Kirche) wurde durch Graf Reinhard von Hanau-Lichtenberg 1732 als Saalbau mit abgerundeten Ecken errichtet. Der W-Turm mit der Jahreszahl 1732 und dem Wappen des Erbauers über der Eingangstür ist mit halbrundem Anschluß an das fast quadratische Schiff angeschlossen.

Am dörflich wirkenden Marktplatz steht das kleine, einfache 2stöckige **Rathaus** mit Mansarddach und Dachreiter aus d. J. 1740. Die Ecklisenen und die Fensterumrahmungen sind aus rotem Mainsandstein.

● **Kur- und Badeanlagen**

Der Entwurf sämtlicher in nur 6jähriger Bauzeit zwischen 1905 und 1911 aufgeführter Bauten stammt von Regierungsbaumeister Wilhelm Jost, der seine Architektur »ein frei aufgefaßtes Barock in einfachen Formen« nannte. Der Bauherr Großherzog Ernst Ludwig beschäftigte daneben als Begründer der Darmstädter Künstlerkolonie mehrere in seiner Residenzstadt tätige Künstler.

Zunächst mußten die alten Badehäuser, darunter das ehem. Badehaus 6, das erst 1897 erbaut worden war, abgebrochen werden. Es galt, eine Achse vom Bahnhof über den Sprudelhof und den **Park**, der schon 1857 durch Heinrich Siesmayer aus Frankfurt angelegt worden war (Gedenkstein im Park südöstl. des Kurhauses), bis zum Johannisberg zu schaffen. Architektonischer Mittelpunkt der Achse wurde der **Sprudelhof** mit den 3 Sprungquellen. Der Entwurf für die sich berührenden runden *Brunnenschalen* der beiden großen Sprudel stammt von H. Jobst aus Darmstadt, ebenso für den benachbarten kleinen Ernst-Ludwig-Sprudel, der aus einer runden, auf 8 Robben ruhenden Brunnenschale springt. Um diese Mitte zieht sich ein langrechteckig gestreckter Platz; ihn umgeben Arkadengänge, die vor 1geschossigen **Badehäusern** liegen. Nach O, zum Bahnhof hin, ist der Sprudelhof glücklich durch 2 torartig zusammentretende, hintereinander gestaffelte Baugruppen begrenzt; nach W, zum Berg hin, öffnet er sich in den Park. Die östl. einzeln stehende Baugruppe dient der **Kurverwaltung.** O-Portale 1906 von dem Frankfurter Bildhauer J. Belz. Die über eine breite Freitreppe zu erreichende zweite Baugruppe enthält im Obergeschoß, das durch bronzeverkleidete Uhrtürmchen bekrönt wird, Wohnungen. Eine Querachse, zugänglich durch 2 Torbauten an der Außenseite der Badehäuser im S und N, erschließt den Sprudelhof von der Seite.

Die 238 Badezellen der 6 **Badehäuser** gruppieren sich jeweils um einen Schmuckhof. Besonders reizvoll ist der *Schmuckhof 2* mit einer vielgliedrigen Klinkerarchitektur; die kirchenfensterhohen Glasfenster an der Wartehalle, die sich in den Hof öffnen, stammen von F. W. Kleukens aus Darmstadt. Die Idee zum *Schmuckhof 7*, dessen Kolonnaden ganz mit reliefierten braunen Majolika-Kacheln verkleidet sind, und der Bronzebrunnen stammen von H. Jobst aus Darmstadt. Der Warteraum ist mit originaler reicher Ausstattung gut erhalten. Die Masken aus Keramik im *Schmuckhof 6* fertigte Karl Huber aus Offenbach.

Die sog. neue **Trinkkuranlage** an der Kurstraße entwarf ebenfalls Bauinspektor Jost; sie war 1911 fertig. Kolonnaden umziehen einen weiten Hof, dessen Mittelpunkt ein rechteckiger Teich vor einem Musikpavillon als Halbkugelkalotte einnimmt. Ein 2stöckiger Brunnenpavillon mit weiteren Kolonnaden ist benachbart; kunstvolle Gitter verschließen seine Türen. Die Trinkbrunnenanlage im Vorraum zum Brunnen für den Ludwig-Karls- und Kurbrunnen ist reich mit Keramik verkleidet.

Das staatliche **Kurhaus** westl. des Kurparks bietet sich nach modernen Umbauten recht uneinheitlich dar; nur im rechten Teil sind noch Reste des alten Gebäudes von 1866 sichtbar. Das **Salzmuseum** im **Kurhaus** dokumentiert die Bedeutung der Nauheimer Quellen; keltische, römische und fränkische Fundstücke. – Rechts an die Baugruppe schließt sich ein kolonnadenumzogener **Konzertgarten** an, den Jost 1907 vor das von ihm errichtete **Konzert- und Theatergebäude** legte. Die 3teilige, gut proportionierte, schlichte Fassade des Saalbaus erhebt sich hinter einer balustradengeschmückten Terrasse, die die breite Wandelhalle vor dem Gebäude abdeckt.

Von den von Jost entworfenen Bauten ist noch die gut durchdachte, auf eine gedrungene Massenwirkung hin komponierte und vorbildlich eingerichtete **Maschinenzentrale** von 1905–06 östl. des Bahnhofs zu erwähnen, deren tief herabgezogene Dächer von einem hohen rechteckigen Schornstein überragt werden.

Von den oft recht üppigen Hotelbauten der Gründerjahre hebt sich wohltuend das kleine **Haus Kurbrunnen** (Kurstr. 23) ab, das sich als beachtenswerter Bau aus d. J. 1904 mit farbigen Glasfenstern und einem Mosaik über der Eingangstür repräsentiert.

GB

NAUMBURG (Kassel F3)

Seit 1170 sind die Grafen von Naumburg bezeugt, deren »Nuwenburc« 1182 zuerst erwähnt wird. 1266/74 verkaufte der letzte Naumburger die Stadt an Mainz, wo sie trotz Unterbrechungen bis 1802 verblieb; 1813 fiel sie (endgültig) an Kurhessen. Die Siedlung, 1206/07 genannt und spätestens 1256 Stadt, schließt sich östl. an die Burg, in annähernd quadratischem, abgerundetem Umriß. Die Burgstraße auf dem abfallenden Höhenrücken von W nach O und die Untere Straße parallel zum östl. Stadtrand bilden T-förmig die Hauptachsen des Straßennetzes. 1684 zerstörte ein Brand die Stadt bis auf ein *Haus. – Die Burg ist verschwunden, die Stadtmauer in größeren Teilen erhalten.*

Kath. Pfarrkirche St. Crescentius (bis 1692 St. Maria)
Die Kirche stammt in den ältesten erhaltenen Teilen aus dem frühen 14. Jh. (Teile von Chor und Langhaus-S-Wand, Untergeschoß des W-Turmes). Um 1425 wurde das Langhaus zur Halle ausgebaut, 1512 der Turm vollendet. Nach dem Brand von 1684 war die Wiederherstellung 1692 abgeschlossen.
An die 2jochige Stufenhalle schließt der Chor mit verlängertem 5/8-Polygon, im W der Turm mit barocker Haube. An der südl. Außenwand befinden sich mehrere Figuren der Zeit um 1340/50; der Meister der Madonna hat auch den Doppelgrabstein zweier Waldecker Gräfinnen in Netze geschaffen. Das Innere, seit 1692 mit hölzernen Rippengewölben überfangen, enthält vornehmlich pseudogot. Ausstattung von 1897 (3 Altäre) mit einigen älteren Stücken (Kruzifixus 2. Hälfte des 15. Jh., W-Empore und Beichtstuhl nach 1684).

Der **Friedhof** am N-Ausgang der Stadt ist ummauert; von Andreas Herber stammt das *Portal* mit Auferstehungsrelief im Giebel, 1577.

Aus den Steinen der abgebrochenen Burg wurde nach 1684 u. a. der damalige **Renthof** (später Amtsgericht) erbaut.

Inschriften von 1685 bis 1690 an verschiedenen **Fachwerkhäusern** belegen den alsbaldigen Wiederaufbau der Stadt nach dem großen Brand. In den oberen Stadtteilen sind zumeist Handwerker- und Krämerhäuser mit mittlerem oder seitlich angelegtem Flur entstanden. An der O-Seite der Unteren Straße und auch an der Burgstraße finden sich Ackerbürgerhäuser. Sie gehören entweder dem diemelländischen Typ an, dessen ebenerdige Mitteltenne auf beiden Seiten von einem z. T. 2geschossigen Wohnteil flankiert wird, oder sie bilden einen sächsisch-fränkischen Mischtyp, bei dem Scheune und Wohnteil unter gemeinsamem Dach hintereinander liegen.

DG

Heimarshausen (F3)

● **Ev. Kirche.** Den Neubau errichtete Daniel Engelhard aus Kassel 1833/34. Als Vorbild kommt die 1822 von Schinkel entworfene Kirche in Bischmisheim bei Saarbrücken in Betracht. Der rein klassizist. Bau ist als 8seitige Zentralanlage ausgeführt und gipfelt in einem Zentraltürmchen. Die äußere Zweigeschossigkeit entspricht der Emporenanlage im Inneren. Sie ruht auf einer den Raum gleichmäßig umgreifenden Folge toskanischer Säulen; über ihr trägt eine entsprechende Säulenstellung Decke und Dach. Altar und Kanzel stehen in Front des Eingangs; der dahinter liegende »Umgangs«-Abschnitt bildet im Untergeschoß die Sakristei, oben die Orgelempore. Orgel von J. W. Schmerbach d. J., 1834/35, im Prospekttyp noch barock.

DG

NECKARSTEINACH (Bergstraße E14)

Burgen der Herren von Steinach. Stammsitz der Herren war die **Hinterburg** (Ruine), deren Bergfried noch in das späte 12. Jh. zurückreicht; er zeigt die für die staufische Zeit charakteristischen Buckelquadern. Etwas schlichtere Formen weist die 5eckige Kernburg aus der 1. Hälfte des 13. Jh. auf, mit doppelt profiliertem Portal zum Innenhof und spitzbogigen Lanzettfenstern am Palas. – Westl. der Hinterburg liegt die **Ruine Schadeck**, das »Schwalbennest«, mit starker Schildmauer, an der 2 Rundtürme sitzen, und tiefem Halsgraben. Sie wurde in der 2. Hälfte des 14. Jh. erbaut. – Die östl. der Hinterburg gelegene **Mittelburg** verdankt ihr Aussehen weitgehend der Zeit um 1820 (bez. 1822); gegründet wurde die regelmäßige Anlage in der 1. Hälfte des 13. Jh. Um 1550 fand der Ausbau zu einem Renaissance-Schloß mit mehrgeschossigen Hofarkaden statt, von dem jedoch nur noch ein Erker erhalten ist. – Die **Vorderburg**, am weitesten ostwärts gelegen und durch Schenkelmauern mit dem Städtchen verbunden, entstammt im wesentlichen dem 16. Jh., mit wenigen Resten eines got. Baues.

Die **ev. Pfarrkirche** entstand als spätgot. Chorturmkirche 1481 bis 1483. Im Chor hat sich die alte Ausmalung erhalten. – Benachbart steht die **kath. Pfarrkirche**, 1907–08 von F. Pützer in ansprechenden pseudobarocken Formen erbaut. Der Hochaltar gehört dem 18. Jh. an.

Das **Rathaus**, 1835–37 von G. A. Lerch, steht in der Nachfolge G. Mollers. In 2 Geschossen öffnen sich rundbogige Fensterarkaden zur Straße, im Erdgeschoß ist Platz für eine Vorhalle ausgespart.

Unter den **Fachwerkhäusern** erwähnenswert sind **Hirschgasse 1** (1587, mit steinernem Untergeschoß) und **Burggasse 28** (1541–42), bei dem die Einflüsse des südl. Neckargebietes deutlich werden. – Am östl. Ende der Altstadt steht auf der Stadtmauer die »**Rindenscheuer**«, ein Lagerhaus aus der Mitte des 18. Jh. mit 4fach abgestuftem Satteldach zum Trocknen und Lüften.

UG/GB

NENTERSHAUSEN (Hersfeld-Rotenburg I4)

Burg Tannenberg

Ludwig v. Baumbach erbaute vor 1349 den Nentershäuser Stammsitz des Geschlechtes, dem die Burg noch heute gehört; sie ist teilweise Ruine.

Auf einer hohen Bergterrasse erhebt sie sich über einem Nebental der Weißen Hasel, durch einen Halsgraben auf der O-Seite vom anschließenden Bergmassiv getrennt. Man gelangt an der S-Seite der Burg vorbei zum eigentlichen Burgtor im W, das sich spitzbogig in den oberen Burghof öffnet. An seinem Ende liegt rechts das 7stöckige Hauptgebäude, die »**Kemenate**«, vor 1375 erbaut, gegen 1575 mit neuem Innenausbau versehen. Aus der östl. Schmalseite kragt der Altarerker der kleinen spätgot. Kapelle aus. Vor der Kemenate liegt eine Ruine (mit jüngerem Portal 1543), unter der sich der got. Keller mit Gratgewölben auf mittlerem Rundpfeiler erhalten hat. Nach W schließen sich Fachwerkbauten von 1673 und 1690 an. An der N-Seite ist nur das mittlere Gebäude, der **Marstall**, erhalten (1546). – Südl. von der Burg liegt die Ruine des sog. »**Erbesteins**«, 1393 als Bollwerk errichtet.

Tannenberg-Museum (in der Alten Kemenate der Burg): Geschichte, Heimatkunde, Volkskunst und Bergbau. (Bestände derzeit in Sontra sichergestellt.)

Ev. Pfarrkirche (St. Maria)

An einen runden Wartturm (um 1247?) wurde die Kirche so angeschlossen, daß der Turm aus der Mitte ihrer S-Seite halb heraus-, halb in sie hineinragt. Im Kern ist das Schiff noch gotisch, aber 1613 außen und 1696–1706 innen grundlegend umgebaut. Turmhaube 1711. Der in der Literatur erwähnte Brand von 1694 hat nie stattgefunden.

Am schlichten Äußeren reihen sich die Spitzbogenfenster ● von 1613. Das saalartige I n n e r e überdeckt eine hölzerne Korbbogentonne; 1geschossige Emporen umziehen den Raum in seiner ganzen Ausdehnung, nur vom Turm unterbrochen. Für den Gesamteindruck ist die vollständige *Ausmalung* von 1706 entscheidend. Nentershausen ist das älteste in Konstruktion und Malerei einheitlich entstandene und erhaltene Beispiel des hessisch-thüringischen Landkirchenbaus in Nachfolge der Schloßkapellen von Rotenburg und Schmalkalden (sowie der Pfarrkirche in Buchenau); die Übertragung der Konstruktionsgedanken in Holz wurde durch die Residenzkirche in Marksuhl bei Eisenach vermittelt.

Am »Deckenhimmel« stellte Simon Steffen in 3 Kartuschen die Glaubensartikel symbolisch dar (Gottes Geist schwebt über den Wassern; die Opferung Isaaks; Johannes sieht das Himmlische Jerusalem); an der Empore illustrierte Joh. Fabarius aus Schmalkalden in 25 Bildkartuschen danebenstehende Bibelworte und erläuterte sie durch naive, fromme Sprüche. – Spätgot. Kruzifix, um 1475, ergänzt. – Die Orgel, 3türmig mit reicher Mauresken- und Knorpelornamentik, schuf Jost Friedrich Schäffer aus Eschwege vor 1696. Die mit goldenen Masken und Ornament bemalten Prospektpfeifen sind erhalten.

Das **Herrenhaus** der Familie v. Baumbach, in ansehnlicher Lage über dem Dorf, ist ein 2geschossiger Fachwerkbau des 18. Jh. mit symmetrischer Fassadengliederung. Es enthält in beträchtlichem Maße Ausstattung des 18. und 19. Jh.

Das hessen-kasselische **Forstamt** im Ortsteil **Ruhl** entstand 1735 (die Tür Rokoko).

DG

NESSELRÖDEN (K4) → **Herleshausen** (Werra-Meißner)

NETRA (K4) → **Ringgau** (Werra-Meißner)

NETZE (F3) → **Waldeck** (Waldeck-Frankenberg)

NEUBERG (Main-Kinzig F10)

Rüdigheim (E9/10)

Johanniterkommende. Ritter Helfrich v. Rüdigheim schenkte 1257 dem Johanniterorden sein Gut und das Patronat der Kirche in Rüdigheim. Wenig später wurde als Johanniterkommende der langgestreckte Bau errichtet, der jetzt als **Scheune** der **Domäne Rüdigheimerhof** dient. Ein schönes Portal und schmale, gekuppelte spitzbogige Fenster erinnern an die einstige Bedeutung.

Die **ev. Kirche**, schon 1235 erwähnt, wurde wohl unmittelbar nach dem Übergang an die Johanniter von diesen erweitert. – Das 1schiffige Langhaus mit Kreuzrippengewölben auf Konsolen schließt im Chor mit einem 3/8-Schluß. – Eine Baufuge zwischen W- und O-Teil ist außen deutlich zu erkennen. Am tiefer gelegenen älteren W-Teil ein heute zugemauertes Portal. Doppelkleeblattbogen. – Die Kirche wurde bei einer umfassenden Erneuerung in den 1950er Jahren von späteren Einbauten befreit. Im Inneren wurde die alte Bemalung in kräftigen Naturfarben (Rot, Gelb, Schwarz) wiederhergestellt, außen unter dem Dachgesims ein Fries von Ritterschildern gefunden und erneuert. – Das Kirchlein ist heute das beachtenswerte Beispiel einer frühgot. Dorfkirche.

GB

NEU-EICHENBERG (Werra-Meißner I2)

Eichenberg (I2)

Schloß Arnstein

Der langgestreckte Bergrücken beherrscht die nordöstl. Pforte vom Eichsfeld zum Werratal. Erst 1337 wird die vermutl. ältere Burg als Pfandbesitz der v. Rusteberg erwähnt. Von 1434 an war sie hessisches Lehen der v. Bodenhausen; seit 1949 gehört sie der Familie Emde-Bellin.

Das mächtige Mansarddach grüßt schon von weitem die Reisenden, die auf den Bahnstrecken Hamburg–München oder Kassel–Eichenberg(–Berlin) zu Füßen des Burgberges auf der Wasserscheide zwischen Leine und Werra vorüberfahren. Das schlichte, doch große Herrenhaus entstand aus älterem Kern um 1600 in nachgot. Stil mit Kreuzstockfenstern und kleinen Scharten; im 18. Jh. wurde es verändert. Im Inneren ist der urspr. Zustand z. T. erhalten; im Erdgeschoß liegen zu beiden Seiten der mittleren Halle noch die auf Pfeilern gratgewölbten Säle. – Den Hof flankieren Torgebäude, das östl. mit einem Wappenstein der v. Bodenhausen aus d. J. 1615, das westl. 19. Jh. – In der Vorburg stehen Fachwerkhäuser aus dem 18. Jh. – Renaissance-Kamin mit Karyatiden. – Grabmal der Familie v. Bodenhausen aus der alten Eichenberger Pfarrkirche, Ende 16. Jh.

Terrassengarten um 1804.

DG

NEUENBERG (H7) → **Fulda** (Fulda)

NEUHOF (Fulda H8)

Das fuldische Abtsschloß Neuhof (zuerst um 1250 errichtet) gab den Namen für den Ort, der aus den Dörfern Ellers, Opperz und Neustadt zusammenwuchs.

Anstelle der got. Wasserburg, deren Gräben verlandet sind, errichtete Karl Philipp Arnd ein spätbarockes **Schloß**, das 1959 abgebrochen wurde, um einem belanglosen modernen Schulgebäude Platz zu machen. Erhalten blieben nur die 4 runden *Ecktürme* des umfassenden Schloßhofes und Teile der sie verbindenden Mauerzüge. Der in besserem Quaderwerk erbaute südwestl. Eckturm ist 1519 bezeichnet.

Die **kath. Pfarrkirche St. Michael** entstand 1831 und wurde 1909 nach W erweitert. Nördl. neben der Fassade steht ein got. Turm. Das 3schiffige Langhaus ist auf Gurten tonnengewölbt. – Die Ausstattung ist zum großen Teil barock, aber nur der Hochaltar von Joh. Adam Schöppner wurde auch für Neuhof geschaffen.

Im Langhaus barocke Apostelfiguren; der hl. Bonifatius (um 1726) stand urspr. am rechten Seitenaltar. Taufstein 1503, im »Schlitzer Typ«. Orgel mit gutem modernem Gehäuseprospekt, 1962 von Matthias Kreienbrink/Osnabrück.

An der Abzweigung der südl. Straßen nach Schweben und Kalbach steht ein barocker **Fluraltar** von 1768, bekrönt von einer Figur des Evangelisten Johannes.

Das **ehem. Amtsgericht** (jetzt Bürgermeisteramt) wurde unter Adalbert v. Schleifras (1700–14) nach Plänen von Johann Dientzenhofer errichtet.

Im Ortsteil **Ellers** wurde 1962/63 die **kath. Filialkirche St. Barbara** von Josef Bieling errichtet. Die Wände aus warmrotem Rauhquaderwerk erheben sich auf dem Grundriß eines Längsovals, das von einem Queroval durchschnitten wird. Fensterwände an den Stirnseiten der Kreuzflügel. In der Marienkapelle eine italienische Alabaster-*Madonna*, angeblich 15. Jh. von einem Gaggini aus Sizilien, tatsächlich wohl aus dem 14. Jh.

DG

NEUSTADT (Hessen) (Marburg-Biedenkopf F5)

Graf Ludwig II. v. Ziegenhain, mainzischer Vasall, gründete um 1270 Burg und Stadt als Festung gegen die Landgrafen von Hessen. 1294 erwarb der Erzbischof von Mainz Neustadt. Als mainzisches Pfandlehen gelangte Neustadt 1477 in den Besitz des hessischen Hofmeisters Hans v. Dörnberg. Nach Einlösung der Pfandschaft 1549 wurde ein mainzischer Amtssitz eingerichtet. Gegen Ende des Jahrhunderts führten die Erzbischöfe die Gegenreformation in der seit ca. 1530 lutherischen Stadt durch.

Schloß. Bemerkenswert ist der zur Schloßanlage gehörende **Junker-Hansen-Turm**, nach dem Bauherrn Hans v. Dörnberg benannt. Der Turm wurde 1489 von Hans Jakob v. Ettlingen begonnen und 1506 vollendet; er gilt als größter Fachwerk-Rundturm Deutschlands. Über einem 2geschossigen Steinunterbau befinden sich 2 Fachwerkgeschosse und ein von 4 Ecktürmchen umgebener Spitzhelm. Der obere Abschluß von Rundbau und Türmchen entspricht in seinen Fachwerkformen steinernem Brüstungsmaßwerk. In die über 4 m dicke Mauer des Unterbaues ist eine Wendeltreppe eingelassen.

Kath. Pfarrkirche St. Johannes. Von dem Gründungsbau des späten 13. Jh. blieb nur der W-Turm erhalten. Nach der Mitte des 15. Jh. begann man mit der Errichtung eines Neubaues (1462 am Kranzgesims des Seitenchores bez.); an der Außenwand des Langhauses wurde 1502, innen noch 1515 gearbeitet. Dieser Neubau ist eine 5jochige 2schiffige (reduzierte) Hallenkirche mit $^5/_8$-Schluß. Die beiden Schiffe werden von Rundpfeilern getrennt, an denen in unterschiedlicher Höhe die Gewölberippen ansetzen. – Aus der Bauzeit stammen die 12 kleinen Apostelstatuen an der Emporenbrüstung. Die Sakramentsnische im Chor gehört dem späten 15. Jh. an. Um 1700 erhielt die Kirche einen neuen Hochaltar, an dem die Statuen der Dreieinigkeit und der 4 Evangelisten angebracht sind. Etwa gleichzeitig entstand die Kanzel, mit Maria und Putten auf dem Schalldeckel.

Die **ev. Kirche** nahe dem Bahnhof wurde 1858–61 in klassizist.-romanisierenden Formen nach Plänen des Architekten G. Ungewitter aus Kassel erbaut.

In der Ritterstraße befinden sich mehrere **Burgmannensitze. Nr. 8** wurde 1545 für Reinhard Schenk erbaut. Das Fachwerk zeigt wandhohe gebogene Streben und einfache Profile, die dem Rathaus ähneln. Von einem Eck-Erker hat sich nur noch die Konsole mit reichen Frührenaissanceformen erhalten. **Nr. 25** wurde 1738 für Baron Koeth v. Wanscheidt erbaut, ein barockes Fachwerkhaus mit Mansarddach.

Das **Alte Rathaus** (Marktplatz) wurde um 1540/50 über einem älteren Steinsockel neu errichtet. Der Eingang befand sich urspr. in der Giebelmitte, unter dem Erker. Das Fachwerk wird von nach außen gebogenen Streben abgestützt.

Weitere bemerkenswerte **Fachwerkhäuser** befinden sich in der Ritterstraße, der Marktstraße und in der Umgebung der Kirche. Das Haus **Hinter der Kirche 1** aus dem frühen 18. Jh. sitzt auf der Stadtmauer auf; es besitzt eine Balustertreppe aus der Barockzeit.

UG

Der 1849–50 errichtete **Bahnhof** in abgestuft-symmetrischer Gliederung gipfelt in einem turmartigen, übergiebelten Mittelrisalit. Bei der Erneuerung um 1970 verstärkte man den Farbkontrast zwischen dem warmroten Backstein und dem Weiß des klassizist. Fenstersprossenwerks, dessen Halbrosetten im Untergeschoß großenteils erhalten blieben.

DG

NEUSTADT (F12) → **Breuberg** (Odenwaldkreis)

NEUWEILNAU (C9) → **Weilrod** (Hochtaunuskreis)

NIDDA (Wetteraukreis F8)

Im 10. Jh. tritt der Ort in einer Schenkung an Kloster Fulda auf, doch gingen die fuldischen Rechte allmählich verloren. Die Grafen von Nidda (1104 belegt, 1206 ausgestorben) vererbten Nidda an die Ziegenhainer, diese 1450 an Hessen. Nach dem Tode Ludwigs IV. 1604 fiel die Stadt an Hessen-Darmstadt. Der Ort rechts der Nidda erhielt 1311 Stadtrecht; auch eine Neustadt auf dem linken Ufer wird seit dieser Zeit genannt. Ältere Kirchen in Alt- und Neustadt gingen im 17. Jh. unter.

Von der **Stadtbefestigung** sind nur Reste erhalten. – Die mittelalterl. Wasserburg steht nicht mehr, sondern an ihrer Stelle der »**Niddaische Bau**« von etwa 1600.

Die **ev. Stadtkirche zum Hl. Geist** ist 1616–18 von einem »fürstlichen Baumeister und Mainzer Werkmeister« errichtet, wohl von Jakob Wustmann. Auch der mächtige Chorturm gehört dem Neubau an. Die Zweigeschossigkeit der Fensteranordnung am Langhaus nimmt auf die 3seitige Empore Rücksicht, deren Stützen bis zur Decke durchlaufen und 2 der 3 Längsunterzüge tragen. So entsteht im Grunde eine hallenmäßige Dreischiffigkeit mit breitem Mittelraum. Reiches Stuckrahmenwerk von 1616 mit dem darmstädtischen Wappen und christlichen Emblemen schmückt die Decke. Zielpunkt des Raumes sind einerseits der Altar im Chor, zeitweise von einer Orgelempore hinterfangen (die Orgel mehrfach zwischen O und W hin- und herversetzt), andererseits die Kanzel am Chorbogen. Mit diesen Eigenheiten gehört Nidda in die gleiche Gruppe wie Hungen, [Wölfersheim-]Wohnbach und [Pohlheim-] Holzheim. Die Bemühungen um einen neuen protestantischen Predigtraum stoßen sich hier stark mit der Tradition der Beibehaltung eines abgeschnürten Chorraumes, der – wie Nidda im Gegensatz zu Hungen zeigt – selbst dann gewählt wird, wenn es sich um einen völligen Neubau handelt. – Großer Altarkruzifixus und Taufstein aus der Bauzeit. Orgel Rokoko.

DG

Bad Salzhausen (E8)

Der kleine Badeort füllt am O-Rand der fruchtbaren Wetterau ein von sanften Anhöhen umzogenes Tal am Fuße des Vogelsberges. Der Johanniterorden in Nidda wurde 1187 als Lehnsherr genannt. Im 16. Jh. ist mehrmals versucht worden, die Salzquellen wirt-

schaftlich zu nutzen; es gab damals 3 Salzbrunnen. 1592 erhielt Ruland Krug von Ludwig von Hessen Salzrechte. 1729 kaufte Hessen die Saline von der Familie Krug zurück. 1776 ist das Salzwerk neu erbaut, 1826 bei der Saline ein Solbad eingerichtet worden. Die Gradierwerke und Siedehäuser hat man 1864 abgerissen.

Kurhaus. Als Kurhaus wurde 1826 ein 3stöckiges, 9achsiges Gebäude unter einem abgewalmten Dach errichtet. 2 wenig später zugefügte quadratische 2stöckige Pavillons mit Zeltdächern wurden im Obergeschoß durch Gänge über Dreierarkaden mit dem Hauptbau verbunden. Die schlichte, kubische Einfachheit der Baumassen und die charakteristischen Verbindungsgänge sind stilistische Merkmale für die Bauten des hessen-darmstädtischen Architekten Georg Moller. Die örtliche Bauleitung lag in den Händen von Franz Geyer. Die Bauten repräsentieren gut den hessischen Staatsstil der 1. Jahrhunderthälfte, der von Darmstadt aus den Weg in die hessischen Provinzen nahm.

Ehem. Verwaltungsgebäude der Saline. An der Hauptstraße unweit des Kurhauses erinnern 2 1geschossige Pavillons unter hohen Mansarddächern (»Barockhäuser« gen.), die durch einen Verbindungsbau mit 2 Tordurchfahrten miteinander verbunden sind, an den Salinenbetrieb; sie wurden im letzten Viertel des 18. Jh. erbaut.

Kurpark. Im Landschaftsgartenstil hinter dem Kurhaus steil aufsteigend und in das Tal hinausgreifend, gleichzeitig mit dem Kurhaus begonnen.

GB

NIDDATAL (Wetteraukreis E9)

Assenheim (E9)

Schloß. Von der mittelalterl. Burg sind nur noch spärliche, als künstliche Ruine im 19. Jh. stark erneuerte Reste im Schloßpark übriggeblieben. – Das Schloß entstand 1788–90. Den Plan für eine Dreiflügelanlage lieferte Georg Friedrich Mack, ausgeführt wurde jedoch nur ein Teil des Hauptflügels und der östl. Seitenflügel. Die Innenausstattung gehört bereits dem Klassizismus an.

Die ev. **Pfarrkirche**, einen quergelagerten Saalbau, erbaute 1782–85 Joh. Philipp Wörrishöfer. Der O-Seite ist eine Vorhalle mit Treppenbau, der W-Seite ein Glockenturm vorgelagert. Das Innere besitzt umlaufende Emporen; Altar, Kanzel und Orgel sind gemeinsam an der W-Seite angeordnet in der für prot. Kirchen üblichen Form.

Hofgut Wickstadt

Das Hofgut gehörte von 1231 bis 1803 zum Kloster Arnsburg und war anschließend im Besitz der Grafen v. Solms-Rödelheim.

Das **Herrenhaus** ist ein stattliches Barockschlößchen, ein Rechteckbau mit 4 polygonalen Ecktürmchen und Mansarddach (1792). Vor ihm liegt ein langgestreckter Wirtschaftshof des 18. Jh., dessen beide vordersten Scheunen zugleich als Torhäuser ausgebildet und mit 2 (vermauerten) Durchgängen versehen sind.

Ältestes Bauwerk ist der **Wehrspeicher** (»Pfortenturm«), ein Turmbau aus der 1. Hälfte des 15. Jh. Über 2 steinernen Untergeschossen erhebt sich ein 2geschossiger Fachwerkständerbau mit wandhohen Ständern und Streben. Das Gebäude dürfte Lagerzwecken gedient haben sowie als Flucht- und Verteidigungsraum des Hofgutes. Ähnliche Wehrspeicher (fälschlich Weiherhäuser genannt) finden sich noch in Franken (Nürnberg und Rothenburg). – Der Wehrspeicher ist von einem weiteren Wirtschaftshof umgeben, mit 2geschossigen Fachwerkbauten des 18. Jh. und 2 spätklassizist. Häusern aus der 2. Hälfte des 19. Jh.

Die **kath. Pfarrkirche St. Nikolaus** entstand 1707–14. Ihr Inneres birgt 3 barocke Altäre und eine Rokoko-Orgel von 1759.

Wallfahrtskirche Sternbach. Die in einem Wald bei Wickstadt gelegene Kirche war urspr. Pfarrkirche des wüsten Ortes Sternbach. Das flachgedeckte Langhaus gehört im Kern noch der Zeit um 1200 an, 1455 (Datum an einem Fenster) erhielt es einen neuen Chor mit 5/8-Schluß, im späten 19. Jh. wurde die Vorhalle angefügt. Der Hochaltar gehört dem beginnenden 18. Jh. an; hinter einem schmiedeeisernen Gitter (1748) ist das alte Gnadenbild, eine mehrfach überarbeitete Madonnenstatue, aufgestellt. – Von dem 1725–30 geschaffenen Prozessionsweg stehen noch 2 Steine in der Kirchenvorhalle.

UG

Ilbenstadt (E9)

Ehem. Prämonstratenserkloster

Schon bald nach der Gründung des Prämonstratenserordens in Prémontré bei Laon (1120) übergaben die Grafen Gottfried und Otto v. Cappenberg ihre Besitzungen in Cappenberg, Varlar bei Coesfeld und Ilbenstadt dem rasch sich ausbreitenden Orden zur Errichtung von Klöstern. 1123 wird das Kloster in Ilbenstadt erstmals urkundlich genannt. Weihe 1159. Im nahen Niederilbenstadt wurde vor 1137 ein Prämonstratenserinnenstift eingerichtet, das 1803 wie das Mutterkloster in (Ober-)Ilbenstadt aufgehoben wurde. (Kirche 1812/13 abgerissen. Der reiche barocke Hochaltar heute in Ober-Erlenbach [= Bad Homburg v. d. Höhe].)

● **Kath. Pfarrkirche**, ehem. Klosterkirche

Äußeres. Die Silhouette der ehem. Klosterkirche bestimmen die beiden hohen W-Türme, die den beiden Seitenschiffen vorgelegt sind und eine gewölbte Vorhalle zwischen sich einspannen. Die im Gesamtaufbau wie im Detail prächtig gearbeiteten *Türme* gehören mit der Vorhalle und den O-Teilen der Kirche einer einheitlichen Bauperiode an. Über der Vorhalle lag urspr. ein gewölbter Raum mit Altarnische. (An der W-Fassade begannen schon 1617 Restaurierungsarbeiten. 1870 wurde die Vorhalle neu eingewölbt und der Mittelteil der Fassade wenig glücklich ausgewechselt.) – Im O lädt der flach geschlossene Chorraum weit aus, begleitet von halbrunden Apsiden an den aus der Flucht der Seitenschiffe leicht vorspringenden Querhäusern. Die O-*Ansicht* mit ihren zarten Rundbogengliederungen, Blendnischen und Lisenen erinnert an den O-Chor des Mainzer Doms. Im N, dicht am Turm, ein Säulenportal innerhalb eines rechteckig profilierten, nur leicht vortretenden Vorbaues, dem N-Portal an der O-Seite des Mainzer Domes verwandt. Dachreiter über der Vierung 1617 datiert.

Inneres. Die Überwölbung der Zeit um 1500 hat den Raumeindruck der roman. Basilika nicht unwesentlich beeinflußt, doch sind die roman. Proportionen in der Vierung und im O-Teil noch so bestimmend, daß es dem Betrachter leichtfällt, sich den Kirchenraum ohne diese Wölbung in seiner harmonischen Bezogenheit vorzustellen. Auffallend ist der starke Höhendrang des schmalen Mittelschiffes. Die abgetreppten Rundbogen der Arkaden ruhen auf im Kern quadratischen Pfeilern, denen Säulen mit Würfelkapitellen vorgelegt sind. Auf der N-Seite z. T. runde Pfeiler. Nach Hirsauer Vorbild ist das letzte Joch des Langhauses um eine Stufe höher gelegt. Möglicherweise war im Querhaus und im Chor eine roman. Wölbung vorgesehen: die Gewölbe wurden auch hier um 1500 eingezogen. Die Durchgänge zwischen den halbrunden Apsiden an den Querhausarmen und dem Chorhaupt sind ebenfalls eine Gewohnheit der von Hirsau abhängigen Bauten. Zum Chorraum stieg man bis zur Instandsetzung 1967 (Altarweihe) 12 Stufen, die jetzt abgetragen sind, hinan; Spuren einer Krypta sind

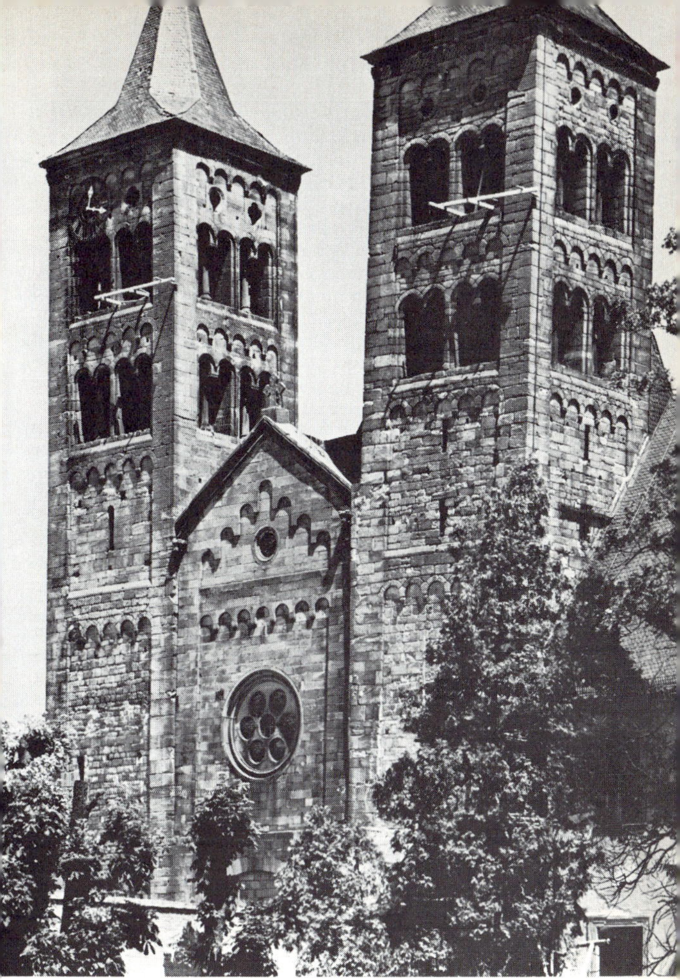

Ilbenstadt. Kath. Pfarrkirche von Südwesten

darunter nicht vorhanden. – Vierung, Querhäuser und Chor sind mit reich verzierten Kämpfern geschmückt, die Ranken- und Tierwerk zeigen. Die feinen Steinmetzarbeiten der Schmuckglieder in den O-Teilen und in der Vorhalle schließen die Ilbenstädter Kirche an die hervorragenden Werke der mittelrheinischen roman. Baukunst an, die ihre befruchtenden Kräfte aus der Lombardei empfingen. (Afrakapelle des Speyrer Domes, S-Portal und südl. Eingangshalle des Ostwerkes vom Mainzer Dom.) – Reste von Wandmalereien an der Chor-S-Wand sind qualitätvolle Zeugnisse mittelrheinischen Formgefühls aus der Mitte des 14. Jh. – Nördl. Seitenschiffwand 1678 neu aufgeführt. 1685 Apsis des südl. Querhauses ausgewechselt, 1692 nördl. Querhausarm niedergelegt und erneuert.

● Ausstattung. An der östl. Chorwand frühgot. thronende Steinmadonna, neu bemalt, begleitet von den Barockfiguren der hll. Augustinus und Norbert, 1744 geschnitzt und teilvergoldet in der Werkstatt des Mainzer Hofbildhauers Burkard Zamels. An den Wänden des rechten Seitenschiffes und in den Querhausflügeln Grabmäler von Äbten und Standespersonen, 15.–18. Jh. Die Orgel, 1733–35, ist von Joh. Onymus aus Mainz, Gehäuse und Plastiken von Franz Voßbach aus Mainz.

Klosteranlage. Die an den Kirchenbau im S anschließenden Klostergebäude sind schlicht und wirken für ihre Entstehungszeit altertümlich; 1963 bis auf die Umfassungsmauern abgebrannt und mit inneren Veränderungen erneuert für das Caritashaus St. Gottfried. Die Gebäude wurden unter Abt Andreas Brandt (1709–25) errichtet, der den Klosterbruder Abraham Spohrer aus Aibling als Baumeister heranzog. Ab 1715 baute der Zisterziensermönch Bernhard Kirn (»Pater Bernardus Kirn de Eberbach«), dem besonders der beachtenswerte schöne Torbau, das Obere Tor, gen. **Gottfriedsbogen** (1721), zu verdanken ist. Ornamente von Joh. Bernhard Schwarzenberger aus Frankfurt.

GB

NIEDER-BEERBACH (D12) → **Mühltal** (Darmstadt-Dieburg)
NIEDERGIRMES → **Wetzlar** (D7)
NIEDERKLEEN (D8) → **Langgöns** (Lahn-Dill)
NIEDER-MOOS (G8) → **Freiensteinau** (Vogelsbergkreis)
NIEDERWALD → **Rüdesheim am Rhein** (Rheingau-Taunus A11)
NIEDERWEIDBACH (C6) → **Bischoffen** (Lahn-Dill)
NIEDER-WEISEL (D8) → **Butzbach** (Wetteraukreis)
NIEDERZWEHREN (G3) → **Kassel**

NIESTETAL (Kassel H3)

Heiligenrode (H3)

Das **Schlößchen Windhausen** errichtete sich 1769 Martin Ernst Graf v. Schlieffen als hessischer Minister. Nach dem Untergang fast aller Kasseler Barockbauten ist es das bedeutendste Zeugnis des von Simon Louis du Ry entwickelten Wohnbaustils der Zopfzeit. Das 2geschossige Gebäude wirkt fast kreuzförmig, da auf den Seiten übergiebelte Risalite kräftig hervortreten, während die Mitte der Hauptfront durch ein 3. Geschoß herausgehoben wird.
Den jetzt leider sehr verwilderten **Park** ließ Schlieffen erst 1781 im englisch-romantischen Charakter anlegen; seit 1792 lebte er dort völlig zurückgezogen. Die Fülle der kleinen romantischen Einstreuungen erinnert an das Bild, das der Wilhelmshöher Park unter Friedrich II. geboten hatte; in Windhausen führen düstre Laubengänge zu künstlich geschaffenen Denkmälern der Natur und der Geschichte. Zusammengetragene Steinblöcke bilden ein Felsenmeer, der »Herthastein« ist einem Hünengrab nachgeformt, auch ein Arminiusgrab findet sich. Aus Rohr und Baumrinde ist eine Eremitage gebildet. Die von Schlieffen gehegten Affen wohnten in einem künstlichen Felsenkeller; seinen toten Lieblingen widmete der Schloßherr später ein Denkmal in Form einer halbzerstörten Säule. Ein runder Schaft mit Platte bildet einen »Altar«. Felsbänke, ein Weiher, verfallene Grotten fehlen nicht; auch eine »Teufelsbrücke« ist vorhanden. Sich selbst erbaute Schlieffen eine kleine gotisierende Ruine, in Erinnerung an die Löwenburg, als Grabkapelle; 1825 wurde er hier bestattet. *DG*

NOLLIG, Burg → **Lorch** (Rheingau-Taunus A10)
NORDECK (E6) → **Allendorf (Lumda)** (Lahn-Dill)
NORDSHAUSEN (G3) → **Kassel**
NOTHGOTTES, Kloster → **Rüdesheim am Rhein** (Rheingau-Taunus A11)
OBBORNHOFEN (E8) → **Hungen** (Lahn-Dill)
OBERBIEL (C7) → **Solms** (Lahn-Dill)
OBERHAUN (H6) → **Hauneck** (Hersfeld-Rotenburg)
OBERKAUFUNGEN (H3) → **Kaufungen** (Kassel)
OBERKLEEN (D8) → **Langgöns** (Lahn-Dill)

OBER-MÖRLEN (Wetteraukreis D8)

Schloß. Das schlichte Renaissance-Schloß wurde 1589 erbaut und nach Bränden 1716 und 1966 wiederhergestellt. Der Vorbau mit dem geschweiften Giebel entstand 1691.

Langenhain (D8/9)

Der Ort liegt am römischen Limes. In der Nähe, am Gaulsberg, steht die Ruine eines **Steinturmes**, benachbart eine moderne Turm-Rekonstruktion. Östl. von Langenhain lag ein Kohortenkastell.

Ev. Pfarrkirche. Auf Grund (1965 entfernter) Putzreste wird die Kirche im Kern in das 11. Jh. datiert. Dieser Bauzeit gehört v. a. die N-Wand mit Fischgrätenmauerwerk an, bei dem auch römische Flachziegel Verwendung fanden. Der im Unterbau runde, darüber 8eckige W-Turm entstand wohl erst im 14. Jh. Gleichfalls in got. Zeit wurde die Kirche erhöht und nach O erweitert. Unter der SO-Ecke findet sich noch ein Steinquader mit einer römischen Legionsinschrift. – Zur Ausstattung zählt ein Taufstein aus Lungstein, um 1200.

Ziegenberg

Am Aufgang zur **Burgruine**, die 1939 ausgebaut und 1944–45 als Führerhauptquartier benutzt wurde, steht das Denkmal des *»Dreifach gefesselten Glückes«*. Nach einer Idee Goethes und dem Entwurf Adam Friedrich Oesers wurde es 1782 von Martin Gottlieb Knauer geschaffen. Auftraggeber war Wilhelm Christoph v. Diede.

UG

OBERREIFENBERG (C9) → **Schmitten** (Hochtaunuskreis)
OBERRIEDEN (I3) → **Bad Sooden-Allendorf** (Werra-Meißner)
OBERSTOPPEL (H6) → **Haunetal** (Hersfeld-Rotenburg)
OBERSUHL (K5) → **Wildeck** (Hersfeld-Rotenburg)

OBERURSEL (Taunus) (Hochtaunuskreis D9/10)

Der 791 erstmals erwähnte Ort war seit etwa 1200 Sitz eines Grafengerichts im Stule. Die Herrschaft hatten die Eppsteiner inne, sie ging zeitweilig an Falkenstein und 1418 wieder an Eppstein über. 1444 konnten die Eppsteiner bei König Friedrich III. Stadtrechte für Oberursel erwirken, 1481 entstand die Befestigung. Die 1522 eingeführte Reformation wurde von dem Theologen Erasmus Alberus unterstützt; nach dem Übergang an Mainz 1581 setzte sich jedoch die Gegenreformation durch.

Kath. Pfarrkirche St. Ursula

Eine Kirche besteht seit der 2. Hälfte des 9. Jh. und wird 880 in einer Urkunde genannt. Der Chor der bestehenden Kirche geht vielleicht noch auf das 14. Jh. zurück. Steinfuhren 1454 und 1459 weisen auf Bauarbeiten, die wohl den Neubau von Langhaus und Chor betreffen. Den W-Turm datieren Bauinschriften auf 1479 bis 1489. Der Bauverlauf dürfte von O nach W gegangen sein. Ob ältere Fundamente mitverwendet wurden, ist ungeklärt.

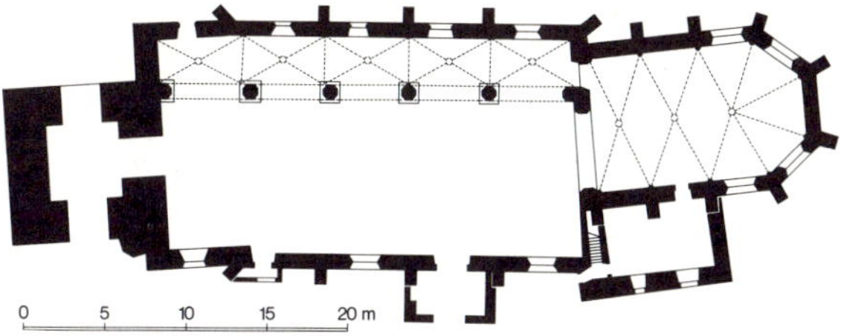

Oberursel. Kath. Pfarrkirche. Grundriß

Aus dem vielleicht 3schiffig geplanten Langhaus wurde eine unsymmetrische 2schiffige Halle, wohl indem man die Arkaden des S-Seitenschiffes wegließ (oder später entfernte). Der Chor aus 2 Jochen und 5/8-Schluß fügt sich unter erheblicher Achsenabweichung an. Ein 5. W-Joch bildet die Überleitung zu dem mächtigen 5geschossigen W-Turm, der wieder die Achse des Chores aufnimmt. Er besaß urspr. eine kreuzgewölbte offene Turmhalle im Erdgeschoß. Eine reiche Maßwerkbrüstung schließt das oberste Geschoß ab, über dem sich noch die verschieferte Wächterstube und der Spitzhelm erheben. Das Innere war durch einen Brand 1645 zerstört worden; erst 1957–58 erhielt das Langhaus wieder ein Gewölbe, nun allerdings aus Holz.

Die A u s s t a t t u n g entstand nach dem Brand neu. Die (1879 veränderte) Empore war 1653 fertig, die *Kanzel*, mit besonders reichem plastischem Schmuck, um 1660: Ihr Korb wird von 4 nackten Karyatiden gestützt, deren Beine von Säulenpostamenten umfangen sind, so daß man nur die Oberkörper und Füße sieht. Am 1670 vollendeten Hochaltar die Statuen der Apostel Petrus und Paulus, darüber die hll. Andreas und Jakobus; das Mittelbild Georg Hieronymis von 1959 zeigt die hl. Ursula. Die Orgel wurde 1790 von Johann Georg Bürgy geschaffen; der Prospekt ist zwar noch ganz im Sinne des Barock gestaffelt, zeigt aber nicht mehr jene starke Dreidimensionalität barocker Prospekte.

Im **Kirchhof** der spätgot. *Taufstein* (um 1490), dessen maßwerkverziertes Becken auf 4 Löwen ruht, und eine sehr qualitätvolle *Kreuzigungsgruppe* von 1676.

Das **Alte Rathaus** ist in einem got. Stadttor in der Ursulagasse eingerichtet. Sein Fachwerk-Obergeschoß wurde 1658 aufgesetzt; um 1660 entstand die Vertäfelung der Ratsstube.

Die **Altstadt** zeichnet sich durch malerische verwinkelte Gassen aus; die Wiederherstellung der alten Häuser nahm auf der S-Seite der Pfarrkirche St. Ursula ihren Anfang. – Das ehem. Haus des Kurmainzer Hofkammerrats und mächtigen Kupferindustriellen Anton Pfeiff von 1736 (**Ackergasse 13**) besitzt eine 3läufige steinerne Treppe und bedeutende Stuckdecken mit Figurenmedaillons im Bandelwerkstil.

UG

OBERZWEHREN (G3) → **Kassel**
ODENSACHSEN (H6) → **Haunetal** (Hersfeld-Rotenburg)

OESTRICH-WINKEL (Rheingau-Taunus AB11)

Oestrich (B11)

Bis ins Hochmittelalter (wie nun wieder) hing der Ort mit Winkel und Mittelheim zusammen. Die Pfarrei kam wohl schon um 1000 an das St. Viktorstift in Mainz.

Kath. Pfarrkirche St. Martin. An einen roman. Kirchturm wurde 1508 ein Neubau angefügt, der sich aus einem 3schiffigen Hallenlanghaus und einem 1schiffigen höheren Chor zusammensetzt. Die 1663 ausgebrannte Kirche wurde 1893–94 durchgreifend wiederhergestellt; die reichen Sterngewölbe gehören dieser Wiederherstellung an. Außer der beachtlichen pseudogot. Ausstattung (Hochaltar, Steinkanzel und Chorbrüstung) ist ein Hl. Grab (um 1440) zu erwähnen. Der Hochaltar enthält 5 spätgot. Statuen.

Das Ortsbild ist noch reich an 2stöckigen **Fachwerkhäusern** (z. T. unter Putz) mit Erkern, Zwerchgiebeln, hübschen Haustüren und Hausmadonnen. – Der **Rheinkran**, eine komplizierte Holzkonstruktion, stammt von 1652.

Schloß Reichardshausen ist ein schlichter Bau von 1742. 1894 entstand im Park eine **künstliche Ruine**, die Formen spätroman. Burgen wie Münzenberg nachahmt und einfache **Wirtschaftsbauten** verdeckt. Im Schloßgarten stehen noch 2 **Pagodenhallen**, um 1900. Das klassizist. **Wachhaus** entstand zu Beginn des 19. Jh.

UG/EH

Winkel (A11)

Kath. Pfarrkirche. Der 1schiffige, im Kern got. Bau wurde 1674 bis 1678 weitgehend verändert. Einheitliche Ausstattung um 1680. Auf der N-Seite schneidet der roman. Turm ein (Zwiebelhaube um 1675). – Daneben die quadratische **Totenkapelle** mit großem barockem Haubendach (um 1680). Auf dem **Friedhof** das Grab der romantischen Dichterin Karoline v. Günderode, die am Rhein bei Winkel 1806 den Tod suchte.

Sog. **Graues Haus** (Graugasse 8). Das 2geschossige steinerne Gebäude wurde als Burgsitz der Herren v. Winkel gen. Greiffenclau erbaut und ist ein einfacher, aber sicher nicht durchschnittlicher roman. Herrensitz. Die dendrochronologische Untersuchung ermittelte für die Hölzer das Fällungsjahr 1075, aber eine Zweitverwendung von Balken ist nicht ausgeschlossen. Spätestens in der Mitte des 12. Jh. entstand das Haus. Beim Bau wurden Spolien des 9.–11. Jh. (wohl von der Kaiserpfalz zu Ingelheim) mitverwendet. Das Bogentor der S-Seite und die Fenstergalerie darüber sind mit wechselnd roten und weißen Bogensteinen geschmückt (wohl 11. Jh.). Das südl. Bogenfenster mit Würfelkapitell ist jünger. Auf der O-Seite befindet sich ein Doppelfenster mit Kerbschnittmuster. Das 1964 ausgebrannte Gebäude konnte weitgehend wiederhergestellt werden.

Das Ortsbild ist auf Grund mangelnder Pflege sehr unscheinbar, wie in den meisten Rheingau-Orten. Das **Brentano-Haus** (Hauptstr. 89), 1751 erbaut und 1782 erweitert, war der sommerliche Landsitz der Frankfurter Kaufmannsfamilie. In den Räumen trafen sich bedeutende Romantiker: Clemens und Bettina v. Brentano, Achim v. Arnim, Savigny, Grimm, Wieland. Ein Goethe-Zimmer erinnert daran, daß auch Johann Wolfgang v. Goethe oft zu den Gästen zählte.

Schloß Vollrads, 3 km nördl. von Winkel. Anfang des 14. Jh. ging die Anlage von den Herren v. Winkel gen. Greiffenclau an die Herren v. Vollrads über. Der interessanteste Bauteil ist ein quadratischer **Wohnturm** aus dem 1. Drittel des 14. Jh., den ein 1471 ausgebauter 8eckiger Treppenturm begleitet. Ein Weiher mit quadratischem Umriß umgibt den Turm wie eine Wasserburg. Das oberste Geschoß wurde Ende des 19. Jh. hinzugefügt, das Haubendach ist barock. Das benachbarte 2flügelige **Schloß** wurde um 1680 ausgebaut.

UG/EH

Hallgarten (B11)

Kath. Pfarrkirche Mariä Himmelfahrt. Die bis in das 12. Jh. zurückreichende Kirche wurde zuletzt 1895 erweitert und ver-

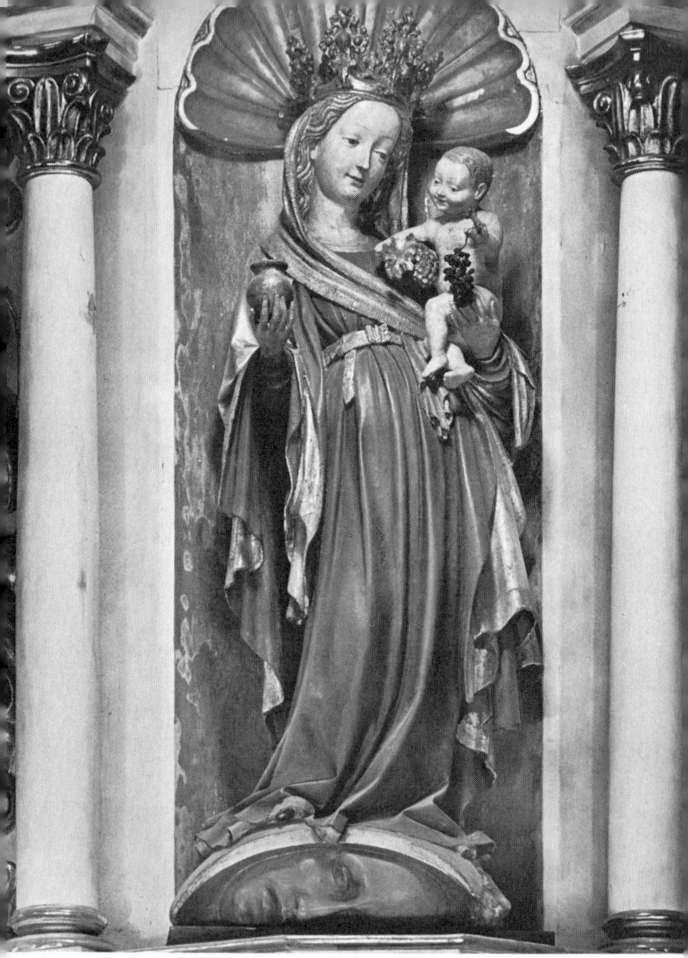

Hallgarten. Kath. Pfarrkirche Mariä Himmelfahrt. Madonna

ändert; damals entstand auch die gotisierende gußeiserne Empore mit den gußeisernen Wendeltreppen. – Ein Werk des Weichen Stils, um 1415, ist die *Madonna* auf der Mondsichel. Sie gehört zu einer Gruppe mittelrheinischer Tonfiguren höchster Qualität, die wohl in Mainz entstanden sind. Eine etwas kleinere und weniger artikulierte Replik aus Kloster Eberbach gelangte in den Louvre. Die Taufe (1688) aus schwarzem Marmor mit weißem Holzdeckel ist mit geschnitzten und gehauenen Seraphimköpfen verziert.
Neben der Kirche eine große *Kreuzigungsgruppe* (um 1530) aus der Nachfolge Hans Backoffens.

UG

Mittelheim (B11)

Ehem. Augustinerinnen-Klosterkirche St. Ägidius

Anstelle einer ottonischen Eigenkirche (10. Jh.) gründete der Mainzer Ministeriale Wulferich II. v. Winkel im 1. Drittel des 12. Jh. ein Eigenkloster. Es wurde den Augustinern zur Verfügung gestellt, als diese 1131 Eberbach, das den Benediktinern von Johannisberg unterstellt wurde, verlassen mußten. Die Augustiner-Chorherren zogen weiter nach Gottesthal (bei Oestrich); in Mittelheim blieben die Augustiner-Nonnen. Im 2. Viertel des 12. Jh. entstand der bestehende Kirchenneubau; um 1170 wurde er nochmals vergrößert. 1263 wurde das Kloster aufgehoben; St. Ägidius dient seitdem als Pfarrkirche.

Die Eigenkirche des 10. Jh. wurde 1938 ergraben. Sie war nur 1schiffig und reichte vom Querhaus bis zum mittleren Langhauspfeiler des bestehenden Baues. – In ihrer heutigen Erscheinung stellt die Kirche eine 3schiffige roman. Pfeilerbasilika mit ausladendem Querhaus und quadratischer Vierung dar. An diese schließt sich der Altarraum mit seinem rechteckigen Joch und der eingezogenen Apsis an. Das Chorjoch sollte wahrscheinlich ein Tonnengewölbe erhalten, das aber nicht ausgeführt wurde. Die Querarme besitzen je eine flache Nebenapsis. Im südl. Arm war eine hölzerne Empore vorhanden, die von einer Kapelle über der Sakristei aus betreten werden konnte – sicher als Nonnenempore des Frauenklosters zu deuten. Um 1170 wurde das Querhaus in einer zweiten Bauphase erweitert und erhöht, um größere Emporen aufnehmen zu können. Die Architektur zeigt sowohl Zusammenhänge mit Kloster Eberbach als auch mit Johannisberg. Dabei ist besonders auffällig, daß sich das flachgedeckte Langhaus mit seinen 6 kämpferlosen Pfeilerarkaden ausgesprochen altertümlich gibt. Hierin liegt vielleicht der Versuch, durch eine älter wirkende Architektur traditioneller und anerkannter zu wirken als die Konkurrenzklöster Eberbach und Johannisberg. – Die W-Fassade enthält ein Stufenportal, dessen Türflügel noch die urspr. roman. Beschläge haben. Das roman. Dach wurde bei einer Restaurierung während des 2. Weltkrieges vernichtet.

Der Hochaltar ist ein Blockaltar mit schachtförmiger Confessio aus der Bauzeit, von der Altarrückseite her zugänglich. Die Kanzel (bez. 1511) mit geschnitzten Füllungen wie am Kiedricher Gestühl schuf wohl ebenfalls Erhard Falckener aus Abensberg.

Ev. Pfarrkirche, zwischen der Uferstraße und dem Rhein gelegen, 1957 von H. G. Hofmann gebaut. Das kleine, qualitätvolle Bauwerk bildet die Kirche als Zelt, das seine gläserne Seitenwand über dem Rhein öffnet. Ein **Pfarrhaus** und ein **Gemeindesaal** gleicher moderner Architektur schließen sich der Kirche harmonisch an, die sich bemüht, auch den Farbenreichtum und die erhöhenden Formkräfte der modernen Malerei und Plastik sinnvoll einzubeziehen.

UG/EH

OFFENBACH am Main (DE10)

Die 977 zum ersten Male erwähnte kleine dörfliche Siedlung »Ovenbach« entwickelte sich, als Graf Reinhard v. Ysenburg 1556 die Residenz einer Nebenlinie des Hauses Ysenburg hierherverlegte. Erst seit der 2. Hälfte des 18. Jh. wird die Bezeichnung Stadt üblich. Der Wirtschaftspolitik der Grafen von Ysenburg und später der hessen-darmstädtischen Landesregierung neben seiner günstigen Lage am Main in der Nähe der Handels- und Messestadt Frankfurt verdankt Offenbach seinen Aufstieg zu einer bedeutenden Industriestadt. – Johann Philipp v. Ysenburg nahm 1700 Hugenotten auf und förderte sie durch weitgehende Rechte und Privilegien.

Das individuelle Gesicht fehlte der im 19. Jh. schnell gewachsenen **Stadt**, die sich in neuerer Zeit anschickt, diesem Mangel durch neue städtebauliche Akzente abzuhelfen. Neue Grünanlagen, Durchbruchstraßen, ein gut gelungenes Hallenbad und neue Wohnsiedlungen sind entstanden.

● Ehem. Isenburgisches Schloß

Am Main-Ufer gab es schon eine got. Burg aus der Mitte des 15. Jh. Der 1556 begonnene Umbau wurde bereits 1564 durch Brand zerstört. Ein neues Schloß wuchs unter Verwendung alter Bauteile empor. Es ist möglich, daß durch den Tod des Bauherrn 1578 der Plan einer Vierflügelanlage nicht zur Ausführung kam.

Die S-Front des breit gelagerten Schloßflügels wurde als prächtige Schauseite ausgebaut. Am Bau sind die Jahreszahlen 1570, 1572 und 1578 zu lesen. Zwischen 2 hohen

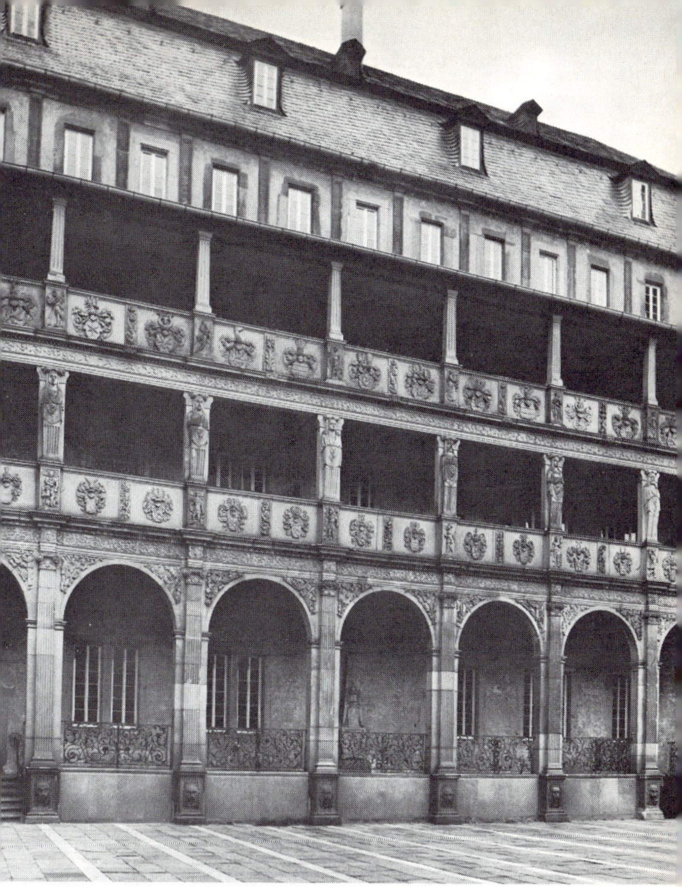

Offenbach am Main. Schloß. Südfassade

8eckigen Treppentürmen mit vorgelegten schönen Portalen spannen sich vor 2 Geschossen Loggien, die auf einem Arkadengang ruhen. Die das Repertoire der Renaissance gut beherrschende Ornamentik ist überall in zartem Relief mit viel Sinn für das Kleinteilige und Organische auf

Zwickeln und Gebälken verteilt. An mehreren Figuren das Monogramm CP, das als Signum Konr. Büttners aus Büdingen gelten kann, der besonders in Büdingen, auf der Ronneburg und in Hanau tätig war. Fast alle Haustein- und Schmuckglieder mußten ersetzt werden; einige der alten Reliefs an der Gartenmauer westl. des Schlosses und im Landesmuseum Darmstadt. – Nach N, zum Main hin, hat das Schloß seinen wehrhaften Charakter, den es wohl schon in got. Zeit besaß, behalten. Ein Rundbogenfries über dem Erdgeschoß zeigt an, daß die Renaissance Teile der mittelalterl. Burg wiederverwendete. Am mittleren Erker wie am rechten erkerartigen Turm als Ornament gotisierendes Maßwerk; ähnliche Ornamentik finden wir auch an den Isenburgischen Schlössern in Birstein, Büdingen und Ronneburg. Das oberste Geschoß mit dem geknickten Dachstuhl über dem ganzen Flügel ist eine Zutat des 18. Jh.

Ev. Stadtkirche. Schlichter Saalbau von 1739–48. Über dem Fassadengiebel ein Dachreiterturm. – **Französ.-ref. Kirche**, Saalbau von 1717/18 mit Ysenburger Doppelwappen und Jahreszahl 1718 über dem Eingangsportal, durch eingewanderte ref. Franzosen erbaut.

Das **ehem. v. Büsingsche Palais** von 1780 ist vollständig ausgebrannt. Die Flügelbauten der Erweiterung um 1900 wurden bis 1966 wiederaufgebaut.

Im sog. **Lilipark** (nach Goethes Jugendbraut Lili Schönemann genannt, die hier zeitweise wohnte) am Main-Ufer einfallsreicher **Gartenpavillon** von Nic. Alex. Salins de Montfort, der gleichzeitig in Frankfurt tätig war, entstanden um 1805 (schwer beschädigt).

Schloß Rumpenheim. Ein 1680 für den hanauischen Kammerpräsidenten v. Edelsheim erbautes Landhaus bei dem eingemeindeten Dorf Rumpenheim ging 1768 an den Landgrafen Karl von Hessen und 1781 an dessen Bruder Friedrich über, der verschiedene Um- und Anbauten vornahm und die Gartenanlage in einen englischen Park umwandelte. Die 1804/05 errichteten erhöhten Eckpavillons an der Mainfront geben der 3geschossigen Uferfassade eine gewisse Wirkung. Der Hauptbau ist 1945 ausgebrannt. – Im südl. Teil des Parks steht als anspruchslose Saalkirche mit Empore und einer Rokoko-Kanzel die **ev. Pfarrkirche** von 1756 bis 1761.

● **Deutsches Ledermuseum**, angeschlossen **Deutsches Schuhmuseum** (Frankfurter Str. 86). Bestände aus Leder aus dem Bereich des Kunsthandwerks, der Volks- und Völkerkunde und der Fachtechnik. – **Klingspor-Museum** für moderne Buch- und Schriftkunst im Flügel des Büsingschen Palais (Herrnstr. 80). *GB*

Bad ORB (Main-Kinzig G9)

In einem tiefen, ringsum mit Wäldern umgebenen Seitental der Kinzig liegt das bekannte Herzbad, das schon im 11. Jh. mit seinen Salzquellen genannt wurde. Orb war urspr. Reichsbesitz; 1064 ging es an Mainz über. 1292 wird Orb zuerst als Stadt erwähnt. Nach einem wechselvollen Schicksal kam der Ort 1814 zu Bayern und wurde 1867 preußisch. Die Salzgewinnung, die seit der Mainzer Besitznahme im 11. Jh. ein Haupterwerbszweig der Stadt war, verlor als Einnahmequelle mit dem Bau des ersten größeren Badehauses um 1900 seine Bedeutung.

An höchster Stelle des Ortes stand eine wohl urspr. roman. **Burg**, die im 16. Jh. völlig umgestaltet wurde. Südl. schließt sich die mittelalterl. Siedlung an, die von einer teilweise noch erhaltenen **Stadtmauer** aus der 1. Hälfte des 13. Jh. mit ehem. 12 Türmen und 3 Toren (**Obertor** erhalten) umspannt wurde. Mittelpunkt im unregelmäßigen Straßennetz ist der viereckige Marktplatz. – Die Siedehäuser für die Salzgewinnung lagen bis 1763 innerhalb der Stadtmauer, danach geschlossene Neuanlage der Saline südl. der Stadt; an der alten Stelle ab 1900 Bauten des Bades.

Kath. Pfarrkirche St. Martin. Nur das Turmuntergeschoß hat sich von einer aus dem 12. Jh. stammenden Kapelle erhalten. – Der am Außenbau an der O-Ecke der Peterskapelle unter einem Baldachin aufgestellte Schmerzensmann ist eine gute Arbeit um 1440, die benachbarte Muttergottes der gleichen Zeit von geringerer Qualität. – Man betritt durch das Hauptportal an der als Schauseite ausgebildeten N-Front ein 3schiffiges hallenförmiges Langhaus, das mit einer Holzdecke von 1680 gedeckt ist. Der schlichte Hauptchor stammt noch aus dem 14. Jh., während das Mauerwerk des Langhauses und der Nebenchöre im 15. Jh. entstand. Umfangreiche Zyklen von Wandgemälden wurden freigelegt (im Chor 14. Jh., sonst 15. Jh.). Besonders fein wirken die Heiligenfiguren in der Peterskapelle (um 1445, mittelrheinisch).

A u s s t a t t u n g. Der größte Schatz der Kirche ist der heutige *Hochaltar*. Der Wandelaltar mit der Kreuzigung im Mittelteil ● ist das Hauptwerk der mittelrheinischen Malerei des beginnenden Realismus um 1440. Die Flügel sind Kopien der Originale im Museum in Berlin-Dahlem. Der Maler, der über reichen mimischen Ausdruck und farbige Nuancierung verfügte, trägt nach Tafeln im Darmstädter Landesmuseum den Namen »Meister der Darmstädter Passion«. – Sonstige Ausstattung (Altäre, Kanzel, Taufstein, einzelne Statuen) um 1683. Bemerkenswertes Epitaph mit Frauengestalt einer Kottwitz-Aulenbach unter zierlichem Baldachin, 15. Jh.

Rathaus, ehem. Verwaltungsgebäude der Saline, schlichter Bau des 19. Jh. (mit **Heimatmuseum**). – Im Kurpark **Gradierbau**, unter Fürstprimas v. Dalberg 1806 angelegt. Neben dem **Kurhaus** (um 1900) bemerkenswerter eleganter **Konzertbau** mit Wandelhalle, 1957 von Bruno Rücker aus Frankfurt gebaut.

GB

ORTENBERG (Wetteraukreis F9)

Herren v. Ortenberg werden schon im 12. Jh. genannt. Die im Anschluß an die Burg entstandene Stadt (Bürger kommen erstmals 1266 vor) war im Besitz der Herren v. Büdingen und gelangte im 13. Jh. an deren Erben. Seit 1601 gehörten 2 Drittel zu Stolberg, 1 Drittel zu Hanau. 1806 fiel der stolbergische Anteil, 1810 die ganze Stadt an Hessen-Darmstadt.

Das Städtchen mit guterhaltenen Fachwerkhäusern liegt malerisch auf einem Bergvorsprung am linken Ufer der Nidder, von der Burg und der benachbarten Stadtkirche als Stadtkrone überragt.

Ev. Marienkirche. Der Chor, dessen alte Farbigkeit wie die der gesamten Kirche eine gute Restaurierung von 1957/58 uns wiedergegeben hat, ist um 1385 begonnen. Gleiche Proportionen und Einzelteile verbinden ihn mit dem Chor der ehem. Klosterkirche in Hirzenhain. Das anschließende Langhaus wurde als 3schiffige querschifflose Halle in der Mitte des 15. Jh. mit Verwendung älterer Bauteile unter Mitwirkung von in Kronberg und Hirzenhain tätigen Steinmetzen umgebaut. (Im nördl. Seitenschiff sind noch Reste einer roman. Anlage zu erkennen.) Dem S-Portal zwischen den äußeren Strebepfeilern ist eine Vorhalle mit dem Eppsteinschen Wappen vorgelegt.

Das bedeutendste Schmuckstück der Kirche war bis 1866 der *»Ortenberger Altar«*, ein Hauptwerk mittelrheinischer Malerei des Weichen Stils, Anfang des 15. Jh. (jetzt im Landesmuseum Darmstadt; Kopie seit 1958 in der Kirche). Er kam vermutlich aus Kloster Konradsdorf (s. u., Selters) 1581 in die benachbarte Pfarrkirche. (Abbildung S. 64.)

Schloß. Die Burg mit Zwinger, Vor- und Hauptburg, steil über der Nidder gelegen, stammt aus dem 12. Jh. Durch einen Torbau von 1622 gelangt man auf einem allmählich ansteigenden Fahrweg auf die Höhe des Berges. Buckelquader erinnern an das ehem. mittelalterl. Hauptgebäude. An der S-Seite des schmucklosen **Stolbergischen Schlosses** sind roman. Teile freigelegt, ebenso Reste der roman. Toranlage. Davor sind die mächtigen Fundamente eines vermutlich schon im 13. Jh. zerstörten **Rundturmes** ausgegraben worden. Im NO des Schloßflügels steht ein spätgot. Rundturm mit Wetterfahne 1775. (**Burgmuseum.**)

Vor dem Burgberg liegt das **ehem. Hanauische Haus**, ein stattliches Gebäude mit Mansarddach und großem Dreiecksgiebel, um 1800 erbaut.

Rathaus. Das kleine Rathaus versteckt sich zwischen Fachwerkhäusern des 16. und 17. Jh. auf einer Bergstufe. Das Hauptportal aus Sandstein ist 1605 in die Vorderseite eingefügt worden; 1608 wurde ein runder Treppenturm angebaut.

Der Mauerzug der mittelalterl. **Stadtbefestigung**, als halbes Oval von der Burg ausgehend, ist fast noch überall erhalten. Im S hat sich der alte wehrhafte Eindruck noch am besten bewahrt. Hier steht auch neben der Kirche die **Oberpforte** aus der 2. Hälfte des 13. Jh., ein hoher Schalenturm mit Wehrgang, Zinnen und Gußerker, der im Detail gute frühgot. Formen zeigt. – Der runde **»Gefängnisturm«**, dem Tor benachbart, und ein viereckiger Mauerturm an der NO-Ecke unterhalb der Burg überragen noch die Mauer.

GB

Selters (F9)

Ehem. Prämonstratenserkloster Konradsdorf (Domäne)
Die Gebäude des nordwestl. von Selters gelegenen Hofgutes sind teilweise Reste eines ehem. Prämonstratenser-Doppelstiftes, das vor 1191 von den Eltern Hartmanns II. v. Büdingen gestiftet wurde; 1581 aufgehoben.

Ehem. Stiftskirche. Die ehem. 3schiffige Pfeilerbasilika aus dem Ende des 12. Jh. mit hohem, flachgedecktem Mittelschiff soll ihrer Verwahrlosung entrissen werden. Das nördl. Seitenschiff fehlt. An der klar gegliederten W-Giebelfront einfaches abgetrepptes Rundbogenportal. Im Inneren tragen quadratische Pfeiler Rundbogen, die sich zu den Seitenschiffen öffnen. Im Chorrund guter Frauengrabstein und 2 Männergrabsteine mit Wappen Breuberg und Waldeck, 1. Hälfte 14. Jh. – Zur Ausstattung gehörte vermutlich der sog. Ortenberger Altar im Hessischen Landesmuseum Darmstadt (Abbildung S. 64).

Sog. **Nonnenhaus**, östl. der Kirche, jetzt Stall und Heuscheune. An der Außenseite schöne roman. Fenstergruppe. – **Herrenhaus** oberhalb des alten Klosters, um 1800.

GB

OTZBERG (Darmstadt-Dieburg E12)

Hering (E12)

Burg Otzberg

Wahrscheinlich schon im 8. Jh. im Besitz von Kloster Fulda (766 zuerst genannt). Im 12. Jh. verpfändet, danach aufgeteilt unter verschiedenen Besitzern, voran Kurpfalz und Hanau. 1504 vom Landgrafen von Hessen erobert. 1647 von dem französischen Marschall Turenne genommen. 1803 an Hessen-Darmstadt.

Otzberg ist weithin sichtbar als Bekrönung eines frei vor dem Odenwald aufragenden Basaltkegels. In der Mitte der birnförmigen Burganlage mit starkem Mauerring und Zwinger steht der runde **Bergfried**, der als ältester erhaltener Teil der Burg aus dem 13. Jh. stammt. Südl. das sog. **Bandhaus**, ein 2geschossiger Bau mit Satteldach; über der Rundbogentür am Kellerhals got. Inschrift mit Jahreszahl 1413 und pfälzischem Wappen. Die übrigen um den Hof geordneten Gebäude stammen von dem planmäßigen Ausbau des 16. Jh., dem auch die Ringmauer mit Jahreszahlen und Inschrifttafeln zu verdanken ist. – Im Hof *Ziehbrunnen*, gegen 1800.

GB

PETERSBERG (Fulda H7)

● **Kirche der ehem. Benediktinerpropstei St. Peter**

Östl. von Fulda auf einem 400 m hohen Basaltkegel über dem Fulda-Tal, von mächtigen Stützmauern und Terrassen (1738) umgeben, steht die Kirche prachtvoll in der Landschaft.

Abt Baugulf (779–802) errichtete hier die erste Kirche. An ihrer Stelle weihte Hrabanus Maurus 836 einen Neubau mit daneben gelegener Klostergründung. Zugleich überführte er die Reliquien der hl. Lioba, einer Gefährtin des Bonifatius, in die Petersberger Krypta. Um 1170 ließ Propst Gundelaus eingreifende Bauarbeiten an der Kirche vornehmen. Unter ihm entstand das Oktogon über der Vierung, dessen Welsche Haube das 18. Jh. hinzufügte. Ging die Hauptapsis, die Krypta und Oberbau 2geschossig abschloß, bereits zwischen 920 und 1170 verloren, so veränderte die Frühgotik erneut die gerade Abschlußwand aller 3 Stollen. Das Gesamtbild wandelte sich jedoch erst 1479 völlig, als das 3schiffige roman. Langhaus durch einen 1schiffigen got. Saal ersetzt wurde und die Kirche ein südl. Querschiff erhielt, dessen Fundamentierung auch einen Teil der Krypta-S-Nische zerstörte.

1685 wurde das Barockportal errichtet. Restaurierungen 1928–39 und 1974.

Äußeres. Aus dem 3teiligen W-Bau, der von der ehem. 3schiffigen Anlage zeugt, steigt der roman. Turm (11. oder Anf. 12. Jh.) in 3 sich verjüngenden Geschossen empor, von einem Pyramidendach bekrönt. Er hat an der W-Seite 4 vorroman. Fenster und im Obergeschoß allseitig 3teilige Schallöffnungen auf Säulchen mit Würfelkapitellen. Der barockisierte Vierungsturm wirkt in der O-Ansicht bestimmend; zwischen beiden Türmen steigt das mächtige Langhausdach hoch auf. – Inneres. Im Turmuntergeschoß erkennt man Bogen und Kämpfer des ehem. karoling. Portals. Das Langhaus wird durch barocke Ausstattung belebt. Die Kassettendecke mit schablonierter Rankenmalerei entstammt der Renaissance. Zum O-Bau öffnen sich 3 Bögen, der einstigen Dreischiffigkeit entsprechend. Die Bögen der Vierung zu den Nebenräumen in der N-S-Achse ruhen auf niedrigen Säulen mit vielleicht noch karoling. Kapitellen. Über der Vierung das roman. Oktogon. – Unter dem O-Bau liegt die *Krypta* Hrabans, im Kern eine Gangkrypta aus einem Quer- und 3 nach O abgehenden Längsstollen, trotz Veränderungen und teilweiser Zerstörung ein wichtiges Denkmal der Karolingerzeit. ●

Ausstattung. An den Altären der Krypta konnten die z. T. wiederentdeckten karoling. Frontplatten der Altäre, mit Inschrift und »Sepulchrum«, in roman. Ornamente eingefaßt, wiederverwendet werden. Von den *Wandmalereien* dürfte im Mittelstollen die thronende Madonna in der Mandorla, von Heiligen umgeben, der Zeit Gundelaus' angehören, die Taufe Christi im Gewölbe des N-Stollens gar erst der Frühgotik, ebenso das Lamm Gottes über dem Altar; eng verwandt sind die Tierdarstellungen der Hirtenverkündigung im Querstollen. – In der Oberkirche entstammen 8 *Steinreliefs* der Zeit des Propstes Gundelaus: Christus und Maria sind heute beiderseits des Triumphbogens angebracht; an der Langhaus-N-Wand 2 Könige – Pipin und Karlmann? –, gegenüber St. Bonifatius und Bruchstück einer Schlüsselübergabe an Petrus; außerdem ein Jagdrelief. Neu entdeckt wurde ein weiteres Schmuckrelief – jetzt als Ambo verwendet – auf der Rückseite des Inschriftsteines von Propst Küchenmeister (1479). – An der Langhaus-S-Wand konnte 1970 ein großes Renaissance-Gemälde des hl. Christophorus aufgedeckt werden, die Figur in gelbem, grün gefüttertem Gewand und grauem Mantel. – Der reichgegliederte Hochaltar (mit jüngerem Gemälde) entstand um 1730. Die Altarblätter im Langhaus schuf Herrlein erst 1750 (dat.). Ein überaus reich geschnitzter

Altar, Anf. 18. Jh., steht im S-Querhaus. Kruzifix in der Vierung 1755. Orgel zwischen 1739 und 1753. – Propstgrabmäler vom 16.–18. Jh.; darunter die Zopf-Grabmäler für Adolph v. Hövel und Constantin Schüz v. Holzhausen.
Vor der Kirche liegen einige *Kapitelle* ottonischer Prägung (Vorformen des Würfelkapitells); sie gehören wohl zu einer Bautätigkeit nach dem Ungarneinfall um 920.

Kath. Rabanus-Maurus-Kirche. Neben dem Bildstock von 1779 errichteten Wilhelm Reinhard und Otto Rug 1956–57 den nach N gerichteten Neubau. Auf dem Grundriß eines lateinischen Kreuzes erhebt sich der Betonskelettbau mit Sandsteinausmauerung. Chorseitenwände, Querhaus-S-Wände und die S-Fassade sind völlig in farbige Fenster aufgelöst. Eine Rippenfaltdecke überdacht das Innere. Die Fenster schuf Norbert Gerd Hartmann; in der S-Front stellte er den Einbruch des göttlichen Lichtes, Schöpfung und Erlösung, in einer großzügigen Komposition dar.

DG

PETERSBERG → **Bad Hersfeld** (Hersfeld-Rotenburg H5)

PFUNGSTADT (Darmstadt-Dieburg D12)

Die **ev. Pfarrkirche** wurde 1746–48 nach Plänen des Pfarrers Joh. K. Lichtenberg und des Ingenieurs Joh. Fr. Karge als Saalbau mit 3seitigem Chorschluß und (im Kern mittelalterl.) W-Turm errichtet. Die Innenausstattung stammt einheitlich aus d. J. 1890 bis 1898; nur die Orgel, ein Werk Wilhelm Bernhards aus Romrod, entstand schon 1823.

Das **Rathaus** wurde teilweise über die Modau gebaut. Das 2geschossige Steingebäude entstand 1614 und ist ein rechteckiger Bau mit gesondertem Treppenturm. Die Giebel vergegenwärtigen in vereinfachter Weise die Formen des Darmstädter Schlosses und stellen sich in Widerspruch zum dortigen Rathaus.

Den Lauf der Modau säumen in und um Pfungstadt mehrere **Mühlen**, unter denen die **ehem. Mühle Markt 2** (Fachwerk um 1700) und die **Kirchmühle** (1570, Obergeschoß 1630) besonders nennenswert sind.

An der Straße nach Darmstadt-Eberstadt steht ein **Galgen** des früheren Zentgerichts Pfungstadt mit 3 gemauerten Säulen, wahrscheinlich aus dem 16. Jh.

UG

PHILIPPSRUHE, Schloß → **Hanau** (Main-Kinzig E10)

PHILIPPSTHAL (Werra) (Hersfeld-Rotenburg K5/6)

Ehem. Benediktinerinnenkloster Kreuzberg

Das Kloster wurde vor 1191 von Hersfeld aus gegründet, 1525 im Bauernkrieg zerstört, 1593 an Hessen abgetreten. Landgraf Karl übergab den Besitz 1685 an seinen Bruder Philipp, der die noch florierende Linie Hessen-Philippsthal begründete. Er baute die bestehenden Teile des Klosters unter Einbeziehung der Kirche zum Schloß um.

Ev. Pfarrkirche, ehem. Klosterkirche St. Jakob

Die Klosterkirche entstammt in der Hauptsache dem letzten Jahrzehnt des 12. Jh. Die flachgedeckte Basilika schloß querhauslos mit weit herausgeschobenem Hauptchor und 3 Apsiden. Im W war eine Doppelturmfassade angelegt, deren Mittelbau über der Vorhalle die Nonnenempore enthielt. 1934 restauriert.

Das Äußere der Kirche ist weitgehend ins Schloß eingebaut. Auffallend ist die 3geschossige Apsis mit reicher Unterteilung durch Lisenen und Halbsäulen, das Obergeschoß als umlaufende Blendgalerie. 3 got. Fenster zerreißen den urspr. Zusammenhang. Ganz eingebaut ist das westl. Portal der N-Seite mit der großartigen asymmetrischen Fächerpalmette seines Bogenfeldes. – Inneres. Beim barocken Umbau, 1733, verloren die Seitenschiffe ihre Apsiden; das südl. wurde in Form von Logen abgetrennt, das nördl. im O-Teil völlig verändert. Die Obergadenfenster wurden im westl. Teil vermauert. Trotzdem blieb der Raum eindrucksvoll und behielt mit den beiden NW-Arkaden einen Rest der urspr. wohl nur aus Säulen bestehenden Stützenfolge. Die 4 östl. Arkaden der N-Seite wurden durch 2 riesige Bögen auf neuem Pfeiler ersetzt. Bogenstellungen verbanden das Erdgeschoß des W-Baues mit der Kirche; bei Einrichtung der Fürstengruft, 1743, mit Stuckmarmor-Fassade, wurde die mittlere Drillingsarkade geschlossen.

Ausstattung. Die nachgot. Kanzel mit geschlossener Maßwerkbrüstung entstand 1581. Der Taufstein mit Bandschlingenmuster, um 1500, bildet eine Vorstufe für die reife Form in Eiterfeld. Die monumentale Orgel mit 3geschossigem Prospekt und seitlichen Flügeln schufen Joh. Konr. Teubner und Thielemann Möller, 1779. – Ein Rittergrabstein (v. Kreuzberg?) um 1260 läßt in roman. Gebundenheit Motive der Naumburger Gotik erkennen, für das abgelegene Gebiet ein bedeutendes Dokument.

Schloß
Ein Flügel neben der Kirche wurde 1690 erbaut; umfangreicher war die Bautätigkeit 1731–34. – Mit Ausnahme des S-Flügels ist der Gebäudekomplex seit 1946 Altersheim.
Die Grundrißanlage ist kompliziert. Der S-Flügel, der das ehem. südl. Seitenschiff der Kirche einbezieht, ist durch einen Zwischenbau anstelle der W-Fassade der Kirche mit dem schräg gestellten N-Flügel verbunden. Dieser reicht wesentlich weiter nach W und schließt dort hammerförmig mit einem Querbau ab. – Innen gruppieren sich Gänge und Räume um ein mehrgliedriges Treppenhaus aus verschiedenen Bauperioden. Zum Lichthof öffnen sich auf der S-Seite korbbogige *Lauben* (z. T. vermauert). Die *Bibliothek* (jetzt Bügelstube) liegt im südwestl. Teil des Hauptflügels. Ihre Decke ist mit Putten und Ranken reich geschnitzt, um 1730/33; Supraporten aus durchbrochenem Akanthuswerk. Der *Speisesaal* im S hat klassizist. Tapeten mit Bandwerk- und Blumenranken. Im N-Flügel liegt die *ehem. kath. Schloßkirche*; ihre mit Régence-Profilen stukkierte Decke wird von einem Längsunterzug auf 2 Holzpfeilern getragen. – Weitere Räume enthalten Teile von wandgebundener oder freier Ausstattung aus dem 18. oder 19. Jh. – Der **Wirtschaftshof** an der N-Seite ist 1975 durch einen nutzlosen Straßendurchbruch unter Beseitigung von Gebäuden beeinträchtigt worden.

Der **Park** ist durch Besitzteilung gestört. Eine große Baumallee führt vom Schloß zur Orangerie, die aber hier nicht direkt zugänglich ist. (Der früher werraseitig vor ihr stehende ehem. Taufstein aus Vacha ist entfernt.) Die **Orangerie** ist 1731 als 1geschossiges Gebäude mit Mittelsaal und kleinen Seitenräumen (im O Spielzimmer) errichtet, über dem Hauptsaal Stuckrahmendecke. Ein barocker Schloßteich nimmt das Parterre vor der Orangerie ein und wird durch einen Damm von der südl. anschließenden Werra getrennt.

Rathaus. Das 1geschossige Gebäude in einer Verbindung von Neurokoko und Jugendstil erbaute J. Seifert 1913.

Die Straße nach Vacha, das bis 1816 hessisch war, überquert die Werra auf einer steinernen **Bogenbrücke** von 1342, vor der jetzt die Grenze verläuft.

DG

PILGERZELL (HI8) → **Künzell** (Fulda)

PLATTE, Jagdschloß → **Wiesbaden** (BC10/11)

POHLHEIM (Lahn-Dill D7)

Grüningen (D8)

Nördl. und westl. von Grüningen wurde der **Limes** ausgegraben und ein Wachtturm rekonstruiert. – Der im 8. Jh. erstmals erwähnte Ort gelangte von den Herren v. Münzenberg in den Besitz von Solms und Stolberg. Sie errichteten eine **Burg**, die jedoch nur als überwucherte Ruine am westl. Ortsrand erhalten ist. Hier blieben auch Teile der **Stadtmauer** samt einem **Stadtturm** stehen. Als Vorposten diente die **Grüninger Warte** auf der Anhöhe westlich, 1713 zu einer Windmühle nach holländischem Vorbild umgebaut, 1794 aufgegeben und seitdem Ruine (Turmstumpf als Aussichtsturm genutzt).

Ev. Pfarrkirche. Ein frühgot. Langhaus mit Chorturm und roman. Apsis wurde um 1500 nach S erweitert und 1520 mit einem 2., sternrippengewölbten Chor als südl. Anbau versehen. Das Langhaus erhielt 1669 eine Flachdecke durch H. J. Hubeler. Die Stuckmedaillons zeigen Pelikan und Phönix als Symbole für den Opfertod Christi. Etwa gleich alt ist die Kanzel, wenig älter die bemerkenswerte Empore.

UG

Holzheim (D8)

Ev. Pfarrkirche

Den solmsischen Herren wurde Holzheim 1623–48 entfremdet und gehörte zu Hessen. Philipp III. von Hessen-Butzbach erbaute die neue Kirche, 1631–32.

Der Saalbau schließt 3seitig; den W-Turm krönt ein schlanker 2geschossiger Dachreiter. Das Innere, dessen Flachdecke auf mittlerem Längsunterzug sich in den Turm hinein fortsetzt, ist allseitig von Emporen umzogen, deren südl. freilich erst 1852 entstand. Damals wurde die Kanzel auf die O-Seite zwischen Altar und Orgel gestellt. Die Stuckdecke zeigt nicht nur reiche Rahmen- und Feldermotive, sondern nimmt auch eine Reihe farbig gefaßter Medaillons mit christlichen und allegorischen Darstellungen auf. Stuckiert ist ebenfalls die Unterseite der N- und W-Empore. Christoffel Happel und Andreas Scherer waren die Meister. Vielleicht schufen sie auch die Ummalung der spitzbogigen, von den Emporen geteilten Fenster. Die Brüstungsmalerei der älteren Emporen entstand 1693. – Die Kanzel mit Säulenkorb stammt von 1632; die klassizist. flache Orgel schuf Hartmann Bernhard aus Romrod 1830.

DG

RACHELSHAUSEN (D6) → **Gladenbach** (Marburg-Biedenkopf)

RAINROD (G6) → **Schwalmtal** (Vogelsbergkreis)
RAMHOLZ → **Schlüchtern** (Main-Kinzig H9)

RASDORF (Fulda I6)

Kath. Pfarrkirche, ehem. Kirche des Kollegiatstiftes St. Johannes d. T.

Der 815 erwähnte Ort war seit karoling. Zeit Sitz einer fuldischen Propstei, an deren Stelle vielleicht schon nach den Ungarneinfällen (lt. einer gefälschten Urkunde: vor 977), spätestens aber im 11. Jh. Kanoniker getreten waren. Ein ältester bescheidener Bau wurde gegen 838 von Hrabanus Maurus durch eine großzügigere Anlage ersetzt. 1274 stürzte die damals bestehende Kirche zusammen; danach begann der heutige Bau.

Die Stiftskirche des späten 13. Jh. ist eine 3schiffige flachgedeckte Basilika mit Querhaus, 8eckigem Vierungsturm und kreuzgewölbtem 5/8-Chor; die Haupteingänge liegen in den Kreuzflügeln. Das Langhaus aus 5 Arkaden und einem W-Joch mit Empore schließt nach W mit einer basilikal gestuften Fassade. In der Disposition des Baues scheint eine vorgot. Tradition nachzuwirken (zum Vierungsturm vgl. Petersberg bei Fulda, aber auch [Hosenfeld-]Blankenau).

Aus dem Vorgängerbau übernahm das Langhaus von 1274 Kämpfer, Säulen und 8 Kapitelle, die wohl untereinander gleichzeitig sind, deren Datierung aber umstritten ist (vom 9. bis ins mittlere 12. Jh.). Die 6 Schiffskapitelle gehen von korinthischer Grundform aus, sind aber sehr variabel gestaltet. Die beiden Kapitelle unter der Arkadenstellung der W-Empore tragen figürlichen Schmuck (Männer bzw. Engel zwischen 2 Tieren; Ochsen, Widder, Löwen, Adler). An einigen Kämpfern ornamentaler oder figürlicher Schmuck. Die Rundpfeiler der Vierung haben angelegte Dienste; das Kapitell des NW-Pfeilers trägt einen Schmuck aus Ahornblättern. Ein ehem. Schlußstein mit dem Osterlamm ist über der NW-Pforte eingesetzt. – Die Ausstattung gehört der Barockzeit an. Auf dem Hochaltar eine monumentale Kreuzigungsgruppe mit 2 Heiligen. Die Kanzel trägt das Wappen des Fürstabts Konstantin v. Buttlar (1714–26). Die Orgel mit stattlichem Barockprospekt stammt aus der Fuldaer Stadtpfarrkirche, 1767 von Jodocus Östreich. Im Querschiff sind 1959 die beiden Seitenaltäre (1669) aus Fulda-Neuenberg aufgestellt worden, die dort 1954 abgebrochen wurden.

Am O-Rand des Dorfes liegt der große befestigte **Friedhof**, in dessen Mitte die 1836 abgebrochene Pfarrkirche St. Michael stand. Die hohe Mauer wird an den Ecken von Rundtürmen gesichert.

DG

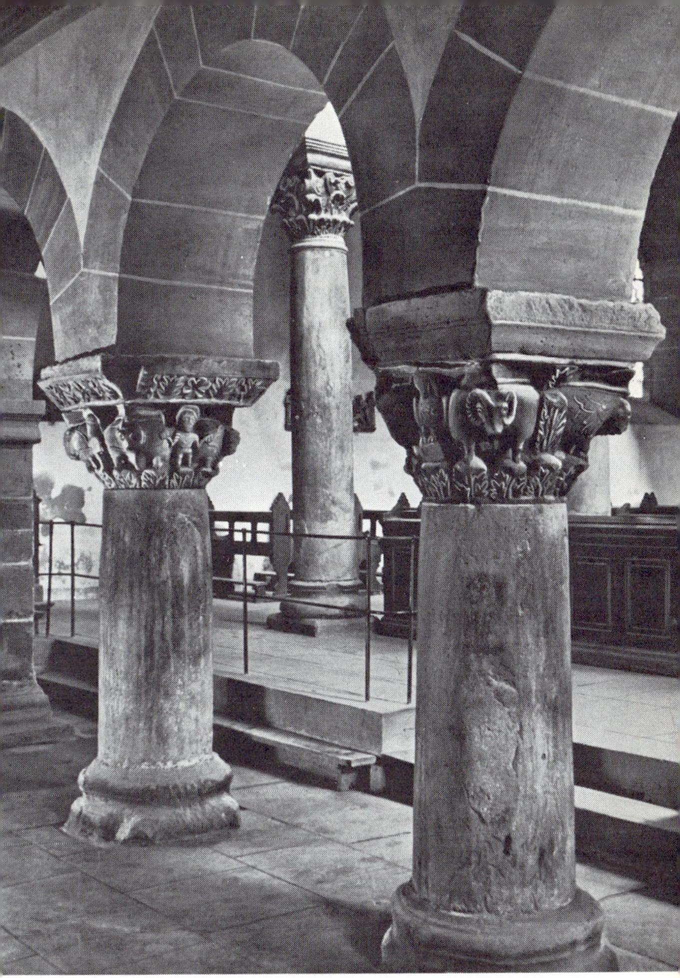

Rasdorf. Kath. Pfarrkirche. Inneres (unter der Westempore)

RASSDORF (I5) → **Wildeck** (Hersfeld-Rotenburg)
RAUENTHAL (B10) → **Eltville am Rhein** (Rheingau-Taunus)
RAUISCHHOLZHAUSEN (E6) → **Ebsdorfergrund** (Marburg-Biedenkopf)

RAUSCHENBERG (Marburg-Biedenkopf E5)

Ruschinberg, 1219 zuerst erwähnt, besaß um 1250 Stadtrechte. Burg und Ort hatten die Grafen von Ziegenhain als fuldisches Lehen; von ihnen erbten es 1450 die Landgrafen.

Die Stadt hat die Grundrißform eines an der Spitze abgestumpften, fast gleichschenkligen Dreiecks; am Markt kreuzen sich die beiden Hauptstraßen rechtwinklig. – Die **Stadtmauer** ist nur noch z. T. erhalten, mit ihr jedoch 2 Tore: das SO-Tor von 1578 und im W das Burgtor oberhalb der Kirche, 14. Jh.

Burg. Im 13. Jh. erbauten sie die Ziegenhainer; 1646 wurde sie im Hessenkrieg zerstört. Der eckige Bering umschloß mehrere Gebäude, darunter einen runden Bergfried. Am besten erhalten ist ein 3geschossiger turmartiger Bau des mittleren 13. Jh. Den Keller deckt eine Rundbogentonne; das Erdgeschoß war 2jochig kreuzrippengewölbt mit teils spitzen, teils runden Schildbögen; das 1. Obergeschoß war ähnlich, aber einfacher gewölbt; vom 2. Obergeschoß ist wenig erhalten.

Ev. Pfarrkirche

Ein roman. Bau des 13. Jh. hinterließ die W-Wand mit Portal sowie das nördl. Seitenschiff; Hauptschiff und Chor entstammen dem 14. Jh., wurden aber 1453 renoviert (Inschrift am Strebepfeiler); den Turm datieren seine Inschriften am und über dem S-Portal auf 1517/18.

An die 1hüftige Basilika schließt unsymmetrisch der Chor. Am Außenbau kommt v. a. der Turm zur Wirkung, dessen Kuppel von Eck-Erkern begleitet wird. Für den Eindruck des Inneren fällt das N-Schiff fast aus, da die rundbogigen Arkaden sehr tief liegen. Die Gewölbe mit verlaufenden Graten ruhen hier zwischen breiten Gurten. Das hohe und breite Mittelschiff decken Kreuzrippengewölbe auf z. T. figürlichen Konsolen. Das Netzgewölbe des Chores wurde 1517 vollendet.

An der Triumphbogenwand des Langhauses befindet sich eine spätgot. Darstellung Christi als Weltenrichter mit Auferstehenden zwischen Himmel und Hölle. – Ausstattung. Der *Flügelaltar* ist eine der wichtigsten Schöpfungen der hessischen got. Malerei, sichtlich unter Wildunger Einfluß (Nachfolge des Konrad von Soest), nach Formensprache und Farbskala kaum vor 1430 entstanden. Der Mittelteil von der Breite eines Bildes ging verloren; auf den Gemäldefeldern der erhaltenen Flügel sind Szenen aus Kindheit und Passion Christi dargestellt. – Der Zeit um 1420/30 gehört auch eine halblebensgroße Mondsichelmadonna an.

Rathaus. Der stattliche 3geschossige Fachwerkbau wurde 1557 begonnen und mit dem Bau des steinernen Treppenturmes 1566 vollendet. Er erhebt sich am oberen Ende einer Hauptstraße (Schmaleichtorstraße), bekrönt von einer Dachhaube mit Dockengalerie und Stichbogenlaube. Der 8eckige Treppenturm mit Fachwerkobergeschoß besitzt ein Renaissance-Portal, dessen Reliefs an Pfosten und Lünetten von Philipp Soldan aus Frankenberg stammen.

Rauschenberg ist noch reich an **Fachwerkhäusern** von bedeutender Erscheinung. Dem 16. Jh. gehören die Häuser **Schmaleichtorstr. 2, 12, Kraftgasse 25, Schloßstr. 7** und **20** sowie **Markt 1** an, meist mit gebogenen Streben und häufig mit Krüppelwalmdach versehen. Markt 1 (1567) und **Schloßstr. 18** besitzen Erker nach dem Vorbild des Marburger Obermarktes. Die Bauten des späteren 17. Jh. sind meist mit reichen Schnitzereien an den Eckpfosten verziert, so **Schmaleichtorstr. 10** und **Kraftgasse 3**. Das Fortdauern der Fachwerktradition bis in das 19. Jh. belegen die Bauten der Zimmermeister Johannes und Georg Volland, **Schmaleichtorstr. 7** und **8** (1811), **Auf dem Römer 3** (1818) und **12** (1800, 3geschossig mit Mansarddach).

DG/UG

REICHARDSHAUSEN, Schloß → **Oestrich-Winkel** (Rheingau-Taunus AB11)

REICHELSHEIM (Odenwald) (Odenwaldkreis E12/13)

Burg Reichenberg. Hoch über dem Marktflecken Reichelsheim nimmt die erbachische Burg die Kuppe eines steil abfallenden Hügels über dem Gersprenztal ein. Der Gebäudekomplex besteht aus 2 Hauptgruppen, den Ruinen der halbkreisförmig angelegten **Kernburg** und der um 1370 davor angelegten **Vorburg** mit der malerischen Ruine der **Burgkapelle** des 15. Jh., mit Strebepfeilern und guten Einzelformen, und dem unzerstörten stattlichen **ehem. Amtshaus** des 18. Jh. Der Bergfried im inneren Burghof ist nur noch in den Fundamenten nachweisbar. Die Überreste der **Wohngebäude** der Kernburg stammen aus dem 16. Jh.; an einem Fenster am 2geschossigen Palas die Jahreszahl 1554. Vom **Küchenbau** der Renaissance blieb eine schöne Mittelsäule, die noch die Gewölbekonstruktion trägt. Inmitten des Burghofes steht ein 1567 datierter *Ziehbrunnen*, den ein Aufsatz mit einem 1557 bezeichneten Doppelwappen Erbach-Pfalz bekrönt.

GB

REICHENBACH (I4) → **Hessisch Lichtenau** (Werra-Meißner)
REICHENBERG, Burg → **Reichelsheim (Odenwald)** (Odenwaldkreis E12/13)

REINHARDSHAGEN (Kassel H2)

Veckerhagen (H2)

Nach vorausgehenden Gründungen in Lippoldsberg und Vaake erhält Veckerhagen 1666 seine Eisenhütte, die mit Unterbrechungen bis 1903 geführt wird. Denis Papin gießt hier 1699 einen Dampfzylinder. Auch der Zylinderkörper für die erste deutsche Eisenbahnlokomotive ist hier gegossen.

Das über der Weser gelegene **Schloß** entstand 1689–90 für Landgraf Karl und gehört seit 1810 der Familie Habich. Die Zuschreibung des z. T. veränderten Baues an Paul du Ry ist nicht gesichert. Die Anlage ist großzügig: ein Querbau von 11 Achsen mit unterschiedlich vorspringenden Risaliten im O und W, der Hof von einer Mauer eingefaßt.

Die **ev. Pfarrkirche** ist 1778 auf kreuzförmigem Grundriß errichtet und wird von einem verschieferten Mittelturm bekrönt. Die seitlichen Kreuzarme sind für Treppengehäuse ausgenutzt, so daß der eigentliche Kirchenraum Längsrichtung hat, mit der Kanzel hinter dem Altar und der Orgel (1787 von Stephan Heeren) auf der Empore gegenüber. Die geschwungene 3seitige Empore und die Decke stützen sich in 2 Geschossen auf toskanische Pfeiler, die zugleich Dachstuhl und Turm tragen. Zwischen sie ist ein mittleres Deckenfeld mit umlaufender Voute gespannt, das im Gegensatz zur Längsrichtung wiederum die Zentraltendenz betont.

● Das wichtigste Baudenkmal ist die **ehem. Eisenhütte** am östl. Ortsrand, im Besitz der Firma G. E. Habichs Söhne und von dieser gepflegt, heute verschiedenartig genutzt. Die weitläufige Anlage umfaßt als zentralen Bau im W die Gießhalle, auf welche die Hauptachse des Geländes von O her zuläuft; südl. dieser Achse das Herren- oder Direktorhaus, wie die Gießhalle in O-W-Richtung, mit einer südl. vorgelagerten Parkanlage, nördl. der Achse das Maschinenhaus in N-S-Richtung, ferner im SW ein älteres

Fachwerkhaus (18. Jh.?) als Kern der Anlage, dazu einige weitere Gebäude. Für die Konstruktion der Bauten ebenso wie für ihre Ausschmückung haben Erzeugnisse der eigenen Hütte – also gußeiserne Bauglieder und künstlerischer Eisenguß – eine erhebliche Rolle gespielt. Die Datierung der einzelnen Gebäude ist bisher nicht ermittelt; den Stilformen nach wird hauptsächlich das mittlere Drittel des 19. Jh. in Betracht kommen.

Einzelgebäude: Das **Direktorhaus** ist ein 2teiliger symmetrischer Bau mit Balkongittern, Ornamenten und Binnentreppen aus Eisenguß. Die Holztüren weisen eine sehr eigenwillige Ornamentik auf, vielleicht mit Erinnerungen an die Tudorgotik. Nach W, zunächst der Gießhalle, ist eine Erweiterung vorgenommen, der eine gußeiserne Laube vorgelegt ist. – Das **Maschinenhaus** gruppiert sich mit 2 7achsigen Gebäudeteilen um einen Mittelbau mit Dachreiter; dessen Ornamente sowie das einfache Fenstermaßwerk in beiden Geschossen des Gebäudes aus Eisenguß. Nach NO ist dem Haus ein niedriger Anbau mit einer Balustrade im nachgot. Stil angegliedert. – Abzüglich der etwas jüngeren symmetrischen Erweiterung bietet sich die Giebelfassade der **Gießhalle** in klassischer Aufteilung in einen 3achsigen Mittelteil und 1achsige Seitenteile dar; Rahmung und Trennung erfolgen durch Pilaster. Am oberen Ende der Pilaster vertreten Eisenpalmetten in eigenwilliger Verbindung neugot. und klassizist. Auffassung den Platz von Kapitellen. – Die Öfen sind nicht erhalten, von den Arbeiterwohnhäusern nur ein Trakt.

DG

RHODEN (F2) → **Diemelstadt** (Waldeck-Frankenberg)
RICHELSDORF (K5) → **Wildeck** (Hersfeld-Rotenburg)

RINGGAU (Werra-Meißner K4)

Netra (K4)

Mitte oder Ende des 16. Jh. wurde der wuchtige nachgot. Bau des 3geschossigen **Wasserschlosses** mit 4 Eck-Erkern errichtet (v. Boyneburg). Die Häufigkeit der spät- und nachgot. Schlösser des Landadels ist typisch für das Ringgau-Gebiet.

Die ev. **Pfarrkirche** (St. Jakob), 1842–43 von Landbaumeister Spangenberg erbaut, birgt im Inneren ihres 5spitzig gekrönten spätgot. Turmchores die Reste eines Beweinungsaltars der Eisenacher Werkstatt (s. u., Lüderbach).

DG

Lüderbach (K4)

Ev. Vikariatskirche. Der kleine, im Kern mittelalterl. Saalbau verdankt sein Entstehen nicht weniger als 6 Bau- und Ausstattungsperioden. Das Äußere bestimmt der Umbau durch Landbaumeister Matthei, 1838, der S- und W-Wand neu schuf und den Bau durch ein großes Mansarddach mit eigentümlichem Überstand über den Polygonseiten des spätgot. Chores zusammenfaßte. Das Innere wurde 1949 neu eingerichtet, wird aber von der zuvor unbemalten Holztonne aus d. J. 1785 beherrscht. Seinen spätgot. ● *Hochaltar* – eines der seltenen in Hessen erhaltenen Werke – schuf gegen 1500 die »Eisenacher Werkstatt der Beweinungsaltäre«. Das Mittelrelief, das zu den besten Leistungen der Werkstatt gehört, wird von 4 Heiligenfiguren flankiert; auf den Innenflügeln stehen in 2 Geschossen die 12 Apostel.

Das **ehem. Schloß** der Herren v. Capellan, ein schlichter Renaissance-Bau von 1560 (nicht 1660), liegt malerisch am Rande des kleinen Schloßgartens. Inneres 1975 durch Brand beschädigt.

Vor dem Dorf auf dem Capellans-Berg ließ der letzte Namensträger des 1779 ausgestorbenen Geschlechtes für sich und seine 1776 verstorbene Gemahlin eine **Grab-Pyramide** errichten.

DG

ROCKENBERG (Wetteraukreis DE8)

Auf dem höchsten Punkt des Ortes liegt die **kath. Pfarrkirche St. Gallus**, deren weißgetünchter got. Turm die Ansicht über dem Wettertal beherrscht. Schon über dem kreuzgratgewölbten Untergeschoß geht er ins schlanke Achteck über, bekrönt von einem Spitzhelm mit 4 Ecktürmchen. Den Kirchenneubau aus saalartigem Schiff und schräg eingezogenem, 3seitig schließendem Chor errichtete Joh. Adam Paul aus Mainz 1752–54; 1967 erweiterte man das Schiff zur Basilika mit angenehmer Raumwirkung. Eine farbig zurückhaltende Stuckrahmendecke überfängt die alten Raumteile. – Die Ausstattung stammt meist aus der Erbauungszeit: ein den Chorschluß füllender, locker ausgebreiteter Säulen-Hochaltar mit Figuren, ohne Gemälde; 2 Nebenaltäre; die von aufschwingenden Seitenteilen gerahmte Orgel. Kanzel und Beichtstühle wurden 1967 entfernt; die Vierpaß-Taufe steht im Turmraum.

Südl. unterhalb der Kirche liegt die **Burg**, urspr. ritterschaftlich, seit 1581 bei Mainz. Den Kern bildet ein stattlicher **Wohnturm** von 4 Geschossen mit Walmdach; das Rundbogenportal auf der

S-Seite (im 1. Obergeschoß) und die Kreuzstockfenster gehören ins 16. Jh., doch zeigt ein got. Doppelfenster auf der O-Seite die urspr. Bauzeit mit etwa 1300 an. – Den Wohnturm umgab eine regelmäßige **Ringmauer** mit 4 runden Ecktürmen; von ihnen sind noch 3 erhalten – im NW, NO und SO –, sowie 2 Mauerseiten im W und N; alles wohl aus dem 15. Jh. Eine zweite Mauer umschloß einen Zwinger; sie ist v. a. auf der N-Seite noch gut erhalten. Im O nimmt ihren Platz das in den Hof hineinragende **ehem. Rentamt** ein, 2geschossig mit Mansarddach und Bändergliederung unter den Fenstern, ein Gebäude der Régence-Zeit (um 1720/30).

Ebenfalls 2geschossig mit Mansarddach ist das **Rathaus**, mit großer Torfahrt. Die Haustür ist 1806 datiert.

Nördl. der Kirche liegt am W-Rand des Ortes das **ehem. Zisterzienserinnenkloster Marienschloß** (seit 1804 Zuchthaus, jetzt Jugendgefängnis). Die **Kirche** von 1733–41 mit wertvoller Rokoko-Ausstattung und dem Stifter-Doppelgrabmal des Joh. v. Bellersheim († 1343) kann nur nach vorheriger Anmeldung besichtigt werden.

DG

RODENSTEIN, Burg → **Fränkisch-Crumbach** (Odenwaldkreis E12)

RÖLLSHAUSEN (G5/6) → **Schrecksbach** (Schwalm-Eder)

ROMMERSHAUSEN (F5) → **Schwalmstadt** (Schwalm-Eder)

ROMROD (Vogelsbergkreis F6)

Seit 1197 ist das Geschlecht der v. Romrod belegt, dessen eine Zweiglinie die bedeutende Burg Herzberg gründete. 1385 kauften die hessischen Landgrafen Burg und Ort Romrod. Die Siedlung empfing besondere Freiheiten und Marktrecht (1408); 1553 ist das erste Stadtsiegel bezeugt. Bis 1829 war R. Amtssitz. Das 1937 entzogene Stadtrecht erhielt es 1958 zurück.

Das reizvolle Ortsbild, die stattliche Kirche, der Schloßbau sind Zeugen der einstigen Bedeutung Romrods.

Schloß. Durch die hohe Ringmauer führt von der Hauptstraße im N ein Spitzbogenportal in den Hof, in dessen südöstl. Ecke der schwere rechteckige Turmbau (»Kanzleibau«) aus dem Mittelalter aufwächst. Nur im N und W ist die Ringmauer noch mit Wohngebäuden besetzt; beide stammen in der heutigen Gestalt aus der Zeit Ludwigs IV. von Hessen-Marburg und wurden 1578 (Inschrift am Portal des N-Gebäudes) bis 1587 errichtet. Zumindest das auf unregelmäßigem Grundriß errichtete N-Gebäude (der »Herrenbau«) geht aber auf einen got. Kern zurück. Wie der hohe, 4geschossige westl. »Küchenbau« ist es mit einem seitlichen Treppenturm versehen. Fensteröffnungen und Balkenreste zeigen, daß auch die S- und O-Seite des Hofes einst mit Wohngebäuden besetzt waren. Sie sind ebenso abgebrochen wie der älteste nachweisbare Bauteil, von dem sich nur die nach NO gerichtete Außenwand erhalten hat, deren Ecken mit Buckelquadern verstärkt sind. Das gekuppelte Spitzbogenfenster mit noch roman. Würfelkapitell verweist auf Entstehung in der 1. Hälfte des 13. Jh. Ein wiederverwendeter Inschrift-Sturz von 1488 mag von einem der abgebrochenen Gebäude stammen. – Die S-Front des Schlosses und besonders die Dachzonen sind im 19. Jh. erneuert, doch sprechen die romantischen Ergänzungen im Fernbild des Ortes wesentlich mit. Das Innere im 18. und 19. Jh. verändert; über dem Großen Saal des Herrenbaues Räume mit gotisierendem und barockisierendem Holzwerk (1879 und ab 1918).

Die ev. **Pfarrkirche** wurde 1677–90 in 2 Bauphasen errichtet, die Turmbekrönung 1694 vollendet. Stil und Material geben gerade dem Äußeren durchaus ungewöhnlichen Charakter. Der stattliche und hohe Baukörper besteht aus dunklem Basaltbruchstein, den Quaderglieder aus grauem und rotem Sandstein rahmen. In der Form ein Saalbau mit Frontturm und Chorpolygon, wird er nach N durch die Sakristei querhausartig erweitert. Gotisierende Maßwerkfenster und Barockportale stehen eigenwillig nebeneinander. – Einfacher ist das I n n e r e: Die Chorpfeiler tragen keinen Bogen; Gurtbänder und Wappen sind auf die durchgehende Holztonne stuckiert. – Die A u s s t a t t u n g – Kanzel, Taufstein, 3seitige doppelte Emporen – stammt meist aus der Erbauungszeit; die Orgel von 1685, deren Prospekt noch Beschlagwerkornament trägt, schuf (nach Wißmüller) vielleicht Wagner aus Lich. Aus der 2. Hälfte des 16. Jh. ein ehem. Altargemälde: Kreuzigung mit Volk. Großer barocker Kruzifixus.

DG

RONNEBURG (Main-Kinzig F9)

Altwiedermus (F9)

● Ronneburg

Wahrscheinlich Gründung der Herren v. Büdingen, dann im Besitz der Herren v. Hohenlohe-Brauneck; 1313 an Mainz verkauft; 1426 an Hanau verpfändet, dessen Pfandrechte 1476 von Ludwig II. v. Isenburg-Büdingen abgelöst wurden. 1523–1601 hatte eine Nebenlinie der Isenburger, die sich nach der Burg nannte, hier ihre Residenz. Die wehrtechnisch stark ausgebaute und noch heute teilweise gut erhaltene Burg wurde zur Wohnburg und repräsentiert so das Beispiel eines fürstlichen Wohnsitzes der Renaissancezeit auf einer Höhenburg, abseits von einer Residenzstadt. 1736 fand hier Graf Nikolaus Ludw. v. Zinzendorf eine

Zuflucht; später wohnten hier Mitglieder der von ihm betreuten Herrnhuter Brüdergemeine, die nahe bei der Burg in Herrenhag und Marienborn eine Siedlung gegründet hatten.

Die Burg liegt weithin sichtbar auf einem Basalthügel vor den Vogelsberghöhen, 8 km südwestl. von Büdingen. – Über einen Halsgraben gelangt man durch die spitzbogige äußere Pforte mit dem Isenburger Wappen, dat. 1538, in eine ausgedehnte **Vorburg** mit dem großen Marstall von 1555 (jetzt Wirtschaftssaal), dem Viehhaus und der Scheune von 1549 und anderen, nur teilweise erhaltenen Wirtschaftsgebäuden. – Die höher liegende eigentliche **Kernburg** betritt man über ein Vorwerk (1527). Neben der Tordurchfahrt liegt noch der alte *Brunnen* mit tiefem Schacht. Eine Torhalle (1541) verbindet den äußeren Hof mit dem kleinen Innenhof. Der intime Schloßhof bietet ein malerisches Bild. Der **Bergfried**, der wohl mit dem Unterbau der älteste erhaltene Teil der Burg ist, steht mit seiner prächtigen, von 4 Renaissance-Erkern geschmückten Steinhaube (um 1575) im östl. Winkel neben dem Torbau. Ein schöner Saal über der Durchfahrt mit Steinwerken (*Zinzendorfsaal*) wurde 1570/71 von Graf Heinrich errichtet, der auch den gesamten **N-Flügel** mit den beiden großen Erkern bauen ließ. Erker, Kamine und Türrahmen – darunter Arbeiten von Konr. Büttner aus Büdingen (→ Hanau und Offenbach) – zeugen vom gediegenen Geschmack des Erbauers, der mit dem Ausbau des Büdinger Schlosses zur Renaissance-Residenz wetteifern wollte. – Den westl. Flügel der Kernburg bildet das hohe steilgiebelige Steinhaus, der **»Palas«**. Er birgt im Inneren des Erdgeschosses einen mit spätgot. Sterngewölbe überspannten *Rittersaal* (um 1470), ähnlich dem in der Burg von Büdingen, und im Obergeschoß eine erkerartig ausgebaute kreuzgewölbte *Kapelle* aus der 2. Hälfte des 14. Jh. Ein Erkeranbau nach dem Hof ist 1546 datiert.

Die zugänglichen Räume der Kernburg sind zu einem **Heimatmuseum** eingerichtet, das die Geschichte der Burg dokumentiert.

GB

RONSHAUSEN (Hersfeld-Rotenburg I5)

● **Ev. Pfarrkirche.** Roman. Chorturm mit Apsis (1. Hälfte 13. Jh.); daran schließt sich das Schiff, im Kern gotisch, aber 1715 eingreifend umgebaut. Die 2geschossigen Emporen laufen, dem

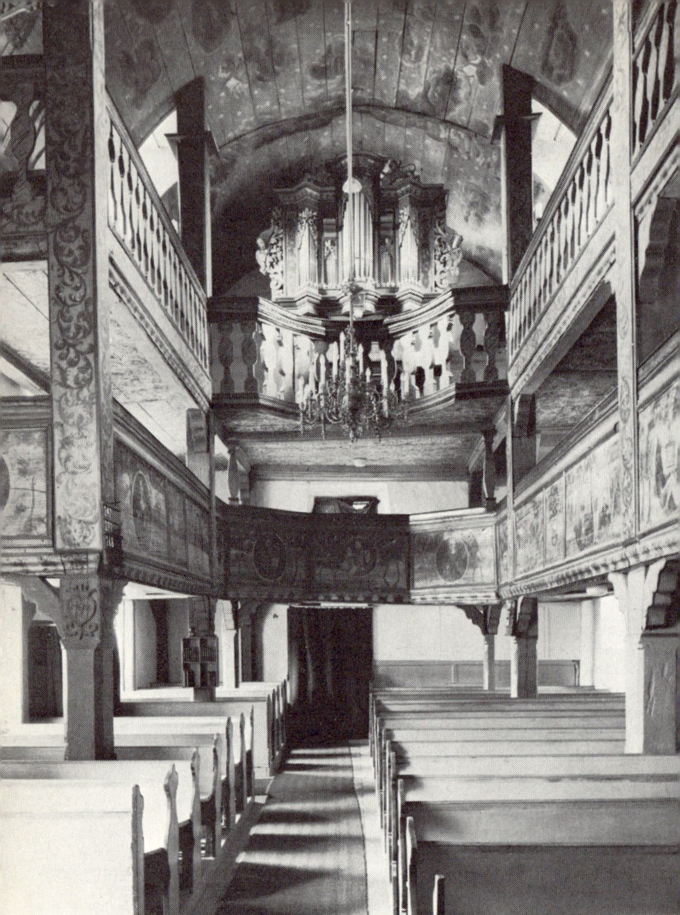

Ronshausen. Ev. Pfarrkirche. Inneres nach Westen

Typus Schmalkalden/Marksuhl folgend, 3seitig um den Kirchenraum; die Holztonne überwölbt das Schiff im ganzen. Laufgang über dem Triumphbogen. Alle Holzausstattung stammt aus der

Erbauungszeit; älter ist nur die Kanzel (1658, Schalldeckel 1675). Die vollständige *Ausmalung* wurde 1953 restauriert: über einer Baumlandschaft steigt am Gewölbe ein Wolken- und Sternenhimmel auf; an den Emporen Halbfiguren in Medaillons sowie szenische Darstellungen aus beiden Testamenten – 1719 von Johannes Kauffult aus Kleinalmerode. Orgel 1716 von Joh. Eberhard Dauphin aus Mühlhausen. (Großartiger ist sein 1715 für den Nachbarort [Bebra-]Iba geschaffenes Werk.)

DG

ROSSBERG (E6) → **Ebsdorfergrund** (Marburg-Biedenkopf)

ROTENBURG a. d. Fulda (Hersfeld-Rotenburg H5)

Als die Thüringer Landgrafen im 12. Jh. ihre Macht entlang der Fulda südwärts gegen die Reichsabtei Hersfeld vorschoben, gründeten sie wohl um 1150 die Burg Rotenberc auf dem »Hausberg« und etwa ein Halbjahrhundert später die Stadt am Ausgang einer Talenge und in Beherrschung des Fulda-Überganges. Das hersfeldische Markt-Dorf Breitingen, von dem ein Sachsenfeldzug Heinrichs IV. ausgegangen war, wurde wirtschaftlich unterhöhlt und ging aus. 1248 wird die Stadt ausdrücklich genannt. Die Altstadt ist regelmäßig gitterförmig angelegt. 1290 erhielt sie ihre steinerne Befestigung, die noch großenteils aufrecht steht; der Hexen- und der Bürgerturm haben sich erhalten. Eine Fulda-Insel verwuchs hernach mit der seit 1340 belegten Neustadt, die höchstens oberflächlich befestigt wurde und auch keine klare Grundrißgestalt besitzt. Rotenburg war, von kurzfristiger Besetzung im 14. Jh. abgesehen, unbestritten hessisch. 1627 wurde es Sitz der »Rotenburger Quart«, einer hessischen Nebenlinie mit beschränkten Rechten unter Kasseler Oberhoheit, ausgestorben 1834. Die im Mittelalter blühende Woll- und Leinweberei kam in der Neuzeit zum Erliegen. Bedeutung haben die Rotenburger Metallwerke. Die Stadt ist Luftkurort. – Brandstiftungen verursachten die beiden großen Stadtbrände: 1478 – aus Privatrache – und 1637 (durch die Kroaten).

Burg Rotenberc auf dem Hausberg (»Alter Turm«). Von der einst umfangreichen, oval ummauerten Anlage sind geringe Reste erhalten: Grundmauern von Bergfried, Torturm und Umwehrung. Ein höher erhaltenes Mauerstück zeigt staufisches Buckelquaderwerk. Das Fundament eines zweiten Bergfrieds wurde ergraben.

Schloß

1470 verbrannte die landgräfliche Stadtburg, die wohl schon um 1200 entstanden war. 1570/71 begann Landgraf Wilhelm IV. (d. Weise) – wahrscheinlich nach eigenem Entwurf – den Neubau des heutigen Schlosses, das Landgraf Moritz 1607 vollendete.

Umbau des westl. Hauptflügels um 1764. Ein jahrzehntelanger Streit um das Schicksal der prot. Schloßkapelle – die Rotenburger Seitenlinie war 1652 zum Katholizismus übergetreten – führte zum absichtlich heraufbeschworenen Verfall und zum Abbruch von N- und O-Flügel 1789/90. Nur der Fulda- oder N-Flügel wurde 1790 wiedererrichtet, vielleicht durch den französischen Architekten Mangin, der die Bauaufnahme der alten Schloßkapelle vor dem Abbruch fertigte. – Seit 1952 beherbergt das Schloß die Landesfinanzschule von Hessen.

Das Renaissance-Schloß war ein stattlicher Vierflügelbau mit 4 Treppentürmen in den inneren Winkeln (in den westl. Hofecken die Erbauerwappen von 1571 und 1607); aus der im allgemeinen 2geschossigen Anlage hob sich der 3geschossige Kapellenbau am O-Ende des N-Flügels heraus. Der O-Flügel, dem hofwärts eine Loggia vorgelegt war, barg im Inneren den 55 m langen Rittersaal, einen der prächtigsten Räume der deutschen Renaissance, dessen Dekoration Wilhelm Vernukken 1577–80 ausgeführt hatte. Er stattete auch zusammen mit seinen Söhnen 1581–90 die höchst bedeutende Kapelle aus. – Man muß sich das alte Schloß nach Art der Wilhelmsburg in Schmalkalden vorstellen, in der sich Landgraf Wilhelm an das Rotenburger Vorbild anlehnte, ja das er mit der dortigen Schloßkapelle – dem von ihm geschaffenen Prototyp des prot. Kirchenbaus – noch zu übertreffen suchte. – In Rotenburg hat sich aus dieser Zeit allein der *S-Flügel* mit dem östl. Treppenturm erhalten; die Obergeschoßfenster wurden um 1764 umgestaltet. Je 3 Renaissance-Zwerchhäuser mit feinen Giebeln bekrönen die Langseiten. An der Hofseite ist ein Portal von 1572 eingesetzt, das von einem 1943 zerstörten Kasseler Adelshaus stammt. – In einem Teil des Erdgeschosses wurde gegen 1739 (Datum der Kanzel) die kath. *Schloßkapelle* eingerichtet: 2 zu 4 Joche, mit Gratgewölben auf Rundpfeilern. (Nebenaltar 1778; die zierliche Régence-Orgel – um 1739 – jetzt in [Bebra-]Blankenheim, s. d.; Immakulata-Figur 18. Jh.) – Der *W-Flügel* mit Erd-, Haupt- und Mezzaningeschoß erhielt seine barocke Gestalt wohl um 1764 durch Christoph Philipp Diede (nach anderer Auffassung zwischen 1750 und 1756 von Joh. Christoph Heymann). Durch das schmale Mittelrisalit führt eine Torfahrt mit Balkon und Segmentgiebel darüber; Dreiecksgiebel krönen die Eckrisalite. – Im *klassizist. Flügel* die *Bibliothek* mit Kassettentonne und umlaufender Galerie auf reicher

Stuckvoute, diese von Joh. Michael Hois aus Fulda. Die O-Seite ist seit 1790 zum Schloßgarten geöffnet.

Ein Vorhof umhegt das Schloß im W und S. An seiner W-Seite wurde 1603 der schlichte 2geschossige **Marstall** errichtet, mit Torfahrt und Zwerchhäusern; von den kurzen Seitenflügeln wurde der südl. bald nach 1619 in Fachwerk erneuert. – In einem Nebengebäude, dem ehem. Geburtenhaus des Schlosses, das **Heimatmuseum** (Cornberger Fährtenplatten, Volkskunst, gemalte Landkarten des 17. Jh., Bergbau u. a.), Balustertreppe des 18. Jh. aus dem ehem. Waisenhaus.

Jakobikirche, ev. Pfarrkirche der Altstadt

Von der ältesten Pfarrkirche, die wohl schon 1244 vorhanden war, fand man bei Grabungen den geraden Chorschluß. Den Neubau veranlaßte wahrscheinlich der Stadtbrand 1478. Der Marienaltar im Schiff wurde 1495 geweiht. Nachträglich errichtete man den Turm im nördl. Winkel zwischen Langhaus und Chor, 1548 vollendet. An die Stelle des 1788 abgebrochenen Aufsatzes trat 1819 eine klassizist. Steinkuppel von Kühnert.

St. Jakob ist eine 2schiffige Hallenkirche von 3 Jochen im reduzierten System (vgl. Kassel, Brüderkirche) mit nördl. Seitenschiff. Der 2jochige Chor mit 5/8-Schluß ist kreuzgewölbt; das Langhaus war schon 1592 flach gedeckt und vielleicht nie gewölbt, obwohl Rippenanfänger vorhanden sind sowie Fundamente der fehlenden Zwischenstützen. Gutes Fenstermaßwerk mit Fischblasenformen.

Ausstattung. Den Alabaster-Altar, einen Tisch auf 6 korinthischen Säulen, hat W. Vernukken um 1581 für die Schloßkapelle (s. d.) geschaffen. Die Kanzel mit dem reichgeschnitzten Schalldeckel wurde 1663 gestiftet. – Die große Orgel im Chor erbaute 1682 Jost Friedrich Schäffer aus Eschwege. Am Aufbau des 3türmigen Prospektes hat das Ornament (Knorpelwerk und Knorpelbandwerk) ungewöhnlich hohen Anteil. Die Baßflügel von etwa 1725 (von J. E. Dauphin?) fielen 1962 einer Purifizierung zum Opfer, die auch von dem Klangkörper der Orgel wenig übrigließ; die Ohren mit der eigentümlichen Füllhornornamentik wurden nach Reichenbach überführt. – Emporen von 1592 auf reichgeschnitztem Gebälk umziehen das Schiff auf der N- und W-Seite. Oberempore von 1731.

Hospitalkapelle St. Georg. Der Bau gehört dem 13. und 14. Jh. an; das got. W-Portal und der rippengewölbte 5/8-Chor sind noch gut erhalten.

Elisabethkirche, ev. Pfarrkirche der Neustadt, vorm. Kollegiatstiftskirche St. Elisabeth und Maria

Das 1352 an St. Georg gegr., 1353 nach St. Jakob verlegte Stift mußte wegen Streitigkeiten mit der Bürgerschaft 1357 in die Neu-

stadt auswandern. Die Kirche wurde 1370 mit dem O-Bau begonnen (Inschrift am S-Turm), 1379 der Chor unter Notdach geweiht. Mit Erreichung des 2. Langhausjoches wurde der Bau für 100 Jahre eingestellt, erst 1484 weitergeführt (Inschrift am S-Portal) und 1501 vollendet. Den Bau betrafen schwere Zerstörungen im 18. und 19. Jh.: 1771 wurde der Chor abgebrochen; 1822–27 verschwanden die beiden westl. Langhausjoche, an deren Stelle eine Kanzelapsis trat; endlich mußten die Säulen und Gewölbe einer Holzkonstruktion weichen. Die Instandsetzung 1892 brachte die Rückorientierung, einen neuen kürzeren Chor, steinerne Gewölbe und Säulen sowie eine pseudogot. Ausstattung; sie wurde mit Ausnahme des Orgelprospektes 1954 entfernt; Orgelwerk 1966 zerstört.

Der Gründungsbau war eine stattliche 3schiffige, 5jochige Hallenkirche mit 2jochigem, 5seitig geschlossenem Chor sowie mit Chorwinkeltürmen, von denen der nördl. nie, der südl. erst 1859–61 seinen Aufsatz erhielt. Die Gruft des Landgrafen Hermann († 1658) und seiner Gemahlin († 1683) wurde 1651 erbaut und enthält im Inneren allegorische Malereien. Vom Chor her öffnet sich zu ihr eine Tür mit reicher Rahmung.

Rathaus. 1597–98 ließen die Bürger durch Peter Fleischhut und zahlreiche weitere Steinmetzen den stattlichen Neubau errichten, dessen gesamtes Holzwerk 1637 dem Kroatensturm zum Opfer fiel. Erst 1656 wurden Innenausbau und Fachwerkgiebel neu errichtet. Das Äußere wirkt maßvoll und edel: In die zurückhaltende 3geschossige Marktfront fügt sich das stattliche Renaissance-Portal, dem eine doppelläufige Rokoko-Freitreppe vorgelegt ist. Der Fachwerkgiebel hat mit den reichen Brüstungskreuzen rheinisches Gepräge. Im Inneren ist trotz veränderter Aufteilung die urspr. Treppenanlage mit Beschlagwerk-Pfosten weitgehend erhalten.

S t a d t b i l d. Die Rotenburger Altstadt und der Kern der Neustadt haben das Erscheinungsbild der vor-industriezeitlichen Stadt in noch immer eindrucksvoller Form bewahrt. Dagegen leidet die Stadtsilhouette unter maßstablosen Neubauten an exponierten Standorten: am Katzenkopf das **Herz- und Kreislaufzentrum** (1972 ff.), im O die **Schule der Betriebskrankenkassen** (wegen ihres gelben Anstrichs im Volksmund »chinesische Botschaft« genannt), im S die **Schule der Landesverwaltung** (1972–73).

In die Fülle ausgezeichneter Fachwerkbauten gliedern sich die alten **Steinhäuser** ein, deren Obergeschoß grundsätzlich in Fachwerk errichtet ist, als ältestes die einstige Kanonie, später Stiftsschule, das **»Steinerne Haus«**. Um 1700 ließ der Ratsherr Aitinger dem Erdgeschoß (mit Keller um 1200, vielleicht Rest eines befestigten Flußüberganges) das Barockportal einfügen, den 2 Obergeschossen aus dem 14. Jh. Fachwerkgeschoß und Giebel aufsetzen. An der Ecke zur Fulda hin kauert eine got. Mönchsfigur, vom Volksmund als »Türke« bezeichnet (die gegenüberliegende Flußfront der Altstadt ist die »Türkei«). – Die **»Alte Landvogtei«**, 1555, krönt den 2geschossigen steinernen Unterbau mit einem hoch übergiebelten Fachwerkgeschoß; die norddeutsche Ornamentik mit Halbsonnen steht in Rotenburg vereinzelt. – Das 1595 bez. Untergeschoß der **Alheimer Klause** wurde 1785 umgebaut; um 1650 entstand das Obergeschoß in reichem rheinischem Fachwerk. – Alle diese Steinhäuser liegen am Steinweg in der Neustadt.

Fachwerkhäuser. Von den beiden ältesten Fachwerkhäusern, **Breitenstr. 39** und **43**, die wohl gleich nach dem Stadtbrand 1478 entstanden waren, steht seit 1963 nur noch das größere Haus Nr. 39. – Die Bauten des 16. und v. a. des 17. und 18. Jh. gehören dem hessischen Typ an; die Pfosten sind vielfach geschnitzt (Quaderung oder Säulenform), die Gesimse bevorzugen Eierstabornamentik. Das 1531 erbaute **Domänen-Rentamt** hat schlichtes, norddeutsch wirkendes Fachwerk; Portal und Tür wurden in der Régence umgestaltet. **Schloßtor 3** mit reicher Flachschnitzerei stammt offenbar vom gleichen Meister wie das Gutshaus Ellingerode. Die **Apotheke** neben dem Chor der Altstadtkirche ist das charaktervollste Fachwerkhaus des Rokoko in Rotenburg. – Überraschend die Fülle erhaltener **Gartenhäuschen** vom Zopf bis zum Biedermeier.

Die **Jacob-Grimm-Schule** an der Straße nach Braach, 1907/08 erbaut, ist ein stattliches neubarockes Gebäude mit guter Gliederung.

Ellingerode. Das **Gutshaus**, ein 3geschossiger Fachwerkbau mit 2 Zwerchhäusern an der Vorderfront, ist der prächtigste Fachwerkbau der Gegend und entstand wohl kurz vor der 1686 bez. Scheune; im reichen Schnitzwerk wiegen Eierstabmotive und Knorpelschwünge vor. Bauherr war Joh. Caspar Aitinger († 1729).

Braach (H4/5)

Ev. Pfarrkirche. Die ehem. Archipresbyteratskirche mußte ihre Würde um 1500 nach Rotenburg abgeben. Der kleine Saalbau mit W-Turm und quadratischem Chor ist im Kern romanisch (Bauinschrift 1134 am S-Portal), doch dreimal gotisch verändert. Turmobergeschoß und Helm 1820. – Der reichverzierte spätgot. Taufstein ist 1517 bezeichnet. Die Emporen entstanden 1594, 1704 und 1787; die Ornamentik – gedrehte Schnüre, Eierstab – gleicht der Rotenburger Fachwerkornamentik. Die Orgel erbaute Joh. Wilhelm Schmerbach d. Ä. 1787, noch ein reines Barockwerk.

DG

ROTHENDITMOLD (G2/3) → **Kassel**
ROTHENKIRCHEN (H6) → **Burghaun** (Fulda)

RÜDESHEIM am Rhein (Rheingau-Taunus A11)

Der berühmte Weinort ist seit römischer Zeit ununterbrochen besiedelt. Erst Königsgut (karoling. Königshof), dann im Besitz von Mainz. Der Ort liegt am Ausgangspunkt des »Kaufmannsweges« durch den Kammerforst nach Lorch, der die schwierige Rheinenge des »Binger Loches« im Rücken des Felsenriegels umging. Zum Schutz des Kaufmannsweges und eines Rheinüberganges wurden durch die Mainzer Ministerialen »von Rüdesheim« Burgen angelegt. 1806–66 gehörte R. zum Herzogtum Nassau, dann zu Preußen. Der Kern der Altstadt um den Marktplatz mit einer Reihe hübscher Bürgerhäuser des 17. und 18. Jh. wurde im 2. Weltkrieg zerstört. Vom Rheinufer geht die bekannte »Drosselgasse« mit ihren Weinstuben ab.

Die **Niederburg (Brömserburg**, westl. des Ortes) wurde im 12. Jh. in mehreren Abschnitten für die Ministerialenfamilie errichtet. Sie ist eine Wasserburg aus rechteckigem Grundriß mit einem freistehenden quadratischen Bergfried, der auf allen Seiten von Mauern oder 3geschossigen Wohnflügeln eingeschlossen ist, so daß ein schmaler, schachtartiger Hof entsteht. Ein zweiter Turm steckt in der NW-Ecke. Die SO-Ecke wurde 1640 gesprengt. Nach langem Verfall fanden ab 1812 durch Georg Moller Erneuerungsarbeiten statt; ab 1945 eine Restaurierung. Heute enthält die Burg das **Rheingau- und Weinmuseum** mit einer Sammlung von Trinkgefäßen.

Von der benachbarten **Oberburg (Boosenburg)** steht nur noch der roman., annähernd quadratische Bergfried (um 1200), der sich nach oben in 3 Absätzen verjüngt. Auf den 3 Angriffsseiten war er zur Verstärkung urspr. mit 3 Geschossen tonnengewölbter Gänge ummantelt. Das neugot. Wohnhaus erbaute 1836 Philipp Hoffmann.

Auch von der **Vorderburg** in der Nähe des Marktes blieb nur noch der roman. Bergfried erhalten.

Pfarrkirche St. Jakob. Im Untergeschoß des Turmes an der N-Seite finden sich die ältesten Teile des Baues: eine frühroman. Kapelle, deren O-Wand eine Dreibogenstellung mit rechteckigen Nischen dahinter auszeichnet (11. Jh.). Die Kirche selbst wurde um 1400 als langgestreckter, flachgedeckter Saal errichtet, den man um 1489 einwölbte und mit einem nördl. Seitenschiff versah, so daß sich die Raumform einer unsymmetrischen 2schiffigen Halle ergab. Erweiterung nach O und S 1912–14. Nach der Zerstörung im 2. Weltkrieg wurden Langhaus und Chor modern wiederaufgebaut. Das ehem. Tympanon des W-Portals mit der hl. Veronika und dem Schweißtuch Christi, darunter eine Anbetung der Könige, gehört dem Weichen Stil an (gegen 1400).

Von der Ausstattung hat nur weniges den Brand überstanden. Der reizende *Marienaltar* aus Sandstein, eine Stiftung des Hans Richard Brömser v. Rüdesheim und seiner Gattin Anna Margareta v. Kronberg, zeigt ein gemäldeartig behandeltes Relief mit der Rückkehr der Hl. Familie aus Ägypten (um 1600). – Das Spätrenaissance-Grabmal für Heinrich Engelhard Brömser († 1567) wurde 1597, vielleicht von Gerhard Wolff aus Mainz, vollendet. In einer reichen ornamentalen Umrahmung ist die Liegefigur des Verstorbenen dargestellt. Das Epitaph, auf dem der Ritter Heinrich Brömser v. Rüdesheim († 1543) und seine Frau Apollonia v. Ingelheim († 1519) vor dem Kruzifix knien, ist ein frühes, Dietrich Schro zugeschriebenes Renaissancewerk, leider nur unvollständig erhalten.

Die **ev. Pfarrkirche** errichtete Ludwig Hofmann 1855 als Zentralbau über einem griechischen Kreuz nach italienischen Vorbildern.

Außer den 3 Burgen besaßen die Brömser v. Rüdesheim noch einen Hof in der Obergasse (Nr. 6–10), den **Brömserhof**. Es handelt sich um einen reizvollen Komplex verschiedener Bauten der Spätgotik und Renaissance. An der N-Seite eines langen Hofes liegt der Hauptbau, dessen Fassade 1650 entstand. Die dahinterliegenden Räume reichen z. T. noch in die Spätgotik zurück, wie die Kapelle und der sternrippengewölbte Ahnensaal. Beide sind mit Wandmalereien ausgestattet, darunter eine Kreuzigung (Kapelle), die Jonas-Legende (Ahnensaal) und Ahnenwappen sowie ornamentale Malereien, alle von 1558–59. Westl. schließt sich ein malerischer 3geschossiger Fachwerkturm mit Spitzhelm und 4 Wichhäuschen an, um 1500 erbaut. W- und S-Flügel entstanden 1652. Das Mangsche Haus an der O-Seite des Hofes wurde 1609 errichtet.

Der **Klunkhardshof** (Klunkhardshof 1) ist ein stattliches Patrizierhaus des beginnenden 16. Jh. Das 2geschossige Fachwerkgebäude auf hohem steinernen Sockel ist der Krümmung der Wehrmauer (Rückfassade) angepaßt. Der mittlere der 3 Zwerchgiebel überbrückt den Knick in der Front.

Von der **Stadtbefestigung** ist noch der runde **Adlerturm** in der SO-Ecke der Altstadt am Rhein-Ufer erhalten, Musterbeispiel eines Stadtturms der rheinischen Spätgotik mit außergewöhnlich reichen, zierlichen Architekturformen. Auf dem breiten, 1geschossigen Unterbau sitzt ein 3geschossiger, schlanker Turmkörper samt einer Wehrplatte auf.

UG/EH

Eibingen

Benediktinerinnenklosterkirche St. Hildegardis. 1904 entstand die Kirche in eindrucksvoller Lage. Der Außenbau ist an der rheinischen Romanik orientiert. Anerkennung verdient besonders das Innere, das von dem Beuroner Pater Paul Krebs im Sinne des Beuroner Kunststiles, d. h. in Anlehnung an frühchristliche und byzantinische Kunst, ausgemalt wurde und zu den wenigen erhaltenen Beispielen dieser Stilrichtung zählt.

Kloster Nothgottes. Die erhaltene **Wallfahrtskirche** wurde 1390 geweiht und im frühen 17. und 18. Jh. durch Kapellenanbauten erweitert. Der Kernbau ist eine annähernd quadratische 3schiffige Hallenkirche mit 3 Jochen. Das Tympanonrelief des W-Portals zeigt Christus am Ölberg, um 1410. – Die **Klostergebäude** wurden 1621–27 erbaut und 1715–16 erweitert. Interessant ist das **Bienenhaus** am Rande des Klostergartens mit plastischen Abts- und Mönchsstatuen als Bienenstöcken.

UG

● Burgruine Ehrenfels

In herrlicher Lage am Hang des Niederwaldes, ein Wahrzeichen der Berglandschaft des »Binger Loches«, deckte die mainzische Zollburg zusammen mit dem Mäuseturm einst den N-Eingang des Rheingaues und stellte eine Zollsperre für die Schiffahrt dar. Die regelmäßige Befestigung wurde um 1211 errichtet, 1356 als

zeitweiliger Sitz der Erzbischöfe von Mainz ausgebaut und 1689 zerstört.
Die Angriffsseite dieser typischen Hangburg, also die Hangseite, schützt eine kolossale Schildmauer mit doppeltem Wehrgang zwischen 2 Ecktürmen. Vor der 4,6 m starken und 20 m hohen Mauer läuft ein Halsgraben. Hinter der Mauer folgt ein fast quadratischer Hof, den eine zinnenbekrönte Mauer mit Wehrgang umgibt. Gegen den Rhein hin stand der Palas (Wohnbau). Die unzugänglichen Felsterrassen der Rheinseite bedurften keiner stärkeren Wehranlage. Der östl. Eckturm ist rund mit einem 8eckigen Aufsatz, der westl. ist im unteren Drittel rund, darüber 8eckig und gleichfalls mit einem 8eckigen Aufsatz versehen; die leicht vorkragenden Aufsätze gehören dem 14. Jh. an.
Unterhalb der Burg standen am Ufer befestigte Zollhäuser. Sie sind bis auf geringe Reste verschwunden. Das südl. Rheinufer deckte die mainzische **Burg »Klopp«** bei Bingen. Zu diesem Befestigungssystem gehörte auch der **»Mäuseturm«** auf einer Rheinklippe. Er diente wohl als Signalturm, da wegen der Talbiegung die Burg Ehrenfels keinen freien Blick flußabwärts besaß. Alle Einzelformen des Turmes wie die Spitzbogenfenster, Zinnen und der Turmabschluß stammen von einer Wiederherstellung 1855.

UG/EH

Niederwald

Das **Nationaldenkmal**, als Denkmal des Staates zur Erinnerung an die Gründung des Kaiserreiches gedacht, ist eindrucksvoll auf dem Höhenrücken des Niederwaldes am Beginn des Stromdurchbruches durch das Rheinische Schiefergebirge gelegen. Auf dem Sockel des Architekten Karl Weißbach erhebt sich die 10,5 m hohe Kolossalstatue der Germania, die Personifikation des Deutschen Reiches, 1883 von dem Dresdener Johann Schilling geschaffen. Die Reliefs am Sockel beziehen sich auf den Krieg 1870–71, gehen aber darüber hinaus, indem sie generell eine heroische Haltung der Bürger hervorrufen wollen. Im Zentrum stehen demgemäß nicht nur die Germania und der Reichsadler, sondern auch der Kaiser selbst, umgeben von führenden Persönlichkeiten des Reiches. Die in den Krieg Ausziehenden (ein Sohn, ein Ehemann und ein Familienvater) gehören eher einfachen Bevölkerungsschichten an, die in der offiziellen Kunst der Zeit nur selten für abbildungswürdig gehalten wurden. Die Kolossalstatue steht in einer sehr langen Tradition; letztlich geht sie, mindestens im Typus, auf antike Vorbilder zurück.

Auf dem Höhenrücken liegt das schlichte **Jagdschloß** der Mainzer Erzbischöfe, 1764 errichtet. Der Hauptbau wurde nach einem Brand 1927–29 vergrößert. – Der **Englische Park** enthält mehrere interessante Bauwerke aus der Zeit romantischer Naturschwärmerei am Ende des 18. Jh.: die Ruine Rossel, ein kleiner Aussichtsturm in Gestalt einer künstlichen Ruine; die sog. Zauberhöhle, ein Rundbau mit Aussichtsfenster und dunklem Zugang; den runden Waldtempel; die Eremitage.

UG/EH

Aßmannshausen (A11)

Schon in der ersten Nennung des Ortes 1108 werden die Weinberge erwähnt, für die Aßmannshausen noch heute berühmt ist. Seine Kirche unterstand dem Mainzer Domkapitel und seit dem 16. Jh. dem St. Viktorstift in Mainz. Seit 1489 nutzte man die wiederentdeckten Brom-Lithium-Quellen zu Heilbädern und Kuren.

Kath. Pfarrkirche zur Kreuzerhöhung. Der 1schiffige Bau des späten 15. Jh. wurde 1869 renoviert und um ein 4. Joch erweitert (samt der Empore). Über dem eingezogenen Chor mit 5/8-Schluß und Sterngewölbe erhebt sich ein quadratischer O-Turm. Die Kreuzrippengewölbe entspringen den auch nach innen vortretenden Strebepfeilern. Im Hochaltar ein Gemälde des Marientodes aus dem späten 15. Jh., fränkisch.

UG/EH

RÜDIGHEIM (E9/10) → **Neuberg** (Main-Kinzig)
RUMPENHEIM (E10) → **Offenbach am Main**

RUNKEL (Limburg-Weilburg B8)

● **Burg**

Seit dem 12. Jh. war die Burg Stammsitz der Herren von Runkel und Westerburg. Zu den Nachfahren dieses Geschlechtes zählen die Grafen, später Fürsten von Wied, in deren Besitz sich die Anlage noch heute befindet. Seit 1595 diente sie als Residenz der »oberen Grafschaft Wied«, die 1791–1803 ein selbständiges Fürstentum bildete. 1815 kam Runkel an das Herzogtum Nassau, 1866 an Preußen. – Die Kernburg gehört vermutlich der Mitte des 12. Jh. an. Ende des 14. Jh. verstärkte und erweiterte man die Befestigung nach SW. 1634 wurde die Burg zerstört. Der langsame Wiederaufbau der Unterburg zog sich bis in das frühe 18. Jh. hin. Die Kernburg blieb Ruine.

Auf steiler Wand ragt die roman. Kernburg über die Lahn empor. Sie verschmilzt mit dem Felsen zu einer mächtigen Baugruppe, die von 3 Türmen gekrönt wird. Der Zugang erfolgt im Rücken der Schauseite. Hier fällt der Burghügel flacher ab und bot Raum für die **Unterburg** mit den Wirtschaftsgebäuden. Sie besteht aus 3 Flügeln, die nahezu im rechten Winkel die Kernburg anlaufen. Man durchschreitet das Außentor (Wappen 1714) zwischen halbrunden Türmen und jenseits des Grabens den inneren Torbau mit einem got. Turm als Kern. Die beiden Höfe der Unterburg sind voll stimmungsreicher, malerischer Motive. Got. Reste enthält der mittlere Querflügel. Vom inneren Hof führt eine spätgot. Wendeltreppe zur langgestreckten, schmalen **Kernburg** empor. Die Angriffsseite im W schützt eine gewaltige Schildmauer von 45 m Länge und bis zu 6 m Dicke. Davor verläuft ein schmaler Zwinger. Die beiden Enden des Felsplateaus und die Mitte sichern starke Türme von verschiedenem Grundriß. Der südliche ist quadratisch, der mittlere von spitzbogenförmigem Querschnitt, der nördliche 5eckig. Dieser wurde wohl erst Ende des 13. Jh. errichtet. Auf der N-Seite des engen Felsenkammes stand der 3geschossige Palas. Der niedrigere S-Teil enthielt den Burghof. Die dichtgedrängten, schmucklosen Baukörper der Kernburg wirken monumental. Vom Burghof aus prächtiger Blick auf das Lahn-Tal.

Die **Siedlung** um die Burg wurde im Spätmittelalter mit Mauerring, Türmen und Wehrgang befestigt. Erhalten hat sich davon ein Rest bei der Kirche (Glockenturm). Die reizenden Straßenbilder des Burgstädtchens weisen noch zahlreiche **Fachwerkhäuser** des 17. und 18. Jh. auf (z. T. verputzt).

Die **Lahn-Brücke** über 4 gedrückten Rundbogen wurde um 1440 angelegt.

Schadeck (B8)

Burg Schadeck auf dem Runkel gegenüberliegenden Lahn-Ufer, wurde von einer Nebenlinie als Trutzburg gegen Runkel errichtet, wahrscheinlich um 1280. Erhalten hat sich das schlichte, langgestreckte Wohngebäude. Es trägt ein spätgot. Ecktürmchen mit barocker Haube. Im Hof Marmorportal von 1742.

EH

RUPPERTENROD (F7) → **Mücke** (Vogelsbergkreis)

RUPPERTSBURG (E8) → **Laubach** (Lahn-Dill)

RÜSSELSHEIM (Groß-Gerau C11)

Um 830 wurde der an einer alten Römerstraße gelegene Ort erstmals in den Urkunden erwähnt. Im 14. Jh. belehnten die Grafen v. Katzenelnbogen die Herren v. Heusenstamm mit Rüsselsheim, die 1437 Stadtrechte erwirkten und den Bau einer größeren Burg begannen. 1479 fiel Rüsselsheim an Hessen. Im späten 19. Jh. erlebte die Stadt einen enormen Aufschwung durch mehrere Industrieunternehmen. Namentlich die Opel-Werke, seit 1862 Nähmaschinenwerkstätte, seit 1886 auch mit Fahrradproduktion und seit 1898 mit Autoproduktion, veränderten das Bild Rüsselsheims zu einer ausgesprochenen Industrie- und Arbeiterstadt, was sich in den Stadterweiterungen des frühen 20. Jh. äußert (Beispiel: Weinbergstraße). – Nach Zerstörungen im 2. Weltkrieg sind v. a. einzelne Bauten am Main-Ufer (Festung, 3 Palais und ein Park) sehenswert.

Festung

Ein vor 1399 erbautes festes Haus der Herren v. Heusenstamm für die Grafen v. Katzenelnbogen hatte die Main-Furt zu sichern und symbolisierte gleichzeitig den Besitzanspruch der Grafen gegenüber Frankfurt und Mainz. 1437 begann man mit einem größeren Burgbau, der Ende des 15. Jh. unter den Landgrafen von Hessen durch Hans Jakob v. Ettlingen zur Festung ausgebaut wurde. Nach Schleifung 1547 erfolgte die Wiederherstellung 1560 unter Landgraf Philipp d. Großmütigen; 1689 wurde die Festung gesprengt.

Der Festungswall mit teilweise 2geschossigen Kasematten ist weitgehend noch erhalten. Besonders eindrucksvoll sind die 4 Eckrondelle und die Tordurchfahrt, ein gewundener Tunnel (»Poterne«). Von dem 1465 fertiggestellten Wohnbau hat sich noch ein Teil der Außenmauern mit Rundbogenfries und Eckerkersockel erhalten.

Palais des Frhrn. v. Verna. Das um 1770 errichtete ehem. Amtshaus wurde um 1850 zu einem 3geschossigen spätklassizist. Bau vergrößert. Südl. schließt ein 1850–55 geschaffener **Englischer Garten** an. Er enthält eine künstliche Turmruine in Höhe der ehem. Stadtmauer, eine Pyramide in Form einer Grottenarchitektur, ein Fachwerkhäuschen, 2 runde Tempelhallen und eine Sitznische, gleichfalls in Grottenarchitekturformen.

Im weiteren Verlauf der Stadtmauer (Main-Ufer) folgt ein **Herrenhaus** aus der Rokokozeit (Schäfergasse 16). An einen 2geschossigen 13achsigen Mittelbau, der allerdings nicht streng symmetrisch und gleichmäßig gegliedert ist, fügen sich 2 1geschossige Seitenbauten an, die auf der ehem. Stadtmauer stehen. Das Hauptgebäude enthält eine hervorragende schmiedeeiserne Treppe, Zimmertüren und Stuckrahmendecken aus der Erbauungszeit. –

Ein weiteres benachbart gelegenes **Herrenhaus** aus spätbarocker Zeit besitzt ein Mansarddach.

Die **ev. Pfarrkirche** entstand 1790–92 als quergelagerter Saalbau mit Mittelturm. Erhalten blieb nur die gut gegliederte Fassade, während das Innere nach dem 2. Weltkrieg eine neue Gestalt erhielt.

Museum der Stadt Rüsselsheim (Festung). Außer der Stadtgeschichte sind Dokumente zur Industrialisierung von überregionaler Bedeutung ausgestellt: Werkzeuge, Maschinen und Erzeugnisse sowie Dokumente (Fotos, Pläne) zum Wohnbau der Gründerzeit.

UG

RUTTERSHAUSEN (D7) → **Lollar** (Lahn-Dill)

SAALBURG, Kastell → **Bad Homburg v. d. Höhe** (Hochtaunuskreis D9)

SABABURG → **Hofgeismar**-Beberbeck (Kassel G1)

SACHSENHAUSEN (D10) → **Frankfurt am Main**

SALMÜNSTER (G9) → **Bad Soden-Salmünster** (Main-Kinzig)

SALZBÖDEN (D6/7) → **Lollar** (Lahn-Dill)

Bad SALZHAUSEN (E8) → **Nidda** (Wetteraukreis)

ST. GEORGEN → **Braunfels** (Lahn-Dill C8)

SCHADECK, Burg → **Neckarsteinach** (Bergstraße E14)

SCHADECK (B8) → **Runkel** (Limburg-Weilburg)

SCHARFENSTEIN, Burg → **Kiedrich** (Rheingau-Taunus B10)

SCHENKLENGSFELD (Hersfeld-Rotenburg I6)

Die Bedeutung, die der Ort als Sitz einer Verwaltung im ehem. Amt Landeck im Mittelalter hatte, wird heute noch durch die gewaltige **Dorflinde** deutlich. In 4 Stämme geteilt und auf ein doppeltes Fachwerkgerüst gestützt, nimmt sie einen Umfang von 17 m ein und umfaßt einen Tanz- und Versammlungsplatz in ihrer Mitte. Die Überlieferung macht glauben, sie sei von Bonifatius gepflanzt worden.

Die **ev. Pfarrkirche** hat aus got. Zeit den Chorturm bewahrt, dessen noch in ganz barockem Sinne fein geschwungener Helm 1822–23 nach dem Plan des Kasseler Oberbaudirektors Heinrich Christoph Jussow errichtet wurde, ein weithin sichtbares Wahrzeichen des Dorfes. Das Kirchenschiff entstand 1733–38, offenbar unter Leitung des Landbaumeisters Adam Johann Erdinger, mit mehrseitigem Schluß ($^5/_{10}$) im W (vgl. für diese ungewöhnliche Form Laubach). Kriegsunterbrechung schob den Bau der Emporen bis 1746 auf; ihre Stützen, die den Dachstuhl durch die Muldendecke hindurch tragen, müssen jedoch zur ersten Bauphase gehören. – Im Chor got. Sakramentsnische mit Fialenschmuck. Taufstein im Eiterfelder Typus mit reichem Maßwerk, um 1550. Seit 1973 nur noch ein Chorstand mit Rocaille-Gittern erhalten.

● Außerhalb des Ortskernes liegt seit dem 17. Jh. der **Friedhof** für das gesamte Kirchspiel. Neben der verschindelten 8eckigen **Totenkapelle** sind in jetzt 21 Reihen 263 *Grabsteine* aufgestellt, beginnend im 17. Jh. und endend gegen 1900. Kaum kann sonst an einer Stelle ein so breiter Überblick über die dörfliche Grabsteinkunst der Neuzeit gewonnen werden, die, vom einfachen Rechteckstein ausgehend, über die Bekrönung mit Engelsköpfen zur Kleeblattform kommt, bis sich im 19. Jh. der auffällige und ungewöhnliche, für die Schenklengsfelder Werkstätten charakteristische »Hörnergrabstein« entwickelt, dessen seitliche Gesimsabschlüsse stark aufgebogen sind. Die Reliefdarstellungen sind zuweilen volkskundlich sehr bemerkenswert, wie der Grabstein Nr. 11 in der 11. Reihe, auf dem eine Familie um die Himmelsleiter gruppiert ist. Der einzige Stein der vorletzten Reihe (1798) bringt ein Porträt der 1888 abgebrochenen Schenklengsfelder Orgel, das so exakt ist, daß man deren Baumeister Johannes Schlottmann identifizieren kann.

DG

SCHIFFENBERG → **Gießen** (Lahn-Dill D7)

SCHLANGENBAD (Rheingau-Taunus B10)

In einem schmalen, bis zur Sohle mit Wald überzogenen Tal des westl. Taunus gelegen. Die Quellen waren vermutlich schon in römischer Zeit bekannt, aber erst ab 1640 liegen Nachrichten über eine Nutzung der »milchwarmen Quellen« vor. Drei Länder: Nassau, Kurmainz und Hessen-Kassel, teilten sich in das Territorium des Tales (die Felsengruppe gegenüber dem Haus Felsenburg erinnert an das Kuriosum, daß sich hier jeder der drei Landesherren auf eigenem Gelände an einen Tisch setzen konnte). 1816 an Nassau, 1866 preußisch. – Seit dem Beginn des 18. Jh. Aufstieg zum bekannten Bade- und Kurort. 1653 wurden die Quellen gefaßt; 1694 entstand das erste Gästehaus, dem bald weitere Häuser folgten: 1703 das »Mainzische Haus«, der spätere »Nassauer Hof«; 1740 gegenüber Neubau eines Gesellschaftshauses (Oberes Kurhaus) durch Hessen-Kassel.

1754/55 war Grundsteinlegung des **Mittleren Kurhauses** (Römerbad, 3stöckiger verputzter Fachwerkbau mit Mansarddach). 1865 bis 1867 entstand das **Untere Kurhaus** in ruhigen spätklassizist. Formen. Nach Abbruch des Nassauer Hofes und des Oberen Kurhauses wurden 1912 der **Kurgarten** mit Kolonnaden angelegt und das **Neue Kurhaus** errichtet.

GB

SCHLITZ (Vogelsbergkreis H7)

Schlitz, 812 als Slitisa genannt, ist der Stammsitz der Herren, seit 1726 reichsunmittelbaren Grafen von Schlitz. Sie besaßen den Ort, dessen Stadtrechte wohl älter sind als die erste Erwähnung 1439, zunächst als Fuldaer Lehen.

● Die vieltürmige Stadtsilhouette ist, obwohl fast unbekannt, eine der schönsten in Deutschland. Am Mauerring der fast kreisförmigen Stadt verteilt stehen mehrere **Burgen** der 1116 erstmals genannten Herren v. Schlitz:

Die **Vorderburg** nördl. der Kirche besteht aus 2 3geschossigen Flügeln, die im stumpfen Winkel zusammenstoßen. Fast im Scheitel des Winkels steht ein viereckiger Turm, dessen nachgot. Eingangsportal ebenso wie eines der beiden inneren Portale 1565 datiert ist. Vielleicht ist der Turm im Kern noch hochmittelalterlich. Der anschließende O-Flügel hat einen breiten Giebel in Renaissance-Formen; über der N-Wand steht ein Zwerchgiebel mit reicherer Begrenzung in Schweifwerk. Der S-Flügel, der den Turm in schrägem Verlauf umfaßt, setzt die N-Wand des O-Flügels unmittelbar fort. Beide Stirnseiten sind mit Giebeln besetzt, die dem O-Giebel gleichen. Das Kellerportal auf der Hofseite ist 1600 bezeichnet. Auf dem Hof steht ein Ziehbrunnen von etwa 1600 mit Brunnenhaus in Fachwerk. – In der Vorderburg befindet sich das **Heimatmuseum**: Schlitzer Leinen, Tracht u. a.

Von der mittelalterl. **Hinterburg** südl. der Kirche ist der runde Bergfried mit erneuertem Spitzhelm erhalten. An ihn schließt sich das Burghaus von 1553, ein 2geschossiger Steinbau mit (jüngerem?) Fachwerkobergeschoß; auf der S-Seite ist ihm ein Treppenturm vorgelagert. Ähnlich ist das 3geschossige steinerne Wohngebäude disponiert, das nördl. parallel zum Burghaus liegt, 1561–65 erbaut, Portal 1647. Beide Schmalseiten sind mit Renaissance-Giebeln bekrönt.

Die südöstl. gelegene **Schachtenburg** besteht aus 2 Gebäuden, die mit den Langseiten unmittelbar aneinanderschließen, doch sind die Giebelfronten versetzt. Im S der ältere Bau mit Steinuntergeschoß, darin ein nachgot. Portal mit gekreuzten Stäben, die oben in einer Art Brezelform verschlungen sind, 1557 bez.; das Fachwerkgeschoß mit z. T. konvexen Streben wird gleichzeitig sein. Der nördl. Bau, 3geschossig, ganz aus Fachwerk, mit konkaven Eckstreben, ist wohl um einiges jünger, etwa um 1600. – Die **Ottoburg** im NO, 1653 bis 1681, jetzt Jugendherberge, ist mit 14 Fensterachsen und 2 Geschossen ein langgestreckter Bau, der durch starke Ecktürme verfestigt wird; ihr nördlicher gehörte der Stadtbefestigung an.

Die **Hallenburg** im Tal wurde als Wohnschloß der Grafen nach einem Brande von 1755 erbaut; gegen 1800 ließ Graf Karl Heinrich ein 3. Geschoß aufsetzen, und der Bau gewann klassizist. Aussehen. – Die **ehem. Orangerie** (jetzt Kindergarten) gehört wie der Wirtschaftshof der Zeit des Schloßumbaues an.

Ihr nahe gelegen, überquert die 1812 erbaute **Hallenburg-Brücke** die Schlitz. Dreieckige Strompfeiler flankieren auf beiden Seiten die 9 Flutöffnungen.

Ev. Pfarrkirche (St. Margaretha). Der heutige Bau wirkt malerisch von außen, im Inneren ungewöhnlich verschachtelt. Man betritt von W her ein 3teiliges Schiff mit Emporen und stößt unvermittelt auf einen Turmunterbau, der sich allseits öffnet. Dahinter liegt ein dritter Raumteil wie ein Querschiff. Er zieht sich zusammen zu einem gewölbten Chorquadrat, das Nebenräume außen begleiten und das mit einer Apsis schließt. Mehrere Anbauten bereichern den Außeneindruck, der durch den mitten aus dem Schiffsdach schießenden Turm eine sehr eigentümliche Note erhält.

Ihr Erscheinungsbild verdankt die Kirche einer komplizierten und nicht eindeutig geklärten Baugeschichte (vgl. die auch untereinander abweichenden Darstellungen im Dehio und bei Weyrauch). Als Missions- und Erzpriesterkirche entstand der erste Bau, gegr. durch Abt Ratgar von Fulda und 812 geweiht. An eine 3schiffige Pfeilerbasilika von 4 Arkaden schloß sich wohl nur eine einfache Apsis. Die Außenmauern der Seitenschiffe mögen im Unterbau des heutigen östl. Schiffes erhalten sein. Bedeutende Umbauten und Erweiterungen brachte das 13. Jh. Chorquadrat und Apsis wurden an das karoling. Schiff angebaut; über dem Chorquadrat wölbt sich ein tief ansetzendes Kreuz von Wulstrippen auf kräftigen Diensten. Ein nördl. Nebenchörchen, die Kreuzkapelle (heute Sakristei), wurde mit einer Apsidiole aus-

gestattet, die auf einer Konsole aus der Wand kragt. Die südl. entsprechende Barbarakapelle erhielt erst etwas später ihren wimpergbekrönten Erkerausbau mit frühgot. Maßwerkfenster. Vor der W-Wand errichtete man einen W-Turm, verlängerte jedoch den Bau noch vor der Vollendung in Turmbreite durch ein 2. Schiff nach W. Während die übrigen Bögen der Kirche noch runde Form hatten, wurde das W-Portal zwar in Erinnerung an roman. 6-Säulen-Portale, aber doch schon mit spitzer Bogenbrechung angelegt (Tympanon 1912). Die Spätgotik zerstörte den karoling. Kernbau. Arkaden und Obermauern des Mittelschiffs wurden ausgebrochen, die schon romanisch aufgestockten Seitenschiffsmauern bis zur Mittelschiffshöhe geführt. So entstand ein östl. Schiff, das mehr breit als lang war und den irreführenden Eindruck eines Querschiffs hervorruft. Seine Stuckdecke wurde 1597/98 eingezogen. Erst um 1650 hat man das westl. Schiff in voller Höhe auf seine heutige Breite gebracht. 1720 erhielt es seine Emporen. Der Turm bildete im Inneren ein derartiges Hindernis, daß man seine Bögen 1561 in Quer-, 1712/13 auch in Längsrichtung ausbrach und 2½ m höher setzte. Erst dies ließ ihn scheinbar den Charakter eines Vierungsturmes annehmen. 1766 wurden die Arkadenreihen des westl. Schiffes abgebrochen, wobei der Giebel einstürzte und erneuert werden mußte. 1807 ersetzte man die Barockfenster im westl. Schiff durch gotisierende. 1880–82 restauriert, 1964–65 innen erheblich umgestaltet und modernisiert, Emporen z. T. beseitigt, die Orgel auf eine neue S-Empore neben dem Turm umgesetzt.

Ausstattung. Den 1467 bez. Taufstein umgibt ein Maßwerk aus 8 sich kreuzenden Kreisen. Er gehört als ältestes Beispiel zum Typ der Eisenacher Georgenkirche. Die Orgel erbaute 1718 Johannes Eichenberg; auf den Ohren sitzen trompeteblasende Engel. – Grabmäler des 16.–18. Jh. der Grafen von Schlitz, unter ihnen das des Georg v. Schachten († 1587) und der Sidonie v. Riedesel († um 1609), aus der Kasseler Werkstatt des Andreas Herber.

Die **Friedhofskapelle** auf dem Sandberg wurde 1612 als prot. Querkirche errichtet; die Kanzel an der südl. Längswand ist mit einer Außenkanzel verbunden.

Das sehr verbaute **Rathaus** von 1617 enthält noch spätgot. Reste. Sein laternenartiger Dachreiter trägt eine doppelte geschweifte Haube.

Zahlreiche **Fachwerkhäuser** des 16.–18. Jh. säumen die Straßen der Stadt und verleihen ihnen einen malerischen Anblick. – Das **Benderhaus** gegenüber der Vorderburg, um 1600, war urspr. Kornspeicher.

DG

Fraurombach (H7)

Ev. Kirche. Die Architektur ist unauffällig: An das flachgedeckte roman. Langhaus schließt ein netzgewölbter spätgot. Chor, bei dessen Anbau in den großen runden Triumphbogen ein kleinerer, spitzbogiger eingesetzt wurde.

Den überraschenden künstlerischen Reichtum der Kirche stellt ● ein umfangreicher Zyklus *got. Wandgemälde* dar, der sich beiderseits des roman. Triumphbogens in 3 Zonen über die Langhaus-O-Wand erstreckt und auf die Seitenwände übergreift. Erzählt wird die Legende des Kaisers Heraklius bis hin zur Wiedereroberung des Hl. Kreuzes durch die Chosroes-Schlacht (628) und zur Rückführung des Kreuzes nach Jerusalem (630). An diesem Schlußpunkt mündet die Heraklius-Legende in die Legende des Hl. Kreuzes, die in Fraurombach nicht dargestellt ist. Als Bildquelle erscheint das Gedicht des – wohl hessischen – Meisters Otte (um 1203); die Ausführung erfolgte in Fresco-Secco-Technik vor Mitte des 14. Jh. Die Secco-Schichten gingen größtenteils verloren; erhalten blieben außer der Grundzeichnung v. a. die Farben Gelb, Rot und Blau. Der relative Umfang des Zyklus und die Außergewöhnlichkeit des Themas verleihen den Fraurombacher Malereien den Rang des Einmaligen. – Ausstattung: kleine, aber schwungvolle Orgel im Zopfstil.

DG

SCHLÜCHTERN (Main-Kinzig H9)

Die Siedlung im Bergwinkel vor dem das Kinzig- vom Fulda-Tal trennenden Distelrasen verdankt ihre Entstehung einem Benediktinerkloster, dessen Urzelle in die Mitte des 8. Jh. zurückreicht. Der dörfliche Charakter des Ortes hat sich bis heute bewahrt. Die Grafen von Hanau, seit 1316 Besitzer des halben, ab 1377 des ganzen Ortes und später auch des Klosters, erhoben 1562 Schlüchtern zur Stadt; 1736 an Hessen-Kassel, 1866 preußisch.

Ehem. Benediktinerklosterkirche. Von einer karoling. Anlage ist die *Krypta* als tonnengewölbter Gang mit Kreuzarmen in O und W erhalten (vgl. [Michelstadt-]Steinbach). Anfang des 13. Jh. wurde sie nach O durch einen einfachen überwölbten Rechteckraum erweitert. Der 1914 ergrabene Grundriß der karoling. Klosterkirche ergibt eine Basilika mit 3teiligem Chorhaupt. – Der hochragende *W-Turm*, der von der Huttenkapelle des 14. Jh. und der spätgot. Katharinenkapelle flankiert wird, ist vermutl. Bestandteil einer Erweiterung der Kirche im 11. Jh. (Portal nach 1836 zugefügt). – Wegen Um- und Anbauten der heute arg verschandelten Kirche fällt es schwer, sich den alten Bestand vorzustellen. Einigermaßen klar erkennt man die Gestalt der 1446 geweihten Hallenkirche, die durch den Einbau einer Schulaula 1836 zerstört wurde. Neben dem im 13. Jh. verlängerten Chor steht der O-Turm des 15. Jh., begleitet von der spätroman. *Andreaskapelle* an der Stelle eines karoling. Nebenchores mit Teilen eines roman. Kranzgesimses an der O-Außenseite im Turmunterteil des O-Turmes und kräftigen Kreuzrippengewölben mit runden Gurtbögen.

Reste der Ausstattung: In der ehem. Katharinenkapelle befindet sich das aus der Huttenkapelle übertragene Epitaph der Tamburg v. Hutten († 1353). Das 1914 gefundene Denkmal für Petrus Lotichius († 1567), in feiner Renaissance-Umrahmung, zeigt die Figur des Abtes, der 1543 die Reformation in Schlüchtern einführte; das 1571 in Fulda gefertigte Epitaph hat leider seine obere Hälfte eingebüßt. Weitere Denkmäler sind in dem kapellenartigen Vorbau des ehem. Kreuzganges aufgestellt. Derbes Doppelgrab für Hans und Annely v. Schlüchtern (1480). Renaissance-Epitaph für Abt Christian Happ († 1534).

Die durch Ein- und Umbauten seit der Verwendung als Schule ab 1543 und besonders ab 1836 stark veränderten **Klostergebäude** sind unter Abt Christian II. 1508–19 errichtet oder umgebaut worden. Die kreuzgewölbte *Klosterküche* mit Rauchfang und Brunnennische ist in der SW-Ecke des um den Kreuzgang gelagerten Gebäudekomplexes erhalten.

Die einfache **ev. Stadtkirche** (St. Michael) mit einem Turm des 14. Jh. wurde im wesentlichen 1842 von Ernst Florus Spangenberg errichtet.

Im **Lauterschlößchen** (erbaut 1440, verändert im 16. Jh. und 1675) befindet sich das Heimatmuseum (**Bergwinkel-Museum**).

GB

Vollmerz-Ramholz (H9)

Schloß. Neben dem schlichten Renaissance-Schloß des 16. Jh. mit Risaliten zur Straße und einem Treppenturm auf der Hofseite erbauten 1893–95 die Architekten Emanuel und Gabriel v. Seidl den großzügigen Neubau in Formen der niederländischen Renaissance mit starken Abwandlungen, die u. a. von der Weserrenaissance geprägt sind. So trafen bürgerlich und höfisch geprägte Architekturformen aufeinander. – Von Bedeutung ist außer dem Bau selbst auch der große **Park**, der mit Würzburger Barockskulpturen aus dem Umkreis des Ferdinand Dietz geschmückt ist. Die Skulpturen wurden um 1900 erworben.

Steckelburg. Nach der Zerstörung einer ersten Anlage 1276 erfolgte die Neugründung der Burg in Schwarzenfels. 1388 legte Ulrich I. v. Hutten an dieser Stelle nochmals eine neue Burg an, die im 17. Jh. verfiel. *UG*

Die ev. **Pfarrkirche** entstand einheitlich 1788, ein Saalbau mit 3seitig geschlossenem Altarraum und halb einbezogenem W-Turm. Das Innere ist von Emporen umzogen; im Altarraum steht eine typisch protestantische Gruppe aus Altar, Kanzel und *Orgel*. Deren 3türmiges Barockgehäuse ist mit Knorpelwerk (Ohren, Bekrönungen) und Akanthus (Behänge) reich geschmückt; die Pfeifen sind mit Masken und Blattwerk bemalt (vgl. Odensachsen). 1788 wurde die Orgel aus dem Jesuitenkollegium in Fulda erworben. *DG*

SCHMITTEN (Hochtaunuskreis C9)

Oberreifenberg (C9)

Die 1234 erstmals genannten Herren v. Reifenberg führten im 14. Jh. zahlreiche Fehden gegen Limburg, Frankfurt, Friedberg, die Feste Königstein und später gegen Philipp d. Großmütigen. Überfälle galten v. a. Frankfurter Bürgern und verschiedenen Kaufleuten – eine Form des »Raubrittertums«, die weniger als Gesetzlosigkeit denn als Ausübung von Macht gegenüber weniger Mächtigen zu verstehen ist.

● **Burgruine**

Die Burg wurde wohl schon im 12. Jh. angelegt. Der auf einem Felsen erbaute Bergfried aus dem 13. Jh. ist ihr ältester Bestandteil; Wohnturm und Schildmauer gehören erst dem 14. Jh. an.

Die gegenüber dem Feldberg gelegene Höhenburg beherrscht weithin die Landschaft, charakteristisch ist besonders die Ansicht von S mit der Schildmauer und den beiden Türmen. Von besonderem Interesse ist der *Wohnturm*. Sein rückwärtiges Drittel nehmen die Wendeltreppe und Verbindungsgänge ein; vorne lagen die auf 6 Stockwerke verteilten Wohnräume. Die offene Seite des Turmes und die Decken waren aus Holz (Fachwerk); nur über der 5. Etage liegt ein Steingewölbe. Die 4 m starke *Schildmauer* wird von 2 Rundtürmen flankiert; neben einem in den Fels gehauenen Kellerraum (»Pulverkammer«) und einem Turmstumpf an der N-Spitze des Beringes ist sie der letzte Rest der Burgumwehrung.

Bassenheimer Schlößchen. Der von den Erben der Herren v. Reifenberg, den Grafen v. Bassenheim errichtete Bau (1770) ist ein einfaches barockes Herrenhaus, von einer Einfriedungsmauer mit 2 runden Ecktürmchen umgeben.

UG

SCHÖNBERG → **Schrecksbach** (Schwalm-Eder G6)
SCHÖNSTADT (E5) → **Cölbe** (Marburg-Biedenkopf)

SCHOTTEN (Vogelsbergkreis F8)

Die Stadt liegt am SW-Abhang des Vogelsbergs im oberen Niddatal. 778 schenkte Beatus, Abt des Schottenklosters Honau bei Straßburg, den Ort seiner Abtei – der Name Schotten ist also wohl auf iro-schottische Gründung zurückzuführen. Die Blütezeit Schottens, die in der Stadterhebung 1354–56 gipfelte, fand einen jähen Abschluß, als die Pfandinhaber der Burgen 1382 vom Rheinischen Städtebund und dem Mainzer Erzbischof bekriegt und ihre Burgen zerstört wurden. Seit 1407 setzte sich Hessen in Schotten fest und gewann es seit 1583 ganz. – Die mittelalterl. Stadt entstand auf kreisförmigem Grundriß. Die 1382 zerstörte und nicht wieder voll ausgebaute Befestigung besteht nicht mehr.

Das Stadtbild ist nicht reich an hervorragenden Bauten, besitzt jedoch malerische Durchblicke von fast süddeutscher Prägung.

Die **Burgen** wurden nach 1382 wiederaufgebaut, doch ist die **Altenburg** durch ein schlichtes Herrenhaus um 1600 ersetzt. Der Hauptbau der Eppsteiner Burg (das **Schloß**) ist nur im Mauerwerk erhalten: ein hoher 3geschossiger Baublock mit Staffelgiebeln, zwischen 1382 und 1403, Mitte des 19. Jh. stark erneuert. Daneben steht noch ein Rundturm mit kurzen Mauerstücken.

Ev. Stadtkirche (Liebfrauen)
Bauwerk und Baugeschichte sind ein treues Spiegelbild der Geschichte Schottens. 2 Bauperioden sind nach den Forschungen von W. E. Kellner (†) scharf zu unterscheiden. Eine Wallfahrt veranlaßte nach 1326 den Baubeginn einer kurzen Hallenkirche von 2 Schmaljochen, mit nicht vorspringendem Querhaus, daran Chor mit 5/8-Schluß. Von der W-Wand waren mindestens die Fundamente gelegt, als die Erhebung zur Stadt eine großzügige Neuplanung auslöste. Das W-Joch fiel; im Neubau wurde es fast verdoppelt und ihm ein breiterer W-Bau vorgelegt, der als Unterbau einer prunkvollen Doppelturmfassade dienen sollte (zwischen 1357 und 1365). Den Ausbau der Türme untersagten die Eroberer der Stadt 1382.

Der Grundriß zeigt nach W hin eine zweimalige Verbreiterung: vom Chor zum Schiff, vom Schiff zum W-Bau. Das Querhaus geht von einer quadratischen Vierung (als Turmunterbau) aus; im Langhaus folgt ein Schmaljoch. Das 2. Langhausjoch erreicht dank der 2. Bauperiode plötzlich wieder die volle Tiefe des Querhauses, freilich nur innen! In seiner jüngeren westl. Jochhälfte wird es von Treppentürmen begleitet, die zur Breite des W-Baues vermitteln.

Äußeres. Von jeder Seite her überrascht der Reichtum der Baugruppe, aufgipfelnd im steilen Helm des Vierungsturms. Am eigentümlichsten die *W-Ansicht*: über portalhohem Sockel eine 3geteilte Wandfassade, flankiert von den Reitertürmchen mit spitzen Helmen, über einer durchbrochenen Galerie abgeschlossen vom Querdach, das an eine gelagerte Profanfassade denken läßt. Dekorative Pracht verleihen die 3 4teiligen Fenster mit hochgot. Maßwerk. Mittelfenster und Portal faßt ein gemeinsamer Rahmen zusammen (wie in Homberg/Efze); im Zwischensturz vor zierlicher Blendarchitektur die 4 Einzelfiguren einer Anbetung der Könige. Die Gruppe steht stilistisch dem Eberbacher Hochgrab des Erzbischofs Gerlach von Nassau († 1371) besonders nahe und gehört damit zum Umkreis des Erfurter Severi-Meisters. Schwächer ist die Darstellung im Tympanon des S-Portals am W-Bau: die Madonna zwischen den Stiftern Konrad v. Trimberg († 1374) und Lukarde v. Eppstein. – Die malerischen Reize der *S-Ansicht* ergeben sich v. a. aus der 2fachen Zurückstufung vom W-Bau über das Langhaus zum Chor; doch auch aus dem Formreichtum, der zugleich über die Baugeschichte einiges aussagt: so steht neben dem Querhausgiebel ein zweiter, der die beiden älteren Langhausjoche zusammenfaßt, obwohl doch das westliche von beiden im Innenraum keine Selbständigkeit mehr behielt.

I n n e r e s. Zwischen W-Bau und Querhaus besitzt das Langhaus nur 2 Joche, doch führt die hallenförmige Ausbildung aller Teile zu einer Raumvereinheitlichung, die freilich die Ungleichmäßigkeit der Erscheinung um so betonter hervorhebt. Wie die Pfeilerpaare in Struktur und Stärke wechseln, stimmen auch die tragenden Glieder an den Wänden in den einzelnen Bauabschnitten nicht überein.

● A u s s t a t t u n g. Der *Flügelaltar* ist ein Hauptwerk der hessischen Malerei, das zwischen Mittelrhein und Westfalen in der Generation Meister Bertrams vermittelt. Die Entstehung ist aus stilistischen Gründen erst gegen 1400 denkbar. In Hessen steht ihm der Altar von Netze stilistisch nahe, wenngleich er westfälischer ist. Im geschlossenen Zustand zeigen 8 Szenen die Passion Christi. Geöffnet, wird in 16 Szenen das Marienleben dargestellt, angefangen mit der Zurückweisung von Joachims Opfer, endend mit der Marienkrönung. Die Mitte des Retabels bildet eine Nische mit der Schnitzfigur einer thronenden Madonna. Die Farbenwahl ist typisch für die Entstehungszeit: vor Goldgrund etwas dumpfe, gebrochene Blau- und – nur selten voll leuchtend – Rot-, viele Olivtöne. – Spätgot. Schnitzfiguren: Vesperbild im Stil des 14. Jh.; Kreuzigungsgruppe (ehem. Triumphkreuz), Kruzifixus, beide um

1500. – Der Taufstein des 14. Jh. mit Blendmaßwerk ruht auf 4 Löwen; eine Taufschale von 1615 ist eingesetzt. – Bedeutende 5türmige Orgel von Joh. Bened. Ernst Wegmann, 1782; sie war in den südl. Bogen des breitesten Langhausjoches genau eingefügt, seit 1972 im W. – Sakristeischrank 1494.

Rathaus. Der 2geschossige Fachwerkbau entstand zwischen 1512 und 1530. Das starke Balkenwerk der 17 : 8 Gefache gibt dem Äußeren eine kraftvolle Wirkung. Geschoßlagerung und gebogene Streben zeigen die Gotik bereits überwunden (vgl. Alsfeld), die nur in den Spitzbögen der Portale und einiger Fenster noch nachlebt. Die Mitte der Langseite ziert ein behelmter Erker; über den Stirnseiten erheben sich steile Giebel. Die Erdgeschoßhalle mit Längsunterzug auf großer Mittelstütze ist durch Einbauten zerteilt.

Vogelsberger Heimatmuseum (Hauptstr. 29; Haus Weber von 1818, innen 1908 im Jugendstil umgebaut): Geologie, Handwerksgut, Wohnkultur, »Liebesbriefe« (1778 u. a.) aus Ulrichstein.

DG

2 Kirchenbauten im Bereich von Schotten zählen zur Gruppe der Fachwerkkirchen des → Vogelsberges, Breungeshain und Eichelsachsen:

Breungeshain (F8)

Die **ev. Kirche** wirkt etwas einfacher in der Konstruktion und etwas gröber im Schmuckwerk als die etwas ältere in Büßfeld doch war der Ausführende hier wie dort der Zimmermeister Hans Georg Haubruch aus Herbstein. 1708–15 erbaut, wieder mit rippengewölbtem Altarraum. Außen an der O-Seite eine Maske, ähnlich wie in Büßfeld als Konsole des Unterzuges. Kanzel und bemalte Empore der Bauzeit. Turm 1952.

Eichelsachsen (F8)

Ev. Kirche, 1722–23. Auch hier folgt der Bau diesem Fachwerktypus, doch ist die W-Wand zur besseren Abstützung des Dachreiters gemauert.

DG

SCHRECKSBACH (Schwalm-Eder G6)

Röllshausen (G5/6)

Im Ortsbild, das noch gute **Fachwerkhäuser** enthält, steht die ansprechende barocke **Pfarrkirche** (ev.), 1722–24 von Lorenz Gruber, mit bis auf die Orgel gleichzeitiger Ausstattung.

Die **ev. Kirche** auf dem nahegelegenen **Schönberg**, eine hochgelegene Wehrkirche, war Mutterkirche des Gerichts, das vom 11. bis 13. Jh. der Propstei Neuenberg bei Fulda, dann dem Kloster Haina gehörte. Sie ist heute noch Friedhofskirche von Röllshausen. Der Kirchenbau ist im 12. Jh. errichtet: ein Saalbau, der Chor mit zunächst rechteckigem Schluß; im 13. Jh. ersetzte man ihn durch einen größeren, der innen halbrund, außen 5seitig geschlossen ist. 1748 mußte man die W-Wand erneuern. Viele Umbauten riefen ein Nebeneinander zahlreicher Fensterformen hervor: romanische im Schiff, an der N-Seite 1490 von einer Erneuerung; frühgotische im Chor, jedoch unter Wiederverwendung eines roman. Einsteinfensters mit eingestellten Säulchen und Würfelkapitellen. 2 Eichenpfosten tragen den Längsunterzug, auf dem die Balkendecke des Schiffes ruht; im Dachstuhl darüber, den ein barocker Dachreiter krönt, eine Glocke von 1506. Im Chor wurden 1958 Reste der farbigen Fassung freigelegt und wiederhergestellt, auch 2 Heiligenfiguren aus dem frühen 15. Jh. In der Kirche werden einige Schwälmer Totenkronen aufbewahrt.

Auf dem **Friedhof** steht das roman. *Taufbecken* mit Bogenfries. *Grabsteine* des 18. und 19. Jh.; besonders ungewöhnlich ist ein mehrfach vorkommender »durchbrochener« Typus aus dem frühen 19. Jh., bei dem die flankierenden Säulen zwischen Sockel und Bekrönung von der eigentlichen Inschrifttafel getrennt sind.

Holzburg (G6)

Schwälmer Dorfmuseum im Pfarrhof, bedeutendste Sammlung dörflichen Lebens, dörflicher Kultur und Kunst im Zentrum des Schwälmer Trachtengebietes.

DG

SCHRÖCK (E6) → **Marburg** (Marburg-Biedenkopf)

Bad SCHWALBACH (Rheingau-Taunus B10)

Seit 1569 gaben die heilkräftigen Mineralquellen dem in einer schmalen Talsohle liegenden langgestreckten dörflichen Ort (bis 1927 »Langenschwalbach«) den Charakter eines Badeortes, der seit dem Anfang des 19. Jh. europäische Berühmtheit erlangte. 1803 nassauisch, 1866 preußisch.

Bauten des 19. Jh. bestimmen weitgehend das Bild des Kurviertels am großen Kurpark. Es steht im Kontrast zur ländlich wirkenden Stadt. In der Talsenke nahe dem Weinbrunnen erbaute Heinr. Jac. Zengerle nach vorausgegangenen Entwürfen von Joh. Christ. Zais 1829 das 25achsige **Kohlensäure-Stahlbadehaus** mit Rundbogengliederung auf Pilastern im Erdgeschoß. Das 1847 eröffnete schlichte **ehem. Kurhaus** wurde 1947 Sitz der

Stadtverwaltung. 1873–78 wurde der 1913 erweiterte und 1957 restaurierte und umgestaltete **Kursaal** von Ph. Hoffmann auf dem Hügel zwischen Weinbrunnental und Stahlbrunnental errichtet.

Die Stadt, der 1643 Privilegien verliehen wurden, war ehem. in den Ober- und Unterflecken geteilt. Im Unterflecken liegt der **Brodelbrunnen** mit neuzeitl. Fassung. In der Adolfstraße bemerkenswerte **Fachwerkhäuser** des 17. Jh.

Die einfache spätgot. **ev. Pfarrkirche**, um 1471 als 1schiffiger Bau mit schmalem Chor aufgeführt, hat durch Umbauten des 19. Jh. stark gelitten. – Die **ev. Reformationskirche**, ein schlichter Saalbau von 1729, ist ebenfalls im 19. Jh. verändert worden. – Englische (anglikanische) **Christuskirche** 1868–75. – **Kath. Pfarrkirche St. Elisabeth** 1915/16.

GB

SCHWALMSTADT (Schwalm-Eder F5)

Treysa (F5)

Die alte Straße von Amöneburg nach Niederhessen mündete hier ins Schwalmtal. Der sehr alte Ort wird schon um 800 genannt; als Stadtgründer gilt Graf Friedrich v. Wildungen (1186–1229). 1450 fiel die Stadt mit der Ziegenhainer Erbschaft an Hessen.

Malerisch wirken die Lage auf dem Ausläufer eines Höhenrückens über dem linken Ufer der Schwalm und die turmreiche Stadtsilhouette, bestimmt durch Totenkirche, Rathaus, Dominikanerkirche und den Turm der Anstalt Hephata. Die Stadtanlage ist auf Grund kleinerer älterer Kerne nur teilweise regelmäßig. – Von der **Stadtbefestigung** des 13. und 14. Jh. stehen noch erhebliche Teile mit einem Rundturm nahe der Brücke am ehem. Steintor. Die **Steintorbrücke**, ein prächtiges Barockbauwerk von Joh. Mich. Walleber, 1701–05, ist gegen heftigen Widerstand abgebrochen worden.

Totenkirche, ehem. Pfarrkirche St. Martin

Der Bau des mittleren 13. Jh. erhielt gegen 1300 einen neuen Chor; im 16. Jh. gingen die Pfarr-Rechte auf die Klosterkirche über, und der alte Bau wurde Totenkirche. Ein Blitzschlag 1830 leitete teilweisen Abbruch (seit 1835) ein. Die Ruine wird pfleglich erhalten.

An eine 3schiffige Basilika mit südl. Fassadenturm schließt der jüngere, $^5/_8$-geschlossene Chor unmittelbar an. Den stockwerkweise aufgebauten Turm bekrönt ein leicht konvexer Steinhelm. Die rundbogigen Langhausarkaden auf gedrungenen Pfeilern zeigen noch roman. Charakter, der sich auch in den hohen, von nur schmalen 2teiligen Fenstern durchbrochenen Sargwänden verrät. Die Gewölbe der 5 querrechteckigen Joche stützten sich auf 3teilige Dienstbündel mit Knospenkapitellen. Im S-Schiff ein Harpyien-Kapitell. – Der runde Triumphbogen, nicht in der Achse, vermittelt zu dem von schlanken Fenstern erleuchteten Chor. – Der N-Seite des Chores ist das *Beinhaus* mit darüber liegender *Sakristei* 1521 von Meister Balser oder seiner Werkstatt angebaut; die Detailformen sind zierlich.

Ehem. Dominikanerkirche St. Maria, jetzt ev. Pfarrkirche
Vor 1287 wurde das Kloster gegründet, 1527 aufgehoben. Die Kirche entstand um 1350. 1960–61 restauriert, das Äußere farbig verputzt.
Sie wurde als 2schiffige Hallenkirche des reduzierten Systems gebaut, d. h. das klosterseitige nördl. Seitenschiff entfiel. Die Halle hat 6 Joche; das Hauptschiff verlängert sich in den Chor mit 5/8-Schluß. W- und N-Wand der Kirche sind fensterlos. Im Winkel zwischen Chor und S-Schiff eine Totenleuchte. Chor- und W-Portal bezeugen noch roman. Tradition; das Chorportal mit eingestellten Säulen soll von der Totenkirche stammen. – Inneres. Als Stützen der einfachen Kreuzrippengewölbe dienen zumeist 8eckige, zu beiden Seiten der Mittelstütze jedoch runde Pfeiler. Wandseitig verlaufen die Rippen ohne Stütze, nur im W-Teil treten kräftige Vorlagen vor die N-Wand. Der westl. Chorschlußstein stellt Maria mit dem Schutzmantel dar.

Ausstattung. Stationsbilder aus gebranntem Ton, außen an den Strebepfeilern, um 1500; sie stehen dem Homberger Kreuzweg nahe. – Auf der jüngeren Empore vor der Orgelbühne von
● 1466 steht die lebhaft geschwungene Orgel, 1806 aus dem Kloster Obertheres am Main erworben, von Johannes Hoffmann aus Würzburg 1723/24 erbaut; den Schmuck schuf Balthasar Esterbauer. – Die zartlinig dekorierte Kanzel im Zopfstil ist ein Werk des Meisters Wilhelm aus Moischeid. – Grabstein für Titularbischof Hermann v. Wildungen († 1396), ein ansehnliches Werk im Übergang zum Weichen Stil. Von Philipp Soldan: Reliefgrabstein der Margaret v. Holzheim († 1569?). Fast vollplastisch tritt die Gestalt des Helwig v. Rückershausen († 1576) vor die Grabplatte.

Hl.-Geist-Spital. Der gewölbte Bau der **Kapelle** mit 5seitigem Schluß entstand gegen 1400, reizvoll ausgezeichnet durch das 6-eckige Glockentürmchen über dem W-Giebel. Eindrucksvoll ist innen die spätgot. Figur eines Grabchristus in einer Wandnische. – Die **Hospitalgebäude** sind z. T. noch gotisch, ein weiteres 1563 bezeichnet.

Rathaus. Das im Kern aus dem 14. oder 15. Jh. stammende Rathaus ist 1954 gut restauriert worden. Über seinen 2 zusammengefaßten Untergeschossen läuft ein Spitzbogenfries als Kranzgesims. Nur über dem mittleren Teil des Oberstockes läuft ein entsprechendes Gesims, das aber vor der Zerstörung von 1640 die ganze Breite überfangen haben mag. Der Wiederaufbau der zerstörten Teile mit den z. T. verschieferten Fachwerkgiebeln erfolgte 1649–52 durch die Zimmermeister Kurt Schmitt und Kaspar Bonn; die W-Seite erhielt 2 Ecktürmchen, deren südl. eine got. Steinkonsole benutzen konnte. 1696 wurde ein Treppenhaus-Anbau vor den größten Teil der N-Seite gesetzt.

Das Stadtbild bewahrt einheitliche Straßenzüge; vielfach liegt das Fachwerk nicht frei. – Einzelhäuser: **Marktpl. 5** (Polizeiwache), 4geschossig, die beiden Untergeschosse zusammengefaßt, die beiden Obergeschosse mit Eck-Erker. Mit den stockwerkhohen Streben folgt der Bau wohl dem Vorbild des Alsfelder Rathauses. – **Mainzer Gasse 4:** Beschlagwerkpfosten; Knorpelornament schmückt die Füllhölzer. – **Steingasse 29** (ehem. v. Gilsasches Haus), 16. Jh., mit schönem Rokoko-Portal; der Anbau mit der in Stein erbauten Durchfahrt ist 1616 bezeichnet, das Fachwerk darüber mit Halbsonnen geschmückt.

Der breite **Marktbrunnen**, mit Rolandsfigur, ist 1683 bezeichnet.

Alter Bahnhof (jenseits der Schwalm), 1849 in Backstein erbaut, gut erhaltenes Beispiel klassizist. Bahnhofbaus in Kurhessen, mit klarem Gruppenaufbau und strenger Achsengliederung, nach Entwurf von Julius Eugen Ruhl; leider um 1960 aufgestockt.

Hephata. Die Anstalt der Inneren Mission, eine der bedeutendsten in Deutschland, wurde 1893 auf einer Höhe jenseits der Wiera gegründet. Der Gebäudekomplex ist in historischen Stilformen errichtet.

DG

Rommershausen (F5)

Schlößchen ●

Reichart Rinck, Rat Philipps d. Großmütigen, erwarb 1535 hier Besitz und errichtete ab 1539 die kleine Renaissance-Schloßanlage. Seit 1745 sind die v. Schwertzell Eigentümer.

Im Schatten einer großen Linde gruppiert sich die Anlage aus 3 Einzelgebäuden um einen annähernd trapezförmigen Hof. Im Hintergrund steht der *N-Flügel* von 1539, mit steinernem Unter- und Fachwerkobergeschoß, ein schlichter Bau mit dem Wappen des Bauherrn. – Zur Rechten, im O, das eigentliche *Schlößchen*, mit steinernem Haupt- und erneuertem Fachwerkobergeschoß. Die reiche und zierliche Bauornamentik, die mehrfach Initialen und Steinmetzzeichen von Philipp Soldan trägt, wendet sich zur Torseite im S und zur Hofseite im W: Portal, Erker und Fenster zeigen eine reizvolle Verbindung got. Stabwerks mit Halbsonnen und figürlichen Darstellungen der Renaissance – am 2mal »1549« datierten Portal Porträtmedaillons (wohl des Bauherrn), Tarquinius und Lukretia, Delphinenrelief; am S-Erker Lot und seine Töchter sowie Isebel (2. Buch Könige). – Kurze Treppenläufe vermitteln im Inneren zwischen den unterschiedlichen Höhenlagen der Geschosse und einzelner Räume; das malerische Treppenhaus setzt sich nach oben in einer Spindeltreppe fort. Viele Türen sind in steinerne Gewände bald mehr gotisierenden, bald renaissancehaften Charakters gefaßt. Vornehmster Raum ist der *Rittersaal*, der die N-Front des Gebäudes einnimmt. In seiner Mitte trägt ein steinerner Rundpfeiler den Längsunterzug der schweren Balkendecke. Ein großer, fast runder Stichbogen öffnet sich zu dem leicht erhöhten Erker, den ein zierliches Sterngewölbe deckt. – Wohl nur in wenigen Gebäuden ist der Reiz des »Altdeutschen« noch so unmittelbar lebendig wie in Schloß Rommershausen.

Zur älteren Ausstattung gehört der große Ofen im Rittersaal: Gußeisen mit hohem Majolika-Aufsatz. Die Kacheln und Platten – mit den Daten 1661 und 1663 – zeigen Wappen und figürlichen Schmuck.

Auf der W-Seite des Hofes steht der große, doch schlichtere *Barockflügel* von 1672. Auch hier ein steinernes Untergeschoß; das Fachwerkgeschoß mit 2 Giebelausbauten. – Die Hofmauer mit Spitzbogenpförtchen im N und Rundbogenportal (1589) im S ist weitgehend erhalten.

Die **ev. Kirche** mit got. Chor, etwas älterem, später z. T. in Fachwerk aufgestocktem Schiff und prot. Inneneinrichtung steht sehr wirkungsvoll im Dorfbild, dem sie durch die kräftige Farbe des roten Sandsteins Lebendigkeit verleiht. – Philipp Soldan schuf im 2. Viertel des 16. Jh. den Grabstein einer Angehörigen der Familie Rinck.

DG

Ziegenhain (FG5)

Der wichtige Schwalm-Übergang war wohl schon um 900 befestigt. Graf Gottfried v. Reichenbach (s. d., = Hessisch Lichtenau) nannte sich seit 1144 nach seiner Burg Cigenhagen. Nächst den Land-

grafen waren die Ziegenhainer das mächtigste Grafengeschlecht Hessens; ihr Gebiet schob sich als Sperre zwischen Ober- und Niederhessen. 1450 fiel die Grafschaft testamentarisch an Hessen. – Eine Rundburg entstand etwa um 900; die zwischen 2 Schwalm-Armen angelegte Siedlung wurde wohl im 13. Jh. zur Stadt erhoben. Von der Stadtbefestigung ist ein Torturm im O nebst Mauerteilen erhalten. Um 1470 begann Hans Jakob v. Ettlingen mit dem Ausbau zur Festung, der unter Philipp d. Gr. 1537–42 fortgeführt wurde. 1547 verweigerte der Festungskommandant Heinz v. Lüder (Grabstein in Haina) die Übergabe an den Kaiser. 1807 wurde die Festung geschleift; nur Gräben sind noch erkennbar. – 1970 wurde Ziegenhain mit Treysa und anderen Gemeinden zu einer Stadt mit dem Kunstnamen »Schwalmstadt« zusammengeschlossen. Der Charakter einer Kreisstadt ging 1974 durch Aufhebung des Kreises verloren.

Das Zentrum der Stadt bildet der große Paradeplatz, der an der Stelle eines 1761 abgebrannten Häuserkomplexes geschaffen wurde. Ihn umgeben in lockerem Kranze das Schloß (im O), die Kirche mit dem 1. Pfarrhaus (im N), das ehem. Treysaer Tor und das alte Brauhaus im NW, das Steinerne Haus im W und kleinere Bauten, darunter die »Alte Schmiede« (Alte Wache), im S.

Das **ehem. Schloß** wurde 1842 Zuchthaus. Um einen unregelmäßig 5seitigen Hof gruppieren sich vorwiegend spätgot. Bauteile. Der O-Flügel, bez. 1420, 1510–13 erheblich umgestaltet, wendet sich mit einem Treppenturm nach außen; die Aufsatzgeschosse und die schöne Laternenhaube entstammen der Barockzeit. In allen 3 Geschossen enthält der O-Flügel alte, z. T. erst nach dem Übergang an Hessen ausgebaute Räume. Im N-Flügel steckt als Kern der alte Palas. Das Schmuckportal mit Löwen am W-Flügel ist ein Werk Philipp Soldans, ebenso die beiden vom Festungsbau 1537 herrührenden Schrifttafeln.

Ev. Pfarrkirche. Die Saalkirche von 1665–67 hat ein Barockportal, aber gotisierende Fenster. Schlußsteine des got. Vorgängerbaues sind in der Außenwand und am Alten Brauhaus eingefügt. Dach, Decke und Inneneinrichtung sind spätklassizistisch (1847); eigenartig die durchbrochenen Deckenrosetten. – Kanzel aus der Erbauungszeit; vorzügliche Orgel von Joh. Andreas Heinemann 1769–71. Den Wappengrabstein des Balthasar v. Weitolshausen († 1529) schuf Philipp Soldan; am Grabmal des Festungsgouverneurs v. Gohr († 1784) ein weinender Putto.

Altes Brauhaus (ehem. Schloßküche, später Pferdestallung), urspr. 14. Jh., 1883 neugotisch umgebaut; an der O-Front ein Johannesadler aus der alten Kirche. Vor dem Bau Kump von 1606. – **Fruchtspeicher** (jetzt Sicherungsverwahrungs-Anstalt für Männer), 1576–79 erbaut, Fenster vom Umbau 1882. Der langgestreckte schlichte Bau ist als Zweckarchitektur typisch für die

Zeit Landgraf Wilhelms IV. – **Steinernes Haus** (jetzt **Museum der Schwalm**, bedeutendste Sammlung Schwälmer Volkskunde neben dem Museum in Schrecksbach-Holzburg). Vor einer Kemenate des 14. Jh. sind Mauerteile erhalten; i. ü. 1659–60 als Haus für den Stadtkommandanten neu erbaut, das oberste von 3 Geschossen in Fachwerk. In einer Hofecke der Dreiflügelanlage steht ein Treppenturm (sein Pendant von 1910), davor ein Fachwerkvorbau über steinerner Ecksäule. Das ehem. Speisezimmer hat noch die Stuckrahmendecke der Erbauungszeit. – **Alte Schmiede** (Alte Wache), 1geschossig mit weit vorkragendem Mansarddach. 1769 dat., jedoch mit den Initialen König Friedrichs von Hessen und Schweden († 1753).

Fachwerkhäuser. Haus »Zum Rosengarten« (Muhlystr. 3), um 1620 für Hans Reinhard v. Lüdder erbaut. Das prächtige 3geschossige Fachwerk wird von 2 kräftigen Eck-Erkern gerahmt. In das Säulenportal ließen die v. Ditfurth, die das Haus 1760 erwarben, eine Rokoko-Tür einfügen. Restauriert 1975. – **Muhlystr. 5** mit reichem Portal der Spätrenaissance war urspr. Absteigequartier der Hersfelder Äbte. – **Muhlystr. 17** von 1656 mit reichen Schnitzereien an den Eckpfosten, interessanter Tür, im Obergeschoß Stuckdecke. – Weiterhin **Paradeplatz 6, Am Lüdertor 1** und **2, Kirchgasse 2** (1650); schlicht, aber schön, das **1. Pfarrhaus**, aus dem 18. Jh. – **Haus Weckesser** (Schloßapotheke, Brunnengasse 7) von 1932: ein interessanter Versuch, die Tradition des Fachwerks wiederzubeleben. – Die reizvollen Straßenbilder im östl. der Schwalm gelegenen Stadtteil **WEICHHAUS** haben ihre Einheitlichkeit seit etwa 1965 immer mehr verloren. Dort steht noch das **Rathaus**, 1843–44 unter Verwendung spätbarocker Teile erweitert und umgebaut, 1977 restauriert.

Domäne am S-Rand der Stadt; längs der Straße nach Alsfeld steht eine große Backstein-**Scheune** in romanisierend-spätklassizist. Formen. *DG*

SCHWALMTAL (Vogelsbergkreis G6)

Rainrod (G6)

Die **ev. Kirche**, 1669–73, ist ein früher Bau aus der Gruppe der Fachwerkkirchen des → Vogelsberges. Wie die zeitlich vorangehende in Zeilbach hat auch sie einen »Triumphbogen«, doch ist der Grundriß gestreckter; das barocke W-Portal mag vom Ende des Ausbaus ca. 1729 stammen. *DG*

SCHWARZENFELS (H9) → **Sinntal** (Main-Kinzig)

SCHWEBDA (K3) → **Meinhard** (Werra-Meißner)

SCHWEINSBERG (E6) → **Stadtallendorf** (Marburg-Biedenkopf)

SEEHEIM (Darmstadt-Dieburg D12)

Die **ev. Pfarrkirche** ist eine frühgot. Chorturmkirche, deren Langhaus mehrfach verändert wurde, besonders 1820. Damals entstanden die klassizist. Emporen auf 3 Seiten. Im Chorraum sind Reste von Wandmalereien erhalten. Die Orgel gehört dem 18. Jh. an.

Das **Rathaus** ist ein bedeutender Fachwerkbau mit steinernem Erdgeschoß. Es wurde 1599 auf winkelförmigem Grundriß erbaut. An der W-, S- und O-Seite finden sich hohe Giebel, so daß die W-O-Richtung als Hauptachse des Gebäudes erscheint. Die Bund- und Eckpfosten werden von Streben und Kopfknaggen abgestützt; die Brüstungsfelder unter den Fenstern zieren Rauten und Andreaskreuze. Die Fenster selbst sind mit den hier üblichen Fenstererkern versehen. Einige Pfosten und Riegel hat man mit Schnitzereien zusätzlich verziert. Im Obergeschoß liegt ein großer, in S-N-Richtung orientierter Saal. Vor der W-Seite steht ein alter Laufbrunnen.

Einige **Fachwerkhäuser** sind noch erhalten, so **Bergstr. 7** (Hofportal von 1612) und **Kirchstr. 3** (um 1600). **Bergstr. 3** (das ehem. Pfarrhaus) ist ein 2geschossiger Steinbau von 1589; das Hoftor trägt die Daten 1582 und 1590; der Giebel wurde im 19. Jh. verändert.

UG

SELIGENSTADT (Offenbach E10)

Gegenüber dem Zug des waldreichen Spessartgebirges breitet sich, überragt von den Türmen der Abteikirche und geschmückt mit der Schaufront der Kaiserpfalz, das Städtchen am Scheitel eines weit schwingenden Main-Bogens aus.

Günstige Verkehrslage am schiffbaren Main und an einer Kreuzung der alten Heerstraße längs des Flußufers mit einem W-O-Weg bestimmte die wirtschaftliche Rolle der Stadt im Mittelalter als Umschlagplatz für Wein und Wolle. Ein römisches Limes-Kastell (um 260 zerst.) erstreckte sich von der Kaiserpfalz am Flußufer bis über den Marktplatz hinaus. Seine Badeanlage stand am Ausgang der Großen Maingasse. An die militärische Befestigung schlossen sich zwei bürgerliche Siedlungen längs der heutigen Steinheimer Straße und im Abteibereich an. Später fränkisches Königsgut. Ludwig d. Fromme schenkte es Einhard, dem Biographen Karls d. Gr., der hier nach 828 ein Benediktinerkloster gründete. Von seiner Eigenkirche in Michelstadt im Odenwald ließ

Einhard die Gebeine der römischen Märtyrer Marcellinus und Petrus überführen. Seitdem wurde der Ort Seligenstadt genannt. Die Abtei kam 1063 an Mainz, das auch die Oberhoheit der späteren Stadt erlangte. Marktsiedlung mindestens seit dem 11. Jh. Um 1434 wurde hier der Maler Hans Memling geboren. Um 1500 führen Bildschnitzer, Maler und Kunsthandwerker zu einer künstlerischen Blüte. Es bestanden Beziehungen zu Matthias Grünewald, der in Aschaffenburg lebte und 1528, vor seinem Tod in Halle, Seligenstadt als Aufenthalt seines Adoptivsohnes und Erben angab. 1803 fiel der Ort an Hessen-Darmstadt. Die Verlagerung des Verkehrs brachte im 19. Jh. wirtschaftlichen Stillstand mit sich. Das reizvolle alte Stadtbild blieb deshalb erstaunlich rein bewahrt.

● **Einhards-Basilika**, ehem. Benediktinerabteikirche, seit 1812 kath. Pfarrkirche

Als größte erhaltene Basilika der Karolingerzeit ist sie von außerordentlicher historischer Bedeutung. Einhard begann den Bau zwischen 831 und 834 mit Unterstützung der kaiserlichen Familie. Er wurde 840 in der fertigen Kirche beigesetzt. Der Gründungsbau ist eine 3schiffige, flachgedeckte Pfeilerbasilika mit weit vorspringendem Querhaus und urspr. einer Halbkreis-Apsis im O. Er hat sich in seiner Substanz zum größten Teil im heutigen Bau erhalten (Mittelschiffswände und Querhaus bis zum Dachansatz). Im 11. Jh. wurde der Kirche eine Zweiturmfront vorgelegt. Die schlichte halbrunde Apsis genügte den liturgischen Forderungen des Hochmittelalters nicht mehr: Verlängerung des Chores und Einbau des Vierungsturmes vor 1253. Seitdem beträgt die Gesamtlänge der Kirche 69 m. Den Stuckdekor barocker Lattengewölbe beseitigte die Restaurierung 1868–78. Leider trug man damals auch die W-Front und die Außenwände der Seitenschiffe ab, um sie durch steife neuroman. Bauteile zu ersetzen. Die Wiederherstellung 1937–55 konnte störende Zutaten im Inneren beseitigen und den karoling. Hauptraum weitgehend zurückgewinnen.

Äußeres. Die Fassadenfront von 1868 verfremdet die westl. Umrißlinie der Basilika. Sie steht an der Stelle der abgerissenen frühroman. Doppelturmfassade, der ein spätbarockes Mittelteil eingesetzt war. (Das reiche Portal von 1722 ist an der Wendelinuskapelle in der Frankfurter Straße wieder aufgebaut.) Nur von N bietet sich die langgestreckte Basilika in ihren urspr. Proportionen mit dem weit ausladenden Querhaus dar. Die O-Ansicht der Kirche wird stark von den Um- und Anbauten der frühgot. Zeit bestimmt. Es zeigen sich neben dem mit Strebepfeilern besetzten und durch Rundbogenfenster und Vierpaßoculi gegliederten Chor die Unterbauten zweier Chortürme, die, ähnlich wie in Gelnhausen, den hohen Vierungsturm begleiten sollten. Der frühgot. Vierungsturm trägt eine hohe, spätbarocke Haube mit einer durchbrochenen Laterne und einer vergoldeten Statue des Erzengels Gabriel von 1743. Die S-Ansicht ist durch die angelehnten Klosterbauten teilweise verdeckt, sie tritt aber im Freiraum des Kreuzgangs besonders rein in Erscheinung. Von einer Atriumanlage des 9. und des 11. Jh. vor der W-Front der Kirche wurden Mauerzüge nachgewiesen.

Das *Langhaus*-Innere wirkt trotz seiner Schlichtheit durch den Wohllaut und die Klarheit seiner Verhältnisse festlich. Die Seitenschiffe weisen die halbe Breite und Höhe des Mittelschiffs auf; ein waagerechtes Gesims unterteilt die Schiffswand im Verhältnis 1 : 1. Die Backsteinpfeiler mit (erneuerten) attischen Basen und zartem Kämpferprofil tragen 9 hohe Rundbogenarkaden. Die im 18. Jh. vergrößerten Obergadenfenster wurden wieder dem urspr. Charakter angepaßt. Für das karoling. Stilgefühl ist bezeichnend, daß der Zusammenhang der Wandflächen so wenig wie möglich angetastet wird. Die weich eingebetteten Arkaden wirken wie aus der Mauer herausgeschnitten. Eine straffe, tektonische Gliederung, wie sie die Kunst der Romanik forderte, ist dem Bau fremd. Neben den Durchgängen zu den Querschiffarmen liegen Proben des karoling. Mauerwerks bloß: flache, sehr breite Ziegel und fast ebenso hohe Mörtelfugen. Diese spätantike Mauertechnik erlebte in karoling. Zeit eine neue Blüte. Der Grundriß folgt mittelgroßen Basiliken Roms, während die Betonung des Wandzusammenhangs und die Ersetzung der Säulen durch Pfeiler zur mittelalterl. Baukunst überleitet. Im Querhaus erhielten sich auch die karoling. O-Fenster, nach deren Vorbild die übrigen bei der Wiederherstellung im 20. Jh. ergänzt wurden. Die Spuren der Deckenbalken und der Dachneigung beider Seitenschiffe sowie der Mauerkronenbefund in den anderen Raumteilen ermöglichten die Wiedergewinnung der karoling. Raumhöhen.

Das *Querhaus* war urspr. in 3 Abschnitte unterteilt. Den Mittelraum für den Chordienst trennten vermutlich Längswände von den Querarmen, zu denen sich kleinere Durchgänge öffneten. Etwa 6 Stufen führten im Mittelraum zu einer erhöhten Chorbühne empor, die auch die Apsis ausfüllte. Auf ihr stand der Hauptaltar vor dem Apsisbogen.

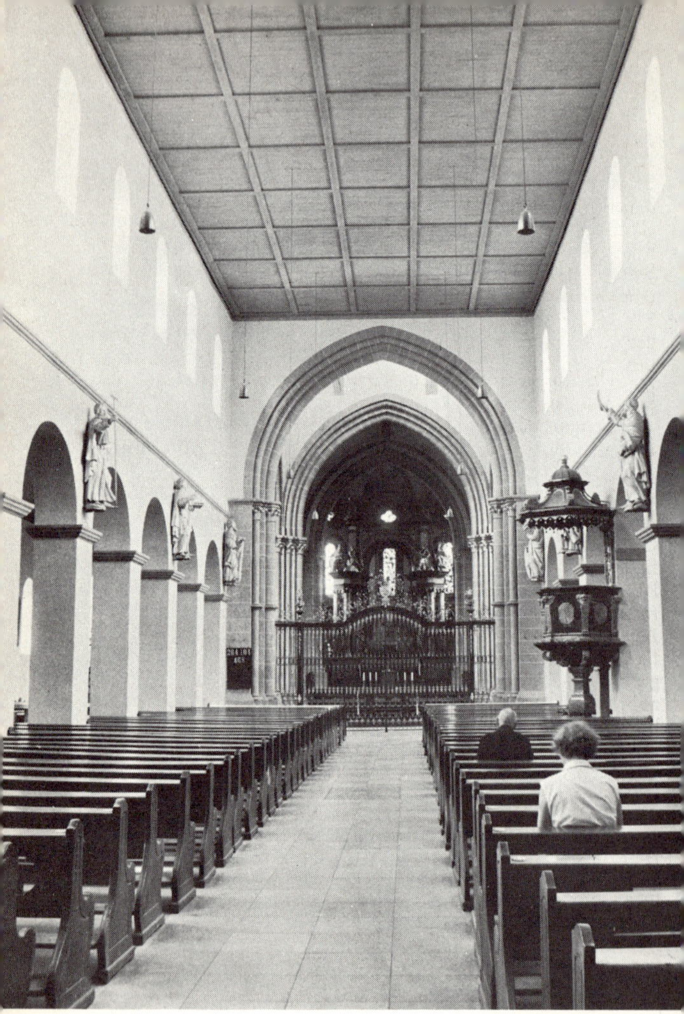

Seligenstadt. Einhards-Basilika. Langhaus nach Osten

Unmittelbar unter ihm lag das Märtyrergrab, dessen Zugang eine Ringkrypta bildete: ein im Halbkreis längs der Apsisrundung entlanglaufender Gang mit Tonnengewölbe. Seine Eingänge öffneten sich in den östl. Winkeln der Querarme. In einem kleinen Raum westl. des Märtyrergrabes standen wohl urspr. die Särge des Stifterpaares Einhard und Imma. (Reste der Ringkrypta erhalten.) Auf der W-Seite des N-Flügels ist noch ein karoling. Portal vorhanden (sog. *Fischertür*). Im N schließt sich ein niedriger Anbau des 11. Jh. an, der ehem. das Abteiarchiv aufnahm. Er ist baugeschichtlich von Interesse als früher Gewölbebau (2 angeputzte Kreuzgrate). Hier ist jetzt der barocke Stiftersarkophag untergebracht.

Im 2. Viertel des 13. Jh. wurden *Vierung* und *Chor* in den ungemein kräftigen, plastischen Formen der spätesten Romanik neu errichtet, die bereits von got. Einzelformen durchsetzt ist. Trotz des ungemilderten Gegensatzes der schlichten, flachgedeckten karoling. Bauteile und der Gewölbejoche des 13. Jh. mit ihren wuchtigen, kraftstrotzenden Gliederungen ist das Ergebnis von hoher Schönheit. Der liturgische Mittelpunkt der Kirche wird von den neuen Bauteilen großartig gefaßt und hervorgehoben. Über den reichprofilierten Vierungsbogen vermitteln Trompen zum Achteck des durchfensterten Turmgeschosses, das ein 8teiliges Rippengewölbe schließt. Das Vorbild für diese Lösung gaben die Vierungstürme der mittelrheinischen Kaiserdome ab. Die reiche plastische Gliederung des Chores mit Fächer- bzw. Kleeblattarkaden in der unteren Zone hängt mit der Marienkirche in Gelnhausen zusammen. Über den Rundbogenfenstern der Apsis wurde jeweils noch ein Vierpaßfenster eingeschoben. Rippengewölbe, Vierungskuppel mit urspr. Quaderfugenbemalung.

Aus der barocken Ausstattung ist der kostbare Marmor-*Hochaltar* von etwa 1715 nach Entwurf von Maximilian v. Welsch hervorzuheben, der aus der zerstörten Kartäuserkirche in Mainz stammt; seine Ausmaße sind daher nicht für den heutigen Standort berechnet. Die Alabasterfiguren der lateinischen Kirchenväter und der weitere Figurenschmuck gelten als das Werk von Burkard Zamels. Aus Mainz stammen ebenfalls die beiden barocken Wandelaltäre im Querhaus mit Vertretern des Alten und Neuen Testamentes. Dort auch mehrere Grabmäler von Äbten. Der schöne barocke Marmorengel des Chorlesepultes vom Beginn des 18. Jh. wurde in das Kriegerehrenmal aufgenommen (südl. Seitenschiff).

Dem kunstfreudigen Abt Petrus IV. (1715–30) verdanken wir einige ausgezeichnete *Steinskulpturen* in der Umgebung der Kirche. Der Abt holte sich wahrscheinlich aus Mainz den begabten Bildhauer Burkard Zamels und ließ sich von ihm zuerst die beiden Figuren der hll. Marcellinus und Petrus am Kirchenaufgang, dann den schwungvollen Erzengel Gabriel am Freihofplatz (1729) und kurz darauf die sehr schöne Kreuzigungsgruppe auf einem klösterlichen Friedhof (nördl. der Kirche, 1730) fertigen.

Die **Klostergebäude** südl. der Kirche enthalten einzelne Reste des 11. Jh.; das heutige Erscheinungsbild ist im wesentlichen aber barock. Im stimmungsvollen Klosterhof die stattliche **Prälatur** oder Neue Abtei von 1699 mit der Wohnung des Abtes und den Gästezimmern für den Kaiser, jetzt als **Museum** eingerichtet (byzantinischer Greifenstoff aus der Abteikirche; gute Skulpturen um 1500; große hölzerne Trinklöffel vom Hänselbrauch süddeutscher Kaufleute, Ende 17. Jh.). – An dem **Kreuzgang** mit Pfeilerreihen des 18. Jh. liegen der **Konventbau** im O, der **Krankenbau** im S und das **Sommerrefektorium** im W; dieses wie der Bibliothekssaal der Prälatur mit Architekturmalerei in der Art von G. F. Marchini aus Como (1729 und 1730). – Der Komplex steht auf den Fundamenten des 11. Jh., die vermutlich den karolingischen entsprechen. Zum Schmuck der weiträumigen Abteianlage gehört ihr **Mauergürtel** mit 2 Barockportalen (1701 und 1720) und der terrassengegliederte **Konventgarten.**

Kaiserpfalz

Neubau des Palas unter Friedrich II. um 1235–40. Das Bauwerk gehört mit den Pfalzen in Wimpfen und Gelnhausen, den Höfen und Ministerialenburgen in Frankfurt, Münzenberg, Wildenburg, Dreieichenhain usw. zu einem von den Staufern entwickelten Verwaltungs- und Befestigungssystem des Reichsgutes am Mittelrhein. Im 15. Jh. bereits zerstört, wurde die Palasruine 1462 in die Stadtbefestigung einbezogen. Freilegung und teilweise Ergänzung 1938.

Erhalten blieben nur die Umfassungsmauern des Palas, der Kaiserwohnung, mit großartiger Schauseite gegen den Main hin. Alle übrigen Teile der Pfalz (Befestigungsanlagen, Torbauten, Wirtschaftsgebäude und Kapelle) sind verschwunden. Die Seligenstädter ist die späteste der deutschen Kaiserpfalzen. Die nördlich der Alpen beispiellosen schloßähnlichen Züge (Schauseite zur Landschaft, Symmetrie der Gliederung ohne Betonung der Mitte) gehen wohl auf den Kaiser selbst zurück in Anlehnung an seine unteritalienischen Bauten. Treppen führten von der Lände am Main empor zu den beiden rundbogigen Eingängen des Untergeschosses. Dazwischen ist ein Altan vorgelegt. Das Obergeschoß gliedern 3 prachtvolle Doppelfenster-Gruppen und

2 Türen, die auf den Altan führen. Die Symmetrie ist nur im großen durchgeführt, die Einzelformen wurden verschiedenartig gebildet, wodurch der strengen Gliederung das Starre genommen wird. – Im I n n e r e n ist für das Untergeschoß eine durchgehende 2schiffige Halle anzunehmen, im Obergeschoß ein heizbares Wohngemach, das Schlafzimmer des Kaisers in der Mitte und ein Saal mit unverglasten Fenstern. Der Zugang zu den Kaisergemächern lag wohl auf der flußabgewandten Seite, wahrscheinlich als Freitreppe zu rekonstruieren. Die kraftvollen, sorgfältig behandelten Einzelformen gleichen denen der Einhards-Basilika (Chor und Vierung).

Rathaus. Ein Neubau von 1823 verdrängte das Rathaus der Renaissancezeit, von dem ein Inschriftstein mit der Jahreszahl 1539 eingebaut ist. Das massive Verwaltungsgebäude des 19. Jh. unterbricht etwas gewaltsam die Reihe der hoch aufgereckten Giebelhäuser mit Fachwerkfronten des 16./17. Jh. rund um den Marktplatz. *GB/EH*

● Eine Gruppe von **Fachwerkbauten** der Spätgotik steht in der **Großen Fischergasse**. Die Häuser **Nr. 1, 3, 5, 6** und **7** gehören mit ihren gebogenen Streben und Bändern den Jahren zwischen etwa 1490 und 1530 an. Durch ihre Zweigeschossigkeit unterscheiden sie sich als Handwerker- oder Fischerhäuser von den großbürgerlichen Gebäuden an den Hauptstraßen. Gleichaltrig ist noch das Haus **Große Maingasse 18.** Auch aus der Renaissancezeit gibt es einige bedeutende Bauten, die sich oft durch farbig renovierte Fassaden auszeichnen. Zu nennen sind: **Markt 5** (Ende 16. Jh.), **7** (Mitte 16. Jh.), **10** (1584), **Aschaffenburger Str. 11** und **13** (1583) und **Römerstr. 4** (Anfang 17. Jh.). – Von besonderer Qualität ist das **Haus zum Einhard** (Aschaffenburger Str. 1/3, nahe dem Markt), 1596. Es besteht eigentlich aus 2 Häusern, deren mit Renaissance-Ornamenten belebtes Fachwerkobergeschoß unter einem jüngeren Dach zusammengefaßt ist. Dem Eck-Erker mit der Inschrift »Selig sei die Stadt genannt, da ich meine Tochter wieder fand« und dem Einhard-Kopf in der Giebelluke liegt eine volkstümliche Sage zugrunde, nach der Seligenstadt seinen Namen von Karl d. Gr. erhalten haben soll. Im Erkerzimmer Stuckdecke (um 1600), ähnlich wie im Rittersaal der Burg Breuberg im Odenwald, vermutlich von Eberhard Fischer aus Babenhausen.

Stadtbefestigung. Am Main-Ufer ist der größte Teil des schon im 13. Jh. erwähnten Mauerringes, der in spätgot. Zeit die Außenwand des staufischen Palas einbezog, mit 2 Wehrtürmen gut erhalten. Ihr Zug ist auch sonst noch zu erkennen. Der einzige von 4 Toren übriggebliebene **Steinheimer Torturm** mit Renaissanceformen, entstanden 1603–05, hat eine beachtliche Höhe, die sonst in dieser Zeit neuerbaute Tortürme aus verteidigungstechnischen Gründen nicht mehr erreichten.

Wasserburg. Als Gartenhaus der Abtei Seligenstadt wurde 1708 zwischen Fischteichen und Gartenanlagen am Waldrand südöstl. der Stadt ein zierliches 2geschossiges Schlößchen errichtet. Der quadratische Bau, der nur über eine Brücke erreichbar ist, hat gequaderte Ecklisenen und ein französisches Dach; ein stuckierter Raum im Obergeschoß war das Prunkgemach.

UG/GB

SELLNROD (F7) → **Mücke** (Vogelsbergkreis)
SELTERS (F9) → **Ortenberg** (Wetteraukreis)

SINNTAL (Main-Kinzig H9)

Schwarzenfels (H9)

Die **Burg** wurde erstmals 1290 genannt und ersetzt die 1276 zerstörte Steckelburg bei Vollmerz. Im 16. Jh. diente sie als Witwensitz und 1604–42 als Sitz der Linie Hanau-Münzenberg. – Die erhaltenen Baureste stammen weitgehend aus dem 16. Jh., nur der Bergfried und einige Mauerzüge gehören noch zur Gründungsanlage. Die Kernburg (Ruine) erhielt anstelle des got. Einganges 1621 ein aufwendiges Renaissance-Portal mit Wappenrelief. Von den Burggebäuden stehen v. a. noch 2 Wendeltreppentürme mit Vorhangbogenfenstern. Die Portale sind 1553 und 1570 bezeichnet. – In der **Vorburg** steht der große **Marstall** mit 2 durchgehenden tonnengewölbten Sälen in Keller- und Erdgeschoß. Die Pflasterung der alten Pferdeboxen ist noch erhalten. Das gotisierende Portal trägt das Datum 1557. Die Vorhangbogenfenster erinnern an Bauten des Meisters Asmus in Steinau. Der **Torturm** mit einem massiven vorkragenden Obergeschoß und einem 8eckigen Fachwerkaufbau entstand 1571.

UG

Bad SODEN-SALMÜNSTER (Main-Kinzig G9)

Salmünster (G9)

Der Ort im Kinzigtal erhielt 1320 Stadtrechte, die an den Abt von Fulda verliehen wurden. Nach mehrfachem Besitzwechsel war die Stadt seit 1742 wieder ganz im Besitz von Fulda, dessen Fürstabt Amand v. Buseck hier eine Kirche erbauen ließ.

Kath. Pfarrkirche (ehem. Kollegiatstift, Klosterkirche)
Das 1319 gegründete Stift bestand bis 1560; seit 1650 Franziskaner ansässig. Neben der 1745 abgebrochenen mittelalterl. Kirche wurde nach dem Plan des Fuldaer Hofbaumeisters Andrea Gallasini 1737–43 ein einfaches Gotteshaus errichtet.

Die Kirche hat kreuzförmigen Grundriß; die O-Fassade ist als Schaufront ausgestattet. Der hohe Fassadenturm mit doppelter Zwiebel und Laterne verändert sich im Aufsteigen vom Acht- ins Viereck. 3 Großplastiken, Immakulata zwischen Engeln, flankiert von den hll. Franziskus und Antonius, stehen in Nischen zwischen Lisenen.

Die reiche Ausstattung des sonst nüchternen Kirchenraumes, 1757 vollendet, stammt von Hyazinth Wiegand und Melchior Egenolf. Der mehrfigurige Hauptaltar mit einem Kreuzigungsgemälde von E. Wohlhaupter wird von 2 Nebenaltären begleitet, die Bilder der Fuldaer Hofmaler E. Wohlhaupter und A. Herrlein tragen. Kanzel und Orgel im Bruderchor, 1701 von Adam Oehninger, vollenden den ganz vom Fuldaer Barock geprägten Gesamteindruck.

Die Franziskaner bauten hinter der mittelalterl. Kirche, teilweise auf der Stadtmauer, 1691–94 ein **Klostergebäude**, das 1737–43 erweitert wurde.

Merkwürdig ist der rechteckige Verlauf der gut erhaltenen **Stadtmauer** um die von einer durchgehenden Straße und dem sie kreuzenden Mühlbach in 4 Quartiere geteilte Stadt.

GB

SOLMS (Lahn-Dill C7)

Oberbiel (C7)

Ehem. Prämonstratenserinnenkloster Altenberg
Das Kloster wurde um 1178 gegründet; unter der Magistra Gertrud (1248–97), Tochter der hl. Elisabeth, erlebte es seinen Aufstieg. 1802 wurde das Kloster aufgehoben; heute beherbergt es die Königsberger Diakonissen. – Die Magistra Gertrud errichtete die Kirche seit etwa 1260–70; im Zusammenhang mit umfangreicher Neuausstattung der Barockzeit wurde sie 1768 restauriert.

Ev. Kirche (ehem. St. Maria und Michael). Anlage und Äußeres sind schlicht. Der $^5/_8$-Chor lehnt sich an ein Querhaus, von dem nur der N-Flügel ausgebildet ist. Der S-Flügel, zwar vorgesehen, ist niemals ausgebaut worden; seine Stelle nimmt die niedrigere Sakristei ein. Das 2geschos- ●

sige Langhaus ist nur 1schiffig. Seine Folge von 6 Jochen wird durch Anbauten nach W verlängert. – Inneres. Kreuzrippengewölbe mit schmalen Profilen überdecken alle Hochräume. Runddienste tragen sie in Chor und Querhaus; die Vierungspfeiler sind nach Art der Marburger Langhauspfeiler mit Gurtdiensten gebildet. Den W-Teil des Langhauses füllt in einer Tiefe von 4, urspr. 5 Jochen eine Nonnenempore auf 2schiffig gewölbter Unterkirche. Das Pfostenmaßwerk der Chorfenster trägt über Knospenkapitellen die beiden Spitzbögen, mit denen ein Kreis verschmilzt.

Die *farbige Fassung* des Innenraumes bevorzugt Rot und Gelb an den maßgebenden Gliedern. Ein gemaltes Gesims umzieht das Langhaus unterhalb der Fenstersohlbänke und Gewölbekonsolen. Darüber ist 1975 graues Quaderwerk mit weißen Fugen wiederhergestellt worden. Der malerische Schmuck, dem auch ein in Umrissen erhaltener Christophorus an der Langhaus-S-Wand und eine Sitzmadonna in der nordöstl. Chornische angehören, gipfelt ● in dem die ganze Wandbreite einnehmenden *Fresko* an der S-Seite der Vierung: Krönung Mariä im Beisein der 12 thronenden Apostel; reichste, stadtbildhafte Architektur steigt hinter den Thronlehnen auf. Das bedeutende Werk entstand gegen 1300. An der Chor-S-Wand Stifterbild mit Madonna um 1400.

Ausstattung. Der hochgot. Hochaltar aus der Zeit um 1340 war einer der wichtigsten seiner Zeit. Nur die Mensa blieb in der Kirche, mit einem Rahmenaufbau von 1609 auf der Empore. (Der Schreinaufsatz kam nach Schloß Braunfels, die gemalten Flügel ins Frankfurter Städel, die Madonna in den Kunsthandel.) – In reichem dekorativem Aufbau präsentiert sich der 2stöckige Hochaltar von etwa 1768; der nördl. Seitenaltar von 1789 ist bescheidener. – Kanzel aus der gleichen Zeit. – Die Breite der Empore nimmt ein barockes Gitter ein. Es umfaßt das Rückpositiv der 2geschos-● sigen Orgel, die Joh. Wilhelm Schöler 1757 erbaute. Der schlanke Prospekt gipfelt in 2 seitlichen Türmen; auf dem Mittelturm steht König David. Das hervorragende Orgelwerk wurde 1974–76 im originalen Bestand wiederhergestellt. – Das einfache Chorgestühl der Empore entstand um 1300; das 18. Jh. fügte die Rückwände hinzu. – Aus der Erbauungszeit stammt im Chor ein 3teiliger Levitensitz.

Grabsteine: Der 1297 verstorbenen sel. Gertrud wurde wohl 1334 die Tumba mit der fein durchgebildeten Figur gesetzt. – In Nischen der Querhaus-N-Wand ein Äbtissinnen-Grabstein des Weichen Stils und die Figur des Grafen Heinrich d. Ä. v. Solms-Braunfels († 1258). Der Typ gehört dem 13., die Ausführung wohl erst dem 14. Jh. an. – Am Kanzelaufgang der Grabstein des knienden Grafen Bernhard II. v. Solms († 1459), darüber das

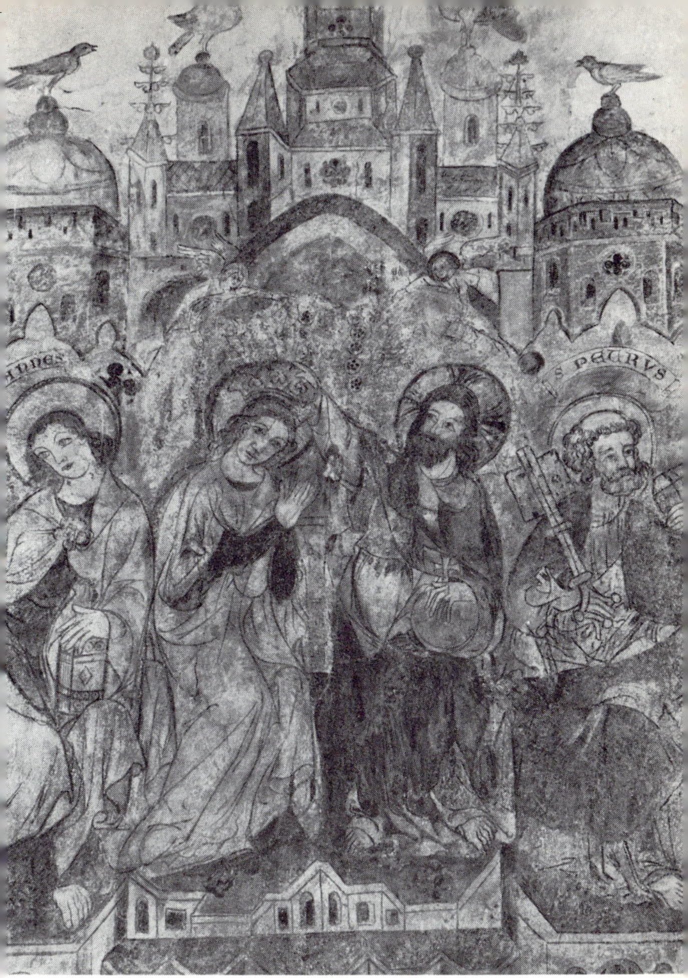

Altenberg. Ehem. Klosterkirche. Marienkrönung
Fresko in der Vierung (Ausschnitt)

Relief einer Verkündigungsdarstellung unter vorkragendem Baldachin, vorzüglich in der materialmäßigen Ausarbeitung.

Die noch weitgehend frühgot. **Klostergebäude** betraf 1952 eine Brandkatastrophe (wiederhergestellt). Der **Kreuzhof** ist in der Mitte durch einen an alter Stelle neu erbauten Gang, die »Laub«, geteilt. Südl. an den Chor stößt der **»Neue Bau«**; sein Portal ist 1705 bezeichnet. Östl. gegenüber liegt noch ein frühgot. Gebäude; es enthält die **Küche** des Priors mit 6 quadratischen Kreuzgewölben auf 2 Rundpfeilern. Nordöstl. schließt ein **Wirtschaftshof** an.

DG

SONNENBERG (BC10) → **Wiesbaden**

SONTRA (Werra-Meißner I4)

Der Ortsname ist wesentlich älter als die erste Erwähnung 1232; 1368 verlieh Heinrich II. von Hessen die Stadtrechte. Doch erst 1433 fiel Sontra nach langem Streit um den Besitz der Stadt endgültig an Hessen. Bedeutung und Reichtum der »Berg- und Hänselstadt« beruhten v. a. auf dem Kupferschieferbergbau im Richelsdorfer Gebirge, für den Berggericht und Bergamt in Sontra eingerichtet wurden, und auf ihrer Handelsbedeutung als Hansestadt. Der Wechsel zwischen Einstellung und Wiederaufnahme des Bergbaues prägte sich auch in Stadtentwicklung und Stadtbild aus, so zuletzt bei Anlage der großen Siedlungen 1937–38. Die Gebietsreform brachte 1971–72 die Eingemeindung von 14 Dörfern und den Übergang in den Werra-Meißner-Kreis. Seit den 1960er Jahren hat der Fremdenverkehr zum Aufschwung wesentlich beigetragen.

Ev. Stadtkirche (St. Maria und Georg). Der hochliegende Bau entstand 1477–93 anstelle einer Vorgängerin als 2-schiffig-asymmetrische Hallenkirche von 4 Jochen; der 2-jochige Chor mit 3/8-Schluß setzt das Hauptschiff fort. Mit dieser Anlage schließt sich Sontra dem Bettelordenstyp der hessischen Hallenkirchen an, den Hessisch Lichtenau zuerst für eine städtische Pfarrkirche im 14. Jh. übernommen hatte (vgl. Rotenburg, Altstadtkirche). Die gekreuzten Stäbe der spitzbogigen Portale und das Fischblasenmaßwerk der Chorfenster kennzeichnen die spätgot. Stilphase (am südl. Seitenschiff 1840 – nicht 1804 – erneuert). Der mächtige W-Turm galt bisher als spätromanisch und die daran befindliche Inschrift des Maurermeisters Peter Fleischhuet aus Neumorschen als Hinweis auf eine Erneuerung; nach jüngeren Forschungen scheint es aber, daß der Turm in den

Jahren 1601–04 weitgehend oder vollständig neu gebaut worden ist, einschließlich des 8eckigen Oberbaus, der zuvor auf 1619 datiert wurde. Die einstige Galerie ist – im frühen 19. Jh.? – verlorengegangen. Die Schmuckformen des rundbogigen Turm-N-Fensters mit Kugelbesatz, früher für romanisch angesehen, sind demnach Zeichen einer romanisierenden Renaissance. – Das Innere mit einfachen Kreuzgewölben und Rundpfeilern ist schlicht, hat aber nach dem Brand von 1558 den Schmuck einer neuen farbigen Fassung erhalten, die 1934 freigelegt werden konnte. Bemerkenswert ist v. a. die Rankenmalerei von 1568, die die Säulen umwindet.

Die *Orgel* mit 3 Türmen und 2 doppelten Zwischenfeldern, 1710 bis 1711, entspricht dem norddeutschen Typus; ihr Schöpfer, Joh. Adam Gundermann aus Wommen, ein Meisterschüler Arp Schnitgers, starb im Vollendungsjahr. Das Werk wurde 1934 weitgehend vernichtet; die 1759 von Joh. Schlottmann hinzugefügten Flügel wurden 1964 wie in der Rotenburger Altstadtkirche (vom selben Orgelbauer) abgebrochen. – In der Turmhalle steht der einfache Figurengrabstein des Ritters Philipp v. Diede, 1568.

Über hohem steinernem Unterbau errichtete Zimmermeister Jakob Schalles 1668–70 das **Rathaus**, 2geschossig mit mehrgeschossigem Giebel zum Markt, und mit Dachreiter. Neben Mannformen haben Andreaskreuze unter den reichlich gesetzten Fenstern Verwendung gefunden. Im Portal hat sich auch die originale 2geschossige Tür erhalten, deren Arkaturen-Schmuck an gleichzeitige Kanzeln erinnert. Ein westl. Anbau erfolgte 1868.

Auf 2 silbernen Schützenkleinodien aus der Spätgotik sind Christus zwischen Maria und Johannes bzw. der hl. Sebastian zwischen 2 Bogenschützen dargestellt.

Das Stadtbild hat durch den Brand von 1821 erhebliche Einbußen erlitten; der Wiederaufbau erfolgte zwar in Fachwerk, aber in recht einfachen Formen. Im südl. Teil der Stadt blieben jedoch bedeutendere Häuser erhalten: **Marktpl. 16** (nach Mitte 17. Jh.), **Bahnhofstr. 3** (1659), das **Pfarrhaus** (Kirchgasse 12) von 1770.

Berneburg (I4)

Am südwestl. Ortsrand liegt die **Kemenate**, ein in got. Zeit erbauter Wohnturm, der dem Cyriaxstift in Eschwege gehörte, 1435 zuerst erwähnt. Er war später an die Stein zu Liebenstein und dann an die v. Biedenfeld verlehnt (heute Ackermann). Der einstige Wassergraben ist eingeebnet. Der Turm auf fast quadratischem Grundriß wächst in 5 Geschossen auf, von denen das obere Doppelöffnungen besitzt. Hochgelegener Eingang an der N-Seite. Von den anschließenden Hofgebäuden stammt das 1974 vorbildlich restaurierte Fachwerk-Wohnhaus aus d. J. 1656.

Mitterode (I4)

Die **ev. Vikariatskirche** stammt im Mauerwerk des Querwestturmes und Schiffes aus dem 13. oder 14. Jh.; vor 1500 bereits entstand die Fachwerkaufstockung des Schiffes, 1580 wurde der Chor angebaut, ebenfalls in Fachwerk. Eine einheitliche Stichbogentonne faßt seit etwa 1700 Chor und Schiff innen zusammen. – Bemerkenswert ist die umfangreiche Barock-*Ausmalung*: Wolkenhimmel mit Sonne, Sternen und Engeln; Landschaftsbilder am W-Abschnitt der Empore; reiche Rankenmalerei desselben Meisters wie in Wichmannshausen an Chorständen und Gestühl. – Auf schwungvoller Régence-Empore steht die Orgel, 1728 von Joh. Eberhard Dauphin aus Iba. Kanzel 2. Hälfte 17. Jh.

Stadthosbach (I4)

Die **ev. Kirche** ist ein amphitheatralischer Quersaal nach dem Muster von Küchen (→ Hessisch Lichtenau), 1828–29 von Joh. Friedrich Matthei errichtet.

Wichmannshausen (I4)

● **Ev. Pfarrkirche** (St. Martin). Der quadratische Chorturm ist im Untergeschoß romanisch, im Obergeschoß von 1484. 1702 wurde das Schiff neu erbaut und 1714 ausgemalt. Den Saalbau gliedern doppelte, 3seitig umlaufende Emporen; sie tragen eine Mittelraumtonne. Der Typ verbreitete sich im hessisch-thüringischen Grenzgebiet unter Einfluß der Schloßkapellen von Rotenburg und Schmalkalden. Unmittelbares Vorbild war die Residenzkirche Marksuhl bei Eisenach, 1667.

Die *Ausmalung* mit reichem barockem Rankenwerk schließt gut an die spätgot. Chorausmalung (mit hl. Martin) an. Schwungvolle Akanthus- und Blumenmotive bedecken das ganze Holzwerk und Teile der Wände. Außerordentlich saftige, quellende Blattformen, die zur Füllung der Emporenfelder, Gestühlswangen und -lehnen, zur Umrahmung der Fenster verwendet wurden, bilden das dekorative Hauptmotiv. Für die Ausmalung in Wichmannshausen ist wie für diejenige in der Filialkirche [Wehretal-]Hoheneiche, in Mitterode (s. o.) und Richelsdorf (→ Wildeck) weitgehend derselbe Meister verantwortlich – das verrät die unverkennbare »Handschrift« in den Akanthusranken, den Blattmanschetten, der Pinselführung und Farbverteilung. Die Tonne ist als Wolkenhimmel mit Gestirnen gemalt. – Ausstattung. Die Orgeln hier und in Hoheneiche baute Joh. Eberhard Dauphin gleichzeitig 1730–31; er starb während der Abschlußarbeiten. Die Bemalung der Orgel in W. holte man 1768 mit Rokoko-Elementen nach. – Kanzel um 1700. – Im Chor der Pfarrkirche erinnert das klassizist. Grabmal der Caroline an die Legende der 3 Jungfrauen von der Boyneburg und des Opfertodes im Gewitter. ●

Die **Boyneburg** liegt östl. oberhalb von Wichmannshausen auf einer Bergnase. Anstelle einer älteren Befestigung angelegt, war sie wohl um 1100 im Besitz der Grafen v. Northeim, nach deren Aussterben sie nach 1144 als Reichsfeste ausgebaut wurde. Dreimal ist Friedrich Barbarossa hier nachweisbar; bei seinem Aufenthalt 1188 wurde eine Kapelle geweiht. Seit 1292 verwalteten die Herren v. Boyneburg die Burg für Hessen, dessen Reichsfürstenstand rechtlich auf den Reichslehen Eschwege und Boyneburg beruhte. Im späteren 15. Jh. aufgegeben, verfiel sie seit dem 30jährigen Kriege. Erhalten ist nur wenig von der einst umfangreichen Anlage: Reste der got. Kapelle über dem innersten Tor, 2 Seiten des 5eckigen Bergfrieds im SW.

DG

Bad SOODEN-ALLENDORF (Werra-Meißner I3)

Um die Salzquellen bei Allendorf kämpften schon Chatten und Hermunduren, später Hessen und Thüringer. Vorgeschichtliche Besiedlung ist nachgewiesen; germanische Befestigung gab es im 1. Jh. Nach der Schlacht von Burgscheidungen (531) waren die Franken im Besitz des Gebietes; sie gründeten den Königshof Westera auf dem rechten (»thüringischen«) Werra-Ufer. Den Hof und die auf dem linken Ufer liegenden Salzquellen schenkte Karl d. Gr. 776/779 dem Kloster Fulda. Um 1192/1216 erwarb der Landgraf von Thüringen die Güter des Klosters. Alsbald gründete er die Stadt Aldendorf neben dem »alten Dorf« bei Westera, dessen grundherrliche Eigenkirche mit in die Mauer einbezogen wurde (vor 1229). – Sooden erscheint seit dem 12. Jh. unter selbständigem Namen; 1264 fielen beide Orte an den Landgrafen von Hessen, als dieser sich mit Meißen verständigte. Vollen Stadtcharakter besaß Sooden nicht, doch stadtähnliche Anlage unter der Westerburg. Beide Orte haben annähernd halbkreisförmigen Umriß, Allendorf mit gitterförmigem Straßennetz. Die verbindende Brücke, heute 3teilig, wird 1326 zuerst erwähnt. – Die Salzgewinnung in den Sooden erfolgte durch die »Pfännerschaft« (unter diesem Namen zuerst 1413), die das Salzwerk ab 1540 an den Landgrafen verpachtete. Seit 1881/82 überflügelte das Solbad die Saline. – Die Verwaltung beider Orte wurde 1585 teilweise, 1807 vollständig getrennt, 1929/30 wieder zusammengeschlossen. – 1637 wurde Allendorf gänzlich niedergebrannt; in Sooden verbrannten die Salzkote und 5 Häuser. Erneute Schäden erlitt die Doppelstadt bei Beschießung durch die Amerikaner 1945. – In den Sooden waren im späten 18. und frühen 19. Jh. bedeutende hessische Landbaumeister (Reutel und Matthei) ansässig.

Allendorf

Ev. Stadtkirche (Hl. Kreuz)

1218 schenkte Landgraf Ludwig IV. die Kirche in »Aldendorf« dem Eisenacher Katharinenkloster. Von ihr oder von einem bald darauf etwa erfolgten Neubau stammt der älteste Teil des heutigen Baukörpers, erkennbar in der S-Wand des chornahen Schiffsteiles, die als Querhausstirnwand einer Kreuzkirche oder vermauerte Arkadenwand einer Basilika gedeutet werden kann. Eine Erweiterung in der 1. Hälfte des 14. Jh. brachte das Schiff zur heutigen Ausdehnung. Für die Spätgotik bietet nur der Turm, der die N-Seite in Flucht der W-Fassade flankiert, ein Datum: 1424. Etwa gleichzeitig wurde aber auch das Schiff erhöht und ausgebaut, der Chor neu errichtet. Wenig jünger ist die Doppelkapelle an der O-Seite des Turmes. Nach dem Brand 1637 begnügte man sich mit einer Flachdecke. 1715–19 gab v. Hattenbach dem Turm seine heutige Bekrönung. 1840 erfolgte eine ungünstige Innen-Restaurierung. Renovierung 1958/59.

Der hohe Turm mit der mehrstufigen Haube über einer offenen Laube gibt dem Allendorfer Stadtbild die charakteristische Erscheinung. Der Turm selbst und die »Neue Kapelle« sind in gutem Quaderwerk errichtet. Sonst ist das Äußere schmucklos; die unterschiedlichen Fenster, das wechselnde Material und einige Baufugen geben über die Baugeschichte Auskunft. Innen erkennt man an den Wänden des Langhauses die Spuren der 1637 zerstörten Gewölbe, die sich auf eine mittlere Pfeilerreihe der symmetrisch 2schiffigen Halle stützten. Der doppelte Triumphbogen, der die beiden Schiffe in den gemeinsamen Chor überleitete, wurde 1840 durch einen einzigen Bogen in Holz ersetzt. Der Chor hat noch sein got. Kreuzrippengewölbe auf Konsolen.

Ausstattung. Barocker Altartisch. – Sehr prächtig dekoriert ist die Kanzel, 1684 von Heinrich Erdinger: Sie ruht auf einer weinlaubumwundenen Säule; gedrehte Säulen zieren den Korb; auf dem Schalldeckel ein Pelikan. Der gleichen Zeit entstammt der Pfarrstand. Die gute neugot. Orgel, 1841–43 als symmetrisches Gegenstück zu derjenigen der Neustadtkirche in Eschwege von Friedrich Krebaum erbaut, 1959 zerstört; 1973 wurde die nachbarocke Orgel (1871–72 von Georg Friedrich Wagner) der teilzerstörten Kirche in Weißenbach als Positiv überführt.

Die **Marktkirche St. Nikolai** wird 1332 zuerst erwähnt, 1637 zerstört. Die Gründung einer Johanniskirche durch Bonifatius und ihre Lage an der Stelle des heutigen Rathauses gehört ins Reich der Legende.

Vor dem N-Ende der Stadt liegt das 1363 zuerst erwähnte **Hl.-Geist-Spital**, dessen got. **Kapelle** bis auf den Chor erhalten ist. Der Innenraum wurde gleich nach der Erbauung im früheren 14. Jh. und zweimal im 15. Jh. ausgemalt (Malerei 1956 freigelegt). Von der älteren Schicht ist an der unteren N-Wand noch die Parabel der 10 Jungfrauen zu erkennen. Die spätgot. Ausmalung bevorzugt Heilige, die von Pilgern und in Spitälern verehrt wurden (Jakobus, Jodokus, St. Alexius unter der Treppe), ferner die seltene Darstellung der Hostienmühle, um 1489(?). Am Obergaden eine nicht in allen Teilen sicher gedeutete Szenenfolge aus dem Leben der hl. Elisabeth, wie die genannte Alexius-Darstellung um 1440 entstanden. So auch die große Kreuzigungsdarstellung, welche die Füllwand des Triumphbogens einnimmt – der Chor war also damals schon abgebrochen. – Außen lehnt sich gegen diese Wand der Rittergrabstein des Segehard Emmichen († 1371), in Ritztechnik.
Nach W schließt sich in einfachem Fachwerk der barocke **Hospitalbau** an. – Die got. Umfassungsmauer bewahrt ihr Spitzbogentor.

Vor dem Friedhof steht die **Totenhalle**, vermutlich aus dem 18. Jh., ein kreuzgangartiger Laubenhof in Holzkonstruktion von malerischer Erscheinung.

Die **kath. Kirche St. Bonifatius** ist eine eindrucksvolle Schöpfung von J. Westermeier, 1957–58. Die bewegte Linienführung der durchlichteten Schmalwände und der Decke gibt dem Innenraum ein hohes Maß an Lebendigkeit. Hervorzuheben sind die Bronzewerke von Karl Franke: Ambo, Tabernakel und das offene Kreuz über dem Altar, den ein Zellengewölbe überfängt. Die Fenster schufen Heinz Hindorf und Ursula Koschinsky.

Das **Alte Rathaus** wurde als Kemenate der Herren v. Bischofshausen 1381 erbaut, 1430 zum Rathaus eingerichtet, heute Staatl. Forstamt. Den im 19. Jh. veränderten Steinbau zeichnet ein steiler Staffelgiebel aus. – Ein jüngeres **Rathaus** verbrannte 1637; der Ersatzbau wurde aus Sooden alt gekauft und 1690 durch das Tuchhaus erweitert.

Stadtbild ●

Aus der vollständigen Zerstörung durch die Kroaten i. J. 1637 erhob sich die Stadt wie ein Phönix aus der Asche. Der Wiederaufbau, der in der ärgsten Zeit des 30jährigen Krieges erfolgte, war in wenigen Jahren (1638–43) in der Hauptsache durchgeführt. Und es handelte sich nicht um Notbauten! Das Prachtgewand, das die Stadt Allendorf sich gab, übertraf damals und übertrifft noch

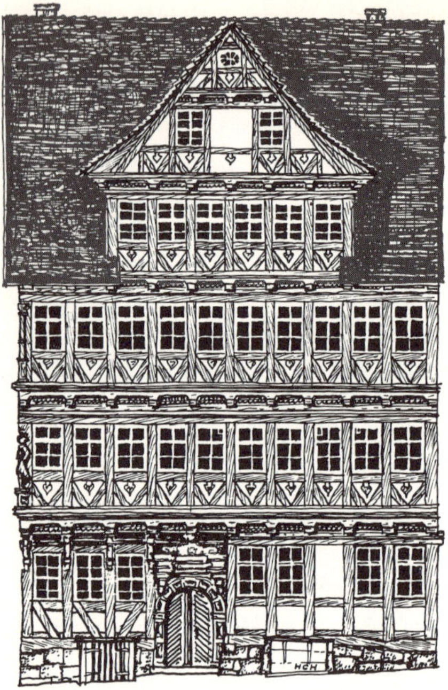

Allendorf. Ehem. Haus Odenwaldt (jetzt Haus Bürger)

heute an Glanz und Reichtum den Gesamtcharakter fast jeder anderen hessischen Fachwerkstadt. Typisch für den Allendorfer Wiederaufbau ist die Traufenstellung. Zur Straße wenden sich nur noch bei bedeutenderen Bauten die allerdings z. T. sehr aufwendigen Giebelausbauten. – Auch hier erfolgten Eingriffe seit den 1960er Jahren.

Nahezu geschlossen haben sich die Fachwerkwände der **Kirchstraße/Södergasse** erhalten, die von der Kreuzkirche zum Markt führt. Das Eckhaus von der Brückengasse zur Kirche hin entstand 1638, das Nachbarhaus gegen 1640, der folgende Bau wurde 1638 in Lengers bei Friedewald gekauft und hierher übertragen. Das Eckhaus an der

Brückenstraße rechts stand 1639; der Bauherr erzwang das halb nach innen gerückte Untergeschoß des Nachbarhauses, Kirchstr. 29. Dieses **Haus Odenwaldt** (jetzt Haus Bürger; auch der »Löwe« genannt), ist einer der beiden prächtigsten barocken Fachwerkbauten Allendorfs. Der Zimmermeister hinterließ nur seine Initialen I M und die Jahreszahl 1639. Das Haus entwickelt sich mit seiner 10-Fenster-Front stattlich in die Breite; zur Höhe von 3 Geschossen tritt der sechsfenstrige Giebelausbau. Die Fensterfülle ließ nur die Ausbildung von Fußstreben zu, während die anderen Allendorfer Häuser meist zwischen Wilder-Mann-Konstruktion und verschieden reich gestalteten Brüstungskreuzen wechseln. Unter den Fenstern hängen reizende Herzornamente. Figürlich gebildet sind Pfosten und Knagge der Ansichtsecke. Das Portal entlehnte seine Quaderung aus der Steinarchitektur. – Derselbe Baumeister errichtete 1642–44 auch das **Haus Schmidt** (heute Eschstruth; Kirchstr. 59). Die etwas schmalere, im Erdgeschoß 1898 veränderte 8-Fenster-Front belebt ein 2giebliger Erker (geschweifter Abschluß neu). – Ansehnlich ist das gegenüberliegende **Haus Würstschmidt/Kraus** (Kirchstr. 46) mit 2geschossigem Erker. – Am Markt entstand durch Umbau zweier Häuser (jetzt Kirchstr. 79) das klassizist. **Haus Kreger**, 1837. Es enthält noch eine ansprechende Innenausstattung des Biedermeier.

Von der doppelten **Stadtmauer** steht noch der innere Ring bis auf den Teil im NW. Den Charakter des frühen 13. Jh. kennzeichnet die Verwendung großer Quader und ausgleichender Rollschichten. 2 Mauertürme sind in größerem Umfang erhalten.

Im SO oberhalb der Stadt und über der Werra ließ Adolf v. Gilsa sich 1891 das **Schloß Rothestein** als historisierenden Prachtbau errichten.

Die **Werra-Brücke** schwingt in 3 Teilen über die Flußarme. Ein Grundstein von 1578, zwischen der mittleren und östl. Brücke aufgestellt, verweist auf den von Hans Wetzel unternommenen Neubau, von dem die östl. Brücke erhalten blieb.

Sooden

Die **ev. Pfarrkirche** (St. Marien) ist teils gotisch, teils barock. Ihr Chor lag wohl erst im O. Die symmetrisch-2schiffige Hallenkirche verbrannte 1637. Der Wiederaufbau begnügte sich mit einer Flachdecke, doch ließ Landgraf Karl 1699 im W einen Turm anschließen, in dessen Quadrat sich innen ein $^5/_8$-Chor schmiegt. Seine Formen gotisieren. 1705 entstanden Fenster, S-Portal, Freitreppe und Giebel des Schiffes.

Ausstattung. Altar, Kanzel und Orgel sind barock – der Altar ein 5füßiger Tisch, die Kanzel 1702 mit flachem Pilasterkorb. Die stattliche Orgel mit Baßtürmen und Kurhessens einzigem erhaltenen Rückpositiv entstand inschriftlich 1756; das Ornament mit dem doppelt gebrochenen Band wird erst damals in Osthessen heimisch.

Das Stadtbild reicht nicht an Allendorf heran, ist aber doch malerisch und reizvoll. Einige Bauten der Gründerzeit ausgenommen, fügen sich alte **Fachwerkhäuser** (teils älter als 1637) und jüngere Kurbauten gut zusammen. Das einstige **Salzamt** wurde 1782 erbaut, mit hübscher Rokoko-Tür. – Der Nachbarbau von 1631 mit steinernem Untergeschoß und Fachwerkoberbau (Wilder Mann) enthält die **»Pfennigstube«**, worin der Allendorfer Rat nach Zerstörung des dortigen Rathauses (1637) tagte. Eine Pavillonhaube mit Laterne krönt den Bau. Davor der steinerne Gerichtstisch.

Das **Söder Tor** entstand 1705; die rundbogige Durchfahrt begleitet ein Pförtchen mit dem landgräflichen Wappen. Heiter und reizvoll ist die Dachgliederung: Ein Giebelquerbau durchkreuzt das Walmdach; darüber wächst eine schlanke Laterne auf.

Städt. Heimatmuseum in der Wache des Söder Tores: Volkskunst, Töpferkunst, hölzerne Weinpresse als Zeugnis einstigen Weinbaues an der Werra, Geschichte der Saline u. a.

DG

Oberrieden (I3)

Ev. Pfarrkirche. Den schlichten Bau im Zopfstil errichtete Reutel 1786. Die Turmstellung inmitten der südl. Breitwand läßt außen an einen Quersaal denken, das Innere ist jedoch längsorientiert. Osthessens begabter Landbaumeister Matthei nahm von diesem Typ seinen Ausgang (vgl. Küchen). – Die Orgel erbaute Georg Peter Wilhelm aus Kassel 1798–99.

DG

SPANGENBERG (Schwalm-Eder H4)

Die Stadt staffelt sich in eindrucksvoller Lage über dem Pfieffetal empor an einem Berghang des Stölzinger Gebirges, überragt an der Talseite vom Burgberg, der die Straße »durch die langen Hessen« beherrschte. Die Erbauung der Burg, nach 1214, rechnet man den Herren v. Treffurt zu, die wohl auch die 1261 bezeugte Stadt gründeten. Trotz der starken Niveauunterschiede des Ge-

ländes ist das Gitternetz des fast quadratischen Stadtgrundrisses planmäßig angeordnet. Von den Mauern, die auch die zwischen 1338 und 1354 gegründete Neustadt umschlossen, stehen noch beträchtliche Teile mit 3 der urspr. 9 Türme. 1350 ging die Herrschaft Spangenberg durch Kauf an Hessen über.

Burg

Von der treffurtischen Anlage des frühen 13. Jh. ist der 126 m tiefe Brunnen mit gewölbtem Keller darüber erhalten. – Drei weitere Bauzeiten folgen: der Neubau der Burggebäude nach etwa 1350 (hier waren Otto d. Schütz, † 1366, und Margarethe v. d. Saale ansässig); der Umbau zum befestigten Wohnschloß unter Wilhelm IV. (1567–92) und im Frühbarock der Ausbau zu einer so starken Festung, daß ihre Einnahme im 30jährigen Krieg trotz 3jähriger Belagerung nicht gelang. Vom späten 18. Jh. bis 1866 diente die Festung als Staatsgefängnis (hier saß z. B. der Orgelbauer Johannes Schlottmann); 1907 zog die Forstlehrlingsschule ein. 1945 wurde die Burg beschossen und brannte aus; dem Wiederaufbau bis 1952 folgte die Einrichtung eines Heimatmuseums; jetzt vorwiegend Hotel.

Die stattliche und geräumige Baugruppe erhebt sich auf einer Kalkschieferkuppe zwischen Spangenberg und Elbersdorf in beherrschender Lage. Ein schmaler Torweg führt in die äußeren Bastionen, deren schärfst gewinkelte im W einen beherrschenden Ausblick auf das Pfieffetal bietet. Äußere und innere Bastion trennt ein breiter und tiefer Graben, den von W her eine Zugbrücke überschritt (jetzt eine feste Brücke). Im westl. Vorhof steht das ehem. Wachhäuschen, klassizistisch. Die Brücke führt auf den spätgot. Vorbau des Tores, das – vom mächtigen, bergfriedartigen Treppenturm überragt – im Zuge der geschlossenen Umbauung des unregelmäßig langgezogenen Hofes liegt. Als Sockel dieser eigentlichen Burg springt die terrassenförmige innere Burgbastion Landgraf Wilhelms mit je 3 niedrigen Rundtürmen gegen den Graben vor. Die Gebäude lassen verschiedene Bauperioden erkennen. Got., z. T. spitzbogige Fenster zeigt der südöstl. Gebäudeteil. Das Fachwerkgebäude an der O-Seite des Hofes 1952 wiedererrichtet. – Im NO-Flügel hat sich ein rippengewölbter Raum erhalten, im Schlußstein ein Ochsenkopf. – Steinerne Brunnenschale der Renaissance mit Beschlagwerk und Köpfen.

An der **ev. Stadtkirche** (St. Johannes d. T.) wurde vom 13. bis ins 16. Jh. gebaut. 3 Turmuntergeschosse und das urspr. flachgedeckte Mittelschiff sind spätestromanisch, dieses jedoch im späten 13. Jh. und um 1400 zur Pseudobasilika umgebaut. Der asymmetrisch-

2schiffige Chor ist in Maßwerk und Gewölben spätgotisch; eindrucksvolle Raumwirkung. 1974 gute Renovierung. Die weitgehend neugot. Ausstattung (1862–64) steht in belebendem Farbkontrast zum Raum. – Vesperbild im Chor (um 1480/1500, wohl thüringisch), sehr klarer Formaufbau. – Die barocke Grundform der Orgel von Johannes Schlottmann (1783–86) blieb bei der Gotisierung des Prospektes durch Hoffmann 1859 erhalten. – In der N-Vorhalle die vorzügliche Tumba der Landgräfin Anna († 1462) und, weniger künstlerisch, aber historisch bedeutsam, der Grabstein der Nebenfrau Philipps d. Großmütigen, Margarethe v. d. Saale († 1566).

Die kleine 1schiffige **Kirche** des 1338 gegründeten **Hospitals** trägt an den Wänden spätgot. Malereien (Kreuztragung). Der **Hospitalbau** selbst (jetzt Altersheim) ist ein 2geschossiger Fachwerkbau der 2. Hälfte des 16. Jh.; hinter ihm ein parkähnlich ausgestalteter alter **Friedhof** mit zahlreichen Grabsteinen der Renaissance und des Barock.

Das **Rathaus** war urspr. ein got. Fachwerkbau mit steinernem Untergeschoß. 1820 (?) wurde das Obergeschoß in Stein ersetzt und 1881 um ein weiteres Geschoß erhöht.

● **Häuser.** Obwohl 1637 in Straßenkämpfen 84 Häuser in Flammen aufgingen, bewahrt Spangenberg noch viele got. und Renaissance-Fachwerkhäuser, die nach dem 30jährigen Krieg durch zahlreiche stattliche Barockschöpfungen glücklich ergänzt wurden. Die Sorgfalt, mit der die Stadt den überkommenen Bestand überwiegend bewahrt und pflegt, stellt sie in einen vorderen Rang unter den Städten Hessens. Die fast geschlossene Fachwerkbebauung der Straßen ergibt ● ein höchst wirkungsvolles Stadtbild, zumal bei der malerischen Staffelung der Häuser am Berghang. Mehrere Häuser, meist mit Knaggen und nasenbesetzten Andreaskreuzen, sind noch *gotisch*. **Marktpl. 3** (ehem. 198) ist wohl das älteste Haus der Stadt; an der Giebelfront gehen die Ständer durch 2, an der Traufseite durch alle 3 Geschosse. Das **Eckhaus Burgstraße/Klosterstraße** (ehem. 107) wird als ehem. Wohnhaus der Margarethe v. d. Saale bezeichnet; mit Strebenkreuzen und geschweiften Andreaskreuzen entstand es wohl Anfang des 16. Jh. Besonders stattlich ist **Burgstr. 2** (Ecke Rathausstraße; ehem. 121): Giebel und das oberste der 4 Geschosse ergänzte zwar der Barock, doch wird das Obergeschoß an der Traufseite noch von got. Knaggen getragen; das prächtig dekorierte Portal gehört der Régence an. Ferner **Klosterstr. 4** (103, im Erdgeschoß klassizistisch verändert); **Bädergasse 2** (102) mit gekehlten

Knaggen und mit Fußbändern (1976 in Sanierung). Der **Junkerhof** in der Untergasse (ehem. 216) ist am steinernen Unterbau 1516 bezeichnet (falsch zu 1316 ergänzt). – Gegen Mitte des 16. Jh. entstand **Marktpl. 2**, mit einer Strebenform ähnlich dem Alsfelder Rathaus. Stattlich in den Maßen und beherrschend in der Lage, aber schlicht im Detail ist der **Burgsitz der v. Lindau**, ein 4geschossiger Fachwerkbau der 1. Hälfte des 16. Jh.
Die spätere *Renaissance* ließ Häuser mit sehr reichen, z. T. 4fach wiederholten Taustabgesimsen entstehen. Ein Portal mit Rollwerk-Kartusche im Sturz durchbricht das steinerne Untergeschoß von **Rathausstr. 1** (123); Barocktreppenhaus mit Runddocken. **Klosterstr. 10–12** (95), ein Doppelhaus mit 2 wohl originalen Giebelausbauten, ähnliches Treppenhaus. **Klosterstr. 6**, mit Spätrokoko-Tür. **Lange Gasse 8** (217). Diese Häuser bilden schon den Übergang zum *Barock*, wie das gleichartig geformte **Pfarrhaus** zeigt (Obergasse 1), das 1637 sofort nach dem Brand errichtet worden war. **Marktpl. 5** (225, der »Goldene Löwe«), mit reicher Gesimsbildung, wurde 1682 erbaut (Chronostichon über dem Portal). Einfacher **Neustadt 11/13** von 1674. – Gute Portale der Régence, des Rokoko und des Zopfstils, z. T. an älteren oder jüngeren Häusern, z. B. **Lange Gasse 3**.
Das *klassizist.* Haus **Rathausstr. 7** (141, die »Alte Post«), ist verputzt, die Fenster entstellt, der Eindruck des stattlichen 9achsigen Baues empfindlich gestört; Freitreppe mit Gitter, 1791 bez.; Treppenhaus mit spätbarocken Balusterdocken. **Lange Gasse 2**, um 1800, ohne Vorkragung, doch freiliegend, die Marktseite ist ornamental verschiefert; schöne Zopftür, einfache Barocktreppe. – Ein *Jugendstil*-Haus ist **Lange Gasse 5** (199) von 1904.

Elbersdorf (H4)

Die mehrfach umgebaute **ev. Kirche** ist im Kern noch mittelalterlich. Sie enthält eine Kanzel mit reichem Knorpelschnitzwerk, 1643.

DG

SPIESKAPPEL (G5) → **Frielendorf** (Schwalm-Eder)

STADTALLENDORF (Marburg-Biedenkopf F6)

Schweinsberg (E6)

Die Burg Schweinsberg liegt auf einem Basaltkegel rechts der Ohm; seinen W- und N-Hang besetzt der Ort. Ende des 12. Jh. gelangte dieser an die landgräflichen Burgmannenfamilien v. Marburg und v. Grünberg, die seit 1239 als Schenck zu Schweinsberg das hessische Erbschenkenamt innehatten. Das 1332 erteilte Stadtrecht änderte am Wesen des Ortes wenig; noch heute hat Schweinsberg fast dörflichen Charakter: Das »Tal« auf der W- und die Neustadt auf der N-Seite besitzen jeweils nur eine Haupt- und einige Stichstraßen. Die Altstadt war befestigt und durch eine Mauer mit der Burg verbunden; Reste sind erhalten. 1635 wurde die Stadt durch die Kaiserlichen verwüstet. Die Fachwerkhäuser stammen aus dem 17.–19. Jh. Verbreitet sind die großen, mit einem Gebäudeteil überbauten Hoftore.

Burg

Guntram v. Marburg, Stammvater der Frhrn. Schenck zu Schweinsberg, erbaute sie 1231/34. Von dieser Oberburg sind nur noch geringe Reste der fast runden Mauer und des bis 1609 bewohnten dicken Rundturmes erhalten. Im 14. Jh. wurde die Burg durch Anlage der inneren, um 1482 von Hans Jakob v. Ettlingen durch die der äußeren Zwingermauer vergrößert. Große Teile der Burg wurden 1635 zerstört.

Wir erreichen die Burg, hinter dem Oberhof emporsteigend, zunächst durch die **Vorburg.** Ein fachwerküberbautes Spitzbogenportal, von kräftigem Rundturm flankiert, läßt uns ein. Eine kurze Brücke führt über den äußeren Burggraben in die lange Torfahrt mit 3 hintereinander liegenden Portalen. Rechts schließt sich auf Trapezgrundriß der um 1530/40 entstandene **»Fähnrichsbau«** an, mit burgseitiger Steinwand und 2 steinernen Kellergeschossen, über denen sich je 2 Ober- und Giebelgeschosse in barockem Fachwerk erheben. Im 1. Kellergeschoß trägt eine Mittelsäule mit 1552 bez. Renaissance-Kapitell die Kreuzgratgewölbe. – Beim Eintritt in den inneren Burghof haben wir zur Linken Reste zerstörter Gebäude, schräg dahinter die Trümmer der **Oberburg.** Vor uns verdeckt ein Anbau, den Friedrich Lange 1852 entwarf, die **»Neue Kemenate«**, die Konrad Schenck zwischen 1459 und 1497 erbauen ließ. Steile Staffelgiebel rahmen das Dach ein, zusammen mit 3 Ecktürmchen und dem an der N-Ecke aufsteigenden runden Treppenturm. In der von Gesimsen unterteilten Mauerfläche des 3geschossigen Gebäudes verteilen sich

Reclams **Lexikon der antiken Mythologie**

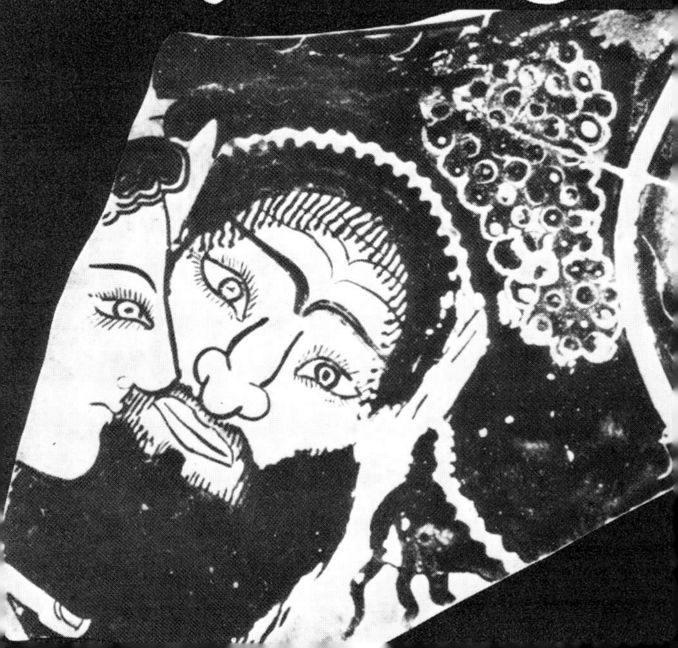

Ein Nachschlagewerk, das über den gesamten Bereich der griechischen und römischen Mythologie informiert. Es ist streng nach den antiken Quellen erarbeitet und behandelt Götter, Heroen und andere Gestalten des Mythos, stellt die geographischen Schauplätze der Ereignisse aber auch Kultorte und Kulte vor und erklärt die Sternbilder sowie himmlische, irdische und unterirdische Erscheinungen – dies alles mit einem Höchstmaß an Vollständigkeit und Anschaulichkeit. Die Bebilderung vermittelt darüberhinaus einen Eindruck von der visuellen Kraft und Lebendigkeit antiker Mythen. Reclams Lexikon der antiken Mythologie bietet die umfassendste lexikalische Darstellung des Themas auf dem deutschen Büchermarkt.

Im Vorwort heißt es:
»Dieses Lexikon der antiken Mythologie wendet sich an ein breites Publikum, das von den verschiedensten Ausgangspunkten der Beschäftigung her mit den Fakten und Problemen des griechischen und römischen Mythos konfrontiert wird. Die Bedürfnisse des nichtspezialisierten Lesers bestimmen somit die Darstellung. Das Hauptgewicht liegt auf der mythologischen Auswertung allgemein zugänglicher und verbindlicher literarischer Quellen: der Epen Homers, Vergils und des Apollonios Rhodios; des Epischen Kyklos; der Homerischen Hymnen; der Werke Hesiods; der Oden Pindars; des griechischen Dramas; der Metamorphosen Ovids. Dazu kommen u. a. Autoren wie Herodot, Plutarch, Pausanias, Apollodor, Diodorus Siculus und Hygin als wichtige Informanten über mythische Stoffe. Natürlich ist die Überlieferung eines Mythos in den seltensten Fällen einhellig. Im Hinblick auf die Zielgruppe seiner Leser, beschränkt sich dieses Buch von vornherein auf die am weitesten vertreitete(n) Version(en), ohne daß deswegen Hinweise auf gewisse interessante Nebenüberlieferungen unterbleiben. So ist uns beispielsweise das Schicksal des Ödipus durch die tragische Gestaltung des Sophokles am besten bekannt. Demgegenüber findet sich

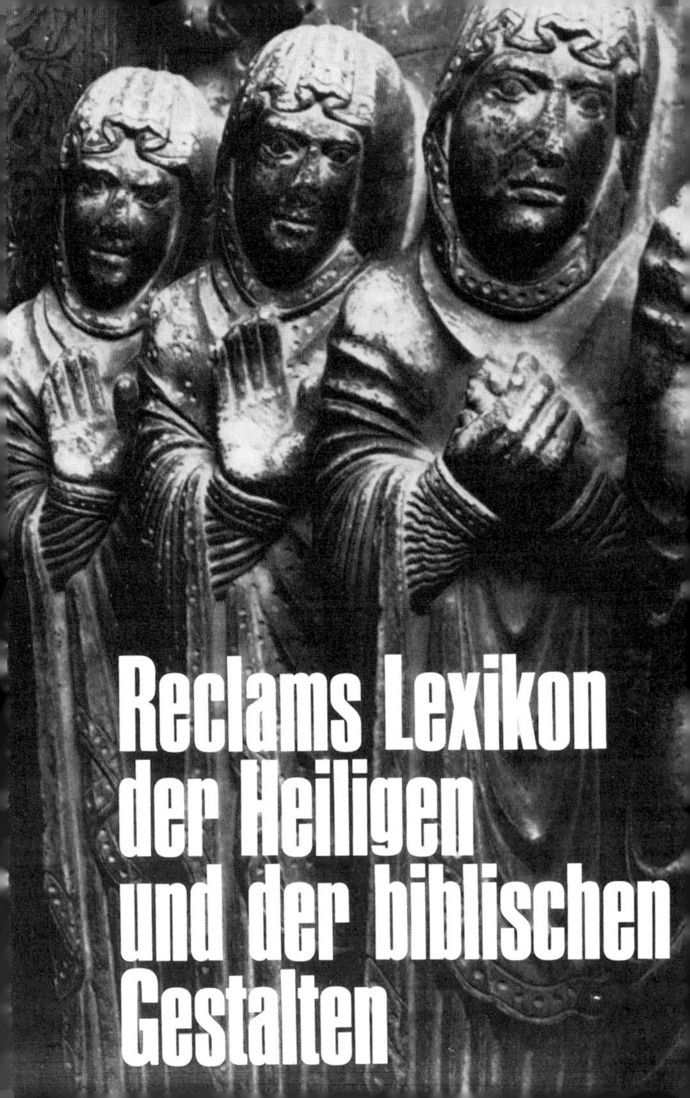

Reclams Lexikon der Heiligen und der biblischen Gestalten

»Die Bearbeiterin, Hiltgart Keller, informiert in 678 Artikeln über die Lebensgeschichte der Heiligen und biblischen Gestalten, über ihre Rolle in den Legenden, ihre frühesten und kunsthistorisch bedeutsamsten Darstellungen in Bild und Plastik, ihre Attribute und den Tag ihrer Verehrung im Kalender. Eine Fülle von Querverweisen macht über die einzelnen Artikel hinaus Zusammenhänge sichtbar und gibt so Auskunft über Personen, die nicht Gegenstand eines eigenen Artikels wurden. Ein ausführliches Attributenregister am Ende des Bandes ermöglicht dem Benutzer die rasche Identifikation eines Heiligen, den er namenlos nur im Bild oder in der Plastik vor sich hat. Die wichtigsten Fachausdrücke, die kirchliche Tracht und die christlichen Orden sind in gesonderten Verzeichnissen aufgeführt und knapp, aber exakt definiert. Ein Heiligenkalender und eine 64 Titel starke Bibliographie beschließen das Buch, das eine Lücke in der ikonographisch-symbolischen Literatur schließt.«

Stuttgarter Zeitung

Die nebenstehende Leseprobe ist ein Beispiel für die präzise Beschreibung. ▶

»... in knapper Form findet man alle notwendigen Angaben. Hilfreich sind die Erläuterungen wichtiger Fachausdrücke und von Begriffen aus der Buchmalerei sowie die Zusammenstellungen von Ausdrücken der Liturgischen Tracht und der Tracht der Laien. Ebenso dankbar wird mancher Leser für das Verzeichnis der Jahrestage sein. Trotz den über 550 Seiten bleibt das Lexikon ein handliches Bändchen, das sich ohne weiteres im Reisegepäck unterbringen läßt: nützlich und praktisch.«

St. Galler Tagblatt

Konrad, Hl. (26. Nov.). Der um 900 geborene Sohn des Grafen Heinrich von Altdorf, in der Domschule von Konstanz erzogen, Kanonikus und Propst des Domstifts, wird 934 von Bischof Ulrich von Augsburg zum Bischof von Konstanz geweiht. Dreimal unternimmt er die Wallfahrt nach Jerusalem; Mildtätigkeit und tiefe Frömmigkeit zeichnen ihn besonders aus. Die Legende betont seine außerordentliche Selbstbeherrschung: Als während des österlichen Pontifikalamtes eine Spinne in den Kelch gefallen war, trank er ohne Scheu, die Spinne aber kam, als er sich später zum Mittagstisch setzte, wieder aus seinem Munde hervor. Ihm wird der Rundbau einer Hl.-Grab-Kapelle am Dom von Konstanz um 960 zugeschrieben, die er dem → hl. Mauritius und seinen Gefährten der → Thebäischen Legion weiht, deren Reliquien er von seinen Reisen mitgebracht hat. Er stirbt 975 und ist 1123 heiliggesprochen worden.
An die früheste Darstellung auf der Stickerei einer Glockenkasel des 12. Jh. aus St. Blasien (in St. Paul, Kärnten) reihen sich spätere im Bereich der Konstanzer Diözese. In pontifikaler Meßkleidung mit Mitra und Stab wiedergegeben, trägt er seit dem 15. Jh. als Attribut Buch und Kelch, auf dessen Rand oder der daraufliegenden Patene eine Spinne sitzt, wie es eine Altarfigur aus Hausen von 1488 (Stuttgart, Württ. Landesmuseum) oder die Rückseite des Blaubeurer Hochaltars von 1494 zeigen.

etwa bei Homer eine davon sehr verschiedene, wahrscheinlich frühere Tradition. Im übrigen wurde aber grundsätzlich der frühestmöglichen, vielleicht ursprünglichen Fassung der Vorzug gegeben vor späteren, möglicherweise rein literarischen Erfindungen.
Das größte Problem der Darstellung des antiken Mythos liegt wohl darin, daß es durchgängige Mythenerzählungen (außer bei den späteren Mythographen) kaum gibt. Man muß sich den einzelnen Mythos aus einer Vielzahl von verstreuten Werken, Auszügen, Hinweisen und Anspielungen zusammensetzen. Dabei steht man oft vor unauflöslichen Widersprüchen. Ein primär für den Wissenschaftler konzipiertes Werk müßte hier in intensive Quellenkritik eintreten. Da aber in diesem Mythologie-Lexikon Lesbarkeit und allgemeine Verständlichkeit oberstes Gebot sind, hat sich der Verfasser mit den häufig wiederkehrenden Formeln wie ›manche sagen‹, ›andere behaupten‹ begnügt. Er stellt sich damit sozusagen in eine antike Tradition, z. B. der Historiker, die eine genaue Zergliederung ihrer Quellen bewußt vermieden haben. Die Hauptquellen sind hier freilich am Ende jedes Artikels zusammengefaßt. Mit Hilfe des Literaturverzeichnisses, das auch moderne Editionen der antiken Texte sowie deutsche Übersetzungen nennt, soll der Leser durchaus zur Original-Lektüre animiert werden. Darin besteht vielleicht sogar die Hauptabsicht dieses Werkes.«

Reclams Lexikon der antiken Mythologie

Von Edward Tripp. Aus dem Englischen übersetzt von Rainer Rauthe. 560 S. 72 Abb. 5 Kt. Format 15 × 21,5 cm. Paperback und gebunden lieferbar.

Philipp Reclam jun. Stuttgart

Printed in Germany. VIII/78. 50'

unregelmäßig 2- und 3teilige Kreuzstockfenster. Im Erdgeschoß liegen der netzgewölbte Saal und die auf kapitelloser Mittelsäule kreuzgewölbte Halle. – Von der äußeren Befestigung sind die beiden **Zwingermauern**, die äußere mit 4 Halbtürmen und dem stadtseitigen **Hexenturm**, noch gut erhalten.

Der N-Seite der Burg sind gegen die Neustadt zu die Höfe der Frhrn. Schenck vorgelagert, von W nach O ansteigend: Der **Unterhof** des 16. Jh. wurde 1661 aufgestockt, nach W und wohl auch gleichzeitig nach S in Winkelhakenform erweitert. Das von ionischen Pilastern gerahmte W-Portal trägt die Inschrift. – Auf Terrassen mit doppelläufigen Freitreppen erheben sich Mittel- und Oberhof. Der **Mittelhof** mit Régence-Portal entstand im 2geschossigen Unterbau zwischen 1713 und 1746, wurde aber über dem Dachgesims entstellend verändert. – Der **Oberhof** ist großzügiger angelegt, aber bescheidener im Detail. Nur das Untergeschoß ist Stein, 2 weitere Geschosse und der Giebelausbau Fachwerk, 18. Jh. Den Eingang des Vorhofes flankieren das 3geschossige **Forsthaus** und die 2geschossige **Scheune**, beide in sorgfältiger Architektur, das Untergeschoß aus Stein.

Ev. Pfarrkirche (St. Stephan)

Die kleine stimmungsvolle Hallenkirche ist 1506 vollendet (bez. am südöstl. Langhauspfeiler) und 1956 gut restauriert.

An das 3jochige Langhaus mit schmalen Seitenschiffen schließt sich ein $^{5}/_{8}$-Chor mit nördl. angrenzender Sakristei. Das Äußere ist schlicht; der W-Giebel stammt von 1891; hinter ihm wächst ein Dachreiter auf. – Dem Inneren geben die schönen Netz- und Sterngewölbe seine Harmonie. Sie ruhen ohne Kapitelle auf schlanken Achteckpfeilern. Am Chorgewölbe wurde 1664 das Schencksche Wappen in Stuck angebracht; es ergänzt die spätgot. Wappenschlußsteine.

Die farbige Fassung von 1956 unterstützt die einheitliche Gesamtstimmung und bedient sich dabei aufgedeckter spätgot. Rankenmalereien in den Gewölben. – Taufstein 1619. Orgel 1956. – Unter den Grabsteinen der Schenck zu Schweinsberg im Chor, dem späten 15. und dem 16. Jh. angehörend, zeichnet sich der 1503 für Margareta Schenck geschaffene durch besondere Eigenwilligkeit und sehr bewegte Rahmenführung aus. – Außen an der N-Wand steht der bemerkenswerte Grabstein für Joh. Georg Estor (1699–1773), Professor und Kanzler der Universität Marburg, sign. 1776 »I. Sommer« (Joh. Philipp Friedrich S.?).

DG

STADTHOSBACH (I4) → **Sontra** (Werra-Meißner)

STARKENBURG, Burg → **Heppenheim** (Bergstraße D13)

STAUFENBERG (Lahn-Dill E7)

Die Mündung der Lumda in die Lahn beherrscht der Basaltkegel des Staufenbergs; am Hang zieht sich die Stadt um Ober- und Unterburg; das noch weiter abwärts liegende Kirchberg (→ Lollar) ist der Pfarrort. Schon Dilich hat diese höchst malerische Anlage zu einer reizvollen Ansicht verarbeitet.

1233 erscheint Staufenberg als Veste der Grafen v. Ziegenhain, die es 1450 an die hessischen Landgrafen vererben. Durch die Teilung 1567 fielen Burg und Stadt Staufenberg (Stadtrechte vor 1336) an Hessen-Marburg, 1604 an Hessen-Darmstadt. Kasseler Truppen zerstörten die got. Oberburg im Hessenkrieg 1647. Die 1487 bez. Unterburg wurde im 16. Jh. verändert; das obere der 3 Tore entstand 1517. Sie verfiel im 18. Jh.; Hugo v. Ritgen stellte sie 1860–62 wieder her.

Burg und Stadt

In 3 Ringen baut sich Staufenberg auf: Den Berggipfel besetzt die Oberburg; westl. darunter die Unterburg; südl. der Zwinger. Die Stadt ist der Burg in weitem Ring auf der Angriffsseite vorgelagert: unter dem Zwinger Burg- und Obergasse, westl. der Unterburg die Hintergasse; die SW-Spitze der Stadt besetzt der hohe Torturm von 1401.

Von der **Oberburg** sind nur Ruinen erhalten: Teile des 3geschossigen Palas mit einem der Ecktürmchen von 1571, Reste der Ringmauer und der Zwingermauern. – Die spätgot. **Unterburg** war als Wohnburg gedacht, nach der Bergseite 2stöckig, zum Tal hin 3geschossig. Dem in dieser Zeit üblichen Typus folgend erhielt der rechteckige Bau auf der Mitte der Talseite einen runden Treppenturm (auf quadratischem Sockel); Ecktürmchen fassen das Dach ein, dessen Gaupen und Treppengiebel eine Zutat der Romantik sind.

DG

STAUSEBACH (E6) → **Kirchhain** (Marburg-Biedenkopf)
STECKELBURG → **Schlüchtern** (Main-Kinzig H9)

STEINAU (Main-Kinzig G9)

Der Platz der späteren Stadt gehörte etwa um 900 zum Stift Fulda, das hier später vermutlich auch eine Burg errichtete. Aus der Rieneckschen Erbschaft kamen Burg und Territorium um 1273 an Ulrich I. v. Hanau, der an der bedeutenden Kinzigstraße von Frankfurt nach Mitteldeutschland eine Stadt planmäßig gründete, die als Etappenort und Mittelpunkt der Obergrafschaft Hanau Bedeutung erlangte (»Steinau an der Straße«). 1290 Stadtrechte. – Die Hauptstraße durchzieht als Straßenmarkt von W nach O die Kernstadt, deren fast kreisförmige Mauer an das Befestigungssystem der Burg anschloß. Erweiterungen folgten dem Lauf der Straße und wurden im 15. Jh. in die Ummauerung einbezogen. – Die Burg war ab 1429 zeitweise zweite Residenz der Grafen v. Hanau und nach ihrem Ausbau zum Schloß Witwensitz der Hanauer Gräfinnen.

Das kleine Städtchen hat sein altes Bild mit den an der Hauptstraße aufgereihten Hausstellen mit Fachwerk-Giebelhäusern bewahrt.

Die **ev. Katharinenkirche** liegt auf einer Terrasse zwischen Schloß und Rathaus und bildet mit diesen beiden Komponenten eine städtebaulich reizvolle Baugruppe. Eine 1273 erstmals erwähnte Kapelle wurde 1481 bis 1511 zur schlichten 2schiffigen Hallenkirche ausgebaut. Der got. Turm im Winkel zwischen Langhaus und plattgeschlossenem Chor erhielt 1539 durch Meister Asmus seinen Oberbau mit steiler Spitze. – Im Inneren vielfigurige Grablegungsgruppe aus der Mitte des 15. Jh. – Orgel 1682.

Bemerkenswert ist die **Reinhardskirche**, die als luth. Kirche von Graf Reinhard v. Hanau-Lichtenberg 1724–31 erbaut wurde. Unter den ähnlichen ev. Kirchenbauten, die der Fürst in allen Teilen seines Landes neben den alten ref. Kirchen aufrichten ließ, stellt sie eine ideale und vorbildliche Lösung im Sinne des von der Régence bevorzugten Quersaales dar. An der glatten N-Wand sind Altar und Kanzel als liturgischer Mittelpunkt aufgestellt; auf ihn sind das 3seitige Gestühl und die 3flügelige geschwungene Empore mit der zentralen Fürstenloge ausgerichtet. Orgel 1729–31 von Joh. Nikolaus Schäfer.

Auf dem **Friedhof** die **Welsbergkapelle**, 1616 über der Gruft des Amtmanns Kaspar Rudolf v. Welsberg († 1614) errichtet, dessen großes Epitaph mit zahlreichen anderen Grabplatten des 17./18. Jh. im Inneren zu sehen ist; 1958 erneuert und erweitert.

Schloß. Auf dem Stadtberg im SW der Stadt. Mit der Vorburg umfaßt die Baugruppe fast ein Drittel der alten Stadt. Eine ältere Burg wurde um 1290 von Ulrich v. Hanau ausgebaut; von ihr hat sich nur der hohe Turm des Burghofes erhalten. – Der spätgot. Umbau begann 1479. Der Steinauer Meister Asmus ordnete von 1528 an bis nach der Mitte des 16. Jh. eine ehemals ganz geschlossene Gebäudegruppe um einen 5eckigen Innenhof. Ein tiefer Trockengraben (Hirschgraben) umzieht noch heute die von einem Zwinger begleiteten Bauten. Die mächtigen Gebäude mit ihren dicken Mauern wirken spätgotisch, was die Erkervorbauten am Saal- und Kapellenbau und die gekuppelten Fenster mit Vorhangbögen unterstreichen. Die kargen Fronten werden durch runde Treppentürme mit Welschen Hauben belebt. Wappenstein im Mauerwerk des Küchenbaues mit Hanauer Schwan und der Jahreszahl 1479. – Im Inneren des **Saalbaues** von 1528 ist der 2schiffige Erdgeschoßraum mit Netzgewölben und der darüberliegende *Große Speisesaal* mit Resten einer Stuckdecke ein beachtenswerter Überrest der alten Aufteilung, die auch sonst teilweise 1965/66 wiederhergestellt wurde, wobei bemerkenswerte Wandmalereien des 16. Jh. aufgedeckt wurden. – Im 30-jährigen Krieg brannte ein Flügel ab. – An den Ecken des Zwingers stehen vier 1553–56 zugefügte **Personal- und Verwaltungsgebäude**, die bastionsartig in den Trockengraben vorspringen. – Das **Schloßmuseum** schließt im stadtseitigen Tortrakt eine **Brüder-Grimm-Gedenkstätte** ein. Inneneinrichtung mit Mobiliar teilweise aus der Löwenburg in Kassel-Wilhelmshöhe.

Rathaus. Der Architekt der Schloßbauten, Meister Asmus, ersetzte 1561 ein mittelalterl. Kaufhaus an der Straße durch einen massigen hohen Steinbau mit ehem. offener Halle, der in Kontrast zu den niedrigen Fachwerkhäusern seiner Umgebung steht. – Im **Hanauischen Amtshaus** von 1563, einem fachwerkgeschmückten Giebelhaus, verlebten die Brüder Grimm als Söhne des Amtmanns ihre Jugendjahre. – **Huttensches Hospital**, Fachwerkbau des 16. Jh.

GB

STEINBACH (EF13) → **Michelstadt** (Odenwaldkreis)
STEINHEIM **am Main** (E10) → **Hanau** (Main-Kinzig)
STERNBACH, Kirche → **Niddatal** (Wetteraukreis E9)
STOCKHAUSEN (G7) → **Herbstein** (Vogelsbergkreis)
STUMPERTENROD (F7) → **Feldatal** (Vogelsbergkreis)

TANN (Fulda K7)

Als fuldisches Abtsgut erscheint die »civitas« Tann in der Rhön zuerst 1197. Das Adelsgeschlecht »von der Tann« gelangte allmählich zur Reichsunmittelbarkeit und setzte auch 1540 die Reformation

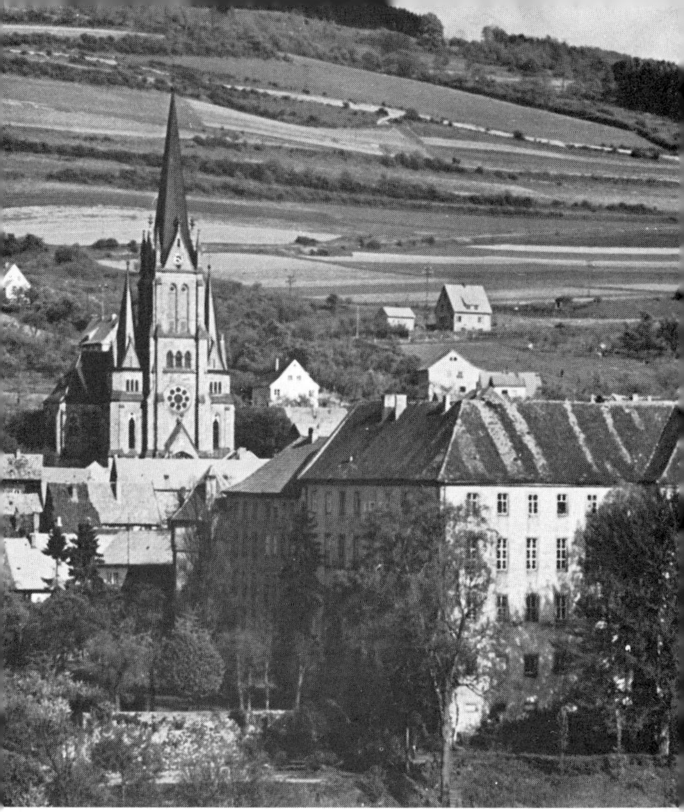

Tann. Blick auf Kirche und Schloß

gegen Fulda durch. 1541 erteilte Kaiser Karl V. das Marktrecht. 1802 kam Tann zu Bayern, 1866 zu Preußen. Einem Stadtbrand fielen 1879 die Pfarrkirche und das umgebende Stadtviertel zum Opfer.

Nicht Bauten ersten Ranges, aber ein Ensemble von guten Bauwerken in städtebaulich glücklicher Situation und gepflegter Erscheinung – das macht den eigentlichen Reiz dieses Rhön-Städtchens aus. Von S eröffnet das Stadttor den Zugang zur Hauptstraße, deren Abschluß im N die Friedhofskirche bildet.

Durch den Stadtbrand 1879 ging die 1564/65 erbaute **ev. Stadtpfarrkirche St. Georg**, ein wichtiger Kirchenbau des Reformationsjahrhunderts, zugrunde. Der aufwendige Nachfolgebau wurde 1888–89 in nachgeahmt frühgot. Formen errichtet. Hinter dem Hochaltar ein ausdrucksvolles, naturalistisches Kruzifix von W. Kieser, 1956.

Ev. Friedhofskirche (Nikolauskirche). Sie wurde 1741 errichtet. An den hohen geräumigen Baukörper schließt ein O-Turm mit Zwiebelhelm. Rundfenster über hohen Stichbogenfenstern gliedern das Äußere. Im flachgedeckten Inneren einfachere Barockausstattung, meist 18. Jh. Die Orgel wurde 1960 aus Kassel-Nordshausen übertragen; urspr. stammt sie aus Thüringen. – In der Kirche 2 figürliche Frauengrabsteine von 1542 und 1617, außerdem zahlreiche Inschrift- und Wappengrabsteine der Renaissance- und Barockzeit innen und außen. An der N-Wand steht das prachtvolle *Doppelgrabmal für Melchior Anarch v. d. Tann und Agneta v. Milchling* aus d. J. 1608. Im Hauptgeschoß kniet das Ehepaar anbetend vor dem Kruzifixus; im Aufsatz ein Relief der Auferstehung Christi zwischen den Figuren der Hoffnung und des Glaubens. Reiche Bemalung unterstützt die Wirkung der Figuren, des Beschlagwerk-Ornaments und des Wappenschmuckes.

Schlösser

Die ehem. Wasserburg der Herren v. d. Tann am westl. Stadtrand ist, als sich das Geschlecht in verschiedene Linien teilte, seit dem 16. Jh. durch Einzelbauten abgelöst worden, die sich um einen Binnenhof zusammenschließen: das Gelbe, Blaue und Rote Schloß.

Das **Rote Schloß** liegt stadtwärts (im O) auf längsrechteckigem Grundriß: ein Steinbau mit einfachen Renaissance-Fenstern. Auf der Hofseite erkennt man, am Ansatz des 1558 errichteten runden Treppenturmes, eine Baufuge zwischen dem älteren südl. und dem jüngeren nördl. Teil des braunrot verputzten Baues (1591, barock umgebaut). An sein N-Ende, das die Torfahrt in den Binnenhof enthält (Wappen 1689), schließt sich auf winkelförmigem Grundriß das **Blaue Schloß** an (nur das Hofportal ist blau gestrichen, ehem. auch Dachgesims und Fenstergewände). Portal- und Fensterformen sind mit der Bauzeit 1716 zu verbinden. Die Stadtfront der Gebäudegruppe ist beidseits mit 8eckigen Ecktürmen besetzt, von denen der des Blauen Schlosses (NO-Ecke) 1574 aus Stein, der des Roten Schlosses (SO-Ecke) hingegen im 18. Jh. in Fachwerk errichtet ist.

Die ganze W-Front des Schloßhofes wird von dem stattlichen 3geschossigen **Gelben Schloß** (1699) eingenommen, das mit kurzen Flügeln auf die Hofseiten übergreift und mit einem kräftigen Mittelrisalit nach vorn stößt. Der gelb verputzte Bau ist kaum gegliedert: Aufwendig gestaltet ist nur das barocke Portal mit gußeiserner Wappentafel und Flammenvasen (das urspr. Wappen von 1714 jetzt in der Torfahrt). Der Sandsteinfries am Staffelgiebel des Mittelbaues trägt neugot. Charakter. – Über das Ulstertal im W ragt das Gelbe Schloß, von einem hohen Sockelgeschoß getragen, noch mächtiger auf. Hier ein breiteres Mittelrisalit. – Im Inneren wird der *Ahnensaal* von einer barocken Stuckdecke überfangen. Im Saal eine Gemäldesammlung (Porträts).

Vor dem Schloßkomplex steht ein schöner **Vierpaßbrunnen** mit Vorbecken, 1686. 4 bronzene Delphine sind die Wasserspeier.

Der **Neue Bau**, ein stattliches 3geschossiges Gebäude von 9 : 5 Achsen an der Ecke der Schloßstraße gegen den Marktplatz, wurde 1689 errichtet.

Ihm benachbart steht am Marktplatz (Nr. 4) das schönste Fachwerkhaus der Stadt: das **Elfapostelhaus** aus dem 17. Jh. (Erdgeschoß im 18. Jh. verändert). In die Brüstung des unteren der beiden Fachwerkgeschosse sind Schmuckpfosten mit den Reliefs der Apostel eingesetzt. Die rechte Achse mit dem 12. Apostelbild ging verloren.

Das gegenüberliegende Eckhaus des Marktplatzes (Nr. 1) zur Hauptstraße ist das in Stein errichtete, barocke **ehem. Rentamt** (jetzt Tannsche Forstverwaltung) mit schönem Barockportal. – Im Winkel zwischen diesen beiden Gebäuden steht auf dem Marktplatz der runde **Löwenbrunnen** (mit rechteckigem Vorbecken); sein Mittelpfeiler ist 1710 bezeichnet, der Löwe modern. – Auf der Platzmitte *Denkmal* des bayrischen Feldherrn *Ludwig v. d. Tann* (1815–81).

Das Fachwerkhaus **»Zum Ochsenbäcker«** (Hauptstr. 9) trägt über dem Datum 1592 die vollplastische Sandsteindarstellung eines ruhenden Ochsen. Reiches Zahnschnitt-Ornament am Quergebälk und große Halbsonnen auf den Fußknaggen (z. T. erneuert); für diese Landschaft recht ungewöhnlich. – Die **»Villa«** gegenüber dem Museumsdorf ist im Untergeschoß ein gewölbter Steinbau der Renaissance, die Fachwerkobergeschosse liegen noch nicht frei.

Eine Zierde des Ortes ist das **Stadttor** von 1557: ein Tor in Rustikaquadern, dessen Obergeschoß von einem Mansarddach (1767) gedeckt wird. Diesen Mittelbau flankieren 2 Rundtürme mit hochgezogenen, glockenförmigen Hauben. Über der Durchfahrt ein Wappenstein von 1617.

Im ganzen Schloßbereich und darüber hinaus vielerorts in der Stadt finden sich *Wappensteine* der v. d. Tann aus dem 16. bis 18. Jh.

Die 1968 eingeweihte **Rhönhalle** von Robert Kämpf versucht, sich in ihrer Kuppenform der umgebenden Landschaft anzugleichen. Der von 9 Holzbindern getragene Hauptraum ist auf der NO-Seite voll verglast. Das bodenständige Material Holz spielt in der Ausstattung der Halle eine tragende Rolle.

An der Stelle zweier abgebrannter Höfe südl. vom Schloß wird seit 1974 ein kleines **Museumsdorf** errichtet. Als Substruktion des **Zweiseithofes** (1818, 1856) blieb eine monumentale klassizist. Schweinestall-Anlage von 1834 erhalten. Die Gebäude des **Dreiseithofes** stammen von 1809 (Wohnhaus), 1815 (Scheune) und 1758 (Auszüglerhaus).

DG

TANNENBERG, Burg → **Nentershausen** (Hersfeld-Rotenburg I4)

TAUNUSSTEIN (Rheingau-Taunus B10)

Bleidenstadt (B10)

Ehem. Benediktinerkloster St. Ferrutius. Das Kloster wurde von Erzbischof Lullus von Mainz gegründet und 778 erstmals erwähnt. 812 wird eine **Kirche** geweiht. Eine weitere Kirchweihe erfolgte 1258; von diesem Bau dürften die beiden Portale an der S-Seite und Teile des aufgehenden Mauerwerks stammen, im Inneren auch der Chorbogen. Um 1500 erfolgten Veränderungen. Die Barockisierung 1711–12 gab der Kirche ihr heutiges schlichtes Aussehen. Das erneuerte Portal mit der Statue des hl. Ferrutius entstand 1718. Die **ehem. Stiftsgebäude** gehören dem 18. Jh. an; im **Pfarrhaus** gibt es eine Barocktreppe und Stuckdecken von 1705.

Die **ev. Pfarrkirche** liegt am Rande von Bleidenstadt. Von einer roman. Kirche blieb der W-Turm erhalten, an den sich ein klassizistisch-romanisierendes Langhaus anschließt. Es entstand 1849 bis 1855 und besitzt eine sorgfältige Gliederung mit Lisenen und Rundbogenfriesen.

UG

TREBUR (Groß-Gerau C11)

Vom 9. bis 12. Jh. fanden in dem Königshof wichtige Reichsversammlungen und Synoden statt. Mitte des 13. Jh. kam der Ort an die Grafen v. Katzenelnbogen.

Ev. Pfarrkirche. Im Mauerwerk stecken umfangreiche karoling. Reste. Die Vorhalle im W konnte 1934 z. T. wiederhergestellt werden. Ihre zarten Kämpferprofile sind für die frühe Entstehungszeit kennzeichnend. An das 3schiffige Langhaus schloß sich ein kurzer Querbau an. Mehrfach umgebaut, am eingreifendsten Mitte 18. Jh. Die eingezogene Holzempore bestimmt seitdem die Raumwirkung des Inneren.

Gute **Fachwerkhäuser**, besonders hervorzuheben das **Rathaus** mit gemauertem Erdgeschoß von 1577.

EH

TREISBACH (D5) → **Wetter (Hessen)** (Marburg-Biedenkopf)

TRENDELBURG (Kassel G1)

1303 erstmals genannt, hat Trendelburg bereits 1304 Stadtrecht durch die Herren v. Schöneberg, die es 1305 an Hessen abtreten. Doch erst 1465/71 konnte sich Hessen auch gegen Paderborner Ansprüche durchsetzen.

Der Ort liegt sehr eindrucksvoll auf dem 50 m hohen Trender Sandsteinfelsen über der ihn auf 3 Seiten umfließenden Diemel. Die Stadt ist im Anschluß an die Burg planmäßig angelegt, mit Straßenmarkt und gitterförmigem Straßennetz. Die Befestigung blieb nicht erhalten.

Burg. Den um 1300 errichteten Bau der Herren v. Schöneberg ersetzte weitgehend der großzügige Neubau Landgraf Ludwigs I. nach dem Brand 1443 (durch erneuten Brand 1456 verzögert). Die unregelmäßig 5eckige Anlage ist an den Ecken mit kraftvollen Rundtürmen in Bruchsteinmauerwerk bewehrt. Der Bergfried in der Mitte der W-Seite schützt den Übergang zwischen Stadt und Burg, der über einen tiefen Halsgraben führt. An den nicht großen 3geschossigen Palas schließt sich nördl. die wohl im 17. Jh. aufgestockte **Kapelle St. Pankratius** an mit urspr. Rippengewölbe im W-Teil. – Die Burg gehört seit 1901 der Familie v. Stockhausen und wird als Wohnbau instand gehalten.

Ev. Stadtkirche (St. Maria). Unter Verwendung älterer, doch schon got. Teile im Langhaus wurde die Kirche um 1448/62 errichtet. Malerisch wirkt, bis auf die Fassade von 1925, das Äußere; der Turm mit barocker Haube (1789) steht asymmetrisch an der N-Seite. Der Chor schließt flach, die 3schiffige Halle ist gestuft. – In den Seitenschiffen sind spätgot. *Wandgemälde* aufgedeckt: im N eine linienklare Kreuzigung und eine große bewegte Christophorus-Darstellung, im S eine etwas jüngere Anbetung der Könige. Kanzel 1633, Orgel im Zopfstil. – Unter den Grabsteinen wurde der des Ritters Hans v. Stockhausen 1578 von Andr. Herber geschaffen.

Kath. Kirche Hl. Kreuz. Jenseits der Diemel 1960/61 von Johannes Reuter sen. erbaut. An den schlichten Saalbau (von 5 Jochen) schließt ein eingezogener Chor auf trapezförmigem Grundriß; er ist außen in ein auf der südl. Schauseite abgerundetes Turmwerk eingefügt, das sich sehr wirkungsvoll in das Landschaftsbild einordnet.

Die älteren **Fachwerkhäuser** gehören dem Diemeltyp an. Nahe der Kirche steht das Fachwerk-**Rathaus** von 1582.

Anstelle der historisch so bedeutenden Furt, die zur Gründung der Trendelburg Anlaß gegeben hatte, errichtete Ing. Eulner 1747 die **Diemel-Brücke,** eine steinerne Bogenbrücke, stromaufwärts durch lange dreieckige Strompfeiler gesichert.

DG

Deisel (G1)

Deisel, nördl. von Trendelburg, ist reich an schönen **Fachwerkhäusern.** Seine spätgot. **ev. Kirche** hat 1560 eine umfängliche Ausmalung in noch gotisierendem Stil empfangen.

DG

Gottsbüren (H1)

Gegen 1330 wurde bei dem Dorf Gundesburen im Reinhardswald (um 830 Buria) eine blutende Hostie (Corpus Christi) gefunden. Dieses Wunder gab Anlaß zu einer so namhaften Wallfahrt, daß aus den einkommenden Geldern nach 1331 eine eigene Wallfahrtskirche neben der Pfarrkirche begonnen werden konnte. Die Verwaltung und Nutzung der Gelder wurde zwischen dem Kloster Lippoldsberg als Grund- und Patronatsherren, dem Ortspfarrer, dem Archidiakon in Hofgeismar und dem Erzbistum Mainz vertraglich geregelt. Vorübergehend gründete Lippoldsberg hier ein Tochterkloster; für kaum 10 Jahre wurde sogar das Kollegiatstift Hofgeismar hierherverlegt (1355 übersiedelte es nach Grebenstein). Mit dem Nachlassen der Wallfahrt vereinsamte der Ort wieder.

Ev. Pfarrkirche, ehem. Wallfahrtskirche zum hl. Leichnam

Baudaten fehlen, doch begannen die Arbeiten gewiß sehr bald nach 1331, und zwar mit dem Chor, während sich der Langhausbau bis ins 15. Jh. hinzog. Erst dann verschwand die alte, noch 1399 erwähnte Pfarrkirche. Bei der guten Restaurierung 1960–61 wurden spätgot. Wandgemälde, z. T. in Zyklen, freigelegt.

Die breiträumige 3schiffige Halle hat nur 2 Joche; der im W vorgelagerte Turm ist innen in den Kirchenraum einbezogen. Auch der etwas höhere, gerade geschlossene Chor besteht aus 2 Jochen. Seine Rippengewölbe ruhen auf verkürzten Diensten mit Blattkapitellen. Achteckpfeiler tragen die großen Scheidbögen im Langhaus, dessen Gewölbedienste sich z. T. auf die Pfeilerkämpfer stützen. Manche Kapitelle zeigen eine interessante figürliche Ornamentik, v. a. am Gurtbogen zum Turm. Das Äußere ist schlichter bis auf das N-Portal, welches dem S-Portal der Hofgeismarer Altstadtkirche nachgebildet ist; beachtlich die Dachdeckung mit Sollingplatten.

Ausmalung. Die farbige Fassung des Raumes konnte teils freigelegt, teils ergänzt werden; sie beruht auf der Farbskala Rot-Hellgrau-Weiß. Rankenwerk in den Gewölben schmückt den Chor und v. a. die Seitenschiffe. Die figürlichen und szenischen Darstellungen in den Seitenschiffen stammen aus verschiedenen Phasen im 15. und frühen 16. Jh., so an der N-Wand eine kleinere und eine größere Christophorus-Figur. An der O-Wand des N-Schiffes Szenen aus Heiligenviten oder aus dem Klosterleben, an der des S-Schiffes eine große Kreuzigung, an der S-Wand eine hl. Margaretha.

Ausstattung. Ein korinthisierendes Kapitell wird jetzt in der Sakristei aufbewahrt; es mag von einem der frühmittelalterl. Klöster des Landes stammen. Von den beiden spätroman. Rankenkapitellen (aus Hofgeismar?), die bis 1960 der Kanzel als Fuß dienten, wird eines ohne Veränderung der Form zu einem Taufstein adaptiert. – In der Chor-S-Wand die got. Nische eines Dreisitzes. – Die Orgel hat einen kräftigen, typisch westfälischen Prospekt mit Renaissance-Ornamentik; nebst der Empore entstand sie wohl um 1678.

DG

TREYSA (F5) → **Schwalmstadt** (Schwalm-Eder)

TWISTETAL (Waldeck-Frankenberg E2/3)

Twiste (E2/3)

Ev. Pfarrkirche (St. Veit). Sie ist eine typische Vertreterin der Gruppe der sog. westfälisch-hessischen Kleinbasiliken, die einen wesentlichen Ausgangspunkt in der (1schiffigen) Grabkirche Bischof Sigwards von Minden zu Idensen haben. Die Bauzeit liegt in Twiste um das 3. Viertel des 12. Jh. – Die Basilika, im Mittelschiff 2 Joche lang, hat sehr schmale Seitenschiffe, ein reguläres Querhaus mit daran schließender Hauptapsis; die Nebenapsiden liegen in der Mauerstärke. Der sehr mächtige W-Turm dürfte etwas jünger sein. – Das Innere ist einheitlich gewölbt; die Hochräume mit Kreuzgrat-, die Seitenschiffe mit Kreuztonnengewölben. Schwere längsgerichtete Hauptpfeiler mit Gurtvorlagen wechseln mit schmalrechteckigen Zwischenpfeilern. Auf jede Detaillierung ist verzichtet; wie in den Bauten dieser Gruppe oft, so wurde auch hier die Architektur durch Malerei interpretiert (um 1960 freigelegt). Eine gemalte Arkatur rahmt die Apsisfenster; Lebensbäume im Vierungsgewölbe. – Die Kanzel, mit Säulenkorb und reichem Beschlagornament, arbeitete 1602 Jost Schilling.

Eine **Wegsäule** nach Mengeringhausen zu ließ Fürst Friedrich zu Waldeck 1781 setzen; sie hat Obeliskenform.

DG

ULRICHSTEIN (Vogelsbergkreis F7)

Auf einer Basaltkuppe im NW des Vogelsberges oberhalb der Ohm-Quelle wurde vor 1279 die Burg errichtet, die gegen 1296 an Hessen überging. 1347 erhielt die Siedlung von Kaiser Ludwig IV. das Stadtrecht von Friedberg. Seit 1604 gehört U. zu Hessen-Darmstadt.

Die **Burg** stammte in den Hauptteilen aus dem 13. und dem mittleren 14. Jh., war aber in den folgenden Jahrhunderten weiter ausgebaut worden. Sie überstand die Eroberungen von 1646, 1759 und 1762, wurde aber 1826 auf Abbruch verkauft. Fundamentanlagen blieben nebst Wällen und Gräben teilweise erhalten; sie zeigen eine hufeisenförmige Anlage um einen Binnenhof, dessen freie S-Seite durch eine Mauer mit Tor abgeschlossen war. Ein Eckturm blieb als Aussichtsturm erhalten. Trotz der sonst so weitgehenden Zerstörungen ist die Lage dieses weithin sichtbaren Burgfelsens eindrucksvoll geblieben.

Die ev. **Pfarrkirche** von 1858–61 ist ein romanisierend-spätklassizist. Saalbau mit 5seitigem Chorschluß und mit Frontturm.

DG

Bobenhausen II (F7)

● **Ev. Pfarrkirche.** An den erhaltenen roman. W-Turm mit spätgot. Gaubendach schließt sich der Neubau von Lorenz Friedrich Müller, 1762–65, die prächtigste Rokoko-Kirche des Kreises. Das Schiff, an den Enden leicht abgeschrägt, nimmt mit 2geschossiger Gliederung auf die Emporen Rücksicht; ein Mansarddach krönt es. Ein Barockportal leitet in die Turmhalle mit roman. Längstonne, ein Rundbogenportal in den weiten, von Emporen begleiteten Innenraum, dessen

Decke sich mit umlaufender Voute und Mittelspiegel über den Raum spannt. Im O ruht die freistehende Orgelempore auf 2 großen Stichbögen, die die Kanzel zwischen sich nehmen; der Altar steht frei davor im Raum. Der Schalldeckel verschmilzt mit der Empore; darüber erhebt sich die zierlich gegliederte Orgel, 1780 von Joh. Benedikt Ernst Wegmann. Zur Kanzel führt von rückwärts die Treppe hinauf. Trotz Abbruchs von Sakristei und Altarschranken bleibt ein im Ganzen wie im Detail bemerkenswert gutes Zusammenspiel von Altar, Kanzel und Orgel.

Im Gemeinderaum teilt der Mittelgang das Gestühl mit reizvoll ausgeschnittenen, kugelbekrönten Wangen. Die Emporenbrüstungen sind figürlich und szenisch bemalt: an der Orgelempore die 4 Evangelisten und 12 Apostel, an der Schiffsempore Szenen aus dem Alten und Neuen Testament von der Erschaffung der Welt bis zur Ausgießung des Hl. Geistes. Mit den lebhaften Farben verbindet sich eine volksnahe, doch zierliche und bisweilen fast elegante Darstellungsweise (Auffindung Mosis, vgl. [Laubach-] Freienseen); auch ist bisweilen die Anlehnung an bedeutendere Vorbilder zu erkennen.

DG

Unter-Seibertenrod (F7)

Ev. Kirche (1738–39). Der Bau, eine der späten Fachwerkkirchen im Gebiet des → Vogelsberges, mit 4seitigem Chorpolygon und hölzernem Chorbogen sowie Dachreiter auf emporengetragener Mittelstütze, zeichnet sich durch seine Ausstattung aus, besonders die Kanzel der Brüder Momberger von 1739.

DG

UNGEDANKEN (F4) → **Fritzlar** (Schwalm-Eder)
UNTERHAUN (H6) → **Hauneck** (Hersfeld-Rotenburg)
UNTER-SEIBERTENROD (F7) → **Ulrichstein** (Vogelsbergkreis)

USINGEN (Hochtaunuskreis D9)

Fuldaer Urkunden nennen den Ort »Osinga« erstmals in der 2. Hälfte des 8. Jh. 1207 ging Usingen als Reichslehen zusammen mit Neuweilnau an die Grafen von Diez und 1326 an die Grafen von Nassau. Sie errichteten eine Burg. In der 2. Hälfte des 14. Jh. erfolgte die Erhebung zur Stadt. Durch die Erbteilung von Nassau-Saarbrücken wurde Usingen 1659 Residenz einer eigenen Nebenlinie. 1692 brannten Teile der Stadt ab; zusammen mit dem Wiederaufbau erfolgte die Gründung einer Neustadt. Der schachbrettartige Straßengrundriß mit quadratischem Marktplatz geht auf den Stadtbaumeister Joh. Künzel zurück. 1744 wurde die Residenz nach Biebrich und die Regierung nach Wiesbaden verlegt.

Ev. Pfarrkirche. Die um 1190 erstmals erwähnte Kirche entstand 1475–1518 völlig neu. Dieser Zeit gehört v. a. der W-Turm an, der 1490 von Hans Koltern begonnen wurde und eine offene Halle im Erdgeschoß besitzt. 1635 brannte die Kirche ab und wurde 1651–58 wiederaufgebaut. Besonders das Hallenlanghaus hat dadurch Veränderungen erfahren. Es ist 3schiffig und 4jochig; die 8eckigen Pfeiler wurden 1651–58 aus der im 30jährigen Krieg zerstörten Kirche Landstein (→ Weilrod) übertragen. Der Chor aus 2 Jochen und mit einem 3seitigen Schluß war ehemals gewölbt; das Fenstermaßwerk ist verlorengegangen.

Die Ausstattung mit Empore, großer Chororgel (1717–18 von Joh. Nikolaus Schäfer) und Kanzel (2. Hälfte 17. Jh.) gehört dem Barock an. An der südl. Außenwand finden sich 2 Figurengrabsteine für Carl v. Stockheim († 1551) – in spätgot. Tradition – und für Reinhart v. Schletten († 1609).

Ehem. ref. Kirche (Marktplatz). Der vielleicht als Kirche nie vollendete Bau wurde 1700 von Benedikt Butscher begonnen; es handelt sich um ein querrechteckiges Gebäude mit vorgesetztem Treppenturm.

Ehem. Schloß. An der Stelle des 1873 abgebrannten Schlosses Fr. Joachim Stengels erhebt sich ein großzügiger Backsteinneubau, der ganz den Bautyp eines Barockschlosses repräsentiert, allerdings keine Ähnlichkeit mit dem früheren Schloß mehr hat und von Anfang an als Lehrerseminar oder Gymnasium diente. – Vom Barockschloß haben sich noch Reste des **Parkes** (Entwürfe von M. v. Welsch) und der Einfriedung erhalten.

Das **Rathaus** ist ein ansehnlicher 3geschossiger Fachwerkbau mit Haubendachreiter. Die Jahreszahl 1687 auf der Wetterfahne gibt das Baudatum an.

Das Stadtbild wird zunehmend durch mangelhafte Um- und Neubauten beeinträchtigt. Einige Straßenteile und Plätze bieten jedoch noch einen geschlossenen Eindruck. Hierzu zählen v. a. der in der Neustadt gelegene **Marktplatz** und die **Wirthstraße** mit 2geschossigen Fachwerkbauten mit Zwerchhäusern. **Nr. 23** (1700) zeigt, daß man sich auch diese Fachwerkhäuser in der Regel ohne Putz vorstellen muß. In der **Obergasse** sind die Häuser **Nr. 23** (ehem. Prinzenpalais, 1768 von Joh. W. Faber), **Nr. 25** (1741, wahrscheinlich von Fr. Joach. Stengel) und **Nr. 31** (ehem. Torhäuschen) bemerkenswert. Genau in der Achse der Obergasse fällt das Haus **Schloßplatz 4** (1740) neben dem Rathaus auf.

Kransberg (D9)

Die Fernwirkung der **Burg** ist nicht unwesentlich auf den Ausbau von 1875 zurückzuführen. Aus der Gründungszeit der Burg – sie war um 1200 von den Cranichen v. Cranichsberg gegründet worden – stammt noch der **Bergfried** mit halbkreisförmig gerundetem Grundriß (vgl. [Langgöns-] Cleeberg). Der spätgot. **Palas** wurde 1875 stark verändert. Von Bedeutung ist noch ein **Wirtschaftsbau** im unteren Burghof, ein Fachwerkbau aus der 2. Hälfte des 17. Jh. mit einem offenen Laubengang im 1. Obergeschoß.

In der **kath. Pfarrkirche St. Johannes d. T.** (1872–75 von Architekt Cönzen erbaut) befindet sich die frühere *Limburger Domkanzel.* Sie wurde 1609 im manieristischen Stil des Wendel Ditterlin, dessen Formenwerk »Architectura« von 1598 weite Verbreitung gefunden hatte, von einem unbekannten Bildhauer geschaffen. Ganz ornamental aufgefaßte Architekturgliederung kennzeichnet besonders den Schalldeckel.

UG

VECKERHAGEN (H2) → **Reinhardshagen** (Kassel)
VETZBERG (D7) → **Biebertal** (Lahn-Dill)

VOGELSBERG (Vogelsbergkreis)

Für die Landschaft des hohen Vogelsberges ist eine Gruppe von Fachwerkkirchen charakteristisch, die zu den ansehnlichsten Hessens gehören. Die Geschlossenheit des Gebietes und sein Holzreichtum mögen die Materialwahl und die Einheitlichkeit der Erscheinung verursacht haben. Der enge Zusammenhang prägt sich in der Konstruktion wie im Detail aus. Von einer dieser Kirchen, Büßfeld, wissen wir, daß der zuständige Landbaumeister Joh. Ernst Müller in Gießen den Entwurf lieferte. Der ausführende Zimmermeister, Hans Georg Haubruch aus Herbstein, hat auch die Kirche in Breungeshain signiert. Mehrere Kirchen zeigen z. T. enge Zusammenhänge mit der führenden Steinkirche des Gebietes, Romrod, die wiederum vom Landbaumeister stammt. Die Ausgewogenheit der Anteile zwischen staatlicher Entwurfstätigkeit und örtlicher Handwerkstradition wird dadurch deutlich und macht die Besonderheit dieser Kirchengruppe einleuchtend.
Die älteste dieser Kirchen steht in **Lardenbach** (1657), zeit-

lich gefolgt von **Zeilbach** (1668), **Rainrod** (1669–73) und **Klein-Eichen.** Die große Phase des Fachwerkkirchenbaues im Vogelsberg wird eingeleitet durch die Kirche von **Stumpertenrod** (1696–97), die größte unter den Schwesterbauten, fortgesetzt in der kleineren von **Sellnrod** (1697–98) mit hochvollendetem Fachwerksystem, in **Büßfeld** (1700–02), **Dirlammen** (1704), **Breungeshain** (1708–15), **Eichelsachsen** (1722–23) und **Ruppertenrod** (1710–11). Nach 1730 klingt die Fachwerkarchitektur der Vogelsbergkirchen aus (**Ermenrod**, 1735; **Unter-Seibertenrod**, 1738–39). Die späteren Kirchen dieser Landschaft greifen zwar noch in einzelnen Punkten auf die bedeutenden Vorbilder der Jahrzehnte um 1700 zurück, heben sich aber gegenüber den Fachwerkkirchen anderer Gegenden Hessens nicht mehr heraus. Die größere Bedeutung ist seit dem Kirtorfer Neubau (1725) wieder an die Steinkirchen übergegangen.

Einzelbeschreibungen → **Feldatal** (Ermenrod, Stumpertenrod, Zeilbach), **Grünberg** (Klein-Eichen, Lardenbach), **Homberg/Ohm** (Büßfeld), **Lautertal** (Dirlammen), **Mücke** (Ruppertenrod, Sellnrod), **Schotten** (Breungeshain, Eichelsachsen), **Schwalmtal** (Rainrod) und **Ulrichstein** (Unter-Seibertenrod).

DG

VOLKMARSEN (Waldeck-Frankenberg F2)

Unterhalb des Kugelberges am Ufer der Twiste gelegen, war Volkmarsen (1155 gen.) ein Wirtschaftshof des Klosters Corvey, dem die Abtei im frühen 13. Jh. eine Stadtgründung anschloß (1233 bezeugt). Im eiförmigen Stadtumriß hat das Straßennetz Gitterform. Die Stadt umgab sich mit einem Mauerring (1285 vorhanden) und wurde 1365 aufs Doppelte erweitert. Inhaber der Grafschaft des Gebiets waren zunächst die v. Everstein, die gegen 1200 eine Burg auf dem Kugelberg anlegten; gegen 1300 gaben sie ihre Rechte auf. Corvey trat bereits 1303 die Hälfte von Stadt und Burg an Kurköln ab, das 1440 auch die andere Hälfte in die Hand bekam. Volkmarsen blieb kölnisch bis 1802, kam dann an Hessen-Darmstadt, 1817 an Kurhessen.

Kath. Pfarrkirche St. Maria

Der Sandsteinquaderbau ist in mehreren aufeinanderfolgenden Bauabschnitten von etwa 1265 bis etwa 1317 wohl von der Warburger Pardan-Werkstatt erbaut worden. 1504 errichtete man das Beinhaus mit der Marienkapelle an der N-Seite des Turmes. 1564 wurde das Obergeschoß des Turmes mit der Galerie erneuert. Um 1955 gründliche Instandsetzung.

Der frühgot. Hallenkirche aus 3 Schiffen und 3 Jochen mit eingezogenem quadratischem Chor ist ein kräftiger W-Turm vorgesetzt, den ein Treppenturm im S, die spätgot. Marienkapelle im N flankieren. Das Figurenportal an der S-Seite hat beiderseits 5 Säulen und als Mittelstütze einen 3teiligen Bündelpfeiler. Erst 1404 wurden die Figuren eingefügt: die Madonna in der Mittelnische des Tympanons, Petrus und Paulus in den Tabernakeln. Schlichter sind die Säulenportale im N und W. An einem Strebepfeiler der S-Seite ist in Ritzzeichnung ein Baukran mit Greifzange dargestellt, dem damals neuen Gerät zum Hochziehen der Steine (hier erst gegen 1300 eingeführt). – Im wohlräumigen Inneren tragen gedrungene Rundpfeiler mit 4 Hauptdiensten die Gurte und Arkaden; die Rippen der spitzbogig gebusten Mittelschiffgewölbe ruhen auf kurz abgekragten Nebendiensten; die Seitenschiffe besitzen einfache Gratgewölbe. An den ältesten Gewölben, besonders im Chor, tragen die Rippen Zierscheiben. Die Einzelformen haben zumeist noch den plastisch-voluminösen Charakter des (endenden) Hochmittelalters. Raum und Einzelheiten sind wesentlich westfälischer Art; der hessische Einschlag ist geringer.

Beachtenswert Teile des Gestühls mit flach geschnitzten Wangen, Anfang bzw. Mitte 17. Jh. Der auf 3 Löwen ruhende Sandsteinkessel der Taufe, 4. Viertel 16. Jh. von Andreas Herber, greift altertümliche Motive auf.

Die **ev. Pfarrkirche** erbaute Hofbauconducteur Heinrich v. Dehn-Rotfelser unter Leitung des Landbaumeisters Schirmer nach Entwurf von Julius Eugen Ruhl 1845–47 in »byzantinischem Stil«, d. h. in romanisierenden Formen. In dem Sandsteinquaderbau sind die Fenstersäulen aus Eisen gegossen. Der Eingang mit Turm liegt im S, die Kanzel in einer 3seitigen Nische (außen halbrund) im N, davor der Altar. Einheitliche Ausstattung; die Emporen auf je 4 Pfeilern gestalten das Innere 3schiffig.

Rathaus. Der ungegliederte 2geschossige Sandsteinquaderbau des 14. Jh. wurde 1934/35 aus völliger Verwahrlosung gerettet. Anstelle einer urspr., im Detail nicht mehr nachweisbaren Rathauslaube errichtete man einen Turm auf 2 Holzsäulen über einer Freitreppe. Das Erdgeschoß enthielt eine große Kaufhalle, die nur im mittleren Teil – als Gedächtnishalle – wiederhergerichtet werden konnte.

Kugelsburg. Ende des 12. Jh. gegründet. Die spätroman. Anlage stand bis 1758. Erhalten sind als Ruine ein kräftiger quadratischer Turm und der stattliche Rundturm mit Teilen des Palas. *DG*

VOLLMERZ (H9) → **Schlüchtern** (Main-Kinzig)
VOLLRADS, Schloß → **Oestrich-Winkel** (Rheingau-Taunus AB11)

WABERN (Schwalm-Eder G4)

Ehem. Jagdschloß (jetzt Jugendheim Karlshof)
Landgraf Karl ließ seiner Gemahlin Amalie von Kurland das Jagd- und Lustschloß 1701/02 durch Baumeister Giesler errichten. 1704/05 folgte die Stuckierung durch Giovanni Ghezzy und Giov. Batt. Clerici. Um 1770 erweiterte Simon Louis du Ry im Auftrage des Landgrafen Friedrich II. das Schloß zu einer Dreiflügelanlage.
Ein hohes Mansarddach mit Dachreiter bekrönt den stattlichen 3geschossigen Hauptbau, der sich mit überhöhten Mittelrisaliten zur Hoffront und kräftiger zur Parkfront wendet. Unter dem Giebel hier die Porträtmedaillons des Fürstenpaares. Galerien verbinden das Schloß mit den kleineren, freistehenden Flügeln zur hufeisenförmigen Gestalt. – Im Inneren ist nur die Stuckdecke des Festsaales von der urspr. Ausstattung erhalten.

Ev. Pfarrkirche. 1722 ließ Landgraf Karl den Neubau errichten; Maurermeister Lorenz Gruber führte ihn (nach eigenem Entwurf?) aus. – Den Grundriß bildet ein gestrecktes Achteck; der in den W-Abschluß einbezogene Turm durchstößt das Mansarddach. Der Eingang liegt gegenüber im O. Das Innere wurde mit Emporen im W und O (die S-Empore jünger) symmetrisch auf den Platz von Kanzel und Altar vor der Mitte der S-Wand ausgerichtet. Die Fürstenloge, die in architektonischer Verschmelzung mit dem Turmunterbau das W-Polygon füllt, nahm 1774 die steiltürmige Rokoko-Orgel auf.

DG

WAGENFURTH (H3) → **Körle** (Schwalm-Eder)
WAHLEN (F6) → **Kirtorf** (Vogelsbergkreis)

WAHLSBURG (Kassel H1)

Lippoldsberg (H1)

Erzbischof Liupold von Mainz (1051–59) gründete am rechten Ufer der oberen Weser den Ort Liupoldesberg und erbaute hier eine Holzkirche zu Ehren des hl. Chrysostomus, die Erzbischof Siegfried nach 1080 durch einen Steinbau zu Ehren des hl. Georg ersetzte. Sein Nachfolger Ruthard gründete an dieser Kirche ein Nonnenkloster, das die Hirsauer Regel annahm. Einen großartigen Aufschwung leitete die Berufung des Propstes Gunther von Hamersleben/Halberstadt 1138/39 ein. Der gesamte Klosterbezirk wurde neu errichtet. 1151 entstand das »Chronicon Lippoldesbergense«, das auch Einblicke in die allgemeine Geschichte der Zeit gewährt. Kurz hernach ließ das Kloster das berühmte »Hardehauser (eig. Lippoldsberger) Evangeliar« in Helmarshausen anfertigen. Bei der Reformation bemächtigte sich Hessen des Klosters, das säkularisiert wurde.

Ehem. Klosterkirche St. Georg und Maria. Die Kirche, als roman. Gewölbebau um 1142–51 nach einheitlichem Plan errichtet, ist einer der besterhaltenen und bedeutendsten roman. Bauten in Deutschland. Die 3schiffige Gewölbebasilika gebundenen Systems schließt im O mit Querhaus, 3schiffigem Chor und 3 parallelen Apsiden, im W mit einer Doppelturmfassade, deren obere Teile im 30jährigen Krieg zerstört wurden (der Aufsatz des S-Turmes wurde 1722 erneuert). Das Langhaus besteht mit dem Turmzwischenjoch aus 3½ Jochen. Eine 3schiffige Säulenhalle (»Nonnenkrypta«) trägt die Nonnenempore in den westl. 1½ Jochen. Im Langhaus wechseln kreuzförmige Hauptpfeiler und Zwischenpfeiler mit Kantensäulen; das Mittelschiff decken Kreuzgratgewölbe mit Bogenstich, in den Seitenschiffen laufen die Kreuztonnengewölbe ohne Gurte durch. Lippoldsbergs Charakteristika sind die auf einer hohen Brüstung stehenden Trennpfeiler im Chor, die Abkragung der Gewölbegurte über kurzen Vorlagen auf Viertelkreiskonsolen, die Besetzung der Zwischenpfeiler mit Kantensäulen, die Verwendung der »Gandersheimer« Basis aus 2 Wulsten ohne dazwischenliegende Kehle. Die Ornamentik der Kirche, zurückhaltend und unfigürlich, steht unter dem Einfluß von St. Godehard zu Hildesheim. Hervorzuheben sind das südl. W-Portal mit geteiltem Tympanon und das S-Portal mit Giebelsturz; beide sollten wohl Metallschmuck tragen. – Das Äußere des Baues ist sonst schlicht und gliederungslos; ein 2geschossiges Zwischenjoch fällt östl. neben dem S-Turm auf, Rudiment eines bei Westwerken üblichen Bauteiles. Künstlerische Harmonie und geschichtliche Bedeutung vereinigen sich in Lippoldsberg. Der Bau faßte zahlreiche Anregungen aus dem sächsisch-thüringischen, dem hessischen und dem westfälischen Raum zusammen; als eine Art Hauskloster der Mainzer Erzbischöfe gab er den Anstoß für die Ausbreitung des Gewölbebaues in weitem Umkreis.

Von der Ausstattung hat sich ein spätroman. *Taufstein* (etwa 1220) erhalten, dessen stark verwitterte Szenen noch nicht alle gedeutet sind; 6 Felder wechseln mit figurenbesetzten Tür-

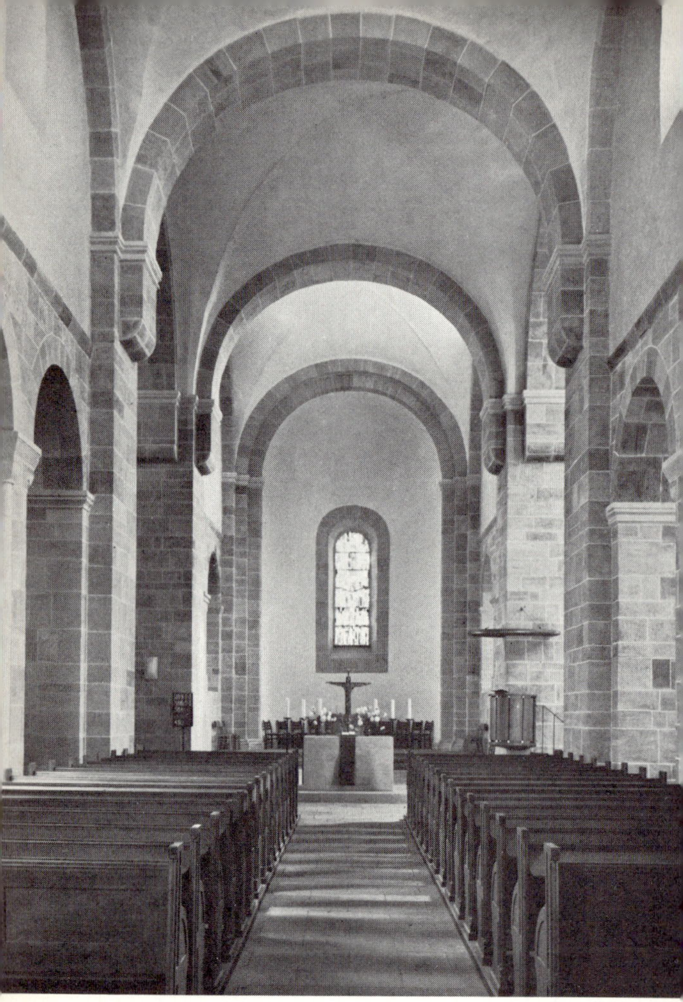

Lippoldsberg. Ehem. Klosterkirche. Inneres gegen Osten

men; erkennbar sind St. Georg und St. Katharina, der thronende Christus zwischen Petrus und Johannes, die Taufe Christi, der Kindermord und die Sintflut (?).

Vom **Kloster** sind nur Reste des W-Flügels erhalten; die seit 1960 abschnittweise erfolgte Wiederherstellung hat v. a. der reichen rhythmischen Stufung der Kreuzgangarkaden wieder zu ihrem Recht verholfen.

Das **Wiegehaus** des **ehem. Hammerwerkes** ist 1819 erbaut. Ein Portikus aus hölzernen toskanischen Säulen legt sich vor die gesamte Breite des 2geschossigen Bauwerks, Sollingplatten decken das Dach.

DG

WALDAU (H3) → **Kassel**

WALDBRUNN (Westerwald) (Limburg-Weilburg B8)

Lahr (B8)

Kath. Pfarrkirche St. Johannes d. T. Der einheitliche spätroman. Bau stammt aus der 1. Hälfte des 13. Jh. An ein 3schiffiges und 3jochiges Langhaus mit basilikalem Querschnitt schließt ein längsrechteckiger 1schiffiger Chor mit einem Glockenturm an der S-Seite an. Das Mittelschiffsgewölbe wird von Gurtbögen unterteilt, die auf rechteckigen Wandvorlagen ohne Kämpfer ruhen. Die Kreuzgewölbe des Seitenschiffes sind nicht von Gurtbogen abgeteilt. Zur alten Ausstattung gehört ein roman. Taufbecken mit Rundbogenfries auf Lilienkonsolen.

1963 entstand in Betonskelettbauweise die **neue Kirche** daneben, ein 8eckiger Zentralbau unter einem Zeltdach, mit schmalen Fensterstreifen an den Eckstützen und unter dem Dachansatz.

UG

WALDECK (Waldeck-Frankenberg F3)

Die Burg Waldeck bestand 1189, z. Z. ihrer ersten Erwähnung, wohl schon seit einigen Jahrzehnten als Gründung der Grafen von Ziegenhain-Reichenbach; spätestens 1180 gelangte sie durch Heirat an die Grafen von Schwalenberg. Graf Adolf I. nannte sich 1228 nach ihr »von Waldeck« und begründete damit das heute noch blühende Geschlecht (s. u. Arolsen und Korbach). Nach zahlreichen Teilungen verlor Burg (Schloß) Waldeck 1665 den Charakter einer fürstlichen Residenz.

Auf das Bestehen der Stadt weist zuerst eine Urkunde von 1232. Gleich der Burg liegt die Stadt auf einem Hügel. Von ihrer Umwehrung blieb nur ein Mauerzug erhalten. Das alte Stadtbild fiel 4 Bränden zwischen 1656 und 1671 zum Opfer.

Fachwerkhäuser des 17.–19. Jh. bestimmen noch teilweise den heutigen Charakter des nicht sehr großen Ortes.

Schloß

Die älteste Anlage (vor 1189) wurde seit etwa 1228 durch Graf Adolf I. ausgebaut (Reste in den Grundmauern des einstigen S-Flügels). Der große Bergfried an der NO-Seite des Hofes, auch Archivturm genannt, wird um 1300 entstanden sein. Nach einer Erbteilung von 1486, die das Schloß in gemeinsamem Besitz beließ, errichtete Graf Heinrich VIII. seit 1500 den großen N-Flügel als Wohnbau für die Wildunger Linie. Erst 1577 wurden diese Arbeiten abgeschlossen. Die Eisenberger Linie erneuerte und erweiterte zu gleicher Zeit den S-Flügel. Auf Grund von Verträgen entstanden auch gemeinsame Bauten wie das oberste Tor, 1543. Die Befestigungswerke wurden 1621–24 sehr verstärkt, ebenso 1643–44. Wesentlich änderte sich das Aussehen des Schlosses durch den Abbruch der Gebäude auf der S-Seite, 1734. Erneuerungen und Umbauten fanden, z. T. durch Kriegszerstörungen veranlaßt, während des ganzen 17. und 18., weiter auch im 19. Jh. statt. Nach einem Brand i. J. 1940 wurde der N-Flügel 1948–52 und 1959 erneuert und zum Hotel ausgebaut.

Die Zufahrt umrundet das Schloß im S und führt von W durch 3 Torbauten uneinheitlicher Entstehung (1637; 1544 und 1755; 1543, 1733 und 1810) in den Schloßhof, der sich nach O hin verschmälert. Die an der O-Seite nach außen gerichteten Bastionen (»Hexenspund«, um 1300, im 16. Jh. ausgebaut) werden von dem runden Bergfried überragt. Er soll gegen 1300 entstanden sein, wirkt aber spätmittelalterlich; die Detailformen wurden 1745 verändert. Neben ihm beginnt der 2geschossige N-Flügel. Am Treppenturm, der die Hoffront unterbricht, sind 3 von Andreas Herber 1574 und 1577 gefertigte Wappentafeln zu Ehren der Bauherren angebracht. Das Sockelgeschoß unter dem westl. Gebäudeteil, in das eine 1544 bez. Pforte mit Kielbogenschluß führt, enthält einen mit Kreuztonnen 2schiffig überwölbten Raum. Eine 2schiffige, flachgedeckte Halle lag im O-Teil des Erdgeschosses (1950 als Gastraum ausgestaltet). Gewölbte Räume, mit unterschiedlichen Stützen (u. a. eine gedrehte Säule um 1544), liegen auch in dem nur bis zur Höhe des Hofes erhaltenen O-Bau, zu dem ein Laubenvorbau von 1621 führt; die Oberbauten sind modern. Vom W-Teil des S-Flügels sind noch Bauteile mit einem polygonalen Treppenturm erhalten, die Details nachgotisch und Renaissance. – **Burgmuseum** im Schloß.

Ev. Stadtpfarrkirche. Von einem 1schiffigen Bau um 1300 stammen

Chor und W-Wand, während das 2jochige Langhaus um und nach 1500 erneuert, zugleich nach N zur Zweischiffigkeit erweitert wurde. Der Turm an der NO-Seite kam 1560 hinzu. Äußeres und Inneres sind verhältnismäßig schlicht. – Eine Sakramentsnische im Chor zeigt Weinlaubschmuck. – Aus der Spätgotik stammt der *Flügelaltar*, dessen Stifterin, die Bericher Äbtissin Margarete Huhn, 1460–99 bezeugt ist (dargestellt auf dem linken Flügel); im Schrein eine geschnitzte Marienkrönung; von den gemalten Flügeln zeigen die Innenseiten Marienszenen, außen rechts St. Valentin und Ursula, links – ikonographisch sehr interessant – die Klugen und Törichten Jungfrauen. – Kruzifix um 1520. Kanzel 1646. – Grabmäler des 16. und 17. Jh., besonders das für Johanna Agatha v. Waldeck († 1636).

Edersee-Staumauer → Edertal-Hemfurth.

DG

Netze (F3)

Ehem. Zisterzienserinnenkirche Marienthal, jetzt ev. Pfarrkirche. Die 2schiffige, 5jochige Halle hat eine komplizierte Baugeschichte, die vorwiegend ins 13. und 14. Jh. weist.

Der *Flügelaltar* im rechten Schiff ist ein bedeutendes Werk der got. Malerei; ob hessisch oder westfälisch, ist noch ungeklärt. Ein Gegenstück aus Osnabrück kam nach Köln. Kindheit (linker Flügel) und Passion Christi rahmen eine große Kreuzigung im Mittelfeld; Heiligenfiguren auf den Außenseiten. Die Proportionen der Figuren sind schlank, bei großer Ausdruckskraft der Körperhaltung. Die Farben gebrochen, doch leuchtkräftig, das Rot fast brandig. Die monumentale Wirkung macht die ältere Entstehung gegenüber Wildungen deutlich: etwa um 1370 (1962–64 restauriert). – Eine Reihe beachtlicher *Grabmäler* von Waldecker Grafen birgt die W a l d e c k e r K a p e l l e, in der die figürlichen Konsolen und Schlußsteine des gegen 1400 eingezogenen Gewölbes besonderen Rang haben. Otto I., als stehender Ritter, um 1310. Heinrich IV., 1358 bez.: von der Tumba blieb die eigentliche Grabplatte – der Verstorbene unter einem Baldachin – erhalten. Doppelgrabstein zweier Gräfinnen aus dem späteren 14. Jh. Grabstein Heinrichs VIII. († 1513): eine Nische rahmt die Figur des Verstorbenen. Von Andreas Herber stammen die Grabsteine der Grafen Philipp IV. (1574/77) und Daniel (1577). Die Verstorbenen knien anbetend vor Gottvater bzw. dem Kruzifix.

DG

WALLRABENSTEIN (B9) → **Hünstetten** (Rheingau-Taunus)

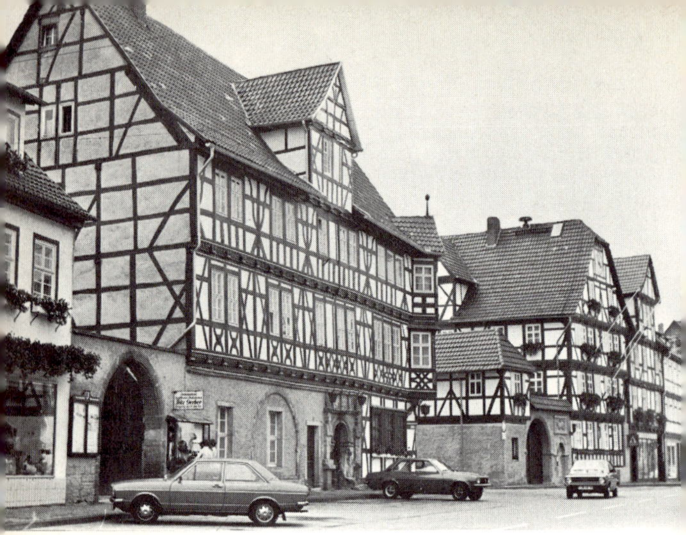

Wanfried. Fachwerkhäuser in der Marktstraße (Nr. 20 und 16)

WANFRIED (Werra-Meißner K3)

»Wann wird Frieden schweben über dieser Aue«, soll Bonifatius angesichts der von Kriegen heimgesuchten Werra-Landschaft ausgerufen haben, und diesem Ausruf sollen die Orte Wanfried, Frieda, Schwebda und Aue ihren Namen verdanken.
Wanfried, um 860 zuerst genannt, gehörte später bis 1306 zu Thüringen, seitdem mit einigen Unterbrechungen zu Hessen. Das 1608 verliehene Stadtrecht führte nicht mehr zur Ausbildung eines eigentlichen Stadtgrundrisses.

Ein **Schloß** trat 1589 an die Stelle einer mittelalterl. Burg; v. a. im 19. und 20. Jh. wurde es sehr verändert (jetzt Konservenfabrik).

Den eigentlichen Reiz der Stadt machen ihre meist an der Marktstraße aufgereihten bedeutenden **Fachwerkhäuser** aus. An der Werra-Brücke steht das **Schlagdhaus**, ein altes Speicherhaus mit steinernem Untergeschoß des 16. und Fachwerkobergeschossen des 17. Jh. – **Marktstr. 15**: Alter Posthof. Das Fachwerk der Straßenseite ist verputzt, der malerische Binnenhof mit umlaufender Galerie jedoch erhalten (1751 bez., z. T. wohl älter). – **Marktstr. 14**, 1608 dat., mit Mauresken-Kandelabern an den Eckpfosten in Flachschnitzerei. – **Marktstr. 16**, das ehem. Uckermannsche Handelshaus, wurde 1860 als **Rathaus** angekauft und danach das alte Rathaus, das mitten auf der Marktstraße stand, abgerissen. Der 3geschossige Bau zeigt mit Mannformen, verzierten Rautenfeldern, 4fach geschmücktem Quergebälk und reich geschnitzten Eckpfosten die ganze Pracht hessisch-thüringischen Fachwerks. Wohl kurz nach 1626. Mit weiteren Fachwerkbauten umschließt er einen Hof, zu dem ein steinernes Portal mit Nebentür führt. Solche Tore haben sich in Wanfried und in weiteren Orten noch mehrfach erhalten. – **Marktstr. 20**, Gasthaus »Zum Schwan«. Über dem teilweise in Stein errichteten Untergeschoß – das Karyatiden-Portal 1690 bez. – erheben sich 2 Fachwerkgeschosse mit der Traufseite zur Straße; ein Erker betont die Ecke. Wilde-Mann-Formen und wechselnde Brüstungsmotive tragen ornamentale Flachschnitzereien. – **Marktstr. 43.** Das 3geschossige Fachwerk gehört dem späten 18. Jh. an, wie die »Mannformen« ohne Kopfbänder zeigen, ist aber noch reich beschnitzt. In die Giebelseite führt ein Rokoko-Portal mit Tür und schönem Oberlicht. Weitere Hofgebäude in Fachwerk schließen sich in der Marktstraße an. – **Marktstr. 56.** Zwei 3geschossige Häuser mit einfachen Wilde-Mann-Formen von 1649 haben Zugang durch ein steinernes, freistehendes Portal; daneben ein überdachter Brunnen – ein wirksamer Abschluß des Hauptteiles der Straße im S.

Die **ev. Pfarrkirche** von 1884–89 ist ein großzügiger pseudogot. Hallenbau von 4 Jochen mit 1schiffigem polygonalem Chor.

Klassizist. **ehem. Schulgebäude**, die sog. »Uraltschule«, nahe der Kirche.

DG

Aue (K3)

Rittergut. Das Herrenhaus besteht aus einem massiven Erdgeschoß und 2 Fachwerkobergeschossen. Besonders die beiden seitlichen 4geschossigen Risalite geben der Fassade einen starken Akzent. Das Mittelportal von 1576 wurde um 1900 erneuert. Das Renaissance-Fachwerk, mit einfachen Profilen zwischen den Balkenköpfen versehen, erfuhr im 18. Jh. Veränderungen. Urspr. stand wohl über jedem Balkenkopf ein Pfosten, so daß sich eine gleichmäßige, nur von wenigen schmalen Streben aufgelockerte Fassadengliederung ergab.

Die **Wasserburg** gegenüber dem Herrenhaus ist vollkommen verfallen; sie war Stammsitz der Herren von Aue.

Die **ev. Kirche**, ein querrechteckiger Saalbau mit einem im Kern mittelalterl. Turm, entstand 1831–32 durch den Landbaumeister Joh. Friedrich Matthei. Sie besitzt den üblichen prot. Altar-Kanzel-Aufbau.

UG

WARTENBERG (Vogelsbergkreis G7)

Angersbach (G7)

Ev. Pfarrkirche. Ein Mitglied der Familie Koch aus Rodach – Georg (vgl. Lauterbach) oder Joh. Nikolaus – erbaute das Schiff 1762–63. Von der vorangehenden Kirche blieb der spätgot. Chorturm erhalten (1498); ihn krönt ein steiler Helm mit 4 Ecktürmchen. Das Schiff, ein stattlicher Längssaal mit hohen Stichbogenfenstern, ist von 3seitigen Emporen umzogen. Der Chor enthält noch die got. Rippengewölbe; Fenstergewände und Gewölbekappen schmücken spätgot. Rankenmalereien und die 4 Evangelistensymbole.
A u s s t a t t u n g. Ein barockes Werk des 17. Jh. ist der Altarkruzifixus. Die Kanzel mit Ecksäulen und Knorpelwerk entstand um 1680. Der reliefierte Taufstein von 1502 gehört dem Schlitzer Typ an. Aufbau und Stil der Orgel sind kennzeichnend für ihren Erbauer Johannes Schlottmann, 1785–86. – Die Gesamtausmalung schuf 1786 Friedrich Hoffmann (vgl. Grebenau): Bilder aus beiden Testamenten in kräftig bunten Farben an den Emporen, dunkelblaue Grisaille-Landschaften an den Brüstungen von Chor- und Pfarrständen. Dekoratives Rankenwerk umrahmt die Fenster.

Oberhalb des Ortes im Lautertal besetzte seit Beginn des 13. Jh. die **Burg Wartenberg** einen flachen Hügel; schon 1265 zerstört. Die recht regelmäßige, von einer Ringmauer umzogene Anlage wurde 1938–40 freigelegt: Bergfried, Tore, 2 Palasbauten und die Kapelle sind in den Grundmauern erhalten.

DG

WEIDELSBURG → **Wolfhagen** (Kassel F3)

WEILBURG (Limburg-Weilburg C8)

In merowingischer Zeit lag hier vermutlich ein befestigter Königshof. Die bedeutende Burganlage der Konradiner, der Grafen im Lahngau, wird zuerst 906 erwähnt (Wilineburch). König Konrad I. gründete in ihr 912 ein Walpurgisstift. Im 10. Jh. gelangte das Gebiet an die Bischöfe von Worms. Nach 1124 erhielten die Grafen

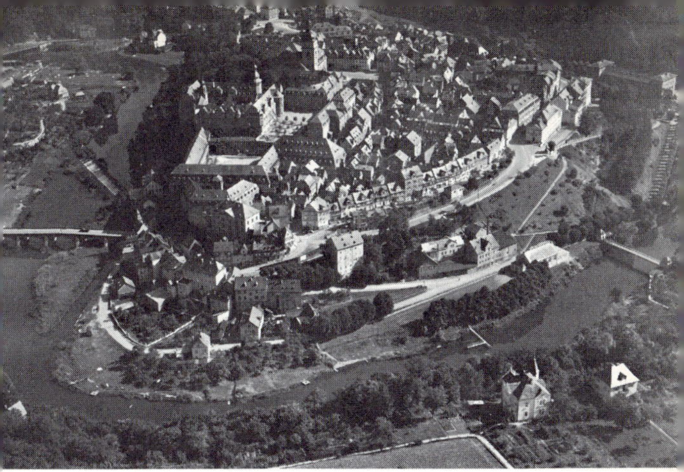

Weilburg. Luftaufnahme

von Nassau die wormsische Vogtei zu Lehen und legten den Grund zur späteren Territorialherrschaft. König Adolf von Nassau kaufte den Burgflecken dem Wormser Bischof ab und erhob ihn 1295 zur Stadt. Seit der Teilung von 1355 blieb diese die Residenz der Linie Nassau-Weilburg. Graf Johann I. errichtete von 1359 ab die starke Stadtbefestigung. Den Wollwebern und Eisenhandwerkern verdankt der Ort seine wirtschaftliche Blüte. Unter Fürst Johann Ernst (1675–1719) wurde die mittelalterl. Burgstadt zur weiträumigen Barockresidenz eines Kleinstaates umgewandelt, die sich bis heute in seltener Reinheit erhalten hat. 1816 zogen die Weilburger Fürsten als Herzöge von Nassau nach Wiesbaden. 1866 kam der Ort an Preußen, dem 1933 die Großherzogin von Luxemburg das Schloß schenkte.

Schloß ●

Von der Burg des 14. Jh. blieben nur Mauerreste auf der Lahn-Seite erhalten. Den Kernbau bildet das Renaissance-Schloß, dessen 4 Flügel einen unregelmäßig quadratischen Hof umgeben. Begonnen wurde mit dem O-Flügel um 1535 unter der Bauleitung von Balthasar Wolff aus Heilbronn, gegen 1585 unter Ludwig Kempf aus Worms abgeschlossen. Dem O-Flügel folgten S-Flügel, dann W-Flügel mit dem Stadtpfeiferturm, dessen Haubendach man 1572 vollendete. Zuletzt errichtete man den N-Flügel und den »Grünen Bau« (zwischen N- und O-Flügel).
Der Ausbau zur Barockresidenz begann 1695–1703 mit der Einrichtung einer Flucht von Repräsentationsräumen im Obergeschoß des Renaissance-Schlosses. 1702 wurde der geschickte, französisch-

klassizistisch geschulte Architekt Julius Ludwig Rothweil verpflichtet, der bis zum Tode des Fürsten Johann Ernst 1719 das gesamte Bauwesen in Händen hatte. 1703–05 entstand die Obere Orangerie als Verbindungsbau zwischen Renaissance-Schloß und Hofkirche und als westl. Abschluß des Hofgartens, der von 1706 ab nach S und O erweitert wurde. Gegen die Lahn-Seite legte man eine starke Futtermauer an und terrassierte das unregelmäßige Gelände. Die Untere Orangerie (1710–14) schließt das südl. Gartenparterre ab. Nach N zu mußte dem abschüssigen Hang Platz für den Ehrenhof und die Wirtschaftsgebäude abgerungen werden. Der westl. vorgelagerte Schloßplatz geht nach N zu in den tiefer gelegenen Viehhof über, dessen rahmende Bauten 1703–08 errichtet wurden. Die noch tiefer gelegene, trapezförmige Dreiflügelanlage der Heuscheuer, die den Schloßkomplex nach N abschließt, entstand erst 1743–46, ebenfalls nach Plänen Rothweils. Umfassende Instandsetzung 1936 ff. Nach Brand von 1972 wieder vollständig hergestellt; Inneneinrichtung neu.

Die städtebaulich großartige Staffelung der Baumassen von der Heuscheuer über Viehhof und Renaissance-Schloß bis zum Turm der Stadtkirche erinnert an barocke Klosteranlagen (Melk), während sonst die Zeit das französische Ebenenschloß bevorzugt. Die schlichten Trakte Rothweils mit Mansarddächern und Gauben bilden den ruhigen Sockel für die reicher bewegte Silhouette des Renaissance-Schlosses.

Von der Neugasse aus betritt man den Schloßplatz vor dem W-Flügel des Renaissancebaus. Ihm gegenüber bilden das ehem. **Archiv** (1703–05) und die **Regierung** (1700–03) die Platzwand: 2geschossige Bauten mit Mansarddächern. Die Schmalseiten werden von **Treibhaus** im N und **Oberer Orangerie** im S begrenzt. Eine 2läufige Freitreppe (1703–06) führt zum Viehhof hinab. Er wird abgeschlossen vom **Marstallgebäude** und seitlich umrahmt von **Prinzessinnen-** und **Kabinettsbau**, die sich in Arkaden auf glatten Pfeilern öffnen. Marstall und **Reithaus** besitzen hübsche Portale mit Pferdeskulpturen. Urspr. schlossen Altane alle Zugänge zu beiden Plätzen ab. Geschickt sind Geländeunterschiede benutzt, die Massen gegenseitig zu steigern und einen wirkungsvollen Rahmen für den älteren Kernbau zu schaffen.

Im Innenhof des **Hauptschlosses** umfängt den Besucher der malerische Zauber der deutschen Renaissance: unregelmäßig verteilte Treppentürme, Erker, Zwerchhäuser mit bewegten Giebeln, prachtvolle Portale. Dem N-Flügel ist

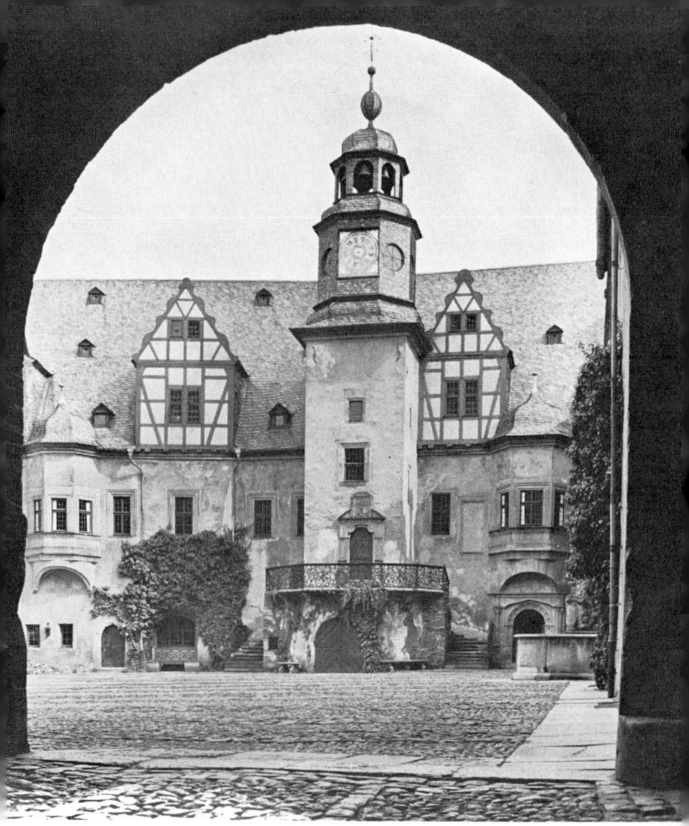

Weilburg. Schloß. Innenhof (vor 1972)

eine 2geschossige Galerie vorgelagert, deren Untergeschoß von Arkaden zwischen ionischen Säulenpaaren gebildet wird. Darüber war urspr. ein offener Gang, von gekoppelten Holzsäulen getragen. – Im Inneren sind noch eine Reihe bedeutender historischer Räume vom 16. bis zum 19. Jh. erhalten.

Im durchweg gewölbten Erdgeschoß verdienen der rippengewölbte *Gerichtssaal* des 16. Jh. und das kulturgeschichtlich

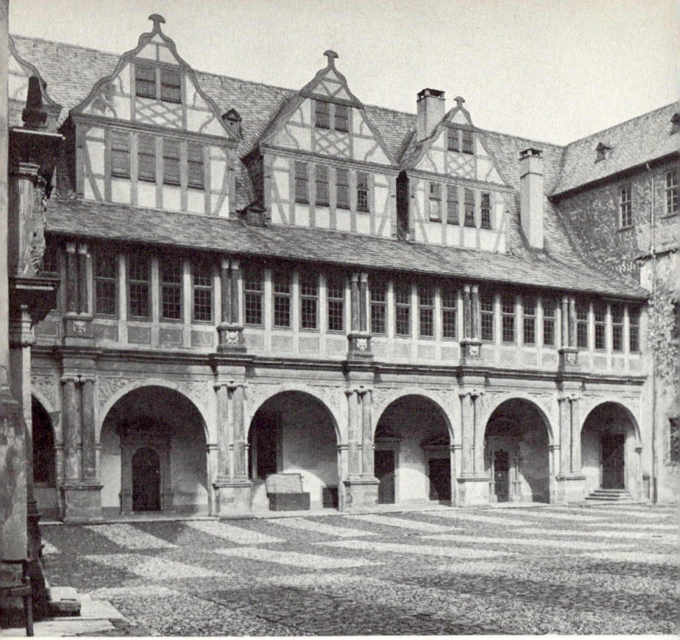

Weilburg. Schloß. Hoffassade des Nordflügels (vor 1972)

interessante *Bad* mit einer Wanne aus schwarzem Lahnmarmor Erwähnung, das unter Johann Ernst eingerichtet wurde. – Im Obergeschoß liegen die eigentlichen Wohn- und Repräsentationsräume. Hier erhielt sich eine reizende Wandmalerei, eine Hirschjagd darstellend, um 1550, im *Arbeitszimmer* des Herzogs. Das *Chinesische Zimmer* (im Fußboden 1695 dat.) und das *Kurfürstliche Gemach* oder der *Thronsaal* mit Stukkaturen von Antonio Genone (1708) und einem Kamin von Andrea Gallasini gehören zu den üppigsten Zimmern der Ausstattung unter Johann Ernst. Im Stile des Louis-seize wurden 1788 *Speisesaal* und *Teesalon* eingerichtet. Das *Pariser Zimmer* enthält gedruckte Tapeten von 1816 mit Ansichten der Seinestadt. Das barocke *Treppenhaus* wurde 1711 von Andrea Gallasini mit Stuck verziert.

● Die **Obere Orangerie** besteht aus einem 2geschossigen Mittelpavillon mit Dreiecksgiebel und 2 Flügeln im Viertelkreis mit Mansarddächern und Gauben. Die großzügige Gliederung des Erdgeschosses mit einer durchlaufenden

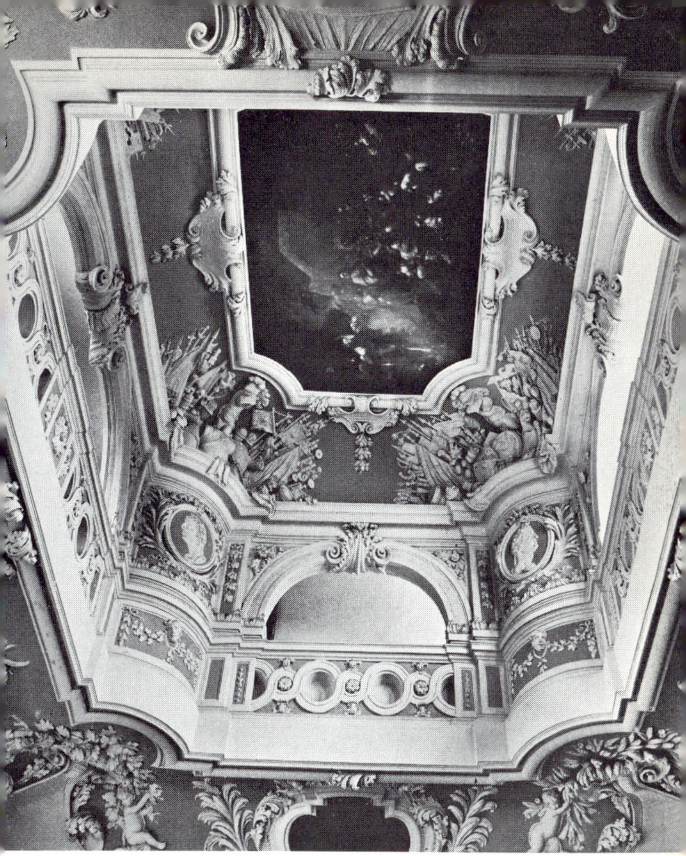

Weilburg. Schloß, Obere Orangerie. Festsaal

Folge von Rundbogenarkaden auf rustizierten Pfeilern verbindet zugleich die Innenräume mit dem Garten davor. Carlo Maria Pozzi schuf die Stukkaturen 1704, Johann Melchior Roos das Deckengemälde im folgenden Jahre.

Die **Untere Orangerie** wurde nach dem Vorbild des Grand ● Trianon und der Orangerie in Versailles als 1geschossiger

Saal angelegt, dessen Fassade ganz in große Rundbogenfenster zwischen Pilastern aufgelöst ist.

● **Ev. Schloßkirche und Rathaus**

Der quadratische Baublock, in d. J. 1707–13 von Julius Ludwig Rothweil errichtet, vereinigt Kirche und Rathaus unter einem Dach (vgl. Mannheim). Die Amtsräume befinden sich an der Schauseite gegen den Marktplatz über einer offenen Laube von 5 Arkaden. Der Turm, der einzige Rest der got. Kirche, dient beiden Zwecken. – Das Kirchen-Innere stellt eine bedeutende Lösung prot. Kirchenbaukunst dar, die von holländischen Anregungen abhängt. Dem querrechteckigen Saalraum sind in der Mittelachse 2 Apsiden angefügt, die jedoch im Raumeindruck nicht mitsprechen. Die südl. enthält den Kanzelaltar (von Anton Ruprecht); über ihm die Orgel von Joh. Jak. Dahm in Mainz. Die nördl. Apsis füllt die Herrschaftsloge. Auch in den Eckräumen sind (3geschossige) Logen eingezogen. Die Wendeltreppen liegen in den Apsidenzwickeln. Die Wandgliederung bedient sich der großen Ordnung mit Korbbogenarkaden zwischen den Pilastergruppen. 2 Stichkappen in der Mittelachse unterbrechen die hochgezogene Spiegeldecke. Der vornehme Stuck stammt von Andrea Gallasini 1710–12. Die Malereien an den Emporenbrüstungen schuf Gg. Christian Seekatz d. Ä. Die 5 auswechselbaren Blätter des Kanzelaltars entsprechen gleichzeitigen Einrichtungen im katholischen Süden (z. B. Diessen/Ammersee).

● Stadtanlage. Auf der Bergzunge einer weit ausladenden Lahn-Schleife zieht sich das Schloß mit seinen Gartenanlagen über dem Steilhang hin. Majestätisch staffeln sich seine Baumassen von der Spitze des Burgberges bis zum Hochschloß und zur Stadtkirche. Auf dem flacheren W-Hang konnte sich die Bürgerstadt entwickeln. Von den umliegenden Lahn-Höhen aus ergeben sich höchst reizvolle Ortsbilder. Den fast quadratischen Marktplatz besetzte Rothweil ab 1712 mit 2geschossigen Modellhäusern von je 4 Achsen Breite und 2 mittleren Zwerchhäusern. Einheitlich bebaut wurden auch *Lang-*, *Neu-*, *Schwanen-*, *Bogen-*, *Pfarr-* und *Marktgasse* sowie die *Mauerstraße* (ab 1707). Als geplanter Umbau eines unregelmäßigen mittelalterl. Stadtgrundrisses zu einer regelmäßigen Anlage mit Modellhäusern ist das Ergebnis stadtbaugeschichtlich hochinteressant. – Den barocken *Neptunbrunnen* des Marktplatzes schuf Wilckens 1709.

Auch der Stadteingang an der Lahn-Brücke ist künstlerisch gefaßt. Hier errichtete Rothweil bereits 1713 als Brückenkopf 2 quadratische **Wachthäuser** (1788/89 in der heutigen Form erneuert). Die **Lahn-Brücke** selbst baute Wilhelm Sckell 1764–69 auf 5 großen Korbbögen. In ihrer Achse entstand 1786/87 das **Gebäude der ehem. Thurn-und-Taxisschen Post** mit Mittelrisalit und Quaderlisenen. – Von technischem Interesse sind die **ehem. Kettenbrücke,** 1784–86 zur Überführung der Wasserleitung über die Lahn angelegt, und der **Lahn-Tunnel,** 1847 für den Schiffahrtskanal durchgebrochen, um die Lahn-Schleife abzuschneiden.

Amtsgericht (Mauerstr. 25, ehem. Amtshaus) und **Gymnasium** (Mauerstr. 1) stammen aus dem ausgehenden 18. Jh. (1775–80), der sog. **Komödienbau** (Mauerstr. 2) von ca. 1810.

An der Frankfurter Straße liegt das 1759 errichtete **Landtor** in Form eines Triumphbogens, der von gekoppelten Pilastern gerahmt wird; es wurde von dem Architekten v. Schwartz entworfen.

Das **Heimat- und Bergbaumuseum** (Schloßpl. 1, im ehem. Nassau-Weilburgischen Regierungsgebäude, → Schloß) besitzt u. a. eine ansehnliche Sammlung von Weilburger Steingut und die vollständige Einrichtung einer Apotheke im Empire-Stil.

Heiliggrabkapelle auf dem Friedhof im S der Stadt, wahrscheinlich von dem Grafen Johann Ludwig von Nassau-Saarbrücken angelegt, der eine Wallfahrt nach Jerusalem unternommen hatte. Der 1505 errichtete 8eckige Zentralbau mit 2geschossigem Umgang gehört zu den wichtigsten Denkmälern der Heiliggrab-Verehrung im ausgehenden Mittelalter. Das Vorbild der Grabeskirche in Jerusalem wurde hier frei in kleinem Maßstab wiederholt, wodurch sich die Wiederaufnahme romanisierender Formen erklärt, die mit spätgot. Bildungen eine reizvolle Mischung ergeben.

In gedanklicher Verbindung steht damit der *Kalvarienberg* des **Friedhofes.** Er enthält eine bedeutende Kreuzigungsgruppe aus Stein, die dem beginnenden 16. Jh. angehört, unter einem weitgespannten Zeltdach von 1576.

Von den beiden für Johann Ernst erbauten Lustschlössern in der nächsten Umgebung Weilburgs blieb nur der **Windhof** östl. der Lahn-Schleife erhalten. Die 3 getrennten Flügel umschließen einen Ehrenhof, der sich auf den Schloßberg zu öffnet. Die Anlage wurde 1713–26 von J. L. Rothweil errichtet. Die Auflösung des Schloßgebäudes in getrennte Flügel geht auf Anregungen von Versailles zurück (Schloß Marly). Bei der Wiederherstellung 1936 wurden die Seitenflügel leider schwerwiegend verändert. Das Gebäude ist jetzt Sitz der Pädagogischen Hochschule.

GB

Hirschhausen (C8)

Die **ev. Kirche** entstand 1763–64. Das Äußere ist schlicht und wirkt mit seinen einfachen Rundbogenfenstern schon recht klassizistisch. Es handelt sich um einen 8eckigen Zentralraum mit 4 breiteren Haupt- und 4 schmaleren Zwischenseiten. Anregend für die Schaffung neuer Kirchentypen (außer Hirschhausen auch in [Weilburg-]Kubach, [Weinbach-]Gräveneck und [Löhnberg-]Niedershausen) war die Schloßkapelle von Weilburg, ein quergelagerter Saalbau; die Kirchen der Umgebung sind jedoch teilweise zu eigenen Raumlösungen gekommen. Das Innere der Kirche umgeben Emporen mit gemalten Girlanden; über dem Altar erweitern sich die Emporen zu einer Kanzel mit Baldachin.

UG

WEILROD (Hochtaunuskreis C9)

Zwei der Ortsteile, Alt- und Neuweilnau, dürfen schon durch ihre Lage besonderes Interesse beanspruchen. Malerisch liegen mittelalterl. Burg und frühneuzeitliches Schloß, an sich schlichte Bauten, einander auf 2 Hügeln gegenüber, umgeben von kleinen Orten.

Die 1208 erstmals erwähnte Burg Altweilnau befand sich im Besitz der Grafen von Diez. Sie errichteten 1302 auch die Burg Neuweilnau und teilten ihre Herrschaft. Im Laufe des 14. Jh. erwarben die Grafen von Nassau Neuweilnau ganz und Altweilnau zur Hälfte; zeitweilig gehörte Weilnau zu Nassau-Saarbrücken.

Altweilnau (C9)

Die **Burg** wurde um 1200 angelegt und war 1631 bereits verfallen. Erhalten hat sich nur der Bergfried mit einem gewölbten Untergeschoß und einer engen Wendeltreppe. Neben dem Bergfried bestimmt der quadratische Torturm der Stadtbefestigung die Fernwirkung des Ortes.

Im Ortskern sind einige **Fachwerkhäuser** mit Schnitzereien (17. Jh.) und das kleine Fachwerk-**Rathaus** (18. Jh.) erwähnenswert.

Nahe Altweilnau liegt die **Kirchenruine Landstein** (15. Jh.), von der ein W-Turm mit 2 Seitenräumen erhalten blieb. Die Langhauspfeiler hat man in der Usinger Pfarrkirche verwendet.

Neuweilnau (C9)

Von der 1302 errichteten **Burg** sind die Reste eines Turmes mit Rundbogenfries erhalten. – 1506–13 entstand der **Schloß**-Neubau unter Ludwig von Nassau-Weilburg; unter Philipp IV. wurde es 1564–66 umgebaut und erweitert. Dieser Erweiterung gehört das 2geschossige *Torhaus* an, 1565 und 1566 bez., mit Fachwerkobergeschoß und vorkragender Fachwerklaube auf der Hofseite versehen. Der *Hauptbau* wird von einem Treppenturm untergliedert. Steinmetzzeichen weisen die Rundbogenportale 2 verschiedenen Steinmetzen zu; ein dritter war mit den Portalen am Torbau beschäftigt. Die Kreuzstockfenster gehören noch zu dem spätgot. Ausbau.

UG

WEINBACH (Limburg-Weilburg C8)

Freienfels (C8)

Die 1327 zuerst erwähnte Burg erscheint 1331 als Nassauer Besitz und ist wohl in dieser Zeit oder wenig später erbaut worden. Eine Vorgängerin aus dem Ende des 13. Jh., damals noch im Besitz der Grafen von Weilnau, läßt sich erschließen. Im 18. Jh. verfielen die Holzteile der seit 1687 nicht mehr bewohnten Anlage, doch ist das Mauerwerk noch in eindrucksvollem Umfang erhalten.

Die **Burg** steht auf hohem Felssporn über dem Weiltal und wird durch einen tiefen Halsgraben gegen die Angriffsseite im SW gesichert. Eine Ringmauer umzieht das Burgareal, gegen SW eine leicht gebrochene Schildmauer mit eingebautem Wehrgang (ein oberer Wehrgang aus Fachwerk ist verloren). Westl. schließt das **Burgtor** mit flankierendem Turm an. Rechts steigt die Mauer zum quadratischen **Bergfried** auf; sein Untergeschoß öffnet sich zum Burgbereich, ist aber durch ein Tonnengewölbe gegen den oberen Teil abgeschlossen, der einen eigenen Zugang hat; über dem 3. Geschoß wieder ein Tonnengewölbe. Der 3geschossige **Palas** ist bis unter die oberen Fensterbögen und mit beiden Giebeln erhalten; im westl. Giebel der gemauerte Kamin. Vor und unter dem Palas ein gewölbter Keller.

DG

WEITERODE (I5) → **Bebra** (Hersfeld-Rotenburg)
WENDERSHAUSEN (I3) → **Witzenhausen** (Werra-Meißner)
WERLESHAUSEN (I3) → **Witzenhausen** (Werra-Meißner)

WETTER **(Hessen)** (Marburg-Biedenkopf D5)

An der alten europäischen Handelsstraße, der »Weinstraße« von der Wetterau nach Westfalen, entstand Wetter neben einer Furt durch die Wetschaft. Ein fränkisch-karoling. Königshof, den man erschließt, wurde Mittelpunkt einer Mark. Das freiweltliche Kanonissenstift entstand 1015(?); seine Gründerinnen, Almudis und Dincmudis, stammten aus königlichem Geschlecht. Der Ort, damals schon als Marktsiedlung, im Laufe des 12. Jh. als Münzstätte und dann als Stadt in Konkurrenz mit Marburg, konnte seine Bedeutung gegenüber der aufblühenden Landgrafen-Residenz nicht bewahren. Zudem waren Stadt und Amt Wetter bis 1583 gemeinsamer Besitz von Hessen und Mainz. Nach der Reformation wurde die Kirche der Stadt übergeben, das Stift der hessischen Ritterschaft, so daß es als ev. Stift fortbestand. – Die Oberstadt lehnt sich nordwestl. an den karoling. Königshof; vor 1223 wurde sie durch die Unterstadt erweitert. Östl. Erweiterung bis an die Wetschaft um 1400.

● **Ehem. Kanonissen-Stiftskirche St. Maria**, seit 1528 ev. Pfarrkirche

Von dem Gründungsbau des frühen 11. Jh. wurde 1958 ein Rechteckchor über einer Krypta teilweise ergraben. Einen völligen Neubau brachte das 13. Jh. Die Elisabethkirche in Marburg und die Zisterzienserklosterkirche Haina werden als Vorbilder greifbar. Andererseits brachten die Meister so viel westfälische Elemente in den Bau hinein, daß er trotz der örtlichen Nähe zu Marburg eine westfälische Note erhielt. Im 7. Jahrzehnt des 13. Jh. wurde mit dem Chor begonnen; um 1300 stand auch das Langhaus. Erst 1506 wurde der westl. Einturm vorgesetzt. Sein Abschluß erhielt 1957 die heutige Form. Die Restaurierung 1859–64 leitete Georg Gottlob Ungewitter, der den Querhausfronten Strebepfeiler mit Giebelschluß aufnötigte. 1961 wurde die farbige Fassung des Innenraumes im urspr. Sinne wiederhergestellt.

Der Bau ist kreuzförmig: Der Chor hat 2 Schmaljoche, deren östliches mit dem 5/10-Schluß verschmilzt; das Querhaus mit quadratischer Vierung unterteilt die Kreuzflügel in 2 Gewölbefelder. Das Langhaus gliedert sich in 5 Joche und fügt seine gleichhohen Schiffe im Verhältnis 1 : 2 : 1 zur Halle. Die beiden westl. Freipfeiler sind verstärkt; sie sollten 2 Türme tragen, die nicht zur Ausführung kamen. – Äußeres. Das Bruchsteinmauerwerk gliedern Strebepfeiler und Fenstergewände in Haustein. Am Chor gehen die Strebepfeiler in Lisenen über, die das Kranzgesims tragen. Das Maßwerk der Fenster ist aus Platten ausgeschnitten; über den kleeblattförmigen Spitzbögen schweben 3 gestaffelte Dreipässe. Das mächtige Dach verlor die Querwalme über den Seitenschiffjochen.

Inneres. Das Gewölbesystem geht auf Marburg zurück, wenngleich die schwere Rippenform Westfälisches anklingen läßt. Von dort erklären sich auch die Schaftringe,

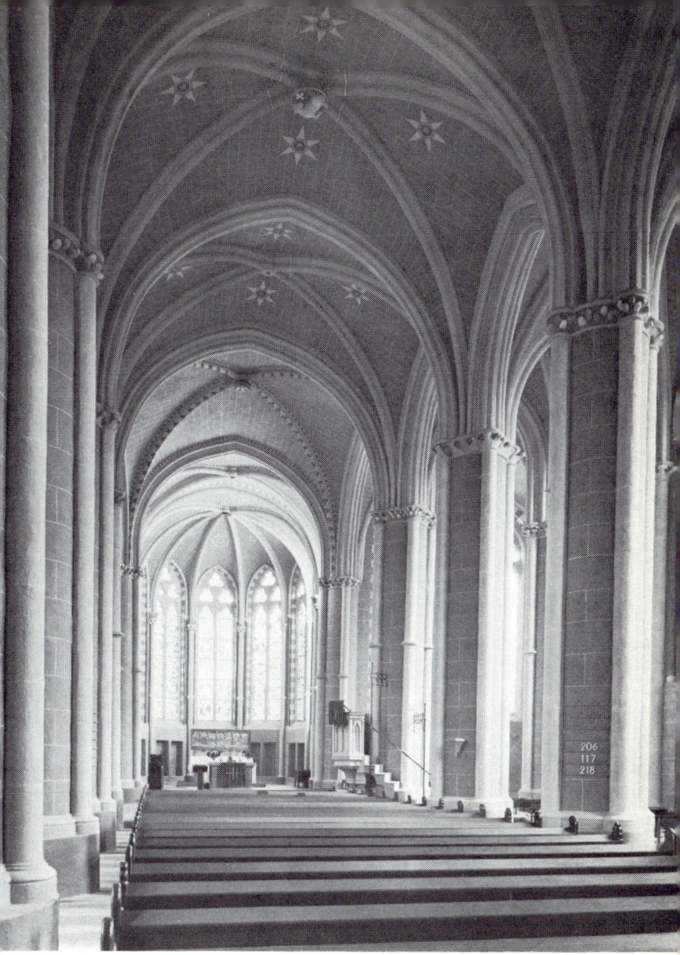

Wetter. Ehem. Stiftskirche. Inneres nach Osten

welche die »Marburger« Rundpfeiler mit 4 Diensten in der Vierung wie die Wanddienste im Chor querteilen. Im Langhaus kam der dritte Meister zu einer Raumerweiterung: Er schob die Seitenwände etwas zwischen die Strebepfeiler hinaus und schuf so eine Folge flacher Nischen. Um die Gewölbebögen nicht stark stelzen zu müssen, zog er die Seitenschiffgewölbe spitzkuppelig nach oben. Die gegenüber Marburg erweiterte Schrittstellung der Joche steigerte die räumliche Weite. Maßgebend sind jedoch die Proportionen, die schon der erste Meister dem Bau gab – gedrungener, man darf sagen: westfälischer. Für den Eindruck der farbigen Raumfassung ist das helle Altrot der Wände, Pfeiler und Gewölbekappen bestimmend; weiße Fugen geben eine Quaderbemalung an. Die weiteren Bauglieder, wie Rippen und Dienste, sind hell abgesetzt, vorwiegend in Weiß und Gelb. 6zackige Sterne mit Rosen – in der gleichen Farbskala – schmücken die Gewölbe.

● Ausstattung. Das 2,40 m breite *Altarretabel* ist im Stilcharakter noch spätromanisch; man setzt es allgemein in die Zeit um 1250, aber entstand es wirklich kurz *vor* dem Kirchenbau? Der Stifter nennt sich: Folpertus. Eine Folge plastischer Rundbögen, von gemalten Säulen gestützt, nimmt 7 Passionsszenen auf, im Mittelfeld die Kreuztragung. Die Rückseite bringt 5 Medaillons mit dem Agnus Dei und den Evangelistensymbolen. Die Figurenbildung läßt starken byzantinischen Einfluß erkennen. – *Taufstein* des 13. Jh.: Das schwere halbkugelige Becken auf mittlerem Fuß wird am Rand von 6 Säulen gestützt, aus deren Sockelquadern Löwenköpfe wachsen. In der Kapitellzone umrandet reicher Knollenschmuck das ganze Becken. – Zierliche hochgot. Sakramentsnische im Frankenberg-Marburger Typ. Zelebrantenstuhl, 1466 von Joh. Seilwinder gestiftet, die äußeren Wangen mit lebhaftem ornamentalem Schnitzwerk, innen Figuren. Darüber große Madonnendarstellung, Wandgemälde des frühen 16. Jh. – Die stattliche Orgel schuf 1763–66 Joh. Andreas Heinemann aus Laubach; der Prospekt bewahrte nur z. T. die alte Form. – Das Stifterinnengrab der Almudis und Dincmudis, aus der Bauzeit der Kirche, zeigt nur Kreuz und Inschrift.

Von der **Stadtmauer** sind nur Reste erhalten; der **Diebesturm** ist wiederhergestellt, ein kräftiger Rundturm mit überkragendem Obergeschoß und spitzem Helm.

DG

Das Stadtbild wirkt dank seiner wenig regelmäßigen Anlage besonders malerisch und ist noch reich an guten älteren **Fachwerkhäusern. Markt 7** besteht aus einem 2geschossigen Steinunterbau mit bossierten Quadern und Renaissance-Portal sowie einem

Fachwerkaufbau mit Eck-Erker (1570). **Markt 9** gehört der 1. Hälfte des 16. Jh. an; es finden sich Reste des got. Fachwerks (Spitzbogenarkaden und Verblattungen). Häufig sind Fachwerkbauten des 17. Jh. mit Schnitzereien des Knorpelstils an Schwellen und Füllhölzern (**Fuhrstr. 3, Krämergasse 12** und **14** [1671], **Markt 3**). – Einige schöne *Haustüren* des Klassizismus sind erhalten.

UG

Mellnau (E5)

Nordöstl. von Wetter liegt, am Rande des Burgwaldes, **Burg Mellnau** über dem gleichnamigen Ort.

Um 1250 war sie von dem Mainzer Erzbischof erbaut worden, um die Mainzer Rechte in der Vogtei Wetter zu verteidigen. Als diese Rechte 1464 an Hessen fielen, verlor die Burg ihre Bedeutung und wurde aufgegeben.

Die gut erreichbare Burgruine bietet einen freien und weiten Ausblick nach allen Seiten. Die Gewände des spätroman. Tores, das von O in die Burg führt, wurden 1960/61 ergraben. Es liegt innerhalb eines Vorbaus aus got. Zeit, zu Füßen des kräftigen runden Bergfrieds aus Gußmauerwerk, dessen Quaderwerk z. T. herabgestürzt und erneuert ist. Wie der Bergfried stammt auch die Ringmauer aus der Erbauungszeit; der jetzige rundbogige Eingang im SW ist aber wohl nicht ursprünglich.

DG

Treisbach (D5)

Die **ev. Pfarrkirche** (St. Barbara) ist ein äußerlich schlichter Bau mit eindrucksvoller Innengestaltung. Der Chor mit 5/8-Schluß und das gleich breite Schiff stammen wohl aus der 2. Hälfte des 13. Jh. Halbsäulenvorlagen, in halber Höhe verjüngt, nehmen die Stelle der Strebepfeiler ein. An der S-Seite hat sich von einem Portal das spitzbogige Tympanon mit 3 Kreuzen erhalten. Im W sitzt ein verschieferter Dachreiter. – Das Schiff ist mit 2 Kreuzgratgewölben gedeckt, der Chor hat Kreuzrippengewölbe. 1geschossige 3-seitige Emporen umgeben das Schiff und lassen im S den Platz der Kanzel frei, während sie im N zur Orgelempore hinter dem Altar überleiten.

Durch den Umfang der *Bemalung* ergibt sich trotz verschiedener Entstehungszeiten eine bemerkenswerte Einheitlichkeit. Evangelistensymbole füllen die Gewölbekappen des Chores (am besten der Matthäus-Engel im N erhalten, 3. Viertel 15. Jh.), ein Himmel mit Engeln und Gestirnen (1664?) lichtet die Langhausgewölbe auf. Szenen aus dem Alten und Neuen Testament, Christus und die Evangelisten schmücken die Brüstungsfelder der barocken

Empore. – Auch die Ausstattungsstücke sind durch farbige Fassung einbezogen: Kruzifixus des 17. Jh., Taufstein 1626, Kanzel und Chorstände um 1616, Pfarrstand, Orgel 1818–19 von dem ortsansässigen Heinrich Dickel.

DG

WETZLAR (Lahn-Dill D7)

Nach der offenen Gießener Talweitung tritt hier die Lahn bis zur Mündung in den Rhein in eine Engtalstrecke ein. Auf den Terrassen links der Lahn, oberhalb der Einmündung der Dill und des Wetzbaches, war das Marienstift der Kristallisationskern zur mittelalterl. Besiedlung, spätestens seit dem 9. Jh. Das spätere Stadtgebiet war vielleicht befestigtes Reichsgut. – Die günstige Verkehrslage, an der Kreuzung der Lahntalstraßen mit einer Hauptstraße von Köln nach Westfalen, förderte im Verein mit eigener Wirtschaftsbedeutung und Stiftspolitik die Entwicklung des 1142 zuerst erwähnten Ortes, der gegen 1180 von Friedrich Barbarossa zur Stadt erhoben wurde. Trotz der von fremden Herren (Merenberg, dann Nassau, endlich Hessen-Darmstadt) ausgeübten Reichsvogtei konnte Wetzlar seine reichsunmittelbare Stellung bewahren. 1254 trat es dem Rheinischen Städtebund bei, und mit Frankfurt, Friedberg und Gelnhausen bildete es den Bund der Wetterauer Reichsstädte. – Wirtschaftliches Unglück führte 1370 zum Stadtbankrott, dem eine lange Zeit der Stagnation folgte. Neue Blüte brachte der Einzug des Reichskammergerichts (1693 bis 1806); hier war 1772 der junge Goethe tätig, der seine Wetzlarer Erlebnisse im »Werther« dichterisch gestaltete. – Mit dem Reichsdeputationshauptschluß erlosch die Reichsstandschaft Wetzlars, das seit 1815 ferngelegene Exklave der preußischen Rheinprovinz war. Erst 1932 wurde es der Provinz Hessen-Nassau eingegliedert. Den wirtschaftlichen Wiederaufstieg begründete die Industrie, in der Unternehmen wie Buderus, Hensoldt, Leitz, Pfeiffer etc. Weltruf gewonnen haben. – Der 2. Weltkrieg brachte der Stadt und ihren Kulturdenkmälern schwere Schäden.

Im Stadtgrundriß ist der bestimmende Charakter des Stiftes zu erkennen; wie die Anlage des 12. Jh. schließt sich auch die Erweiterung von etwa 1180 hufeisenförmig um das Stift. Mit verschiedenen Vorstädten drang die Stadtentwicklung noch über den Mauerring des 13. Jh. hinaus; den wirtschaftlichen Zusammenbruch im Spätmittelalter überlebten nur die Langgasse zwischen Lahn und Dill sowie die Neustadt zwischen beiden Dill-Armen. Im 19. Jh. begann die Industrie die Talsenke zu füllen; gegenwärtig steigen die Wohnsiedlungen an den umliegenden Hängen empor. Den Anlagecharakter der Stadt veränderten 1936–38 eingreifend der Bau des Karl-Kellner-Ringes und der unteren Lahn-Brücke.

»Dom« St. Maria,
urspr. Reichsstift, jetzt simultane Pfarrkirche
Die Lage auf beherrschender Höhe in der Stadt und als Krone der ansteigenden Straßenzüge über dem Lahntal gibt dem Bau den monumentalen Charakter, der sich – wie es selten zusammentrifft – mit malerischer Erscheinung verbindet. Dies malerische Bild verdankt die Kirche einer bewegten, auch durch Grabungen weiter aufgehellten Baugeschichte. Das Ergebnis der fast ständigen Bautätigkeit mit stets sich wandelnden und weiter ausgreifenden Plänen wurde jedoch nicht ein Konglomerat von Unvereinbarem, sondern ein lebhaft durchgliederter Gruppenbau, der sich zur Hauptansicht – nach SW hin – durch den Turm zum stärksten Akzent steigert und ebendort auch die kraftvollste Wirkung in die Stadt hinein ausübt.

Zur unverbürgt überlieferten Gründung des Stiftes vor 790 oder zur Weihe 897 gehört der Grundriß einer wohl 1schiffigen Anlage mit O-Querhaus und 3 Apsiden. Die Hauptapsis weicht in ottonischer Zeit einem größeren Chor hufeisenförmiger Gestalt, wohl mit Treppentürmen am Ansatz. Dann wird das Langhaus 3schiffig zur Pfeilerbasilika erweitert. Unter den Staufern tritt ein gestreckter Rechteckchor anstelle des Hufeisenchores. Um 1180 entsteht die Doppelturmfassade; ein tiefrechteckiger Zwischenbau verbindet sie halsartig mit dem Mittelschiff. Seit etwa 1231 wird unter dem Einfluß des Limburger Domes ein neuer Chor gebaut, von wesentlich längerem Grundriß als alle früheren. Es folgt ein Neubau des Querschiffes, im S beginnend; Marburger Formen mischen sich mit den limburgischen (um 1255 ff., 1277 in Benutzung). Südl. an den Chor schließt sich 1278 die Nikolauskapelle. Nach 1292 geht man an den Oberbau des N-Querhauses, das um 1307 vollendet ist. Im Zusammenhang damit war ein abermaliger (fünfter!) Neubau des Chores geplant; er unterblieb jedoch, und man wendete sich dem Langhaus zu, das nun bis an die O-Wand des roman. W-Baus herangezogen wurde. Die Bautätigkeit, seit 1312 nachweisbar, war gegen 1334 abgeschlossen. Der Plan sah offenbar noch eine Verlängerung des jetzt etwas kurzen Baues nach W vor. Die neue Doppelturmfassade wurde, vielleicht 1336, so begonnen, daß sie den alten W-Bau in sich einschloß. Die Hochführung durch Meister Tyle von Frankenberg, um 1360/74, blieb über dem Erdgeschoß unfertig liegen. Erst ein Jahrhundert später konnte der S-Turm vollendet werden (Daten 1486, 1507); ihm fiel der roman. Vorgänger zum Opfer. Mittelstück und N-Turm der roman. W-Fassade stehen dagegen noch heute in dem offenen Hof, den die unvollendete got. Fassade gegen die Front des roman. Baues bildet. – 1904–15 führt E. Stiehl eine umfassende Restaurierung durch. Im 2. Weltkrieg erleidet die Kirche

Schäden und Verluste. Der Chor stürzt ein, der Lettner mit der darauf befindlichen Chororgel wird völlig zerstört. Bei der 1955 abgeschlossenen Wiederherstellung der Architektur ist auf den Einbau einer trennenden Barriere zwischen dem einstmals kath. Chor und dem prot. Quer- und Langhaus verzichtet und damit das urspr. Raumerlebnis des beginnenden Spätmittelalters zurückgewonnen worden.

Äußeres. Die Anbauten – Marien- und Nikolauskapelle im S, Stephanuskapelle und Sakristei im N – geben dem *Chor* äußerlich ein basilikales Aussehen. Am Obergaden wechseln Strebepfeiler, um die sich das Kranzgesims verkröpft, mit einer Laufganggliederung. In einem Dreierbogenrhythmus umrahmt die größere Mittelöffnung jeweils das Fenster, in dessen Maßwerk ein Kreis über 2 Kleeblattbögen gesetzt ist. Limburger Tradition wirkt im Laufgang fort. Am Übergang zum Querhaus stehen 2 Rundtürme mit Wendeltreppen (für einen geplanten Vierungsturm?). Die Fenster am Chorhaupt haben die roman. Erinnerungen abgestreift: Ein Kreis mit Fünfpaß schwebt über 2 Spitzbögen. Der tiefer liegende Laufgang ist nach Marburger Vorbild durch die Streben geführt. Ganz rheinisch-romanisch wirkt dagegen noch die Dachzone: ein Faltdach über 3 Giebeln mit reichgegliederten Fenstergruppen; das steht Münstermaifeld besonders nahe.

In *Quer- und Langhaus* steigert sich die Höhe beträchtlich. Zuerst entstand die Umfassungsmauer der S-Seite. Reicher ausgebildet als das Langhaus ist die Stirnwand des Querhauses: 2 3teilige Fenster mit 3 dreipaßgefüllten Kreisen darüber. Über dem Hauptgesims ein Giebel, dessen Laufgang sich zu einer tiefen 3teiligen Nischengruppe formt; die Ecken betonen – nach Limburger Muster – 2 schlanke quadratische Türmchen (Rhombenhelme 1907). Das Strebesystem ist hier nach innen verlegt, während am Langhaus die Streben wie am Chor nach außen vortreten. Das 2. Joch von O enthält das Hauptportal. In den Winkel zwischen Querhaus und Portal schmiegt sich die Johanniskapelle mit 2 reichen 3teiligen Maßwerkfenstern.

Auf der N-Seite schließen Quer- und Langhaus an die Bauformen kölnischer Hochgotik an. Kräftige Strebepfeiler umgrenzen das Querhaus, dessen Stirnfläche gänzlich in große, 4teilige Maßwerkfenster aufgelöst ist. Maßwerkgalerien laufen an ihrem Fuß und am Ansatz des Daches um, hier überschnitten von den reichverzierten Fialenaufsätzen der

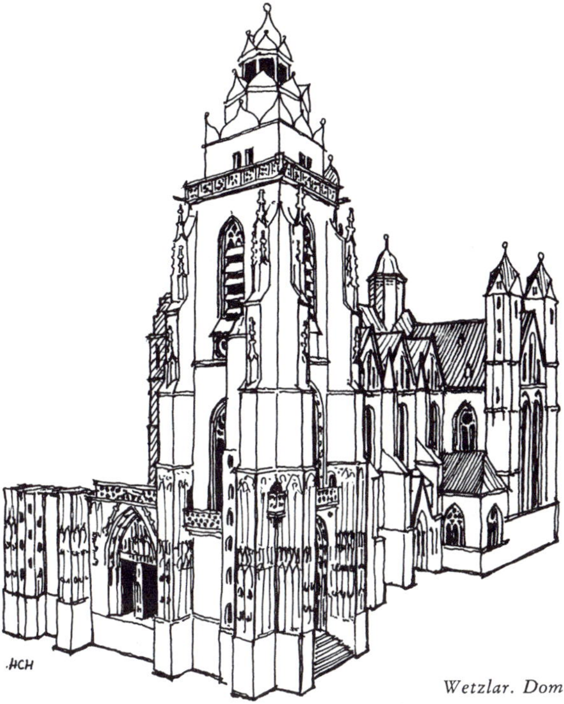

Wetzlar. Dom

Strebepfeiler und den mächtigen Wimpergen der Fenster. – Eine wichtige Beobachtung machte W.-E. Kellner auf der O-Seite. Im südl. Gewände des äußeren Fensters ist der urspr. geplante Anschluß eines gleich hohen Bauteils nach O zu erkennen; der Strebepfeiler steht dort übereck. Bei der schon bestehenden Ausdehnung des roman. Chores läßt sich dieser Anschluß schwerlich auf eine Kapelle deuten, es sollte wohl ein Chorneubau erfolgen – mit 3 parallelen Chören oder, schon um 1307, als Halle! – Das Langhaus entspricht im formalen Aufbau dem Querschiff, ist jedoch bescheidener

im Detail. Die rohe Struktur des Sockels ist durch den Anschluß des einstigen Kreuzganges bedingt.
Der *SW-Turm* wächst 3geschossig auf, mit kreuzförmigen, mehrfach abgetreppten Strebepfeilern. Die S-Front birgt ein großzügig dekoriertes Portal. Figuren und Blendmaßwerk schmücken das Mittelgeschoß. Über der abschließenden Maßwerkgalerie, 1590 bez., wächst der 3fach gestufte Helm auf (nach Brand 1561). Vom *N-Turm* kam nur das Erdgeschoß zur Ausführung; zwischen beiden Türmen das got. W-Portal. In dem hofartig offenen Inneren der got. *W-Front* blieb von der roman. W-Fassade außer dem Mittelbau und einem Fragment des S-Turmes auch der gesamte N-Turm erhalten. Der Unterbau der roman. Fassade ist als Block behandelt; seine Treppenspindeln springen als Halbrunde seitlich aus. Die Front ist mit Lisenen, Rundbogenfriesen und Gesimsen gegliedert. Über dem hohen 2geschossigen Unterbau erheben sich 3 Vollgeschosse des N-Turmes in steter Verjüngung. Den Abschluß bildet ein Geschoß auf kreuzförmigem Grundriß, bekrönt von einer kleinen 8eckigen Zentralkuppel (heute mit Zeltdach anstelle einer Steinkuppel). Orientalische Anregungen, wie in der Gruppe um St. Paul zu Worms, könnten maßgebend gewesen sein.

Portale. Der Reichtum an Portalen ist beachtlich. Die roman. Doppelturmfassade bewahrte das äußere und innere W-Portal. Den *Zugang zur W-Vorhalle* eröffnet ein Doppelportal auf gedrungener Mittelsäule mit Adlerkapitell. Die schweren Wulstkämpfer verklammern das Portal mit den seitlichen Lisenen. Auf Kämpfern und Adlerkapitell ruht ein kräftig gestuftes Bogenfeld, gerahmt von doppeltem Blendbogen mit sichelförmigem Zwischenstück; den inneren Bogen bilden quergesetzte Wulststücke. Ein schlangenartiges Ornament überzieht in symmetrischer Erstreckung das in der Blende verbliebene Zwickeltympanon. – Die *Vorhalle* hat nur noch ihr halbes Gewölbe, die andere Hälfte wurde bei Erbauung des Langhauses gekappt, der Scheitel durch eine Zwischenwand gestützt, in die man das alte Innenportal – rundbogig mit einfachem Profil und Fußkiel – zurückverlegte.
Reliefmäßig ist das *S-Portal des Langhauses* entwickelt. Die eigentliche Öffnung schließt mit doppeltem Kleeblattbogen ohne tragenden Mittelpfeiler; gleichwohl entwickelt sich die Hängekonsole zur Trägerin einer Marienfigur. Den Bogenrand faßt ein reicher Blattfries ein. Auf Sockeln hoch stehende Tabernakel umfassen 4 Heiligenfiguren: Jakobus d. Ä., Maria Magdalena, Katharina und Petrus. Ein Dreiecksgiebel bildet die äußere Gliederungsstufe; er umschließt die Figur des Weltenrichters, während des Giebels gerade Ansatzstücke Kain und Abel tragen. (Die

Originale der Figuren im kath. Dommuseum, nur die Madonna noch an Ort und Stelle.) Die Anlage ist Ausläufer einer Gruppe westfälischer Portale (vgl. das Paradiesportal in Paderborn, zwischen 1243 und 1251) unter französ. Einfluß, besonders dem von St-Seurin zu Bordeaux.

Die *neue Fassade* empfing im S und W je ein hochgot. Portal mit 2figurigen Gewänden, Mittelpfeiler, 2zonigem Bogenfeld und 5zonigen Archivolten. Gewände und Archivolten sind tief gekehlt; die Gewändefiguren, deren je 4 eine Madonna des Mittelpfeilers flankierten, stehen auf hohen Maßwerksockeln. Die Reihe der Gewändefiguren sollte sich jeweils bis zur Stirn der zunächst stehenden Strebepfeiler fortsetzen. Fertiggestellt bzw. erhalten sind jedoch außer den beiden Madonnen nur die 4 eigentlichen Gewändefiguren des S-Portals: Paulus, Andreas, Johannes Ev. und Jakobus. Der aufgerichtet starre Figurenstil erinnert an die schwäbische Hochgotik. Am S-Portal nimmt den oberen Teil des Bogenfeldes eine Deesis ein, durch deren vergröberten Stil doch noch das Mainzer Vorbild des Naumburger Meisters hindurchschimmert. – In die große Bogenblende des Geschosses über dem S-Portal ist eine Gruppe aus 4 Einzelfiguren gesetzt: Christus als Schmerzensmann zwischen Maria und Johannes, links noch ein Engel. Kann auch die Gruppe kaum wesentlich vor 1400 entstanden sein, so scheint sie doch in Ausdruck und Gewandbehandlung das Formgefühl des 13. Jh. wieder aufzugreifen.

Das Bogenfeld des W-Portals bringt die Anbetung der Könige, durch den riesigen Baldachin über der Madonna des Mittelpfeilers geteilt, und in der oberen Zone eine Marienkrönung. In den Archivolten erhielt sich die Mehrzahl der Jungfrauen und Propheten. Der Figurenstil vermittelt zwischen verschiedenen Richtungen: Nürnberger Beziehungen erscheinen, eng ist der Zusammenhang mit der mitteldeutschen Gruppe, die Bildwerke in Eberbach, Marburg, Erfurt und Halberstadt umfaßt. Besonders ist das Schottener W-Portal zu vergleichen; aber auch zu Tyle von Frankenberg bestehen Beziehungen, ja, Teile des Figurenwerks werden ihm zugeschrieben.

Inneres. Trotz der baugeschichtlichen Sonderung fügt sich der etwas niedrigere *Chorraum* mit der harmonischen Halle gut zusammen. 2 queroblonge Gewölbe überdecken den Langchor; zuerst war wohl ein 6teiliges geplant. Den Wandaufbau bestimmt ein Lichtgadentriforium mit spitzbogiger Mittelbahn zwischen rechteckigen Nebenöffnungen; die rahmenden Rundstäbe sind weit reicher als im Limburger Querhaus gewirtelt. Ungewöhnlich charaktervoll ist der Schmuck der Kapitellzonen; man schreibt ihn dem Limburger Kurzbold-Meister zu.

Im *Querhaus* sind die überquadratischen Kreuzflügel längs

unterteilt. Das äußere südl. Gewölbe verlegt den Schlußstein – wie im Chorschluß – auf den Gurtbogen, das äußere nördl. in die Jochmitte; charakteristisch für beide ist aber, daß eine Querrippe vom Schlußstein gegen die Mitte der Stirnwand führt – eine Limburger Erinnerung, die der Marburger Gotik fremd ist. Auch die Wandgliederung des

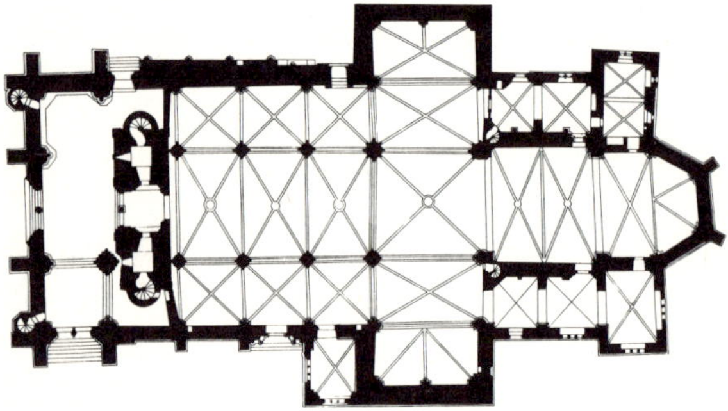

Wetzlar. Dom. Grundriß

Untergeschosses kommt noch aus rheinischer Tradition; an Limburger Formen erinnert besonders die Zinnenblende. Im S-Querhaus ist das Strebesystem nach innen gezogen.
Marburgischen Charakter tragen die Hallenpfeiler mit 4 Diensten; ihnen ähnlich ist auch der südwestl. Vierungspfeiler gebildet; reicher steht sein nördl. Gegenstück im Schmuck von Nebendiensten und wellenförmigen Übergängen. Die Rippenprofile zeigen im Wechsel den Bauverlauf an. – Das ständige Verarbeiten der Anregungen aus den älteren Teilen des eigenen Baues führte in Wetzlar zu einer besonders individuellen Handhabung des got. Stiles.

Ausmalung. Der farbigen Fassung in rötlichem Ton mit weißen Fugen, 1904–10, wurde der im Chor aufgedeckte Zustand zugrunde gelegt; nach 1945 wiederhergestellt. 3 Bemalungsschichten liegen auf der inneren W-Wand, als mittlere eine monumentale Christophorus-Darstellung, gegen Mitte 14. Jh. Unter den Einzelszenen in den Querhausnischen, 14./15. Jh., darf die seltene Alexius-Legende hervorgehoben werden.

Die Ausstattung erlitt im 2. Weltkrieg empfindliche Verluste: den Lettner des 14. Jh. mit der sehr dekorativen neugot. Orgel von 1909, die große Orgel der Gebr. Stumm von 1787, die kath. Barockkanzel und den Dreisitz des 14. Jh. Die ev. Kanzel (Anf. 18. Jh.) wurde wiederhergestellt. Erhalten blieben: Vesperbild, aus Holz mit Lederapplikationen (nach der Mitte des 14. Jh.), verwandt mehr dem Fritzlarer als dem sehr herben Coburger Bild; es verbindet rheinische und mitteldeutsche Stilelemente. Kreuztragender Christus mit Simon von Kyrene, spätgot. Zierlich-schlanke Madonnenfigur um 1500, jetzt im Chor. Schmiedeeiserner Kronleuchter vom Anfang des 16. Jh. mit Holzfiguren: Madonna und 7 kerzentragende Engel. Steinerne Verkündigungsgruppe in der Johanniskapelle (2. Hälfte 13. Jh.), unter Bamberger Einfluß. ●

Verschiedene mittelalterl. Skulpturen im **Dommuseum** (kath. Dommuseum in der Johanniskapelle, ev. Dommuseum im W-Bau-Obergeschoß). – Der *Domschatz* enthält einige beachtenswerte Werke des Mittelalters.

Die **Michaelskapelle** südl. des Domchores wird seit 1292 als Karner erwähnt; sie ist nach S gerichtet. In einer großen Rundbogennische der W-Wand steht eine Kreuzigungsgruppe von 1509, flankiert von 2 Totenleuchten. – Das Chorfenster empfing von E. Klonk ein Glasgemälde des hl. Michael. Auf dem Altar eine spätgot. Pietà (aus dem Dom).

Ehem. **Franziskanerklosterkirche.** 1263 erfolgte die Gründung des Klosters, das seit 1555 mehrfach, endgültig 1826 aufgehoben wurde. Der 3schiffige Hallenbau des Langhauses vom Ende des 13. Jh. wurde 1898 in Geschosse unterteilt und gänzlich entstellt. Der Chor dient seit 1563 als ref. Kirche; die Ausstattung mit Emporen, Kanzelaltar und Orgel gehört dem Zopfstil an.

Ev. Hospitalkirche. Joh. Ludwig Splittdorf war der begabte Baumeister, der die Kirche 1755–64 errichtete; ein angeblicher Brand von 1783 mit nachfolgender Neuausstattung ist nur Legende. Alle Wirkung ist auf den Innenraum konzentriert. In einer schwingenden Korbbogenfolge umkränzen die Emporen allseitig den Raum. Die Spiegeldecke mit Stuckrahmen spart Kartuschen für die Malerei aus: Taufe Christi und Pfingstfest von Georg Friedr. Repp, 1764. Die Fenster haben im Emporengeschoß hochovale Form. Raumziel ist der harmonische Altar-Kanzel-Orgel-Aufbau. Zwischen den Doppelsäulen der Altarwand schwebt die Kanzel mit baldachinartigem Schalldeckel; die Orgel – 1764–65 von Joh. Andreas Heinemann – ist breit entwickelt aus Mittelturm, Nebentürmen und Flügeln. ●

1784 entstand das anschließende 3geschossige **Bürgerhospital.**

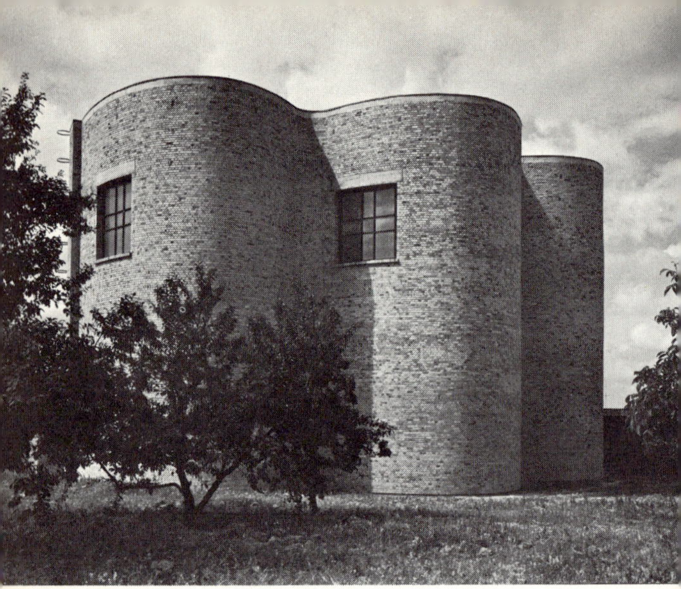

Wetzlar. St. Bonifatius (urspr. Zustand)

Kath. Pfarrkirche St. Bonifatius (Volpertshäuser Str. 1). 1960/62 bis 1964 von Rudolf und Maria Schwarz errichtet. Vorbildlich war St. Michael zu Frankfurt. 2 Konchen erweitern querhausartig ein langgestrecktes Oval, die geschwungenen Mauern symbolisieren den Mantel Gottes. Das Sichtziegelmauerwerk ist nachträglich geschlämmt. Innen eine flache Decke.

St. Walburgis in Niedergirmes. Reinhard Hofbauer errichtete die Kirche 1953/54; der Turm wurde erst später vollendet. Im Grundriß ein Apsidentrapez; die Wände sind aufgefaltet mit quergestellten Lichtschlitzen. Die Decke wellt sich in einer Folge von Stichbögen über dem geschlossenen, etwas hörsaalartig wirkenden Raum.

● In das zuvor geschlossene Stadtbild mit – häufig verputzten – Fachwerkhäusern haben der 2. Weltkrieg und moderne Abbrüche Lücken gerissen. Bis gegen 1700 entstanden meist 3geschossige Giebelhäuser; nach dem Einzug des Reichskammergerichts (1693) mehrten sich die 4geschossigen Bauten, nun meist in Traufenstellung, jedoch durch Zwerchhäuser aufgelockert. Auch der Steinbau nahm zu.

Einzelhäuser (öffentliche Gebäude, Höfe, Privathäuser): **»Alte Kammer«** (Fischmarkt 13), 2. Rathaus der Stadt, 1693 dem Reichskammergericht abgetreten; auf mittelalterl. Grundlage (bald nach 1350) mehrfach, zuletzt 1596/1606 und im 18. Jh. umgestaltet. – **»Altes Rathaus«** (Domplatz, Ecke Baugasse), 1790 als 4geschossiger Bau mit spätbarokkem Portal im 3achsigen Mittelrisalit erbaut. – **Archivbau** (Hausergasse), 1782–92; 1911 nach Erhöhung um 1 Geschoß zum 4. Rathaus geworden. – **»Gotisches Haus«** (zwischen Enten- und Blaunonnengasse), Stein, 1908 erneuert. – **Ehem. Deutschordenshof** (Lottestr. 8–10), 1281 erwähnt, jetzt **Städt. Museum**; die heutige 2flügelige Anlage stammt vorwiegend aus dem 17. und 18. Jh.: das Hauptgebäude bildet das Herrenhaus, dem sich als linker Flügel die im 2. Weltkrieg ausgebrannte Zehntscheuer (1529/39) und das Wohnhaus des Amtmannes aus dem 18. Jh. anschließen. Hier wurde Charlotte Buff 1753 geboren, daher **»Lottehaus«** (schwer beschädigt, 1949 wiederhergestellt). ● Jetzt **Städt. Museum**, im »Lottehaus« bedeutende Werther-Sammlung, im Hauptgebäude Kunst- und Geschichtszeugnisse der reichsstädtischen Kultur und des Reichskammergerichts. – **Dechanei**, hinter dem Deutschordenshof, heute Pestalozzi-Schule, um 1400, später umgebaut. – **Altenberger Hof** (Eselsberg 1), 17. Jh., heute Gastwirtschaft. – Der **v. Avenmannsche Hof**, später **Palais Papius** (Kornblumengasse 1), 1740, ab 1756 erweitert, beherbergt ein sehenswertes **Museum** europäischer Wohnkultur des 16.–18. Jh., mit Möbeln der Renaissance und des Barock. Zum ansehnlichen Bau selbst gehören im Inneren eine schöne Balustertreppe, Stuckdecken und Türen, dazu ein Saal vom Ende des 18. Jh. – **Solmser Hof** (Silhöfer Str. 3), Ende 18. Jh. – **v. Zwierleinscher Hof** (Pariser Gasse 22), um 1760; das Innere hat gute Stuckdecken und Kamine; Reste der alten Gartenanlage sind vorhanden. – **»Alte Münz«** (Eisenmarkt 8), 1599; reiches Fachwerk, im Erdgeschoß umgebaut. – **»Alte Post«** (Silhöfer Str. 15), 1759, mit Rokoko-Haustür. – **»Jerusalem-Haus«** (Schillerpl. 5), Fachwerk, um 1700; innen 2 Räume mit Ausstellung zur Geschichte des Hauses. – **Dompl. 11**, jetzt Bankhaus Kellner; das stattliche 4geschossige Barockhaus von 9 : 9 Achsen mit Zwerchgiebeln der Régence bewahrte sein Treppenhaus. – **Pfaffengasse 2**, ehem. Pfarrhaus, klassizistisch.

Lahn-Brücke, Stein, 7 Bögen; 1313 zuerst erwähnt.

Burgruine Kalsmunt. Die volksetymologische Beziehung auf Karl d. Gr. ist unhistorisch; erst Friedrich I. ließ die Reichsburg errichten. (Der Name bedeutet vielleicht »kahler Berg«, frz. »Chaumont«.) 1322 kam die Burg an die Falkenberger; nach deren Aussterben 1418 verlor sie ihre Bedeutung und verfiel im 16. Jh. In den Grundmauern wurden der Palas und ein weiterer Wohnbau freigelegt; erhalten ist der kräftige roman. *Bergfried* auf quadratischem Grundriß, in Buckelquaderwerk. Vom Bering steht noch im SO das spätgot. Tor der Kernburg.

Von der **Stadtbefestigung** stehen nur noch der runde **Säuturm** im S (1480, eigentlich Schneiderturm) und die **Kalsmuntpforte** der Vorstadtbefestigung im W. – Die **Garbenheimer Warte**, ein got. Rundturm mit Wehrplatte, und die **Brühlsbacher Warte** (1391 anstelle einer zerstörten errichtet, deren Stumpf noch daneben sichtbar ist) wurden zu Aussichtstürmen umgewandelt.

DG

Hermannstein (CD7)

Burg

Landgraf Hermann von Hessen erbaute die Burg 1373–79 als Grenzfeste gegen Nassau-Dillenburg und gegen die Solmser, die sich in den Besitz Wetzlars gesetzt hatten. – Durch Verpfändung gelangte die Burg 1481 an die Schenken von Schweinsberg. Die Burg verfiel in der Neuzeit. 1965 in andere Hand übergegangen und restauriert.

Die höchste Stelle der Klippe nimmt die vielleicht durch Tyle von Frankenberg errichtete Oberburg (der »Turm«) ein, östl. darunter die Unterburg (um 1483). – Der Hauptturm der **Oberburg** erhebt sich auf dem Grundriß eines verschobenen Vierecks mit zumeist abgerundeten Ecken. Die nordöstl. Angriffsseite wird durch einen massiven Halbturm verstärkt und ist undurchbrochen. Der Turm hat in beiden Untergeschossen die 4teiligen Kreuzgratgewölbe auf 4- bzw. 8eckigem Mittelpfeiler bewahrt; das Obergeschoß wird mit der Wehrplatte abgeschlossen. – Die geräumige rechteckige **Unterburg** trug offenbar nur Wohncharakter; erhalten sind das Erdgeschoß – darin die auf Mittelsäule gewölbte Küche – und ein Teil des 1. Obergeschosses.

Die **ev. Pfarrkirche** (St. Paulin) wurde 1491–92 erbaut. Der Grundriß zeigt W-Turm, breiteres saalartiges Schiff und polygonalen Chor mit einem Netzgewölbe. Das Steinrelief der Geburt Christi, über dem ehem. S-Portal, trägt das Datum 1492. Zur Ausstattung gehört ein vorzüglicher spätgot. Kruzifixus, um 1520. Barocke Kanzel; Orgel um 1828.

DG

WICHMANNSHAUSEN (I4) → **Sontra** (Werra-Meißner)
WICKSTADT → **Niddatal** (Wetteraukreis E9)

WIESBADEN (Landeshauptstadt BC10/11)

Unter Kaiser Claudius und Kaiser Domitian entstanden im 1. Jh. 2 Kastellbauten an der Stelle der heutigen Stadt. Zu ihnen gehörten Bäder am Kochbrunnen, es entwickelte sich ein bedeutender römischer Badeort. Eine unter Kaiser Valentin (364–375) begonnene Befestigung (Heidenmauer) blieb wohl unvollendet. – 829 wurde der Ort als Wisibada erstmals urkundlich erwähnt. Schon damals könnte die Mauritiuskirche in der Kirchgasse entstanden sein, deren spätmittelalterl. Nachfolger 1850 abbrannte. Ein karoling. Königshof mit kleiner Turmburg wurde Vorgänger des heutigen Schlosses, und ein mittelalterl. Ort setzte die Tradition des römischen Badeortes fort. Seit dem 13. Jh. waren die Grafen von Nassau Herren in Wiesbaden; 1744 verlegten sie ihre Residenz Nassau-Usingen hierher. 1816 wurde Wiesbaden Residenz für das Herzogtum Nassau. Das Badeleben erfuhr einen neuen Aufschwung. Die Einwohnerzahl ist von 10 000 am Anfang des 19. Jh. inzwischen auf über 250 000 angewachsen, zumal Wiesbaden 1946 Landeshauptstadt des Bundeslandes Hessen geworden ist.
Der mittelalterl. Ort, der den Raum zwischen Friedrichstraße im S, Schwalbacher Straße im W, Wilhelmstraße im O und Webergasse im N, also rings um das Schloß, einigermaßen ausgefüllt hat, wurde ab 1800 wesentlich erweitert. Zunächst umgab man die Stadt mit einem 5eckigen Ring, dem im N statt der Webergasse die Taunusstraße und Röderstraße angehören. Als Baumeister wirkte Christian Zais. Die unregelmäßige Altstadt wurde im südl. Teil also mit 3 rechtwinklig aneinanderstoßenden Straßen reguliert und nördl. durch das Bergkirchenviertel erweitert. 1830 erfolgte nach S die Erweiterung bis zur Rheinstraße. Neubauten des gesamten 19. Jh., besonders der Gründerzeit, haben die Altstadt bis auf die Straßenanlage völlig verschwinden lassen. In der Gründerzeit erfolgte die wesentliche Erweiterung der Stadt über die Rheinstraße hinaus und die Anlage des Ringes. Der Bismarck- und der Kaiser-Friedrich-Ring begrenzen im W und S die dicht bebaute Innenstadt, über die hinaus nur noch wenige Straßenzüge im W angelegt wurden. Im O begrenzte die Wilhelmstraße auch weiterhin die Innenstadt; östl. von ihr schließen sich die bedeutenden Villenviertel Wiesbadens an. Im N reicht die Innenstadt bis zur Taunusstraße; hier ist die Stadt also nur unwesentlich gewachsen. An sie schließen sich (zwischen Bergkirchenviertel und Neroberg) wiederum Villenviertel an. Im 20. Jh., besonders nach 1945, dehnte sich die Stadt nach allen Richtungen aus; mehrere Eingemeindungen haben das Stadtgebiet vervielfacht und bis zum Rheinufer anwachsen lassen.

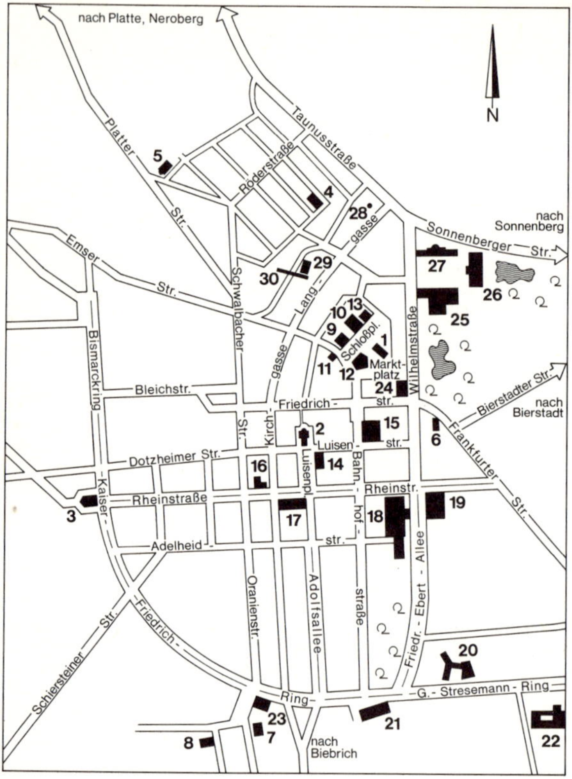

Wiesbaden. Innenstadt-Lageplan

● **Schloß.** Nach Plänen Georg Mollers (1835) errichtete 1837 bis 1841 Richard Goerz anstelle eines Vorgängerbaues das schlichte klassizist. Schloß als Residenz der Herzöge von Nassau. Zum ersten Mal wurde hier ein Residenzschloß nahtlos in die Straßenfront einbezogen. Die der Markt-

Zu nebenstehendem Plan:

1 Ev. Marktkirche
2 Kath. Pfarrkirche St. Bonifatius
3 Ev. Ringkirche
4 Bergkirche
5 Maria-Hilf-Kirche
6 Kirche St. Augustine
7 Lutherkirche
8 Dreifaltigkeitskirche
9 Schloß, Landtag
10 Kavaliershaus, Landtagsverwaltung
11 Altes Rathaus
12 Neues Rathaus
13 Ehem. Kaiser-Wilhelm-Heilanstalt
14 Alte Münze, Kultusministerium
15 Regierungsgebäude, Justizministerium
16 Landesbibliothek
17 Nassauische Sparkasse
18 Rhein-Main-Halle
19 Museum
20 Landeskriminalamt, Innenministerium
21 Hauptbahnhof
22 Statistisches Bundesamt
23 Landeshaus, Ministerium für Wirtschaft und Technik
24 Erbprinzenpalais, Industrie- und Handelskammer
25 Staatstheater
26 Kurhaus, Kurpark
27 Brunnenkolonnaden
28 Kochbrunnen
29 Kaiser-Friedrich-Bad
30 Heidenmauer

---

straße zugewandte Ecke mit dem Haupteingang ist durch einen Rundbau hervorgehoben; vor dem Portal steht ein Säulenaltan. – Die Innenräume sind noch weitgehend original erhalten; ihre Malereidekoration verbindet den Klassizismus mit Motiven aus der pompejanischen Malerei. Zwischen dem Haupteingang und dem runden Kuppelsaal befindet sich das *Treppenhaus* mit eisernem Geländer und Kassettendecke. Die Statuen antiker Götter stammen von Ludw. v. Schwanthaler aus München. Der anschließende runde *Kuppelsaal* wird von Doppelpilastern gegliedert, die Portale und Figurennischen rahmen. Der im Winkel angefügte *Pompejanische Saal* (bis 1962 Plenarsaal) ist der eigentliche Festsaal des Schlosses. Pilaster gliedern die Wände und rahmen Portale und rundbogige Spiegel; an den Schmalseiten wird das Rechteck des Saales durch Apsiden erweitert. Die Decke ist in kleinteilige Felder aufgeteilt; Decke und Wände sind mit »pompejanischen« Malereien versehen, die von Ludwig und Friedrich Wilhelm Pose stammen. – An den Pompejanischen Saal schließt ein *Erweiterungsbau* mit dem Sitzungssaal des **Hessischen Landtages** an, dem das Schloß nach Beschädigung im 2. Weltkrieg und anschließender Wiederherstellung als Sitz dient. – Im Obergeschoß befinden sich die Repräsentationsräume der Herzogin von Nassau bzw. heute des Hessischen Landtages. Es handelt sich um das *Balkonzimmer* mit einer aufgemalten Decke, die den Eindruck einer Wölbung hervorrufen soll, ferner um den *Roten* und den *Gelben Salon* sowie um den *Speisesaal* (Kleiner Saal) mit bemalten Tapeten und Möbeln aus der Erbauungszeit des Schlosses.

● Ev. **Marktkirche** (Marktplatz). Die 1851/53–62 von Carl Boos errichtete Kirche ersetzt die 1850 abgebrannte Mauritiuskirche und stellt zugleich eine Reaktion auf den bedeutenden Neubau der kath. Bonifatiuskirche dar. Sie ist als 3schiffige Basilika in Ziegelbauweise (erstmals in Nassau) erstellt und hat 5 Türme: eine westl. Turmgruppe mit hohem Mittelturm (92 m) und 2 Seitentürmen sowie 2 Chortürme. Das von Emporen umgebene Innere besitzt ein als Sternhimmel gemaltes Gewölbe. Alle Einzelformen gehören der Neugotik an; Vorbild war Schinkels Friedrich-Wersche Kirche in Berlin. Die 5 freistehenden Altarfiguren schuf E. A. Hopfgarten nach dem Vorbild von Thorvaldsens Figuren in Vor Frue Kirke (Frauenkirche) zu Kopenhagen. Die Orgel stammt von E. F. Walcker, 1863.

● **Kath. Pfarrkirche St. Bonifatius** (Luisenplatz). 1844–49 errichtete Philipp Hoffmann die 3schiffige Hallenkirche auf einem vom Herzog von Nassau gestifteten Grundstück. Die Doppelturmfassade wurde erst 1864–66 nach den urspr. Plänen vollendet. Die neugot. Doppelturmfront mit einigen romanisierenden Anklängen faßt zwischen den Türmen ein 3teiliges Portal und eine W-Rose hinter einer Maßwerkfront zusammen. Die Türme haben durchbrochene Maßwerkhelme. Das Langhaus wird von schlanken 8eckigen Pfeilern unterteilt; östl. weitet sich der Pfeilerabstand, um ein Querhaus zu bilden, an das sich ein gerundeter Hallenumgangschor anfügt. Die Seitenschiffe werden im Chorbereich durch rundbogige Arkaden vom Mittelschiff abgesondert. Die Kreuzigungsgruppe des Hochaltars schuf um die Mitte des 19. Jh. Karl Hoffmann. Die Altartafeln der Seitenaltäre aus der Bauzeit der Kirche stammen von Alfred Rethel (Bonifatiusaltar links) bzw. Eduard Jakob v. Steinle. Das Kircheninnere wird von modernen Glasfenstern stark verdunkelt.

● Ev. **Ringkirche** (Kaiser-Friedrich-Ring). An städtebaulich bedeutender Stelle erbaute 1892–94 Johannes Otzen die Ringkirche als Abschluß der Rheinstraße. Sie ist Ausdruck der damals für prot. Kirchen im »Wiesbadener Programm« (1896)

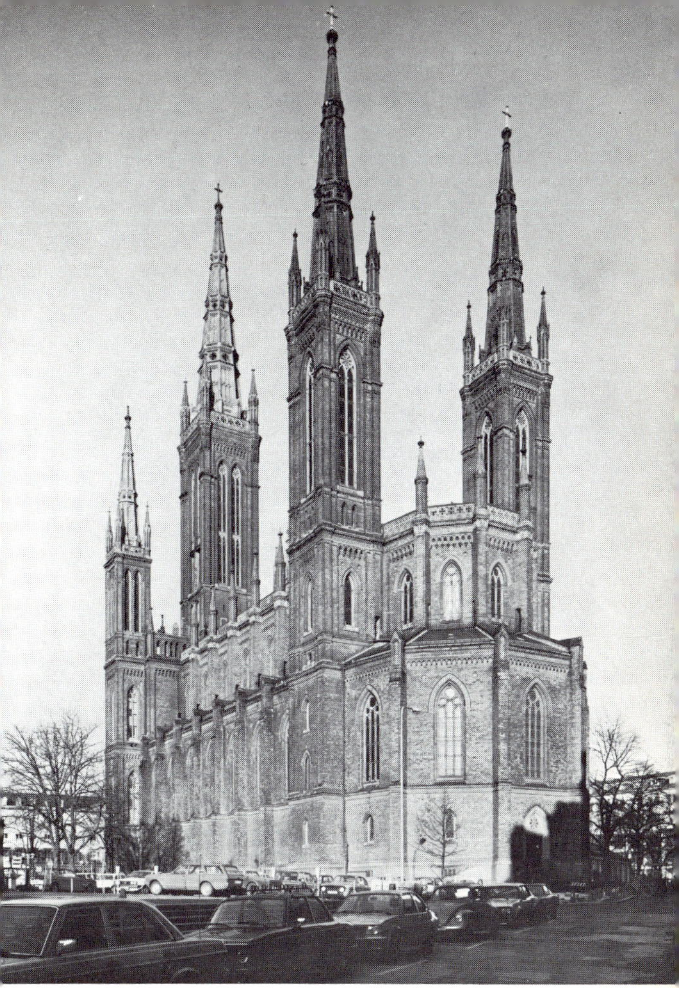

Wiesbaden. Marktkirche

niedergelegten Grundsätze, welche die Rückkehr des prot. Kirchenbaus zur eigenen Tradition darstellen und nicht aus dem Mittelalter abgeleitet werden können; daher wird der Historizismus abgelehnt. Die Kanzel steht als Kanzelaltar im liturgischen Zentrum, die Orgel im Angesicht der Gemeinde. Die für den Historizismus vorrangigen Stilformen gelten nur noch als sekundär. Vielmehr bemüht sich die Vierkonchenanlage um eine eigene neue Grundrißform, eine Bemühung, die an Kirchen dieser Zeit immer häufiger zu erkennen ist. Eigenwillig ist hier besonders die Anlage der ineinander verwachsenen Zwillingstürme. Die Detailformen lehnen sich an die Spätromanik an. Die Portalstatuen Gustav Adolf und Wilhelm von Oranien stammen von W. Rittweger. Im Inneren der Kirche wurde auf den traditionellen prot. Aufbau von Altar, Kanzel und Orgel an einer Wand zurückgegriffen.

Griechische Kapelle auf dem Neroberg. 1847–55 errichtete Philipp Hoffmann für die 1845 jung verstorbene nassauische Herzogin Elisabeth Michailowna die Kapelle nach byzantinisch-russischen Vorbildern. Entsprechend russischen Kathedralen entstand eine Kreuzkuppelkirche mit 5 vergoldeten Kuppeln. Die Kuppelfresken stammen von August Hopfgarten; die mit Heiligenbildern versehene Ikonostasis, die den Chor abtrennt, malte der Petersburger Hofmaler Karl Timoleon von Neff. Das Grabmal der Herzogin fertigte E. Alexander Hopfgarten nach Rauchs Grabmal der Königin Luise in Berlin-Charlottenburg; dargestellt sind die 4 Kardinaltugenden und die 12 Apostel.

Der Gründerzeit gehören eine Reihe weiterer Kirchen an, die sich auf die einzelnen Stadtviertel verteilen. Schon 1865 entstand **St. Augustine of Canterbury** (Kleine Wilhelmstraße), die als gotisierende Backsteinkirche für englische Kurgäste erbaut wurde. 1879 erbaute Johannes Otzen die **ev. Bergkirche**, ebenfalls einen Backsteinbau, für das gleichnamige Viertel (Lehrstraße). Um die Jahrhundertwende entstand die **Maria-Hilf-Kirche** (Platter Straße), eine pseudoroman. Anlage mit Doppelturmfassade, für die rheinisch-roman. Kirchen wie etwa der Limburger Dom mit seiner Fassadengestaltung als Vorbilder gedient haben. 1908–11 entstand die **Lutherkirche** (Mosbacher Straße) als Werk des Architekten F. Pützer, 1910 in ihrer Nähe die gotisierende, 4-türmige **Dreifaltigkeitskirche** von Dombaumeister Ludwig Becker aus Mainz.

Öffentliche Gebäude

Kavaliershaus (Schloßplatz, Landtagsverwaltung). 1826 wurde das schlichte klassizist. Gebäude als Quartier für das Gefolge des Herzogs errichtet, 1951–52 beim Wiederaufbau um ein Geschoß erhöht.

Erbprinzenpalais (Wilhelmstr. 24, Industrie- und Handelskammer). Das 1813–17 von Joh. Christian Zais erbaute Palais gehört der Stadterweiterung desselben Architekten an. Das Gebäude ist 3geschossig; das Erdgeschoß mit seinem rustizierenden Äußeren und den kleinen Portalen wirkt abweisend, wie um zu verdeutlichen, daß die Öffentlichkeit ausgeschlossen ist. So ist die Tempelfassade, die als Mittelrisalit dient, in die Obergeschosse gehoben und nicht von außen, sondern nur von innen begehbar. Schon 1825 wurde das Palais Verwaltungsgebäude.

Alte Münze (Luisenpl. 5, Kultusministerium). Der 2geschossige Bau von 1829 besitzt einen flachen Mittelrisalit mit Pilastergliederung und Dreiecksgiebel. – Auch das klassizist. **ehem. Wohnhaus** gegenüber gehört heute zum Kultusministerium; hierzu wurde es modern aufgestockt.

Regierungsgebäude (Luisenstr. 13, Justizministerium). 1838 bis 1842 errichtete Carl Boos das aufwendige 3geschossige Gebäude, dessen Vorbilder in der Münchner Ludwigstraße zu finden sind. Entsprechend florentinischen Stadtpalästen ist die rustizierte Fassade mit rundbogigen Fenstern gegliedert.

Landeshaus (Kaiser-Friedrich-Ring, Ministerium für Wirtschaft und Technik). Das 1904–07 von den Wiesbadener Architekten Werz und Huber errichtete Gebäude nimmt städtebaulich auf die südwestl. Ringstraße mit dem Hauptbahnhof Bezug. Die Ecke wurde als gerundete Kolonnade ausgebildet und mit symbolischen Figuren (Fruchtbarkeit, Geschichtsschreibung, Gewerbe) versehen.

Das **Statistische Bundesamt** (Gustav-Stresemann-Ring), 1955 von B. Schaeffer-Heyrothsberge, kennzeichnet eine gleichförmige Rasterfassade, die mit einer grünen Majolikaverkleidung versehen ist. – Der Bau des **Bundeskriminalamtes** (Thaerstraße) wechselt zwischen gleichmäßiger Fensterfassade und einer in Glas geöffneten Wand. Er wurde 1953 von H. Rimpl errichtet; 1974–76 fügte man einen Erweiterungsbau an. – **Landeskriminalamt** und **Ministerium des Inneren** haben 1966 einen gemeinsamen 12geschossigen Neubau erhalten (Friedrich-Ebert-Allee), dessen Fenstergliederung in Anlehnung an Mauerwerkstechnik durchgeführt ist, so daß ein Raster aus Horizontalen und Vertikalen vermieden wurde.

Nassauische Sparkasse (Rheinstr. 42/44). Das 1860 von Richard Goerz errichtete 3geschossige Gebäude vertritt noch den späten Klassizismus Wiesbadens.

Altes Rathaus (Marktstraße). 1609–10 entstand der 2geschossige Bau, dessen Fachwerkobergeschoß 1828 durch einen historisierenden Aufbau ersetzt wurde. Der Spätrenaissance gehören noch das Erdgeschoß mit dem Treppenvorbau und die rundbogigen Türen und Fenster mit nachgot. Profilen (vgl. Schloß Hadamar) an. Die Steinreliefs der Tugenden ersetzen seit 1828 gleichartige Holzbildwerke.

● **Neues Rathaus** (Marktplatz). 1886–87 errichtete der Architekt des Münchner Rathauses, Georg Hauberisser, das Neue Rathaus. Es ist an Schlössern der Renaissance orientiert und wird von Erkern und Risaliten gegliedert.

Unter dem Marktplatz befindet sich der **Marktkeller** vom Ende des 19. Jh., ein weitläufiger Lagerplatz mit Gewölben auf schweren Pfeilern. Die eigenwillige Anlage wird von einer barock wirkenden Terrasse versteckt; als Luftabzug dient eine hohe Säule mit der Darstellung der 4 Jahreszeiten. Hinter der Säule führt eine 3teilige, fast herrschaftliche Treppe in die Lagerräume hinab. Mit viel Aufwand wird hier von der Atmosphäre der Arbeit abgelenkt.

Die **Bahnhofshalle** erbaute 1904–06 Friedrich Klingholz; die Dekorationsformen gehören dem Jugendstil an.

● **Museum** (Friedrich-Ebert-Allee 2, Ecke Rheinstraße), 1912 bis 1915 von Theodor Fischer. Zwischen 2 4geschossigen Gebäudeflügeln wirkt der Eingangstrakt mit hoher Treppe und Tempelfassade wie eingeklemmt. Das Museum ist dadurch aus seiner Umwelt als »Musentempel« herausgehoben. Die Sitzstatue von Hermann Hahn vor dem expressionistisch wirkenden Portal stellt Goethe dar (1919). Die Reliefs an den Seitenflügeln stehen stilistisch zwischen Jugendstil und Expressionismus; auf ähnliche (»neubarocke«) Formen trifft man in Wiesbaden häufiger. – In dem Gebäude sind die 3 Sammlungen des **Museums Wiesbaden** vereinigt: die **Gemäldegalerie**, die **Sammlung Nassauischer Altertümer** und die **Naturwissenschaftliche Sammlung**.

Die **Gemäldegalerie** umfaßt italienische, deutsche und niederländische Malerei des 16. und 17. Jh., wie die Heimsuchung Marias eines unbekannten italienischen Malers (Anf. 16. Jh.) und ein Landschaftsbild von Joos de Momper. Die Moderne ist durch die größte Jawlensky-Sammlung, Bilder von Lovis Corinth, Paula Modersohn-Becker, Emil Nolde, Otto Mueller, Willi Baumeister und Ernst Wilhelm Nay vertreten. – Die **Sammlung Nassauischer Altertümer** dokumentiert die Geschichte Nassaus mit zahlreichen Fundstücken, u. a. bedeutenden Werken aus vorgeschichtlicher und römischer Zeit. Hinzu kommen Skulpturen aus dem 12. bis zum 18. Jh., so eine Pietà des späten Weichen Stils vom sog. Meister des Riminialtars.

Hessische Landesbibliothek (Rheinstr. 55/57). Der 1913, hundert Jahre nach der Gründung, errichtete Bau stammt wohl gleichfalls von Theodor Fischer; der bildhauerische Schmuck von W. Bierbrauer und A. Hensler erinnert an das Museum. Die Statue am Portal stellt Johannes Gutenberg dar.

Rhein-Main-Halle (Friedrich-Ebert-Allee). Die 1956–57 von H. Roßkotten erbaute städtische Halle dient Ausstellungen, Kongressen und sportlichen Veranstaltungen.

Hessisches Staatstheater. 1892–94 errichteten die vielbeschäftigten Wiener Theaterarchitekten Ferdinand Fellner und Hermann Helmer den bestehenden Pseudo-Renaissancebau mit eindrucksvoller Fassade; in den 1970er Jahren Verwaltungsanbau von H.-W. Hämer. Das Theater fügt sich südl. an die Kolonnaden des Kurzbezirks an.

Kurbezirk

Das **Kurhaus** bildet mit den seitlichen Kolonnaden eine hufeisenförmige Anlage. Es wurde 1905–07 von Friedrich Thiersch in Anlehnung an den Vorgängerbau des Architekten Chr. Zais (1808–10) erbaut. Die Eingangsfront wird durch eine Tempelfassade betont, hinter der sich eine geräumige Halle mit mächtiger Glaskuppel öffnet. Unter der Kuppel befindet sich ein Relieffries, darunter Mosaiken mit griechischen Göttern. Die prunkvollen Räume in den Seitenflügeln haben z. T. ihre alte Ausstattung bewahrt. – Die nördl. **Kurhauskolonnade** wurde 1825 von Chr. Zais errichtet; die vom Kranzplatz hierher übertragene Statue der *Hygieia* stammt von Karl Hoffmann (1850). Die südl. Kolonnade erbaute 1839 Heinrich Jakob Zengerle. – Der **Kurpark** wurde 1852 als englischer Garten von Carl Friedrich Thelemann neu angelegt.

Kochbrunnen (Kochbrunnenplatz). Die Hauptquelle des salzhaltigen, 66° C heißen Wassers wurde 1971 von E. Heydoch mit einer neuen Brunnenschale versehen. Der benachbarte 8eckige **Kochbrunnentempel** (1854) wurde ab 1977 rekonstruiert.

Kaiser-Friedrich-Bad (Langgasse 38–42, Coulinstr.). 1910–13 erbaute A. O. Pauly das Bad als städtisches Kurmittelhaus; die plastische Dekoration entspricht stilistisch dem Museum. Von Bedeutung ist die Innenausstattung mit Wandgemälden von H. Völker sowie ein Raum mit Fayencekacheln (»Majolika«).

Kaiser-Wilhelm-Heilanstalt (Schloßplatz, Ecke Mühlgasse; heute Behörden). Das Gebäude von 1866 diente urspr. als Militärkuranstalt. Die Fassade mit klassizist. Anklängen (rundbogige Fenster, Dachgesims) im Sinne der Münchner Ludwigstraße ist betont unsymmetrisch gegliedert.

Die **Heidenmauer**, die quer zur Coulinstraße verläuft, ist Rest einer wohl unvollendeten röm. Stadtmauer (um 370). 1902 wurde sie erneuert, damals entstand das hölzerne **»Römertor«** in der Coulinstraße.

Denkmäler

Das *Waterloo-Denkmal* auf dem Luisenplatz wurde am 18. Juni 1865 zum 50. Jahrestag der Schlacht enthüllt und ist eine Stiftung Herzog Adolphs von Nassau. Entwurf und Ausführung lagen in den Händen von Oberbaurat Hoffmann und General v. Breidbach-Bürresheim; die Bildhauerarbeit führten Schiers und Dormann aus. – Das Bronze-*Denkmal des Prinzen Wilhelm von Oranien* wurde 1906 vor der Marktkirche aufgestellt (W. Schott). – Auf dem Kaiser-Friedrich-Platz steht seit 1897 das *Kaiser-Friedrich-Denkmal* von J. Uphues.

● Wohnbauten

Nur wenige Bauten aus der Zeit vor 1800 sind noch erhalten, wie etwa **Wagemannstr. 5** (1728) und **19**. Selbst klassizist. Bauten gibt es nur noch an wenigen Straßenteilen. **Luisenstr. 9** und **11** gehören zu den ältesten (um 1824/28); die Nachbarhäuser **Nr. 3–7** entstanden wenig später. Um 1840 wurden **Luisenpl. 1** und **3** erbaut; hier ist also, zusammen mit der Münze, eine geschlossene klassizist. Platzfront erhalten geblieben. Auch **Rheinstr. 35/37** (1836, Statist. Landesamt) ist ein klassizist. Wohnhaus, ferner **Friedrichstr. 32**. In klassizist. Tradition stehen schließlich manche Häuser in den nördl. Teilen der Innenstadt (**Mühlgasse 7**), besonders im Bergkirchenviertel. Diese Bauten gehören teilweise erst den Jahren um 1860/70 an.

Mit den Stadterweiterungen der Gründerzeit setzt sich in Wiesbaden das aufwendige historisierende M i e t s h a u s durch, das in beispielhafter Geschlossenheit noch ganze Straßenviertel beherrscht, besonders in den südwestl. Stadtteilen am **Bismarck-** und **Kaiser-Friedrich-Ring**. In der engeren Innenstadt stehen die Bauten dieser Zeit durch Kriegsschäden und moderne Bodenspekulation dagegen nur noch vereinzelt, wie **Wilhelmstr. 2**, **4** und **12**, **Friedrichstr. 20**, die O-Seite des **Marktplatzes** und **Langgasse 36** zeigen. – Von hoher Bedeutung ist die großzügige Fassade des

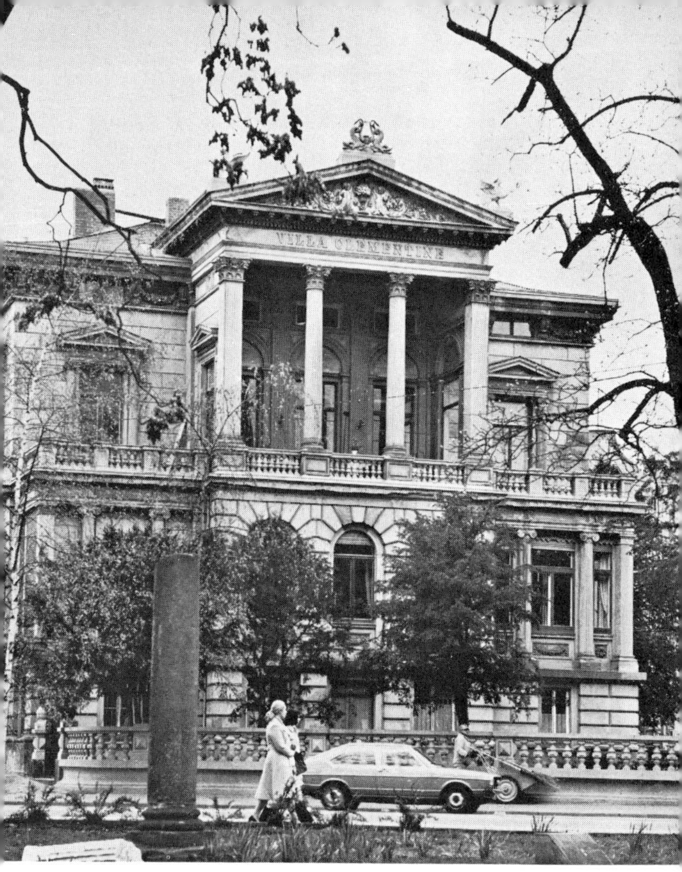

Wiesbaden. Villa Clementine (Wilhelmstr. 19)

Hotels Rose am Kochbrunnenplatz (**Langgasse 8**); der 4geschossige, von zahlreichen steinernen oder eisernen Balkonen gegliederte Baukomplex entstand 1898. Gegenüber steht das Palasthotel (**Langgasse 5/6**), dessen plastische Dekorationsformen schon dem Jugendstil bzw. Neubarock zuzurechnen sind (um 1905). Stilistisch verwandt sind auch die

Häuser **Mühlgasse 11/13** und – am deutlichsten ein Jugendstilbau – **Luisenstr. 6** (um 1905). – Die **Rheinstraße** wurde um 1880 mit villenartigen Mietshäusern bebaut, deren Balkonvorbauten und Dreiecksgiebel noch an die strengen Formen des Klassizismus erinnern. Im Inneren finden sich häufig noch Pilastergliederungen, gußeiserne Treppengeländer und Stuckdecken. Die Gebäude der **Ringstraße** haben jegliche klassizist. Erinnerung aufgegeben; sie gehören der Blüte der Wilhelminischen Zeit an, als man bevorzugt Bauten der Renaissance und des Barock zum Vorbild nahm. Die Gebäude jenseits des Ringes aus dem beginnenden 20. Jh. zeigen schon Formen des Jugendstils (**Klarenthaler Str. 1** von 1903).

Im Kontrast zu diesen geschlossenen Straßenzügen stehen die Villenviertel, die sich jenseits der Wilhelmstraße bzw. jenseits des Bergkirchenviertels anschließen. Die bauliche Entwicklung ist jedoch im Prinzip ähnlich. Eine besonders bedeutende Villa ist **Wilhelmstr. 19** (Villa Clementine), die als Wohnsitz der Königin Natalie von Serbien in spätest-klassizist.-pompejanischem Stil erbaut wurde.

UG

Eingemeindete Stadtteile

Biebrich (BC10)

● **Schloß.** Das bedeutende hufeisenförmige Barockschloß wendet seine Schauseite dem Rheinufer zu, während sich die Hofseite zu einer ausgedehnten Parkanlage öffnet. 1744 bis 1866 Residenz des Fürstentums Nassau-Usingen und des Herzogtums Nassau. Der Komplex stellt keine einheitliche Planung dar. Zunächst wurde ein kleines Jagdschloß errichtet (**W-Pavillon** der Rheinfront 1698, vielleicht von dem Architekten Sommermann). Es folgte das symmetrische Gegenstück (**O-Pavillon** bis 1706). Die verbindenden Galerien mit dem runden **Mittelbau** schuf Maximilian von Welsch 1710–19 im Anschluß an Ideen Fischer v. Erlachs (Kreispavillon mit statuenbekrönter Attika). Der Mittelteil enthält im Erdgeschoß die *Schloßkapelle* und darüber einen *Kuppelsaal*, dessen Gewölbe 8 korinthische Marmorsäulen tragen. (Das oberste Geschoß der Galerien wurde erst 1718 hinzugefügt.) Durch den Tod des Fürsten Georg August († 1721) wurde der Ausbau unterbrochen. 1733–36 konnte

Friedrich Joachim Stengel den **Marstall** mit Kavalierswohnungen im Obergeschoß als NO-Flügel anschließen. Zu einer ständigen Residenz fehlten noch heizbare Räume für die Wohnung des Fürsten. Diesen Zweck erfüllte der sog. **Winterbau** Stengels (1740–44) als NW-Flügel des offenen Hufeisens. Er enthält ausgezeichneten Rocaillestuck von Johann Peter Jäger und anderen. Der feine Außenbau mit rustizierten Ecken, 3achsigem Mittelrisalit und Mansarddächern wirkt noch sehr französisch. – Im Klassizismus wurden zahlreiche Räume umgestaltet. Die Rotunde erhielt 1826 eine gemalte Kassettendecke; 2 Jahre zuvor war ihr auf der Rheinseite die geschwungene Freitreppe vorgelagert worden. Besonders im Winterbau sind bemerkenswerte klassizist. Stuckdecken, die sich dort neben barocken von 1744 erhalten haben. Die geschmiedete Eisentreppe stammt von L. Vay (1744). – Im 2. Weltkrieg erlitt das Schloß schwere Schäden am Mittelflügel und am Marstallbau, der anschließend abgebrochen wurde.

Den barocken Garten gestaltete Fr. Ludwig v. Sckell 1811 in einen **Englischen Park** um. Schon 1806 hatte Carl Florian Goetz die **Moosburg** errichtet, eine künstliche Burgruine, im got. Stil nach dem Vorbild der Löwenburg in Kassel-Wilhelmshöhe geschaffen – ein interessantes Zeugnis romantisch-historisierender Baugesinnung.

Bierstadt (C10)

Ev. Pfarrkirche. Die bemerkenswerte Saalkirche mit breiter Mittelapsis und 2 Mauernischen als Nebenapsiden gehört wohl salischer Zeit an (11. Jh.). Kennzeichen hierfür sind die Rundbogenfriese am Außenbau. Der W-Turm wurde erst später, noch im 12. Jh., dem Bau hinzugefügt. Auch der große Apsisbogen wurde offensichtlich – nicht lange nach Vollendung der Kirche – verstärkt, wodurch die beiden Nebenapsiden entstehen konnten. Der Kämpfer des Apsisbogens ist verdoppelt. Das vermauerte S-Portal trägt eine rohe Ritzzeichnung auf dem Sturz (wohl 10. Jh., von einem älteren Bau übernommen). Im 14. Jh. wurden 2 weitere Fenster im Chor eingebrochen und die Laibungen mit Heiligenfiguren ausgemalt. Bei der Barockisierung 1733–34 zog man die Empore ein und vermauerte einige roman. Fenster. Der Kanzelaltar verwendet spätgot. Altartafeln, um 1500.

Sie werden Martin Caldenbach gen. Heß zugeschrieben. Zur Ausstattung zählt noch ein roman. Taufstein.

Sonnenberg (BC10)

Die nassauische **Burg Sonnenburg,** im Tal nordöstl. von Wiesbaden, ist auch als Ruine noch eindrucksvoll. Der 5geschossige Bergfried aus der Zeit um 1200 hat unten und oben ein gewölbtes Geschoß, wie es für viele Burgen dieser Zeit üblich ist. Er ist aus gleichmäßigen Quadern aufgerichtet. Weitere Türme gibt es an der Angriffsseite in der Kernburg und in der äußeren Erweiterung aus der 2. Hälfte des 14. Jh. In den Turm dort wurde 1384 eine Burgkapelle eingebaut, für die man einen Chor außen anfügte. Gleichzeitig mit dieser Burgerweiterung entstand eine Stadtbefestigung, von der außer Mauern noch 3 Türme und ein Tor erhalten sind.

Jagdschloß Platte. In großartiger Lage auf dem Taunus-Rücken nördl. von Wiesbaden errichtete Johann Schrumpf 1822–24 den quadratischen Bau, dessen Seitenfronten 3-achsige Risalite mit Pilastern zieren. Die Schauseite im S ist mit ionischen Säulen ausgezeichnet, in der Mitte rundes Treppenhaus. Vorbild war Palladios Villa Rotonda (Vicenza). Im 2. Weltkrieg ausgebrannt.

UG/EH

WIESECK → **Gießen** (Lahn-Dill D7)

WILDECK (Hersfeld-Rotenburg K5)

Durch die Gebietsreform entstand die Grenzgemeinde Wildeck mit der Verwaltung in

Obersuhl (K5),

wo sich an der **ev. Pfarrkirche** von 1855 der schöne Chorturm von 1518 erhalten hat: Netzgewölbe mit Rippenkreuzungen, Sakramentsnische mit überkreuztem Rahmen, Vorhangbogenfenster in spätestgot. Formen (dieselbe Werkstatt erbaute die Sakristei an der Totenkirche in Treysa). Die Orgel von 1701 ist nicht erhalten.

Raßdorf (I5)

Der Ortsname der neuen Großgemeinde geht auf das **Jagdschloß Wildeck** (später Blumenstein) der Landgrafen von Hessen-Rotenburg nordwestl. von Raßdorf zurück, das 1770 erbaut war, aber nur in Resten erhalten ist. Der einst bedeutende Englische Park am Rande des großen Forstgebietes ist aufgegeben; von seiner Pracht zeugen nur ein Teich, auf dessen Insel ein Steinaltar steht, und mitten im Feld der einsame Obelisk.

Hönebach (I5)

Bei Hönebach unterfährt ein 1845–48 erbauter **Tunnel** von 963 m Länge die Wasserscheide zwischen Fulda und Werra. An ägyptische Baugedanken erinnert, trotz Verwendung nachmittelalterl. Details, die reiche und schwere Pylonenarchitektur der Tunneleinfahrten. Wegen seiner Länge wurde dem Hönebacher Tunnel eine Folge von Entlüftungsschächten gegeben, deren in freier Landschaft stehende Aufsätze turmartige Kamine bilden.

Richelsdorf (K5)

Die **ev. Pfarrkirche** in Richelsdorf hat ihren Chorturm und weitere Mauerteile aus dem 14. Jh. bewahrt, ist aber 1705 wesentlich erneuert und 1716 ausgemalt worden. Baumeister und Maler waren offenbar dieselben wie in Wichmannshausen. Das Schiff ist von einer doppelten 3seitigen Empore umgeben; die obere läuft über dem Triumphbogen als Laufgang durch. Den Mittelraum überwölbt eine Tonne. ●

Die Tonne ist als Wolkenhimmel bemalt; Ranken- und Blumenwerk sowie Sprüche bedecken Brüstungen, Gestühl und Wände; die Emporenpfeiler sind marmoriert. Die Stelle eines in der ref. Kirche nicht zulässigen Altaraufsatzes vertritt optisch das Cornbergische Epitaph von 1616. – Kanzel 1706.

DG

Bad WILDUNGEN (Waldeck-Frankenberg F4)

Um 800 wird das Dorf Wildungen am Fuße des Burgbergs zuerst genannt; spätestens um 1200 entstand die Burgsiedlung. Landgraf Heinrich Raspe von Thüringen gründete in einiger Entfernung 1242 Nieder-Wildungen (als Stadt 1258 erwähnt), gab es aber schon 1247 als Kaufpreis für die Königswahl an Mainz. Mainz verpfändete die Stadt an die Grafen von Waldeck, die gleichzeitig (1262) auch Alt-Wildungen erwarben, das ebenfalls Stadtrechte erhielt; die verwaltungsmäßige Trennung beider Wildungen erfolgte erst nach Mitte des 14. Jh. Bei Waldeck verblieb Wildungen bis zum Anschluß an Preußen (Hessen) 1929. In Nieder-Wildungen nutzte man die dort zutage tretenden eisen- und kohlensäurehaltigen Quellen seit der 2. Hälfte des 16. Jh. zu Heilzwecken; 1906 zum Bad erhoben.

Alt-Wildungen hat keinen regelmäßigen Stadtgrundriß des Mittelalters; der Kern der Stadtanlage entstand nach dem Brand von 1763, der nur Schloß und Kirche verschonte. 2 Reihen einzeln gestellter Fachwerkhäuser besetzen die Hauptstraße, die aufs Schloß zuführt. – Nieder-Wildungen zeigt als Neuanlage des 13. Jh. typische Merkmale thüringischer Gründungen: fast kreisförmiger Grundriß mit Straßennetz in Gitterform, der Kirchturm im Zuge der Hauptstraße, jedoch erst hinter einer Häuserzeile sichtbar.

Die Stadtmauer ist nur noch in Resten erhalten; der **»Rote Hahn«** im SO, ein Rundturm, diente einst als Gefängnis. Von den Warttürmen in weiterer Umgebung steht nur die **Braunauer Warte.**

Bad Wildungen (Nieder-Wildungen)

Ev. Stadtkirche (St. Maria, Elisabeth und Nikolaus)

Die Hauptbauzeit liegt in der 1. Hälfte des 14. Jh. (Altarweihe 1306); ein Turmbaubeginn von 1319 ist unverbürgt überliefert. Der Chor wurde im 15. Jh. erneuert, der Turm 1462–89 fortgesetzt. Seine Haube und Laterne erstellte Landbaumeister Theodor Escher 1809–11. Nördlich an den Turm schließt eine Grabkapelle von 1505.

Die Anlage besteht aus einer 3schiffigen 4jochigen Halle mit polygonalem Chor und westl. Einturm. Im schlichten Außenbau dominiert der quadratische Turm; die Seitenschiffsjoche wenden sich mit Giebeln selbständig nach außen. Bauplastik erhielt sich noch am S-Portal des Langhauses (2. Hälfte 14. Jh.). Innen stützen sich die einfachen Kreuzrippen der fast quadratischen Halle auf schlanke Rundpfeiler.

● Ausstattung. Der *»Wildunger Altar« des Konrad von Soest* (aus Dortmund) gehört zu den Spitzenleistungen der deutschen Malerei. Er entstand nach neuerer Forschung 1403. Der umfangreiche Flügelaltar zeigt (im geschlossenen Zustand) stehende Heilige: Katharina, Johannes d. T., Elisabeth und Nikolaus. Geöffnet gewinnt er eine Breite von über 6 m (genau 6,16, nicht 7,60 m). In leuchtender Farbkraft erscheinen die Darstellungen der Kindheit und Passion Christi, seine Auferstehung und Himmelfahrt, das Pfingstwunder und das Jüngste Gericht. Die Figuren sind schlank und zart, aber prunkhaft reich gewandet, verhalten in der Stimmung, höfisch in der Gebärde. Der farbige Reichtum geht von hellen, ungebrochenen und farbreinen Flächen aus, umstrahlt vom Glanz des Goldgrundes. Ein reichgemusterter, rotgrundiger Rahmen umfaßt das Meisterwerk. Westfälische Tradi-

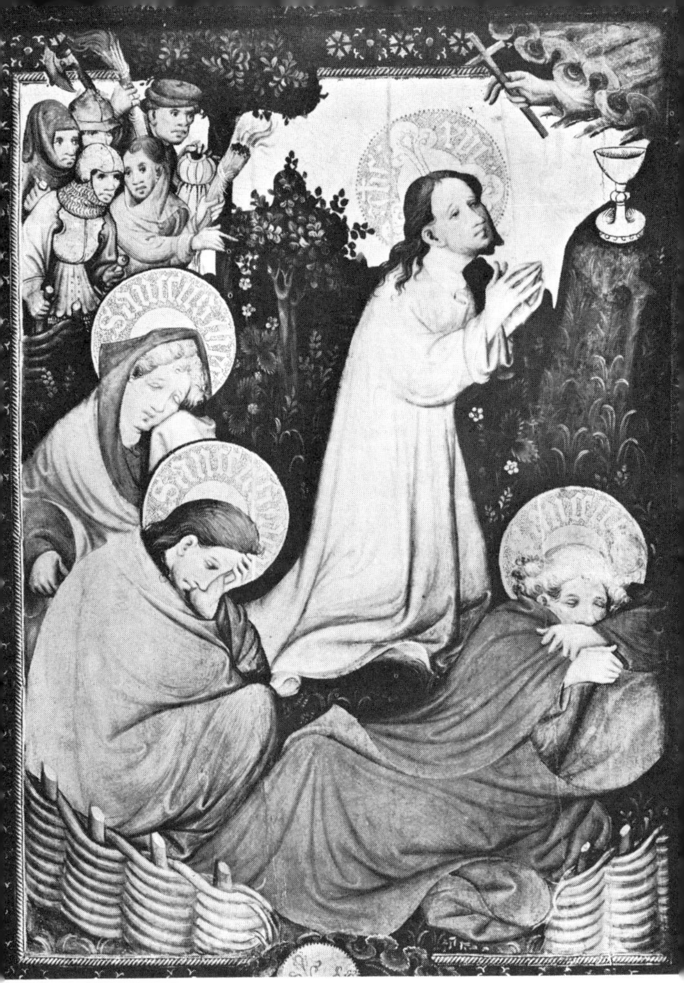

Bad Wildungen. Ev. Stadtkirche. Ölberg
Detail vom »Wildunger Altar«

tion wird durch Anregung französischer Buchmalerei zu neuer Eleganz und Feinheit gesteigert. – Spätgot. Kruzifix über dem Altar, 1518; auf den Vierpaßenden Evangelisten-Reliefs. – Orgel 1930, mit Kupferpfeifen im offenen Prospekt, nach Entwurf von Friedrich Bleibaum, Rückpositiv 1957 von W. Bosch.
Unter den *Grabmälern* zeichnen sich aus: das des Grafen Samuel von Waldeck († 1570), das Georg Schellenberg aus Tann (zusammen mit Andreas Herber?) 1579 schuf. Vor der mit Wappen reich geschmückten Rücktafel steht die elegante, im Ausdruck etwas kühle Figur des Verstorbenen. Säulen und Beschlagwerk bilden den äußeren Rahmen. – Das Grabmal des 1669 gegen die Türken gefallenen Grafen Josias – an der N-Wand des Chores – schuf Heinrich Pape 1674 (vgl. Korbacher Nikolaikirche). Er fügte den 3geschossigen Aufbau, der auf gedrehten Säulen ruht, vorzüglich in die Architektur des Chores ein. Allegorische Figuren, braunschweigische und türkische Krieger umgeben den Verstorbenen, der auf dem Sarkophag ruht. – Gegenüber steht das Grabmal des Fürsten Carl von Waldeck († 1763); Hofbildhauer Markus Christoph Krau schuf es 1765 in kräftigen Materialgegensätzen. Schwarzer Marmor bildet den Aufbau aus Sarkophag, Aufsatz und hohem Obelisken. Aus hellem Marmor ist das Figurenwerk: 4 Tugenden und Fama umrahmen das Medaillon mit dem Porträt des Verstorbenen. Beide Grabmäler werden von schönen Gittern umschlossen. – Eigenwillig dekoriert ist das Epitaph für Anna Katharina Hartmann, 1677, am O-Ende des S-Schiffes.

Das Stadtbild ist bemerkenswert dank einer Reihe stattlicher **Fachwerkhäuser,** oft Doppelhäuser unter gemeinsamem Giebel, so in der Brunnen-, Hinter- und Lindenstraße. Schöne Beispiele sind: **Lindenstr. 2** von 1551 (seit 1630 Löwenapotheke, 1977 restauriert), **Brunnenstr. 42** von 1601, **Brunnenstr. 11/13** (Doppelhaus um 1619), **Lindenstr. 9** von 1682 und der elegante »Hainaer Hof« von 1564, **Münzstr. 7.** – Das **Rathaus** wurde 1851–54 von Baurat Braß errichtet. – In monumentaler Formung einer Doppelturmanlage zu seiten eines Tores erhielt sich der **Bunkerbau** bei der Stadtschule, um 1940.
Im Kurviertel sind zu nennen: das aufwendige historizist. **Hotel »Fürstenhof«,** vollendet 1912; die neoklassizist. **Wandelhalle** (1928–30 von Meißner), der **Zierbrunnen** (Jugendstil) und die *Brunnen-Nymphe* von Richard Wagner (1918). Das **Badehotel** ist teils spät-, teils neuklassizistisch (1856 und 1905), nach Brand wiederaufgebaut 1948–53.

Städt. Heimatmuseum (Lindenstr. 9, s. o.): Waldeckische Kunst, kostbare Manuskripte, Ratstruhe 1432, Totenkrone des Grafen Josias (gefallen 1669) u. a.

Asien-Museum (Laustr. 26). Slg. Exner, ehem. in Frankenau.

Alt-Wildungen

Schloß Friedrichstein. Die um 1200 entstandene Burg wich 1319 einem Neubau, wie die Chronik auf der Rückseite des Wildunger Altars besagt. Aus d. J. 1550 stammt der Rundturm, an den Graf Josias den barocken Hauptflügel seit 1664 von N nach S anschloß. Ein weit umfangreicherer Plan blieb nach 1669 unausgeführt. Die beiden Seitenflügel fügte Fürst Friedrich Anton Ulrich, nach dem das Schloß umbenannt wurde, 1707–14 ostwärts hinzu. Eine trapezförmige Terrasse ist nach S vorgelagert. – Der Hauptbau ist wie die Seitenflügel 2geschossig, aber in den Maßen aufwendiger. Die meisten Räume des Hauptbaus zeigen vorzügliche barocke Innengestaltung (Stukkaturen und Deckengemälde, Panneaus, Spiegel und Kamine), vorwiegend um 1715, teils auch um 1740 und 1760. Raumschön ist das pfeilerreiche *Treppenhaus.* Der große *Festsaal* liegt im S-Flügel; der prachtvolle Stuckdekor stammt von Gallasini, der sich an Vorlagen von Bichel und C. M. Pozzi anlehnte (zwischen 1715 und 1719).

Ev. Kirche. 1728–31 von Julius Ludwig Rothweil. Der Saalbau schließt 3seitig; ein Turm ist vorgelagert. Das Innere umgeben 1-geschossige Emporen, inmitten der Langseiten aussetzend. Den Raumakzent bildet der Kanzelaltar. 3 Kanzelfiguren von Josias Brützel, 2. Hälfte des 17. Jh., sind wiederverwendet. Die Decke ist als Wolkenhimmel bemalt.

DG

WILHELMSBAD → **Hanau** (Main-Kinzig E10)
WILHELMSHAUSEN (H2) → **Fuldatal** (Kassel)
WILHELMSHÖHE (G3) → **Kassel**
WILHELMSTHAL, Schloß → **Calden** (Kassel G2)
WILLERSHAUSEN (K4) → **Herleshausen** (Werra-Meißner)

WILLINGSHAUSEN (Schwalm-Eder F5/6)

Schon im 13. Jh. erscheint hier das Adelsgeschlecht v. Schwertzell, dem noch heute das Schloß gehört. Als Verwandter der Schwertzells kam 1814 der Livländer Maler Gerhardt v. Reutern (1794 bis 1865) nach W.; freundschaftliche Beziehungen brachten den Maler und Stecher Ludwig Emil Grimm (1790–1863) in das Dorf. Aus der Zusammenarbeit der beiden Künstler entwickelte sich die »Malerkolonie Willingshausen« mit zahlreichen Künstlern, die sich gerade durch ihre hiesige Tätigkeit weit über Hessen hinausdringenden Ruhm erwarben, so Jakob Dielmann, Ludwig Knaus,

Adolf Lins, Hans v. Volkmann-Leander, Heinrich Giebel, Wilhelm Thielmann, Hermann Kätelhöhn und besonders Carl Bantzer (1857–1941). Mit dem Tode Heinrich Giebels (1865–1951) ging diese Tradition nach 130 Jahren zu Ende, ist aber von Thielmanns Tochter Marianne Heinemann in bescheidenerem Umfang wiederbelebt worden.

Den Mittelpunkt der Malerkolonie bildete zunächst das Schloß, ● dann das »**Malerstübchen**«, in dem zahlreiche Skizzen, Zeichnungen und Gemälde verschiedener Künstler hängen und wo auch die Tür von verschiedenen Künstlern bemalt ist. 1977 fand das Malerstübchen eine neue Heimstätte in der Alten Schule.

Das **Schloß** aus der Mitte des 16. Jh. hat über 2 Steingeschossen ein 1697 erneuertes Fachwerkgeschoß mit hohem Dach, an der Frontecke einen ebenfalls 1697 erneuerten Erker und vor der Langseite einen runden Treppenturm, dessen neugot. Portal gegen 1970 beseitigt wurde. Erhalten ist dort ein Wappen von 1496.

Die 1511 errichtete **ev. Pfarrkirche** ist 1810 erneuert, das Friedhofsportal 1502 datiert. Bemerkenswert ist besonders die große klassizist. *Patronatsloge*, die fast die gesamte N-Seite der Kirche einnimmt, mit langem Wappenfries. Aus der Werkstatt des Andreas Herber stammt das Wandgrab des Georg v. Schwertzell († 1578). Die Orgel erbaute Joh. Schlottmann 1764.

DG

WINDHAUSEN, Schloß → **Niestetal** (Kassel H3)
WINDHOF → **Weilburg** (Limburg-Weilburg C8)
WINKEL (A11) → **Oestrich-Winkel** (Rheingau-Taunus)

WISSMAR (Lahn-Dill D7)

Ein Schüler Schinkels, Friedrich Louis Simon, hat 1828–30 die **ev. Pfarrkirche** errichtet. Der preußische Einfluß erklärt sich durch die von 1815 bis 1932 dauernde Zugehörigkeit Wetzlars zum Rheinland. Den großen Quersaal erweitern ein übergiebelter Mittelrisalit an der einen, ein stattlicher Turm auf der anderen Seite. Der Innenraum verdankt die großzügige Wirkung nicht nur seiner Weite, sondern auch der allseitig ihn umziehenden Empore mit ihrer Säulenstellung in 2 Geschossen. Über den toskanischen Säulen, auf denen die Empore ruht, erheben sich kannelierte Säulen mit korinthisierenden Kapitellen und tragen die kassettierte Decke. So entsteht eine eigentümliche Verbindung von zentraler Queranlage und Hallenraum mit dem Emporengedanken. Der Altar und die spätklassizist. Orgel im Risalit stehen der Kanzel an der Turmseite gegenüber. Die farbige Fassung ist um 1962 wiederhergestellt worden.

DG

WITZENHAUSEN (Werra-Meißner I2)

Ein fränkischer Salhof im breiten Talgebiet der unteren Werra ist Ausgangspunkt für die Gründung der Stadt, der Landgraf Ludwig IV. von Thüringen 1225 das Marktrecht verlieh. Der Thüringer Erbfolgestreit endet 1264 mit dem Übergang an Hessen. Schwere Brände verheerten die Stadt 1479 und 1809.

Den ovalen Grundriß der Stadt gliedert das gitterförmige Straßennetz; der Markt liegt rechteckig im Kreuzungspunkt der Hauptstraßen. Burg und ältere Dorfsiedlung bestimmen die unregelmäßige Form des südwestl. Stadtviertels. Die **Stadtmauer** war doppelt, mit 12 Türmen und 4 Toren bewehrt. Außer beträchtlichen Mauerzügen haben sich 2 jüngere Türme (**Diebesturm** 1413, **Eulenturm** vor 1433), die später als Gefängnis verwendet wurden, erhalten, sowie ein kleinerer Turm der urspr. Befestigung, deren innerer Ring schon 1247 vorhanden war.

Ev. Liebfrauenkirche

Der malerische Bau verdankt seine heutige Erscheinung einer wechselvollen, noch nicht gänzlich geklärten Baugeschichte. Auf uns gekommen ist die Kirche in der Form einer 3jochigen Pseudobasilika mit eingebautem W-Turm, östl. anschließendem Emporenjoch und 1schiffigem, in 5 Seiten des Achtecks mündenden Chor.

Von einer spätroman. Gewölbebasilika, die wohl um 1225 begonnen wurde, blieb nur der Unterbau des querrechteckigen W-Turmes erhalten. Ihn gliedern Lisenen, deren plötzliches Abbrechen vielleicht mit der Zerstörung der Stadt in der Fehde zwischen Thüringen und Mainz 1232 zusammenhängt. Über den schlichten Weiterbau wurde ein frühgot. und später ein hochgot. Glockengeschoß getürmt. Der Turmaufsatz mit umlaufender Holzgalerie und Haube kam 1747 hinzu. Das W-Portal wurde um 1700 eingefügt. – Für den got. Neubau der Kirche ist das Abschlußdatum 1404 überliefert. Es paßt vorzüglich zu der stilistischen Erscheinung des schon im 14. Jh. begonnenen Chores. Nach seiner Errichtung entstand auf Grund eines Planwechsels das Emporenjoch. Eine Fortsetzung der Emporenanlage ins Langhaus hinein war vorgesehen, ein Unikum für die deutsche Architektur um 1400. Beim zweiten Planwechsel verzichtete man auf die Fortführung der Emporenanlage, schließlich auch auf die Verlängerung der Kirche nach W. 1479 litt die Kirche beim Stadtbrand. Wahrscheinlich stürzten Gewölbe und Obergaden des Langhauses ein. Im 16. Jh. scheint das N-Seitenschiff nahezu vollständig erneuert zu sein. 1632–38 Verheerungen durch den 30jährigen Krieg. Der Restaurierung von 1725 sind die Tonne des Mittelschiffes (1931 erneuert) und das alle 3 Schiffe gemeinsam deckende Mansarddach zu danken.

Äußeres. Chor und Langhaus wirken durchaus gegensätzlich. Denn jener erhebt sich mit steilen Proportionen, hohen Strebepfeilern und schlanken Fenstern zu beträchtlicher Höhe, während das Langhaus mit niedrigerem, unter Dach verstecktem Obergaden sich behäbig breitet. Malerische Anbauten – v. a. die südl. Portalvorhalle (um 1404) –, aber auch die Spuren der wechselnden Baupläne geben dem Langhaus sein Gesicht, wogegen der Chor – bis zum Ansatz des Emporenjoches – aus einem Guß ist. – Im Inneren trennt der Triumphbogen das Emporenjoch vom Langhaus; höchst ungewöhnlich sind die Arkadenpfeiler des Schiffes – eine Übergangsform zwischen roman. Pfeilern mit Kantensäulen und got. Bündelpfeilern. Über ihnen ist der Obergaden mit reduziertem Querschnitt heute fensterlos. Sicher gewölbt waren die Seitenschiffe, die aber spätestens seit 1725 Flachdecken tragen (1879 erneuert). – Das Emporenjoch ist nur auf der S-Seite voll erhalten. Eine Naht zwischen Chor und Emporenjoch beweist, daß der Chor erst mit begleitenden Kapellen ohne Emporen rechnete und eine got. Basilika geplant war. Der *Chor* selbst bietet auch im Inneren die harmonische Wirkung, die das Äußere verheißt. Seine schlanke Höhe gliedern zarte Dienste mit nur winzigen Kapitellen; das phantasiereiche Fenstermaßwerk variiert die geometrischen Formen des 14. Jh. Etwas von der festlichen Würde des Chores teilt sich dem Gesamtraum mit.

Ornamentale und figürliche *Malereien* des 16. Jh. schmücken Wände und Gewölbe der »Kapelle« unter der S-Empore: Darstellungen der 8 Kardinaltugenden, Medaillons mit Halbfiguren der Apostel und 2 Stifterfiguren. – Kanzel 1575, mit Brüstungsgemälden. – Aufwendiger Orgelprospekt, 1731 von Johann Creuzburg. – Im Chor das Grabmal der Familie v. Bodenhausen, 1575; auf einer von Säulen getragenen Plattform knien 10 Mitglieder der Familie in Lebensgröße vor einem Relief mit Christi Auferstehung.

Ehem. Wilhelmitenkloster St. Nikolaus und Hl. Kreuz

Die urspr. Gründung, 1291 durch Pfarrer Günther, erfolgte außerhalb der Stadt beim Steintor jenseits der Werra. 1358 erhielt das Kloster einen Platz im nordöstl. Stadtviertel nahe der Werra, z. T. über der überbrückten Mühlengelster. Aufgehoben 1528; die spätere Domäne wurde 1898 Kolonialschule, jetzt Deutsches Institut für tropische und subtropische Landwirtschaft.

Den Klosterhof begrenzte auf der S-Seite die **Kirche**, von der nur ein frühgot. Portal übrigblieb. – Die anschließenden S- und W-Flügel der **Klosterbauten** bewahrten mittelalterl. Teile im Umbau des 18. Jh., besonders eine tiefgelegene Kapelle im W-Teil des S-Flügels, deren spätroman. Portal auf Entstehung vor der Klosterverlegung weist. – Im seit 1358 erbauten N-Flügel erhielten sich *Refektorium* und *Kapitelsaal*, die 1899 restauriert wurden. Der heutige »Große Saal« entstand im 19. Jh. durch Ausbruch der Wand zwischen Refektorium und quadratischem Nachbarraum. Er umfaßt jetzt 2 Schiffe zu 6 Jochen. Rippengewölbe mit verzierten Schlußsteinen stützen sich auf Achteckpfeiler und teils auf Wandkonsolen. Der ehem. Kapitelsaal liegt östl. vom Durchgang; die Gewölberippen verlaufen in die 8seitige Mittelstütze.

Hospital St. Michael. Die Kapelle entstand um 1392. Der W-Turm des sonst schlichten Baues löst sich unvermutet in zierlichreiches Maßwerk von luftiger Durchbrechung auf. 4 Säulen, an Strebepfeiler gelehnt, tragen maßwerkgefüllte Kielbögen mit Kreuzblumen und Fialen. Auch der schlanke Helm ist dicht mit Krabben bis zur Kreuzblume besetzt.

Rathaus. 3geschossiger Renaissancebau mit Treppenturm inmitten der S-Seite, 1589–90 von Hans Wetzel unter Verwendung got. Mauerwerks; nach dem verheerenden Brand 1809 entstellender Wiederaufbau 1819. Instandsetzung 1951.

Das Stadtbild ist nicht mehr einheitlich, aber doch noch reich an hervorragenden **Fachwerkbauten**. 1480 bezeichnet ist das **»Deutsche Haus«** (Marktgasse 2) mit 2geschossigen Ständern im Untergeschoß, Schiffskehlprofil im Quergesims. – Ähnlich das Haus **Ermschwerder Str. 7/11**. – In der gleichen Straße (Nr. 17) **Haus Sommer**, mit Eck-Erker 1511. Dekorativ wirken die geschweiften Fußstreben in den Brüstungen. – Ebd. **Nr. 4** mit Fächermuster, 1579. – **Steinernes Haus** (Markt 7), 1584, mit 2 Fachwerkobergeschossen und 2geschossigem Giebel. Ein Eck-Erker auf reicher Steinkonsole bildet den architektonischen Hauptakzent des Marktplatzes. – **Gasthaus Krone** (Kespermarkt 11): reiche Gesimse, 2 hohe Zwerchhäuser; um 1605. – Verwandt ist das Haus **Markt 4**, 1606. – **Haus Collmann**: stattlicher klassizist. Wohnbau von 9 : 4 Achsen.

Die 1916 errichtete **Ritzmühle** (stillgelegt) bewahrt in ihrem Speichergebäude mit seitlichem Turm ein bemerkenswertes Zeugnis technischer Baukunst im Jugendstil.

DG

Berlepsch-Ellerode (I2)

Abseits der Werra in einem Nebental gelegen, bietet **Burg Berlepsch** dem Besucher zunächst das Bild eines historisierenden Baues der

Spätromantik. Doch ist die urspr. Anlage, eine Gründung Arnolds v. Berlepsch aus d. J. 1369, noch weitgehend erhalten. Aus 3 Flügeln besteht die Kernburg, zu der ein 1369 bez. Spitzbogenportal führt. Am Treppenturm trägt das Renaissance-Portal das Datum 1595. 2 Mauerringe mit mächtigen Ecktürmen umschließen die Burg, die 1885–94 erneuert wurde.

DG

Ermschwerd (I2)

Schloß. Das Herrenhaus wurde 1551 erbaut und 1585 verändert. Das massive Erdgeschoß zeigt neben dem Portal von 1616 noch 2 nachgot. Fenster mit Vorhangbögen (1551); die übrigen Fenster und der Ausluchtvorbau entstanden 1585. Die beiden Obergeschosse besitzen ein reich gegliedertes Fachwerk mit aufwendigen Schnitzereien. Schwellen, Pfosten und Riegel sind mit Rosetten und Friesen versehen. Dabei wird auch die urspr. Fensteraufteilung deutlich: Es handelt sich um 10 Gruppen von je 3 bzw. 4 Fenstern nebeneinander, die alle mit Vorhangbögen geschlossen waren, die sich im Fachwerk teilweise noch abzeichnen. Durch das Portal betritt man eine weiträumige Halle im Erdgeschoß, von der aus sich seitliche Räume und der rückwärtige Treppenturm erschließen, eine für den Schloßbau (teilweise auch den Wohnbau) jener Zeit übliche Anlage.

UG

Wendershausen (I3)

Die **ev. Kirche** ist für die Bauweise des Landbaumeisters Giovanni Ghezzy charakteristisch. Der Saal schließt außen 3seitig, innen aber halbrund. Den Emporen, die das Schiff auf 3 Seiten umgeben, antworten die Chorstände, aus deren Mitte die Kanzel herauswächst. Die Bauzeit war 1739–40; die Orgel errichtete Joh. Wilhelm Schmerbach d. Ä. 1770–73 neu.

● **Burg Ludwigstein**

Als Landgraf Ludwig d. Friedsame die Grenzen seines Landes gegen feindliche Überfälle durch einen Burgenkranz sicherte, legte er auf steilem Bergkegel über der Werra 1415 den Ludwigstein gegen den mainzischen Hanstein an. Mit dem Abflauen der Kämpfe gegen Mainz verlor der Ludwigstein seine strategische Bedeutung, 1627–1834 ging er an Hessen-Rotenburg über. Jetzt Jugendburg mit besonderer Bedeutung für die Geschichte der Jugendbewegung.

Eine geschlossene Gebäudegruppe legt sich um einen kleinen, unregelmäßigen Innenhof. Der hohe, runde Bergfried schützt das Portal an der W-Seite der Anlage. Geschlossenes Mauerwerk wendet sich nach außen, während die Hofseite mit Fachwerkgebäuden besetzt ist, besonders der Wohnbau im S, mit Fächermustern. Der schon unter Ludwig I. wohnliche Charakter der Burg wurde zu Anfang des 16. Jh. verstärkt, indem man die Außenmauern mit Vorhangbogenfenstern durchbrach (teilweise modern). – 2 Neidköpfe im O und SO (dieser der sog. »Rufer«) weisen nach dem Hanstein. – Das Innere ist verändert; im Obergeschoß noch ein kleiner got. Kamin, ein größerer in der ehem. Burgküche.

DG

Werleshausen (I3)

Herrenhaus. Am Ortsrand liegt der Gutshof mit 2 Wirtschaftshöfen und dem Herrenhaus. Der Hof ist zur Werra hin geöffnet. Das Herrenhaus folgt dem üblichen Schloß- bzw. Burgentyp; es ist ein 3geschossiger Bau mit vorgelagertem Treppenturm. Die Obergeschosse sind aus Fachwerk, ebenso das Dachgeschoß des Treppenturmes. An 3 Seiten finden sich zusätzliche Ecktürmchen bzw. Erker; ein Erkersockel ist 1556 bezeichnet. Das Fachwerk zeigt die für Nordhessen und Niedersachsen typischen »Schiffskehlen«-Profile zwischen den Balkenköpfen; Schwelle und Riegel sind ebenfalls mit Profilen versehen. Die Fenster nahmen urspr. wohl nur den Raum zwischen Brust- und Halsriegel ein, dürften aber zahlreicher gewesen sein als heute. Ebenso gab es die kurzen Fußbänder im 2. Obergeschoß und die Andreaskreuze im 1. Obergeschoß früher in der gesamten Brüstungszone, wodurch das Fachwerk ein wesentlich monumentaleres Aussehen erhielt. Das Portal am Treppenturm entstand 1565.

UG

WOLFHAGEN (Kassel F3)

Um 1226 gründete Landgraf Ludwig von Thüringen in Hügellage Burg und (1231 bezeugt) Stadt Wolfhagen zum Schutze seiner nordwestl. Besitzungen. Der etwa rechteckige Umriß der Stadt biegt nach SW aus, um die Burg einzubeziehen; das Straßennetz hat recht unregelmäßige Gitterform. Die Befestigung war 1302 vollendet; heute ist sie bis auf den Kattenturm fast verschwunden. Schwere Zerstörungen brachten die Brände von 1372 und 1632.

Ev. Stadtkirche (St. Anna und Maria)
Die erste Kirche wurde 1235 im Chor geweiht; von ihr ist allein der Triumphbogen erhalten. Das anschließende Schiff wurde seit etwa 1280 von einem Mitglied der Pardan-Werkstatt errichtet, der W-Turm 1303. Ein neuer Chor war um 1420 vollendet. An seiner N-Seite blieb die 2geschossige Marienkapelle aus der 2. Hälfte des 14. Jh. erhalten. 1958 restauriert.

Die stattliche got. Hallenkirche zu 3 Schiffen und 3 Jochen hat einen vorgesetzten quadratischen W-Turm und einen 2jochigen Chor mit 5/8-Schluß. Der prächtige Turm aus Sandsteinquadern trägt über dem 8eckigen 4. Geschoß, das hinter einer Maßwerkgalerie zurückspringt, eine niedere Schieferhaube von 1561. Das 6-Säulen-Portal der S-Seite mit frühgot. Kapitellen wird von Fialenpfeilern flankiert und von einem Wimperg gekrönt. 4-Säulen-Portal im N. Das vielgliedrige W-Portal verwendet links got., rechts noch roman. Basen. – I n n e r e s. Den mäßig hohen Raum mit schmalen Seitenschiffen durchteilen Gurt- und Scheidbögen auf Rundpfeilern mit rechteckigen Vorlagen. Gewölbe mit Birnstabrippen überdecken das Mittelschiff, Gratgewölbe die Seitenschiffe. Die Schlußsteine (auch in den Seitenschiffen!) bringen einen *Weltgerichtszyklus* unter Einfluß des im späten 13. Jh. in Marburg herrschenden Stils. Der Triumphbogen ruht auf spätroman. Wulstkämpfern Hofgeismarer Prägung.

Die Restaurierung 1958 legte die farbige Fassung frei: rote Pfeiler mit grauer Fugenteilung, die Vorlagen grau mit rot, die Wände einfarbig rosagrau; in den Querhausgewölben lebhafte Backsteinmuster (Vierung übertüncht!). Bei der Erneuerung wurden die Farben zu heftig. Der Chor hatte keine alte Fassung mehr und wurde dem Langhaus angeglichen. – Die neue W-Empore hinterschwingt die Pfeiler. Auf ihr steht die Barockorgel mit 3türmigem Prospekt, 1725 von Joh. Friedrich Stertzing aus Kassel. – Wandgrab Agnes v. d. Malsburg, 1576, Andreas Herber zugeschrieben.

Hospitalkapelle Corpus Christi. Die 1337 geweihte Kapelle wurde nach 1900 restauriert, dabei das W-Joch neu gebaut. Die urspr. Anlage mit 2 Schiffsjochen und 5seitigem Chorschluß besitzt Kreuzrippengewölbe auf Wanddiensten mit Blattkapitellen. Die 3 Schlußsteine stellen Christus mit den Wundmalen dar und 2 Engel mit Leidenswerkzeugen. Fein abgewogene Verhältnisse, gute Materialbehandlung und ansprechende Einzelformen bestimmen den Charakter des kleinen Baues.

Burg. Die um 1226 von Landgraf Ludwig errichtete Burg verfiel im 16. Jh.; ein Neubau des Landgrafen Moritz blieb unvollendet. Erhalten ist die 1513 errichtete **Zehntscheuer**, jedoch für die

Benutzung als Amtsgebäude umgebaut. Ein reizvoller Sandsteinbau vom Ende des 17. Jh. ist das **ehem. Forstamt** (Renthof), 2geschossig zu 7 Achsen, deren 3 mittlere als 3. Geschoß hochgeführt und übergiebelt sind.

Rathaus, 1657–59; der Keller mit Tonnengewölbe stammt von dem 1611 errichteten Vorgängerbau. Über dem massiven Erdgeschoß erheben sich 2 stark vorkragende Fachwerkgeschosse, die ein Satteldach mit Krüppelwalm abschließt. Das Fachwerk, das nur Fußbänder, aber keine anderen Streben verwendet, wird gestört durch die nach unten verlängerten Fenster. Die klare, ruhige Aufteilung trägt norddeutschen Charakter. Auffällig sind die kräftigen Quergesimse. Vorwiegend als Verwaltungsbau gedacht, ermangelt das Rathaus bereits des großen Saales mittelalterl. Bauten.

Die **Fachwerkhäuser** des 17. und 18. Jh. folgen im allgemeinen dem hessischen Typ (sämtlich nach 1632). Die Balkenköpfe sind häufig, wie am Rathaus, mit Margeriten verziert. – Die **Alte Wache** am Markt ist ein 2geschossiger Fachwerkbau von 1667 (**Heimatmuseum**).

Schloß Elmarshausen ●

Im 14. Jh. erwarben die Herren v. Gudenberg das Dorf Elmarshausen in der Talsohle des Erpenbaches nordöstl. von Wolfhagen. 1442 begannen sie mit dem Bau einer Burg. Nach ihrem Aussterben wurde 1534 Feldmarschall Hermann v. d. Malsburg mit der Burg belehnt, der sogleich ihren Umbau begann. Sein Sohn Christoph vollendete 1563 den Bau. Im 18. Jh. wurden die Innenräume erneuert und die 1742 geweihte Schloßkapelle umgebaut.

Die schöne Wasserburg, allseits von gemauerten Wassergräben umgeben, umschließt mit 4 Flügeln einen fast quadratischen Hof, in dessen SW-Ecke ein Treppenturm steht. S- und W-Seite bilden den Wohnbau; im O-Flügel liegt die kleine barocke, gefällig ausgestattete Kapelle, an die nördl. ein jüngerer Wohnbau anschließt; ein niedriger, 1881 erneuerter Verbindungstrakt bildet den N-Flügel. Im W und O führten einst Zugbrücken in die beiden Tore. Reizvoll und bewegt wird die Außenerscheinung des Schlosses dank der Erker, welche die Flügel schmücken.

Ippinghausen (F3)

Fast südl. von Wolfhagen liegt zwischen Ippinghausen und dem kleinen Landstädtchen Naumburg die **Weidelsburg**, eine mächtige früh- bis hochgot. Anlage, als Ruine noch gut erhalten. *DG*

WOLFSANGER (H2) → **Kassel**

WOLFSGARTEN, Jagdschloß → **Langen** (Offenbach D11)

WOMMEN (K4) → **Herleshausen** (Werra-Meißner)

ZEILBACH (F7) → **Feldatal** (Vogelsbergkreis)

ZIEGENBERG → **Ober-Mörlen** (Wetteraukreis D8)

ZIEGENHAIN (FG5) → **Schwalmstadt** (Schwalm-Eder)

ZIERENBERG (Kassel G2)

1293 gründete Landgraf Heinrich I. von Hessen die Stadt (1298: Thirberg) am Südeingang des mittleren Warmetals.

Die regelmäßige rechteckige Anlage wird von 4 Längsstraßen und schmalen Quergassen bestimmt. In der Mitte ist der Rathausplatz und südwestlich davon der Kirchplatz ausgespart. Die Befestigung ist trümmerhaft erhalten. Nur die Kirche und 1 Haus überstanden den Stadtbrand von 1538; weitere Brände im 17. Jh. und 1707.

Ev. Stadtkirche

1293 stiftete der Landgraf die Kirche; 1343 wurde der Bau vollendet. Erhalten sind der Chor und der quadratische W-Turm. Das Schiff ersetzte 1430 der Baumeister Hans Meynworten (Bauinschrift am 2. Pfeiler der S-Seite von W). 1586 entstand der Turmaufbau; die Haube 1711, Galerie und Brüstung 1738 erneuert.

Die Hallenkirche hat im Mittelschiff 3 quadratische Gewölbefelder, seitlich längsrechteckige. Der 2jochige Chor schließt mit 5 Seiten des Achtecks. Der mächtige Turm trägt einen 8seitigen Aufbau mit Glockenhaus und Turmstube. Im Inneren stützen sich schwer schreitende Joche auf kräftige Rundpfeiler.

Die Wandflächen sind oberhalb der Sockelzone mit *Malereien* ringsum überzogen. Im Chor mögen sie zumeist um 1343 entstanden sein, das Schiff hat Daten von 1476–88 (1508?). Die Entwicklung von der hochgot. zur spätgot. Malerei ist an den beiden ● Christophorus-Darstellungen im Chor (wohl schon um 1300) und im Schiff vorzüglich abzulesen. Den Chor umgibt dazu der Kreis der Apostel, darüber ein Jüngstes Gericht. Passionsszenen, eine weitere Gerichtsdarstellung, Heilige, Moses mit den 10 Geboten schmücken die Wände und Gewölbe des Schiffes. – Charaktervolle Orgel, 1757 von Stephan Heeren, mit Pedaltürmen.

● **Rathaus.** Der schöne 2geschossige Fachwerkbau wurde 1450 von Meister Heinrich Brant erbaut; er ist Hessens ältestes datiertes Fachwerkhaus. Großzügige Schrägstreben im unteren und ein angeschwerteter Brustriegel im oberen Geschoß sichern das Gerüst des langgestreckten Gebäudes. Die Brüstung ist mit Andreaskreuzen besetzt. Bis zum Brand 1538 besaß das Rathaus auch Ecktürmchen und einen Dachreiter. Noch spielt an einer der verzierten Knaggen außen ein Dudelsackpfeifer zum Tanz auf. Das Erdgeschoß enthielt innen urspr. eine einzige große Halle. Jetzt »Ratskeller« eingebaut; die alten 8seitigen Stützen tragen noch den urspr. Längsunterzug.

Häuser. Das gut proportionierte **Fachwerkhaus Nr. 106** (Mittelstraße), 1567, erinnert noch an den Diemeltyp. Sonst wiegt der hessische Typ vor, doch sind die meisten Häuser durch Verputz gefährdet.

DG

ZWINGENBERG (Bergstraße D12)

Der Name, der 1012 erstmals vorkommt, beschreibt die Lage des Ortes: Die Bergstraße, hier der Paß genannt, ist an dieser Stelle durch Vorberge des Odenwaldes und durch das östl. Hochgestade eines ehem. Neckarlaufes eingeengt. 1258 erscheint die Siedlung als befestigter Platz; 1273 erhielten die Grafen v. Katzenelnbogen für ihren Ort Stadtrechte. Unterhalb der Burgstadt entstand, wohl im 14. Jh., eine regelmäßig angelegte Neustadt, in deren SW-Ecke zur Überwachung der »Neuen Paßstraße« vor der Stadt vor 1490 eine Wasserburg angelegt wurde. Seit 1479 waren die Landgrafen von Hessen Landesherren. Nach der Brandschatzung von 1693 wurde die Oberstadt nicht mehr vollständig bebaut; die Entwicklung der Stadt ging zur Straße hin.

Ev. Stadtkirche in der Altstadt, 1258 gegründet. Viele Um- und Anbauten vom 17. bis ins 19. Jh. An den urspr. Rechteckraum sind Seitenschiffe und der quadratische Chor angefügt worden. 1701–06 Einziehung der Brettertonne und der Emporen.

An die **Alte Burg** in der Oberstadt erinnern nur noch das Kellergewölbe des Anfang des 16. Jh. erbauten Herrenspeichers. – Das sog. **Schlößchen** in der Untergasse, dessen älteste Teile von etwa 1520 stammen, gehörte 1603 dem fürstl. hessischen Hofmeister Arnold Schwarz; 1779 umgebaut und erneuert. An ein 2geschossiges Giebelhaus ist ein mächtiger Treppenturm angefügt, dem ein schönes Barockportal mit dem Wappen des Ludwig v. Felsen, 1701–12 Besitzer des Hauses, vorgelegt ist. – Vor dem ehem. Obertor steht im S der Stadt die **ehem. Kellerei** mit geschweiften Renaissance-Giebeln darmstädtischer Art von 1561–63. – Ein runder Stadtmauerturm, die sog. **»Aul«**, bez. 1534, nordöstl. der Oberstadt.

In den Straßen der Unterstadt einige gute **Fachwerkhäuser** nach 1700. In der Oberstadt hat sich im Doppelhaus **Auf dem Berg 4** und **6** ein vor der Brandkatastrophe von 1693 wahrscheinlich 1557 errichtetes Fachwerkhaus erhalten, das 1750 umgebaut wurde. Vermutlich war es ein alter Adelshof.

GB

ANHANG

ERKLÄRUNG DER WICHTIGSTEN ABKÜRZUNGEN

Es ist das Prinzip des Kunstführers, einen ohne weiteres lesbaren Text zu bieten. Einige immer wiederkehrende Wörter und Begriffe wurden zum Teil abgekürzt. Obwohl diese Abkürzungen auch sonst gebräuchlich und wohl jedermann verständlich sind, werden sie im folgenden erklärt:

Anf. = Anfang
beg. = begonnen
bez. = bezeichnet
bzw. = beziehungsweise
d. Ä. = der Ältere
d. J. = der Jüngere; des Jahres (u. ä.)
dat. = datiert
ehem. = ehemals, ehemalig
ev. = evangelisch
gegr. = gegründet
gen. = genannt
gest., † = gestorben
got. = gotisch
hl. = heilig, Heilige(r)
hll. = heilige, Heilige (Mz.)
i. J. = im Jahre
i. ü. = im übrigen
Jh. = Jahrhundert
karoling. = karolingisch
kath. = katholisch
klassizist. = klassizistisch
Kr. = Kreis, Landkreis
lt. = laut
luth. = lutherisch
mittelalterl. = mittelalterlich
N = Norden, Nord-
nördl. = nördlich
O = Osten, Ost-
östl. = östlich
rd. = rund
ref. = reformiert
roman. = romanisch
S = Süden, Süd-
s., → = siehe
seitl. = seitlich
sel. = selig, Selige(r)
sign. = signiert
sog. = sogenannt
St. = Sankt
südl. = südlich
u. a. = unter anderem; und andere
urspr. = ursprünglich
v. a. = vor allem
W = Westen, West-
westl. = westlich
z. Z. = zur Zeit

FACHWORT-ERLÄUTERUNGEN

Abfasung. Abschrägung von eckigen Bauteilen.

Achtort. Ein regelmäßiges Achteck, das als geometrische Figur für die Grundrißbildung got. Türme und Pfeiler dient.

Ädikula (lat. aedicula = Tempelchen, Häuschen). Rahmender architektonischer Aufbau um Portale, Fenster, Reliefs oder Gemälde.

Akanthus. Distelähnliche Pflanze. Die Form ihrer gezackten oder gelappten Blätter findet sich an korinthischen Kapitellen. Seit der Antike vielfach verwendetes und abgewandeltes Ornamentmotiv.

Akroterie (griech. = äußerste Spitze). Von der antiken Baukunst übernommenes Zierglied auf der Spitze oder an den Ecken eines Giebels. In der deutschen Renaissance mit Roll- oder Beschlagwerk, Obelisken oder figürlicher Plastik bereichert.

Altarauszug → Auszug.

Ambo (griech.). Niedriges, kanzelartiges, um mehrere Stufen erhöhtes Lesepult an oder vor den Chorschranken. Aus dem A. entwickelt sich die Kanzel.

Antependium (lat. antependere = davorhängen). Bekleidung der Altarvorderseite, aus gesticktem Stoff, als Treibarbeit, auch gemalt, geschnitzt oder als Einlegearbeit.

antikisierend. Anlehnung an Details, aber auch Gesamtformen der klassisch-antiken bzw. antik-frühchristlichen Kunst, schon in karoling. Zeit (Hersfeld, Lorsch), besonders aber in den neuzeitlichen Stilen des 16.–19. Jh.

Apsis (griech. = Bogenrundung). Die das Ende des Chores oder der Seitenschiffe bildende Altarnische über urspr. halbrundem, später auch polygonalem Grundriß.

Aquamanile (lat. aqua = Wasser; manus = Hand). Gießgefäß, aus dem bei liturgischen Handlungen das Wasser auf die Hände des Priesters gegossen wird. Im Mittelalter meist aus Buntmetall hergestellt und oft in Tierform oder als Fabelwesen ausgebildet.

Arabeske (it. arabesco, rabesco). Ein wohl aus der Kunst des Islams stammendes Ornament aus feingliedrigem Blatt- und Rankenwerk, das den jeweiligen pflanzlichen Vorbildern sehr nahekommt; es tritt um die Mitte des 16. Jh. in Deutschland auf; häufig sind Masken und Putten eingefügt. Das Kennzeichen der A. – im Unterschied zur → Maureske – ist, daß der Stengel der Länge nach durch das Blatt durchwächst und es an der Spitze wieder verläßt.

Architrav. Der waagerechte Steinbalken über Säulen, Pfeilern oder Pilastern in der antiken und der von ihr abhängigen Architektur.

Archivolte. Rahmenleiste an der Stirnseite eines Bogens oder die (meist plastische) Innengliederung einer Bogenlaibung.

Arkade (lat. arcus = Bogen). Bogenstellung, d. h. ein Bogen über

Säulen oder Pfeilern. Das Wort A. bezeichnet auch die fortlaufende Reihe solcher Bogenstellungen.

Arma Christi (lat. arma = Waffen). Die Passionswerkzeuge Christi (Kreuz, Geißelsäule, Dornenkrone, Nägel, Essigschwamm etc.), meist um die Gestalt des Schmerzensmannes angeordnet, beliebte Darstellung im Spätmittelalter.

Atlant. Nach dem Riesen Atlas der griech. Sage, der das Himmelsgewölbe trägt, menschlich gebildeter, scheinbarer oder wirklicher Träger eines Architekturteiles. Weibliche Entsprechung ist die *Karyatide.*

Atrium. 1. Offener Hauptraum des altröm. Hauses. – 2. Vorhof einer Basilika mit Säulenhallen an 3 Seiten und einem Brunnen in der Mitte, auch *Paradies* genannt.

Attika. Mehr oder minder reich gegliederte brüstungsartige Aufmauerung über dem Hauptgesims eines Bauwerks.

Attisches Profil. Folge von Baugliedern, v. a. an Basen, aber auch an Kämpfern und Gesimsen. Sie besteht aus 2 Wülsten, meist unterschiedlicher Größe, die durch eine Kehle getrennt werden. (Beim *Gandersheimer Profil* fällt die Kehle aus.)

Auslucht (niederdtsch. *Utlucht*). Meist mehrgeschossiger Vorbau an Gebäuden, der im Gegensatz zum Erker auf dem Boden steht. V. a. im Gebiet der Weserrenaissance, aber auch an Schloßbauten in Hessen weit verbreitet und mit reicher Bauzier versehen.

Auszug, Altarauszug. Das oberste Geschoß des Altaraufbaus. Der Auszug (oder *Aufzug*) tritt seit der Renaissance an die Stelle des »Gesprenges« (s. d.) und schließt eine Figurengruppe oder ein Gemälde ein.

Baldachin. Urspr. ein kostbarer Stoff, dann der daraus gefertigte Prunkhimmel über einem Thron oder Bischofsstuhl, auch der Traghimmel bei Prozessionen. In Stein – oder auch Holz – umgesetzt als Auszeichnung über einem Altar (vgl. Ciborium) oder einem Grabmal, in verkleinerter Form als luftiges Gehäuse für Figuren an got. Strebepfeilern (vgl. Tabernakel) oder nur als krönender Überfang einer Einzel- bzw. einer Gewändefigur got. Kirchenportale. Die Bezeichnungen schwanken: z. B. Altartabernakel.

Baluster (it. balaustro). Niedriges, profiliertes, oft auch ausgeschwungenes Säulchen oder Vierkantpfosten aus Holz oder Naturstein als Träger eines Geländers oder Handlaufs und mit diesem zusammen als *Balustrade* bezeichnet. Der deutsche Name für B. lautet *Docke*, der vom Französisch-Niederländischen abgeleitete heißt *Tralje.*

Band → Fachwerk, → Kopfband, → Strebe.

Bandelwerk (Bandlwerk). Um 1700 aufkommendes Ornament, das aus der Verschlingung von Bändern entsteht und figürliche, Ranken- und Blattmotive aufnehmen kann, wie sie in der älteren Arabeske und Groteske verwendet sind.

Baptisterium. Taufkirche, als Zentralbau stets einer Bischofskirche zugeordnet, aus dem Frühchristentum herkommend.

Basilika (griech. = Königshalle). Die röm. B., Markt- und Gerichtshalle, ist eine flachgedeckte Säulenhalle mit 3 oder mehr Schiffen. Längsrichtung und Höhenstufung der Schiffe, wobei das Mittelschiff sein Licht von der über den Seitenschiffdächern aufsteigenden Fensterzone, dem Lichtgaden, empfängt, sind die Wesensmerkmale der B., die in ihren zahlreichen Abwandlungen zum wichtigsten Typ des christlichen Kultbaus wurde.

Basis. Der ausladende, meist profilierte Fuß einer Säule oder eines Pfeilers, um den Druck der Stütze auf eine größere Grundfläche zu verteilen.

Bauhütte, Hütte. Die mittelalterl. Werkstattgemeinschaft, in der vom Lehrjungen bis zum obersten Bauplaner alle an einem Kirchenbau beschäftigten Maurer, Steinmetzen, Bildhauer, Zimmerleute usw. zusammengefaßt sind.

Beinhaus. Kapellenartiger Bau auf dem Friedhof zur Aufnahme der bei Anlage neuer Gräber gefundenen Gebeine. Mitunter doppelgeschossig mit einer Totenkapelle erweitert und *Karner*, in Marburg *Kerner* genannt.

Bergfried. Der in seiner Herkunft nicht geklärte Begriff bezeichnet den zur letzten Verteidigung bestimmten inneren Hauptturm der mittelalterl. Burg.

Beschlagwerk. Ein an Metallbeschläge erinnerndes Ornament aus symmetrisch geordneten Bändern, Leisten und geometrischen Flachkörpern, erfunden von dem Niederländer J. Vredeman de Vries. Blütezeit von der Mitte des 16. bis zum Anfang des 17. Jh.

Birnstab. Stabartiges Bauglied der Gotik (Dienst, Gewölberippe) mit birnenförmigem Querschnitt.

Blende. Das einem Baukörper eingefügte, der Dekoration und Gliederung dienende »blinde« architektonische Motiv, das nicht räumlich vorhanden ist, z. B. ein Blendfenster oder eine Blendarkade.

Bogen. Die gedrückte oder elliptische Form des Rundbogens heißt *Korbb.* Der *Segmentb.* (auch *Flach-* oder *Stichb.* genannt) entsteht aus dem flachen Segment eines Kreises, dessen Durchmesser größer ist als die Weite der zu überspannenden Öffnung. Der *Kleeblattb.* zeigt durch Zusammenfügen eines mittleren Dreiviertel- und zweier Halbkreise die Form eines regelmäßigen Kleeblatts. Der *Hufeisenb.* entsteht durch Einziehung der Bogenschenkel. Die bes. Form des Spitzb. mit engen steilen Schenkeln wird *Lanzettb.* genannt. Beim *Eselsrücken*, bes. bei dem weich schwingenden *Kielb.*, sind die B.-Schenkel S-förmig. Beim *Vorhangb.* liegen die Mittelpunkte der kreissegmentförmigen Schenkel oder ihrer einzelnen Abschnitte außerhalb des Bogens; sie wirken daher wie hängende Drapierungen.

Bossenquader, Buckelquader → Quader.

Brettdocke. Brettstarke, an den Schmalseiten meist verziert ausgeschnittene, bisweilen auch durchbrochene Träger eines Geländers, stets aus Holz. Vgl. Baluster.

Brustriegel → Fachwerk, → Riegel.

Brustwerk. Selbständiger Teil eines Orgelwerks, der sich über oder neben dem Spieltisch, in der »Brust« der Orgel, befindet.

Bündelpfeiler. In der got. Baukunst ein Kernpfeiler mit ringsherum gruppierten kleinen und großen Dreiviertelsäulen, sog. jungen und alten Diensten. In der Hochgotik wird diese Gruppierung so verdichtet, daß der Kernpfeiler unsichtbar wird.

Chor (griech. = Tanz, Tanzplatz). Urspr. Raum für den Chorgesang der Geistlichen, seit dem 15. Jh. übliche Bezeichnung für den Altarraum und seine Annexe.

Chorturm. Bei 1türmigen Kirchen kann der Turm im W (mit oder ohne Eingang), an der Seite oder im O über dem Altarraum stehen. Der Turm über dem Altarraum, bisweilen mit angesetzter Apsis, wird als Ch. bezeichnet. In Hessen ist er (unter fränkischem Einfluß?) besonders in den südöstl. Bereichen beliebt; gegen Norden und Westen wechselt sein Vorkommen immer stärker mit dem des W-Turmes ab. Die ältesten erhaltenen Beispiele stammen aus roman. Zeit; neuzeitliche Ch. sind selten (Burghaun). Im modernen Kirchenbau kommen Ch. oder ähnliche Gestaltungen wieder häufiger vor.

Chronogramm (griech.). Eine Inschrift, bei der die Addition der darin vorkommenden Zahlzeichen das Datum ergibt. Da z. B. im Lateinischen I = 1, V = 5, X = 10, L = 50, C = 100, D = 500 und M = 1000 bedeuten, läßt sich durch Hervorhebung solcher Zahlen-Buchstaben im Inschrifttext auf ein bestimmtes Datum verweisen.

Chronostichon → Chronogramm in Versform.

Ciborium (lat. cibus = Speise). Der steinerne, auf Säulen oder Pfeiler gesetzte Altarbaldachin mit flacher Decke oder Gewölbe und entsprechender Verdachung. An ihm hing das Gefäß mit dem eucharistischen Brot. Häufig in Verbindung mit einem Heiligengrab. In Deutschland nur wenige Beispiele, z. B. im Regensburger Dom und in der Marburger Elisabethkirche. Als C. wird seit dem späten Mittelalter auch der Wandtabernakel (Sakramentsnische) bezeichnet und das seit dem 13. Jh. dem Meßkelch nachgebildete und mit Deckel versehene Gefäß aus Edelmetall zur Aufbewahrung des eucharistischen Brotes.

Confessio (lat.). Das unter dem Hochaltar einer Kirche angelegte Grab eines Märtyrers, des Kirchengründers oder Titelheiligen. Seit dem 8. Jh. meist von einem halbkreisförmigen Gang umzogen, der eine direkte Verehrung ermöglichte. Die C. ist die Vorform der mittelalterl. Krypta.

Corps de logis. Mittelbau einer barocken Schloßanlage, in größeren Dimensionen und oft mit reicherer Fassadenzier als die übrigen Trakte, für Repräsentationsräume und das Treppenhaus vorgesehen.

Curtis. Befestigte Hofanlage, vorwiegend der karoling. Zeit.
Custodia → Monstranz.
Dach. Die wichtigsten D.-Formen sind: *Satteld.*, bestehend aus 2 schrägen, gegeneinander geneigten und im First zusammenstoßenden D.-Flächen, die an ihren Enden durch Giebel begrenzt werden. Sind bei rechteckigen Gebäuden auch die Giebelseiten mit schrägen D.-Flächen versehen, so ist ein *Walmd.* gegeben; die D.-Flächen der Schmalseiten anstelle der Giebel heißen Walme; die Traufkante umzieht das ganze Gebäude. Bei gleicher Ausführung über quadratischem Grundriß treffen alle 4 D.-Flächen in einem Punkt zusammen; es entsteht das *Zeltd.*, das bei steilem Neigungswinkel der D.-Flächen als Turmd. (Helm) beliebt ist. Wird der Walm bei Dächern über rechteckigem Grundriß nicht bis zur Traufkante herabgeführt, so daß noch ein Giebelrest erhalten bleibt, entsteht das *Krüppelwalmd.* Beim *Mansardd.* werden die D.-Flächen gebrochen, um eine günstigere Ausnützung des D.-Raumes für Wohnzwecke zu erreichen. Diese seit dem ausgehenden 17. Jh. bekannte D.-Form leitet ihren Namen von dem französ. Baumeister François Mansart ab, der sie jedoch nicht erfunden hat.
Dachreiter. Dem Dachfirst meist über der Vierung aufsitzendes Türmchen zur Aufnahme einer Glocke, von den Zisterziensern und Bettelorden anstelle eines aufwendigen Turmes verwendet, seit dem späteren Mittelalter auch bei profanen Bauten gebräuchlich.
Deesis. Darstellung des im Jüngsten Gericht thronenden Christus, bei der Maria und Johannes d. T. zu seinen Füßen knien und für die Auferstandenen bitten.
Deutsches Band, Zickzackfries. Fries aus übereck gestellten flachen Steinen. Dieses Schmuckmotiv fand – oft in Verbindung mit einem Rundbogenfries – seine weiteste Verbreitung in der hoch- und spätroman. Backsteinarchitektur, die es bis in die Spätgotik hinein verwendet. In Hessen nur bei Sandsteinbauten in Anwendung.
Diamantquader → Quader.
diaphan. Durchscheinend, aber nicht durchsichtig.
Diemeltyp. In der Gegend der Diemel üblicher Fachwerktyp, bei dem sich Einflüsse aus Hessen und Niedersachsen mischen. Das große Tor ist vom niedersächsischen Fachwerkbau übernommen.
Dienst. Einer Wand oder Pfeilern vorgelegter Rundstab zur Aufnahme der Rippen, Gurte und Schildbögen des in der Gotik üblichen Kreuzrippengewölbes. Die stärkeren D. bezeichnet man als die alten, die dünneren als die jungen.
Docke → Baluster.
Dom (lat. domus = Haus). Bischofskirche, auch allgemein für »große Kirche«.
Domikalgewölbe → Gewölbe.
Donjon. Bergfried oder wehrhafter Wohnturm einer Burg.

Doppelturmfassade. Als D. wird die Anordnung zweier annähernd oder völlig gleichartiger Türme an der (westl.) Eingangsseite einer Kirche (oder eines Profanbaues) bezeichnet. Historisch geht die D. vielleicht aus einer Reduktion des → Westwerks hervor, das ja an der W-Seite mit 2 Türmen besetzt ist. Vom Westmassiv mit Turmaufsätzen (Gandersheim) unterscheidet sich die D. durch den spürbaren Ansatz der Türme vom Boden her (Limburg). Die Mitte einer D. wird in der Regel von einem Bauteil mit Portal, Empore (Galerie) und Giebel eingenommen (Fritzlar). In Hessen tritt die D. seit dem Ende des 11. Jh. (Dietkirchen), häufiger seit der Mitte des 12. Jh. auf (Hersfeld, Lippoldsberg, Ilbenstadt) und lebt in der Gotik weiter (Marburg), ist aber bei größeren Bauten oft unvollendet geblieben (Wetzlar). Die bedeutendste barocke D. Hessens steht in Fulda. Im Klassizismus stellten sich in Hessen keine entsprechenden Bauaufgaben. Im Historizismus wird die D. erneut beliebt (Wiesbaden, Bonifatiusk.). Die moderne Kirchenbaukunst greift vereinzelt auf das Motiv der D. zurück (Bensheim; Gießen, St. Albertus).

dorisch → Säulenordnungen.

Dorment, Dormitorium. Schlafraum der Mönche im Kloster.

Dorsale. Rückwand des Chorgestühls, häufig reich gegliedert und geschmückt.

Ebenist. Ebenholzarbeiter, im allgemeineren Sinne Kunsttischler, bes. des 17. und 18. Jh., der Möbel mit Ebenholz-, aber auch mit anderen Einlagen anfertigte.

Eckblatt (-knolle, -sporn). Blattartige Verzierung an den 4 Ecken der Säulenbasis, die den zwischen dieser und der quadratischen Fußplatte (Plinthe) vorhandenen Zwickel ausfüllt. Diese Ecklösung beginnt mit der Wende des 11. zum 12. Jh.

Email. Im Feuer auf einen (Metall-)Träger aufgeschmolzene, durch Metalloxyde gefärbte, meist durchscheinende Glasmasse. Beim *Grubenschmelz* wird die Glasmasse in den vertieften Grund eingesenkt; beim *Zellenschmelz* werden auf die Metallplatte hochkant stehende Stege als Umrißzeichnung aufgelötet. Beim Goldemail ist Gold als Träger und für die Stege verwendet.

Empore (Borlaube). Hochgelegener benutzbarer Raumteil in Kirchen, gelegentlich auch in weltlichen Bauten, über (in der Regel) ebenerdigem Untergeschoß. E. können ein- oder mehrgeschossig sein, aus Stein oder Holz bestehen. – Rings umlaufende E. gibt es bereits bei Zentralbauten in karolingischer Zeit (Aachen), aber auch noch im Klassizismus (Heimarshausen). In der Frühzeit sind E. wahrscheinlich oft auszeichnende Bauteile, »Herrscheremporen« in Westwerken (Corvey, ehem. Hersfeld) und davon abhängigen einfacheren Westbauten (Oberkaufungen). In Nonnenklosterkirchen dienten tiefe E. der Abschirmung der Nonnen gegen Einblicke; die tragende Halle dieser → Nonnen-E. wird oft als Nonnenkrypta bezeichnet (→ Krypta). Längs-E. über den Seitenschiffen liebt die rheinische Romanik; sie öffnen sich mit Arkadenstellungen zum Mittelraum und können den ganzen Bau umziehen, teilweise zum Laufgang verschmälert (Limburg). Eine zwingende liturgische Veranlassung zum Bau solcher E. bestand offenbar nicht. In der entwickelten Gotik sind E. seltener (in Witzenhausen unter rheinischem Einfluß begonnen), in der Spätgotik wieder häufiger (Kiedrich). – Der Schloßkapellenbau der Renaissance greift das E.-Motiv unter obersächsischem Einfluß auf und benutzt es zur ständischen Gliederung (umlaufende E. in Rotenburg und Schmalkalden). Diese Steinbauten mit Hallenquerschnitt und doppelten E. wirken auf den Landkirchenbau weiter, wo die hölzernen Emporenträger mit der Dachstuhlkonstruktion verbunden werden (Mansbach, Wichmannshausen), aber auch freistehen können (Nentershausen). – Der Protestantismus benötigt die E. zur Versammlung einer großen Gemeinde auf engem Raum zum guten Hören der Predigt. Dabei dient die E. der Trennung nach Geschlechtern – die Frauen benutzen das Gestühl (»Weiberbänke«), die Männer die E., evtl. die Burschen eine oberste E. (bis zu 4 Geschossen). Häufig entstehen besondere Herrschaftslogen (Laubach, Markershausen). Der Katholizismus stattet Wallfahrtskirchen gern mit E. aus (Walldürn/Nordbaden). – Die früher oft auf Konsolen aufwachsenden, meist nicht sehr umfangreichen seitlichen Orgel-E. finden ihre Nachfolge in großen West- oder Chor-E. für die größer gewordenen Orgeln besonders seit der Barockzeit (Gersfeld). Westl. Orgel-E. verbinden sich meist mit längsseitlichen E. für die Gemeinde (Lauterbach), östl. E. mit einer Seitenempore gegenüber der Kanzel (Vogelsberg) oder mit umlaufender Emporenanordnung (Kirtorf). Quersäle können auf beiden Schmalseiten mit E. gefüllt sein (Wabern). Der Klassizismus bevorzugt eine 3seitige, bisweilen halbkreisförmige Emporenanordnung im Schiff (Küchen) oder einen E.-Hallen-Typus, oft unter Verwendung klassischer Säulenformen für die übereinander stehenden Emporen- und Deckenstützen (Birkenau). – Der barocke Profanbau kennt E. vor allem für 2geschossige Säle (Arolsen), u. U. als Musik-E. – Im Theaterbau heißen die E. Ränge.

Entasis. Schwellung des Säulenschafts.

Epistelseite. Die vom Hochaltar linke, südl. Kirchenseite, auf der die Episteln verlesen wurden, auch *Männerseite* genannt. Das Gegenstück ist die *Evangelien-* oder *Frauenseite.*

Epitaph. Gedächtnismal mit Inschrift und meist bildlicher Darstellung an Wand oder Pfeiler.

Fächergewölbe → Gewölbe.

Fachwerk ist bis weit in das 19. Jh., z. T. sogar bis in das 20. Jh. hinein die in Hessen und den angrenzenden Gebieten übliche Art des Wohn- und Wirtschaftsbaues, gelegentlich auch des Kirchen- und repräsentativen Profangebäudes. Es ist eine Gerüstbauweise aus Hölzern mit Lehm- oder Ziegelgefachen. Der mittelalterl. *Ständerbau* besteht aus haushohen senkrechten Stän-

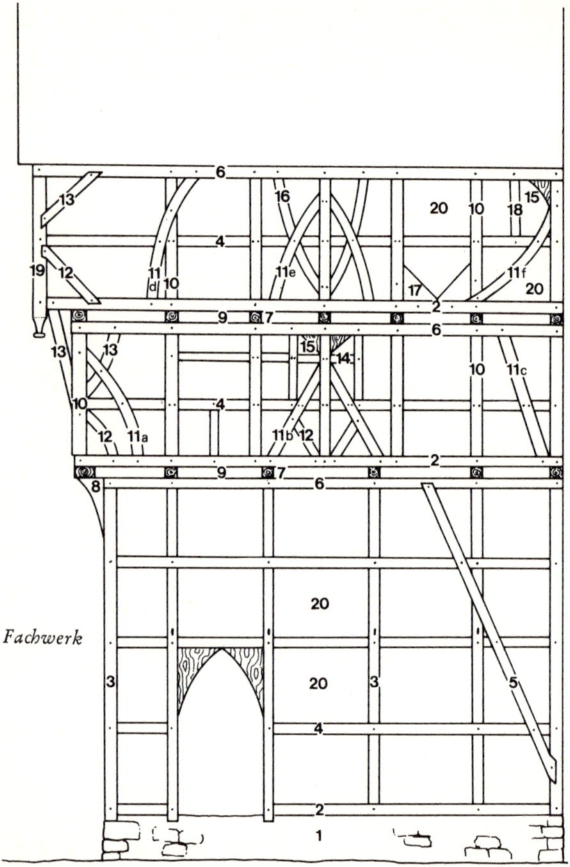

Fachwerk

Die Zeichnung gibt in freier Zusammenstellung unten einen 2geschossigen Bauteil in Ständerbauweise, darüber 2 einzelne Geschosse in Rähmbauweise wieder. In den beiden oberen Geschossen sind verschiedene Verstrebungsarten des 14. bis 19. Jh. dargestellt. (G. Ulrich Großmann)

1. Steinsockel, 2. Schwelle, 3. Ständer, 4. Brustriegel, 5. Schwertung, 6. Rahmholz (Rähm), 7. Balkenkopf, 8. Knagge (unter Geschoßvorsprung), 9. Füllholz bzw. Füllgefach, 10. Pfosten, 11. Strebe (a. Verstrebung um 1500, b. Verstrebung des 17./18. Jh., »Mann«, c. divergierende Eckstrebe des 19. Jh., d. Schwertstrebe oder »Alsfelder« Strebe, e. spätgot. Verstrebung, f. Verstrebung um 1600), 12. Fußband, 13. Kopfband, 14. Halsriegel, 15. Kopfknagge (innerhalb der Wand), 16. Kopfstrebe, 17. Fußknagge, 18. Fensterpfosten, 19. Hängepfosten (mit Kopf- und Fußband: hochgot. Verstrebung), 20. Gefach.

---

dern, in die Unterzüge eingezapft sind. Auf den Unterzügen liegen die Balken der einzelnen Geschosse auf. Lange Schwertungen dienen zur Versteifung des Gerüstes. Der seit dem 15. Jh. übliche *Rähmbau* besteht aus einem Geschoß für Geschoß immer wiederkehrenden Aufbau. Ein Geschoß setzt sich zusammen aus den Fußbodenbalken, darauf einer Schwelle, auf der die 1geschossigen senkrechten Pfosten stehen, und dem Rahmholz (Rähm) als Abschluß am oberen Geschoßende. Zur Versteifung dieses Gefüges dienen waagerechte Riegel (Brustriegel unter und Halsriegel neben den Fenstern) und kurze schräge Bänder oder längere Streben. Bänder und Streben können auch gebogen sein. Die einzelnen Hölzer können reiche Schnitzereien aufweisen, die Felder unter den Fenstern (Brüstungszone) mit Andreaskreuzen u. ä. versehen sein. In bestimmten Gegenden haben die Fenster einen besonderen Rahmen und ragen etwas aus dem Fachwerkgerüst heraus (Fenstererker).

Fasche. Gemalte Umrahmung von Fenster- und Portalgewänden.

Fase → Abfasung.

Fassung. Die in der Regel auf eine Grundierung aufgetragene Bemalung von Skulpturen aus Holz oder auch Stein, aber auch der Architektur.

Feston. Schon in der Antike verwendete Ornamentgirlande aus Blumen, Laub und Früchten. Später häufig in barocker Stuckdekoration. Auch *Fruchtgehänge* genannt.

Fiale. Schlankes spitzes Türmchen als Zierglied der got. Baukunst.

Fischblase. Fischblasenförmiges Ornament, das im spätgot. Maßwerk häufig vorkommt. Seine asymmetrischen und geschwungenen Formen – in Frankreich als *Flamboyant* bezeichnet – stehen im Gegensatz zu den strengen geometrischen Motiven des hochgot. Maßwerks.

Fledermausgaube → Gaube.

Fresko (it. al fresco = frisch). Auf den feuchten Putz aufgetragenes Gemälde, das durch gleichzeitiges Abbinden und Eintrocknen von Putz und Erdfarben besonders haltbar ist. Gegenteil: *al secco*, die Malerei auf der trockenen Wand. Eine Mischtechnik wird als *Fresco-Secco-Malerei* bezeichnet; sie ist im frühen und hohen Mittelalter vorherrschend.

Frontispiz. Der mittlere Teil einer Fassade, meist leicht vorgezogen und mit Giebel abgeschlossen.

Fünte → Tauffünte.

Gaden, Fenstergaden, Lichtgaden, Obergaden. Obergeschoß einer architektonischen Wandgliederung, v. a. der überhöhte Teil des Mittelschiffs in der Basilika.

Gandersheimer Profil → attisches Profil.

Gaube (Gaupe). Dachausbau mit Walm oder Giebel zur Belichtung und Belüftung des Dachraumes. In der Renaissance oft reich verziert und im Barock vielfach unter der elegant vorgeschwungenen Dachhaut als sog. *Fledermausg.* ausgeführt. Daneben gibt es noch seit dem Mittelalter bei Steildächern die *Schleppg.*, bei der die Dachhaut über der niedrigen Fensteröffnung gleichsam emporgehoben und von der Fensterwand unterstützt wird.

Gebundenes System. Die für alle Teile des Grundrisses einer *roman.* 3schiffigen Basilika verbindliche Maßeinheit ist durch das Vierungsquadrat festgelegt, das, nach O wiederholt, das Chorquadrat, nach N und S die Querhausarme ergibt. Den Mittelschiffjochen des Langhauses liegt ebenfalls diese Maßeinheit zugrunde. Die Seitenschiffe haben halbe Breite des Mittelschiffs, so daß jedem quadratischen Gewölbe eines Mittelschiffjoches je 2 kleinere Gewölbequadrate von halber Seitenlänge in beiden Seitenschiffen entsprechen und stark belastete Hauptpfeiler mit schwächeren Zwischenpfeilern wechseln, die nur die Last der Seitenschiffgewölbe aufnehmen.

Gefach → Fachwerk.

Gesprenge. Meist hoher Aufbau über spätgot. Altaraufsätzen, aus zierlichen Architekturgliedern wie Tabernakeln und Fialen errichtet.

Gewände. Die durch schrägen Einschnitt eines Fensters oder Portals in der Mauer entstehenden Schnittflächen, die oft reich aufgegliedert und bei got. Portalen, bes. der französ. Kathedralen, mit Gewändefiguren besetzt wurden. Bei rechtwinkligem Einschnitt ist die Bezeichnung *Laibung* gebräuchlich.

Gewölbe. Die grundlegende Wölbform ist das *Tonneng.* Sein Querschnitt kann einen Halbkreis, einen Segmentbogen, Korb- oder Spitzbogen bilden. Wird ein über quadratischem Grundriß erstelltes Tonneng. mit Halbkreisquerschnitt durch 2 Diagonalschnitte in 4 Teile zerlegt, so entstehen 2 Wangenstücke und 2 Kappenstücke. Durch Zusammensetzen von 4 Wangenstücken wird das *Klosterg.* gebildet, bei dem am Zusammenstoß der Wangen kein Grat, sondern eine zurückspringende Kehllinie (Falte) vorhanden ist. Werden bei einem Klosterg. 2 gegenüberliegende Wangen auseinandergezogen, so daß statt des Firstpunktes eine Firstlinie entsteht, spricht man von einem *Muldeng.* Es kann aber auch durch Einfügen einer Wange an beiden Schmalseiten eines Tonneng. auf Rechteckgrundriß gebildet werden. Wird dagegen der Grundriß eines Klosterg. nach beiden Seiten verbreitert, so entsteht statt der Firstlinie eine horizontale Fläche, die, *Spiegel* genannt, der nun entstehenden Wölbform den Namen gibt. Tonnenstreifen kleinen Querschnitts, die sich rechtwinklig mit dem Tonneng. durchdringen, führen zur Bildung der sog. *Stichkappentonne*, die dort bevorzugt wird, wo auf die Anbringung hoher Fenster bei tonnengewölbten Räumen nicht verzichtet werden soll. – Durch Zusammensetzen von 4 Kappenstücken entsteht das *Kreuzg.*, das man geometrisch auch aus der rechtwinkligen Durchdringung von 2 Tonneng. gleichen Querschnitts ableiten kann *(Kreuztonneng.)*. Die Durchdringungslinien heißen Grate; daher ist auch die Bezeichnung *Kreuzgratg.* üblich. Wird der Scheitelpunkt in die Höhe gezogen, so verliert das Gewölbe den Charakter sich durchkreuzender Tonnen, und die Gratlinien werden zum selbständigen Konstruktionselement (gerader oder Bogenstich). Treten an die Stelle der Grate Rippen, so können die Kappen in einem gesonderten Bauvorgang dünnwandiger ausgeführt werden; es entsteht das *Kreuzrippeng.* Der Gewölbeschub wird hier wie beim Kreuzg. auf 4 Stützpunkte abgeleitet. Werden die Rippen nicht mehr durchgehend angeordnet, sondern sternartig verzweigt, so entsteht das in der Spätgotik beliebte *Sterng.* Beim *Fächerg.* streben die Rippen von einer Stütze allseits fächerförmig empor. Beim Stern- und Fächerg. bleibt im Gegensatz zum *Netzg.* aber die Jochfolge gewahrt. Dort überziehen die Rippen netzartig eine aus dem Halbkreis oder Spitzbogenquerschnitt entwickelte tonnenartige Wölbschale. Das *Zelleng.* verzichtet auf Rippen und bringt ein so enges Netz von Graten, daß dazwischen nur kleine, kehlig vertiefte Zellen übrig bleiben. Das Rippennetz kann von seiner Grundlage teilweise gelöst werden und frei schweben; auch eine Verbindung von frei schwebendem Rippennetz und Zellengewölben ist möglich. – Eine Weiterentwicklung des Kreuzg. stellt das mit 6 oder meist 8 Rippen unterlegte *Domikalg.* dar, bei dem vorwiegend über quadratischem Jochfeld die einzelnen G.-Kappen stark ansteigen und gebust sind, daher in der Regel keine geometrisch reine Form mehr darstellen. Optisch entsteht der Eindruck eines kuppelartigen Raumabschlusses. Technisch wurden die Kappen gern in ringförmiger Mauerung gewölbt und die Rippen ohne Verband vorgeblendet. Diese Wölbform, die aus Westfrankreich stammt, fand v. a. während der 1. Hälfte des 13. Jh. in Westfalen und in angrenzenden niedersächsischen Gebieten Anwendung.

Grisaille. In verschiedenen Abstufungen einer einzigen Farbe (grau in grau) gehaltene Malerei.

Groteske (it. grottesco). Ornament aus dünnem Rankenwerk, in das phantastische Menschen- und Tiergestalten, Blumen und Früchte, Trophäen und Architekturelemente eingefügt sind. Gegen Ende des 15. Jh. in unterirdischen Räumen, sog. Grotten, antiker röm. Gebäude wiederentdeckt und künstlerisch neu belebt.

Grubenschmelz → Email.

Gurt. Kräftiger, rechtwinklig vortretender oder profilierter Bogen zwischen benachbarten Gewölben, der die einzelnen Raumabschnitte, die Joche, voneinander scheidet.

Hallenkirche. Eine mehr-, meist 3schiffige Kirche, deren Gewölbekämpfer in gleicher Höhe liegen. Meist mit einheitlichem Satteldach, bisweilen solches über jedem Schiff. Das Mittelschiff empfängt sein Licht nicht mehr wie bei der Basilika direkt durch einen eigenen Fenstergaden, sondern indirekt von den Fenstern der Seitenschiffe. Liegen die Gewölbescheitel annähernd in einer Ebene, so ist die echte H. gegeben; sind sie im Mittelschiff hinaufgeschoben, ist die Bezeichnung *Staffelkirche* oder *Stufenhalle* üblich. Zuweilen kann die Höhe der Mittelschiffgewölbe gegenüber denjenigen der Seitenschiffe so beträchtlich sein *(Stutzbasilika)*, daß eine basilikale Dachbildung erforderlich wird *(Pseudobasilika)*. Die got. H. war in Niedersachsen und Hessen auch in der Renaissance (Marienkirche zu Wolfenbüttel und Lutherische Kirche zu Bückeburg) und noch im Barock (Helsen bei Arolsen) als Grundform beliebt. – Bei der *reduzierten H.* der Bettelorden entfällt das auf der Klosterseite gelegene Seitenschiff; der Kreuzgang schließt außen direkt an das Mittelschiff an (seit Ende des 13. Jh., im 14. Jh. auch von Pfarrkirchen übernommen). Im Gegensatz zu dieser asymmetrischen Grundrißgliederung stehen symmetrische 2schiffige Hallenkirchen (Allendorf-Bad Sooden).

Hängezapfen. Schmuckmotiv im Fachwerkbau des 17./18. Jh. in Nordosthessen. Vom Brustriegel (→ Riegel) hängt in der Gefach-Mittelachse ein ornamentierter Holzzapfen herab.

Hängezwickel → Kuppel.

Herme. Büste auf 4kantigem, sich nach unten verjüngendem hohem Sockel, urspr. wohl der Hermes-Darstellung vorbehalten, später auch für die anderer Götter und würdiger Menschen. H.-Säulen oder -Pilaster sind stützende oder auch nur schmückende Architekturglieder.

historisierend (historizistisch). Anlehnung an ältere Stilformen, besonders in der 2. Hälfte des 19. Jh. (Historismus).

Hufeisenbogen → Bogen.

Inkrustation. Bekleiden von Mauern und Wänden mit Steinplatten (z. B. Marmor), auch Einlegearbeiten in Stein, mit denen ein farbiger Schmuck von Flächen erzielt wird.

Intarsia. Eingelegte Arbeit zur Verzierung in Holz, Stein, Stuck *(Scagliola)*, Elfenbein und anderen Werkstoffen. Höhepunkt dieser Technik im 16. und 17. Jh.

ionisch → Säulenordnungen.

Joch. Die Gewölbeeinheit innerhalb einer Folge derartiger Einheiten sowie der dadurch bestimmte Raumabschnitt. Auch der von Pfeiler zu Pfeiler begrenzte Abschnitt einer Brücke.

Kaffgesims. In der Gotik übliches, oben abgeschrägtes Gesims, das unterhalb der Fensterzone horizontal verläuft und um die Strebepfeiler gekröpft sein kann, zuweilen auch an den Absätzen der Strebepfeiler angebracht.

Kaiserstiel. Bei Turmdächern der senkrechte, durchgehende, auch Helmstange genannte Stiel, in welchen die Gratsparren verzapft sind. Die Spitze des Kaiserstiels dient zur Anbringung der metallenen Turmbekrönung (Kreuz, Hahn u. dgl.).

Kalotte (frz. = Käppchen). Kuppelform, die mittels eines horizontal geführten Schnittes durch eine Kugel oberhalb ihres Großkreises (= Äquator) entsteht. Auch Bezeichnung für eine geviertelte Kugel als Wölbung über einer Apsis auf Halbkreisgrundriß.

Kämpfer. Die abschließende Platte eines Pfeilers, einer Säule oder eines Dienstes, die als Auflager für Bogen oder Gewölbe dient.

Kantensäulen. In die Außenkante einer Wand oder eines Pfeilers eingelegter Rundstab, der dekorative, nicht tragende Funktion hat (im Gegensatz zum Dienst), vorwiegend 12. und 13. Jh.

Kanzelaltar. In ev. Kirchen vom 16. bis 19. Jh. vielfach getroffene Anordnung der Kanzel über dem Altar und meist mit diesem architektonisch zusammengefaßt, zuweilen auch in Verbindung mit der Orgel.

Kapitell. Zu den antiken Kapitellformen vgl. »Säulenordnungen«. Die wichtigsten späteren K. sind: *Würfelk.*, entstehend aus der Durchdringung von Kugel und Würfel. Das W. vermittelt ideal zwischen der runden Säule und der kubischen Last. Das *Kelchk.* ist als eine kelchartige Erweiterung der Säule zu begreifen. Beim *Knospenk.* (auch *Knollenk.*) ist der K.-Kelch von aufsteigenden Blättern umhüllt, die an den Ecken knospend eingerollt sind.

Kapitelsaal. Raum für die täglichen Zusammenkünfte der Klosterbrüder, in der Regel hallenartig und an der O-Seite des Kreuzgangs gelegen. Im K. finden außer Lesungen aus der Schrift oder Ordensregel Beratungen über Arbeiten und Vorgänge im Kloster statt.

Kappe. Das durch Grate oder Rippen ausgesonderte Teilstück eines Gewölbes (vgl. auch Gewölbe).

Karner → Beinhaus.

Karnies. Wellenförmiges Profil von Gesimsen und Konsolen. Die konvexe Form kann sowohl den oberen als auch den unteren Teil der Welle bilden.

Kartusche. Aus dem Wappenfeld entwickelte Flächendekoration der Renaissance und des Barock, bei der die Betonung nicht auf dem inneren Feld, sondern auf dem Rahmen liegt, der meist aus Rollwerk, später auch aus Rocaillen o. ä. gebildet wird. Die Binnenfläche kann leer sein oder z. B. eine Inschrift, ein Wappen, ein Gemälde enthalten.

Karyatide → Atlant.

Kassettendecke. Eine flache oder gewölbte Decke mit gleichmäßig oder rhythmisch verteilten, zugleich vertieften Feldern, die quadratisch, rechteckig oder rund sein können und Kassetten genannt werden. Sie können bemalt oder mit Reliefs versehen, ihre Wandungen profiliert sein.

Kathedrale. Bezeichnung für französische, englische und spanische Bischofskirchen (von dem Sitz des Bischofs, der »Cathedra«, abgeleitet).

Kemenate. Im Mittelalter massiver, heizbarer Steinbau einer Burg. Übertragen auf das aus Stein errichtete Gebäude, das mit dem übrigen Bürgerhaus meist in unmittelbarer Verbindung steht und dessen Zweck es war, wertvolle Habe vor Feuersbrünsten zu bewahren. Auch *Steinwerk* genannt, bes. im Harzvorland und bis nach Westfalen und Hessen hinein verbreitet.

Kenotaph (griech. = leeres Grab). Grabdenkmal in Gestalt einer Tumba, eines Sarkophages o. ä.

Kerner → Beinhaus.

Kielbogen → Bogen.

Klangarkade, Schallarkade. Arkadenförmige Schallöffnung im Glockengeschoß eines Turmes.

Klausur (lat. claudere = einschließen). Der ausschließlich den Klosterinsassen vorbehaltene Bezirk der Klosteranlage, zu dem Fremden allgemein kein Zutritt gewährt wird.

Kleeblattbogen → Bogen.

Klostergewölbe → Gewölbe.

Knagge. Dreiecksholz im → Fachwerk zur Versteifung des Gerüstes. Es gibt längliche Kn. unter Geschoßvorsprüngen got. Häuser oder gleichschenklige in der Wand im Fachwerkbau des 17./18. Jh. als *Kopfkn.* (zwischen Pfosten und Rähm) oder *Fußkn.* (zwischen Pfosten und Schwelle).

Knorpelwerk. Ornament des 17. Jh., das aus knorpelartigen, verschlungenen Gebilden besteht, meist symmetrisch als Rahmung oder Füllung entwickelt. Formal dem → Ohrmuschelstil ganz ähnlich.

Kolonnade. Säulengang mit horizontal abschließendem Gebälk als selbständiges Bauwerk oder im Anschluß an ein Gebäude. Im Barock und Klassizismus als städtebauliches Element sehr beliebt.

Kompositkapitell → Säulenordnungen.

Konche. Das (griech.) Wort (Muschel bedeutend) meint zunächst die Kuppelschale der Apsis, dann, übertragen, diese selbst. »Dreikonchenchöre« entstehen bei einer kreuzförmigen Basilika, deren Querhausarme in ihren Abmessungen dem O-Chor angeglichen sind und auch in Apsiden endigen. Grundrißlich ergibt sich die Form eines Kleeblatts.

Konsole. Ein aus der Mauer hervortretender Tragstein für Bögen, Gesimse, Figuren usw.

Konsolenfries. Ornament aus kleinen Konsolen, meist in Karniesform, die dicht nebeneinander gesetzt sind.

Kopfband. Im → Fachwerk kurzes, schräges Verbindungsstück vom senkrechten Pfosten zum waagerechten Rähm. Ist der Winkel zwischen Pfosten und Rähm voll ausgefüllt, heißt das Holz Kopfknagge (→ Knagge); zwischen Pfosten und Schwelle *Fußband* bzw. Fußknagge.

korinthisch → Säulenordnungen.

Krabbe (Kriechblume). Blattornament der Gotik, das an den Kanten von Turmhelmen, Giebeln, Wimpergen, Fialen angebracht ist.

Kreuzgewölbe, Kreuzgratgewölbe, Kreuzrippengewölbe, Kreuztonnengewölbe → Gewölbe.

Kreuzstock. Verstrebung im Fensterrahmen, die mit Kämpferholz (waagerecht) und Pfosten (senkrecht) ein Fensterkreuz bildet.

Krüppelwalmdach → Dach.

Krypta. Unterkirche, aus der → Confessio entwickelt. Ein halbkreisförmiger, unter dem Altarraum liegender Umgang, in dessen Mitte die Confessio direkt oder mit einem Gang mündet, wird als *Ringk.* bezeichnet. Sie diente stets der Heiligenverehrung, während für alle übrigen K.-Formen übereinstimmende Zweckbestimmungen nicht nachzuweisen sind. Ein System aus sich kreuzenden, tonnengewölbten Gängen heißt *Gangk.* (Steinbach). Die größte Verbreitung hat die *Hallenk.* gewonnen, eine mehrschiffige Anlage unter dem Chor und (oft) der Vierung, mit von Säulenreihen getragenen Kreuztonnengewölben ohne oder mit Gurt- und Scheidbögen (Fritzlar). In der Frühform der *Vierstützenk.* (schon 819 im Fuldaer Dom, nicht erhalten) verbinden sich im Grundriß Halbkreis und Quadrat, im Gewölbe Ring- und Kreuzform (Fulda-Neuenberg). Gern werden auch gewölbte Hallen, die unter → Nonnenemporen liegen, als *Nonnenk.* bezeichnet, obwohl sie sich zu ebener Erde befinden (Lippoldsberg).

Kuppel (it. cupola). Grundformen sind die Stutzk. und die Pendentif- oder Zwickelk., die beide meist über quadratischem Grundriß gewölbt sind. Die *Stutzk.* wird durch eine Halbkugel über eingeschriebenem Quadrat gebildet, bei der durch Vertikalschnitte die außerhalb des Quadrats liegenden Kugelsegmente entfernt sind. Bei der *Pendentifk.* bleibt dagegen die Halbkugel unberührt und der Übergang von ihrem Grundkreis zu den Ecken des hier umschriebenen Quadrats erfolgt durch sphärische Dreiecke, sog. Pendentifs. Durch Einschiebung eines Kreiszylinders, eines sog. Tambours, zwischen Pendentifs und Halbkugel entsteht die seit der Renaissance beliebte *Tambourk.* Der Scheitel jeder K. kann kreisförmig oder polygonal geöffnet sein, so daß der Blick in eine bekrönende Laterne gelenkt wird.

Laibung (auch *Leibung*) bezeichnet die Wandungen des Mauereinschnitts von Tür oder Fenster. Über die Unterscheidung von »Gewände« s. d.

Lambrequin. Gelappter Behang am oberen Abschluß eines Betthimmels bzw. Fensters oder als seitliche Rahmung eines Baldachins. Die Kunst des Barock überträgt das Motiv – geschnitzt, stuckiert oder sogar in Stein ausgeführt – in die Architektur.

Landbauwesen. Das staatliche Bauwesen zahlreicher deutscher Länder unterstand seit der Barockzeit einheitlicher Leitung, wobei oft das Hofbauwesen vom L. unterschieden war. Zu den Aufgaben des Landbaus gehörten vor allem die Kirchen-, Schul- und Pfarrhausbauten, ferner Wege-, Brücken- und Wasserbau. In Hessen ist das Amt des Landbaumeisters erst spät, seit etwa 1700, nachzuweisen. Die Zunahme der Bauaufgaben führte zur Aufgliederung in Bezirke. Seit der Kreisreform 1821 war ein Landbaumeister für je 2 Kreise zuständig, seit 1840 für je 1 Kreis. Nach dem Anfall an Preußen 1866 setzte sich die Behördenbezeichnung Kreisbauamt durch. – Der Titel Landbaumeister ist nicht mit der gleichlautenden Berufsbezeichnung für Architekten ländlicher Baukunst (Guts- und Bauernhöfe) zu verwechseln.

Laterne (lat. laterna). Rundes oder polygonales zierliches Türmchen, das mit Fenstern oder Öffnungen versehen ist und auf dem Scheitel einer Kuppel sitzt, einen Dachreiter bekrönt oder, bei Welschen Hauben sowie Zwiebelhelmen, als Zwischenglied erscheint.

Laube. Offener, meist mit Rund- oder Spitzbogen versehener Gang im Erdgeschoß eines Hauses oder ihm vorgelagert. Bes. bei Rathäusern und Bürgerhäusern der deutschen Gotik und Renaissance beliebt.

Laufgang. Gang, der entweder durch einen Mauerrücksprung entsteht oder aber in einer Mauer geführt ist. Laufgänge finden sich häufig an der Basis von Fensterhochwänden, bes. in den normannischen und rheinischen Bauten des 11.–13. Jh. sowie in den reich gegliederten Werken der reifen Gotik des 13. Jh.

Leibung → Laibung.

Lettner (Lectorium). Scheidewand als Chorschranke zwischen Chor und Mittelschiff mit einer Lese- und Sängerbühne.

Levitensitz. In got. Zeit anfänglich Nische in der Chormauer für den Priester und seine beiden Diakone, später aus Holz gearbeitet, oft in Zusammenhang mit dem Chorgestühl.

Lichtgadentriforium. Verbindung zwischen Triforium und Obergaden, wobei der mittlere Bogen des Triforiums durch die Geschoßtrennung durchstößt und das Fenster im Lichtgaden mit umfaßt (Limburg, Wetzlar). Diese Form geht auf die normannischen Abteikirchen in Caen zurück.

Lisene. Senkrechter flacher Mauerstreifen ohne Basis und Kapitell.

Loggia. Von Pfeilern oder Säulen getragene, meist überwölbte Bogenhalle, die freistehen oder Gebäuden vorgesetzt sein kann. Dann oft mehrgeschossig als Zugangskorridor für die Räume angelegt (vgl. auch Laube).

Lucht → Auslucht.

Lukarne (frz.) Dachfenster.

Lünette (frz.). Halbkreisförmig oder von einem Kreissegmentbogen begrenztes Feld über Türen und Fenstern, oft mit Malerei oder Reliefschmuck ausgefüllt oder als Fenster durchbrochen.

Lungstein. Vulkanisches Gestein, das v. a. am SW-Rande des Vogelsberges im 12. und 13. Jh. als Material für Kirchenbauten und für Taufsteine verwendet wurde.

Manierismus. Künstlerische Strömung, die die »klassische« Form einer natürlichen Gesetzlichkeit hinter der betonten »Künstlichkeit«, der »Manier«, zurückstellt. Sie läuft neben den Formprinzipien der Spätrenaissance und des Frühbarock her. Zeitliche Eingrenzung etwa 1530–1600.

Mann (Wilder Mann, Hessischer Mann). Umschreibung für eine Gerüstform im → Fachwerk, die aus Pfosten, zur Schwelle führenden Streben, waagerechten Riegeln und nach oben führenden Streben, Kopfbändern oder Kopfknaggen besteht (wie ein Mann mit gespreizten Beinen und Armen). Die Form dient der repräsentativen Gestaltung des Hauses, sie hat keine Bedeutung als Sinnzeichen.

Mansarde → Dach.

Maßwerk. Das geometrisch »gemessene« Bauornament der Gotik, v. a. entwickelt für die Füllung der oberen Bogenzone in den großen, durch Pfosten unterteilten Fensteröffnungen.

Maulscharte. Querrechteckige Schießscharte in mittelalterl., v. a. got. Wehrbauten.

Maureske. Aus der islamischen Kunst hervorgegangenes reines Flächenornament mit streng stilisierten Blättern und Blüten. Ein beliebtes Motiv der Renaissance.

Mausoleum. Architektonische Grabstätte, so genannt nach jener, die die Gemahlin des Königs Mausolos von Karien für ihren Gatten (gest. 352 v. Chr.) in Halikarnass errichten ließ.

Mensa (lat. = Tisch). Platte des Altartisches.

Metope → Triglyphe.

Mezzanin (it.). Zwischen- oder Halbgeschoß. Niedriges Stockwerk, das zwischen Erdgeschoß und 1. Obergeschoß, zuweilen auch unmittelbar unter der Traufkante des Daches erscheint. Seit der Renaissance bekannt.

Miserikordie. Kleine Konsole auf der Unterseite der hochklappbaren Sitze eines Chorgestühls. Sie erlaubt bei langem Stehen ein Stützen des Körpers.

Monopteros (griech.). Rundbau mit nur einer ihn umgebenden Säulenstellung.

Monstranz (Ostensorium, Custodia). Schaugefäß aus Edelmetall mit Glas oder Kristall, in dem die geweihte Hostie gezeigt wird. – Ostensorien und Custodien können auch Reliquien enthalten.

Muldengewölbe → Gewölbe.

Münster. Der (von lat. monasterium = Kloster abgeleitete) Begriff bezeichnet im strengen Sinne des Wortes eine Klosterkirche. Doch ist die Verwendung nicht eindeutig: auch große Stadtpfarr- und Bischofskirchen werden als M. bezeichnet, bes. im oberrheinischen Gebiet.

Netzgewölbe → Gewölbe.

Niello. Schwarze Zeichnung in Edelmetall. Sie wird eingraviert, die Ritzung mit der N.-Masse (Silber, Kupfer, Blei, Schwefel, Borax) gefüllt und die Metallfläche dann poliert.

Nonnenempore. Meist auf Gewölben ruhendes Obergeschoß, meist an der W-Seite in den Kirchen von Frauenklöstern, um den Nonnen einen abgesonderten Raum für Gottesdienst und Chorgebet zu gewähren, wo sie für die übrigen Kirchenbesucher unsichtbar bleiben. Daher mit eigenem Altar, Chorgestühl und Andachtsbildern ausgestattet. Später rückt die N. mehr in die Nähe des Altarraums, oft an eine Seite des Kirchenlang- oder -querhauses. Ein besonders gut erhaltenes Beispiel findet sich in Lippoldsberg. (Nonnenkrypta → Krypta.)

Obelisk. Hoher rechteckiger, nach oben sich verjüngender Steinpfeiler, der mit pyramidenförmiger Spitze endet. Der im alten Ägypten als Kultsymbol dienende O. war in der Renaissance ein beliebtes Zierglied der Architektur und des Kunsthandwerks.

Oculus (lat. = Auge). Rundfenster, auch *Ochsenauge* genannt.

Ohren. Seitliches, meist geschnitztes Ornament an Orgeln, Altären und Kanzelrückwänden.

Ohrmuschelstil. Ornamentform mit unregelmäßig gewellter, teigiger Oberfläche und ungegenständlichen volutenartigen Motiven, die an die menschliche Ohrmuschel erinnern. Zwischen 1580 und 1680 in den Niederlanden und in Deutschland vornehmlich im Kunsthandwerk und an Epitaphien verbreitet. (S. a. Knorpelwerk.)

Orgelprospekt. Die architektonisch gegliederte Vorderansicht des Orgelgehäuses, die normalerweise den dahinterliegenden Aufbau der aus Pfeifen und Laden bestehenden Orgelwerke (Hauptwerk, Pedal, Oberwerk, Brustwerk, Rückpositiv) erkennen läßt. Die Pfeifen des Prospekts sind häufig durch Bemalungen und Gravierungen verziert. Im Barock stehen oft die Pedaltürme und das Rückpositiv im Rücken des Spielers in der Brüstung der Orgelempore.

Ostensorium → Monstranz.

Palas. Das Wort geht auf (lat.) palatium zurück (s. a. Pfalz). Es bezeichnet den Wohnbau der mittelalterl. Burg, der meist im Obergeschoß einen Saal enthält.

Palmette. Ornamentform, bei der um eine betonte Mittelsenkrechte fächerförmig sich auseinanderlegende Blätter flächig geordnet sind. Am weitesten in der Antike verbreitet.

Panneau. Türfüllung, Flächenfeld.

Paradies → Atrium.

Parament. Bezeichnung für kirchliche Bekleidungsstücke, z. B. für die des Priesters, des Altars oder der Kanzel. Für die verschiedenen kirchlichen Feiertage ist die Farbe der Paramente jeweils vorgeschrieben.

Parlatorium. Sprechraum in Klöstern.

Paß. Das Wort P. ist gleichbedeutend mit Zirkel. Die aus Dreiviertelkreisen zusammengefügte Maßwerkfigur wird daher P.

genannt. Nach Anzahl der Kreisstücke unterscheidet man den Dreip., bei dem die Mittelpunkte der Kreisteile die Spitzen eines gleichseitigen Dreiecks bilden, den Vierp., bei dem diese Mittelpunkte die Ecken eines Quadrats bestimmen, den Fünfp. usw.

Pavillon. Im urspr. Sinne des Wortes ein großes Rechteckzelt, dann auf kleine Gartenhäuser über zentralem Grundriß übertragen. Im barocken Profanbau werden auch die in der Mitte oder an den Ecken hervortretenden und im Dach mehr oder minder stark betonten Teile eines Gebäudes als P. bezeichnet.

Pendentifkuppel → Kuppel.

Pfalz. Wie Palas von (lat.) palatium abgeleitet, Residenz des Königs oder seines Stellvertreters (des Herzogs oder Bischofs).

Pfosten. Senkrechtes 1geschossiges Holz im → Fachwerk, im Gegensatz zum mehrgeschossigen senkrechten Ständer. Man unterscheidet *Eck-*, *Bund-* (wo innen Wände anstoßen) und *Zwischenpf.*

Pietà, Vesperbild. Darstellung Mariae mit dem Leichnam Christi auf dem Schoß, seit dem späten 13. Jh. vorkommend, dann bes. im 14. und 15. Jh., aber auch noch in der Barockskulptur häufig.

Pilaster. Flacher Wandpfeiler mit Basis und Kapitell, antiker Abkunft.

Piscina. 1. Taufbecken in einem Baptisterium. – 2. Kleine Nische in der S-Wand des Chors mit einem Ablauf für das Wasser, das der Priester bei der Messe zum Waschen der liturgischen Gefäße und der Hände benützt.

Polsterquader → Quader.

Polygon (griech.), Vieleck. Polygonale Chorschluß-Konstruktionen der Gotik aus Sechs-, Acht-, Neun-, Zehn- oder Zwölfeck.

Portikus (lat.). Der von Säulen oder Pfeilern getragene Vorbau eines Gebäudes an der mit dem Haupteingang versehenen Fassade. Nach dem Vorbild der klassischen Antike und meist unter Anwendung der Säulenordnungen seit der Renaissance vielfach üblich.

Predella (auch *Sarg* oder *Staffel*). Untersatz eines got. oder Renaissance-Altarschreines oder -Altarbildes.

Presbyterium. Chorraum, urspr. mit den Sitzen für die Geistlichen und Presbyter.

Prostylos. Tempel mit einer Säulenschmalfront.

Pseudobasilika. Basilikaler Kirchenraum, der in der Hochwand des Mittelschiffs keine Fenster hat und das Licht, gleich der Hallenkirche, allein aus den Fenstern der Seitenschiffwände erhält. Die Hochwand des Mittelschiffs ist in voller Höhe errichtet und meist mit Blendfenstern versehen. Zu unterscheiden von der Staffelkirche (vgl. Hallenkirche).

Putto, Putti (it. = Knäblein). Nackte kleine Knaben, meist mit Flügeln. Letztlich auf die antiken Eroten zurückgehend, ist der Putto eine in der italienischen Frührenaissance vorgenommene Umformung got. Engelskinder. Weiteste Verbreitung in der Kunst des Barock.

Quader. Der in der Ansichtsfläche des Mauerwerks nur mit einem Randschlag versehene Steinblock wird *Bossenqu. (Buckelqu.)* und ein derartiges Mauerwerk *Rustika* genannt. Ähnelt die Ansichtsfläche des Qu. einem geschliffenen Diamanten, so spricht man vom *Diamantqu.*, bei polsterähnlicher Ansichtsfläche von einem *Polsterqu.* Bei den Bauten der Weserrenaissance treten derartige Qu.-Formen aus ornamentalen Gründen oft vereinzelt oder schichtweise in Erscheinung. Allgemein werden seit der Renaissance Bossen-, Diamant- und Polsterqu. für das Mauerwerk der Sockelzone bei Gebäuden und durchgehend bei Befestigungswerken verwendet.

Quaderung. Nachahmung von Quadermauerwerk durch Putz mit eingeritzten oder gemalten Fugen.

Querhaus, Querschiff. Rechtwinklig zum Langhaus angelegter Querraum, der das Schiff vom Chor trennt. Meist 1-, in großen Anlagen auch 3schiffig.

Radialkapelle. Chorkapelle, die zusammen mit anderen einen Kapellenkranz um den Chorumgang bildet. In der roman. und got. Architektur Frankreichs überaus häufig, in Deutschland dagegen seltener vorkommend.

Rähm, Rähmbau → Fachwerk.

Refektorium. Speisesaal der Mönche, meist der Klosterkirche gegenüber am Kreuzgang gelegen als paralleler Raum zum Kreuzgangflügel oder häufiger senkrecht zu ihm. Dem Eingang in das R. gegenüber, in den Hof vorspringend, in der Regel die Brunnenkapelle zum Waschen der Hände.

Régence. Stilphase des Barock, in Deutschland etwa 1715–40, örtlich darüber hinaus, benannt nach der Regentschaft während der Unmündigkeit Ludwigs XV. von Frankreich (1715–23). Ihr beliebtes Stilprinzip ist die 4seitige Symmetrie entlang einer Längs- und einer Querachse.

Reliquiar (lat. relinquere = zurücklassen). Behälter zur Aufbewahrung der Überreste (Reliquien) eines Heiligen oder für die seinem Andenken geweihten Gegenstände, um diese den Gläubigen zur Verehrung zu zeigen oder auf dem Altar auszustellen. Die Form des R. wird durch Art und Umfang der Reliquien bestimmt. Neben Reliquienkästen und -büchsen sowie Medaillons sind figurierte Behälter, z. B. Statuetten, Büsten, Arm-, Fuß- und Finger-R., weit verbreitet. Außerdem wurden R.-Architekturen nachgeformt, wie z. B. das Kuppel-R. im Welfenschatz um 1175 nach einer byzantinischen Kreuzkuppelkirche. Haupttyp ist jedoch der Reliquienschrein, der meist in Haus- oder Basilikaform die äußere Hülle des Reliquiensarges bildet und zu den bedeutendsten Leistungen mittelalterl. Goldschmiede- und Emailkunst gehört.

Retabel (lat. = Rückwand). Altaraufsatz – nicht vor dem 11. Jh. nachweisbar – mit gemalten oder geschnitzten Bildern, seltener auch der Schrein mit den Gebeinen eines Heiligen.

Riegel. Waagerechtes Querholz im → Fachwerk zwischen 2 benachbarten Pfosten, in got. Zeit über der gesamten Wand. Riegel in Brüstungshöhe heißen *Brust-*, neben den Fenstern *Hals-* und in Kopfhöhe *Kopfr.*

Rippe → Gewölbe.

Risalit (it. risalto = Vorsprung). Ein aus der Hauptfluchtlinie eines Baues in dessen ganzer Höhe hervortretender Gebäudeteil.

Rocaille (frz. = Muschel). Schwingendes und anschmiegendes Dekorationselement von muschelähnlicher Struktur. In Frankreich erfundene Leitform des R.-Ornaments, das zwischen 1730 und 1770 (Rokoko), örtlich noch wesentlich länger verbreitet war.

Rollwerk. Ornament, dessen Verzierungen sich an den Rändern und Enden einrollen und dadurch plastisch wirken; bes. beliebt in Frankreich seit 1530, nach Mitte des 16. Jh. auch in den Niederlanden und in Deutschland.

Rückpositiv. Teil des Pfeifenwerks einer Orgel, der im Rücken des Spielers steht (vgl. Orgelprospekt).

Rundbogenfries. Fries aus glatten oder ornamentierten kleinen Halbrundbogen. Der R. begleitet die teilenden oder abschließenden Gesimse roman. Wände.

Rustika → Quader.

Saalkirche. 1schiffige Kirche.

Sakramentshäuschen → Tabernakel.

Sarg → Predella.

Satteldach → Dach.

Säulenordnungen. Die griechische Baukunst kennt 3 verschiedene Säulen- und Gebälksysteme, die für die rhythmische Gliederung ihrer Tempelbauten maßgebend sind: die dorische, ionische und korinthische Ordnung. Am Anfang steht die *dorische Ordnung*, deren Säule einen kannelierten Schaft ohne Basis und ein wulstförmiges Kapitell mit quadratischer Deckplatte (Abakus) aufweist. Das Gebälk besteht aus glattem Steinbalken (Architrav), darüber der Fries im Wechsel von 3schlitzigen Platten (Triglyphen) mit meist reliefierten Metopen und abschließend das profilierte Kranzgesims mit der Traufleiste. – Bei der *ionischen Ordnung* weist die Säule eine aus mehreren Einzelgliedern zusammengesetzte Basis und am Schaft durch Stege getrennte Kanneluren auf. Das Kapitell hat als Hauptmerkmal 2 ausladende Schnecken (Voluten). Der Architrav ist in 3 horizontale Streifen unterschnitten und darüber ein durchgehender Relieffries angeordnet. – Die *korinthische Ordnung*, weitgehend der ionischen verwandt, zeigt ein Kapitell, das in 2 Reihen mit gegeneinander versetzten und etwas abstehenden Akanthusblättern besetzt ist; hinter ihnen wachsen Voluten- oder Blattstengel auf und tragen die vorschwingenden Ecken der Deckplatte sowie eine Blüte in der Mitte jeder Seite. Diese 3 S. haben in römischer Zeit verschiedene Umbildungen erfahren. – Beim *Kompositkapitell* legt sich die Doppelschnecke des ionischen Kapitells über den doppelten Blattkranz des korinthischen. – Die dorische Säule wurde durch Hinzufügen einer Basis sowie eines Halsrings und Wegfall der Kanneluren am Schaft zur *toskanischen*. – Die S. sind durch ihre wohlabgewogenen und nach strenger Regel festgelegten Maßverhältnisse ausgezeichnet und an keinen bestimmten Stil gebundene Ausdrucksformen, sondern unterscheidende Merkmale aller klassisch direkt oder indirekt beeinflußten Stilperioden.

Scagliola → Intarsia.

Schaftring → Wirtel.

Schalenturm. Zur Feindseite sich halbrund vorwölbender Befestigungsturm einer mittelalterl. Stadtumwallung, der gegen die Stadt offen ist, um einem eingedrungenen Gegner keinen Schutz zu bieten.

Schallarkade → Klangarkade.

Scheidbogen. Der ein Joch des Mittelschiffs vom entsprechenden Joch des Seitenschiffs trennende Bogen.

Schleppdach. Pultdach über niedrigem Anbau eines Hauses, das in die Fläche des Hauptdaches übergeht. Das Hausdach erscheint also an dieser Stelle »herabgeschleppt«.

Schleppgaube → Gaube.

Schlüsselscharte. Schießscharte in Form eines vergrößerten Schlüsselloches.

Schneuß. Maßwerkform aus mehreren im Wirbel gesetzten Fischblasen (Drei-, Vier-, Fünfschneuß etc.).

Schwelle. Im → Fachwerk tragender Horizontalbalken eines Geschosses.

Schwertung. Im → Fachwerk die Sicherung und Festigung des Gerüstes durch aufgenagelte lange Diagonalhölzer. Nur bis zur Spätgotik üblich. Im Inneren mittelalterl. Häuser versteifen sie in Form von Andreaskreuzen das Hausgerüst und den Dachstuhl.

Segmentbogen → Bogen.

Sohlbank. Die waagerechte untere Begrenzung einer Fensteröffnung, die deren Gewände trägt.

Sollingplatte. Das im Solling anstehende, vorwiegend feinkörnige und kieselig gebundene Buntsandsteinvorkommen ermöglicht infolge seines Glimmerreichtums und seiner schiefrigen Schichtungen das Brechen dünnplattiger Sandsteine dunkelroter bis rotvioletter Tönung, die auch als Dachplatten und Behang der Hauswände im Einzugsgebiet der Weser bis nach Bremen, früher bedeutend häufiger als heute, verwendet werden.

Sperrfuge. Breite, vertiefte Fuge, die 2 Steine einer Lisenen- oder Kantengliederung voneinander trennt.

Spiegelgewölbe → Gewölbe.

Spolie (lat. spolia = Beute). Werkstück eines Baues (z. B. Säule), das für einen älteren Bau geschaffen wurde.

Sprengwerk → Gesprenge.

Staffel → Predella.

Staffelkirche → Hallenkirche.
Stallen. Die Sitze im Chorgestühl.
Ständer, Ständerbau → Fachwerk.
Steinmetzzeichen. Arbeits- und Ehrenzeichen des Steinmetzen, das an den fertigen Werkstücken angebracht wurde, um den Urheber zu kennzeichnen. St. sind seit dem frühen 12. Jh. nachweisbar. Sie waren urspr. vom Steinmetzen nicht individuell und einmalig gewählt, sondern in allen Hütten gleichzeitig benutzte Typen. Mit der Auflösung der letzten Reste mittelalterl. Bauhüttentradition und des Zunftwesens im 18. Jh. verschwanden sie.
Sterngewölbe → Gewölbe.
Stichbogen. Bogenform, bei der ein Kreissegment auf 2 Senkrechten aufsitzt. Häufig im Barock; in der Spätgotik oft bei den inneren Fensterlaibungen.
Stichkappentonne → Gewölbe.
Stipes (lat. = starker Pfahl, Klotz). Blockförmiger Unterbau des Altars, der die Mensa trägt. Der St. umschließt Reliquien.
Strebe. Schrägholz im → Fachwerk, das eine sichere Dreiecksverbindung zwischen Horizontaler und Vertikaler herstellt. Kurze Schräghölzer heißen *Band* (Kopfband, wenn in der Fensterzone, Fußband, wenn in der Brüstungszone angebracht), mehrgeschossige *Schwertung.*
Strebewerk. Das System von Strebepfeilern und Strebebögen zur Abstützung von Wänden und Gewölben in der Gotik.
Stuck. Masse aus Gips, Kalk und Sand, die in feuchtem Zustand leicht knetbar ist, aber schnell erhärtet. *Stuckmarmor* entsteht nach Beimischen von Pigmentfarben und Leim durch eine abschließende Polierung.
Stuckrahmendecke. Schmuckdecke, die durch Stuckleisten in gerahmte Felder aufgegliedert ist; die Felder tragen zuweilen Stuckembleme, können aber auch leer bleiben.
Stufenhalle → Hallenkirche.
Stutzbasilika → Hallenkirche.
Stützenwechsel. Der rhythmische Wechsel von Säule und Pfeiler (jambisch) oder von 2 Säulen und Pfeiler (daktylisch) bei den Mittelschiffwänden in der roman. Basilika. Die erste Form des St. tritt zuerst bei der St. Cyriakuskirche zu Gernrode (961 beg.) auf; die zweite Form erscheint z. B. bei der St. Michaelskirche zu Hildesheim (1033 geweiht). Es gibt auch Pfeilerstützenwechsel; vgl. Gebundenes System.
Stutzkuppel → Kuppel.
Substruktion. Unterbau zum Ausgleich von Terrainunterschieden oder zur Festigung des Untergrundes.
Supraporte. Das über einem Türsturz angebrachte Zierstück.
Tabernakel (lat. tabernaculum = Hütte, Zelt). 1. Aufbewahrungsort für Kelch und Hostie. – 2. Ziergehäuse (für Figuren), häufig von Säulen oder Pfeilern getragenes Spitzdach, z. B. an Strebepfeilern got. Kirchenbauten.

Tambourkuppel, Trommel → Kuppel.
Tauffünte. Norddeutsche Bezeichnung für Taufbecken.
Tauschierung. Verzierung unedler Metalle (z. B. Bronze) durch Einhämmern oder Einlegen von Gold und Silber.
Taustab. Bandornament in der Form eines Taues, dessen zusammengeflochtene Einzelstränge sichtbar sind.
Terrakotta. Gebrannte Tonerde, die unglasiert anstelle von Stuck und als Material für Skulpturen verwendet wurde.
Tonnengewölbe → Gewölbe.
toskanisch → Säulenordnungen.
Tourelle. »Türmchen«, kleiner Turm als Teil einer Befestigung.
Tralje → Baluster.
Travée. Frz. Bezeichnung für das (meist querrechteckige) Joch.
Tribuna = Apsis.
Triforium heißt der Laufgang in der Hochschiffwand got. Kirchen unterhalb der Fensterzone. S. a. Lichtgadentriforium.
Triglyphe (griech. = Dreischlitz). Zierstück mit 3 durch Stege voneinander abgesetzten, senkrechten Rinnen; in der griech. Antike über dem Architrav – urspr. als Schutzplatte vor den Balkenköpfen – im Wechsel mit den Metopen (Bildfeldern) verwendet, später ein reines Schmuckwerk.
Triumphbogen. Der Bogen, der den Chor vom Kirchenschiff trennt. Benannt nach der dort urspr. angebrachten Darstellung des über den Tod triumphierenden Erlösers.
Trompe (frz. = Jagdhorn). Bogen mit nischenartiger Wölbung zwischen 2 rechtwinklig zusammenstoßenden Mauern. Die Tr. dient bei Türmen und Kuppeln zur Überleitung des quadratischen Grundrisses ins Oktogon.
Tumba. Die T. besteht aus einem über dem Grab sich erhebenden, rechteckigen und meist steinernen Unterbau, der die Grabplatte trägt. Auf dieser ist eine Inschrift, ein Wappen oder die Gestalt des Verstorbenen aus Stein oder Bronze dargestellt, z. B. beim Grab Konrad Kurzbolds im Limburger Dom und bei den Grabmälern der Elisabethkirche in Marburg.
Tympanon. Die das Bogenfeld des Portals füllende Steinplatte, häufig mit ornamentalem oder figürlichem Relief geschmückt.
Übergangsstil. Entwicklungsphase der deutschen Baukunst in der 1. Hälfte des 13. Jh. am Übergang von der Romanik zur Gotik, in der das got. System als Ganzes noch nicht angenommen ist, sondern nur der im Kern roman. Bau mit got. Form- und Konstruktionselementen durchsetzt wird.
Utlucht → Auslucht.
Verkröpfung. Eine V. entsteht, wenn Gebälke oder Gesimse um Mauervorsprünge, Säulen oder Pfeiler herumgeführt werden.
Vesperbild → Pietà.
Vierung. Meist quadratischer Raum einer größeren Kirchenanlage, der bei der Durchdringung von Langhaus und Querhaus entsteht (vgl. auch Gebundenes System).

Volute. Schneckenförmig gewundene Verzierung an Baugliedern und Möbeln. Urspr. Teil des ionischen Kapitells der griech. Architektur.

Vorhangbogen. In der Spätgotik beliebter Abschluß von Fenstern mit einer Folge girlandenartig hängender Bogen.

Voute (frz.). Meist im Viertelkreisbogen verlaufende Ausrundung zwischen Wand und Decke bei Innenräumen.

Walmdach → Dach.

Wandpfeilerkirche. Durch Versetzen der Außenwände bei einer got. Hallenkirche, seltener bei einer Basilika, in die Flucht der Stirnseiten der Strebepfeiler entstehen innen parallel zu den Seitenschiffen zwischen den Strebepfeilern kapellenartige Nischen. Dieser Raumtyp wird in der Renaissance beibehalten und im Barock im Sinne der Vereinheitlichung des Raumgefüges weiterentwickelt, so daß die Wandpfeiler kulissenartig das 1schiffige Langhaus flankieren.

Wange. Seitenwände an Stühlen und Bänken, oft plastisch reich dekoriert, bes. an Chorgestühlen. Außerdem ist W. die Bezeichnung für die niedrige Seitenwand an den Stufen und am Auslauf der Treppe, auf der die Brüstung oder das Geländer aufgesetzt ist.

Wasserschlag. Pultförmige Schräge an Gesimsen und sonstigen Vorsprüngen zur Ableitung des Regenwassers mit gekehlter Wassernase an der Unterseite, an der das Wasser abtropft, ohne die Mauer zu durchnässen.

Weicher Stil. Stilstufe der Spätgotik zwischen 1390 und 1430, charakterisiert durch die zierlich-holde Empfindsamkeit der »Schönen Madonnen« oder die Frühwerke Fra Angelicos da Fiesole.

Welsche Haube. Als W. H. wird ein glockenförmig geschweiftes Turmdach bezeichnet. Dieses kann jeweils unter Zwischenschaltung einer Laterne mehrfach wiederholt werden, so daß ein hoher Turmhelm mit markanter Umrißlinie entsteht. In der Renaissance fand die W. H. weite Verbreitung und ihre reichste Ausbildung bei den Kirchtürmen an der Nord- und Ostseeküste bis hinauf zum Baltikum.

Weserrenaissance. Von der niederländischen Renaissance beeinflußter Architekturstil in der 2. Hälfte des 16. und im beginnenden 17. Jh., benannt nach besonders charakteristischen Bauten im Gebiet der Oberweser.

Westbau. Jede reichere Ausgestaltung des i. a. im W liegenden Eingangsteiles einer Kirche läßt sich als W. bezeichnen, ausgenommen bei doppelchörigen Anlagen (vgl. jedoch Hersfeld). Die zur Unterscheidung verschiedener W-Anlagen von der Kunstgeschichte geschaffenen Begriffe sind nicht durchweg genau definiert und werden z. T. nicht einheitlich verwendet. Die reichste Gestaltung findet der W. im → Westwerk karolingischer und ottonischer Prägung. Vielleicht aus der Reduktion auf Teile des Westwerks, vielleicht auch aus anderen Quellen, gehen einfachere Formen hervor: der in voller Höhe quergelagerte, das Langhaus übersteigende Westriegel und das mit 2 Turmaufsätzen besteckte Westmassiv sowie der Westquerbau, den ein Mittelturm bekrönt (Helmarshausen), ferner die westl. Dreiturmgruppe (Oberkaufungen), endlich die → Doppelturmfassade, der von der Romanik an die erfolgreichste Weiterwirkung beschieden war.

Westwerk. Turmartiger, den frühen, bedeutenderen Kirchenbauten des Mittelalters vorgelegter Westbau, der im Untergeschoß als Durchgangshalle zur Kirche dient, im Obergeschoß eine nach innen geöffnete Kapelle oder Empore mit Seitenräumen aufnimmt. Von einem W. kann nur gesprochen werden, wenn der turmartige Mittelraum auf mindestens 3 Seiten von Emporen umgeben ist und über diese mit einem weiteren Geschoß hinausragt. Beim Vollwestwerk liegt der Mittelraum über einer Eingangshalle und hat seinerseits auf 3 Seiten Emporen, evtl. auch auf der 4. Seite einen zur Kirche verbindenden Raumteil. Zum Hauptturm gesellen sich 2 Begleittürme an der vorderen Frontseite (Corvey, vermutlich urspr. Hersfeld). Die Verwendung des W. als Kaisersitz, Taufkapelle und Pfarrkirche ist nachgewiesen, dennoch ist seine Bedeutung nicht ganz geklärt.

Wichhäuschen. Nebentürmchen am Fuß eines Turmhelms. Sie erlauben durch ihre Fenster ungehinderten Ausblick. Auch einfach als »Ecktürmchen« bezeichnet.

Wilder Mann, Wilde Frau → Mann.

Wimperg. Got. Ziergiebel über Portalen und Fenstern, meist aus Maßwerk zusammengesetzt.

Wirtel. Steinerner Ring, der sich um die Mitte des Säulenschaftes legt, daher auch als *Schaftring* bezeichnet. Bereits seit frühroman. Zeit nachweisbar.

Zellengewölbe → Gewölbe.

Zellenschmelz → Email.

Zeltdach → Dach.

Zentralbau. Im Gegensatz zum Langbau der Basilika der Bau mit einem oder mehreren um einen Punkt zentrierten Räumen über rundem, ovalem oder polygonalem Grundriß. Nach der Basilika ist der Z. die wichtigste Form des christl. Kultbaus.

Ziborium → Ciborium.

Zickzackfries → Deutsches Band.

Zopfstil. Stilstufe der deutschen Kunst, die – etwa die beiden Jahrzehnte von 1760 bis 1780 umfassend – vom Rokoko zum Klassizismus überleitet und dem französ. Louis XVI entspricht. Der Name leitet sich von der Zeitmode her, derzufolge die Männer einen Zopf zur Erhöhung ihrer Würde zu tragen pflegten. Stilistisch kennzeichnet den Zopfstil eine Vereinfachung und Beruhigung des für das Rokoko kennzeichnenden Formenreichtums; die Themen der Bildkünste werden dem bürgerlichen Leben entnommen und enthalten eine lehrhafte Tendenz.

Zwerggalerie, Zwerchgalerie. In Säulenarkaden geöffneter, mit einer Längstonne oder mit Quertonnen gewölbter Laufgang, der unterhalb des Dachansatzes in die Mauer gelegt ist. In der Romanik sehr häufiges Gliederungsmotiv v. a. an Apsiden, doch gelegentlich auch auf Chortürme, Querhäuser oder Langhauswände ausgedehnt.

Zwerchhaus. Ein quer zum Dachfirst meist in der Flucht der Außenwand hochgeführter Dachausbau. Dieser kann mit einem kleinen Walmdach oder mit einem Giebel abgeschlossen sein. Für den letzteren Fall ist auch die Bezeichnung *Zwerchgiebel* üblich. Das Z. ist in der deutschen Renaissance weit verbreitet; es bildet eine vertikale Komponente zu der von Traufgesims und First hervorgerufenen langen Horizontalen. Im barocken Fachwerk tritt oft die Traufenstellung an die Stelle der bis dahin in Städten üblichen Giebelstellung ([Bad Sooden-]Allendorf); durch ansehnliche Zwerchhäuser bleibt die Giebelreihung in der Straßenflucht jedoch optisch erhalten.

Zwickel → Gewölbe.

Zwiebelhelm. Der Z. stellt die barocke Umformung der Welschen Haube durch Einschnürung ihres unteren Drittels und Streckung ihres Auslaufs zur Spitze dar.

QUELLENNACHWEIS DER ABBILDUNGEN

Dr. Baerend, Demonstrierende Fotografie, München: 368
Bavaria-Verlag, Gauting (Hans Retzlaff): 358, 541
Bildarchiv Foto Marburg: 91, 115, 165, 360, 398, 399, 435, 603
Dr. Harald Busch, Frankfurt/M.-Griesheim: 178, 281, 328, 330, 381, 401, 451, 458, 565, 566
Magistrat der Stadt Darmstadt: 63
Dr. Dieter Großmann, Marburg: 271, 556, 560
G. Ulrich Großmann, Marburg: 379, 414
Hessisches Landesamt für Denkmalpflege: 217
–, Außenstelle Marburg: 404, 405
Hessisches Landesmuseum, Darmstadt: 64
Hermann Hessler, Frankfurt/Main: 84, 121, 130, 183, 200, 203, 257, 370, 416, 434, 482, 573, 591
Historisches Museum Frankfurt am Main: 129, 224, 429
Verlag Julius Hoffmann, Stuttgart: 123, 319
Jos. Jeiter, Hadamar: 461
M. Jeiter, Aachen: 33, 106, 239, 363, 567
Missionshaus der Pallottiner, Limburg/Lahn: 377
Erich Müller, Kassel: 12, 17, 52, 79, 151, 167, 187, 193, 259, 296, 305, 403
Christof Pfau, Mannheim-Feudenheim: 584
Ursula Pfistermeister, Artelshofen: 523
Heinrich Reclam, Stuttgart: 50, 136, 162, 189, 252, 425, 516
Hans Retzlaff, Tann/Rhön: 21, 143, 433
Helga Schmidt-Glassner, Stuttgart: 170, 315
Strähle KG., 706 Schorndorf bei Stuttgart: 563 (LB-Nr. 26.753)
Swiridoff, Schwäbisch Hall: 243
Thyssen Industrie AG Henschel, Kassel: 308
Archiv – Presse- und Informationsamt Wiesbaden: 597
Verlagsarchiv: 43, 62, 88, 180, 273, 373, 582

Die Zeichnungen für die Abbildungen 77, 108, 141, 182, 185, 220, 249, 285, 292, 293, 325, 389, 421, 530, 579 stammen von Marianne Haelssig, Stuttgart; Anneliese Kiehne, Stuttgart; Dr. Werner Meyer, München; Dr. Johann Heinrich Müller, Hagen; Prof. Dr. Peter Anselm Riedl, Heidelberg. Theodor Schwarz, Urbach, fertigte für die Neubearbeitung des Bandes die Zeichnungen zu 34, 56, 241, 367, 372, 392, 395, 455 (nach Unterlagen des Hessischen Landesamtes für Denkmalpflege, Wiesbaden), 588, 626, ferner für die Übersichtspläne auf den Vorsatzseiten.

KÜNSTLERREGISTER

A	= Architekt, Baumeister, Ingenieur	Ksch	= Kunstschlosser, Kunstschmied	R	= Restaurator
Al	= Altarbauer	Kst	= Kupferstecher	Schn	= Schnitzer
B	= Bildhauer	M	= Maler	Schr	= Schreiner
G	= Gießer	Mos	= Mosaikkünstler	St	= Stukkateur
Ga	= Gartenarchitekt	Org	= Orgelbauer	Stm	= Steinmetz
Gl	= Glasmaler	Ost	= Ornamentstecher	Ti	= (Kunst-)Tischler
Go	= Goldschmied			Z	= Zimmermann

Seiten, auf denen Künstler mit eigenen Werken genannt sind, wurden **halbfett** hervorgehoben. Monogrammisten und Meister mit Notnamen am Schluß des Registers.

Monogrammisten

Meister mit Notnamen

HINWEISE

Die Beiträge des Kunstführers sind nach dem Gemeindealphabet geordnet; bei (heute) unselbständigen Ortsteilen wird im Alphabet jeweils auf die Gemeinde verwiesen. Auf ein Ortsregister kann deshalb verzichtet werden. Zu einer Anzahl von Orten, die keinen eigenen Artikel rechtfertigten, finden sich in anderen Texten Hinweise:

Berkach (= Groß-Gerau / C11): Hinweis bei **Groß-Gerau**, S. 207
Birklar (= Lich / Lahn-Dill / E8): Hinweis bei **Lich-Arnsburg**, S. 364
Bodes (= **Hauneck** / Hersfeld-Rotenburg / H6): Hinweis bei **Eiterfeld-Buchenau**, S. 81
Büttelborn (Groß-Gerau): Hinweis bei **Groß-Gerau**, S. 207
Ebsdorf (= Ebsdorfergrund / Marburg-Biedenkopf / E6): Hinweis bei **Ebsdorfergrund**, S. 73
Gräveneck (= **Weinbach** / Limburg-Weilburg): Hinweis bei **Weilburg-Hirschhausen**, S. 570
Hoheneiche (= **Wehretal** / Werra-Meißner): Hinweis bei **Sontra-Wichmannshausen**, S. 527
Iba (= **Bebra** / Hersfeld-Rotenburg / I5): Hinweis bei **Ronshausen**, S. 483
Kleestadt (= Groß-Umstadt / Darmstadt-Dieburg / E12): Hinweis bei **Groß-Umstadt**, S. 208
Kubach (= Weilburg / Limburg-Weilburg / C8): Hinweis bei **Weilburg-Hirschhausen**, S. 570
Lüdermünd (= Fulda / H7/8): Hinweis bei **Fulda-Kämmerzell**, S. 176
Moischt (= **Marburg** / Marburg-Biedenkopf / DE6): Hinweis bei **Ebsdorfergrund**, S. 73
Niedershausen (= **Löhnberg** / Limburg-Weilburg): Hinweis bei **Weilburg-Hirschhausen**, S. 570
Ober-Bessingen (= **Lich** / Lahn-Dill / E8): Hinweis bei **Laubach-Gonterskirchen**, S. 353
Wittelsberg (= Ebsdorfergrund / Marburg-Biedenkopf / E6): Hinweis bei **Ebsdorfergrund**, S. 73
Wohnbach (= **Wölfersheim** / Wetteraukreis): Hinweis bei **Hungen**, S. 279
Wollmar (= **Münchhausen** / Marburg-Biedenkopf / D5): Hinweis bei **Hessisch Lichtenau-Küchen**, S. 249

OBJEKTVERZEICHNIS

Dieses Verzeichnis schlüsselt die Objekte derjenigen größeren Orte auf, die besonders reich an Denkmälern sind. Als weitere Hilfe zum Auffinden der Objekte können die Innenstadt-Lagepläne dienen, die vielen Ortsartikeln beigegeben sind.

DARMSTADT

FRANKFURT am Main

FRITZLAR

FULDA

HANAU

Bad HERSFELD

KASSEL

LIMBURG an der Lahn

MARBURG

WETZLAR

WIESBADEN

INHALT

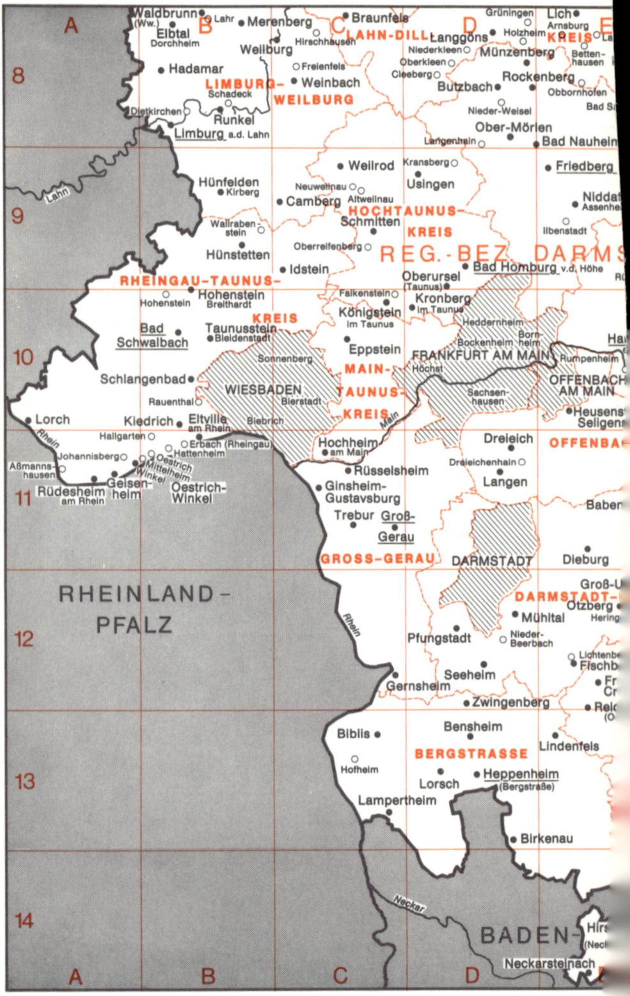

A
B
C
D
E
8
9
10
11
12
13
14
Waldbrunn (Ww.)
Elbtal
Dorchheim
Lahr
Merenberg
Braunfels
Weilburg
Hirschhausen
LAHN-DILL
Langgöns
Grüningen
Holzheim
Lich
Arnsburg
KREIS
Hadamar
Freienfels
Niederkleen
Oberkleen
Cleeberg
Münzenberg
Betten-hausen
LIMBURG-WEILBURG
Weinbach
Schadeck
Butzbach
Rockenberg
Obbornhofen
Dietkirchen
Runkel
Limburg a.d. Lahn
Nieder-Weisel
Ober-Mörlen
Langenhain
Bad Nauheim
Lahn
Weilrod
Kransberg
Usingen
Friedberg
Hünfelden
Kirberg
Neuweilnau
Altweilnau
Camberg
HOCHTAUNUS-KREIS
Schmitten
Niddatal
Assenheim
Wallrabenstein
Ilbenstadt
Hünstetten
Oberreifenberg
REG.-BEZ. DARMS
Idstein
Bad Homburg v.d. Höhe
RHEINGAU-TAUNUS-KREIS
Oberursel (Taunus)
Hohenstein
Hohenstein
Breithardt
Falkenstein
Kronberg im Taunus
Königstein im Taunus
Heddernheim
Bad Schwalbach
Taunusstein
Bleidenstadt
Bornheim
Bockenheim
Eppstein
Sonnenberg
FRANKFURT AM MAIN
Rumpenheim
MAIN-TAUNUS-KREIS
Höchst
Schlangenbad
WIESBADEN
OFFENBACH AM MAIN
Bierstadt
Sachsenhausen
Rauenthal
Heusenstamm
Seligenstadt
Lorch
Kiedrich
Eltville am Rhein
Biebrich
Main
Hallgarten
Dreieich
OFFENBACH
Rhein
Erbach (Rheingau)
Hattenheim
Hochheim am Main
Johannisberg
Oestrich
Mittelheim
Winkel
Dreieichenhain
Aßmannshausen
Rüsselsheim
Langen
Rüdesheim am Rhein
Geisenheim
Oestrich-Winkel
Ginsheim-Gustavsburg
Trebur
Groß-Gerau
Babenhausen
GROSS-GERAU
DARMSTADT
Dieburg
RHEINLAND-PFALZ
Groß-Umstadt
DARMSTADT-DIEBURG
Otzberg
Mühltal
Hering
Rhein
Pfungstadt
Nieder-Beerbach
Lichtenberg
Fischbach
Seeheim
Gernsheim
Zwingenberg
Biblis
Bensheim
Lindenfels
BERGSTRASSE
Hofheim
Lorsch
Heppenheim (Bergstraße)
Lampertheim
Birkenau
Neckar
BADEN-
Hirschhorn (Neckar)
Neckarsteinach